KB174896

의병전쟁과 의병장

의병
전쟁과
의병장

김상기

경인문화사

펴내는 글

1910년 조선왕조가 망했다. 그러나 조선왕조의 멸망은 이미 19세기 초 세도정치가 시작되면서 조짐이 보였다. 강진에서 귀양살이를 하던 정약용은 "터럭 하나 머리카락 하나 병들지 않은 것이 없으니, 지금 당장 고치지 않으면 기필코 나라가 망할 것이다"라고 탄식하였다. '이씨왕조'는 1811년 '홍경래의 난' 아니면 1894년 '동학혁명'때 망했어야 한다는 말도 있다. 그랬으면 일제 침략의 빌미를 주지 않았을 것이며, 민족 국가가 유지되었을 것이기 때문이다.

일제는 청일전쟁을 일으키고 조선 왕궁을 무력으로 점령하였다. 하지만 일제의 침략은 그보다 20여년 전인 1875년 강화도사건부터 시작되었다. 강화도조약을 근대화의 시작이라고 평가하는 이도 있으나, 임진왜란의 참상을 알고 있는 유교지식인들은 이 사건을 '항복 조약'이라고 반대하였다. 이들은 급기야 일제가 경복궁을 무력 점령한 갑오변란과 왕비를 시해한 을미사변을 국가의 위기로 인식, 의병을 일으켜 민중들과 함께 대일항전을 전개하였다.

의병은 나라를 위해 목숨을 바치겠다는 결의를 실천한 민병들이다. 이들은 나라를 구하고자 자발적으로 무장하고 일제와 항쟁하였다. 살아남은 의병들은 일제강점기 국내에서 비밀결사를 조직하여 투쟁하거나 만주 벌판에서 독립군이 되어 고난의 항전을 지속하였다. 이들의 고귀한 희생으로 민족 해방을 일궈냈으며, 이들의 투철한 항일정신은 민족

v

의 저항정신으로 자리잡았다. 의병은 처음에는 유학자들이 선두에 나섰
다. 그러나 점차 농민을 비롯한 민중들이 대거 참여하였다. 민중들은 국
가로부터 아무런 은택을 입은 것도 없고 오히려 지배층으로부터 탄압을
받았지만, 노예가 아닌 자유민으로 살고자 일제의 침략에 맞섰다. 그리
고 그 과정에서 옥고를 치르거나 학살된 이가 수만 명에 달한다. 그러나
우리는 몇 명의 대표적인 의병장들의 행적만을 기억하고 있다.

이 책 『의병전쟁과 의병장』에서는 잘 알려지지 않은 의병 대중들을
살려내고자 하였다. 이를 위하여 우선 지역별로 의병전쟁의 전개과정을
살폈다. 그리고 재판기록 등을 참조하여 가능한 한 많은 의병들을 찾아
내 그들의 활동을 추적하였다. 이들은 주로 농민이나 상인들이어서 자
료의 부족으로 유학자 의병장처럼 행적을 자세히 알 수는 없지만, 직업
과 거주지 그리고 활동내용과 체포되어 옥고를 치른 사항 등을 밝혔다.

이 책은 2부로 구성되었다. 제1부 「의병전쟁의 이념과 역사적 전개」
에서는 임진의병과 한말의병을 개관하고 참여층을 분석하였으며, 한말
의병의 사상적 배경과 특성을 밝혔다. 제2부 「지역별 의병전쟁과 의병
장」에서는 경기, 강원, 충청, 영남, 호남의병의 지역별 항전과 의병장을
살폈다. 아울러 경기지역의 양평의병과 남상목 의병, 강원지역의 권인규
의병, 충청지역 홍주의병의 합천전투와 유인석의병, 영남지역의 안동의
병, 호남지역의 익산의병, 그리고 세종의병 등을 추가하였다. 이 글들은
저자가 그동안 학술지에 발표한 논문들을 모은 것이지만, 경기의병과
영남의병의 전개과정, 그리고 익산의 이규홍의병과 세종지역 의병은 의
병전쟁의 지역별 전개상을 폭넓게 이해하고자 새롭게 써 넣었다. 이 글
들 이외에도 실어야 할 글들이 많았으나 분량이 넘쳐 부득이 별도로 계
획하고 있는 저서에 포함시키기로 하였다.

이제 책으로 엮어 내려고 하니 서가를 어지럽히는 책으로 그치는 것은 아닌지 염려된다. 독자 제현의 질정을 바란다. 출판계의 어려운 사정에도 흔쾌히 출간해주신 경인문화사의 한정희 사장을 비롯한 편집부 여러분께 감사의 뜻을 표한다.

2019년 6월 1일 '의병의 날' 유성 서재에서

차 례

펴내는 글

제1부 의병전쟁의 이념과 역사적 전개

제1부

의병전쟁의 이념과 역사적 전개

제1장 의병전쟁의 전개와 참여층*

1. 머리말

의병이란 외적의 침략으로부터 국가와 민족을 보전시키고자 자발적으로 무장항쟁한 군사집단을 말한다. 우리 역사에서 의병의 활동은 외세의 침략과정에서 가끔 볼 수 있기는 하나 역사적 개념으로서의 의병은 임진왜란 때부터 비롯되었다. 한말 의병은 이 임진의병의 전통과 정신을 계승하여 일어났다고 할 수 있다. 이 의병정신은 외세의 침탈에 국가의 주권을 지키기 위한 민족정신의 결정체로서의 역할을 한 것으로 평가된다.

해방 후 의병에 대한 많은 연구가 수행되었다. 그중에서 한말 의병에 대한 연구는 임진의병에 비해 양적인 면에서 월등히 앞선다.[1] 따라서 그 연구 성과를 검토하고 연구과제를 몇 차례 검토한 바도 있다.[2] 임진의병의 경우에도 의병의 성분 분석, 창의동기, 그리고 의병과 관군과의 알력 등 폐단에 대한 부분까지 이루어진 듯 하다.[3] 그러나 임진왜란이

---

　* 김상기, 「의병운동의 역사적 전개와 의의」,『민족문화와 의병사상』, 박이정, 1997.
　1) 독립운동사편찬위원회,『독립운동사』1, 1970.
　　　김의환,『의병운동사』, 박영사, 1974.
　　　윤병석,『의병과 독립군』, 세종대왕기념사업회, 1977.
　　　조동걸,『한말의병전쟁』, 독립기념관, 1989.
　2) 김상기, 「의병전쟁에 대한 연구성과와 과제」,《한국사론》25, 1995.

일본군의 대패로 끝났다는 새로운 평가4)가 우리에게 시사해주는 바가 크다고 할 때 이를 실증해 줄 수 있는 의병의 항쟁상과 전과 등에 대한 검토가 병행되어야 할 것으로 생각된다.

이 연구는 임진의병부터 한말의병을 개관하여 한국 의병의 역사적 전통을 확인하고 아울러 의병운동의 연면성과 시기별 차별성 등을 종합적으로 고찰함에 그 목적이 있다.

2. 의병전쟁의 역사적 전개

1) 임진왜란과 의병

1592년(선조25) 4월 14일 일본은 '入明假道'를 구실로 하여 선발대 小西行長 부대를 비롯한 20여만 명에 달하는 병력을 파견하여 조선을 침략하였다. 고니시부대는 4월 14일 大浦港을 떠나 당일 부산진을 공격하였다. 부산진 첨사 鄭撥은 중과부적으로 전사하였으며, 다음 날 동래부마저 함락되어 부사 宋象賢이 전사하였다. 고니시부대는 새재를 넘어 4월 27일 충주에 침입하였다. 이때 충주에서는 도순변사 申砬이 8천여 명을 거느리고 탄금대에서 배수진을 치고 이에 항전하였으나, 결국 패하

---

3) 최영희, 『임진왜란 중의 사회동태』, 한국연구원, 1975.
   김석희, 「임진왜란의 의병운동에 대한 일고」, 《향토서울》15, 1962.
   이장희, 「정묘 병자호란시 의병연구」, 《국사관론총》30, 1991.
   ____, 「임진왜란 의병 성격의 분석」, 《한국사론》22, 1992.
   이석린, 『조헌연구』, 신구문화사, 1993.
4) 허선도, 「임진왜란사론－임란사의 올바른 인식－」, 《한국사론》22, 국사편찬위원회, 1992.

고 말았으며 신립은 달천강에 투신, 자결하였다.

선조는 충주성 전투의 패보를 4월 29일 접하고 그날 전격적으로 서천을 결행하였다. 결국 일본군이 침입한 지 불과 20일도 안된 5월 2일 서울이 적의 수중에 빠졌다. 의병은 이와 같은 정부군의 무력함에 국토를 보전하고자 하는 국가의식과 임금에 대한 의리정신으로 봉기한 것이다.

임진의병은 일본군의 진행로를 따라 그 주변지역에서 전개된 특성을 갖는다. 특히 일본군의 피해가 많았던 경상도 지역에서는 거의 전역에 걸쳐서 일어났다. 수군의 활약으로 1차 침략을 방어하였던 호남지역에서도 일본군이 중부지역을 점거하고 호남지역에 대한 공격을 감행하자 향토방위의 목표에서 역시 의병이 일어났다.

의병의 봉기지역을 살펴보면, 경상도지역에서는 의령·영천·함안·합천·상주·김천·안동·예안·대구·경산·창녕·영산·영일·홍해·영해·단성·거창·삼가 등 18개 군현에서, 호남지역에서는 광주·나주·옥과·남원·순천·영광·태인·보성·화순·해남·전주 등 11개 군현에서 봉기하고 있어 영호남 지역에서 집중적으로 일어났음을 알 수 있다. 한편 기호지역에서도 충청도의 옥천·영동·홍주·내포 등지와 경기도의 강화·삭령 등지에서 봉기하였다. 북한지역에서는 해주·연안·봉산·강동·경성 등지에서 봉기하였다.5)

선조가 서천을 단행한 소식을 전해들은 전국의 유생들은 5월부터 7월

---

5) 임진왜란기 의병의 전투횟수와 전과 등은 자료의 부족으로 아직 구체적으로 확인하기 어렵다. 단지 1592년부터 1598년까지 7년간의 실록 기사를 보면 7년간 총 280건의 의병기사가 기록되어 있으며 그중에서 임진왜란 초기에 해당되는 처음 2년간이 193건(전체의 69%)으로 대부분을 차지하고 있음을 알 수 있다. 참고로 임진왜란 기간 동안 조선왕조실록 기사 중에서 의병관련 기사의 횟수만을 연도별로 알아보면 다음 표와 같다.

에 걸쳐 집중적으로 거의하였다. 임진왜란이 일어난 다음해 1월 명나라
에 통보한 전국의 의병현황을 보면 다음과 같다.6)

〈표 1〉 임진왜란기 주요 의병 현황(1593년 1월 현재)

지역		의병장	의병수
경상도	창령	성안의	1,000
	영산	신 갑	1,000
	합천	정인홍	3,000
	의령	곽재우	2,000
	거창	김 면	5,000
경기도	평택		5,000
	강화	김천일	3,000
		우성전	2,000
	안성	홍수남	300
	양근	이 질	600
평안도		이 주	300
		계	23,200

임진의병은 1592년 4월 22일 곽재우가 의령에서 봉기한 것이 처음으
로 알려진다. 郭再祐(1552~1617)는 경상도 고향인 의령에서 가재를 털

조선왕조실록 의병기사 게재횟수(1592~1598년간)

연도	선조실록	선조수정실록	계
1592	57	39	96
1593	86	11	97
1594	28	3	31
1595	14	1	15
1596	14	3	17
1597	17	1	18
1598	5	1	6
계	221	59	280

6) 최영희, 『임진왜란중의 사회동태』, 한국연구원, 1976, 60~62쪽.

어 가동을 이끌고 1592년 4월 22일 거의하였다. 그는 의령의 정암진 승첩을 비롯하여 의령·현풍·창녕·영산 등지에서 왜군과의 전투에서 승리를 거두었으며, 1592년 10월의 제1차 진주전투에도 원조하는 등 큰 활약을 하였다.7)

경상지역의 의병으로는 곽재우 외에 金沔과 鄭仁弘이 있다. 김면은 5월 11일 거창에서 기병하여 관군과 협조하면서 거창·고령·성주 등지에서 활약하였다. 정인홍은 합천에서 의병을 일으켜 합천·성주·함안 등지에서 왜군의 침입을 물리쳤다. 이들은 南冥學派라는 학문적 기반 또는 서당이나 향교를 통하여 다수의 의병을 동원할 수 있었다.8)

호남의병은 광주와 나주를 비롯한 남원·순창 등지에서 高敬命과 金千鎰·柳彭老 등이 중심이 되어 추진되었다. 김천일은 나주에서 기병한 뒤 경기도 수원·강화일대까지 진격하여 항전하였다. 유팽노는 격문을 각지에 보내는 한편 남원의 양대박, 동복의 정암수, 화순의 최경회, 광주의 김덕령9) 등과 협의하여 부대들을 담양에 집결시켰다. 의병의 수가 6천여 명에 달하였으며 대장으로 고경명을 추대하였다. 이 호남의병이 호남지역을 공격하기 위해 금산을 침범한 일본군과 일대 회전을 치렀다.

기호지역에서는 옥천 출신의 조헌이 의병을 일으키는데 선도적이었다.10) 趙憲(1544~1592. 8)은 그해 5월 3일 청주에서 격문을 띄우고 향병 수백 명을 모아 거의하였다. 다시 그는 공주 정산 온양 등지를 돌며 의병을 모아 1,600여 명의 대규모 의진을 조직하였으며, 7월 4일에는 공주의 용당에서 천제를 지내고 본격적인 의병활동에 들어갔다. 8월 1일에는 청

---

7) 이장희, 『곽재우연구』, 양영각, 1983.
8) 고석규, 「鄭仁弘의 의병활동과 山林 기반」,《한국학보》51, 1988.
9) 조원래, 「충용장 金德齡의 생애와 의병활동의 최후」,《금호문화》1984년 7·8월호.
10) 최근묵, 「임란 때의 호서의병에 대하여」,《충남대논문집》9, 1970.

주에서 왜군을 격파하고 청주성을 수복하였다. 그는 한양 탈환을 위해 북상을 계획하였으나, 호서 관군의 연합전선 제의를 받고 북상을 보류하고 금산으로 진군하였다. 그는 승장 靈圭가 이끄는 승군과 함께 금산전투에 참전하였으나 중과부적으로 7백여명의 의병과 함께 순절하였다.[11]

이들 외에도 영천의 鄭世雅, 연안의 이정암, 황주의 黃河水, 함경도의 鄭文孚 의병[12] 등이 있으며, 승군으로 영규 외에도 서산대사 休靜이 묘향산에서, 處英이 호남에서, 惟政이 관동에서, 義嚴이 황해도에서 승군을 일으켜 전투를 수행하였다.

안동지역에서의 의병은 1592년 6월 11일 예안에서 시작되었다. 예안 일대의 유생들이 4백명에 가까운 의병을 모아 창의한 것이다.[13] 창의대장에는 金垓가, 도총사에는 琴應勳이 추대되었으며, 진사 李叔樑은 격문을 지어 경상도 각읍에 포고하였다. 예안의병은 6월 15일 용궁에서 왜군과 격전을 벌였다. 이 용궁전투에는 안동의 裵龍吉 의병과 예안현감 申之悌의 관군이 의병에 합세하였으나 패하고 말았다. 왜군은 6월 22일 고감리에 진을 치고, 이후 안동 시내를 약탈하였다. 의병들은 이에 항전하여 7월 27일에는 왜장 吉松彌九郎를 사살하기도 하였다. 8월 13일에는 안동지역에서 金允明, 李庭栢 등에 의해 의진이 편성되었으며, 8월 20일에는 예안의진과 연합하여 안동의 일직면에서 안동연합의진을 결성하였다. 대장에는 예안의병장 김해, 좌부장에는 안동의병장 이정백, 그리

---

11) 이석린, 『조헌연구』, 신구문화사, 1993.
12) 이장희, 「鄭文孚의 의병활동」, 《史叢》21·22합집, 1977.
13) 金龜鉉, 「임진왜란 중의 안동의병」(경북향토사연구협의회).
    이에 의하면, 의병지휘부에 양반 21명과 평민·중인이 34명이 배치되었으며, 일반 병사에는 양반 18명과 평민 226명(노비 68명 포함)으로 조직되어 총 367명임을 알 수 있다.

고 우부장에는 배용길이 추대되었다. 안동연합의진은 안동은 물론 풍산·진주·경주 등지에서 왜군과 항전하였다. 이숙량은 진주전투에 참전하여 전사하였으며[14], 의병장 김해는 1593년 7월 경주전투에서 왜군과 전투 중 전사하였다.[15]

2) 정묘, 병자호란과 의병

조선은 왜란을 겪은 지 얼마 안되어 호란이라는 외침을 다시 받았다. 그리고 임란의 교훈을 되살리지도 못하고 2차에 걸친 청의 공격에 무력하게 굴복하고 말았다. 후금(뒤의 청)의 태종은 인조 5년(1627) 3만의 병력을 파견하였다. 1월 13일 압록강을 건넌 이 부대는 의주를 점령하고 용천·선천·안주·평양을 거쳐 평산까지 진격하였다. 같은 해 3월 3일 강화가 체결되기까지 50일간의 정묘호란이 개시된 것이다.

정묘호란기 의병은 주로 평안도에서 봉기하여 항쟁했다는 특성을 띤다. 이것은 임진왜란기 경상도지역이 의병이 크게 일어났던 것과 마찬가지로 이 지역이 선점되었기 때문이다. 이것은 이 시기의 의병이 근왕의병이면서 동시에 향토방위라는 목적이 컸음을 말해 준다.

1627년 1월말경부터 의병이 봉기한 것으로 보인다. 그중 드러난 의병장과 봉기지역을 보면 다음과 같다.[16]

---

14) 李叔樑, 『梅菴文集』.
15) 金垓, 『近始齋先生文集』, 「鄕兵日記」.
16) 이장희, 「정묘·병자호란시 의병 연구」,《國史館論叢》30, 1991.

〈표 2〉 병자호란기 주요의병장 현황

봉기지역	의병장	관력	비고
의주	崔孝一	훈련판관(무과)	
자산	林豹變	진사	
철산	金礪器		당상관 제수됨
용강	黃山立		
	鄭鳳壽	전 영산현감	임란시 무장
선천	池得男		조부:임란의병장
평양	金준德	전판관	
	李起業	유학	6품직 제수
	李愈	문과	
	金載價	유학	
	金克念	유학	
의주	白光宗	전 사과	
용천	李立	판관	임진왜란시 전공 수립
	金佑	만호	임란시 부장
	李忠傑	훈련원정	임란시 돌격장
	李忠伋	주부	〃
연산	金長生	동지중추부사	兩湖號召使

위에 든 지역 외에도 삼남지역에서 의병이 있었다. 전좌랑 吳暹, 검열 金汝玉, 정자 辛應望, 학유 李尙馨 등이 호남에서 통문을 발송하고 기병 하였으며, 전 영주군수 宋爾昌과 임란의병장 安邦俊도 거의하였다. 이때 정부에서는 각도에 호소사를 파견하여 의병을 모집토록 하였다. 그중에 조선조 거유인 金長生이 양호호소사로 임명되어 향리인 연산에서 의병 을 일으켜 대장에 추대되었다. 이에 그의 문인을 비롯한 유생들이 의병 에 참여하였다. 김장생은 각지의 의병을 연합하여 북상을 준비하였으나 화의가 성립되어 의병을 귀향시켰다.

정묘호란이 일어난지 9년 만인 인조 14년(1636) 12월 9일 청 태종은 10

여만의 병력을 직접 끌고 조선을 재침략하였다. 병자호란이 개시된 것
이다. 청군은 12월 13일 개성까지 진격하였으며 곧이어 서울을 향했다.
인조는 남한산성으로 들어가 방비하였으나 곧 청병에 의해 포위되기에
이르렀다.

이와 같이 국토가 유린되고 임금마저 위급한 지경에 이르자 각지에서
의병이 일어났다. 평안도 지역에서 정묘호란시 봉기했던 崔孝一을 비롯
하여 선천에서 洪天鑑이 봉기하였으며, 황해도에서는 金應南과 柳濈 등
이 거의하였다.

병자호란기 호남지역에서 역시 의병이 봉기하였다. 화순의 曺守誠 曺
混, 광주의 柳玶, 나주의 金璇, 羅海鳳, 예산의 鄭弘溟, 능주의 梁悌用, 보
성의 朴春秀 등이 봉기하였으며, 이외에도 남평·동복·홍양·장흥·해남·
진도·고부·고창·순창·영광·무장·홍덕·함평 등지에서 의병이 일어났
다. 이 호남의병은 남한산성을 향해 진격하던 중 인조의 출성 소식을 듣
고 의병을 파하고 말았다. 이밖에도 정묘호란 때 의승군을 일으켜 활약
한 明照대사가 수백여의 군량비를 지원하였으며, 碧巖覺性이 수천의 의
승군인 일명 降魔軍을 편성하여 남한산성으로 진군하는 등의 활약도 있
었다.[17)

3) 한말 의병

근대 한국인의 항일의병은 갑신정변 직후 조짐이 보이기 시작하였으
나 구체적인 행동이 나타나기 시작한 것은 1894년부터이다. 개화당에 의
한 갑신정변이 일어나자 유생을 중심으로 한 재야 지식인들이 김옥균을

---

17) 이장희, 앞의 글.

비롯한 개화파들을 '갑신흉적'이라고 하며 처벌할 것을 요구하였으며, 양성의 이교석 같은 유생은 의병을 모집하기까지 하였으니 당시 유생들의 개화당에 대한 인식과 항일적인 분위기를 짐작할 수 있게 한다. 그러나 직접적인 항일무장투쟁은 1894년 6월 21일 일어난 갑오변란이 직접적인 계기가 되어 시작된 전기의병부터 라고 할 수 있다. 이와 같이 한말 의병은 전기의병, 중기의병, 후기의병의 3차에 걸쳐 일어났다.

전기의병은 1894년 6월 21일 일본군이 경북궁을 무력 침략한 갑오변란이 계기가 되어 일어나기 시작하였다. 척사계열의 유생을 비롯한 한국인들은 갑오변란을 민족존망의 위기상태로 받아들였다. 더욱이 한반도에서 청일전쟁이 일어나고 일본의 사주를 받는 친일적 개화정권이 일본화를 위한 예속정책을 펴자 한국인들은 무력투쟁으로 개화정권과 일본세력을 구축하고자 하였다. 그중에서 지평의 안승우, 홍주의 안창식, 철원의 홍범도, 안동의 서상철, 상원의 김원교 등은 무력투쟁을 통한 반개화, 반외세의 의병투쟁을 전개한 대표적인 의병장들이라고 할 수 있다.[18]

1895년 8월 21일 을미사변이 일어나자 서울을 비롯하여 지방 각지에서 의병의 조짐이 거세어져 갔으며, 급기야 文錫鳳의 유성의병이 일어나기에 이르렀다. 문석봉은 임진의병장 文榮南의 후손으로 1895년 9월 18일 유성에서 봉기하고 통문을 각지에 발송하여 을미사변을 천고에 없는 대변으로 규정하고 적을 토벌, 사직을 건져야 할 것을 호소하였다. 을미사변 직후 단발령 공포 이전의 의병활동으로는 유성의병 이외에도 김이언의 강계의병이 있다.

1895년 11월 15일(양, 12월 30일) 김홍집 내각에 의한 단발령공포가 강행되자 전기의병은 전국적으로 확대되었다. 이 시기 대표적 의진으로는

---

18) 김상기, 「조선말 갑오의병전쟁의 전개와 성격」,《한국민족운동사연구》3, 1989.

김하락의 이천의진, 이소응의 춘천의진, 민용호의 강릉의진, 유인석의 제천의진, 김복한의 홍주의진, 권세연·김도화의 안동의진, 노응규의 진주의진, 이기찬의 김산의진, 기우만의 장성의진 그리고 함흥·해주·평산 등 북한지역에서의 의병이 있다.[19]

중기의병은 1904년 8월 한일의정서 체결을 전후하여 시작되었다. 1904년 5월 작성된 허위 명의의 격문이 13도에 발송되었으며 金東壽의 황성의병소와 홍천의병소의 격문이 발견되었다. 중기의병은 1905년 9월 러일강화조약이 조인될 무렵부터 보다 구체적으로 그 전개상이 나타난다. 그중에 원주의 원용팔, 제천의 정운경의 기의가 주목되는 사례이다. 을사5조약이 늑결되자 의병은 전국적으로 발전되었다. 이 시기 대표적인 의진으로 홍주의진·산남의진·태인의진이 있다. 중기의병기 가장 큰 전투와 희생을 치른 의진으로 홍주의진이 있다.[20] 산남의진은 정환직·정용기 부자의 주도로 영천에서 봉기하였다. 정환직은 임진의병장 鄭世雅의 후손이었다. 산남의진은 청송·영천간에서 활약하였으나 경주전투에서 정용기가 관군에 체포되자 1차 산남의진은 해산하였다. 그러나 정환직의 주선으로 석방한 정용기는 1907년 다시 의병을 봉기하였으며, 그가 전사한 후 정환직이 대장이 되어 순국할 때까지 영천·경주·청송 일대에서 큰 전과를 거두었다.[21] 태인의병은 최익현이 임병찬 등과 주도하여 이루어졌다.

후기의병은 1907년 8월 1일 일제가 한국군을 강제 해산하자 이에 항거한 군인들과 의병이 서로 연합하여 대대적인 무장항일전으로 전개되

19) 김상기, 『한말의병연구』, 일조각, 1997.
20) 유한철, 「홍주성의진(1906)의 조직과 활동」,《한국독립운동사연구》4, 1990.
   김상기, 「조선말 홍주의병의 봉기원인과 전개」,『수촌박영석교수화갑기념 한민족독립운동사논총』, 1992.
21) 배용일, 「산남의진고」,《한국민족운동사연구》5, 1991.

었다. 후기의병은 전국적으로 확대되었다. 그중에서 문경의 이강년부대, 원주의 이은찬부대, 영해의 신돌석부대, 호남의 기삼연·심남일·이석용· 전해산·안계홍 부대, 함경도의 홍범도·최덕준 부대 등이 대표적이다. 또한 1907년 11월경 조직된 13도창의군의 서울 수복 작전이 있다. 13도 창의군의 서울진격전은 의병활동을 국제법상 전쟁의 단계로 발전시킨 점과 한국인의 계획적이고 대담한 무장투쟁을 널리 알렸다는 점에서 의 미가 있다. 그후 의병들은 각기 지역으로 내려가 항일전을 수행하였다.

3. 의병 참여층의 성격

의병의 지휘부를 이룬 세력은 유생층이라 할 수 있다. 이 사실은 임진 의병이나 한말의병의 경우도 마찬가지였다.[22] 유생 중에는 벼슬을 하지 않은 지방유생이 다수를 차지하며 일부 관료유생도 있으나 주로 전직 관료들이라고 할 수 있다. 유생들은 주자학의 의리론과 존화양이론에 기반하여 의병을 봉기하였다. 이러한 현상은 한말의병에서 두드러지게 나타난다.

임진의병의 경우에는 의병들이 정부의 지원 하에 활동할 수 있었기 때문에 비교적 관료들이 다수 참여하였다. 임진의병의 경우에 조사된 102명의 의병장 중에서 관료가 54명을 차지하였다. 그러나 그 중에서 전 직관료가 52명으로 대부분임을 알 수 있다. 그리고 나머지 의병장은 미 사환자이며 이들 48명 중에서는 유생(생원 진사 포함)이 36명으로 대부

---

22) 정묘호란기나 병자호란기의 의병은 다수가 임진의병을 재봉기하는 것으로 보이 므로 임진의병의 성격과 크게 차이가 나지는 않는 것으로 보인다.

분을 차지하고 있음을 볼 수 있다.[23]

임진의병의 지휘부에 무인이 다수를 점한 특성을 찾을 수 있다. 임진
의병장 조헌 부대의 경우 알려진 참모진 23명 중에 무과급제자 김응수
를 포함하여 13명 정도로 전체의 56%를 차지하는 것을 볼 수 있다. 의령
에서 봉기한 곽재우 의병의 경우도 주몽룡과 같이 참모진 가운데에는
무과에 급제하여 종사했던 이도 있다.[24] 김면 부대도 마찬가지로 참모
진 중에서 작전을 맡고 있는 선봉장·복병장·좌부장 등은 무과에 급제한
무사들이나 전직 만호로 삼았다.[25] 이러한 현상은 한말 의병장의 경우
에도 볼 수 있다. 무과출신으로 알려진 인물로 문석봉을 비롯하여 이강
년·서상렬·황재현 등이 있으며 김백선과 같은 포수 출신이 지휘부에 참
여하기도 하였다. 특히 1907년 8월 이후에는 민긍호·연기우·한봉수와
같은 해산군인이 다수 의병을 조직하였음은 익히 알려진 사실이다.

다음에 학파를 중심으로 하여 그 문인들이 의병에 다수 참여한 특성
을 볼 수 있다. 한말 의병의 경우에는 화서학파·노사학파·남당학파·정
재학파 등에서 다수의 의병장을 배출하였음은 상세하게 연구되어진 바
있다. 임진의병의 조헌부대와 병자의병의 김장생부대의 경우에서도 이
러한 특성을 볼 수 있다.

의병장의 신분을 보면 주로 양반이 많으나 평민 의병장도 시기에 따
라 차이를 보이면서 등장한다. 임진의병장의 경우는 거의 양반이었던
것 같다. 102명의 의병장 중에 비양반으로는 서얼 출신 2명과 상민 1명
정도인 것은 예외적인 현상이었다 할 수 있다. 한말은 전기의병장의 경

23) 최영희, 위책, 67~68쪽.
24) 이장희, 「일본의 침입과 조선민중의 응전」, 『한국사』8, 한길사, 1994.
25) 李章熙, 위 논문. 金沔, 『松菴集』권2.

우에는 대부분이 양반이었으며, 약 14% 정도가 이족이나 평민 출신으로 보인다.26) 후기의병의 경우에 양반의병장의 비율은 72% 정도로 떨어진다.27) 따라서 유생주도형에서 점차 평민주도형으로 바뀌어 갔다 할 수 있다.

한편 임진왜란기 의병의 병사층은 士人에서부터 천인 신분에 이르기까지 다양하게 분포되었으며, 조헌 부대에서 보이듯이 친족이나 문인들이 다수 참여하였다. 이러한 현상은 김천일 의병, 안동의 김해의병을 비롯한 기타 의병에서도 나타남을 볼 수 있다.28) 한말의병의 병사층 역시 의병장의 문인들이 참여하게 됨에 따라 일부의 사인층이 참여하나 이들중 대다수는 지휘부를 맡은 것으로 보인다. 따라서 병사층의 대부분은 평민층으로 구성되었다. 그중에서도 포수·농민·보부상·군인 들이 중심이라 할 수 있다.

4. 맺음말

임진의병은 임금을 구하고자 하는 근왕의병이면서 동시에 향토를 보전하고자 하는 향토의병의 성격을 띤다. 반면에 한말 의병은 제국주의 시대에 국권을 수호하기 위하여 전개한 반외세의 저항적인 민족운동의 성격을 띤다 하겠다. 또한 임진의병은 조정의 부름을 받고 조정으로부터 무기를 비롯한 군수지원을 받고 관군과 연합의 형태로 전투를 수행했다면 한말 의병은 우선적으로 조정의 탄압대상이었음에 임진의병과

---

26) 김상기, 「갑오을미의병의 참여층과 거의이념」,《인하사학》3, 1995.
27) 박성수, 「1907~1910년간의 의병전쟁에 대하여」,《한국사연구》1, 1968.
28) 이석린, 앞의 책. 金龜鉉, 앞의 글.

는 그 처지나 성격상 차이가 컸다. 따라서 한말 의병은 임진의병에 비해 큰 희생을 치러야 했다.

한편 임진·병자의병의 국토·민족보전의식은 이후 세전되어 한국인의 저항의식을 형성시켜 간 측면이 있다. 특히 이 시기 의병을 봉기했던 의병장들의 이념은 가학으로 전승되어 한말 민족과 국가의 위기에 또 다시 거의하게 한 정신적 바탕이 될 수 있었다. 임진의병장 문영남의 후손인 문석봉이 을미사변 직후 처음으로 '토적복수'를 기치로 거의하였으며, 정세아의 후손인 정환직 정용기 부자는 산남의진을 조직 하여 끈질긴 항쟁 끝에 부자가 모두 순국하는 항일의병의 모범이 되었던 것이다. 그리고 임진왜란기 안동의병장 김해의 유훈은 그의 족손 김도화 등에게 계승되어 안동을미의병을 일으키게 하였다. 또한 병자호란기 강화도에서 순국한 김상용의 후손 김복한은 홍주의병을 일으켜 북벌론적 인식이 혈연적으로 이어지고 있음을 알려주었다.

이와 같이 임진의병의 전통을 잇는 한말 의병은 제국주의 열강의 지원과 비호를 받은 일제침략자에 대한 최대의 항일민족세력을 형성하였다. 이들 중 한 갈래는 풍기광복단, 대한광복회, 독립의군부 등으로 이어져 1910년대 국내에서의 민족운동을 주도해 갔으며, 또 다른 갈래는 만주, 연해주로 망명하여 역시 해외에서의 무장독립운동의 기저가 되었다. 그리고 이들의 반외세 불굴의 투쟁정신은 1910년 이후 한국인의 독립투쟁의 정신적 연원을 이루어 저항적인 민족주의를 발전시켜 나갔다 할 수 있다.

제2장 한말 의병전쟁의 이념과 전개

1. 의병의 개념과 시기구분

1894년 일본군이 경복궁을 무력으로 점령한 갑오변란과 청일전쟁을 전후하여 일제의 군사적 위협은 더욱 노골화되었다. 조선인들은 외세의 침략을 당면의 극복해야 할 과제로 인식하였으며 의병을 조직하여 국가와 민족을 수호하기 위한 항쟁을 전개하기 시작하였다. 따라서 의병전쟁[1]은 한민족의 반침략, 반개화투쟁이며, 국권침탈 이후 독립전쟁을 일으키게 한 정신적이며 인적인 연원이 된 점에서 역사적 의의는 크다 하겠다.

의병에 대하여 박은식은 "국가가 위급할 때 즉각 의로써 奮起하며 조

---

[1] 의병전쟁에 대한 용어는 다양하게 사용된다. 고등학교 한국사 교과서 집필기준안에는 '의병운동'으로 제시하고 있다. 여기에서 '운동'은 체력 단련을 의미하는 'exercise'가 아닌 "어떤 목적을 이루려고 힘쓰는 일. 또는 그런 활동"을 의미하는 'movement'의 뜻으로 이해된다. 따라서 '운동'은 정치, 사회적인 활동을 포괄한다. 그러나 '운동' 개념은 직접적인 무력 항쟁의 의미는 약하다. 이에 따라 항쟁, 투쟁 그리고 전쟁이라는 용어가 등장한 것으로 보인다. 고등학교 한국사 교과서도 출판사에 따라 '의병운동' 이외에 '의병전쟁', '의병투쟁', '의병항쟁' 등으로 다양하게 사용되고 있다. 투쟁이나 항쟁('fight')은 단일 전투의 경우에 사용할 수 있겠다. 전쟁(war)은 운동의 의미를 넘어 무력을 동반한 것으로, 국가 대 국가 또는 교전단체와의 전투행위를 의미한다. 따라서 관군 그리고 일본군과 무력 항전한 의병은 '전쟁'으로 봄이 적절할 것이다. 특히 을사늑약 이후 국권을 거의 상실한 시기에 활동한 중기, 후기의병은 '의병전쟁'의 성격이 강하다.

정의 징발령을 기다리지 않고 종군하여 敵愾하는 민군"이라고 했다. 또
한 "의병의 殊勳과 高節이 일월처럼 밝게 빛나며 강상을 扶植하고 영토
를 회복하는데 크게 힘입은 바 있다"면서 의병은 우리의 고유한 민족성
인 國粹라고 했다.2) 여기에서 의병은 민군으로, '敵愾' 곧 군주의 원한을
풀고자 하는 '충의군'임을 알 수 있다. 즉 의병이란 "충의정신에 입각하
여 외적의 침략에 자발적으로 무장 항쟁하여 대항한 民軍"이라고 정의
할 수 있겠다. 즉 의병을 규정하는 첫 번째의 요인으로 의병의 주요이념
이 성리학의 의리론에 기반하고 있다는 점이다. 성리학의 의리론이 대
내적으로는 사육신과 같은 불사이군의 절의파를 배출해 냈다면, 대외적
으로 민족의 위기에는 '捨生取義'와 '主辱臣死'의 정신에 투철한 의병으
로 표출된 것이다. 의병은 비록 그것이 현재적 관점에서 봉건적이라는
사상적 한계가 있다 할지라도 충군적이고 근왕적이라는 고유의 성격을
내포한다 하겠다. 이와 같은 역사적 개념으로서의 의병은 임진의병에서
비롯되었다. 임진의병에서 보여주었던 근왕적 성격이 한말 의병에서는
존화양이론이라는 민족문화의 주체적 논리가 추가되면서 의병은 민족
자존적 정치문화운동으로 발전된 것이다.

이처럼 한말 의병은 정의심과 충의정신에 기초하여 개화정권을 극복
하고자 하였으며, 동시에 일본이라는 외세를 구축하여 국권을 수호하고
자 반침략 구국항쟁을 전개한 민족독립운동이라 할 것이다.

한말 의병은 비록 초기단계에는 유학자가 중심이 되어 반침략 반개화
항쟁을 전개하였으나, 점차 민족의 위기가 심화되면서 여기에 농민과
포수, 심지어는 동학교도까지 의병에 합세하여 민족적 대항전을 펼쳐

---

2) 박은식, 『한국독립운동지혈사』(1920, 상해 維新社), 상편 제11장 「各地 義兵의
略歷」.

갔기에 의병항쟁은 민족주의운동으로 발전될 수 있었다. 후기의병의 경우에는 척사사상보다 반개화성, 특히 반봉건성이 더 나타난다. 의병항쟁을 민중운동사의 측면에서도 평가하는 이유가 여기에 있다.

'義'를 '正義'로 보기도 한다. 맥켄지는 그의 『Korea's Fight For Freedom』에서 의병을 'Righteous Army'라고 표현하고 있다.3) 이는 '정의를 위해 일어난 군대'('Army for Justice')라는 의미를 가지고 있다. 正義를 '올바른 도리'하고 정의한다면 한말 의병은 '忠'('loyalty') 개념이 포함된 정의의 군대(Righteous Army)라고 할 수 있겠다.4)

의병은 투쟁의 대상을 외세에 두는 것이 일반적이다. 임진왜란기 봉기한 임진의병과 19세기말 일제의 침략에 항거하여 봉기한 한말의병은 그 대표적이다. 동학농민군이나 갑오의려는 비록 자신들이 충의군 또는 의병이란 표현을 했을지라도 의병으로 볼 수는 없다. 동학농민군의 제2차 봉기에서 항일운동의 성격이 보이지만, 이를 '의병적'이라고 할 수 있을지언정 의병이라고는 하지 않는다. 비록 동학농민군들이 자신들을 '충의군'이라고도 불렀을지라도, 동학의 항일운동 이념은 동학사상에서 찾아야 할 것이다. 동학은 의병운동이라기보다는 반봉건적 사회개혁 또는 혁명운동의 차원에서 그 의의를 평가해야 할 것이다.

또한 1894~1895년간 동학농민전쟁이 전개될 때 동학농민군에 대항하기 위하여 일부 지역에서는 민군을 편성하였다. 갑오의려 또는 유회군이라 불리는 이 민군은 자신들을 의병이라고도 불렀다. 안중근의 공초

---

3) 맥켄지(F.A.McKenzie)는 『한국인의 자유를 위한 투쟁』(Korea's Fight For Freedom, 1920) 제8장 'A JOURNEY TO THE RIGHTEOUS ARMY'에서 의병을 Eui-pyung (the "Righteous Army")이라 표현하고 있다.

4) 의병의 영문 표기를 의용군의 의미인 Volunteer로 하는 경우도 있으나, 이보다는 정의의 군대라는 Righteous Army로 함이 좋을 듯하다.

를 보면 그의 조부가 의병장이었다고 기록되었는데, 이는 바로 갑오의
려를 가리키는 것이다. 그러나 갑오의려는 관군 또는 일본군과 연합하
여 동학농민군과 항쟁하였으니, 항쟁의 대상이 외세가 아닌 동학군임을
알 수 있다. 따라서 이들 또한 의병과 구분된다. 민란에 참여한 세력도
그러하다. 이들 가운데 일부가 비록 충의군적인 성격을 띠었다 하더라
도 투쟁대상이 관군이었으니 이들도 의병이라 부르지 않는다.

이와 같이 의병이란 "정의와 충의 정신에 입각하여 외적의 침략에 대
항하여 자발적으로 무장항쟁한 민군"이라고 정의할 수 있다. "의병적 성
격" 또는 단순히 "정의의 군대"라는 일반적 개념으로서의 의병과 임란
과 한말에 충의정신으로 무장투쟁한 역사적 개념으로서의 의병과는 구
별해야 할 것이다.[5]

한편 한말 의병에 대한 연구가 시작되면서 의병사의 체계화를 위한
시기구분은 여러 갈래로 시도되었다. 그간 제기된 시기 구분법으로는 2
시기 구분법, 3시기 구분법, 4시기 구분법 등이 있다. 위 구분은 시간의
원근, 봉기원인의 차이, 참여층의 변화에 따른 의병부대의 성격 차이 등
을 기준으로 시도되었다고 할 수 있다.

2시기 구분법은 을미의병을 전기의병으로, 을사 정미의병을 후기의병
으로 구분하는 것으로, 주로 시간의 원근과 주도세력의 성격의 차이로
나눈 것으로 보인다. 3시기 구분법은 그간 주로 이용되던 방법으로 의병
연구의 효시라 할 수 있는 뒤바보의 「의병전」(1920년)에서 부터 비롯되
었다.[6] 이 3시기 구분법은 해방 이후에도 사용되었으며 을미의병, 을사
의병, 정미의병 등 간지를 사용한 분류법이 일반화되었다. 4시기 구분법

---

5) 김상기, 『한말전기의병』, 독립기념관 한국독립운동사연구소, 2009, 304쪽.
6) 뒤바보, 「의병전」, 『독립신문』, 상해, 1920년 4월 27일~5월 27일자.

은 1970년 강재언의 주장에서 비롯된다. 그는 ①초기단계(1895. 10~
1896. 5), ②재기단계(1905. 4~1907. 7), ③고조단계(1907. 8~1909. 10), ④
퇴조단계(1909. 10~1914)로 구분하였다. 이 구분법은 1909년 일본군에
의한 소위 '남한대토벌작전' 이후 의병의 퇴조와 독립군으로의 전환과
정을 별도의 한 단계로 파악한 구분법이다.[7] 조동걸은 이 구분법에 최
근의 연구성과까지를 수용하여, ①전기의병(1894~1896), ②중기의병
(1904~1907. 7), ③후기의병(1907. 8~1909. 10), ④전환기의병(1909. 11~
1915)의 4단계로 구분하기도 한다. 이 구분에서는 조선말 반일의병의 기
점을 기존의 1895년 을미의병에서 1894년의 의병으로 고쳐 잡고, 의병의
하한을 1914년 대한독립의군부의 해체가 아닌 1915년 채응언의 체포로
설정한 점이 주목된다.[8]

　의병사의 시기구분과 관련하여 북한의 과학백과사전종합출판사에서
출간한 오길보의 『조선근대반일의병운동사』도 참고된다. 이 책은 북한
에서의 의병연구 성과를 체계화한 의병연구서로 보인다. 여기에서는 의
병의 단계를 크게 2단계로 구분하여, ①19세기 말 반일의병운동(1895~
1896), ②20세기 초 반일의병운동(1904~1914)으로 구분하고 있다. 그 중
제2단계는 다시 ①반일의병운동의 재개(1904~1905), ②반일의병운동의
앙양(1906~1907. 7), ③반일의병운동의 확대발전(1907. 8~1909), ④일제
의 조선강점을 전후한 시기 반일의병운동(1910~1914)의 4단계로 나누
고 있다. 여기에서는 의병의 기점으로 1895년 7월 김원교가 평안도 상원
에서 봉기한 상원의병을 잡고 있다. 1914년 김정환의병의 유정리 전투를

---

7) 강재언, 「반일의병운동의 역사적 전개」, 『조선근대사연구』, 동경, 일본평론사,
　1970.
8) 조동걸, 『한말의병전쟁』, 독립기념관 한국독립운동사연구소, 1989.

의병의 하한으로 잡고 있음도 우리와 다른 점이다.[9)]

이 글에서는 한말 의병을 전기, 중기, 후기의병의 3시기로 구분하고자
한다. 4시기 구분법에서 1909년 일본군에 의한 소위 '남한대토벌작전'을
전후하여 후기의병과 전환기의병을 구분하였으나, 이를 한 시기로 묶어
후기의병이라 지칭하고자 한다. 비록 1909년 10월 이후 의병의 활동이
퇴조한 것은 사실이나, 의병 부대의 활동이 연속되고 있으니 의병의 이
념이나 목적 등의 차이를 발견하기 어렵기 때문이다. 독립군으로의 전
환을 준비하는 특성이 나타나기는 한다. 그러나 이는 1910년 이후에 나
타나는 후기의병의 한 특성으로 볼 수 있을 것이며, 별도의 시기로 구분
할 필요는 없을 것으로 보인다. 이와 같은 한말 의병의 전개과정을 시기
적으로 구분하면, ①전기의병(1894~1896), ②중기의병(1904~1907. 7),
③후기의병(1907. 8~1915)으로 구별할 수 있다.

2. 의병전쟁의 사상적 기반

한말 항일의병 투쟁을 가능토록 한 사상적 기반으로는 衛正斥邪論과
개화망국론, 그리고 斥倭論과 대일결전론 등을 들 수 있다. 이 중에서 위
정척사론은 19세기 중, 후기 척사 유생들의 중심 이념으로 작용하였으
며 1894, 5년 이후 의병투쟁의 지도 이념이 되었다. 척왜양창의론은 동
학농민군이 반침략의 구호로 내걸었던 이념이었으나 농민층이 의병에
참여하면서 의병 병사층의 사상적 기반이 되었다. 특히 후기의병에 다
수의 평민의병장이 등장하면서 여전히 위정척사론이 이념적으로 작용

---

9) 과학백과사전종합출판사, 『조선근대반일의병운동사』, 1988.

하였지만, 민중들은 척왜론을 이념적으로 무장하여 항일의병투쟁을 전개한 것으로 보인다.[10] 이 양자의 이념은 후기의병에서 합류한 측면도 있다.

1) 위정척사론

조선조 지배층의 통치이념으로 기능하기도 한 주자학이 조선후기에 이르러 예론, 이기론, 인물성동이론 등 형이상학적 논쟁에 치중되면서 관념화하기에 이르렀다. 비록 그 논쟁들이 단순한 이념적 차원을 넘어 정치세력간에 정권투쟁의 도구로서 이용되거나 윤리의식을 고취시켜 사회 질서를 안정시킨 부분이 있기는 하지만, 지배층의 가렴주구와 농촌생산 경제의 낙후성으로 인해 절대 빈곤 상태에 있던 일반 서민의 관심대상과는 격리된 논쟁이었다.

조선조 말기 서세동점 하에 제국주의 세력의 정치, 경제, 문화적 침략이라는 상황의 변화에 주자학자들은 이에 대응하여 지방의 유생들을 중심으로 위정척사론을 정립시켜 나갔다. 나아가 이들 척사파 유생들은 주자학의 지배이념으로서의 위치를 확보하고자 하고자 하는 위정척사운동을 전개하였으며, 일본의 제국주의적 침략에 민족의 생존권 회복을 위한 반침략 의병투쟁을 전개하였다.

위정척사론은 조선조 지배이념인 주자학 사상과 그 질서를 지키고 반주자학적 체계, 그 중에서도 서학 내지는 서양 세력을 배척하는 사상적 체계를 말한다. 조선초기 이래 위정척사론에 의하여 배척된 이단의 대상은 불교와 도교가 중심이었으나 근대에 들어서 특히 西學, 洋物, 倭가

---

10) 김상기, 『한말의병전쟁』, 일조각, 1997.

주요 배척대상이 되었다.

근대에 있어 위정척사론은 1860년대 제기되었다. 병인양요를 전후하여 서양세력의 침략에 李恒老·奇正鎭 등 유생들이 상소를 통하여 서양의 침투를 반대한 것이다. 이들은 西洋의 學問과 文物을 배척하였으며 洋學이 전파되면 주자학 질서가 무너져 풍속을 금수화 하며 洋物이 보급되면 조선이 서양의 경제적 예속 상태로 빠지게 될 수 있음을 지적하였다.

병자수호조약 체결을 전후하여 재개된 척사론의 특징은 倭洋一體論이라 할 수 있다. 조선은 이제까지 교린의 대상이었던 倭를 명치유신을 전후하여 서양화한 왜로 인식하기 시작하였다. 불평등조약인 병자수호조약이 강제로 체결되자 정치 경제적 위기의식을 느낀 유생들은 배척의 대상을 洋에서 倭로 바꾸어 인식한 것이다.

유생들의 위정척사론은 1881년에 전국적으로 확대되었다. 이들은 『朝鮮策略』의 내용에 대해 집단적인 상소운동을 전개하였으며, 이념적으로 이전보다 더욱 강한 '斥倭洋一體論'을 전개하였다. 이만손·홍재학·홍시중·황재현 등 전국의 유생들은 상소를 통해 『조선책략』을 유포시킨 조정과 심지어는 고종마저 비판의 대상에 올렸다. 1884년의 變服令에 대하여도 송병선·송근수·신응조·유중교와 같은 유생들은 강력한 항의 상소를 올려 반개화론을 주장하였다. 이 시기의 위정척사론은 정부의 개화정책의 결과 유생들의 흐트러진 이념을 재무장하는 성격을 띠기도 하였다.

위정척사론은 1894년의 갑오변란과 청일전쟁의 발발, 갑오경장의 강행, 1895년의 을미사변 및 변복령과 단발령 공포와 같은 것이 동인이 되어 그 이전과 크게 변화된 모습을 보여준다. 이러한 국내외적인 정세변화는 유생들로 하여금 衛正보다는 斥邪를 우선하도록 강요하였으며, 衛

道보다는 이제는 衛道와 함께 衛國을 이념적 목표로 삼아 이를 실천하
고자 하였다. 유생들은 開化를 곧 倭化로 인식하는 태도를 확고히 하였
으며 개화론자들이 春秋大義에 역행하여 국모를 살해하고 君父의 지위
를 폐지하였으며 중화질서를 파괴함은 물론 나라마저 망하게 하였다고
보았다. 이와 같이 척사론자들은 1894, 5년간 일본에 의한 제국주의적
침략에 주자학 질서의 붕괴를 걱정하였으며 동시에 민족 존망의 위기의
식을 느끼게 되었다.

이에 따라 척사의 대상을 일본제국주의 세력과 개화파 관리집단으로
보고 이들을 물리치기 위한 반개화·반침략 투쟁을 전개하였다. 특히 을
미사변과 단발령이 내리자 이들은 국난을 당하여 의병을 일으켜 逆黨을
쓸어내는 것이 '處變三事'중의 시급한 일이라 하며 민족자주를 위한 거
족적인 항일의병 투쟁을 전개하였다.

이와 같이 1894, 5년 이후의 위정척사론이 반침략 반개화 특성을 띠는
원인은 일제의 제국주의 침략과 이에 동조하여 종속화된 개화파의 반주
자학적 정책에서 연유하고 있다. 즉 개화파의 변복령과 단발령 공포와
같은 주자학 질서를 혼란 내지는 파멸시키려는 일련의 개화정책은 척사
파를 중심으로 한 인민들의 반개화 투쟁을 유도하였으며, 1894년 6월의
갑오변란과 한반도 내에서의 청일간의 전쟁은 이들에게 민족의식을 일
깨워주어 반침략 투쟁을 전개하도록 고무하였다.

그 중에서 화서학파는 이 시기 국론을 주도하여 간 대표적 학파라 할
수 있다. 이들은 제국주의세력의 침략에 대항하여 철저한 尊華攘夷論에
의한 의병투쟁을 전개하였다. 화서학파에 의해 주도된 의병으로 제천의
병, 춘천의병이 있다. 제천의병장 柳麟錫은 화서학파의 종장인 이항로와
김평묵·유중교로부터 화서학파 척사론의 요체를 전수 받은 유학자이며

그 사상을 실천에 옮긴 의병장이다. 유인석은 화서학파의 존화양이론을
철저히 계승하였다. 그는 중화의 명맥을 보전하여 동포들이 금수가 되
는 것을 막고자 하였다. 이러한 그의 존화양이론은 송시열에 의해 주창
된 '소중화론'에서 근거하고 있음을 볼 수 있다. 그가 작성한『宇宙問答』
에 의하면 중국과 조선은 각기 삼황과 단군, 기자의 정통을 이어 중화와
소중화의 맥을 계승해 오다가 명이 망한 후 그 화맥이 중국에서는 없어
지고 조선에만 남게 되었다는 것이다. 따라서 주자학을 신봉하지 않는
'倭洋'은 華를 해치는 '夷'로서 격퇴시켜야 할 대상으로 보았다. 유인석
의 이 소중화론은 우주의 중심이 화맥을 계승한 조선에 있다는 민족자
존적 문화의식의 소산이라 할 수 있다. 그러나 유인석은 '소중화'는 절
대로 '중화'가 될 수 없다고 인식하였다. 중국의 경우는 '대중화'라 하여
'소중화'와 구별하고 있다. 유인석의 '소중화론'은 당시 유생들의 공통된
인식이기도 하며, 단군보다는 기자를 '殷師'라 하여 더 비중을 두고 있
음을 볼 수 있다. 여기에 그의 '소중화론' 더 나아가 척사론의 취약점이
보인다.[11]

　존화양이론을 擧義의 이념으로 내세운 의병장은 화서학파 유생들만
은 아니었다. 1895～1896년간에 충청도 홍주 일대에서 활동한 의병장 金
福漢과 李偰 역시 이 이론을 실천에 옮긴 인물들이다. 김복한은 척화파
의 거두인 淸陰 金尙憲과 仙源 金尙容의 후손이다. 그는 이단을 배척하
는데 강력한 논리를 편 韓元震의 사숙문인으로 그의 존화양이론은 확고
하였다. 김복한은 어려서부터『주자강목』을 즐겨 읽었다. 강목의 정신
은 '尊中華 攘夷狄'이 중요 이념으로 알려져 있다.

　김복한의 화이론에 대한 경도는 이설이 작성한 김복한 輓詞에서 "만

---

11) 김상기,『한말의병연구』, 일조각, 1997, 77～79쪽.

년을 내린 화이 전통이 그대 한 사람에 힘입어 지켜지도다."라고 한 대
목에서도 여실히 드러난다.12) 이설 역시 서세동점의 민족적 위기에 주
자학을 철저히 신봉하였으며, 천주교를 포함하는 이단을 사학으로 보았
다. 이설은 道脈이 공자에서 주자로 이어졌다고 하면서 주자 이후로는
도맥이 조선에 이어졌다고 계통적으로 설명하고 있다. 그의 사상의 기
조는 '衛小中華, 斥邪學'이라고 할 수 있다.13) 이와 같이 이들이 화이론
에 철저했던 것은 남당 한원진의 영향에서 찾을 수 있다. 남당 한원진의
학문과 사상은 주자·율곡의 心法學에 기반을 두고 있으며, 尤庵의 '直'
의 心學을 계승 발전시킨 것으로 알려져 있다. 이와 같은 異端論과 直哲
學이 동향의 후배들에게 전수되어 생사를 초월하여 의병을 일으키도록
한 것이다. 그 대표적 인물로서는 김복한·이설을 들 수 있다. 홍주의병
장 김복한과 이설의 의병봉기의 사상적 기반은 주자학의 의리론과 척사
론에 입각한 화이론에서 찾을 수 있다.

　노사학파는 蘆沙 奇正鎭의 학문적 영향을 받은 문인들을 지칭한다.
이들 역시 19세기 중엽 외세의 침략에 대한 대응책으로 존화양이론을
제시하였다. 노사학파에는 위정척사운동과 의병투쟁을 주도한 인물들이
다수 포함되어 있다.

　노사학파의 문인 중에서 의병활동에 철저했던 인물로 奇參衍이 있다.
기삼연은 을미사변이 일어나자 '討賊復讐'하고자 奇宇萬 등과 함께 거의
하였다. 이때 그가 올린 상소에서 그는 국왕이 민심을 歸一시키고 군사
를 훈련시켜 외적을 물리쳐야 함을 주청하였다. 그리고 자신이 의병을

---

12) 김상기, 「김복한의 학통과 사상」, 《한국사연구》88, 1995.

13) 김상기, 「복암 이설의 항일민족운동에 대한 고찰」, 우강권태원교수정년기념논총
　　『민족문화의 제문제』, 1994.

일으킴은 일제의 주구 노릇을 하는 친일 역신들을 몰아내어 국정을 안
정시키고자 한 뜻임을 피력하였다. 기삼연은 1907년에는 수록산에서 擧
義하고 호남창의회맹소의 대장에 추대되었다.

영남의병을 주도한 권세연·김도화·허위 등은 김성일과 정구의 연원
을 갖는 定齋 柳致明(1777~1861)과 性齋 許傳(1797~1886)의 사상적 영
향을 크게 받았다. 유치명의 문인들이 안동의병을, 김산의병과 진주의병
은 허전의 문인들에 의해 주도된 측면이 있다.

이와 같이 위정척사계 인물들은 주자학의 존화양이론에 철저한 이들
로 이들의 수호 대상이 여전히 道 즉, 中華에 치중되어 있으며 서양과
일본의 침략으로 파괴되어 가는 유교전통을 고수하고자 한 측면이 있
다. 이에 따라 개화정책에 따라 제도나 문물이 서구화되어 감을 거부하
는 복고적이고 보수주의자인 면이 있음은 사실이다.

그러나 이들의 존화양이론은 우주의 중심이 화맥을 계승한 조선에 있
다는 민족자존의식에 입각하고 있으니 문화적인 의미를 내포한 면이 있
기는 하나 동시에 민족의 실체를 인식하기 시작한 것으로 보인다. 즉 이
들은 민족의 위기에 직면하자 민족수호의 이념을 제기하고 그에 따라
척사운동 나아가 항일의병투쟁을 전개한 것으로 보인다. 이들은 한민족
을 주체로 보는 사상을 기반으로 하면서 서양의 수공업품과 조선의 농
산물의 교역이 조선의 경제적 침탈을 초래할 것이라는 현실인식을 가지
고 있었다. 특히 1894, 5년 이후 개화정권이 일본침략 세력과 결탁하는
현실을 경계하고 개화정권이 국권을 파괴해 갈 수 있는 위험성이 큼을
직시하였다.

이들은 일본의 제국주의적 침략 의도를 간파하고 있었으며 그 대처방
안으로 군신 상하가 맹세하여 일본과의 전쟁을 감행할 것을 주장하는

주전론을 주장하는 등 이념과 행동의 전환을 가져와 반침략 의병투쟁을 전개하였다. 또한 이들은 의병투쟁의 과정에서 중화론의 회복만이 아닌 민족과 국가의 존망에 대한 위기의식을 느끼게 되었으니 항일의병은 망해 가는 국가를 회복하려는 민족운동으로 승화되기에 이르렀다.

이와 같이 위정척사론은 비록 시대적 제약으로 인한 위와 같은 한계를 지적할 수는 있다. 그러나 1894년 이후 이들이 단지 위도만이 아닌 衛國으로의 사상적인 전환이 이루어지는 것으로 보이며, 나아가 민족수호를 위한 자주의식의 토대 위에서 무력투쟁을 전개하였다는 점에서 한말 의병투쟁은 문화적 민족주의 이념에 입각한 민족운동의 성격을 갖는다 할 수 있다.

2) 개화망국론

개화망국론이란 개화는 곧 일본에의 예속상태로 빠지게 되니 자주권을 상실하여 망국에 이른다는 논리이다. 개화파 지식인들은 이 개화라는 말을 문명화 또는 변혁과 진보의 개념으로 파악하였다. 반면에 척사유생들에게 개화라는 용어는 오히려 왜국화 나아가 망국의 의미로 받아들였다.

1876년 불평등 조약이 강제로 체결되기 직전 김평묵과 유중교 등 화서 이항로의 문인 50인은 「복합유생척양소」를 올렸다. 이 연명유소는 왜양일체론이 주요 내용이라 할 수 있다. 이에 의하면 왜를 서양의 앞잡이로 파악하였다. 왜가 서양과 결합하여 양선을 타고 양포 등 양기를 사용하고 있음을 보아 알 수가 있다는 것이다.

유인석은 대표적인 개화망국론자였다. 그는 개화파들에 의한 외국과의 통상이 망국의 근원이 되었다고 하였다. 그리고 擧義의 목적이 남의 노예가 되는 수치를 면하고자 함에 있음을 다음과 같이 주장하였다.

> 아! 원통하도다. 그 누가 알았으랴. 외국과 통상한다는 꾀가 실로 망국
> 의 근본이 될 것을, 문을 열고 도적을 받아들여 소위 世臣이란 것들은 달
> 갑게 왜적의 앞잡이 노릇을 하는데 목숨을 바치니, 仁을 이루려는 선비들
> 은 남의 노예가 되는 수치를 면하자는 것이었다.14)

유인석은 1894년 이래 개화파에 의한 갑오경장을 망국적 반민족적 행
위로 인식하였다. 이러한 인식하에 그는 제천의진을 결성하고 개화파
관리인 단양군수 권숙과 청풍군수 서상기, 충주관찰사 김규식, 평창군수
엄문환, 그리고 천안군수 김병숙 등을 '왜관찰' 또는 '왜군수'라 하며 처
단하였다. 유인석의 이러한 인식은 국망 이후에도 변함이 없었다. 1914
년 망명지에서 저술한 『우주문답』에서도 개화망국론을 개진하고 있다.
그는 망국의 근원이 수구에 있지 않고 개화에 있음을 역설하였다.

> 비록 舊法이 나라를 망쳤다고 주장하지만 亡國은 開化가 행하여진 뒤
> 의 일이다. 말로는 개화라 했지만 그 행한 바는 國母를 시해하고 君父를
> 폐위하고 윤리와 법강을 문란하게 하고 나라를 팔아 결국 나라를 망친 것
> 이다. 舊法을 행하여 망국했다고 가정하더라도 어찌 개화해서 망국한 것
> 만큼 심했겠는가. (중략) 비록 수구인을 나무라지만 국모를 시해하고 군부
> 를 폐위하며 나라를 팔고 망친 것은 모두 개화인의 소행이었고 망국을 통
> 분하여 순절하고 거의한 것은 거개가 수구인이었다. 만일 나라 안의 上下
> 大小人이 수구인의 마음과 같이 하였더라면 나라는 혹시 망하지 않았을
> 지 모르고 또 망했다 하더라도 그렇게 빨리 망하지 않았을 것이다.15)

---

14) 유인석, 「격고내외백관」, 『의암집』 권45, 檄.
15) 유인석, 「우주문답」, 『의암집』 권51.

홍주의병장 김복한을 비롯한 이설과 안창식도 반개화론을 펼쳤다. 김
복한은 신학문에 대하여 "인심을 물에 빠뜨리고 世道를 壞敗시킴이 심
하고 어버이와 임금이 없고 어른과 아이의 순서가 없으며 삼년상을 모
시지 않는다."는 등의 이유를 들어 비판하였다. 그는 애국계몽운동에 대
하여도 애국을 부르짖는 자들은 국가만 알지 중화의 도를 알지 못하여
결국은 개화라는 구실하에 서양화 한다고 지적하였다.16) 이설은"지금
개화를 빙자하여 우리나라를 삼키려고 획책하고 있다."고 개화파들에
대한 직접적인 공격을 서슴치 않았다. 안창식은 을미사변 전인 1895년
4월에 광천에서 의병을 일으키고자 모병활동을 구체적으로 전개했던 인
물이다. 그 역시 박영효 등 개화파에 의해 의관과 문물이 바뀜을 통탄하
는 반개화이념에 경도되어 있었던 것이다.

문석봉 역시 反開化論을 주장하였다. 문석봉은 관리로 있으면서도 정
부의 개화정책을 따르지 않았던 것으로 보인다. 그는 "동방에 다시 옛
의관을 회복할 길 없네" 하며 개화정권의 변복령을 탄식하고 있다. 문석
봉은 단발령에 대하여도 완강히 반대하였다.17)

1896년 2월 장성에서 의병을 일으켰던 기우만 역시 고종에게 올린 상
소문에서 개화는 인륜을 무너뜨려 금수의 지경으로 몰아넣는 것이라고
다음과 같이 진언하였다.

> 아! 오직 임금만이 백성에게 복을 줄 수 있고 오직 임금만이 백성에게
> 위엄을 가할 수 있다는데, 그 위엄과 복이 임금에게서 나오지 아니하고 그
> 놈의 손에서 나오게 된다면 그 놈들이 무슨 짓인들 못하겠사옵니까? 朝著
> 를 변경하기로 마음먹어도 되고, 선왕 法典에 손질을 해도 되고, 심지어는

---

16) 김상기, 「김복한의 학통과 사상」,《한국사연구》88, 1995.
17) 김상기, 『한말의병연구』, 일조각, 1997, 178쪽.

국모를 시해하고 군부를 협박해도 감히 그 서슬을 거스릴 자 없으며, 상투를 베고 머리를 깎아서 당당한 예의의 나라를 이적 금수의 지경으로 몰아넣은 것은 모두 開化란 두 글자가 그렇게 만든 것입니다.[18]

그는 이어서 개화란 두 글자는 난신적자가 임금을 속이고 나라를 그르치는 간사한 꾀요, 외적을 끌어들여 자기편을 만들고 무리를 만들어 권력을 장악하여 임금의 수족을 묶는 것에 불과하다고 하였다.

이천의병장 김하락의 학문적 성격은 분명하지는 않으나 의성 출신인 점으로 보아 寒洲 李震相의 영향을 받았을 것으로 보인다. 그 역시 개화 정권에서 추진하는 일체의 개화시책을 반대하였다. 특히 변복령과 단발령이 공포되자 "민심이 흉흉하여 혹은 심산으로 도망하고 혹은 배에 승선하여 바다로 가기도 하였다. (중략) 당시 서울에 있는 지사들은 가슴을 두들기며 주먹을 비비고 통분함을 이기지 못하였다."[19]라고 비판하였다.

3) 척왜론과 대일결전론

의병투쟁의 사상적 기반으로 척왜론, 나아가 대일결전론을 들 수 있다. 1894년 전국에 걸쳐 전개된 동학농민전쟁에 참여하여 반침략 반봉건 투쟁을 전개한 농민대중들이 동학의 '斥倭洋倡義'정신으로 의병에 참여하였으며, 이 정신은 유생을 포함한 민중들의 斥倭論的 對日決戰論으로 확대되어 의병 봉기의 중요한 사상적 기반이 되었다 할 수 있다.

의병투쟁이 반침략 반개화의 특성을 띠는 데에는 1894년 전국에 걸쳐

---

18) 기우만, 「병신소」1, 『송사집』 권2 疏.
19) 김하락, 「진중일기」, 『독립운동사자료집』1, 1971, 584쪽.

전개된 동학농민전쟁의 이념적 영향을 무시할 수 없다. 동학의 '斥倭洋倡義' 정신과 민중의 반봉건적 성격이 일부 의병에 영향을 주었으며 그 결과 1894년 이후의 위정척사론은 그 이전의 성격과는 다른 특성을 보여주고 있다.

　한편 유생을 포함한 민중들은 일제의 침략이 노골화함에 따라 척왜론 나아가 대일결전론을 이념화하게 되었으니 의병투쟁은 바로 대일결전론의 구현이었다. 이 대일결전론은 의병의 기본 이념이면서 동시에 동학농민군의 주요 이념인 척왜양창의론이 확대된 민족이념이라고 할 수 있다. 이와 같은 의병과 동학농민군과의 민족이념의 공유는 패산하였던 동학농민군으로 하여금 항일의병투쟁에 동참할 수 있게 하였다. 해주와 상원의병에 동학군이 참여하여 주도적인 역할을 한 점은 비교적 유교적 규범이 약한 북한지역이라는 지역적 특성 이외에도 이와 같은 이념적인 공통성에서도 그 요인의 일단을 찾을 수 있을 것이다. 유생이 중심이 된 전기의병에 동학농민이 일부 참여하였음은 그 특성이 반영된 결과라 할 수 있다. 1895년 9월 상원의병의 경우, 이미 해산된 동학농민군에게 의병참여를 권유하여 이들이 의병대열에 동참한 것은 이를 입증하는 사례인 것이다. 또한 의병을 주도한 유생층과 민중층에게 민족이라는 이념의 공유는 이전과 달리 신분과 지위, 그리고 당색의 차이를 극복하고 공동의 적인 일제에 대항하여 국가를 보전할 수 있도록 하였다. 이 대일결전론은 의병의 모든 의진에서 기본 이념으로 나타났다. 전기의병의 경우에도, 유성의병·경주의병·김산의병·진주의병·홍주의병·나주의병 등에서 그러한 면을 볼 수 있다.

　문석봉은 오랑캐 일본을 물리쳐 國亡을 막아야 함을 피력하였다. 그는 武科에 급제한 후 관리로 근무하면서 정부에 의한 일련의 개화정책이 일본의 조종에 의해 이루어짐을 목도하였다. 특히 동학농민군을 진압하는 과정에서 일본군의 위압적이고 무자비한 진압, 거기에 비해 조선정부의 나약함을 보고 그의 척왜론은 강화되었으며 급기야 국모시해를 당하여 그는 항일의병을 전개하였다.

　나주의병에서 유생과 비유생 의병장이 같은 지휘부를 형성하였을지라도 신분적인 갈등을 극복하여 갔으며, 경주와 나주의병은 胥吏들에 의해 주도되었으나 士族과 갈등한 면은 드러나지 않는다. 이들은 동학농민전쟁 때부터 지역의 사족들과 연대하여 동학군의 공격을 방어했으며, 의병을 일으킨 뒤에도 사족인 李鶴相을 대장으로 추대하면서 사족들의 권익을 옹호해 줬던 것이다. 김산과 진주의병의 경우도 마찬가지였다. 진주의병장 盧應奎는 승려인 徐再起를 선봉장에 임명하여 훌륭하게 항일투쟁을 수행하였다. 김산의병의 경우는 여러 세력이 연합한 형태로 출발하였다. 즉 선산의 許蔿, 상주의 李起燦, 김천의 趙東奭·柳道燮, 그리고 呂永韶·呂中龍·梁濟安 세력이 지휘부를 형성하였다. 이들은 유생이라는 공통성 외에는 학통성, 혈연성, 지역성 등을 공유하지 못한 점에서 상호 이질적인 면이 오히려 많았다. 그러나 유생의 처지에서 반동학의 입장에 섰던 이들이며 일제의 침략에 민족의 생존문제를 의식하여 항일의병을 조직하게 되었던 것이다. 이중에 여중룡 같은 이는 동학군한테 가재를 약탈당하고 일 가족이 수난을 당하기까지 하여 철저히 반동학적인 처지에 있었는가 하면, 중군장 양제안은 일본군의 격퇴를 위하여 동학군과 제휴를 계획하기까지 하는 등 항일투쟁을 전제한 친동학적인 태도도 나타난다. 이처럼 김산의병의 경우에는 이념의 차이는 별문제가 안되었던 것으로 보인다. 이러한 측면은 김산의병이 경상 감영의 관군에 보낸 효유문에서 지금 이 의거는 다만 국가를 위하고 적을 토벌하여 원수를 갚고자 하는 계책에서 나온 것이다. 무릇 우리나라의 음식을 날로 먹는 자라 할지라도 어찌 우리 임금님의 신하가 아니라 할 수 있겠는가. 그러니 누가 이와 같은 마음이 없겠는가. 절대로 서로 죽이고 해치지 말도록 하라(梁濟安,『梁碧濤濟安公實記』참조).

라 하여 일본과 그 추종배를 토벌의 대상으로 삼을 것이며, 동족간에 서로 죽이고 해치는 행위를 하지 말 것을 관군에 요청하고 있음에서 잘 알수 있다. 이는 의병들이 일본을 격퇴한다는 대의명분을 실천하는 중에 민족이라는 구심체를 인식하게 된 것을 의미한다.

홍주의병에서도 김복한·이설과 같은 노론과 안병찬 등의 소론이 주도 세력으로 동참하였다. 이설은 1876년 개항 이후에 척사의 대상을 일본에 집중시켜 '斥倭論'을 주창하였다. 그의 '척왜론'은 1894년 이후 일본과의 전쟁을 감행할 것을 주장하기까지로 발전하였다. 1894년 6월 20일 올린 상소에서 그는 군신상하가 맹세하여 일본과의 전쟁을 감행할 것을 주장하였다. 이후 그는 고향인 홍주군 결성으로 내려와 척사 상소를 올리고 의병에 참여하여 그의 사상을 실천에 옮겼다.[20]

1907년 후기의병의 경우에서 이와 같은 경향은 더욱 짙어진다. 후기 의병은 유생이나 전직 관료 이외에 해산군인을 비롯하여 포수, 빈농 등 평민출신 의병장이 다수 등장하였다. 특히 일제의 정치 경제적 침탈이 지방에까지 깊게 침투되자 이로 인한 위기의식이 사회 저변에 널리 형성되면서 민중들이 의병에 투신할 뿐 아니라 의병전쟁을 주도하기에 이르렀다. 이들은 창의 이념으로 '愛國救民'이나 '輔國安民'을 표방하고 일

---

20) 김상기, 「복암 이설의 항일민족운동에 대한 고찰」,『우강권태원교수정년기념논총』, 1994.

본군과의 전투는 물론, 주민을 괴롭히는 토호나 관리를 처단하였다. 그리고 이들은 지역 주민과의 유대 강화에 힘쓰면서 防穀과 납세거부투쟁을 주도함으로써 민중의 지지를 받았다.

이처럼 후기의병은 유생층과 농민층이 합류하면서 의병투쟁을 전개함에 따라 민중적이고 반봉건적인 성격마저 띠게 되었다. 이에 따라 후기의병의 사상적 특성은 安民的 성격을 띠면서 민중적 민족주의 이념으로 자리잡아 갔다고 할 수 있다.

3. 의병전쟁의 배경과 전개

1) 전기의병

(1) 배경과 원인

전기의병은 1894년 6월 일본군이 무력으로 경복궁을 침범한 갑오변란과 을미사변, 단발령이 직접적인 계기가 되어 일어났다. 1894년 동학농민전쟁이 발발하고 관군의 연이은 패퇴에 조선정부에서는 급기야 청에 군사를 요청하기에 이르렀다. 그러나 이는 일본에게 조선을 침략하기 위한 절호의 기회를 제공한 결과가 되었다. 일본군은 '일본공사관 및 거류민 보호'라는 구실 하에 조선에 군대를 파견하였다. 일본군은 출발할 때부터 청 세력을 조선에서 물리치고 조선을 대륙침략의 전진기지로 차지하려는 정책을 수립하였다. 이들은 서울에 위협적인 군대를 주둔시켜놓고 1894년 5월 중순 이후 조선정부에 내정개혁을 제의하였으며, 6월 1일에는 총 27개조에 달하는 내정개혁안을 강요하였다. 조선정부는 이를 내정간섭이라 하여 거절함은 물론, 불법 진주한 일본군의 철수를 요구하였으며, 철군 후에 독자적으로 개혁할 것임을 밝혔다. 조선정부에서는 6월 11일 교정청을 설치하여 동학농민군이 제시한 폐정개혁안의 일부를 받아들여 정치개혁을 추진하고자 하였다.

이와 같은 조선정부의 태도에 대해 일제는 조선에 대한 개전의 결의를 분명히 하고 6월 21일 경복궁을 공격 점령하는 甲午變亂을 일으켰다. 이 갑오변란은 일제가 조선침략의 야욕을 구체적으로 드러낸 첫 단계의 침략사건으로 큰 변란임이 틀림없다. 경복궁을 무력 점거한 일제는 자신들의 무력행사를 열강에게 은폐하기 위하여 대원군을 유인, 입궐시켰다. 대원군의 등장은 곧 민씨정권의 몰락을 의미하였다. 일제는 고종으로 하여금 정무와 군무를 임시로 대원군에 위임토록 조치하였다. 더욱이 일제는 조선군의 무장을 강제로 해제시켰다. 이와 같이 일본군이 경복궁을 무력점거하고 이어 부일개화파들에 의한 친일정권인 제1차 김홍집내각이 수립되어 갑오경장이 추진되었다.

이 사태에 격분한 동학농민군은 1894년 9월경부터 반개화투쟁과 아울러 반침략투쟁을 재개하였으니 이것이 동학의 제2차 봉기이다. 그러나 갑오변란을 비롯한 일련의 사태를 위기상태로 인식한 세력층은 동학농민 만이 아니었다. 즉 지방의 유생들 역시 이를 침략행위로 간주, 반침략투쟁을 개시한 것이다. 그 징후는 궁궐침범 1개월 여 후인 7월 말에 나타났다. 청풍의 유생 徐相轍은 격문에서 궁궐을 침입한 갑오변란이 직접적 요인이 되어 기병하였음을 분명히 하고 있다. 지평의 유생 안승우 역시 이때 고향에서 의병봉기를 시도하였다. 을미사변 이전인 1895년 7월 봉기한 金元喬의 상원의병 역시 봉기의 주요 요인이 갑오변란에 있었다. 이들이 발표한 격문 내용에 그 사실이 잘 나타나 있다.

한편 척사유생들은 을미사변과 단발령 이후 의병투쟁을 보다 전국적으로 전개하였다. 이들 역시 갑오변란을 망국의 시작으로 인식하고 있음을 볼 수 있다. 유인석이 그 대표적 인물이다. 그는 의병을 봉기하면서 발표한 격문인 「격고팔도열읍」에서 "마침내 갑오년 6월 20일 밤에 이르러 우리 조선 삼천리 강토가 없어진 셈이다." 라면서 통분하고 있다. 1896년 2월 진주에서 거의한 노응규 역시 그의 「병인소」에서 갑오변란을 '6월의 변'이라 표현하여 을미사변과 같은 변란으로 인식하고 있음을 알 수 있다. 한편 홍주을미의병의 총수였던 김복한은 이 갑오변란을 전후하여 승지직을 버리고 낙향하였다. 그의 이 시기의 심정은 을미의병 후 체포되어 1896년 1월 23일 고등재판소에서 가진 문초내용에 잘 나타나 있다. 홍주을미의병 주도자 중의 한 명인 이설 역시 갑오변란에 충격을 받고 우부승지의 직을 사직하고 고향인 홍주로 낙향하였으니 의병 봉기를 위한 채비를 한 것이다.

전기의병이 봉기할 수 있었던 또 다른 배경으로 을미사변이 있다. 을미사변이란 1895년 8월 20일(음) 명성황후가 일제에 의해 시해된 사건을 말한다. 일제는 갑오변란 이후 조선을 장악하고 개화를 구실로 한 침략 정책을 수행 중 명성황후의 반대에 직면하였다. 급기야 러시아 세력과 제휴하려는 명성황후의 시도에 미처서는 결국 시해하기에 이른 것이다. 이는 국제적 범죄행위로 조선을 식민지화 하려는 침략행위의 일환으로 취해진 것이다. 너무나 비참한 국모의 시해소식을 접한 인민들은 일제와 친일정권에 대하여 적개심이 솟구치지 않을 수 없었다. 그럼에도 일제는 자신들의 책임을 부인했으며 친일내각도 오히려 폐비 조치를 내리는 지경에 이르렀다. 이러한 처사에 조선인의 분노는 드디어 폭발하기에 이르렀다. 폐비조칙이 공포되던 1895년 8월 23일 서울에서는 창의소 고시문이 나붙었으며 9월초에는 "왕후의 폐서인에 신하된 자로서 복수

토적의 의거가 없는가"라는 내용의 고시문이 지방에도 나돌았다. 같은
해 9월 중순 서울의 종로에는 "8월 20일의 왕비시해는 훈련대가 아닌 일
본인의 소행"이라면서 일본인에 대해 적개심을 품은 내용의 방이 붙었
다. 원주에서는 사람들이 모여 거의의 뜻을 드높이는가 하면 구월산에
서도 명성황후시해의 죄상을 성토하는 집단적인 행동이 있었다. 한편
안동에서는 8도의 의병을 모집하여 일본인을 격퇴해야 한다는 격문이
게시되었으며 이를 안동부 관찰사가 수거하여 내부에 보고하였다. 1895
년 9월 18일에는 대전의 유성에서 문석봉에 의한 항일의병이 일어나기
에 이르렀다. 문석봉은 국수보복을 목적으로 의병을 봉기하여 을미의병
의 효시를 이루었다. 이와 같이 서울을 비롯하여 안동, 원주, 구월산, 유
성에서의 의병봉기가 을미사변에서 비롯되고 있다. 을미사변은 갑오변
란과 함께 반일의병투쟁의 주요한 계기가 되었음을 알 수 있다.

　한편 갑오경장의 일환으로 추진된 변복령과 단발령 역시 의병 봉기의
중요한 요인으로 작용하였다. 조선말 의복제도는 수차에 걸친 개정을
거쳐 점차 서양식 복제로 바뀌어 갔다. 이 의복제도 개정은 유생들의 주
체적인 문화인식에 충격을 가져와 반일의병의 봉기에 중요 요인으로 작
용한 것으로 보인다. 이와 같은 인식의 바탕에는 '법복'으로 상징되는
전통문화에 대한 독존적이며 배타적인 가치 부여의 동기가 내재해 있다
고 할 수 있다.

　1894년 9월 의복제도의 개정 문제가 제기되었다. 군국기무처에서 의
제개정에 관한 의안을 상정하였던 것이다. 같은 해 12월에는 칙령 제17
호를 반포하여 관복을 더욱 간소화 시키고자 하였다. 이에 따라 1895년
부터 조신의 대례복에는 검은 색 깃인 흑단령을 입게 하고 궁에서의 통
상예복으로 흑색의 두루마기[주의(周衣)]와 조끼형의 관복인 답호를 입

고 관모인 紗帽와 靴子(사모관대를 할 때 신던 신발－필자)를 착용하게 하였다. 또한 일반 백성에게도 흑색의 두루마기를 입도록 하였다. 이것이 이른바 을미변복령의 요체로 흑색의 두루마기를 일반인도 입도록 조처한 이유를 첫째 의제상으로 관민을 구별하지 않기 위해서이고, 둘째는 편의를 도모하기 위해서 라고 하였다.

이와 같은 을미변복령은 의병 봉기의 직접적인 한 요인으로 작용하였다. 이 점은 대표적인 을미의병장 유인석이 을미변복령이 반포된 뒤 「乙未毁服時立言」을 발표하여 "천지와 성현 선왕 父祖에 죄를 지은 것이니 살아서 장차 어찌하리요"라고 절규하고 있는 것으로도 입증이 되고 있다. 최익현도 을미변복령이 내리자 「청토역복의제소」를 올려 의제를 바꾸는 것이 불가함을 역설하였다. 요컨대 전통적인 의복제도를 조선의 문화적 긍지의 한 척도로 인식하고 있던 수구적 지식인들은 변복령의 반포로 인해 심각한 문화적 위기의식에 사로잡히게 되었다. 그들에게 복제의 개정은 그 자체에만 국한되는 것이 아니라 인류의 지선극미한 전통 문물의 단절을 의미하는 것으로 귀착되었던 것이다. 특히 '음사'로 상징되는 흑색의 복제를 채택한 데 대해서는 더욱 그러한 성향이 강하게 노정되었으니 이 변복령은 을미의병의 중요한 동인으로 작용하였다.

김홍집 내각은 1895년 11월 15일 단발령을 선포하였다. 이때 내세운 단발의 명분은 '위생에 이롭고 작업에 편리하기 때문'이라는 것이었다. 그러나 유교 윤리가 일반백성들의 생활에 깊이 뿌리 내리던 조선사회에서는 상투는 곧 인륜의 기본인 효의 상징으로 인식되었다. 그러므로 단발령이 내리자 유생들은 이것을 신체적 박해로 더 나아가 인륜의 파멸로 받아들이게 되었고 그 반감은 절정에 달하였다. 단발령 공포는 백성들의 뜻과는 배치되는 일부 매판관리 집단에 의한 자의적 조치였다. 학부대신 이도재마저도 단발령이 공포된 직후 사직 상소를 올리고 단발령을 철회할 것을 요구하였다. 그는 단발령이 사회적, 문화적 현실을 고려하지 않은 일방적 처사임을 비난하고 있다. 또한 정계에서 은퇴한 김병시도 이때 단발령 철회를 호소하는 상소를 올렸다. 이 상소에서 그는 단발령이 일제의 사주를 받은 부일파들의 소행임을 지적하고 있다.

단발령에 대한 재야 유생들의 반향은 더욱 커 극단적인 위기의식에 사로잡혀 단호한 행동을 보이고 있다. 그 중에서도 단발령이 반포된 다음날로 의병투쟁의 기치를 들고 울분을 토로한 남한산성 의병장 김하락은 재야 유생의 입장을 대변하고 있다. 유인석도 이러한 단발령에 대하여 변복령과 동일한 인식의 차원에서 화이론적 가치관에 입각해 통박하였다. 그는 상투와 '원메'(둥근 소매 ─ 필자)의 수호 여부에 따라 화이와 인수의 결판이 난다고 보았다. 즉 상투와 원메가 華와 人을 상징하고 수구와 자주를 의미한 데 비해 삭발과 변복은 夷와 獸를 상징하고 개화와 예속을 의미하는 것으로 보았다.

유교통념의 사회에서 단발령은 한민족의 문화적 자존의 표상이던 상투를 제거함으로 전 국민의 울분을 자아냈다. 강요된 단발령은 결과적으로 정치·사회, 문화의 모든 영역에 걸쳐 큰 혼란을 야기시켰다. 그리하여 단발강요에 대한 반감은 개화 그 자체를 증오하는 감정으로 발전하였고, 이것은 또 일본화로 받아들여져 반일의식으로 연결될 수가 있었다. 즉 유생들은 개화를 상징하는 단발령을 인류를 파괴하여 문명인을 야만인으로 전락케 하는 처사로 받아들이게 되었다. 그 결과 전통 질서를 수호하려는 유생들은 반침략 반개화의 의병을 봉기하여 이를 회복하고자 한 것이다.

(2) 전개과정

척사계열의 유생을 비롯한 조선인들은 갑오변란을 민족 존망의 위기 상태로 받아들였다. 더욱이 한반도에서 청일전쟁이 일어나고 일본의 사주를 받는 친일적 개화정권이 일본화를 위한 정책을 펴자 무력투쟁으로 개화정권과 일본세력을 구축하고자 하였다. 그중에서 지평의 안승우, 홍주의 안창식, 철원의 홍범도, 안동의 서상철, 상원의 김원교 등은 무력투쟁을 통한 반개화, 반외세의 의병전쟁을 직접 일으키거나 시도했던 대표적인 의병장들이라고 할 수 있다.

서상철은 제천의 청풍에 살던 중 갑오변란으로 경복궁이 유린당하고 고종이 핍박당함에 한인석·이경재·한수동 등과 함께 격문을 발표하고 1894년 7월 25일(음) 안동향교에서 거의를 시도하였다. 전관료 출신인 김원교는 1895년 7월 22일 의병을 일으키고 평안도 상원군 관아를 공격하였다. 상원의병은 상원관아에서 무기와 탄약, 그리고 미곡 등을 탈취한 후 관군과 일본군의 추격소식에 황해도 재령의 장수산성으로 이동하였다. 의병대는 8월 12일 해주부의 관군과 일본군의 공격에 장수산성을 포기하고 평안도 덕천 방면으로 이진하여 9월 중순까지 투쟁하였다.

1895년 8월 20일 명성황후가 일제에 의해 시해된 을미사변이 발생하였다. 이러한 일제의 만행에 조선인의 분노는 전국적으로 폭발하였다. 을미사변 직후 '국수보복'을 기치로 한 항일의병은 1895년 9월 18일 진잠 현감을 역임한 文錫鳳에 의하여 대전의 유성에서 처음으로 봉기되었다. 문석봉은 유성 장대리에서 창의하여 선봉에 김문주, 중군에 오형덕, 군향에 송도순 등 지휘부를 조직하였다. 의진을 편성한 문석봉은 통문을 발송하여 을미사변을 '천고에 없는 대변'으로 규정하고 적을 토벌하여 사직을 건져야 할 것을 호소하였다. 유성의병은 10월 28일 공주의 와

야동에서 관군과의 일전을 거루었으나 매복해 있던 관군의 기습을 받고 패하고 말았다.

단발령 공포 후 의병은 전국적으로 확대되었다. 그 중에서도 경기도의 이천, 강원도의 춘천과 강릉, 충청도의 제천과 홍주, 경상도의 안동과 김천, 진주, 전라도의 장성과 나주 등 남한지역을 중심으로 하여 봉기한 특성이 있다. 북한지역에서도 함흥과 해주 등지에서 의병이 있었으나 활발한 편은 아니었다.

이천의병은 단발령 공포 다음 날인 1895년 11월 16일 봉기하였다. 김하락은 구연영 등과 이천의병을 결성하였다. 김하락은 민승천의 안성의병과도 연합하여 이천의 백현에서 일본군과의 첫 전투를 승리로 이끌었다. 이천의병은 관군과 일본군의 공격을 격퇴하였으나 후군장 박준영과 좌군장 김귀성의 배신으로 산성을 빼앗기고 말았다. 김하락은 이후 이진하면서 의병활동을 계속하였으며, 영덕에서 신돌석 부대와 합세하여 항쟁하던 중 전사하였다.

춘천의병은 1896년 1월 춘천 유생 정인회가 포군 400여 명을 거느리고 춘천 관찰부를 점령하면서 시작되었다. 이들은 봉의산에 진영을 설치하고 신임관찰사 겸 선유사인 조인승을 가평에서 처단하고 서울을 향하여 진격하였다. 그러나 가평의 벌업산에서의 관군과의 전투에서 패하고 말았다. 여주 출신의 민용호는 1월 30일 평창과 영월 지방의 포수로 의진을 구성하여 '관동창의소'를 설치하였다. 민용호는 우선 강릉부의 친일 경무관 고준석을 처단하였다. 그러나 안변의 선평에서 일본군의 기습 공격을 받고 원산공격은 무산되었다. 그 후 민용호 부대는 개마고원을 넘어 청국으로 들어가 재기를 도모하였다.

제천의병은 1896년 1월 12일 안승우와 이춘영 등이 거의한 지평의진에서 비롯되었다. 이필희를 대장에 추대한 지평의병은 단양군수를 구금시키고 장회나루 전투에서 관군을 대파하였으나 일본군과 관군의 추격에 의진이 패산되었다. 유인석은 이 소식을 듣고 영월에서 의병장에 추대된 뒤, 의진을 제천으로 옮기고 아사봉에 본영을 설치하였다. 유인석은 격문을 띄워 전국민의 항일전 참여를 호소하였다. 제천의병은 2월 17일 충주성을 점령, 충주관찰사 김규식을 처단하였다. 그러나 3월 5일 일본군의 집중적인 공격을 받고 충주성을 포기하고 제천으로 후퇴하였다. 제천의병은 이강년을 비롯하여 영춘의 권호선, 횡성의 이명로 의병 등이 합류하여 기세를 올렸으나, 5월 25일 제천의 남산전투에서 관군과 일본군의 집중적인 공격을 받고 패하였다. 그후 제천의병은 강원도, 평안도를 거쳐 8월 24일 압록강을 거쳐 중국의 회인현으로 들어갔다. 홍주의병은 안병찬 등 지방의 선비들과 김복한을 비롯한 관료 출신들의 연합으로 일어났다. 이들은 홍주 관아를 점령하고 김복한의 지시에 따라 경무청을 부수고 참서관과 경무관이 동문 밖으로 끌어내어져 결박 구타하였다. 관찰사 이승우는 이 기세에 눌려 의병에 참여할 것을 승복하였다. 12월 3일 홍주부 관내에 창의소가 설치되었으며 김복한을 총수로 추대하였다. 그러나 창의소를 차린 지 하루 만인 12월 4일 관찰사 이승우가 배반하고 말았다. 김복한과 이설을 비롯한 23명을 구금하였다. 1월 12일 이들 중 김복한 등 6명을 서울의 한성재판소로 이송하였다. 이들은 모두 실형을 선고받았으나 임금의 특지로 전원 사면 석방되었다.

경상북도 지역에서는 안동부를 중심으로 안동의병이 결성되었다. 단발령이 공포되었다는 소식을 듣고 김도화, 김홍락, 유지호 등 안동 유생들은 통문을 돌려 의병을 일으켰다. 안동의병은 1896년 1월 17일 안동관찰부를 공격, 점령하였다. 안동향교에 본영을 설치하고 참봉 권세연을 대장으로 추대하였다. 안동을 탈출한 관찰사 김석중은 경군을 이끌고 의병진을 불시에 공격하여 의병진은 1월 29일 안동에서 퇴각하였다. 이후 이상룡, 유창식은 고운사에서 의진을 수습하여 김도화를 대장에 추대하고 2월 중순 다시 안동부를 점령하였다. 안동의병은 제천의병의 소모장 서상렬이 안동지역에 남하하자 연합작전을 전개하여 예천군수 유인형, 의성군수 이관영, 영덕군수 정재관 등을 처단하고 함창군 태봉에 주둔하고 있던 일본군을 공격하였다. 치열한 접전을 벌였으나 화력의 열세로 의병은 예천과 풍기 방면으로 후퇴하였다. 김천과 선산 그리고 상주지역의 유생들 역시 을미사변의 소식을 듣고 의병을 일으켰다. 상주의 유생인 李起燦은 목천에 거주하는 친척인 이기하와 함께 허위를 찾아가 의병을 일으킬 것을 협의하였다. 이기찬은 김천 지역의 조동석 등과 합세하여 1896년 2월 11일 군사적 요충지인 김천으로 들어가 향교에서 김산의병을 일으켰다. 이기찬은 창의대장에 추대되어 조동석을 군문도총, 강무형을 찬획, 허위를 참모장, 이시좌 여영소를 서기, 양제안을 중군, 윤홍채를 선봉에 임명하였다. 인근에 격문을 발송하여 국난에 처하여 모든 이가 의병 대열에 나서서 국치를 설욕할 것을 천명하였다. 진주의병은 1896년 2월 17일 노응규에 의해 안의에서 봉기하였다. 노응규는 서재기를 선봉장에 임명하고 진주성을 공격하여 2월 20일 새벽에 점령하였다. 노응규 의병진이 진주성을 점령하자 진주부민들도 정한용을 대장으로 의병진을 결성, 성 밖에 진을 쳤다. 진주의병은 대구부에서 파견된 관군을 두 차례에 걸쳐 격파하고 다수의 전리품을 노획하여 사기는 더욱 고무되었다. 그러나 관군의 이간책으로 토착 세력인 정한용이 배신하였다. 진주의병은 진주성을 빼앗기고 선봉장 서재기가 안의의 서리들에 의해 살해되었다. 결국 노응규는 안의의 서리들에 의해 부친과 친형이 살해당하는 아픔을 겪고 의병을 해산하고 말았다.

호남지역에서는 장성과 나주, 광주지역을 중심으로 의병이 일어났다. 대표적 인물은 장성의 유생인 기우만, 기삼연, 고광순 등으로 이들은 통문을 돌려 의병봉기를 촉구하였다. 이들은 유인석의 격문에 자극을 받아 1896년 3월초 광주향교에 창의본부를 두고 광산회맹소를 설치하였다. 나주에서도 아전출신인 김창곤을 중심으로 의진이 결성되었는데 나주관속들도 의진에 가담하였으며 해남군수 정석진의 지원까지 받았다. 나주의병은 참서관 안종수를 처단하고 세력을 떨쳤다.

함흥지방에서는 평강 출신의 최문환이 거의하여 1896년 2월 함흥부를 점령하고 참서관 목유신과 주사 피상국을 처단하고 각지에 포고문을 발표하였다. 함흥의병은 특히 일본 상인의 경제적 수탈에 항거하여 일어난 특성을 띤다. 함흥의병은 민용호의 관동창의군과 연합작전을 펴 9월 함흥을 재점령하기도 하였다. 해주에서는 포수들이 중심이 되어 창의하였다. 의주에서는 유생 조상학이 압록강을 넘나들며 의병활동을 전개하였다. 문화군에서는 의병들이 군청을 습격하여 군수 홍재준을 구금하였으며, 장연군에서의 의병은 11명이 관군에게 체포되어 희생당하기도 하였다. 평산의 유생 유치경 등은 의병봉기를 계획하다가 유인석이 의병장에 추대되었다는 소식을 접하고 제천의병에 참여하였으며, 수안의 유생 송상규도 의병을 계획하다가 제천의병에 참여하였다. 이처럼 북한지역의 의병항전은 반개화적이면서 근왕적인 특성을 띠고 있기는 하나 남한지역에 비해 해주의 포수군이나 함흥부에서와 같이 반침략성이 두드러진다.

이와 같이 전기의병은 國讐報復과 단발령 철회 등의 구호 아래 남한지역을 중심으로 전개되었다. 이들의 주장과 철저한 무장투쟁은 전국적으로 파문을 일으켰으며 위정자와 일제 침략군에게 큰 위협을 주었다. 결국 고종은 단발령을 철회시켰으며 아관파천을 단행하여 일제의 침략 행위에 대한 반대 의사를 행동으로 보여주었다. 아관파천 직후 김홍집·어윤중 등 개화파 관리들은 민중들에게 처단되었으며 침략정책의 일환으로 추진되던 개화정책은 비판되어 실효를 보지 못하였다. 또한 1896년 10월경을 기하여 전기의병은 표면적으로 해산되었지만 이들의 대다수는 무력에 의해 강제 해산되기 전까지 끝까지 항전하였다. 제천의병과 강릉의병에서 알 수 있듯이 고종의 해산조칙을 거부하고 만주로 들어가 재기의 항전을 준비하기까지 하였다. 또 비록 해산된 이후일지라도 이들의 일부는 영학당·활빈당 세력으로 재편되어 반개화 반침략 반봉건 투쟁을 전개하였다. 그리고 다수의 의병장들은 1905년 을사늑약을 전후하여 의병의 기치를 다시 세우고 민족 수호를 위한 항일투쟁을 재개하였다.[21]

2) 중기의병

(1) 배경과 원인

중기의병은 1904년 2월 개시된 러일전쟁과 그 직후에 체결된 한일의 정서, 그리고 1905년 11월 강제 늑결된 을사5조약 등의 일제의 노골적인 침략에 맞서서 민족의 독립을 지키고자 봉기하였다.

1904년 2월 일제는 러일전쟁을 도발하였다. 청일전쟁에서 청국을 물리친 일제는 영국과 미국의 청국과 필리핀에서의 우월권을 보장하는 대신 한국에 대한 우월권을 보장받았다. 일제는 조선에서의 경쟁자인 러

---

21) 김상기, 『한말의병연구』, 일조각, 1997, 140~156쪽.

시아를 물리치고자 전쟁을 도발한 것이다. 러일전쟁이 일어나자 조선
정부는 국외 중립을 선언하였다. 그러나 일본군은 2월 9일 서울에 입성
하여 전쟁의 불가피성을 강조하면서 일본에 협력할 것을 강요하며 중립
선언을 무시하고 '攻守와 助日'을 앞세운 의정서의 체결을 강압하였다.
일제의 강요 아래 2월 23일 한일의정서가 이지용과 林權助 사이에 체결
되었다. 모두 6개조로 된 의정서의 내용은, ①한국정부는 일본을 신임하
여 '시설개선'에 관한 충고를 받아들일 것, ②일본정부는 한국 황실의 안
전을 꾀할 것, ③일본은 한국의 독립과 영토보전을 보장할 것, ④제3국
의 침략으로 한국에 위험사태가 발생할 경우 일본은 이에 곧 대처하며,
한국정부는 이와 같은 일본의 행동을 위하여 충분한 편의를 제공하고
일본정부는 목적을 달성하기 위해 전략상 필요한 지역을 언제나 사용할
수 있도록 할 것, ⑤한국과 일본은 상호간의 승인을 거치지 않고서는 협
정의 취지에 위배되는 협약을 제3국과 맺지 않을 것, ⑥조약에서 미비한
사항은 양측 대표가 협의하여 시행할 것 등이었다. 이 의정서는 러일전
쟁을 수행하는 데 조선의 지원을 명문화한 것이었으며, 장기적으로는
일제의 조선에 대한 침략의 발판이 마련된 것이었다.

　한일의정서 체결 이후에 일제는 이를 근거로 '대한방침', '대한시설강
령', '세목' 등을 강요, 시행하였다. 대한방침에서는 "한국에 대한 군사상
보호의 실권을 확립하고 경제상으로 이권의 발전을 도모할 것"이라고
하여 조선에 대한 침략 의도를 더욱 노골화하였다. 대한시설강령에서도
'외정'과 '재정'을 감독하고, 교통과 통신을 장악한다고 명시하였다. 이
에 따라 조선의 토지는 일본군의 군용지로 전락하였다. 3월 말에는 한국
의 통신기관도 군용으로 강제로 접수되었다. 5월에는 우리나라와 러시
아 사이에 맺었던 모든 조약을 폐기시켰고, 경인선과 경의선의 철도부

설과 통신망 가설 등의 이권을 일본이 차지하였다. 6월에는 전국토의 4분의 1이나 되는 전국의 황무지 개척권을 요구하였다. 조선인은 이러한 황무지 개척권 요구로 인해 러일전쟁 개전 이래 쌓여 있던 반일 감정이 폭발하여 반대 집회를 전개하였다.

중기의병은 1904년 한일의정서 체결을 전후하여 시작되었으며, 1905년 9월 러일강화조약이 조인될 무렵부터 구체적으로 전개되었다. 중기의병은 1905년 11월의 을사5조약의 늑결로 격화되었다. 일본은 러일전쟁 중 미국과 태프트·가쓰라밀약을, 영국과는 제2차 영일동맹을 체결하여 조선의 침략에 대하여 사전에 묵인 받았다. 이어 러일전쟁의 승리로 강화조약을 체결하였는데, 여기에서 일본은 러시아로부터 조선정부의 동의만 얻으면 조선의 주권을 침해할 수 있다는 보장을 받게 되었다. 일본은 1905년 11월 이토 히로부미를 특파대사라는 자격으로 파견하고 한일협약안을 정부에 제출하며 위협을 가하였다. 이들은 궁궐을 포위하고 무력시위를 벌이면서 조약체결을 강요하였다. 고종과 내각은 조약 체결을 정식으로 거부하였으나, 이토가 조약체결에 찬성하는 대신들과 다시 회의를 열고 자필로 약간의 수정을 한 뒤 위협적인 분위기 속에서 승인을 받아냈다. 여기에 서명한 대신은 이완용·박제순·이지용·이근택·권중현 등으로 이들을 을사오적이라고 한다. 그리고 이재극을 통해 황제의 재가를 강요한 다음, 그날로 외무대신 박제순과 일본의 특명전권공사 하야시 사이에 조인하게 했다.

조약은 모두 5개조로 대한제국의 외교권을 일제가 행사하고, 그 일을 맡아 볼 통감부를 서울에 두도록 하는 등의 내용으로 되어 있다. 이 조약으로 조선의 외교권은 일본에 박탈당하여 외국에 있던 조선의 외교기관은 전부 폐지되었다. 동시에 영국·미국·독일 등의 조선주재 공사들은 철수하여 본국으로 돌아갔다. 이듬해 2월에는 서울에 통감부를 설치하고 초대통감으로 이토가 취임하였다. 통감부는 일본이 필요로 하는 사항을 외교뿐만 아니라 내정까지도 직접 우리 정부에 명령하고 집행하게 하는 힘을 가지고 있었다. 이에 유생과 전직 관리들이 극렬한 상소투쟁을 벌였으나 실효를 거두지 못하였다. 민영환·조병세 등 뜻있는 인사들은 죽음으로써 조선의 주권수호를 호소하였으며, 이근택·이완용 등을 암살하려는 개인적인 의열투쟁도 일어났다. 을사5조약이 늑결되자 의병은 전국적으로 발전되었다. 이 시기 일어난 대표적인 의진으로 홍주의진·산남의진·태인의진 등이 있다.

(2) 전개과정

1904년 2월 일제는 러일전쟁을 도발하고 한일의정서를 강요하여 한국에 대한 군사적 지배권을 장악하려 하였다. 이러한 일제의 침략에 항거하여 의병이 재기하였으니, 이를 중기의병이라 한다.

중기의병은 1904년 8월 한일의정서 체결을 전후하여 시작되었다. 1904년 5월 작성된 허위 명의의 격문이 13도에 발송되었으며 김동수의 황성의병소와 홍천의병소의 격문이 발견되었다. 중기의병은 1905년 9월 러일강화조약이 조인될 무렵부터 보다 구체적으로 그 전개상이 나타난다. 그중에 원주의 원용팔, 제천의 정운경의 기의가 주목되는 사례이다.

을사조약이 늑결되자 의병은 전국적으로 확대되었다. 이 시기 대표적인 의진으로 홍주의진·산남의진·태인의진을 들 수 있다. 중기의병 중 가장 큰 전투와 희생을 치른 의진으로 홍주의진이 있다. 홍주지역 유생 안병찬과 채광묵 등은 을사조약의 늑결 소식을 듣고 1906년 초부터 의병봉기를 추진하였다. 정산에 거주하는 민종식을 총수에 추대하고 3월

14일 예산의 광시에서 봉기하였다. 첫 전투는 청양의 화성에서 벌였으나 안병찬이 체포되는 등 패하고 말았다. 그러나 이용규의 모군에 힘입어 5월 9일 홍산에서 재기하였다. 민종식을 총수로 재추대한 홍주의병은 5월 19일 홍주성을 점령하고 이후 일본경찰과 헌병대의 공격을 격퇴하였다. 이에 일본사령관 長谷川好道는 서울의 포병 기병 2개 중대를 홍주로 파견하였으며 전주수비대 보병1개 소대 등의 지원군을 파견하여 공격하였다. 의병은 결국 일본군에 성을 내주고 말았다. 이 전투에서 참모장 채광묵 부자를 비롯하여 수백 명의 의병과 양민이 희생되었으며 의병장 유준근 등 9명은 대마도에, 이세영 등은 철도에 유배되었다.

산남의진은 정환직·정용기 부자의 주도로 영천에서 봉기하였다. 고종의 시종무관이었던 정환직은 고종의 밀칙을 받고 아들 정용기에게 의병 봉기를 지시하였다. 정용기는 1906년 3월 이한구·정순기 등과 영천에서 거의하였다. 산남의진은 청송·영천 지역에서 활약하였으나 경주전투에서 정용기가 관군에 체포되었다. 정환직의 주선으로 석방한 정용기는 1907년 다시 의병을 봉기하였으나 입암전투에서 전사하였다. 영릉의병은 신돌석이 1906년 4월 6일(음, 3월 13일) 영덕에서 일으킨 의진을 말한다. 신돌석은 자금 모집에 힘쓰면서 여러 차례 울진지역으로 들어가 일본인 가옥을 파괴하고 일본인을 처단하는 등 일제의 어업 침탈세력을 응징하였다.

호남지역 의병으로는 태인의병과 쌍산의소, 창평의병 등이 있다. 태인의병은 임병찬이 주도하여 이루어졌다. 이들은 1906년 6월 4일 태인의 무성서원에서 거의하고 최익현을 의병장에 추대하고 태인관아를 점령하였다. 태인의병은 순창에서 관군과의 전투를 앞두고 동족간의 살상을 피하고자 전투를 중지하고 의병을 해산하였다. 최익현은 임병찬 등과

같이 체포되어 대마도에 유배되었다. 쌍산의소는 1906년 10월 양회일이
화순의 능주에서 일으킨 의병을 말한다. 의병대는 1907년 4월 하순에 능
주와 화순의 군아를 비롯하여 주사청, 우편소, 경무서, 일본인 상가 등을
공격하였다. 양회일은 1908년에 재차 의병을 일으켜 강진 등지에서 활약
하다가 체포되어 광주 옥에 수감되었다가 장흥으로 옮겨졌으나 단식,
순국하였다. 高光洵(1848~1907)은 1907년 1월 담양군 창평에서 의병을
일으켰다. 고광순 의진은 1907년 4월 화순읍을 점령하고 평소 원성이 많
았던 일본인 집과 상점 10여 호를 소각하였다. 그러나 광주에서 파견된
관군과 교전 끝에 패하고 말았다.

이외에도 전남 광양에 은거 중이던 白樂九(?~1907)는 1906년 가을 광
양에서 의병을 일으켰다. 梁漢奎(1844~1907)는 1907년 2월 남원에서 의
병을 일으켰다. 익산 출신의 李圭弘(1881~1928)은 최익현의 의병 소식
을 듣고 1906년 4월 박이환, 문형모 등과 함께 의병을 조직하였다. 태인
의병이 해산된 뒤에는 독자적인 의병부대를 조직하고 진안, 금산 일대
에서 활동하였다.[22]

3) 후기의병

(1) 배경과 원인

후기의병은 1907년 7월의 고종의 강제퇴위와 1907년 8월 1일 구한국
군의 강제해산이 직접적 요인이 되어 봉기하였다.

고종은 1904~1905년 러일전쟁 전후부터 열강에 특사를 파견하여 국
권을 수호하려는 외교투쟁을 전개하였다. 특히 열강 중에서 미국과 러

---

22) 김상기, 『한말의병운동－전기, 중기의병－』, 선인, 2016.

시아에 대하여 측근의 신하나 외국인을 파견하여 친서를 전달하며 한국의 독립지원을 요청하였다. 고종은 1905년 6월 러일강화회담이 곧 개최된다는 소식을 듣고 탁지부대신 이용익을 페테르스부르크에 파견하여 한국의 독립을 지원하게 하였다. 그러나 친일적인 미국의 루즈벨트 대통령이 중재하는 회담에서 한국의 독립을 인정하지 못하고 단서 조항을 설치하여 "만약 대한제국의 주권을 침해하는 조치는 일본이 대한제국 정부와 합의하에 할 수 있다"는 내용으로 그치고 말았다.

고종은 미국에 대하여도 지원을 요청하는 친서를 보냈다. 1905년 7월에는 미국에 체류 중인 이승만을 밀사로 선정하여 미국 정부 요로에 한국 독립의 지원을 요청하는 서신을 전달하게 하였다. 이에 따라 이승만은 루즈벨트 대통령을 만나 한국의 주권 유지와 독립 보전에 대한 청원을 전달하였다. 고종은 전 주한 미국공사 알렌에게도 운동자금 1만 달러와 옥쇄가 찍힌 친서 등을 전달하게 하였다. 그러나 미국 정부는 이러한 요구들을 모두 묵살하였다.

고종은 이와 같은 미국의 반응을 보고 세계 열강에 을사조약의 불법성을 알리는 외교 활동을 하게 되었다. 고종은 네덜란드 헤이그에서 개최되는 제2차 만국평화회의에 특사를 파견하여 일제에 의해 강제로 체결된 을사5조약의 불법성을 폭로하고 한국의 주권 회복을 열강에게 호소하고자 하였다. 이에 따라 이상설·이준·이위종 등 3인의 특사가 1906년 6월 25일 고종의 신임장을 가지고 헤이그에 도착하였다. 고종은 또 다른 한편으로는 헐버트를 특별위원으로 임명하여 영국·프랑스·독일·러시아·오스트리아·이태리·헝가리·벨기에·중국 등 9개국 국가원수에게 친서를 전달하고 헤이그 국제사법재판소에 조선 문제를 제소할 뜻을 전달하도록 하였다. 이상설 등은 6월 27일 평화회의 의장인 러시아 대표

넬리도프에게 일본이 국제법을 무시하고 무력으로 조선을 핍박하고 있
으며, 황제의 동의 없이 마음대로 조선의 정사를 시행한다는 내용의 호
소문을 전달하고 평화회의에 대표로 참석하게 해 줄 것을 요청하였다.
이들은 자신들의 요구가 관철되지 않자 일제의 침략상을 담은 '공고사'
를 각국 대표들에게 보내고 그 전문을 '평화회의보'에 발표하였다. 이위
종은 7월 9일 신문기자단의 국제협회에서 '한국의 호소'란 주제의 연설
을 하여 즉석에서 각국 기자들은 한국의 처지를 이해하는 결의안을 만
장일치로 결의하였다. 그러나 결국 평화회의 참석은 끝내 거부되었다.
절망과 울분 속에서 식음을 전폐하던 이준은 비분강개하다가 7월 14일
'자정순국'하였다.

헤이그 특사의 활동에 당황한 이토는 7월 6일 이완용을 시켜 고종의
폐위공작을 펴게 하였다. 그 결과 소위 비상내각회의가 열렸다. 참석자는
총리대신 이완용, 내부대신 임선준, 농공상부대신 송병준, 법부대신 조중
응, 학부대신 이재곤, 탁지부대신 고영희, 군부대신 이병무 등 7인이었다.
송병준이 이때 고종에게 "친히 일본으로 건너가서 천황에게 사죄하고 황
태자의 교육을 부탁하는 일과 대한문에 나가 하세가와 대장을 맞이하여
두 손을 묶고 항복하는 일"이라는 패역의 망언을 서슴치 않았다.[23]

일본 정부는 7월 12일 '한국의 내정을 직접 감독'하기로 의결하고, 15
일 외무대신 林董를 한국에 파견하였다. 이토는 고종에게 퇴위를 강요
하는 한편, 이완용 내각에게 고종의 퇴위를 결정토록 강요하였다. 이에
따라 이완용은 16일 고종에게 퇴위를 권고하기에 이르렀다. 17일에는 각
의에서 다시 고종께 퇴위를 권유하였다. 고종은 격노하여 "죽더라도 퇴

---

23) 박은식, 『한국통사』, 제47장.
　　楢崎桂園, 『韓國丁未政變史』, 1907, 33쪽.

위하지 아니할 것이다"라고 하였다.24) 결국 고종은 19일 "군국 대사를 황태자로 대리하게 한다"는 조칙을 내리고 말았다.25) 일제는 이를 근거로 20일 순종의 즉위식을 거행하게 하였다.

일제는 고종을 강제로 퇴위시킨 며칠 후인 7월 24일 이른바 정미7조약을 조선 정부에 강요하였다. 이완용 등 친일내각은 순종의 재가를 받아 통감부에서 이를 조인하였다. 주요 내용은 다음과 같다.

> 제1조 한국정부는 시정개선에 대하여 통감의 지도를 받는다.
> 제2조 한국정부의 법령 제정 및 중요한 행정상의 처분은 통감의 승인을
>   받는다.
> 제3조 한국의 사법 사무는 일반 행정 사무와 구별한다.
> 제4조 한국의 고등 관리의 임면은 통감의 동의를 얻어야 한다.
> 제5조 한국 정부는 통감이 추천한 일본인을 한국 관리에 임명한다.
> 제6조 한국정부는 통감의 동의없이 외국인을 용빙하지 않는다.
> 제7조 1904년 8월 22일 조인한 일한협약 제1항을 폐지한다.26)

이 조약으로 인하여 통감부가 친일내각을 직접 통제할 수 있게 되었다. 중앙정부와 지방 행정기관에는 일본인 차관을 비롯하여 수 천 명의 일본인 관리가 임명되었다. 이로써 통감은 조선의 내정을 장악하게 되

---

24) 『皇帝讓位前後の重要日記』(장서각 자료, 史部 2-312), 1907년 7월 12일~17
  일자. 이 자료는 아사미(淺見倫太郎)가 작성한 『이태왕실록(李太王實錄)』의 일
  부분으로, 1931년 2월에 기쿠치(菊池謙讓)가 그 중에서 고종황위의 양위전후의
  상황만을 정리하여 편찬한 것이다. 1904년 2월 9일부터 1907년 7월 22일까지의
  일기가 포함되어 있다.
25) 『고종실록』, 광무 11년 7월 18일자. 『皇帝讓位前後の重要日記』, 1907년 7월 19
  일자.
26) 국사편찬위원회, 『한국독립운동사』1, 1970, 230~231쪽.

었으니, 조선은 일본의 식민지가 된 셈이었다.

정미7조약의 협약안보다 더욱 문제가 큰 것은 극비에 붙인 '부수각서'였다. 부수각서에는 협약을 구체적으로 실행하는 내용이 담겨 있다. 그 중에 위 조항에는 언급이 없는 군대해산에 관한 조항이 들어 있다. 즉 부수각서의 제3항 '군비정리'에 의하면 다음과 같은 내용이 들어 있다.

> 한국 육군의 현상을 보건대 교육은 불완전하고 규율도 엄명(嚴明)치 못하여 일조(一朝) 유사시를 당하여 참다운 국가의 간성으로 신뢰할 수 없다. 이것은 필경 용병주의를 취하기 때문에 의용봉공(義勇奉公)의 신념이 풍부한 연소기예(年少氣銳)의 장정을 모집할 수 없다는 사실과 사관에게 군사적 소양을 가진 자가 적다는 사실 때문이다. 따라서 한국에 있어서도 장래는 징병법을 시행하여 정예한 군대를 양성키 위해 지금부터 그 준비에 착수하기 위해 좌개 방법으로 현재의 군비를 정리하고자 한다.[27]

이어서 제3항에는 군대해산의 방법과 해산병의 처리문제가 다음과 같이 열거되어 있다.

> 첫째, 육군 1대대를 존치하여 황궁 수위의 임(任)에 당(當)하게 하고 기타는 이를 해산할 것.
> 둘째, 군부를 비롯한 육군에 관계하는 관아를 폐지할 것.
> 셋째, 교육있는 사관은 한국군대에 머물 필요가 있는 자를 제외하고 타는 일본 군대로 부속시켜 실지(實地) 연습을 시킬 것.
> 넷째, 해산한 하사졸(下士卒) 중 경찰관의 자격이 있는 자는 이를 경찰관으로 채용하고 기타는 가급적 실업(實業)에 종사하도록 할 것. 그 방법은 예컨대 간도로 이주시켜 개간에 종사시킬 것. 둔전병으로 황무지 개간에 종사시킬 것.[28]

---

27) 국사편찬위원회, 『한국독립운동사』1, 1970, 237쪽.

일제는 고종을 강제로 폐위시키고 한국을 강제 병합하는 데 다급한 것이 조선의 병권을 빼앗는 것이었으니, 이에 따라 구한국군의 해산을 강행한 것이다. 일제는 군제 개혁이란 명목 하에 1894년 갑오경장 때부터 조선군의 해산을 추진해왔다. 군사고문으로 임명된 노즈(野津)는 1905년 4월에 소위 군제개혁안을 제의하였는데, 군 기구를 확장한다고 하고 오히려 조선군의 원수부를 해체하였다. 그 뿐 아니라 조선군 병력을 반감하였다. 이로서 1907년 현재 조선군인은 겨우 7천여 명에 불과하였다. 해산 당시 조선 군인은 서울에 시위대 2개 연대(1개 연대는 3개 대대 — 필자)와 憲部, 硏成, 무관, 유년학교 등에 약 5천여 명, 지방 진위대에 약 2천여 명이 배치되어 있었다.

조선군에 대한 해산명령은 8월 1일 하달되었다. 아침 7시 서울의 각 대대장급 이상자에 대한 긴급 소집령이 내렸다. 이들은 일본군사령관 하세가와의 관저에 집결하였다. 해산조칙은 군무대신 이병무가 낭독하였다. 이어서 하세가와가 나와서 '조용히 해산을 실행하라'고 하면서 장교만은 해산 대상에서 제외하였다고 덧붙였다. 부대로 돌아 온 대대장들은 각 중대장에게 해산조칙을 알렸다. 중대장들은 사병들의 총기를 반납하게 하고 오전 10시까지 훈련원에 집결할 것을 명령하였다.

훈련원에는 이미 해산식 준비를 완료해 놓았다. 그러나 훈련원에 끌려 온 병사는 불과 6백여 명에 불과하였다. 이미 남대문 쪽에서는 제1연대 제1대대와 제2연대 제1대대 병력이 해산에 항거하여 일본군과 격렬한 전투를 벌이고 있었다. 훈련원은 총소리에 일시 술렁거렸으나, 빈손으로 모인 이들은 어떠한 행동도 취할 수 없었다. 해산식은 오후 2시가 넘어서 시작되었다. 소낙비가 퍼붓는 가운데 해산식이 진행되었으며, 하

---

28) 국사편찬위원회, 『한국독립운동사』1, 1970, 237~238쪽.

사에게는 80원, 병졸에게는 50원과 25원(1년 이하 복무자)의 소위 은사금
이 지급되었다. 서울시위대를 무력으로 해산시킨 일제는 지방진위대의
해산에 착수하였다. 8월 3일 개성과 청주진위대, 8월 4일에는 대구진위
대, 5일에는 안성진위대, 6일에는 공주와 해주, 평양진위대, 7일에는 안
주진위대, 8일에는 수원진위대, 9일에는 광주와 의주진위대, 10일에는
홍주와 원주진위대, 11일에는 강릉과 문경진위대, 13일에는 강릉과 진남
진위대, 14일에는 전주진위대, 16일에는 안동진위대, 17일에는 울산과
동진진위대, 19일에는 북한과 경주진위대, 23일에는 강계진위대, 24일에
는 함흥진위대, 9월 3일에는 북청진위대 등 1개월에 걸쳐 지방진위대를
해산시켰다.[29]

　일제가 구한국군을 강제 해산하자 이에 항거한 군인들과 의병이 서로
연합하여 대대적인 무장항일전을 벌이게 되었다. 해산된 군인의 항전은
서울의 시위대로부터 시작되었다. 8월 1일 해산조칙에 접한 시위대 제1
연대 제1대대장 朴昇煥 참령은 비통함을 참지 못하여 "군인으로 나라를
지키지 못하고, 신하로서 충성을 다하지 못하니 만번 죽어도 아깝겠는
가"라는 유서를 남기고 권총으로 자결하였다. 이를 목도한 시위대 군인
들은 무장하여 병영을 장악하고 일본군과 시가전을 감행하였다. 서울
시위대의 해산 거부와 일제와의 항전 소식을 접한 원주, 강화, 홍주, 진
주, 안동 등 지방의 진위대 병사들 역시 대일 항전의 대열에 합세하였
다. 이들은 각기 의병에 가담하여 의병의 전력을 강화시켰다. 원주진위
대는 특무장교 민긍호의 지휘 아래 병사층을 중심으로 거의하여 강원도
충북 일대에 본격적인 의병항쟁을 전개하였다. 군대해산이후 후기 의병
은 전국적으로 확대되었으니 문경의 이강년부대, 원주의 이은찬부대, 영

---

29) 국사편찬위원회, 『한국독립운동사』1, 1970, 246쪽.

천의 정환직·정용기 부자의 산남의진, 영해의 신돌석부대, 호남의 기삼
연·심남일·이석용·전해산·안계홍부대, 충남의 정주원부대, 함경도의 홍
범도·최덕준부대 등은 특히 이름난 의병부대다. 1907년 11월경에는 전
국연합의병의 성격을 갖는 13도창의군이 결성되어 서울탈환작전을 추
진하기도 하였다.

(2) 전개과정

1907년 7월 고종이 강제로 퇴위당하고, 8월 1일 한국군이 강제 해산되
자 이에 항거한 군인들과 의병이 서로 연합하여 대대적인 항일전을 벌
이게 되었다. 이를 후기의병이라고 한다. 후기의병은 국망 이후인 1915
년까지 지속되었다.

해산된 군인의 항전은 서울의 시위대로부터 시작되어 원주·강화·홍
주·진주진위대로 확대되었다. 이들은 의병에 가담하여 의병의 전력을
강화시켰다. 원주 진위대는 특무장교 민긍호의 지휘 아래 병사층을 중
심으로 거의하여 강원도와 충북 일대에서 본격적인 의병전쟁을 전개하
였다.

후기의병은 전국적으로 확대되었다. 문경의 이강년부대, 원주의 이은
찬부대, 영천 일대에서 활동한 정환직의 산남의진, 영해의 신돌석부대,
호남의 기삼연·심남일, 이석용, 전해산, 안계홍 부대, 충남의 정주원 부
대, 함경도의 홍범도·최덕준 부대 등은 특히 이름난 의병부대이다. 이들
의병부대는 각기 고립적으로 투쟁하던 방식을 벗어나 주변 지역 의병과
연합하여 투쟁하는 전략을 시도하였다. 평안도와 황해도 그리고 경기,
강원지역에서 활동하던 박기섭, 김수민, 김규식, 허위, 이강년, 민긍호
등이 서로 연락을 취하면서 연합 항쟁을 도모하였다. 이러한 연락망의

구축은 전국적인 의진인 13도창의대진소의 결성으로 이어졌다.

전국연합의병의 성격을 갖는 13도창의대진소는 1907년 11월경 결성되었다. 의병소에서는 의병 봉기의 정당성을 확보하기 위하여 각국의 영사들에게 글을 보내 일본의 국제법 위반을 호소하였다. 나아가 해외동포에게 보내는 격문도 발표하여 국외에 거주하는 동포들에게도 의병전쟁의 정당성을 천명하였다. 1908년 1월 양주에 집결한 의병의 수는 1만명에 달했다. 창의대장에 이인영이 추대되었으며, 군사장 허위, 관동의병대장 민긍호, 교남의병대장 박정빈, 황해진동대장 권중희, 관서진동대장 방인관, 관북의병대장 정봉준, 호서의병대장 이강년, 호남의병대장 문태수 등으로 조직되었다. 이들은 일제를 물리치고 친일 정권을 타도하고 새로운 내각을 수립하고자 하였다. 경기도 마전 일대에서 전투를 치렀던 13도창의대진소에서는 동대문 밖에 전군을 집결시켰다. 군사장 허위는 선발대 300명을 이끌고 동대문 밖 30리 지점까지 진격하였다. 그러나 일본군의 공격을 받아 격전 끝에 퇴각하였다. 이 과정에서 총대장 이인영이 부친상을 당함으로써 서울진공작전을 더 이상 수행할 수 없게 되었다. 서울진공작전이 좌절된 후 군사장 허위는 경기도 임진강 유역에 근거지를 마련하였다. 그는 조인환·권준·왕회종·김진묵·박종한·김수민·이은찬 등의 의병장들과 긴밀히 연락하며 의병부대를 재정비하였다. 부친상을 당해 급거 귀향했던 이인영은 일본군의 추적을 피해 은신해 있다가 1909년 6월 체포되어 그해 9월 총살형을 받고 순국하였다. 허위 역시 재차 서울진공작전을 시도하기 위해 적극 노력하였으나, 일제 군경의 압도적인 군사력을 극복하지 못한 채 1908년 6월에 체포되어 그해 10월 순국하였다. 13도창의대진소의 핵심전력을 형성한 민긍호 역시 1908년 2월 27일 일본군에 체포되자, 그의 부하들이 구출작전을 전개하는 도중에 일본군에게 피살되었다. 이강년 의병장은 1908년 7월 2일 충북 청풍군 금수산에서 전투 중에 체포되어 그해 음력 9월 19일 교수형을 당하였다. 그러나 13도창의대진소의 활동은 연합전선을 구축하여 일제 군경에 효과적으로 대응한 점에서 후기의병의 활성화에 크게 기여하였다. 또한 의병전쟁을 국제법상 전쟁의 단계로 발전시킨 점과 한국인의 계획적이고 대담한 무장투쟁을 널리 알렸다는 점에서 의미를 갖는다.[30]

후기의병기 특징적인 의병으로 당진의 소난지도의병이 있다. 화성 출신의 홍원식이 지휘하는 의병 부대는 당진의 소난지도를 근거지로 하여 경기도와 충남의 서해안 지역을 오가면서 활동한 점에서 특징적이다. 이를 알아낸 일본경찰대는 1908년 3월 15일 당진의 소난지도에 은거하고 있던 의병대를 공격하였다. 일본 경찰의 보고서에 의하면, 의병이 섬으로 상륙하려는 경찰대를 향해 공격하여 한인 순사 나춘삼의 이마에 맹관상을 입혔다. 그러나 경찰대가 상륙을 감행하여 무려 9시간에 걸친 전투를 수행했으며, 의병 측은 대장 홍원식과 선봉장 박원석을 비롯하여 총 41명이 전사하고 9명이 부상을 입고 체포되면서 궤멸하고 말았다. 기타 의병 50명 내외가 바다에 투신하여 행방불명되었다고 보고되고 있다.[31]

후기의병은 1907년 후반부터 1915년까지 계속되었다. 강원도와 경기도 지역에서는 민긍호, 연기우, 지홍윤 등 해산 군인의 역할이 돋보였다. 충청도에서는 이강년, 한봉수, 김상태, 노병대 등이 의병부대를 이끌었다. 경상도에서는 신돌석, 정환직, 서병희 등의 항전이 두드러진다. 전라도 지역에서는 기삼연, 고광순, 김태원, 이석용, 전해산, 심남일, 안규홍, 양진여 등 많은 의병들이 전라도 각지를 장악하고 활동함으로써 후기의

30) 홍영기, 『한말 후기의병』, 독립기념관 한국독립운동사연구소, 2013, 45～53쪽.
31) 김상기, 「1908년 당진 소난지도 의병의 항일전」, 《한국근현대사연구》28, 2004.

병을 대표할 정도였다. 북한지역의 대표적인 의병으로는 함경도의 홍범도, 차도선 의병과 연합의병인 경성의병, 그리고 평안도의 채응언 의병, 황해도의 평산의병과 김정환 의병 등이 있다.

일제는 강제병합의 큰 장애물인 의병을 종식시킬 목적으로 의병에 대한 대대적인 탄압에 들어갔다. 대표적인 탄압은 1909년 9~10월간 전라도 지역을 중심으로 이루어졌다. 소위 '남한폭도대토벌작전'을 자행하였는데, 이로 인해 의병장 심남일을 비롯하여 1천여 명이 전사하는 등 의병은 큰 타격을 입게 되었다. 이후 일제는 정규 일본군을 증파하여 전국적으로 의병에 대한 대대적인 탄압을 실시하였다. 특히 1907년 후반부터 1909년까지 집중적으로 의병을 탄압하였는데, 이 기간에 희생된 의병의 수는 일본 측 자료로 확인 가능한 것만 해도 2만 명에 가깝다. 부상자 수는 그 이상이며, 포로들도 도주를 기도했다고 하여 사살했으며 전국의 고찰들을 의병의 소굴이라 하여 방화하기를 서슴치 않았다. 일본군은 의병과 민간인을 구별하지도 않고 사살하는 만행을 저질렀다. 체포된 의병을 재판 과정도 없이 현장에서 총살형을 가하는 경우가 많았다. 이와 같이 일본군과 의병과의 전투는 일견 전투행위로 보이지만, 의병에 대한 대량 학살의 성격이 짙다.

4. 의병전쟁의 특성과 의의

한말 의병전쟁은 전기, 중기, 후기의 3시기에 걸쳐 전개되었다. 전기의 병은 갑오변란과 을미사변, 단발령 공포에 항의하여 일어난 특성이 있다. 갑오변란으로 임금이 욕을 당하고 을미사변으로 왕비가 시해되는 사태, 그리고 단발령의 공포는 유림들을 분기시켰다. 따라서 전기의병은 반침략성 이외에 근왕적인 성격이 강하게 나타난다. 전기의병의 주도층은 주로 유림 집단이었으며 유림들은 학파를 중심으로 의병을 조직하여 활동한 특성이 있다. 유림들은 노론, 소론, 남인 등 당색을 초월하여 의병에 함께 참여한 특성도 보인다. 홍주의병에 노론인 김복한과 소론인 안병찬, 그리고 남인인 이남규가 합세하여 활동하였음이 대표적인 예이다.

중기의병은 일제의 침략이 한층 강화된 어려운 조건 위에서 전개되었다. 러일전쟁에서 승리한 일제는 1904년 이후 서울에 일본의 한국주차군 사령부를 설치하고, 러일전쟁을 명목으로 주둔했던 일본군 정에 부대를 철수시키지 않고 의병탄압을 자행했다. 의병의 활동이 성공할 것이라고 기대하기는 어려웠으나 목숨을 내걸고 의병을 일으켰다. 전기의병에 비하여 중기의병에 참여하는 신분층이 저변으로 확대되었으며 산남의진에서 보듯이 전술상의 변화도 나타났다. 그러나 여전히 지휘부가 유림 중심이었으며, 전술 또한 부족하였다. 그 결과 1906년 홍주의병에서 보듯이 성을 포위당한 채 수백 명이 희생되었다.

후기의병은 고종의 강제 퇴위와 정미7조약의 체결, 그리고 군대해산이 직접적 계기가 되어 일어났다. 후기의병을 주도한 인물들은 유림 이외에 한미한 신분층이 많았다. 평민 의병장이 대거 등장하여 보다 대중적인 의병으로 발전하였으며, 이에 따라 안민적, 민중적인 성격이 나타나기도 하였다. 또한 해산군인들의 참여로 전력이 강화되었으며, 장기항전을 위한 의병기지의 건설을 추진하였다. 연합의병을 조직하여 서울 진공작전을 전개하기도 하였다. 일제는 '남한폭도대토벌작전'을 비롯한 갖은 수단을 동원하여 의병을 잔인하게 탄압하였다.

이와 같이 의병의 항전은 전 기간에 걸쳐 지속적으로 전개되었다. 홍주의병, 원주의병, 단양의병, 신돌석의진, 호남지역의 양회일, 고광순 의병 등에서 보듯이 전기의병에 참여하였던 이들이 중기의병기에 재기하였다. 또한 중기의병은 정용기, 신돌석, 양회일, 고광순, 이규홍, 우동선 등에서 볼 수 있듯이 1907년 군대해산 이후의 후기의병으로 이어진 특성이 있다.

의병부대는 지역을 기반으로 조직되었으나 전력을 극대화하기 위하여 의진간 상호 연합하여 항전한 특성이 있다. 후기의병기에 조직된 13도창의대진소는 그 대표적인 의진으로 전국연합의병의 성격을 띤다. 전기의병기에도 이천의병에 광주의병과 여주의병, 양근의병 등이 합세하여 남한산성 전투를 치렀다. 김하락은 이천의병을 이끌고 제천의병과, 안동의병, 경주의병 등과 함께 투쟁하였다. 안동의병은 풍기, 순흥, 영천, 봉화, 선성 등 영남 북부지역 의병은 물론 제천의병과도 연합하여 일본군과 태봉전투를 치렀다. 강릉의 민용호의진에는 강릉의 권인규와 삼척의 김헌경, 영양의 김도현의병이 합세하였음을 볼 수 있다.

의병전쟁은 남한지역을 중심으로 전개된 특성이 있다. 북한 지역에서 의병이 활발하지 못했던 이유는 의병 주도층이 유림이라는 특성과 연관이 있다. 북한지역은 학파를 형성할 정도의 유림 집단이 없었으며, 일찍부터 서구 문물이 들어와 개화사상이 퍼져있었기 때문이다. 후기의병의 경우에 일부 극복된 모습이 보이지만 여전히 남한 지역에 비하여 활발하지 못했다. 북한지역에서 험준한 산림을 근거지로 한 의병의 활동이 일찍부터 없었음이 아쉽다.

이상에서 살펴 본 한말 의병전쟁은 한국 민족운동의 원류로서의 의의를 갖는다. 의병전쟁의 초기단계에는 보수적인 유학자가 중심이 되어 중화사상에서 벗어나지 못한 이념적 한계가 있었다. 그러나 을사늑약 이후 민족존망의 위기에 이들은 '중화의 道'의 수호 보다는 '救國'이라는 국가 의식을 우선하게 되었다. 이에 따라 한말 의병전쟁은 국가를 회복하려는 민족운동의 성격을 갖게 되었다.

한말 의병전쟁은 독립전쟁의 도화선이 되었다는 점에서 의의가 크다. 한말 의병은 1910년 경술국치 후에도 의병을 전개하였다. 나아가 만주로 망명하거나 국내에 남아 제국주의 열강의 지원과 비호를 받은 일제침략자에 대한 최대의 항일민족세력을 형성하였다. 이들 중 한 갈래는 풍기광복단, 대한광복회, 독립의군부 등으로 이어져 1910년대 국내에서의 민족운동을 주도해 갔다. 또 다른 갈래는 만주, 연해주로 망명하여 해외에서의 무장독립전쟁의 기저가 되었다. 이와 같이 한말 의병의 반침략 투쟁은 1910년 이후 독립전쟁을 펼쳐나간 정신적이며 인적인 연원이 되었으며, 한국인의 저항적인 민족운동에 큰 영향을 주었다 할 수 있다.

제2부

지역별 의병전쟁과 의병장

제1장 경기의병과 의병장

1. 경기지역 의병전쟁과 의병장

1) 머리말

경기지역은 한반도의 중앙부에 위치하여 지리적으로 요충지이다. 서울을 둘러싸고 있으며, 북으로는 황해도, 남으로는 충청남북도, 서쪽은 인천, 황해와 접해있으며, 동쪽으로는 강원도 지역과 접해 있다. 서울 인근과 서남부 지역은 한강과 임진강을 끼고 평야가 발달해 있으며, 개항기 이후 서울과 인천과 인접한 관계로 개화사상을 일찍 받아들였다. 따라서 이 지역은 충청, 경상지역처럼 보수적인 유학자 집단을 찾기가 쉽지 않다. 반면 동쪽인 양평과 가평 지역에는 화서학파가 일찍 형성되어 이 지역을 중심으로 척사이념에 기반한 의병 활동이 전개되었다. 남부 지역인 이천, 용인 지역은 산악이 발달해 있고 강원도, 충청도와 인접해 있어 후기의병기 항일의병이 활발했다.

전기의병기 이천과 양평 지역에서 의병 활동이 크게 일어났다. 1904년 2월 러일전쟁과 한일의정서 체결에 항의한 의병이 곳곳에서 일어났다. 후기의병기인 1907년 8월 이후는 강화지역과 적성, 마전 등 서북부 지역은 물론, 양평, 여주, 이천, 광주, 용인, 죽산 등 남동부 지역 등 전 지역에서 항일의병이 일어났다.

지금까지 경기의병에 대한 연구는 많은 진척이 있었다.[1] 이 글에서는 이러한 연구 성과를 바탕으로 경기지역에서의 의병활동을 검토, 그 전체상을 이해하고자 한다. 아울러 현존하는 의병장 판결문을 분석하여 대표적인 의병장들의 활동을 검토하고자 한다.[2]

2) 전기의병기 경기의병

(1) 이천의병

이천의병은 단발령 공포 다음 날인 1895년 12월 31일(음, 11월 16일) 봉기하였다.[3] 서울에 있던 金河洛은 구연영, 신용희, 김태원, 조성학 등 젊은 유생들과 경기도 이천으로 내려가 이천 화포군 도영장 방춘식을 영입하고 포군 100여 명을 포섭하여 이천의병을 결성한 것이다. 김하락은 우선 이천의 이현에 진영을 설치하고 구연영을 양근과 지평 방면에, 조성학을 광주 방면에, 김태원을 안성 방면에, 신용희를 음죽 방면에 파견하여 의병을 모집하게 하였다. 이들은 곧 900여 명의 의병을 모집하였

---

1) 김진식, 「경기지역 초기 의병항쟁의 성격」, 《기전문화연구》5, 1974. 김진식, 「1907 ~1910년 경기지역 의병항쟁의 성격」, 《기전문화연구》6, 1975. 신용하, 「허위의병부대의 항일무장투쟁」, 『수촌박영석화갑기념논총』, 1982. 신용하, 「전국13도창의대진소의 연합의병운동」, 《한국민족운동사연구》1, 1986. 최취수, 「1910년 전후 강화지역 의병운동의 연구」, 《한국민족운동사연구》2, 1988. 유한철, 「김하락의진의 의병활동」, 《한국독립운동사연구》3, 1989. 김순덕, 「경기지역 의병의 조직과 활동(1907~1911)」, 《역사연구》1, 1992. 김순덕, 「경기지방 의병운동 연구(1904~1911)」, 한양대학교 박사학위논문, 2003. 김상기, 「한말 양평에서의 의병항쟁과 의병장」, 《호서사학》37, 2004. 김상기, 『한말전기의병』, 독립기념관 한국독립운동사연구소, 2009. 김상기, 『한말의병운동-전기, 중기의병-』, 신인, 2016.
2) 김상기 편, 『독립운동 관련 판결문 자료집』의병운동 1, 국가기록원 기록편찬문화과, 2011.
3) 유한철, 「김하락의진의 의병활동」, 《한국독립운동사연구》3, 1989.

으며 閔承天의 안성의병과도 연합하여 이천수창의소를 결성하였다. 민승천을 창의대장으로 삼고 김하락은 도지휘, 조성학은 도총, 신용희는 우군장, 구연영은 중군장, 김태원은 선봉장을 맡아 항일투쟁에 돌입하였다. 이천창의소는 부대를 편성한 후 3騎 9隊법에 따라 전투 편제를 편성하였다.

이천의병은 1896년 1월 18일 이천의 백현에서 일본군과의 첫 전투를 승리로 이끌었다.[4] 이어서 이현전투를 치룬 의병은 광주군수를 처단한 광주의병과, 전사과 沈相禧가 조직한 여주의병과 합세하여 2월 28일 남한산성을 점령하고 서울 진공계획을 수립하였다. 연합의진의 남한산성 점령은 일제 침략군과 개화정권에 위협적이었음이 분명하다. 3월 5일부터 남한산성에서 관군, 일본군의 연합공격은 시작되었으나 연합의진은 아관파천 후 새로 조직된 친러정권의 협조를 요청하기도 하였다. 그러나 정부에서는 의병진에서 파견한 밀사를 체포하였으니 의병과 정부와의 관계는 적대적이었음이 분명하다. 연합의진에서는 궁극적으로는 서울에 진격하여 일본군을 구축하여 러시아 공사관에 있는 고종을 환궁시키고자 하였다.

정부에서는 참령 장기렴에게 1개 혼성대대의 병력을 주어 이를 공격하게 하였다. 장기렴 부대는 일본군의 지원을 받으며 20여 일 공격해 왔으나 의병의 반격으로 격퇴당하였다. 그러나 후군장 박준영과 좌군장 김귀성이 관군의 꼬임에 빠져 3월 22일 문을 열어주고 말았다. 김하락 등은 박준영 3부자를 처단한 후 산성을 탈출하여 이후 안동 의성 경주 등지로 이진하면서 의병활동을 계속하였다. 김하락 일행은 4월 9일 여주를 경유 4월 12일 제천에 도착하여 제천의병의 환대를 받았다. 이때

---

4) 김하락, 「진중일기」, 『독립운동사자료집』1, 1971, 585~586쪽.

의병장 유인석으로부터 제천의병에 합류할 것을 제의받았다. 김하락 등은 제천의병에 합세하여 전투를 수행하기도 하였으며 다시 단양 풍기를 거쳐 4월 20일 안동에 도착하였다. 안동에서 서상렬의진과 연합을 시도하였으나 상호간의 전투방법의 차이로 결국 김하락 의진은 의성의 금성면에 있는 수정사를 거점으로 확보하고 의병활동을 전개하였다. 이때 김하락의진에서 벌인 주요 전투로는 5월 14일의 청송의 성황현전투, 5월 20일의 의성의 비봉산전투가 있다. 그러나 관군의 추격에 김하락은 경주로 이진하여 경주의병과 연합의진을 설치하기에 이르렀다. 이때 경주의병의 대장은 李采九였다.

경주 연합의진은 6월 17일 경주성을 공격 점령하였다. 그러나 대구부에서 파견된 관군과 대구주둔 일본군 수비대가 경주성을 공격하여 6월 23일 결국 경주성은 함락되고 말았다. 김하락은 영덕에서 신돌석과 연합하여 영덕전투를 수행하던 중 전사하고 말았다. 이로서 이천의병의 항일투쟁은 종지부를 찍었으나 제천의진 안동의진 경주의진 영덕의진 등과 끊임없이 연합의진을 편성하면서 끈질긴 항일투쟁을 전개하는 등 그 투쟁성에서 큰 자취를 남겼다 할 것이다.

(2) 양평의병

1895년 11월 단발령의 공포 후에 이춘영, 안승우 등 지평 출신의 화서학파의 문인 및 김백선과 그 추종 세력은 이를 국가의 위기로 인식하고 지평의병을 일으켰다. 지평의병은 1896년 1월 12일 원주의 안창에서 거의하여 원주관아를 점령하였다. 이때의 의병의 수는 1천여 명에 달했다. 1월 17일에는 제천 관아를 점령하였다. 제천일대에서 서상렬, 이필희, 이범직 등 화서학파 문인을 비롯하여 의병이 합세하였다. 제천군수는 도주하였으며 의진에서는 대장에 이필희를, 군사에 서상렬을 추대하고 이춘영은 중군장, 안승우는 군중도유사, 김백선은 선봉장을 맡았다.

지평의병은 1월 19일에 단양의 장회협에서 친위대 1개 중대와 첫 전투를 수행하였다. 이 전투에서 서상렬과 김백선이 거느린 포군은 추격해 온 관군을 장회협의 협곡에서 매복해 있다가 급습하여 승리하였다. 이 전투 후에 지평의병은 관군과 일본군의 재공격에 대비하고자 경상도 지방으로 이동하였다. 의병을 증모하여 항쟁하고자 한 의도였으나, 오히려 의병은 대오를 잃고 뿔뿔이 흩어지고 말았다.

지평의병이 해산된 뒤에도 이춘영, 안승우, 김백선 등은 유인석의 휘하에서 중군장, 전군장, 선봉장 등 지휘부를 맡아 핵심적인 활동을 전개하였다. 그러나 중군장 이춘영은 1896년 2월 26일 수안보전투에서 전사하였으며, 그를 이어 중군장의 책임을 맡은 안승우 역시 5월 25일 제천 남산전투에서 장렬히 순국하였다. 김백선은 불행하게도 군률을 위반했다는 이유로 의진 내에서 처형되었다.

한편 양근 출신의 李承龍은 양근 지역에서 의병을 이끌고 남한산성에 입성하여 항쟁하다가 관군의 꼬임에 체포되어 순국하였다.[5] 이보다 앞서 광주 출신의 구연영이 이천에서 의병을 일으키고 양근과 지평으로 와서 의병 300여 명을 모집하여 남한산성으로 들어가 이천수창의소의 주력부대의 하나로 활동하였다. 이때 이승룡 역시 양근의 의병들을 이끌고 들어간 것으로 보인다.

이승룡은 1895년 을미사변이 일어나자 민영환을 만나 통곡하고 양근으로 돌아와 의병을 일으켜 왜적을 몰아내고 원수를 갚고자 하였다. 그는 '斥倭國母報讎之旗'라고 쓴 기를 30여 개 만들어 세워놓고 의병을 모

---

5) 김상기, 「한말 양평에서의 의병항쟁과 의병장」, 《호서사학》37, 2004.

아 전술훈련을 시켰다. 그는 가사를 아들인 延季에게 맡기고 의병을 이끌고 서울을 향하여 음력 1월초(양력으로는 2월 하순에 해당함)에 남한산성에 들어간 것으로 보인다. 그리고 광주군수 박기인을 체포하여 참하였다.6) 김하락의 이천의병은 양근의병이 입성한 이후인 2월 28일(음력, 1월 16일) 남한산성에 입성한 것으로 보인다.7) 이에 대하여 김윤식도 그의 『속음청사』에서 "양근과 광주의 비도들이 남한으로 모여들어 백성들의 전곡을 거두어들이며 굳게 지킬 계획을 하여 경영병(京營兵)이 이들을 공격하였으나 패퇴하고 대포 1문을 잃었다. 적세는 더욱 떨쳤다 한다."고 하여 의병을 '비도'로 보는 관리의 태도를 보여주고 있지만, 남한산성에 양근의 병사들이 주력부대의 하나로 편성되어 있음을 알려준다. 이 양근의병이 바로 이승룡이 모집하여 이끌고 간 부대로 보인다.

남한산성의 의병은 3월 22일(음력, 2월 9일) 관군과 일본군의 공격에 성을 내주고 양근 방향으로 패산했다. 이승룡은 2월 하순경에 양근의병을 이끌고 남한산성에 입성하였으며, 3월 18일 양근의병장으로 활동했음을 알 수 있다. 그러나 그는 서울의 윤모로부터 내외에서 협공하자는 비밀 서신을 받고 상경하였으나 오히려 관군에 의해 체포되었다가 1896년 3월 27일(음력, 2월 14일) 남한산성에서 살해되어 순국하고 말았다.8)

---

6) 이연계, 「康翎公諱承龍家狀」(필사본).
7) 유한철, 「김하락의진의 의병활동」,《한국독립운동사연구》3, 1989, 17~18쪽. 김하락의 『진중일기』에서는 '1월 30일'(양력, 3월 13일)이라고 기록되어 있다.
8) 김상기, 「한말 양평에서의 의병항쟁과 의병장」,《호서사학》37, 2004, 150쪽.

3) 중, 후기의병기 경기의병

(1) 중기의병의 전개

경기지역에서는 1904년 2월 러일전쟁이 일어나고 이어 한일의정서가 강제 체결된 이후 의병운동이 개시되었다. 1904년 6월 이후 여주, 지평 등지에 의병 봉기를 촉구하는 통문이 나돌기 시작했고, 일진회원을 공격하는 투쟁이 일어나기도 하였다. 이인응, 박석녀, 이범수, 이범오, 구만서, 이문호 등은 1905년 5월 이후 죽산, 용인, 양근, 광주, 여주, 지평 등지에서 창의하여 활동하였다.

농민 출신의 李寅應은 1905년 4월 말에서 5월 초 무렵 죽산과 용인 등지에서 활동하였다. 그는 포군과 농민으로 조직한 의병을 이끌고 군량을 확보하는 활동하였으나, 그해 6월 초에 체포되고 말았다. 1905년 6월 활빈당 출신의 朴錫汝가 '척왜창의'의 깃발 아래 죽산과 안성에서 의병을 일으켰다. 1905년 5월말에서 6월초에 광주, 지평, 양근 등지에서도 의병이 일어났다. 광주의병장 具萬書는 '일진회를 削滅하기 위해 창의하였다 하면서 포군을 이끌고 지평군 일진회 사무소를 공격하여 지회장과 부회장 등을 포살하였다. 1907년 초에도 죽산, 안성, 여주 일대에서 맹달섭, 김광옥, 윤필구, 민창식 이교철 의병의 활동이 보인다. 이들의 활동은 1907년 8월 군대해산 이후로 이어져 본격적인 항일전을 수행하게 된다.[9]

(2) 후기의병의 전개

1907년 8월 구한국 군대가 강제로 해산되고 고종황제가 강제로 퇴위

---

9) 김순덕, 「경기지방 의병운동 연구(1904~1911)」, 한양대학교 박사학위논문, 2003, 15~28쪽.

되는 사태에 의병의 대일항전은 더욱 격화되었다. 경기 강원 지역은 도 경계를 뛰어 넘어 서로 긴밀하게 연계하거나 연합의진을 형성하여 항전 하였다.

경기 지역은 서울과 가까운 거리에 있고 의병 초모, 또는 군수품 조달 등에서 유리한 조건에 있었다. 경기 지역에서는 1907년 7월경부터 남부 지역인 안성과 이천지역에서 의병의 움직임이 일어났다. 이밖에도 이천 수원 죽산 여주 등지에서도 의병이 일어났다. 여주에서는 이구채, 김현 국, 윤성필이 이끄는 의병이 조직되어 우편취급소와 순사분파소를 기습 하여 일본 순사대와 일본인을 공격하였다. 이천에서는 김봉기가 양지 출신의 임옥녀와 함께 의병을 봉기하였다. 이들은 이천읍내의 순사분파 소와 우편취급소를 파괴하면서 광주, 용인, 죽산, 양근 등지로 활동 영역 을 넓혔다. 음죽과 장호원에서는 정봉준과 방인관 등이 이끄는 의병이 활동하였다. 이들은 장호원에서 일본 군경에 타격을 주었으며, 이후 관 동창의군에 가담하여 13도창의군으로 활동하였다.

1907년 후반부터는 경기 남동부 지역인 양평 음죽 용인 등지로 확산 되어 갔으며, 점차 이 지역은 경기 지역 의병의 중심지가 되어 갔다. 특 히 양평지역은 용문산이 자리잡고 있어 유격전에도 유리했다. 이 지역 은 의병의 근거지로 이용되었으며 이에 따라 양평 일대에서 의병과 일 본군과의 항전은 치열하게 전개되었다. 양근읍 출신인 조인환과 권득수 는 군대해산 직후 거의하여 용문산으로 들어가 용문사와 상원사를 근거 지로 하여 활동하였다. 이들은 1907년 8월 양근 읍내를 습격하여 관아와 세무서, 파출소, 우편물 취급소, 일본인 가옥 등을 파괴, 방화하는 활동 을 하였으며, 지평에도 들어가 관아와 순사파출소를 습격하여 지평군수 김태식을 처단하는 등 혁혁한 공을 세웠다. 이러한 활발한 활동을 벌인 조인환, 권득수 의진은 아카시 중위가 이끄는 보병 제52연대 제9중대의 공격을 받고 9월 상순 양주, 파주 지역으로 일시 물러났다. 일본군은 이 과정에서 유서 깊은 사찰인 상원사와 용문사, 사나사를 의병의 근거지라고 하여 불태우는 만행을 저질렀다. 상원사와 용문사는 일본군 보병 제52연대 제9중대에 의해 1907년 8월 24, 25일간에 불태워졌으며,[10] 사나사는 그 해 10월 27일 일본군 보병 제51연대 제11중대에 의해 불태워졌다.[11] 또한 일본군은 양평지역에서 수많은 민가를 소각시켰다. 1907년 8월에 지평의 수동에서 200여 호를 소각했으며,[12] 10월에는 양근읍내에서 200여 호, 사탄과 역곡에서 90여 호, 옥천에서 20여 호의 민가가 일본군에 의해 소각되었다.[13] 11월에도 양근읍에 군의 관아만 남고 민가 수백여 호가 소각되었다.[14]

강화도에서는 강화분견대 군인들이 무장 봉기하면서 의병이 봉기하였다. 해산군인 연기우와 지홍윤 등은 무기고를 점령하고 주민들과 함

---

10) 「參1發 제83호」(1907년 8월 28일)『한말의병자료』4, 독립기념관, 58쪽. 한국주차 군사령관은 일본 참모총장에게 "보병 제52연대 제9중대는 24, 25일 양일 간에 적의 근거지인 상원사 및 용문사는 집적해 있던 다량의 양식과 함께 불태웠음"이라고 보고하였다.
「조선폭도토벌지」(『독립운동사자료집』3)에 의하면, "양근, 이천 방면으로 파견된 명석 중대는 23일 양근에 도착, 24일 양근 동북 약 20리에 있는 폭도의 소굴인 장수동 蓮安幕을 습격, 궤란하는 폭도를 습격하여 용문사 근거지를 무찔러 장래의 화근을 끊기 위하여 그것을 소각해 버렸다"(692쪽)라고 보고되어 있다.

11) 「조선폭도토벌지」(『독립운동사자료집』3, 709쪽) 「10월의 폭도토벌」에 의하면, "보병 제51연대 제11중대는 (중략) 27일에는 양근 북방 사나사에서 약 150의 폭도를 습격 궤란시키고 舍那寺를 소각해 버렸다"라고 10월 27일 사나사의 소각 사실을 알려주고 있다.

12) 《황성신문》, 1907년 8월 29일, 잡보.

13) 《대한매일신보》, 1907년 10월 8일, 「楊邑又燒」.

14) 《대한매일신보》, 1907년 11월 6일, 잡보.

께 강화읍을 점령하였다. 일본군의 1차 공격을 물리쳤으나, 2차 증원군
의 공격에 지홍윤 부대는 해서 쪽으로, 연기우 부대는 장단으로 이동하
여 활동을 계속하였다. 장단 출신의 김수민도 강화지역에서 의병활동을
하였다. 김수민 의병부대는 그 후 경기도와 황해도를 넘나들면서 활동
했다. 또한 13도창의대진소의 일원으로 활동했으며, 1908년 8월까지 활
동하다가 일본 헌병대에 체포되고 말았다.

(3) 13도창의대진소의 서울탈환작전

13도창의대진소는 1907년 12월 서울 탈환을 목적으로 양주에서 결성
된 연합의병을 말한다. 연합의병은 이인영의 관동창의대와 허위의병부
대가 주축이 되었다. 원주 일대에서 활동하고 있던 이은찬과 이구채는
1907년 8월 문경에 은거하고 있던 이인영을 찾아가 의병을 권유하였다.
이인영은 1907년 음력 8월 이들에 의해 관동창의대장에 추대되었다. 허
위는 1907년 음력 9월경 김진묵과 왕회종 등에 의해 의병장에 추대되어
적성, 삭령 등지에서 의병 활동을 전개하였으며, 김규식과 연기우 등의
의병대와 연합하여 활동하였다. 이인영은 각지 의병장에게 통문을 보내
연합의진을 결성하여 서울로 진격할 것을 호소하였다. 이에 따라 1907년
11월초에는 지평의 삼산리에 이인영 의병장의 요구에 따라 5천여 명의
의병이 집결하였다. 이 연합의진은 이인영 의진의 약 1천여 명으로 시작
되었으나, 곧 2천명으로 증가했으며, 허위 부대 등 각지의 의병부대가
집결한 결과 5천여 명에 달했다. 이인영이 체포된 후 밝힌 바에 따르면,
연합의진의 편제는 다음과 같다.[15]

---

15) 『조선독립운동』1, 「제3회 이인영 문답조서」.

13도창의대장 이인영
전라도 창의대장 문태수
호서 창의대장 이강년
교남 창의대장 신돌석
진동 창의대장 허위
관동 창의대장 민긍호
관서 창의대장 방인관
관북 창의대장 정봉준

13도창의대는 위와 같은 편제를 갖추고자 하였으나, 호남의병과 교남 의병, 이강년부대, 민긍호부대 등이 도착하지 못해 참여하지는 못했다. 이 무렵 민긍호부대는 원주에서 북상하지 못했다. 이강년부대는 가평에서 양주로 이동 중 일본군의 공격을 받아 합류하지 못했다. 1908년 1월 28일 총대장 이인영이 부친의 사망 소식을 접하고 허위에게 뒷일을 맡기고 부친의 장례를 치루기 위해 문경으로 돌아갔다.[16] 군사장인 허위가 지휘한 13도창의대진소는 1907년 11월부터 양주 일대에서의 전투와 이듬해 1월 서울탈환 작전을 감행하는 등 서울 근교에서 많은 전투를 수행하였다.[17] 그러나 13도창의대진소는 제대로 연합체제를 이루지 못했고 일본군과의 전투 중에 김규식과 연기우가 부상을 당하는 등 타격이 심했다. 이강년은 삼척, 평창 방면으로 이동하여 항전하였고, 이후 강원도와 경상북도를 이동하면서 항전하다가 1908년 7월 청풍 작성전투에서 체포되었다. 민긍호는 원주 치악산 일대에서 항쟁하다가 일본군에 의해 체포되었다. 결국 허위는 임진강 유역으로 근거지를 옮겨 임진강

---

16) 『조선독립운동』1, 「제3회 이인영 문답조서」.
17) 신용하, 「전국 '십삼도창의대진소'의 연합의병운동」《한국독립운동사연구》1, 1987, 17~18쪽.

과 한탄강 유역을 중심 무대로 하여 항전을 지속하였다. 그는 이은찬 등
의 의병부대와 함께 연합 부대를 편성하여 1908년 4월부터 서울 외곽에
서 제2차 서울탈환작전을 수행하였다. 그러나 1908년 6월 영평에서 그가
체포된 후 연합의병은 해체되었다. 이후 경기지역의 의병은 소규모 부
대 단위의 유격작전으로 전환하여 항일전을 감행하였다.

(4) 후기 의병장의 활동

경기지역에서 활동한 의병장은 경기도 출신 뿐 아니라 충청 경상, 심
지어는 평안도 출신의병장이 활동하였다. 이 지역 역시 후기의병장은
양반 유생보다는 갈수록 농민이나 광산노동자, 포수 등 평민 출신의 의
병장이 증가하는 특징을 볼 수 있다. 경기지역에서 활동한 의병장 중에
대표적 인물은 다음과 같다.

〈표 1〉 후기의병기 경기의병장 현황 (판결순)

	이름	생몰년	출신지	활동지역	의병장	판결일	형량
1	유상덕	?	?	양근	조인환	1907. 10. 15	유10년
2	전성환	1871~?	서울	양근	조인환	1907. 10. 26	유10년
3	나응완	1889~?	서울				유7년
4	김성완	?	?	춘천	권득수	1907. 11. 5	유7년
5	김천복	1881~?	청주	서울 광주	김태선	1907. 11. 30	유5년
6	김영근	1879~?	보은				유5년
7	박계문	1864~?	당진				유5년
8	신재만	?	?	양근	권득수	1907. 11. 30	유10년
9	김봉기	1865~1908	이천	이천 용인	김봉기	1908. 3. 13	교수형
10	이연년	1874~1944	지평	홍천	김춘수	1908. 5. 22	유10년
11	정철화	1878~1943	용인	양근	방인관	1908. 5. 29	유15년
12	박순길	1889~?	서울	포천	지영기	1908. 6. 8	유10년

	이름	생몰년	출신지	활동지역	의병장	판결일	형량
13	김창식	1870~?	고양	양주	이인영	1908. 6. 06	유15년
14	한원태	1880~?	영변				유15년
15	이기상	1871~1915	청양				유7년
16	이연태	?	?	용인	홍일초	1908. 6. 23	유10년
17	김태동	1888~?	서울	수원	남상목	1908. 7.13	유10년
18	김재선	1885~?	서울				유15년
19	송주상	1886~?	서울				유10년
20	정치삼	?	?	교하	정용대	1908. 7. 14	유10년
21	강상봉	1889~?	통진				유10년,
22	임허옥	1878~?	용인	용인	윤관문	1908. 7. 21	유10년
23	김규식	1882~1931	양주	양주	김규식	1908. 8. 25	유15년
24	신화선	1880~?	장단	과천	심성완 한창렬	1908. 9. 1	유7년
25	이구영	1884~?	파주				유7년
26	최광미	?	?				유7년
27	윤수정	1889~?	서울	양주	김규식	1908. 9. 8	유10년
28	임만성	1867~?	서울	장단	김수민	1908.9. 11	유7년
29	이재복	1881~?	지평	경기,강원	이은찬	1908. 9.12	유7년
30	채운걸	1882~?	평양				유10년
31	허 위	1854~1908	선산	경기,강원	허위	1908.9.18 1908.10.3	교수형
32	이덕현	1875~?	양주	포천	연기호	1908. 9. 22	유7년
33	장익준	1882~?	봉산				유15년
34	김치연	1889~?	마전	강화 마전	박종환	1908. 9. 29	징5년
35	강대여	?	장단	장단	박종환		징10년
36	강명선	1880~1944	연천	마전 장단	박종환		징15년
37	서영백	1878~?	강화	강화	김태의		종신징역
38	양충신	1891~?	마전	장단 마전	김북기		징5년
39	이동민	1872~?	장단	연천 삭녕	김중군		징5년
40	송금종	1882~?	파주	장단 마전	허주사		징7년
41	이학선	1884~?	여주	파주	정용대	1908. 10. 13	유5년
42	이성준	1884~?	서울	양주	朴來景	1908. 10. 27	유3년
43	전복규	1877~?	연천	연천	김수민	1909. 2. 6	유15년

	이름	생몰년	출신지	활동지역	의병장	판결일	형량
44	이은찬	1878~1909	원주	경기, 강원	이은찬	1909. 5. 8	교수형
45	이인영	1868~1909	여주	경기, 강원	이인영	1909. 8. 13	교수형
46	신현구	1867~1909	죽산	죽산	정주원	1909.9.29	교수형
47	김수민	1867~1909	고양	장단	김수민	1909.10.14 1909.11.22	교수형
48	정용대	1882~1910	적성	파주	정용대	1909.12.1 1910.1.10	교수형
49	이성서	1856~1909	지평	지평	정재학	1909.12.14	교수형
50	김화서	1886~?	충주	죽산 안성	정봉준	1910.1.26	징15년
51	박광천	1853~1910	지평	지평	김상진	1910.1.27	교수형
52	정영운	1878~1910	지평	지평	임행숙	1910.3.1	교수형

이들 중에 허위를 비롯하여 이인영, 이은찬, 김수민, 김봉기, 정용대, 신현구, 엄해윤, 서영백 등은 교수형을 선고받고 순국하였으며, 서영백은 종신징역형, 김규식과 정철화, 김화서, 한원태, 김재선, 강명선 등은 15년형을 선고받고 옥고를 치렀다. 이들 외에도 교수형을 받은 인물로 이성서와 박광천, 정영운 등이 있으며, 10년형을 선고받은 강상봉, 이연년 등이 있다. 이들의 활동을 살펴보기로 한다.

① 허위

許蔿(1854~1908)는 경북 구미 출신이다. 그는 관료유생으로 1895년(고종 32)에 을미사변과 단발령이 공포되자 이기찬, 이은찬, 조동호, 이기하등과 함께 1896년 2월 김천에서 의병을 봉기하였다. 이기찬을 대장에 추대하고 대구로 진격할 태세를 갖추었다. 그러나 대구와 공주부 관군의 선제공격을 받고 의병진이 패퇴하고 말았다. 흩어진 군사들을 수습하여 재봉기를 준비하던 중 고종의 의병해산령을 받고 귀향하였다. 1899년 조정의 부름을 받고 상경하여 성균관박사, 평리원수반판사, 평리

원 재판장, 의정부 참찬 등을 역임하고, 1905년
비서원승이 되었다. 그는 일제의 침략이 노골
화하자 일제의 침략상을 성토하는 격문을 발
표하여 옥고를 치렀다.

〈그림 1〉 허위 의병장

　1907년 고종이 강제 퇴위되고 군대가 해산
되자, 그해 음력 9월경 김진묵과 왕회종 등에
의해 의병장에 추대되어 적성, 삭령 등지에서
의병 활동을 전개하였다. 그는 연기우부대와 김규식부대를 포섭하여 군
세를 강화하였다. 포천의 일본군수비대와 격전을 벌이고 일진회원을 색
출하여 포살하였으며, 철원의 우편취급소를 소각하고 일본인 순사와 친
일파를 소탕하였다. 한편 그는 격문을 작성하여 서울의 각국 공사관과
신문사에 발송하였으며, 1908년 가을 전국의 의병부대를 양주로 집결하
게 하여 13도창의군을 편성하였다. 이인영을 총대장에 그는 군사장이
되어 1908년 1월 서울진공작전을 감행하였다. 그는 정병 300명의 선발대
를 인솔하고 동대문 밖 30리 지점까지 진출하여 일본군과 격렬한 전투
를 치렀다. 그러나 본군의 지원이 늦어져 패하고 말았다. 이때 이인영이
부친상을 당하여 귀향하자 그는 총대장의 중책을 맡아 의병들을 수습한
뒤, 임진강 방면으로 나아가 박종한, 김수민, 김응두, 이은찬의 의병부대
들과 함께 연합부대를 편성하였다. 그는 1908년 4월부터 제2차 서울탈환
작전을 수행하였다. 의병연합부대는 서울 외곽을 비롯한 경기도 일대에
서 치열한 항일전을 수행하였다. 일제는 일본 본국에 있던 제6사단의 보
병 제23연대와 제7사단의 제27연대를 한국에 증파하여 서울 근교에 배
치하여 의병부대의 서울 공격에 대비하였다. 의병부대는 고양군 일대를
점령하고 서울 진입을 시도하였다. 그러나 무기가 열악하고 탄환이 부

족하여 일본군의 방어선을 뚫을 수 없었다. 그해 5월에는 박노천을 서울에 파견하여 고종황제의 복위, 외교권의 還歸, 통감부 철거, 경찰권의 회복 등 30개 조에 달하는 요구 조건을 통감에게 제출하게 하였다. 그는 서울탈환작전을 지휘하고 은신하고 있던 중인 1908년 6월 11일 경기도 양평군 유동 마을에서 일본군 헌병대의 급습을 받고 붙잡혀 9월 18일 '내란죄'로 사형을 선고받고 10월 21일 서대문 감옥에서 순국하였다.[18]

② 이인영

李麟榮(1867~1909)은 경기도 여주출신이다. 鄭東鉉의 문인으로 일찍이 대성전 재임을 지냈다. 1895년 을미사변으로 명성황후가 시해되고 이어서 단발령이 내려지자, 유인석의 의거에 호응하여 원주에서 의병을 일으켰다. 유인석의 제천의병에 별영장으로 참여했으나 제천전투 후에 경상북도 문경으로 이주, 은둔 생활을 하면서 농업에 종사하였다. 1905년 을사조약이 늑결되고, 1907년 고종황제가 강제로 퇴위되고 군대가 해산되자 이를 계기로 의병 활동을 재기하였다. 원주에서 해산군인을 중심으로 의병을 일으킨 이은찬과 이구채가 해산군인 80명을 포함한 5백여 명의 의병을 모집한 뒤 1907년 9월에 그를 찾아와 총대장이 되어 줄 것을 요청하였다. 그는 아버지의 병환으로 망설였으나, 권유를 받아들여 원주로 출진, 관동창의대장에 오른 뒤 사방으로 격문을 보내 의병을 모집하였다. 또한 서울주재 각국 영사관에도 관동의병대장 이름의 격문을 보내 일본의 불의를 성토하고, 의병은 순수한 애국장 단체이니 열강은

<hr />

18) 『국역허위전집』(아세아문화사, 1985): 외솔회, 『나라사랑』27(허위특집호, 1997): 김의환, 『항일의병장열전』(정음사, 1975): 윤병석, 『한말의병장열전』(독립기념관, 1991): 신용하, 「허위의병부대의 항일무장투쟁」(『박영석교수화갑기념논총』, 탐구당, 1992).

이를 국제법상의 교전 단체로 인정하여 적극 도와줄 것을 요청하였다. 아울러 미국을 비롯한 해외동포들에게도 격문을 발표하여 힘을 합쳐 일제를 격퇴할 것을 호소하였다. 그가 의병장에 추대된 후 군세가 크게 강화되었다. 그는 원주를 떠나 경기, 강원지역을 돌면서 의병의 규합에 힘썼다. 그는 의병장에게 격문을 보내 1907년 12월에 경기도 양주에 집결하도록 하였다. 그는 분산적인 대일항쟁을 지양하고 전국의병대를 결성하여 서울을 공격하여 일제를 몰아내고자 한 것이다. 그의 격문에 호응한 각 도의 의병장들은 망설임 없이 군사들을 이끌고 참여했다. 경기도의 허위, 황해도의 권중희, 충청도의 이강년, 강원도의 민긍호, 경상도의 신돌석, 전라도의 문태수, 평안도의 방인관, 함경도의 정봉준 등이 그들이다. 이들 중에 근대식 훈련을 받은 해산 군인도 있었다. 이인영은 대장에 추대되어, 기일을 정해 동대문 밖에 모여서 서울을 공략할 작전계획을 세웠다. 그러나 민긍호부대와 이강년부대가 일본군과의 전투 때문에 미처 양주에 진입하지 못했다. 허위가 이끄는 부대만이 동대문 밖 30리 지점까지 진격하여 분전하였다. 그런데 이 중대한 시기에 이인영에게 아버지의 사망 소식이 전해져 그는 12월 문경으로 돌아갔다. 그 뒤 의병들이 찾아가 재기할 것을 권유했으나, 아버지의 3년 상을 마친 뒤 다시 13도창의군을 일으켜 일제를 소탕하겠다고 말하면서 그들의 권유를 받아들이지 않았다. 그는 노모를 모시고 충청북도 황간군 금계동에서 은거하다가 1909년 6월 일본 헌병에게 붙잡혀 경성지법에서 8월 13일 '내란수범죄'로 교수형을 선고받고 9월 20일 순국하였다. 그의 판결문에 의하면,

　　문반 출신으로 배외사상 특히 일본을 배척하는 사상을 가진 자로써 지난 13년 전 당시 정부에 반항하는 內亂을 준비하였던 사람으로 항상 통감

정치에 대하여 불평의 회포를 가지고 있었다.

라고 기록해 놓고 있다.[19]

③ 이은찬

李殷贊(1878~1909, 본: 전주)은 강원도 원주 부흥사면 출신으로, 1907년 고종의 퇴위와 군대해산을 계기로 각지에서 의병이 다시 일어나자, 그 해 9월 이구재와 더불어 원주에서 의병을 일으켰다. 그는 의병을 모집한 뒤, 이구재와 함께 문경의 이인영을 찾아가 관동창의대장으로 추대하고 자신은 중군장이 되어 의병항쟁에 돌입하였다. 그는 이인영과 함께 원주를 떠나 횡성, 지평, 춘천 등지를 전전하며, 의병규합에 진력하는 한편, 전국 의병장에게 격문을 띄워 양주로 집결할 것을 촉구하였다. 이에 호응하여 양주로 집결한 의병들로 13도창의군을 편성하고 이인영을 총대장으로 추대하였다. 13도창의대진소는 서울을 공격할 계획이었으나 1907년 12월 이인영이 부친상을 당하여 문경으로 돌아가면서 계획에 차질이 초래되었다. 그는 자신의 의진을 거느리고 양평, 포천 방면으로 이동하여 임진강 유역에서 활동하던 허위와 함께 임진강의병 연합부대를 편성하고 항일전을 전개하였다. 1908년 말 허위가 잡혀 순국하자, 의병부대를 인솔하고 양주, 포천, 연천, 연안 등지의 육지와 해상도서에서 유격전술을 펼쳐 전과를 거뒀다. 또한 민폐를 없애는 데 힘써 주민들로부터 지지를 받았다. 1909년 1월 초순에 일본군 수비대의 공격을 받고 남방의 연안 도서지방으로 이동하였다. 1월 19일 야음을 틈 타 2척의 배에 승선하여, 연평도 지역에서 일본군 파견대를 기습 공격하여 큰 피해

---

19) 윤병석, 『의병과 독립군』, 세종대왕기념사업회, 1977.

를 입히고 증산도로 후퇴하였다. 같은 해 2월 27일에는 3백여 명의 의병을 거느리고 양주군 석우리 북방에서 일본 군인과 헌병 연합부대와 격전을 벌여 타격을 입혔으나, 의병 진영에서도 수십 명의 희생을 냈다. 그는 경기도 포천에서 의병을 재기하였다. 부대명칭을 창의원수부라 하였는데, 대장 밑에 선봉장에 김귀손, 좌군장에 윤인순, 우군장에 정용대, 부장에 박순근, 임운명, 강기동, 이준식, 참모에 이종협, 윤대구, 이주호, 엄해윤, 군량장에 이계복, 종사에 이사인, 부관에 장수봉을 임명하였다. 창의원수부는 1909년 2월 양주의 적석면 돌압산에서 일본 순사대와 조우하여 치열한 공방전을 수행하여 이를 격퇴하였다. 1909년 3월 좌군장 윤인순이 수비대와 교전 중 전사하였다. 이은찬은 만주로 망명할 계획을 수립하던 중에 밀정의 덫에 걸려 서울 용산에서 체포되고 말았다. 서울에 있던 박노천과 신좌균 등이 이와 같은 계획을 탐지하고 군자금을 제공하겠다는 미끼로 그를 서울로 유인하였다. 그들의 말을 믿고 3월 31일 서울의 용산역에 나타났다가, 잠복하고 있던 일본경찰에 잡혀 1909년 5월 8일 경성지방재판소 검사국에서 '내란죄'로 교수형을 선고받고 그해 6월 27일 순국하였다.[20)

④ 김수민

金秀敏(1857~1909)은 경기 장단 출신으로 동학에 가담한 전력이 있다. 힘이 남달리 세고 사격술이 뛰어나며 화약과 탄환의 제조 기술도 있었다. 1907년 군대가 강제로 해산되자 농민운동을 조직화시켜 항일운동으로 발전시킬 것을 결심하고 8월 25일(음)에 장단군 북면 솔랑리에서

---

20) 독립운동사편찬위원회, 『독립운동사』1, 1972. 윤병석, 『의병과 독립군』 세종대왕 기념사업회, 1977. 조동걸, 『한말의병전쟁』, 독립기념관, 1989. 김도훈, 「한말 이은찬의 연합의병운동과 창의원수부의 활동」,《북악사론》5, 1995.

의병을 모집하였다. 구한국 군대의 무기를 빼앗아 무장하고, 덕음동을 거점으로 군량을 준비하였으며 보부상으로 정보대를 편성시켜 적의 정보를 탐색하도록 할뿐 아니라 산악전투에서 의병을 보호할 수 있도록 의병 복장을 소나무색으로 염색하여 입게 하였다. 그는 민폐를 덜기 위하여 부호의 양곡과 의복을 징발하여 군용에 충당시켰다. 1907년 9월 병력이 300여 명에 이르자 대장이 되어 경기도 개성군 대흥산 창고에 있던 관군의 대포 30문과 소포 150문을 탈취하여 병력을 강화시켰다. 10월 11일 밤 경기도 장단군 북면에서 일병과 한 차례 교전을 하였다. 11월 27일에는 개성수비대와 격전을 벌였으며 열은동 일대에서 농민들을 재규합하였다. 12월에는 부하 100명을 이끌고 이인영 부대와 합병하고 이인영·이은찬 등과 같이 경기도의 장단·마전 등 각지에서 세력을 떨쳤으며 황주·해주·서홍 등지의 일군 수비대와 여러 차례 교전하였다. 김수민은 의진을 20명에서 30명 정도의 인원으로 유격대를 편성한 후, 1908년 4월 16일에는 구화장 헌병 분견소를 기습 공격하여 일 헌병을 살해하고 병기와 탄약을 탈취하였다. 1908년 10월 상순에는 강화도를 기습 공략하여 그곳 일인을 처단하는 전과를 세웠다. 일제는 용산의 일군 보병 제13연대 1소대 30명을 강화도로 급파하여 10월 30일 강화에 상륙시켰다. 이때 전등사에 있던 약 100명의 의병들은 접근해 오는 일군과 1주일에 걸친 격전을 벌여 이들에게 타격을 가하였다. 일본군이 개성 수비대의 30명, 용산 주차 보병 부대의 70명, 해주 수비대의 34명, 연안 수비대의 7명 등을 동원하여 이들을 8대로 나누어 3일 동안 의병 진압전을 전개하였다. 수색전은 11월 26일부터 시작되었는데 그 첫날 약 20명의 김수민 의병은 정두동에 매복해 있다가 일본군에 집중 사격을 가하여 7명 중 4명을 쓰러뜨리고 서북방으로 후퇴하여 배를 이용하여 황해도와 주변 섬으로

이동하였다. 1909년 2월부터 김수민은 적성과 강원도, 충청도, 황해도 일
대에서 연기우, 하상태, 이진룡, 한정만, 이인순, 정용대 등과 함께 활약
하였다. 그 후 적의 정보를 파악하여 보다 완강한 항일전을 전개할 목적
으로 의진을 동생 김백수에게 잠시 맡기고, 자신은 차부를 가장하여 서
울로 잠입하였다가 불행하게도 8월에 피검되어 서대문 감옥에 투옥되었
는데 옥을 파하고 탈옥하려다 뜻을 이루지 못했다. 1909년 10월 14일 경
성지방재판소에서 '내란'죄로 교수형을 선고받고 항소했으나 11월 22일
기각되어 순국하였다.

⑤ 정용대

鄭用大(1882~1910)는 경기 파주 적성 출신으로 해산군인 출신이다.
구한국군에서 정교를 지낸 그는 군대해산 이후 국권을 회복하고자 의병
을 봉기하고 스스로 창의좌군장이 되어 양주·풍덕·교하 등지에서 많은
전과를 올렸다. 그는 인근의 다른 의병부대와 연합전선을 구축하기도
하였다. 특히 이은찬 의진과 함께 1908년 2월 27일 양주군 석적면에서,
그리고 3월 2일 회암면에서 일본 헌병 및 경찰대와 교전하여 전과를 올
렸다. 이은찬 의병장이 체포된 후에는 尹仁淳 의진과의 연합 전선을 모
색하기도 하였다. 6월 8일 부평군 내면을 습격하였으나 오히려 일본순
사와 수비대의 공격을 받아 의병 4명이 생포되고 무기 9정을 빼앗기는
패배를 당하였다. 그는 일본군과의 효과적인 교전을 위한 군자금도 조
달하였다. 그러나 1909년 10월 일본군에 의해 체포되고 말았다. 1909년
10월 28일 경성지방법원에서 '치안유지법위반'으로 교수형을 선고받고,
항고하였으나 12월 1일 경성공소원에서 기각당하였다. 다시 고등법원에
서 상고하였으나 기각당하고 순국하였다.

⑥ 김봉기

金鳳基(1866~1908)는 경기도 이천 출신이다. 그는 1907년 8월 을사늑약을 체결한 이완용 등 7적을 성토하는 격문과 이토 및 각국 영사에게 보내는 글, 그리고 동포에게 보내는 포고문을 2회에 걸쳐 작성하여 윤평순으로 하여금 『대한매일신보』에 게재하게 하려 했으나 일경에 모두 압수되어 뜻을 이루지 못하였다. 같은 달 25일경에는 이근풍·주창룡 등과 함께 경기도 광주·용인 등지에서 의병을 모집하여 서울 중서 전동에 있는 홍세영의 집에 가서 군자금을 모집하려다가 체포되었다. 그 후 이듬해인 1908년 3월 13일 평리원에서 소위 내란죄로 교수형을 선고받고 순국하였다.

⑦ 민긍호

閔肯鎬(1865~1908)의 본관은 여흥으로 서울 출신이다. 그는 1897년 원주진위대 고성분견대의 정교를 지내고, 춘천분견대에 전입하여 1901년 특무정교가 되고 원주진위대에 전입되었다. 1907년 8월 일제가 원주수비대를 해산하려 하자 약 300여 명의 병사를 이끌고 원주 우편취급소와 일본경찰을 습격, 3시간 동안 격전하였다. 그는 의병부대를 소단위로 편성하고, 제천, 죽산, 장호원, 여주, 홍천 등지에서 유격전으로 적에게 큰 타격을 주었다. 특히, 강원도와 충청도 일대에서 크게 활약한 이강년, 변학기, 조인환의 의병부대와 긴밀한 연락을 취하였다. 1907년 8월 12일 약 200명으로 편성된 부대로 여주를 기습하여 경무분견소를 포위, 공격한 뒤 이곳 일본경찰과 가족들을 처단하고 무기를 접수하였다. 이때 많은 지방민이 의병부대로 지원해 와 의병의 수가 크게 증가하였다. 8월 중순 이강년과 같이 충주공략의 작전계획을 세운 뒤 22일 행동을 개시하였으며, 23일 충주를 공격하여 적에게 큰 타격을 주었으나 점령하지 못하고 장호원으로 후퇴하였다. 9월 10일 약 200명의 의병을 거느리고 홍천을 기습하였다. 나머지 400명의 의병은 낭천군아를 기습 공격, 총기와 탄약을 접수하였다. 그는 춘천 남방의 정족 부근에서도 격전을 벌였고, 횡성에서도 일본 수비대와 격전을 벌여 타격을 주었다. 10월 26일 횡성 둔촌에서, 11월 27일 홍천 서남 양덕원에서, 12월 8일 원주 동북 작곡에서 계속 격전을 벌였다. 1908년 2월 29일 일본군과 접전하였으나 의병 20여 명이 사살되고, 그는 사로잡혀 강림으로 호송되었다. 그날 밤 부하 60여 명이 강림을 습격하여 그의 탈출을 시도하였으나 그는 탈출 도중에 전사하였다.

⑧ 김규식

金奎植(1882~1931)은 경기도 양주 사람이다. 육군 부교로 육군연성학교에서 근무하다가 1906년 10월경(음) 퇴직하였다. 1907년 대한제국군이 해산당하자 통분하여 육군정위 현덕호와 함께 의병을 계획하고 양주에 있는 허위 부대를 찾아가 의병에 합류하였다. 이인영부대에도 합세하여 연천, 마전, 삭령 등지에서 활동하였다. 그는 체포되어 1908년 8월 25일 유형15년형을 선고받았다. 그는 1912년 3월 만주로 망명하여 서일·김좌진 등과 함께 북로군정서를 조직하여 청산리전투에 참전하는 등 무장투쟁에 앞장섰다. 1923년 5월에는 고려혁명군을 조직하고 총사령에 선출되어 항일투쟁을 계속하였다. 1925년에는 김좌진과 김혁 등이 영안현에서 신민부를 조직하자 이에 가담하여 활동하였다. 그러나 공산주의자 최악에 의해 이역 땅에서 최후를 마쳤다.

⑨ 정철화

鄭哲和(1878~1943)는 서울 서부의 신문 밖 출신이다. 1907년 고종의

강제퇴위와 한국군의 강제해산을 계기로 유생의 신분으로 의병에 참여
하였다. 그는 허위 휘하의 관서창의군 방인관 부대에 들어가 서기로서
경기도 여주군 이모산 일대에서 일본군과 교전하였다. 전병규 의병부대
에서 '30명 의병지휘관'이 되어 안성군 죽산면 칠장사 등지에서 일본군
과 교전하여 전과를 거두었다. 또한 안성에서 군자금으로 1500량을 수납
하는 등 활동을 하다가 일군의 반격에 밀려 서울 남대문 사축동에서 가
족과 함께 거주하다가 1907년 9월 15일 체포되었다. 그는 1908년 5월 29
일 경성지법에서 유형 15년을 선고받았다. 그는 1913년 9월 林炳瓚 등이
조직한 독립의군부의 일원으로 국권회복을 위해 일본 내각총리대신과
조선총독 등에게 국권반환요구서를 보내려는 계획을 세우고 군자금모
집운동을 벌이다 1914년 4월 다시 일경에 체포되고 말았다. 1915년 5월
12일 경성지방법원에서 소위 강도 및 보안법 위반 등으로 징역 13년형
을 선고받았다. 공소를 제기하였으나 같은 해 7월 23일 경성복심법원에
서 기각되어 옥고를 치렀다. 그 뒤 1932년 만주 지역으로 망명하여 지내
다가 1941년 환국하였다고 한다.

⑩ 신현구

申鉉九(1827~?)는 경기 죽산군 원삼면 분촌 출신의 농민이다. 1908년
음1월에 정주원 의병에 가입하여 그해 음3월 대장 정주원과 대원 수십
명과 함께 죽산군 근삼면 백암리에 들어가 주민 백윤삼으로부터 군자금
20원을 받았다. 그해 3, 4월에는 서대구 등 수명과 함께 백암리에 다시
들어가 이석진 집에서 290원어치의 군수품을 탈취하였다. 1910년 음4월
16일 새벽 2시에 정대준 등과 함께 죽산군 서삼면 시암 시내의 여인숙에
묵고 있는 일본인 3명(中原房吉, 尾崎義市, 原喜一)을 곤봉으로 구타하여
살해하였다. 그는 이 일로 체포되어 1910년 8월 17일 교수형에 선고되어,

공소하였으나 같은 해 9월 13일 경성공소원에서 이를 기각함에 따라 순국하였다.

⑪ 조인환

曺仁煥(1881~1909)은 양근의 양반 출신이다. 그는 1907년 군대해산 직후 국권을 회복하고자 거의하여 용문산으로 들어가 용문사와 상원사를 근거지로 하여 활동하였다. 의진의 규모는 4백여 명에 달했다.[21] 1907년 8월 3일 양근 읍내를 습격하고 관아와 세무서, 우편물 취급소, 일본인 가옥 등을 파괴, 방화하는 활동을 하였으며, 8월 5일에는 지평의 순사파출소, 8월 12일에는 양근 순사파출소, 8월 19일에는 지평군아를 공격하여 군수 김태식을 처단하는 등 혁혁한 공을 세웠다. 그러나 아카시 중위가 이끄는 일본군 보병 제52연대 제9중대의 공격을 받고 9월 상순 양주와 파주 지역으로 일시 물러났다. 일본군은 이 과정에서 상원사와 용문사를 불태우는 만행을 저질렀다. 조인환은 9월 17일 다시 양근으로 들어와 남종면의 분원동 남방의 고지에서 일본군 수비대 제47연대 제1소대와 격전을 치러 의병 20여 명이 전사하였다. 조인환의 그후의 행방이 묘연하자 잔여의병들은 해산군인인 신창현을 대장으로 추대하고 활동하였다.[22] 그는 그 후에도 이천, 여주 일대에서 활동을 계속했으나, 1909년 12월 20일 군수품 배분 문제로 불만을 품은 자한테 살해당했다 한다.

---

21) 「폭도에 관한 편책」, 경경수비(京警收秘) 제151호의 6, 융희4년 3월 7일(『한국독립운동사자료』17, 376쪽).
22) 『독립운동사자료집』3, 727쪽 : 『독립운동사』1, 538쪽.

⑫ 이연년

李延年(1874~1944)은 이승룡의 장자로 1874년 12월에 양근의 대흥리에서 태어났다. 초명은 穆年이고 자는 敬文, 호는 松石이다. 벼슬은 부사과에 올랐다. 그는 선친이 의병을 일으켜 남한산성을 점거하였다가 적에게 살해당한 후 항상 왜놈을 증오하고 복수심에 불탔다. 그는 1907년 고종황제가 강제로 퇴위되는 사건이 일어나자 벼슬을 버리고 귀향하였다. 그는 그해 7월 초순경(음) 양근에 거주하는 민기희의 초청을 받고 지평군 마천 대동에 가니 포수 30여 명이 집결해 있었다. 민기희는 "현재 정부 대신의 국가를 그르치는 것이 이처럼 심하여 강토와 생령이 회복할 여지가 없게 되었으니 의병을 일으켜 일본인을 물리치고 구제도를 회복하려 하니 그대가 두령이 되어 큰 일을 이룩하자"라고 이연년을 의병장에 추대함에 이연년은 이들을 이끌고 활동을 개시하였으며, 지평의 우곡에서 이들과 함께 김춘수 의진에 합류하여 종사가 되어 활동하였다. 같은 해 11월 보름께 홍천의 남창에서 일본군과 전투하였으며, 12월 초에는 여주의 천양에서, 12월 보름께는 홍천의 각길리에서 교전하였다. 1908년 정월(음)에는 귀순한 의병장 정대무의 선봉장 김응서와 지평의 황경평에서 의병을 재모집하는 활동을 하였다. 그후 대송면 곡수에서 한인 순사 김연상을 살해하는 등의 활동을 하다가 1908년 3월 청운면 삼성리의 벗고개에서 일본군수비대와 치열한 전투 중에 유탄을 맞아 부상을 입고 체포되었다. 지평옥에 투옥되어 심한 고문을 받다가 서울로 이송되어 그해 5월 22일에 평리원에서 내란죄로 유배 10년형을 선고받고 완도에서 유배생활을 하였다. 유배가 끝난 후 그는 대흥리 본가에 대곡서당을 열고 후학을 지도하였다.[23]

---

23) 「폭도사편집자료」, 『독립운동사자료집』3, 509·734쪽 :『독립운동사자료집』별집1,

⑬ 엄해윤

嚴海潤(1863~1909. 11. 30)는 강원도 영월 출신이다. 직업은 의원이었다. 진주의병장 노응규가 1906년 가을 충북 황간의 상촌면에서 의병을 일으킬 때 노응규와 서은구의 권유로 의병에 참여하였다. 그는 선봉장으로 무기를 수집 제조하고 군사들을 모집하여 훈련을 실시하였다. 이윽고 병력이 증강되자 총기와 화약을 모아 무장하고 경부철도와 일군시설을 파괴하였다. 이들은 장차 서울로 진격, 일본세력을 물리치려는 웅대한 포부 아래 투쟁하였다. 그러나 1907년 1월 밀정의 간계에 속아 의병장 노응규를 비롯한 중군장 서은구, 종사 노공일 등과 함께 체포되었다. 이들은 옥중에서 강경한 태도로 항일 토적의 대의를 주장하며 절개를 굽히지 않았다. 결국 노응규 의병장은 그해 2월에 옥사하고 엄해윤은 그해 5월 18일 고등재판소 평리원에서 유형 7년을 받아 황해도 장연군 백령도로 유배되었다. 광무황제의 특사로 유배에서 풀려난 1908년 그는 다시 이은찬 의진에 투신하여 참모로 활동하였다. 1908년 음력 12월 이종협이 분리 독립한 뒤에는 이종협 의병진의 참모로 활동하였다. 그러나 1908년 12월 황해도 금천, 토산군 일대에서 활동하다가 체포되었다. 그는 경성감옥에서 옥고를 치르던 중 1909년 4월 13일 탈출하다가 다시 체포되어 1910년 10월 18일 대심원에서 '내란죄'로 교수형을 선고받고 순국하였다.

⑭ 안춘경

安春京(1878~?)은 경기 수원군 태촌면 진언리 출신으로 대장장이였다. 1907년 8월 정주원의 권유로 의병에 가입하였다. 그는 체포된 후 "한

117~118쪽.

국이 위기일발의 지경에 이르는 때에 차마 편안히 앉아 있을 수 없어 궐기하여 의병에 투신했다"고 밝혔다. 그는 선봉장으로 4백여 명의 의병을 이끌고 충청도 홍주군 일대와 경기도 수원 안성과 용인 등지에서 활동하였다. 1907년 음력 12월에는 수원의 광덕에서, 1908년 음력 6월에는 문덕준 등과 함께 수원군 청룡면 대미 등지에서 군자금을 모금하였다. 그는 정주원이 체포된 뒤에는 스스로 대장이 되어 활동하였다. 1909년에는 이천경, 정성삼, 최육해, 배수만, 이춘명, 차언석, 노준경 등 의병을 지휘하고 경기도 일대에서 활동하였다. 1909년 이천경과 정성삼이 체포되어 안춘경이 용인지역에서 활동하고 있음이 탐지되었으며, 결국 그도 1909년 수원경찰에 의해 수원군 문시면의 처가 집에서 체포되고 말았다. 그의 은신처가 수원경찰에 알려진 것은 12월 6일이었다. 순사 가와노(河野鶴壽)와 니시카와(西川勘作)는 밀정 5명을 끌고 급습하여 취침 중이던 안춘경을 급습하여 체포한 것이다. 안춘경은 순사를 향하여 "재거의 목적을 달치 못하고 너희들에게 체포됨은 終生의 유한이다"라고 원통해하며 저항을 기도했으나 체포되고 말았다. 그가 체포될 때 압수된 무기로 元折銃 3정과 화승총 8정, 군도 2자루가 있었다. 1910년 5월 9일 경성지방재판소에서 징역 7년형을 선고받고 옥고를 치렀다.

⑮ 강명선과 강상봉

姜明善(1880~1944)은 경기 마전군 서면 출신이다. 1907년 군대가 강제로 해산된 후 대한제국군 특무정교 출신인 朴宗煥 의병진에 참가하였다. 그는 강대여등과 함께 장단과 마전을 중심으로 활동하였다. 그는 1908년 2월 마전군 서면의 최사음 집에서 곡식을 거두는 등 군자금 모집 활동을 벌이다가 일군에 체포되었다. 그는 동년 9월 29일 경성공소원에서 징역 15년형을 선고받고 상고하였으나, 1908년 11월 10일 대심원에서 소위 내란죄로 형이 확정되어 옥고를 치렀다.

姜相逢(1889~?)은 경기 통진의 포수 출신이다. 정용대 의진에 가담하여 경기 풍덕, 교하, 통진 등지에서 활약하였다. 정용대는 대한제국군의 정교 출신으로 군대해산 이후 국권회복을 위해 스스로 창의좌군장이라 칭하고 수백여 명의 의병부대를 이끌고 경기도 적성, 양주, 풍덕, 교하, 통진 등지에서 일본군과 수차에 걸쳐 접전하면서 항일투쟁을 전개하고 있었다. 강상봉은 정용대 의병장의 지시로 정치삼 등과 함께 1908년 4월 경기도 풍덕군 조강리에서 일본 순사대와의 전투에 참여하였다. 그는 교하군 분포동에서 실탄을 확보하는 일을 하였으며, 이후 의병활동의 재개를 모색하며 통진군 봉상리 자택에 잠복해 있다가 체포되었다. 그는 1908년 7월 14일 고등재판소평리원에서 '내란'죄로 유형 10년을 받고 옥고를 겪었다.

⑯ 권득수

權得洙(1873~1907)는 경기도 양주에서 태어났다. 족보에는 각(恪)으로 기입되었으며, 자는 成根이며 본관은 안동이다. 부친 권신영은 무과 출신으로 안동권씨 추밀공파 정승공의 33세손이다.[24] 권득수는 金正和의 문하에서 한학을 수학하였다. 또한 그는 무장으로서의 기상도 뛰어나 무과에 응시하여 급제하였다고 전해진다. 그는 1905년 양평군 양근리 장로교 신자인 홍씨 부인의 집에 정착하였다. 그는 장로교회를 개척하여 선교활동과 문맹퇴치에 헌신하는 김연옥을 만나 동지가 되어 구국을 위한 창의활동에 나서게 되었다. 그는 교회에서 젊은이를 모집하고자 하였으나, 김연옥으로부터 교회보다 시장에서 의병을 모집하라는 권고

---

24) 『안동권씨추밀공파대보』.

를 받았다. 그는 가산을 정리하여 무기를 구입하였다. 소장수를 가장하고 양평, 양주, 이천의 장날을 택하여 격문을 붙이고 창의하였다. 그가 창의한 때는 1907년 음력 7월로 보인다. 그는 용문산을 근거지로 하여 양평, 양주, 이천, 지평 일대에서 200명이 넘는 의병진을 편성하는데 성공하였다.[25] 그는 용문사에 군량과 무기를 비축해 놓고 활동했으며, 의병을 이끌고 서울로 진격하고자 양평군 양서면 문호리의 나루터를 도강하려는데 일본 기병대에 발각되어 치열한 격전을 치렀다. 이 전투에서 일본 헌병 2명을 사살하였으나 중과부적으로 많은 피해를 입고 용문산으로 후퇴하였다.

　용문사를 근거지로 활동하던 조인환의진과 함께 활동하던 권득수 의병은 1907년 8월 일본군 보병 제52연대 제9중대(중대장: 明石)의 급습을 받았다. 아카시가 이끄는 제9중대는 8월 23일 양근에 도착하여 24일 의병이 근거지인 용문사를 불태웠다.[26] 의병은 상원사와 운필암으로 후퇴하면서 항쟁하였다. 8월 말(음, 7월 23일)에는 양근의 수회리 일대에서 군자금모집 등의 활동을 하였다. 8월 31일에 해산군인인 김성완이 수회리에서 권득수 의병장의 휘하에 들어왔다는 진술이 이를 말해 준다. 또한 이 진술에 의하면, 권득수 의병장은 매일 의병들에게 급료를 주었던 것으로 확인된다.[27] 권득수는 9월 8일(음, 8월 1일)에는 양주의 회촌으로 가서 그곳에 거주하고 있는 신재만에게 국가를 위하여 창의할 것을 권

---

25) 조선총독부 경무국 편, 「폭도사편집자료」(독립운동사편찬위원회, 『독립운동사자료집』3, 507쪽). 이 자료에 의하면, 권득수를 "소 장사를 하던 자인 바 한때 부하 200여 명을 인솔하고 지평, 양근, 이천, 양주의 각지를 배회 출몰하여 현재 소재 불명인 바 일설에는 부하에게 살해되었다고 전한다."라고 보고하고 있다.

26) 「조선폭도토벌지」, 『독립운동사자료집』3, 692쪽.

27) 『독립운동사자료집』별집1, 12쪽, 「김성완판결문」. 김성완은 체포되어 1907년 11월 5일 유형7년형을 선고받았다.

유하고 자금 5만원과 양총 및 조총 등 13정을 모집하기도 하였다.[28] 권득수는 1907년 9월(음력) 원주의병장 민긍호 부대를 비롯하여 張箕煥의병, 崔斗煥의병, 韓甲福의병, 朴來鳳의병, 朱錫敏의병 등과 연합하여 인제군 일대에서 활동하기도 하였다. 이때 이 연합의병이 1만여 명에 달했다고 신창현은 진술하였다.[29] 이로 보아 권득수 의병의 행적이 1907년 음력 9월까지는 확인된다. 1909년 3월 16일 경기도 관찰사 김사묵이 내부대신 박제순에게 보고한 『폭도사편집자료』에 의하면, 권득수에 대하여 "현재 소재 불명인 바 일설에는 부하에게 살해되었다고도 전한다"[30]라고 부하에게 살해되었을지도 모른다고 하였으나 권득수 의병장의 사망일시와 경위가 아직 확인이 안된다.[31] 권득수가 용문사 일대에서의 활동할 때인 1907년 8월말 인근의 오촌리 김윤구의 99간 저택이 권득수 의병에게 무기와 군량을 제공하였다는 이유로 불태워지기까지 하였다.[32]

---

28) 『독립운동사자료집』별집1, 12~13쪽, 「판결서 형제 46호 56호」.
　　신재만은 이 일로 10년형을 선고받고 옥고를 치렀다.

29) 『독립운동사자료집』별집1, 69쪽. 이 자료에 權得珠라 표기되어 있는데 이는 權得洙의 오기로 보인다. 신창현은 1908년 6월 18일(음, 5월 20일) 체포되어 9월 15일 종신유형을 선고받았다.

30) 『독립운동사자료집』3, 507쪽.

31) 「폭도사편집자료」에 의하면, 黃在浩(약 37세, 포천군 산내면)에 대한 기록 중에 "그해(1907년, 필자) 9월 상순 적성군 폭도 權德洙라는 자로부터 더불어 일을 일으키자는 꾀임을 받았으나 일단 응낙하지 않았다. 그러나 당시 이미 폭도의 수괴로써 행동하려는 의사가 있었다. 그 후 도당을 모아 권덕수와 합동하였으나 서로 불화하여 마침내 권덕수를 살해하고 스스로 수괴가 된 자로서"(『독립운동사자료집』3, 509~510쪽)라고 하여 권덕수가 黃在浩(보병 하사 출신)에 의해 살해되었다고 보고되어 있다. 이때의 權德洙가 權得洙로 보인다.

32) 김윤구는 1919년 3·1운동에 참여하여 징역 6개월 형을 선고받고 옥고를 치렀다(『독립운동사자료집』5, 491쪽).

⑰ 김춘수

金春洙(1874~1952)는 양근군 북면 소설리(고읍면 후평리?) 출신의 유생이다.[33] 본명은 노수(일명 병수), 본관은 광산이다. 1874년 8월 옥천면 신복리에서 부친 영석과 모친 고성이씨 사이에서 장남으로 태어났다. 그는 1907년 8월 이후 홍천에서 창의하여 200여 명을 인솔하고 양평, 여주, 광주 일대에서 활동하였다. 참모장에 백영기, 종사에 김응서, 이연년이 있다. 그리고 의병으로 이춘명, 이천보, 고정복, 신원영 등이 확인된다. 김춘수는 허위 부하인 김규식 등과 연계하여 1907년 12월 13도창의진에 안무장으로 참여하였다. 그는 20여 명의 의병을 이끌고 1908년 4월에 양근군의 북면으로 들어가 4월 8일자로 된 두 종류의 격문을 각지에 보냈는데, 그 중 하나는 양근군 북면 면장과 각 동장에게 보냈는데 격문의 일부 내용은 다음과 같다.

근처에 왜적이 있어서 세력이 왕성하다. 그러나 의병이 재거하고 또 청국병도 역시 動하여 我國民은 소생할 수 있을 것이다. 화약과 화승을 준비하라. 자위대장은 참살한다. 문무 중에 의기 있는 자는 의병에 投하라.[34]

또 하나의 격문은 오빈동 공산리 주민에게 보냈는데 그 내용은,

의병의 대군이 근일 양근을 습격하려 한다. 고로 처자가족은 피난하라. 또 화약 탄환을 준비하기 어렵거든 草鞋 및 양식을 준비하라.[35]

라고 하여 의병부대가 곧 양근을 공격할 것을 알리면서 의기 있는 이들

---

33) 「폭도사편집자료」, 위책, 506쪽.
34) 「폭도에 관한 편책」, 『한국독립운동사자료』10, 143쪽.
35) 「폭도에 관한 편책」, 『한국독립운동사자료』10, 143쪽.

의 의병 참여를 요청하였다. 아울러 주민들에게 화약이나 화승총 또는 짚신이나 양식을 준비해 줄 것도 요구하였으며, 일본군의 앞잡이 노릇을 하는 자위대원은 참살할 것임을 경고하였다. 그는 북면에서 의병 귀순자 3명을 잡아 가평군 남면으로 끌고 가 처형하기도 하였으나 1908년 4월 19일 가평수비대장 나이토(內藤) 중위에 의해 가평군 청평천의 북쪽 구정리에서 체포되었다.36) 그가 이후에 어떻게 탈출했는지는 확인이 안되나 1909년 12월 양주경찰서에 자수하였다.37)

⑱ 정영운과 이재복

鄭永雲(1879~1910)은 경기도 지평에서 태어나 양근군 남시면 상백석동에 거주하였다. 임행숙 의진에 가담하여 동료의병 100여 명과 함께 각지를 다니면서 활약하던 중 1907년 11월 1일에 경기도 여주군 홍곡면 충신동 산 속에서 여주경찰서 소속 순사 5명을 만나 그중 와타나베(渡邊卷太郞) 등 4명을 사살한 뒤 의병활동을 계속하다가 일경에게 체포되었다. 1910년 2월 16일 경성지방재판소에서 교수형에 처해지고 항소하였으나, 3월 1일 경성공소원에서 교수형이 확정되어 순국하였다.38)

李再福(1881~?)은 양평의 지평 상동면 삼상리 출신으로 직업이 농업이다. 1908년 3월부터 7월까지 이정숙 의진에 가담하여 경기, 강원도 일대에서 활약하였다. 일본수비대와 총 4회의 전투를 수행하는 등 치열한 반일무장투쟁을 전개하였다. 그러다가 체포되어 1908년 9월 12일 경성지방재판소에서 유형 7년을 받아 옥고를 겪었다.39)

---

36) 「폭도에 관한 편책」, 『한국독립운동사자료』10, 149·151쪽.
37) 「폭도에 관한 편책」, 『한국독립운동사자료』17, 342~343쪽 : 김순덕, 『경기지방 의병운동 연구』, 한양대 박사학위논문, 2003, 42쪽.
38) 『독립운동사자료집』별집1, 150·169쪽.

⑲ 이성서, 이창준 부자

李聖瑞(1856~1909)는 지평의 양곡출신으로, 1909년 당시 경성의 중부 소립동에 거주하였으며, 54세로 직업은 미장이였다. 1907년 음력 7, 8월 경에 鄭在學 의병에 들어갔으며, 8월 1일(음) 정재학 의병장을 비롯하여 80여 명과 함께 총기로 무장하고 경기도 적성군과 마전군 등지에서 활약하던 중 일본인 약상인 기시모토(岸本源四郎)를 총살하고, 같은 달 신중원과 의병을 거느리고 경기도 삭녕군 읍내에서 주사 모씨로부터 총 30정과 탄약 5근, 돈 160원을 모집하는 활동을 하였다. 또한 아들 李昌俊과 함께 황해도 토산군 토산시장에서 동장과 집강 등을 붙잡아 220원을 모집하고 군청의 이방을 위협하여 탄약 1상자와 탄환 3천 발을 탈취하였다. 이들은 체포되어 1909년 11월 19일 경성지방재판소에서 이성서는 강도 및 살인죄로 교수형을 선고받고 공소하였으나 동년 12월 14일 경성공소원에서 기각, 형이 확정되어 순국하였으며, 이창준은 징역 2년 6개월에 처해졌다.[40]

4) 경기의병의 의의

한말 경기지역에서 일어난 의병의 활동과 대표적인 의병장의 행적을 살펴보았다. 특히 그중에서도 체포되어 재판을 받은 인물들을 판결문의 내용을 검토하여 그들의 활동상을 밝혔다.

경기지역에서의 의병 활동 역시 전기의병에서부터 있었으나 후기의병기에 더욱 치열하게 전개되었다. 전기의병기에는 이천과 양평지역에서의 의병이 활발했다. 이천의병은 김하락 등이 단발령 공포 다음 날 이

---

39) 『독립운동사자료집』별집1, 215쪽.
40) 『독립운동사자료집』별집1, 131~133쪽.

천의 이현에서 의병을 일으켰다. 이들은 광주의병과 여주의병과 연합하여 광주의 남한산성을 점령하고 서울 진공계획을 수립하였다. 이천의병은 관군과 일본군의 공세에 밀려 남한산성 전투에서 패했으나, 경상지역으로 이주하면서 의병 활동을 계속하였다. 화사학파의 유생인 안승우 등은 양평의 지평에서 의병을 일으켜 원주관아를 점령하는 등 활동하였다. 양근지역에서도 이승룡이 의병을 일으켜 부대를 이끌고 남한산성에 입성했으나 관군의 꼬임에 살해당하고 말았다.

1907년 8월 구한국 군대가 강제로 해산되고 고종황제가 강제로 퇴위되는 사태에 경기지역에서는 남부지역인 안성과 이천, 죽산, 여주 일대에서 의병이 일어났다. 여주의 이구채, 김현국, 윤성필, 이천의 김봉기, 양지의 임옥녀 등이 그들이다. 1907년 후반부터는 양평, 용인 지역으로 확대되어 갔다. 특히 양평은 용문산이 자리 잡고 있어 의병의 유격전 활동에 유리하였다. 조인환과 권득수 등이 이 지역에서 활동한 대표적인 의병장이다. 강화도에서도 연기우, 지홍윤 등이 활동하였다. 장단 출신의 김수민은 경기와 황해도 지역을 오가면서 활동하였다. 선산 출신의 허위는 경기 북부 지역에서 김규식, 연기우 부대와 연합하면서 활동하였다.

양주에서는 서울 탈환을 목적으로 13도창의대진소가 결성되었다. 전국 의병의 연합체인 13도창의대진소는 이인영을 총대장으로 추대하고 서울 탈환을 위하여 서울 근교에서 작전을 감행하였다. 연합의병이 해체된 이후 경기 지역 의병은 소규모 부대 단위의 유격 작전으로 전환하여 항일전을 지속하였다.

일본군의 의병에 대한 탄압은 혹독했다. 의병의 근거지라고 하여 용문사와 상원사, 사나사 같은 유서 깊은 사찰을 불태웠다. 또한 일본군은 양평과 제천 등지의 수많은 민가를 소각시켰다. 또한 체포된 의병들에 대하여 가혹하게 처벌하였다. 경기 지역 의병장 중에 교수형을 선고받고 순국한 의병장으로 허위와 이인영을 비롯하여 김봉기, 김수민, 이은찬, 신현구, 정용대, 박강천, 정영운, 이성서 등이 보인다. 단순가담자라 하더라도 2～3년의 유배형에 처해졌으며, 의병을 주도한 인물들은 폭동죄와 내란죄를 적용하여 사형이나 10년 이상의 유배형을 받았다. 이는 의병을 근절시키기 위하여 의도적으로 중형을 부과한 것이라 하겠다.

2. 양평지역 의병과 의병장*

1) 머리말

일제는 조선에 대한 제국주의적 침략을 수행하기 위하여 1894년 청일전쟁을 일으키고, 1904년 러일전쟁을 일으켰다. 그리고 이 전쟁에서 영국과 미국의 지원을 받아 승리하였으며, 역시 영, 미의 동의하에 조선의 식민지화를 획책하였다.

일제의 침략정책에 조선의 유생을 포함한 민중 세력은 민족의 자유권을 회복하기 위한 의병전쟁에 적극적으로 나섰다. 양평에서의 의병전쟁은 1895~1896년 전기의병기와 1907년 이후의 후기의병기에 집중적으로 전개되었다. 전기의병기는 지평의병의 활동과 양근의병의 남한산성 전투가 두드러진다. 후기의병기에는 의병장 중심의 여러 의진이 편성되어 용문산 일대를 근거지로 하여 일본군과의 전투를 수행하였다. 그 과정에서 일본군은 용문사 등 유서 깊은 고찰과 수백 호에 달하는 민가를 소각하고 무수한 양민을 학살하는 범죄 행위를 저질렀다.

그동안 양평의병에 대하여 경기지역 의병의 일부로 서술되는 등 학계의 관심이 소홀했던 것이 사실이다. 이에 비하여 양평지역인들은 향토애를 바탕으로 하여 양평의병에 대한 연구를 축적하여 왔다.[1] 이 글은 양평 출신의 의병장을 발굴하고 그들의 행적을 고증함에 그 목적이 있다. 이를 위하여, 우선 「폭도에 관한 편책」과 「조선폭도토벌지」, 「폭도사 편집자료」 등의 일본 측이나 관찰사 등의 보고서에 나타난 양평의병 관

---

* 김상기, 「한말 양평에서의 의병항쟁과 의병장」, 《호서사학》37, 2004.
1) 장삼현, 『양평의병운동사』, 양평문화원, 1995.

련 자료를 검토하였다. 여기에 「종의록」, 「하사안공을미창의사실」, 「의
암유선생서행대략」, 「육의사열전」, 「의병사시말」과 같은 의병 측의 자료
들을 비교 검토하였다. 양평지역에서 많은 의병 활동이 있었지만, 양평
출신 의병들의 활동만을 밝히고자 하였다. 그들이 타 지역에서 활동했
더라도 그 사항을 포함시켰으며 양평지역에서 활동했더라도 타 지역 출
신의 의병은 제외시켰다. 그러나 자료의 부족으로 양평의병 전체를 밝
히는 데는 한계가 있었음도 밝힌다.

2) 양평지역의 인문지리적 배경

양평군은 조선시대 양근군과 지평현으로 분리되어 있었다. 두 지역은
여흥도호부에 속했으나, 양근군은 종4품의 군수가 배치되었고, 지평에
는 종6품의 현감이 배치되었다. 임진왜란 이후 양근 군수는 여주진관의
병마동지절제사를 겸직하였고, 지평현감은 여주진관의 병마절제도위를
겸직하였다. 양근군은 정조 즉위년에 역적(영조말엽의 시, 벽파 싸움에
서 죽임을 당한 李德師를 말함)이 태어난 읍이라 하여 현으로 강등되는
등 몇 차례 강등과 복구가 있었으며, 지평현 역시 숙종 11년(1685) 강상
죄인이 있어 현을 없애고 양근군에 편입시킨 일도 있었다. 그러나 1895
년 갑오경장의 일환으로 지방제도가 개편되어 두 지역은 다 같이 춘천
부에 속하는 별도의 군이 되었다. 그러다가 융희2년(1908) 9월 14일 칙령
제69호에 의해 두 군을 합병하여 양평군이 되었다.

양평군은 경기도 동부에 위치하여 서울시와는 40km의 거리이며, 북쪽
은 가평군, 서쪽은 강원도 원주, 남쪽은 여주군과 닿아 있다. 양평은 군
의 중앙부 북쪽에 자리잡고 있는 용문산을 중심으로 한 지괴가 군 전역
을 지배하고 있어 대체로 산악지대를 이루고 있다. 금강산 부근에서 발

원하여 형성된 소양강과 홍천강이 합쳐져서 양평으로 들어온 북한강이 남서쪽으로 흐르고, 또한 남한강이 양평의 북서쪽으로 흘러 북한강과 양수리 부근에서 합류하여 한강의 본류를 이룬다. 한강은 팔당을 지나 서울을 적신 다음 유유히 황해로 사라진다. 이처럼 양평은 남, 북한강이 두팔로 감싸안고 있는 형국의 땅이다. 따라서 양평은 세곡과 목재, 소금, 땔감 등을 나르는 중요한 뱃길의 길목에 위치하였다. 육로 역시 강원도 일대에서 서울로 진입하는 길목이기도 하다.

양평지역은 산간지역이 많아 협소한 계곡에 약간의 전답이 있어 농민들은 그곳을 근거로 하여 생활을 영위하였으며, 강가의 나루터에는 상인들이 거주하였다. 계곡의 절경에는 사족이 거주하였는데, 왕실에 공을 세운 이에게 주는 사패지를 받아 낙향한 이도 있고, 은둔하거나 생업을 찾아 이주한 이들도 있다. 그런 가운데 1375년에 무안박씨가, 1380년에 연안이씨가 가장 먼저 정착하였으며, 1400년대에 교하노씨를 비롯하여 경주최씨, 밀양박씨, 한산이씨, 안동권씨, 영산辛氏, 양성이씨, 초계卞氏, 문화유씨, 영해박씨의 순으로 정착하였다. 1500년대에는 결성구씨를 비롯하여 원주이씨, 동래정씨, 청주한씨, 전의이씨, 원주邊氏, 구원주정씨, 평양조씨, 청풍김씨, 남원양씨, 남평문씨, 광산김씨, 청송심씨, 창원兪氏, 광주鄭씨의 순으로 종착하였다. 1600년대에는 순흥안씨를 비롯하여 청해이씨, 선산김씨, 해평윤씨, 덕수이씨, 한양조씨, 경산이씨, 진주강씨, 김해김씨, 달성서씨, 파평윤씨, 평산신씨, 고령신씨, 남양홍씨, 거창신씨, 덕수장씨, 고령박씨, 인동장씨, 수원백씨, 여흥민씨, 해주정씨의 순으로, 1700년대에는 신창맹씨를 비롯하여 광주김씨, 영일정씨, 광주이씨, 연안김씨의 순으로, 1800년대에는 벽진이씨를 비롯하여 점점 인구가 늘어났다.

1789년 당시 양근군과 지평현은 5,800호에 인구는 21,900명이었다. 그로부터 100여년 후인 1907년에는 11,000호에 45,200명으로 증가하였다. 양근과 지평의 호구수를 연대별로 비교하면 다음 <표 2>과 같다.

<표 2> 양근과 지평의 호구와 인구수

연도	양 근		지 평	
	호구수	인구수	호구수	인구수
1789	3,600	12,200	2,200	9,700
1870	3,845	12,034	?	?
1899	2,802	?	2,349	남4,475
1907	6,400	26,000	4,600	19,200

위 표로 보아 1가구당 3명 내지 4명 정도 거주한 것으로 나타난다. 의병이 활발했던 1907년의 양평의 인구는 양근이 지평보다 6,800명이 많은 26,000명이며 지평을 포함하면 인구가 45,200명으로 나타난다. 이는 그보다 80년 후인 1987년 양평이 20,006호에 인구가 81,331명임을 볼 때 인구의 증가가 크게 없었음을 알 수 있다.[2]

3) 전기의병과 의병장

(1) 의병의 전개

① 의진의 결성
1894년 6월의 갑오변란 후 부일개화파들에 의해 정권이 장악되어 '更

---

2) 편찬위원회, 『양평군지』, 1991, 90~100쪽.
　『양근읍지(광무3년 5월 여지도서), 『지평읍지』(광무 3년 5월 여지도서).

張'이란 이름하에 일련의 개화정책이 펼쳐졌다. 정치 경제의 개혁은 물론 복제까지 변개하자 유생들은 "당당한 예의의 나라 소중화가 하루아침에 소일본으로 변하였다."고 한탄하였다. 1895년 3월 칙령 제67호로 공포된 을미변복령(일명 黑色令)에 의해복색마저 백색에서 흑색으로 변하게 되자 유생들은 이를 곧 '오랑캐화'로 인식하여 조선의 자주성을 해치는 문화망국 행위로 파악한 것이다. 따라서 이에 대한 반발은 거세었다. 유인석이 을미변복령 공포 후 "4천년 華夏正脈과 2천년 공맹대도와 조선 5백년 예악전형과 집마다 수십 세 내려온 관상법도가 여기서 단절되었다."[3]라고 단정하고 있음은 그 대표적 예라고 할 수 있다. 이와같은 서구 제국주의 세력의 동점하에 일본제국주의 침략과 그에 영합한 개화파 관리들에 의한 일련의 개화정책을 망국행위로 단정한 보수유림들은 대응책을 수립하지 않을 수 없게 되었다. 이에 호좌유림의 대표로 華西-重菴-省齋로 이어지는 화서학파의 도맥을 승계한 의암 유인석은 제자들에게 향음례를 거행할 것을 명하였다.[4] 그리하여 5월 15일(음) 제천 장담의 장담서사에서 향음례를 실시하기에 이르렀다. 이정규의 『종의록』에 의하면 이때 각처에서 모인 자가 5, 6백명에 달했다 한다. 2일에 걸쳐 진행된 향음례의 분위기는 매우 진지하고 무거웠던 것으로 보인다. 5월 16일 대강례를 거행하는데 마침 관리가 새로 제정한 문패와 명령장을 갖고 오자 이를 찢고 불태웠다는 기록으로도 이때의 분위기를 충분히 짐작하게 한다.[5] 또한 이 향음례에서 시국에 대처하기 위한 방안이 논의되었을 것을 짐작하기는 어렵지 않을 것이다.

---

3) 유인석, 「을미훼복시입언」, 『소의신편』권 4, 132~133쪽.
4) 李正奎, 앞의 책, 16쪽.
5) 이정규, 앞의 책, 16~17쪽.

1895년 8월 명성황후가 시해되고, 이어서 11월에 단발령이 공포되었다. 유인석은 문인들을 제천의 장담에 소집하였다. 유인석은 "장수란 戰鼓아래 죽고, 마부란 말고삐 아래 죽는 것이니, 先王의 道를 지키다 죽는 것이 선비의 상사다"라고 울면서 말하고 변란에 처하여 3가지 방책이 있음을 가르쳐 주었다. 이것이 '蹈海', '自靖', '擧義'의 처변삼사이다. 유인석은 상중이어이 중에 '도해'의 길을 택하고 제자들에게 각자 태도를 정하라고 하였다. 이때 안승우는 '거의'의 의사를 분명히 하였다. 安承禹 (1865~1896, 호: 下沙, 자: 啓賢, 본: 順興)는 지평출신으로 화서 이항로 문인인 이근원과 유중교로부터 학업을 닦았다. 그 중에서도 그는 특히 유중교의 영향을 크게 받았던 것으로 보인다. 그가 부친 안종응의 명으로 유중교를 배알하고

邪正과 華夷人獸의 구별을 듣고 心身이 명하여 살 길을 구한 것 같고 침식을 잊기에 이르렀다.6)

라고 소회를 피력한 점에서도 그러한 사실을 알 수 있다.

이와 같이 유중교로부터 화서학파의 핵심사상인 화이론을 전수받은 그는 일본의 침략에 직면하자 즉각적인 거의의 태도를 취하였다. 1894년 여름 일본군이 경상도 지역을 거쳐 서울로 향한다는 소식을 듣고 700여 명의 의병을 모아 이에 대항하고자 한 것이다. 비록 이 모병이 의병투쟁으로 까지 발전하지는 못하였으나 이를 통해 그의 대일항전의 태도를 엿볼 수 있다.7)

---

6) 李正奎, 「下沙安公遺事」, 『恒齋集』권16, 遺事.
7) 박정수, 『하사안공을미창의사실』(『독립운동사자료집』1, 350~351쪽).
   "갑오년 6월에 公(안승우필자주)이 문인 洪思九와 함께 제천 白蓮寺에서 避暑

그는 유인석의 처변삼사의 가르침을 받고 자신의 확고한 의지를 다음과 같이 밝혔다.

가장 적의한 방법은 의병을 일으키는 것이니, 만약 하늘의 재앙을 뉘우
친다면 이 도를 붙잡을 수 있고 이 나라를 보존할 수 있을 것이며, 만일
이렇게 되지 못하더라도 역시 大義의 소리를 떨쳐 만세로 하여금 대의가
어디 있다는 것을 알게 할 수 있을 것입니다. 承禹 제가 비록 못생겼지만
삼가 뜻 있는 이들과 더불어 명령을 받들어 계획해 보겠습니다.8)

한편, 이때 여주의 曲水에서 우거하다가 단발령의 소문을 들은 李春
永(1869~1896. 2. 26, 자: 友三, 호: 槐隱, 본: 德水)은 고향인 지평으로 가
서 선배인 안승우의 집에 갔다. 이춘영은 유중교로부터 직접 가르침을
받을 기회는 없었으나 그의 척사문을 성복하면서 존경하였으며 화문으
로 고향 선배인 안승우를 대할 때마다 '夷獸의 화'에 대비할 방책을 논
하곤 했다. 마침 안승우는 제천에 가 있어 부재 중이어 부친인 퇴앙 안
종응에게 대책을 물었다. 안종응 역시 동지 몇 사람과 함께 무기 10여
자루를 만들고 '賊人'이 머리 깎으러 오면 죽이고 죽으려 하고 있었다.

하고 있었다. 그 달 25일 밤에 흉적 朴泳孝·徐光範·徐載弼이 왜인을 이끌고 밖
에서 들어와 金弘集·魚允中·兪吉濬·趙義淵·金嘉鎭·李允用·李完用·朴定陽
과 내응, 경각의 사이에 적병이 대궐 안에 밀어 닥쳤다. 임금을 협박하고 옛 제도
를 모조리 배척하여 위로 종묘제향과 조정 관제, 아래로 인민의 의복과 행사까지
한결같이 오랑캐의 습속을 따르게 하였다. 公이 듣고 통곡하며 산에서 내려와 의
병을 일으킬 것을 계획하였으나 호응하는 자가 없었다."

8) 이정규, 「육의사열전, 안하사전」, 『독립운동사자료집』1, 190~191쪽.
   이정규의 「종의록」(독립운동사자료집』1, 17쪽)에는 다음과 같이 기록되어 있다.
   "지팡이 끝에 기를 달고 적을 꾸짖다가 죽는 것이 오히려 아무 일도 하지 않는
   것보다 나으며, 그것은 또한 후세에 대의를 펼 수도 있는 것이다."

그는 이춘영에게

> 모두 죽음 뿐이로되, 어찌 일을 하지 않고 죽을 것이냐. 지금 들건대 포
> 군 領首 金伯先이 지평에 가서 맹영재에게 거의할 것을 청한 즉 맹영재
> 가 뜻이 없어하자, 김백선이 분노하여 욕을 하며 총을 부수고 귀가하여 칼
> 을 갈고 적이 오기를 기다린다고 하니 이 기회를 잃지 말고 그대는 급히
> 가 보아라.9)

라고 김백선 역시 뜻이 있음을 알리고 그를 만날 것을 권하였다.

지평의 포군장 김백선 역시 단발령이 공포되고 11월 23일에 단발을
강행한다는 소식을 들었다. 지평군에는 6백명의 포군이 있었는데, 이는
모두가 김백선의 공이었다. 김백선은 11월 21일 군수 맹영재를 찾아가
함께 거의할 것을 권하였다. 그러나 맹영재는 "하늘 운수요, 임금의 명
이니 순종할 따름이다"라고 반대하였다. 김백선은

> 자초 양포(養砲)한 뜻즌 정히 오날을 당하여 쓰려하미라. 이 천만고에
> 없는 대변을 당하고 임위 거느린 군사가 잇시니 엇지 참아 금수의 꾀에
> 빠질까부냐. 우흐로 국수(國讐)를 갑고 아래로 인륜을 보존하미 이제 한번
> 의 잇시니 원큰대 익히 생각하라10)(괄호안 한자는 필자가 입력한 것임)

라고 말함에도 맹영재가 뜻을 돌리지 않자,

> 동학(東學)을 치고 벼슬 어든 거시 네게 영화가 되느냐. 영화로 알거든
> 하여보라. 그러나 조약(調養)한 포군은 다 나의 극력하여 모은 바니 네 군

---

9) 李正奎, 「槐隱李公遺事」, 『恒齋集』권16, 遺事.
10) 『의병사시말』.

사는 아니요. 당당한 충의예 무리라. 엇지 네게 맛겨 도적을 돕게 하겠나냐.[11](괄호안 한자는 필자가 입력한 것임)

라 하고 軍案을 빼앗아 가지고 나왔다. 그리고 "군사는 있으나 주인 없는 것이 한이로다"라며 경내를 돌아다녔다. 안종응은 김백선의 이러한 행적을 알고 있었으며 이춘영이 오자 이를 전해주고 급히 김백선을 만나게 한 것이다. 이춘영이 김백선을 찾아간 것은 그날 밤이었다. 둘은 의기가 투합되어 거의에 관한 협의를 진행하였다. 김백선이 군사를 책임지고 이춘영이 재물을 책임지기로 하고 26일에 거의하기로 약속하였다.

이춘영은 집에 돌아와 사당에 들어가 조상에 하직하고 모친과 영결하였다. 그리고 아내에게 다음과 같이 이별을 고하였다.

나는 지금 사람이 되느냐, 짐승이 되느냐 하는 판가름을 당하여 바른 길을 찾아 죽고자 하는 것을 실로 마음을 달게 여기는 바다. 다만 차마 못할 일은 늙으신 어머니가 계시는데 끝내 봉양을 못해 드리는 그것이니 원컨대 그대는 아무쪼록 내 뜻을 받아서 내가 살아 있지 않다 생각하지 말고 정성과 공경을 다하여 나의 지하의 넋을 위안해 달라.[12]

---

11) 「의병사시말」. 「육의사열전」의 '이괴은전'에 의하면, 김백선이 맹영재를 찾아가 "이런 큰 변을 당하여 나라의 신민이 된 자는 대소 귀천을 막론하고 마땅히 죽음을 걸고 적을 무찔러 살아서는 옳은 사람이 되고, 죽어서는 옳은 귀신이 되어야 하겠거늘, 하물며 당장에 병부를 찬 인신으로서 위로 임금의 치욕을 급히 씻지 못하고 아래로 창생의 죽음을 근심하지 않는다면 고을에 수령은 두어서 무엇하느냐" 면서 동헌에서 총을 부서버리고 집으로 돌아와 칼을 갈며 자결하려고까지 생각하였다고 기록되어 있다. 육의사열전보다 의병사시말의 내용이 일자별로 기록되어 있고 내용도 사실적이다.
12) 李正奎, 「六義士列傳, 李塊隱傳」, 앞의 책, 181쪽.

이춘영은 한편으로는 가사를 조카에게 맡기도, 한편으로는 장담에 가 있는 안승우에게 글을 보내어 거병의 일을 알렸다. 안종응 역시 아들에게 기별을 보내 지평으로 불러 올렸다.

② 조직과 활동

이춘영은 김백선과 약속한 11월 26일 원주 안창의 만수암으로 갔다. 만수암에서는 도사 김응수가 음식과 軍需에 쓸 재물을 준비하고 군사에게 먹이려고 소를 잡고 음식을 준비하였다. 김백선도 포군을 인솔하고 왔다. 이춘영이 장대를 세우고 단에 올라 호령하니 의병이 박수로 화답했다. 이때의 일을 「의병사시말」은 다음과 같이 자세히 알려준다.

> (춘영이) 척수(隻手)로 지팡이 짚고 곳 안창을 가 그 악부(岳父) 김도사(金都事) 응수의 집에 가 그 온 뜻즐 말하고 또 전곡을 내여 군수(軍需)의 쓸 일을 말하니 응수가 또한 재산을 모와 쓸 줄을 아니 가히 뜻이 잇는 사람이로다. 개연(蓋然)히 대경대희(大慶大喜)하여 왈, "아세가 과연 이러한 큰 뜻이 있더냐", 이에 만수암의 드러가 소를 잡고 술을 거르고 가마를 굽고 밥을 지어 호군지물(犒軍之物)을 안배하고 기다리더니, 백슨(伯先)이 과연 그날 군사를 거느리고 왔는지라. 춘영이 이에 장대를 세워 긔를 삼고 칼을 집고 단의 올라 맹세를 짓고 무리를 경계하여 그 절제를 밧게 하고 호령을 한번 내리매 개개(箇箇)이 손벽을 쳐 의를 품은 장사라. 천지가 감림(監臨)하고 귀신이 재방하니 과연 천하만고의 무등한 승거가 아니냐.[13] (괄호안 한자는 필자가 입력한 것임)

위 인용문에서 알 수 있듯이, 이춘영은 장인인 도사 김응수와 미리 연락을 취했음을 알 수 있다. 김응수는 미리 음식과 재물을 준비하고 의병

---

13) 필자미상, 「의병사시말」.

봉기에 적극적인 지원을 한 것이다.14)

안승우는 위에서 살펴본 바와 같이 유인석의 부름을 받고 제천의 장담에서 대책을 논의하던 중이었다. 그러한 중에 이춘영의 거병을 알리는 서신은 그의 뜻을 더욱 분명히 하기에 충분하였다.

「하사안공을미창의사실」에 의하면, "11월 갑자일(28일을 말함, 필자)에 공(안승우, 필자)이 이춘영과 함께 지평 고을 군사들로써 창의의 깃발을 원주땅 안창에서 들었다"라고 한 것으로 보아 안승우가 합류한 후인 11월 28일 이춘영 김백선과 함께 창의를 선포한 것으로 보인다.15)

지평에서 의병이 거사했다는 소문은 삽시간에 퍼졌다. 인근의 주민들은 단발령 후 감히 먼저 일어나지 못하고 있다가 지평의병의 거사 소식에 크게 반겼다 한다. 이에 대하여 『안공하사을미창의사실』에서는

　　지평고을에서 군사가 일어났다는 말을 듣고는 마치 추운 겨울에 따뜻한 봄을 맞는 듯이 반가워했다. 이때 인심이 흉흉하여 집을 버리고, 양식을 싸가지고 산골로 도망가는 사람들이 있었는데, 제천 북쪽에서 의병이 일어났다는 말을 듣고 비로소 안정되었다.

라고 당시의 상황을 적고 있다. 물론 의병 당사자의 기록이라 아전인수식의 서술일 수도 있으나, 의병의 당위성의 일단을 볼 수 있는 대목이

---

14) 김응수에 대하여는 아직 확인이 안된다. 이춘영의 장인으로 보인다. 만수암 역시 아직 확인이 안된다. 「종의록」(18~19쪽)에 의하면, 안승우가 판서 金世基에게 연락을 취하여 군사를 먹일 것을 준비하게 하고 만나자고 했는데 김세기는 도망갔다는 기록이 있다.

15) 지평의병의 봉기일은 11월 28일로 보는 것이 옳을 듯 하다. 이춘영이 김백선에게 11월 26일 거사하기로 한 바 있으나, 이때는 안승우가 도착하지 않은 때였다. 「육의사열전의 이공괴은전」에는 11월 29일 거사하였다고 기록되어 있어 하루의 차이가 있으나, 『안공하사을미창의사실』의 기록을 따르기로 한다.

다. 이에 따라 안창의 의병 본부에 "매일 100여 명씩 따라 붙었다"라고
하듯이 의병의 세력은 나날이 불어났다.

안승우는 동문인 李範稷(1868~1896, 호: 釣隱, 본: 전주), 申芝秀(185
4~?, 자: 靈三, 본: 평산), 원철상(1877~?, 호: 荷汀, 본: 원주) 등에게 연
락, 의병 대열에 동참하게 하여 의병의 지휘부를 강화하였다. 이범직 역
시 유인석의 처변삼사를 듣고, "自靖을 하려고 하여도 보전하기 어려울
것이니 차라리 무슨 일을 하다가 사세에 쫓기면 죽을 뿐이다"라며 안승
우와 함께 '거의'하기로 한 지사였다.[16]

지평의병은 우선 원주관아에 들어갔다. 이때 의병의 군세는 지평의
포군 6백여 명을 포함하여 약 1천여 명에 달하였다.[17] 원주군수 이병화
는 충주로 도망갔으며 충주관찰사는 정부에 원병을 요청하였다. 이에
정부에서는 1월 19일 내부협판 유세남을 파견하는 동시에 친위대 1개
중대를 원주로 출병시켰다.[18] 일본의 가흥 병참 수비대에서도 1월 17일
당일로 5명의 정찰병을 원주로 파견하였다.[19]

지평의병의 원주관아 점령은 을미의병 초기 단계에서 얻은 쾌거로 이
후 춘천 안동 등 각지에서 의병을 일으키는데 일익을 담당하였다. 그러
나 지평의병은 친위대의 출병 소식을 듣고 원주를 떠나 제천을 향했다.
지평의병은 12월 3일(양, 1896년 1월 12일) 제천에 무혈입성하였다.[20] 군

---

16) 이정규, 앞의 책, 17~19쪽.

17) 《동경조일신문》, 1896년 1월 29일, 「賊徒蜂起」.

18) 《동경조일신문》, 1896년 1월 21일 전보, 「暴徒鎭壓」.

19) 《시사신보》 1896년 1월 19일 전보, 「朝鮮原州郡に暴徒蜂起」.

20) 지평의병이 제천에 입성한 일자는 12월 3일로 보인다(『하사안공을미창의사실』,
355쪽).『종의록』에 의하면, 11월 27일이라고 되어 있으나(『독립운동사자료집』1,
19쪽), 이때는 아직 거사를 하기도 전이다. 또한 제천에 입성한 후에 지평의병에
참여한 장익환의 일기에서도 12월 4일자에 "道田에 사는 宋之永이 내방하여 아

수 金益珍은 의병의 기세에 눌려 의진이 관문에 들어설 즈음 빠져나와 도망갔다. 안승우가 군수 방에 들어가니 아직 촛불이 꺼지기도 전이었다고 한다.[21]

제천을 점령하자 안승우의 동문들이 합세하였다. 서상렬·이필희·오인영·배시강 등이 그 중에 대표적인 인물들이다. 이들은 거의를 계획하였으나 유인석의 만류로 뜻을 이루지 못하고 있던 중 안승우와 이춘영의 거의 소식을 듣고 동참한 것이다.[22] 이들이 합세한 뒤 지평의병은 대장에 이필희(1857~1900, 호: 實谷, 본: 덕수)를 추대하고 다음과 같은 편제를 갖추고 본격적인 항전에 돌입하였다.[23]

대장 李弼熙	군사 徐相烈	중군 李春永
선봉 金伯善	군무도유사 安承禹	
서기 元容正	참모 李弼根	

지평의병은 이때 격문을 발표하였다. 격문 제목은 '격고팔도열읍'으로 '광서21년 을미초3日 충청좌도 제천군의병장 이필희 근격'으로 되어 있다.[24] 이들은 격문에서

버님에게 말하기를 '내가 제천에 갔었는데 엊저녁에 지평의병이 졸지에 제천읍에 이르니 제천군수는 도망가고 그 성세가 굉장하다. 자네가 전일 나에게 말한 통지서를 보낸 일은 이와 더불어 상응하니 실로 聲氣之感을 어찌 믿지 않으리오'라고 했다"라 하여 12월 3일 저녁때 지평의병이 제천읍을 점령했음을 알려준다.

21) 박정수, 「하사안공을미창의사실」, 『독립운동사자료집』1, 355~356쪽.
22) 이정규, 「육의사열전」, 『독립운동사자료집』1, 171쪽.
23) 이정규, 「종의록」, 『독립운동사자료집』1, 171쪽.
24) 격문은 立庵 朱庸奎가 작성한 것으로 알려진다(『의병사시말』, 『하사안공을미창의사실』, 356쪽).
   12월 3일 이 격문을 발표한 의병장은 이필희로 봄이 타당할 것이다. 유인석은 아

마침내 갑오년 유월 이십일 밤에 이르러 우리나라 삼천리 강토가 없어
진 셈이다. 종묘 사직은 위기일발인데 송나라 李若水가 欽宗을 껴안은 일
을 실행할 자가 누구며, 당나라 안진경처럼 의병 모집하는 것을 보지 못했
으니, 옛날 고구려가 하구려로 된 것도 오히려 수치라 이르는데 하물며 지
금 당당한 정통의 나라가 소일본이 된단 말인가. 아! 통탄할 일이다. (중
략) 진실로 위급 존망의 때라. 각자가 다 거적자리를 깔고 방패를 베개삼
아 물불을 가리지 않고 아무리 어렵고 위태로운 곳이라도 뛰어들어 기어
코 망해가는 나라와 천하의 도의를 다시 만들어 일월이 다시 밝아지면 어
찌 한나라에 대한 공로만이겠는가. 실로 만세에 말이 있을 것이다.[25]

라면서 전국의 충의지사는 과감히 일어나 의병에 합세하여 삼천리 강토
를 회복할 것을 호소하였다.

지평의병은 12월 5일(양, 1896년 1월 19일) 단양으로 들어갔다. 단양이
제천보다 험준하여 방어하기가 유리하다고 생각하였으며, 또 한편으로
는 군수 權瀟이 수암 권상하의 후손으로 의병에 참여할 것을 권하기 위
해서였다. 서상렬이 권숙을 달래었으나, 권숙은 오히려 "韓魏公의 손자
중에 侂冑도 있었으니 우리 조상을 들어 말할 것이 없다"라고 반대의 뜻
을 분명히 하였다. 할 수 없이 권숙을 옥에 가두었다.

지평의병은 친위대의 공격에 대비하였다. 안승우는 12월 7일 1개 枝兵
을 거느리고 제천으로 돌아왔다. 鄭華鎔은 보병 10여 명을 거느리고 강
나루를 파수하였다. 의병의 첫 전투는 단양의 장회협에서 12월 8일(양,
1월 22일) 벌어졌다. 장회촌의 이장이 적이 쳐들어 옴을 전달해 주었다.

직 의병장에 추대되지 않았으며, 제천의 이정규 집에서 주용규와 함께 만주로 떠
날 채비를 하고 있던 중이었다. 다만, 유인석이 12월 20일 대장에 추대된 뒤에 이
격문은 유인석의 이름으로 다시 발표되었던 것으로 보인다.
25) 「창의견문록」, 『독립운동사자료집』1, 87~88쪽.

이필희는 장회협의 서북쪽인 長林으로 진을 옮기고, 이범직은 남쪽 7리 되는 楡橋를 파수하였다.[26] 중군장 이춘영은 60명의 포군을 거느리고 험지에 매복을 하고 대기하였다. 과연 친위대 1개중대가 이춘영이 매복한 곳으로 들어왔다. 의병은 일제히 총격을 가하였다. 친위대는 사상자 10여 명을 버리고 도주하였다. 의병은 승세를 타고 북쪽으로 수십리를 추격하였다. 친위대는 짐수레를 모두 버리고 도주하였다. 의병도 한명이 전사하고 여러 명이 부상을 입었다.[27] 이 단양전투에 대하여 일본공사 고무라(小村)는 1월 27일(양) 본국의 외무대신에게 다음과 같이 보고하였다.

　　원주 폭도의 상황을 정찰하기 위해 강관에서 파견한 자의 보고에 의하면, 폭도는 지평에서 발단되었으며, 그 거두도 역시 지평의 이춘영이라 합니다. 춘영은 단발령에 격앙하여 군에 있는 포군(사병을 말함) 수백명을 규합하여 원주로 나아가 관찰부 청사와 군청을 습격하여 무기를 모두 약탈했습니다. 폭도는 원주에서 3, 4일 체류하다가 이달 18일 그 일부는 평창을 지나 경상도로, 또 일부는 제천을 지나 경상도로 향했습니다. 이들이 안동의 폭도와 회합하려 한다고 합니다. (중략) 친위대 1개중대가 지난 22일 단양 부근에서 약 200명의 폭도와 충돌했습니다. 적은 고지를 근거로 삼아 자못 맹렬히 방어했습니다. 한 시간 정도 격렬하게 싸운 후에 친위대는 일시 퇴각했습니다. 제천을 지나 안동으로 향하고 있던 일부가 도중에 충돌한 것으로 추측됩니다.[28]

지평의병은 단양의 장회에서 친위대와의 제1차 전투를 승리로 이끌었

---

26) 「하사안공을미창의사실」, 358쪽.
27) 이정규, 「육의사열전」. 장충식, 「乙年日記」 을미년(1896) 12월 초8일자.
28) 김상기 편역, 「재조선공사의 보고」, 『일본외교사료관소장 한말의병자료』1, 2001, 2～3쪽.

다. 그러나 지평의병은 삼삼오오 흩어지면서 의진이 갑자기 와해되었다. 친위대가 다시 공격할 것을 염려하던 중에 안동에서 의병이 크게 일어났다는 소식을 듣고 안동의병과 합세하고자 했던 것으로 보인다.[29] 다음 날인 9일 풍기에 들어가 의병을 초모하였으나 호응해 오는 이가 없었다. 장충식의 일기에 의하면, 이날 대장 이필희와 서기 원용정이 단신으로 안동으로 향했다고 한다.[30] 그러나 이정규의 「종의록」을 보면, 군사들의 마음이 갑자기 변하여 대장을 해치고자 하므로 이필희는 가만히 도피하고 군사들도 모두 흩어졌다는 것이다.[31] 이로 보아 의병 내부에 반항 세력이 있었던 듯 하고 이를 눈치 챈 이필희는 단신으로 안동으로 향했던 것으로 보인다. 의병은 각기 흩어졌다. 장충식은 이때 서상렬과 함께 행동했는데, 그의 일기에 의하면, 서상렬은 이필근·장충식 등과 서쪽으로 가 대사를 회복하려고 소백산을 넘어 순흥을 바라보이는 곳에 가는데 마침 이춘영이 포군과 함께 순흥을 향하고 있음을 보고 합류하였다는 것이다. 이후부터 서상렬과 이춘영이 이끄는 의병은 행동을 같이 할 수 있었다. 이들은 12월 10일 순흥에 들어가 진을 쳤다. 12일에는 순흥 군수가 소를 잡아 의병을 대접하였다. 이날 의병들은 李春永을 대장에 추대하였다. 이춘영이 이끄는 의병은 13일에 일본군의 습격 소식을 듣고 순흥을 떠나 14일에 小川市店에서 유숙하고 15일에 馬兒嶺을 넘어 義豊에 도착하였다. 이때 申芝秀를 만나 동행하였다. 16일에 영춘에 들어갔다. 군수 申兢休의 정중한 대접을 받았다. 17일은 春城에서 유숙하고 18일 영월에 도착하였다.

---

29) 《동경조일신문》, 1896년 2월 14일, 「丹陽小戰」.
30) 『장충식일기』 12월 초9일자.
31) 이정규, 앞의 책, 21~22쪽.

한편 제천에 유진하여 단양의 장회협 전투에 참전할 수 없었던 안승우는 단양의 승전보를 듣고 크게 고무되었다. 그러나 도망갔던 제천군수 김익진이 관군을 이끌고 제천에 들어왔다. 안승우는 부득이 芝谷으로 이진하였다가 그날 밤에 酒泉으로 이진하였다. 13일에는 평창으로 들어가 의병을 모집하고 무기를 수집하였다. 16일에 芳林에서 유진하고, 17일에는 진부로 들어갔다. 이처럼 강원도 일대를 이진한 것은 민용호 부대와 합세하기 위해서였으나 민용호는 계속 피하였다. 이는 민용호가 안승우의 포군을 일부 끌어들였으며, 이를 토대로 독자적으로 활동하고자 했기 때문이었다. 이 문제로 안승우와 민용호와의 사이가 벌어졌으며, 후에 제천의병과 민용호 의진간의 연합이 이루어질 수 없는 요인으로 작용하기도 하였다. 안승우도 서상렬·이춘영 부대보다 이틀 뒤인 12월 20일 영월에 들어갔다. 그리고 이미 와 있던 이춘영·서상렬과 함께 스승인 유인석을 의병장에 추대하였다.

의병대의 단양전투와 영월로의 퇴군소식을 들은 유인석은 요동행을 포기하고 가족을 피신시킨 뒤 제자들을 안승우와 서상렬에게 보내 영월로 모이게 하였다. 그리고 주용규 등과 함께 영월로 들어가 제자들에 의해 총대장에 추대된 것이다. 유인석은 상복을 평복으로 바꾸어 입고 아사봉의 대장소에서 일을 보며 재능에 따라 여러 장수들에게 각각의 책임을 맡겼는데 지평의병의 이춘영, 안승우, 김백선이 각각 중군장, 전군장, 선봉장에 임명되는 등 지평의병의 체제를 그대로 유지함을 볼 수 있다. 이로 보아 제천의병의 초기 조직은 지평의병의 군사력에 의지했던 것으로 보인다.32)

---

32) 제천의병의 첫 지휘 편제는 다음과 같다(이정규, 앞의 책).
　　총대장 柳麟錫

(2) 의병장의 활동

① 金伯善

金伯善(1873~1896)은 1873년(癸酉년) 3월 13일 경기도 砥平(현, 양평군 청운면 갈운리 하갈마을)에서 부친 國容과 모친 전주이씨의 3남으로 태어났다. 본관은 경주이다. 본명은 道濟이며, 伯善은 그의 자이다.[33] 김백선은 원래 기개가 있고 용력이 비상하였으며, 학문은 없지만 대의를 위해서는 누구보다도 앞장서는 인물이었다. 동학농민전쟁이 있을 때에는 監役 孟英在와 함께 지방 포수를 모아 조직 훈련하고 동학군을 쳐서 부근 일대를 편안하게 하였다. 그는 맹영재는 이 일로 지평현감이 되었고, 김백선은 절충장군의 첩지를 받았다. 1895년 명성황후시해 사건의 소식을 듣고 비분강개함을 참지 못하던 중 임금이 강제 삭발을 당하였다는 소식과 함께 지방에서도 단발령이 시행되자 김백선은 의병을 일으켜 적을 토벌할 것을 결심하였다. 맹영재를 찾아가서 군사를 일으켜 적을 토벌하자고 권하였다. 그러나 맹영재는 "하늘 운수요, 임금의 명이니 순종할 따름이다"라고 반대하였다.[34] 안종응은 이춘영이 자기를 찾아오자 김백선의 이러한 행적을 전해주고 김백선을 만나게 하였다. 이춘영은 그날 밤 김백선을 찾아갔다. 둘은 의기가 투합되어 김백선이 군사를 책임지고 이춘영이 재물을 책임지고 26일에 안창에서 거의하기로 약속하였다. 김백선은 포군들에게 통지하여 안창에 집결하도록 하였다. 김백선

중군장 李春永   전군장 安承禹   후군장 申芝秀   선봉장 金伯善
조련장 安成海   참모 朴胄淳   사객 張忠植   종사 李肇承 洪善杓 李起振
鄭華鏞

33) 『경주김씨 文簡十淸軒葛雲派譜』 참조.
34) 『의병사시말』 참조.

은 그들에게 말하기를 "나나 그대들이 모두 시골 백성으로 비록 나라의 녹을 먹지는 못하였지만 우리가 입은 옷이나 우리가 먹는 밥이 그 어느 것이 임금의 주시는 물건이 아니랴. 이런 망극한 변을 당하여 어찌 적을 토벌하고 원수를 갚아서 그 은혜의 만분의 일이라도 보답할 것을 생각하지 않을 수 있느냐"고 하니 군사들이 모두 따르기를 맹서하였다.

김백선은 安承禹와 합세하여 크게 창의의 깃발을 드니 때는 1896년 1월 12일이 안창에서 이춘영, 안승우 등과 함께 창의의 깃발을 들었다. 이들은 원주 사람 金思鼎을 總督, 朴雲瑞를 都領將에 임명하고 원주 군사들을 더 소모고 1월 17일(음 12월 3일)에 충청도 堤川을 점령하였다. 이필희를 의병장에 추대하고 자신은 선봉장이 되었다. 단양전투에서 승리하였으나, 관군의 추격에 영남지역으로 퇴각하였다. 그 후 영월에서 의암 유인석이 의진의 대장에 추대되었다. 김백선은 선봉장에 임명되어 충주성 전투와 가흥전투에서 많은 전공을 수립하였다. 그러나 3월 27일(음, 2월 14일) 그는 가흥전투를 수행 중에 요청한 지원군이 오지 않아 점령에 실패하자 회군하여 중군장 안승우에게 칼을 들고 대어드는 소동을 벌이게 되었다. 결국 유인석은 군의 기강을 세운다며 '泣斬馬謖'의 심정으로 김백선을 처형하고 말았다.[35]

김백선의 처형은 당시 군중에 미친 영향도 컸지만 의병사상 큰 논란의 대상이 되었다. 특히 『기려수필』에서는 다음과 같이 그 잘못을 지적하고 있다.

적병이 앞에 있고 우리는 약하고 적은 강하니 비록 보통 군사라도 될 수 있는 대로 규합하여 세력을 확장하여야 할 터인데, 더구나 호걸스럽기 백

---

35) 박정수, 위 글, 408쪽. 위 족보에는 사망일이 2월 15일로 기록되어 있다.

선 같고 용맹하기 백선 같은 사람이랴. 그의 죄라는 것이 일시 분을 참지
못한 것뿐인데 개과천선하도록 할 것을 생각지 않고 어찌도 그렇게 아낌없
이 죽이고 말 것이랴. 그 중에는 반드시 곡절이 있을 것이니 兵權이 빼앗
길 것을 시기함인가. 평민에게 욕본 것을 분하게 여겨서인가. 원래 의거라
는 것은 적을 토벌하기 위해서이다. 가흥 싸움에 백선이 안승우에게 구원
을 청하였는데, 안승우가 군사를 보내지 않아서 백선이 패배하고 의병들도
사기가 꺾이게 되었으니 그의 분노는 있을 수도 있는 일이다. 대의를 내세
워 원수를 갚으려 하는 자가 적은 토벌하지 않고 먼저 장수를 죽여서 그
방패를 버리고 성을 무너뜨리니 제천의 패전이 당연한 것이 아닌가.36)

즉, 적은 토벌하지 않고 장수를 죽였으니 제천 전투의 패전은 당연하
다는 것이다. 유인석에 대한 혹독한 비판이라고 할 수 있다.

한편 문일민의 『한국독립운동사』에 의하면, 김백선은 가흥전투에서
돌아와 제천 독송정에서 성을 수축하는 것을 보고

　　전일 충주를 탈취하던 즉시 京城을 追攻하였으면 賊窟을 掃淸하였을
것인데 今에 堤川一隅에서 民家의 醬油와 柴木을 징발하며 農時를 탈하
여 城을 築하니 何日에 적을 섬멸하리오. 無能의 將을 斬하고 自刎하여
兩快함만 不如하다.37)

라고 유인석이 서울 공격을 않고 조그만 제천을 지키고자 성을 수축하
는 것을 불만으로 여겼다고 기록하고 있다. 또 다른 기록에서는 김백선
의 행동에 대하여 비판적인 글들도 있다. 그러나 어떻든 간에 의진의 기
간이 되는 포군들의 대장이며 의진의 선봉장인 김백선을 죽임으로써 의
진의 전력이 크게 약화되었음은 사실이다.

---

36) 송상도, 『기려수필』, 국사편찬위원회, 1984, 37~39쪽.
37) 문일민, 『한국독립운동사』, 33쪽.

지평 출신의 유학자 금계 이근원은 김백선의 사후에 다음과 같은 만
시를 지어 그의 넋을 위로하였다.

> 이 사람, 그대 어찌 하늘에 떳떳치 아니했겠나
> 倡義한 용모와 자태 늠늠했거늘
> 추한 왜적 못 베고 그대 먼저 죽었어도
> 마속 죽인 孔明도 그 어짐은 알았다오[38]

② 安鍾應, 安承禹 父子

安鍾應(1845~1906)은 文成公 安裕의 후예로 경기도 지평의 상석리 출
신이다. 자를 呂聲, 호를 退央이라 한다. 부친 相玉과 한산이씨 사이에서
장남으로 태어났다.[39] 아들 안승우와 이춘영 등이 일으킨 지평의병의
후원자로서 활동하였다. 經史에 뛰어난 학자였던 안종응은 명성황후가
시해되고 단발령이 공포되자 의병을 일으킬 뜻을 세우고 아들 안승우와
이춘영에게 의병 거의를 권고하고 이에 필요한 지원을 아끼지 않아 원
주 안창에서 거의할 수 있게 하였다. 또한 안종응은 의병의 전투력을 증
강하기 위하여 포군 金伯善을 의병부대에 끌어들이는데 크게 기여하였
다. 이들 지평의병은 제천으로 가서 유인석을 대장으로 추대하고 충주
성을 점령하는 등 크게 활약하였다. 유인석이 의병대장으로 추대되었을
때 자기 대신에 안종응을 의병대장으로 추천할 만큼, 안종응은 의진내
에서 명망이 높았던 인물이었다.

安承禹(1865~1896, 자: 啓賢, 호: 下沙)는 안종응의 장자로 태어나 省

---

38) 李根元, 『錦溪集』권2, 詩, 「挽義士金伯善」
　　'斯人不奈秉彛天 倡義聲容凜凜然 醜賊未除身且死 孔明應識馬公賢'
39) 『順興安氏東塢公譜系』하권 참조.

齋 柳重教의 문하에서 수학하였다. 1894년 여름 고향에서 의병 봉기를 계획한 바 있는 안승우는 1895년 명성황후시해 사건에 대한 소식에 접하고 유중교 문하의 인사들과 거사할 것을 결의하였다. 부친으로부터 안창에서 李春永과 김백선이 거사하기로 했다는 연락을 접하고 달려가서 11월 28일 지평의병을 창의하였다. 뒤이어 서상열이 동문인 이필희 등과 제천으로 달려왔다. 12월 3일에 이필희를 대장으로 추대하고, 서상렬을 군사로, 이춘영을 중군으로, 안승우 자신은 軍務都有司가 되어 군용을 정비하고 친일 매국 역당의 앞잡이 張基濂의 군대 및 왜적의 무리와 혈전을 겨루었다. 첫번 싸움은 단양 장회협에서 전개되었는데 이 전투에서 적에게 큰 타격을 주었다. 그러나 의진은 관군의 공격에 군사를 모집하기 위하여 영남 지방으로 내려갔다. 이때 안승우는 제천의 본진에 있었는데 군수가 관군을 이끌고 제천에 진입함에 의진을 이끌고 제천을 나와 모산에 사는 판서 沈相薰을 찾아가 동참할 것을 권유하였으나 거절당하고 관동지방으로 이동하여 백여 명의 군사를 얻었다. 안승우는 모병한 의병과 함께 영월로 들어가 유인석을 의병장에 추대하고 자신은 전군장의 직임을 맡았다.

1896년 2월 17일 일거에 충주성을 함락시키고 입성하였다. 입성한 다음날부터 일본군의 공격이 시작되었다. 2월 23일 중군장 이춘영이 수안보에서 교전 중에 전사함에 중군장으로 임명되었다. 안승우는 의병장 유인석을 보좌하면서 제천으로 이진하여 수안보와 가흥 전투를 수행하였다. 제천 본진에서는 후방 대책으로서 단양, 청풍, 원주, 영월, 평창, 정선, 지평 등지에 수성장을 임명 배치하여 해당 읍성을 장악, 관리하고 군사의 소모와 군수물자를 담당하게 하였다. 그리고 대내적으로 동요하는 군사들의 마음을 무마 격려하고 대열을 정비하여 군사들의 민폐를

방지하는 데에 꾸준히 노력하였다. 안승우는 군사들에게

> 국모의 형체가 잿더미가 되었으나 저승의 혼백이 너희들만을 바라고 있
> 다. 君父께서 머리를 깎이고 문명이 변하여 야만이 되었으니 천지신명이
> 오직 너희들만을 믿는다. 그러니 너희들 책임이 중하지 아니하냐. 너희들은
> 전일의 그 몸으로 생각지를 말고, 하늘의 명령을 받은 것으로 자부하라.[40]

라고 독려하였다.

이즈음 의병을 해산할 것을 권유하는 선유 조칙이 내려왔다. 이에 主
和論이 일어나게 되자 안승우는 "이 무리들은 모두 왜의 형상을 하고 국
모를 시역한 자들이니 우리가 이들 적을 토벌하는 것을 반드시 왜보다
먼저 하여야 할 것이다."고 주장하여 주화론은 고개를 숙이게 되었다.

4월 초순부터 京軍이 내려와 형세는 더욱 어려워졌다. 의진의 일부에
서 본진을 조령으로 옮기자는 의논이 비등하였으나 안승우는 영남으로
가는 것은 이로울 것이 없고 적에게 약점을 보이며, 또 제천을 중심으로
한 일대의 백성들이 그 동안 힘을 다하여 군수품을 공급하고 크게 기대
하는 터인데 갈 수 없다면서 반대하여 그대로 제천에 머물게 되었다.

5월 23일부터 결전이 시작되었다. 24일은 비가 와서 주무기인 화승총
을 사용할 수 없었다. 25일(음, 4월 13일) 안승우는 주위의 만류에도

> 내가 이춘영과 함께 의병을 일으켜 나라를 구하고 도의를 보존하려 했
> 는데 내 친구가 먼저 의에 죽었으니 내가 구차히 일의 경중을 따져서 여
> 기를 지키고 있으면 무엇 하겠는가. 또 지금 막된 세상을 만나서 사나운
> 짐승 같은 놈들이 있으니 내가 나가 싸우지 않으면 누가 하겠는가(중략)

---

40) 박정수, 「안공하사실기대략」, 위의 책, 321쪽.

성을 등지고 한번 싸워서 비록 말가죽에 시체로 싸이는 한이 있더라도 한
번 싸워서 승부를 결정짓는 것이 가장 쾌한 일이다.[41]

라고 하면서 새로 쌓은 남산성에서 싸움을 독려하고 손수 화약을 재어
군사들에게 주면서 격려하였다. 의병의 사기는 다시 충천하였으나 바람
의 방향이 불리하게 되어갔으며, 설상가상으로 폭우가 내렸다. 의병의
무기는 무용지물이 되었는데 적의 총탄은 비 오듯이 쏟아졌다. 안승우
는 분을 참지 못하고 성에 올라가 "창의 중군 안승우는 여기에 있다. 너
희들이 나를 죽이려면 빨리 이리로 오너라"고 소리질렀다.[42] 결국 안승
우는 적의 총탄을 맞아 부상을 입은 채 체포되어 모진 매를 맞고 절명하
였다. 이때 안승우의 제자로서 중군 종사로 활약하던 19세의 청년 洪思
九가 함께 장렬한 최후를 마친 것으로 유명하다.

③ 李承龍

이승룡(1853~1896)의 자는 秀雲, 호는 錦坡이다. 본관은 靑海이니 靑
海伯 襄烈公 李之蘭의 15대 손이다. 경기도 양근군 동종면 대곡리(현, 양
평읍 대흥리)에서 부친 五衛將 殷錫과 경주 최씨 사이에서 4남으로 태어
났다. 10세에 사서삼경을 통독하고 13세에 안동 김씨와 혼인하였다. 14
세 때인 1866년 병인양요가 일어났다는 소문을 들은 그는 벽에다 '의병
장이승룡'이라 써놓고 상경했다고 전한다. 25세 되던 1877년 무과에 급
제하여 부호군의 직에 올랐으며, 1882년 임오군란시 민겸호가 살해되자
시신을 수습하여 그 아들인 민영환 집으로 호송하였다. 이 일로 민영환
과 교분이 두터워졌다. 1890년에 통정대부에 올라 강령현감과 해주진관

41) 「의암유선생서행대략」, 위의 책, 480쪽.
42) 「의암유선생서행대략」, 위의 책, 481~482쪽.

병마절제도위에 임명되었다. 그는 그 해 2월에 강령현감으로 부임하여
延安지역의 南大池 아래에서 경작하는 주민들이 관개 문제로 민요가 일
어남에 이를 해결하고 節目을 정해 수습하였다.[43]

1895년 을미사변이 일어나자 그는 민영환을 만나 통곡하고 양근으로
돌아와 의병을 일으켜 왜적을 몰아내고 원수를 갚고자 하였다. 그는 '斥
倭國母報讐之旗'라는 기를 30여 개 만들어 세워놓고 의병을 모아 전술훈
련을 시켰다. 그는 가사를 아들인 延季에게 맡기고 의병을 이끌고 서울
을 향하여 음력 1월초(양력으로는 2월 하순에 해당함)에 남한산성에 들
어간 것으로 보인다. 그리고 광주군수 朴基仁을 체포하여 참하였다.[44]
김하락의 이천의병은 양근의병이 입성한 이후인 2월 28일(음, 1월 16일)
남한산성에 입성한 것으로 보인다.[45]

이에 대하여 김윤식도 그의 『속음청사』에서 "양근과 광주의 匪徒들이
남한으로 모여들어 백성들의 전곡을 거두어들이며 굳게 지킬 계획을 하
여 京營兵이 이들을 공격하였으나 패퇴하고 대포 1문을 잃었다. 적세는
더욱 떨쳤다 한다."[46]라고 하여 의병을 '匪徒'로 보는 관리의 태도를 보
여주고 있지만, 남한산성에 양근의 병사들이 주력부대의 하나로 편성되

---

43) 「延安南大池水稅節目」(신묘 광서 17년정월 成冊).
   이승룡 관련 자료는 이 외에도 강령현감으로 재직시 기록한 「光緒 17年8月 日
   本縣重記成冊」과 「康翎縣監李承龍日記」(1891년 5월 9일∼1891년 5월 14일)
   를 증손 李重臣댁에 소장되어 있다.
44) 李延季, 「康翎公諱承龍家狀」(필사본).
45) 유한철, 「김하락의진의 의병활동」《한국독립운동사연구》3, 1989, 17∼18쪽. 단,
   김하락의 『진중일기』에서는 '1월 30일'(양, 3월 13일)이라고 기록되어 있다.
46) 김윤식, 『속음청사』권8, 394쪽, 1896년 3월 2일자.
   "聞陽根廣州匪徒 聚于南漢 斂民錢穀 爲固守計 京營兵攻之敗退 失大砲一
   尊 賊勢愈張"

어 있음을 알려준다.

그런데 이 양근 의병이 바로 李承龍이 모집하여 이끌고 간 부대로 보인다. 즉,《동경조일신문》1896년 4월 1일자(3월 18일 경성 발)에 의하면,

> 남한산성의 賊數는 약 1천6백 명으로 그 중에 1천명은 廣州, 利川, 陽根 등의 포군 즉 구지방병이고 그 나머지 6백 명은 광주의 농민이다. 적의 수괴는 광주의병장 沈䔲澤, 이천의병장 朴周英, 양근의병장 李錫容의 3인이다.[47]

라고 하여 남한산성의 의병 중에 광주의병과 이천의병, 양근의병이 1천여 명에 달하며, 양근의병장으로 '李錫容'을 거론하고 있다. 그런데 이석용이 바로 '이승룡'으로 보인다. 당시 양근의 의병장으로 남한산성에 입성한 이로는 이승룡 외의 인물이 아직 확인이 안된다. 동경조일신문사 기자 西河通徹이 이승룡과 비슷한 발음인 이석용으로 잘못 전달한 것으로 보인다.

남한산성의 의병은 3월 22일(음, 2월 9일) 관군과 일본군의 공격에 성을 내주고 양근 방향으로 패산했다. 이때의 정황을《동경조일신문》에서는 다음과 같이 알려주고 있다.

> 원래 同地의 賊은 廣州 利川 安城 陽根 등 諸賊이 烏合된 것으로(중략) 22일 오전 2시경에 산성의 서문에서 忽入해 바로 山頂에 올라 성을 내려다보고 일제히 사격을 가하고 또 大聲하였더니 적은 예상보다 더 兵氣沮喪해 있다가 위로부터 불의의 공격을 받자 낭패하여 급히 동문에서 陽根방향으로 궤주하였다. 4시반 경에는 險要無比의 남한산성은 征討軍에 점거한 바가 되었다. 정토군은 적을 쫓아 30명을 生擒하고 동문 부근

---

47)《동경조일신문》, 1896年 4월 18일, 「南漢山の賊狀」.

에서 20여 명을 죽이고, 다음에 生擒者도 살해했다 한다.[48]

이에 의하면, 남한산성에 웅거하고 있던 양근을 비롯한 광주, 이천, 안성의 의병이 3월 22일 새벽 2시경부터 관군의 공격을 받아 4시반경에 동문을 통하여 양근 방향으로 궤주했다는 것이다. 그리고 동문의 공방전에서 20여 명이 죽었고 포로 30명도 모두 살해했다는 것이다.

이승룡은 2월 하순경에 양근의병을 이끌고 남한산성에 입성하였으며, 위《동경조일신문》4월 1일자의 기사에 의하면, 기사 발송일인 3월 18일 현재 양근의병장으로 활동했음을 알 수 있다. 그러한 그가 서울의 尹某로부터 내외에서 협공하자는 비밀 서신을 받고 상경하였으나 오히려 관군에 의해 체포되었다가 1896년 3월 27일(음, 2월 14일) 남한산성에서 살해되어 순국하고 말았다.[49]

④ 李春永

李春永(1868~1896)은 지평 출신이다. 자는 友三, 호는 槐隱이며 본관은 덕수이다. 부친 敏和와 고령신씨 사이에서 장남으로 태어났다. 연흥부원군 金悌男의 10세손인 연안김씨 憲秀의 딸과 혼인하였다.[50] 「육의사전」에서 그를 표현하기를

성품과 기질이 준수하며 얼굴은 冠玉이요, 목소리는 우레와 같고 눈썹에는 놀빛이 서리고 눈은 샛별 같으며 기개가 우뚝하여 사물에 구애되지

---

48) 《동경조일신문》, 1896년 4월 5일, 朝鮮時事,「南漢山賊徒潰走」.
49) 이소응, 『昭義新編』,「斥和擧義事實大略」.
　　이연년,「康翎公諱承龍家狀」(필사본, 장삼현, 『양평의병운동사』).
　　이중신,「호국대의에 몸바친 이승룡의병장」,《백운문화》4, 1987, 168~171쪽.
50) 『增補九刊德水李氏世譜』總編 참조.

아니하고 세상과 더불어 타협하지 않고 성인의 큰 도를 즐겨 들으며, 활달하고 포용심이 있고 점잔하여 덕을 이룬 군자와 같으니 보는 사람은 모두 장래에 크게 쓰일 인물로 기대하였다.[51]

라고 세상과 타협하지 않는 준수한 인재라 평하였다. 그는 고향 선배인 안승우를 통하여 화서학파의 존화론에 심취하였다. 1895년 명성황후시해 사건이 발생하자 일제의 만행을 규탄하고 국모의 원수를 갚으며 나아가 일제의 내정간섭을 저지하기 위하여 창의할 것을 결의하였다. 여주에 우거하고 있던 그는 선배인 안승우 집에 찾아가 안승우의 부친 안종응으로부터 거의를 권유받고 김백선을 만나 의기투합되었다. 이어서 김백선, 안승우와 함께 原州의 안창에서 의거의 기치를 올렸다. 이들은 지평의 포군 4백여 명을 영입하여 의병진을 조직하고 원주를 점령하여 수일간 주둔하였다가 堤川으로 향하였다. 이곳에서 이필희를 대장에 추대하고 이춘영은 중군장이 되어 단양의 장회협 전투를 지휘하여 적을 크게 무찌르는 전과를 올렸다. 이민옥 등의 간계로 의진이 와해되었으나 이춘영은 안승우 등과 함께 이를 수습하여 영월에서 柳麟錫을 대장으로 추대하고 새 의진을 편성하였다. 이춘영은 중군장이 되어 의진을 忠州로 옮겼다. 그러나 1896년 2월 17일 충주성에 입성한 다음날부터 일본군의 공격을 받았다. 인근의 많은 의병들이 충주로 모여들고 원조하여 의진의 형세가 크게 떨쳤다. 이때 이춘영은 중군장으로 성중에 있으며 각 군을 독려하고 전략을 수립하고 있었는데, 대장에게 다음과 같이 건의하였다.

지금 적진이 앞 뒤로 다 있으니 후퇴한들 지킬 수 없고 전진하자니 힘

---

51) 「육의사열전-이괴은전」, 『독립운동사자료집』1, 178~179쪽.

을 쓸 수밖에 없으니, 지금의 계책으로는 먼저 수안보의 적 병참을 무찌르고, 한 부대의 군사로 鳥嶺의 험지를 웅거해 지키게 하며, 電線을 모두 끊어버리면, 천리 간에 걸쳐 있는 적진이 서로 머리와 꼬리가 끊어져 앞에서는 뒤를 구원하지 못하고, 뒤에서는 앞을 구원하지 못할 것이니, 적의 세력이 분단될 것입니다. 우리는 영남의 세력을 끌고, 호남의 豊盛한 것을 당기어서 서로 羽翼을 삼으며, 사면으로 다가든다면 서울의 적을 며칠이 안 가서 섬멸할 수 있을 것입니다.52)

그러나 계획은 좋으나 위태로움이 많으므로 결정을 짓지 못하고 있는데 2월 23일 일본군수비대 수백 명이 達川까지 들어왔다는 급보가 들어왔다. 이때 이춘영은 대장에게 고하기를

각 영의 잔졸이 매일 출전하여 많이 피로한데, 저만은 중군으로 한 번도 출전하지 않아서 민망하였습니다. 청컨대 한 부대 병사로써 경각의 사이에 무력을 빛내어 한편으로는 적의 세력을 끊어 우리 계획을 달성하고 한편으로는 여러 군사의 마음을 위로하여 주겠습니다.53)

하니 대장이 허락하였다.

이춘영은 군사들을 거느리고 나가서 싸워 크게 이겼다. 적병의 시체만도 50~60구가 되었다. 적이 멀리 달아났으므로 일단 군사들을 집합시켰다. 이미 날이 저물었으므로 이춘영은 성밖에 유진하고 대장소에 승전한 기세를 이용하여 수안보를 진격하겠다고 청하니, 대장소에서 허락하였다. 이에 의병들을 지휘하여 바로 수안보의 적 병참을 진격하였다. 조령 밑에 있는 수안보의 일본군병참에 대하여 여러 번 사람을 보내

52) 「육의사열전」『독립운동사자료집』1, 185쪽.
53) 「육의사열전」, 위 책, 185쪽.

어 정탐하였기 때문에 쉽사리 포위 공격할 수 있었다. 그리고 의병진은 주위의 고지를 점령하고 저항하는 적병들을 사살하면서 사면으로 압축하여 들어갔다. 용감한 의병들은 적병을 보이는 대로 무찌르며 육박하여 들어가니 적진에서는 당황하여 퇴각의 길을 찾고 있었다. 이때 이춘영이 큰소리로 "적이 지금 달아나려 하니 군사들은 급히 쳐라"고 호령하였다. 이 소리를 듣고 적들은 이춘영을 향하여 집중 공격하였다. 그러나 조금도 당황하지 않고 육혈포를 쏘았으나, 총알이 나오지 않았다. 이춘영은 뒤에 있던 洪選杓에게 총을 주며 "이것이 무슨 까닭인지 좀 보아달라."하고 몸을 돌리는 순간, 날아오는 유탄에 얼굴을 맞아 운명하였다.[54]

⑤ 지평의 3의병 : 孫德化, 金性化(聖化), 金正淳(正純)

이들은 모두 지평출신으로 이춘영, 김백선과 함께 의병에 참전하여 제천 등지에서 의병투쟁을 전개하였다. 충주성 전투에 패한 의병장 유인석은 본진을 제천으로 옮기고 가흥의 일본군 병참기지를 집중적으로 공격하게 하였다. 이들 3인은 김백선이 이끄는 可興전투에서 밤낮 없이 공방전을 수행하다가 전사, 순국하였다. 중군장 안승우는 3월 14일(음) 제천의 남쪽 남당촌에 군사를 집결시키고 이들에 대한 제사를 지냈는데, 다음과 같은 제문을 올려 이들의 혼을 위로하였다.

　　아! 슬프도다. 나라 운수가 불행하여 시국이 어렵게 되었고, 적신이 권력을 잡으매 섬오랑캐가 흉악함을 방자히 하는도다. 독한 칼날이 국모에게 미치고 머리깎는 칼이 면류관에 범하였으니 만고에 망극한 변이 이 보다 심한 것은 없었다. 이에 義旗를 들어 요망한 것들을 숙청하려고 맹서하고 그대들 세 사람이 분연히 일어나 몸을 돌보지 않고 부지런하고 수고

---

54) 「하사안공을미창의사실」『독립운동사자료집』1, 373쪽.

롭게 백번 싸워 마침내 가흥싸움에 목숨을 잃었구나. 아! 사람이 세상에 나서 한번 죽음은 뉘 없으리오마는 죽을 곳을 잘 얻는 것이 귀중함이 되나니, 그대들 정경이 가련한 것은 눈 앞의 일이요, 절의의 가상한 것은 백세의 영화로다. 어찌 아름답지 아니한가. 삼가 박주 한잔으로써 하늘 가를 바라보며 곡하노니, 바라건대 충혼은 역력히 내려와 산 듯이 내 좌우를 도울지어다.[55]

한편 손덕화의 아들인 孫龍文은 1896년 부친이 전사했을 당시 17살이었다. 그는 아버지가 전사하자 총 쏘기를 배워 의진에 참전하여 원수 갚기를 맹서하였다. 1896년 8월 초산전투때 적군의 공격에 대한 정보를 제공하여 제천의진이 승리하는 데 결정적인 공헌을 하였다. 즉, "7월 16일 깊은 밤에 손용문은 급히 달려와 방금 적병 3백명이 대진을 엄습하려 한다"고 적군의 습격을 알려 주어 제천의진은 위기일발에서 모면했을 뿐 아니라 최후를 장식하는 기적적 승리를 얻을 수 있었다. 7월 17일 의병장 유인석이 초산전투에서 승리한 후 여러 장수를 위로하고 군졸들에게 상을 주었는데, 밤새워 달려와서 적의 정보를 제공한 손용문을 특별히 불러 상을 주었다. 「의암유선생서행대략」에서 손용문의 행동에 대하여 다음과 같이 알려 주고 있다.

경술일 군사를 정돈하고 뭇 사람들을 위로했다. 좌우가 말하기를 "이번 승리에 공이 있는 자들은 상을 주어야 하겠습니다"하니 선생이 여러 장수를 위로하고 군졸들에게 상을 주며, 밤 새워 달려와서 적의 정보를 제공한 두 소년에게 상을 더 주었다. 또 손 소년은 힘써 싸우고 적을 막은 자라 하여 특별히 불러 상을 주었다. 손 소년의 이름은 龍文이니 바로 전일 싸

55) 『독립운동사자료집』1, 117쪽.
박정수, 「하사안공실기」『독립운동사자료집』1, 336~337쪽.
_____, 「하사안공을미창의사실」『독립운동사자료집』1, 441쪽.

움에 죽은 壯士 孫德化의 아들이다. 나이는 어리나 능히 順逆을 분별하여 선생을 좇아 오늘날에 이른 것이니 대개 그 아비의 뜻을 계승하고 아비의 원수를 갚자는 것이다. 지난 역사를 고찰해 보아도 오늘날 손씨의 아들 같은 자가 누가 있겠는가.56)

⑥ 金在觀

金在觀(?~1896)은 지평출신(?)으로 討逆復讐의 기치를 들고 유인석 의진에 참여하였다. 유인석 의진은 1896년 3월 堤川에 진을 치고 수안보와 가흥 방면의 일본군을 공격하였다. 그러나 이곳은 피아의 요새로 의병의 맹공격으로도 쉽게 함락되지 않았다. 김재관은 충주의 獐峴에서 일본군수비대의 기습을 받아 秋聖孫, 金用胄, 朴元用, 禹在鳳, 吳文龍, 禹圭夏 등 의병 10여 명과 함께 전사하였다. 김재관 등이 전사한 후인 4월 17일에 우선봉 金雲仙이 이들의 시체를 찾아 돌아오다가 다시 적을 만나 도망하게 되었다. 이 때 일본군은 시신을 칼로 난자하고 불로 태워 형체를 분간할 수 없도록 하였다. 유인석은 김재관 등 순국한 의병들에게 다음의 제문을 바쳐 위령하였다.

아! 사람이 세상에 나서 도망하기 어려운 것은 의리다. 그런데 고금을 통해 의리로 싸워 죽은 자가 오늘날 같은 적이 없었다. (중략) 슬프다. 이 국적놈들이 화친을 부르짖어 임금님을 위협하고 여러 신하를 우롱하더니, 마침내 국모께서 시해를 당하시고, 임금께서 머리를 깎으시게 되어, 큰 둑이 한 번 무너지매 인류가 금수로 돌아가고, 예악이 糞土에 빠졌으니 이는 천지간에 처음 있는 큰 변고였다. (중략) 아! 전번 忠原 싸움에서는 외로운 성과 약한 군사라 오래 머무르지 못하고 짐짓 후퇴하여 군기를 수선하고 무력을 단련하여 형세를 관망하고 틈을 노리던 차, 불행히도 너희들이 저

---

56) 「의암유선생서행대략」『독립운동사자료집』1, 548~549쪽.

놈들의 악독한 칼날을 만나 같은 때에 싸우는 자리에서 목숨을 잃고 겸하
여 불에 타서 형상을 분별하지 못하는 지경에 이르러서 한 곳에 함께 묻게
되었으니, 그 정경은 참혹하지만 그 의리만은 대단하다 아니할 수 없다.[57]

김재관은 제천의 7의사묘역에 안장되었다.

⑦ 金振德, 權善卿, 金龍俊, 朴廷和, 申泰亨 등

전기의병기 양평출신의 의병으로는 이들 외에도 김백선과 함께 종군
한 김진덕을 비롯한 다수의 의병이 있다.

金振德(1859~1931)은 지평군 양동면 금왕리 사람으로 자는 士俊, 호
는 石愚, 본관은 강릉이다. 성품이 강직하고 위풍이 비범하였으며 號令
이 막강하여 세칭 호령대감이라 불렸다. 김백선과는 한울타리에 거주하
던 절친한 사이였다. 김백선과 함께 의병에 참여할 때 동생 金振根(187
3~1947, 자: 士惠, 호: 東雲)과 족제인 金振基(1871~1948, 자: 士交), 金振
文(1865~1936), 金振淳(1874~1922), 金振勝(1974~1933), 金振靈(1874~
1932), 金振縣(1863~1917, 자: 士集) 등을 데리고 지평의병에 참전한 것
으로 알려진다. 김진덕은 김백선이 사형에 처해진 후 호상이 되어 고향
인 갈운리에 장례지냈으며 두 집안의 世交는 지금까지 이어진다.[58]

權善卿은 지평출신의 포군으로 지평의병에 참여하였다. 안승우와 동
향이라 하여 군량을 배정하는데 분쟁을 일으킨 바 있다.[59] 金水乭(?~
1896. 2) 역시 포군으로 김백선과 함께 의병에 참전한 것으로 보인다. 전
군장 홍대석의 휘하에서 항전하다가 1896년 2월 24일(음) 전사하였다. 중

57) 박정수, 「하사안공을미창의사실」, 『독립운동사자료집』1, 423~424쪽.
58) 『강릉김씨한림공파대동보』권7, 참조.
59) 박정수, 「하사안공을미창의사실」 『독립운동사자료집』1, 399쪽.

군장 안승우가 벼2섬과 20냥을 주어 그의 가족을 구휼하였다.[60] 金龍俊(容俊)은 지평 출신의 포군으로 李春永과 함께 지평에서 거의하였고, 이후 柳麟錫 의진에서 가흥과 수안보 전투에서 많은 공을 세웠다. 제천전투 후에 좌선봉을 맡았다. 그는 중군아장으로 유인석을 호위하여 西行을 도왔다. 압록강을 건넌 후 회인현의 파저강변에서 의병을 해산할 때 통곡하고 귀국하였다.[61]

朴廷和는 1877년 지평의 도곡리에서 태어났다. 錦溪 李根元의 문인으로, 자는 景朝, 호는 省庵이며 본관은 밀양이다. 제천의병에 참전하여 항일투쟁을 전개하였다.[62] 1910년 한일합방 직후인 10월 19일 그에게 소위 耆老牒과 은사금을 수령하라는 통지가 왔다. 그는 이를 거부한 일로 지제면의 헌병대에 구치되었다. 일본인 헌병소장의 회유와 협박에 그는 "임금을 폐한 임금과 인민을 병탐한 나라가 주는 돈을 결코 받을 수 없다"면서 이를 거부하고 옥고를 치렀다.[63]

申泰亨은 양근출신의 유생이다. 유인석의 문인으로 춘천의병에 군자금을 지원하였으며 제천의진에 가담하였다. 安鍾曄(安鍾燁, 1864~1908)는 지평의 양동출신으로 자는 元春이요 본관은 순흥이다. 1864년 5월 부친 潤玉과 모친 초계정씨 사이에 장남으로 태어났다. 안승우와 이춘영이 의병을 일으켜 제천으로 이동한 후 그는 제천의병의 지평수성장으로 활동하였다. 1896년 2월 12일 지평의 향교소임 徐炳斗를 치죄하도록 하였다. 서병두는 지평의 아전들과 함께 의병의 지휘권을 빼앗고 의병에게 군비를 제공하지 못하게 했던 것이다. 안종엽은 3월 3일에는 수성장

---

60) 박정수, 위 글, 418쪽.
61) 「의암유선생서행대략」『독립운동사자료집』1, 510·538쪽.
62) 이소응, 『소의신편』, 『금계집』참조.
63) 朴廷和, 「砥邑日記」(장삼현, 『양평의병운동사』).

의 직임의 사퇴를 청하였으나 대장소에서 허락하지 않았다. 4월 3일에는 지평군수 맹영재의 아들 맹일호가 의병에 군량을 제공하지 못하게 위협하기도 하였으나 제천의병을 끝까지 지원하였다.[64] 李鳳夏은 지평 출신으로 이근원의 문인이다. 1896년 양근에서 起義하여 主將으로 활동하였다. 李鵬九 역시 지평 출신의 유생으로 지평의병에 참여하였다. 林乙善(?~1896)은 출신지는 미상이나, 유인석 의진에 가담하여 우익장 尹聖鎬의 마부로 그의 시종이 되어 그와 일거수 일투족을 함께 하였고 원주에서 그를 도와 군사를 모집하는 활동을 하였다. 유인석 의병장은 여러 사람들의 권고에 따라 장기항전을 계속하기로 하고 서북행 길에 올랐다. 그리하여 1896년 6월 8일에는 음성방면을 지나 괴산 및 청주, 공주 방면으로 이동하며 적을 격파하기도 하였으며, 6월 10일에는 강원도 원중 도달하였고 영월, 평창, 정선, 강릉을 지나 7월 11일에는 대화에 이르렀다. 이때 윤성호를 따라 정탐차 나갔던 그는 지평 사람 朴雲先의 꼬임에 빠져 지평군 상동에서 피살, 순국하였다.[65]

---

64) 박정수, 「하사안공을미창의사실」『독립운동사자료집』1, 404~405·428·458쪽. 이에 의하면, 崔三汝의 홍천에서 1896년 3월 거의한 후 지평에 와서 전날의 상관였던 맹영재에게 의병 참여를 권유하였으며, 이에 맹영재가 의병에 참전하였다가 양근의 美源에서 서울에서 파견된 군사에게 죽었다고 기록되어 있다. 그런데 구전에 의하면, 맹영재는 부득이 참전하였다가 수비대가 오니까 환영나가다가 부하한테 죽었다는 설도 있다(장삼현, 『양평의병운동사』, 167쪽). 맹영재의 아들인 孟一鎬는 아버지를 죽게 한 것이 최삼여 때문이라며 최삼여를 죽였다. 의진 역시 해산되었다. 맹일호는 그 후에도 지평 출신의 포군들을 제천 의병진에서 꾀어내는 일을 벌이자 안승우는 "孟賊을 언제나 목벨 수 있단 말이냐"면서 별모장 이필희에게 통고하여 맹일호를 치게 하였다(위 글, 457~458쪽).
65) 「의암유선생서행대략」『독립운동사자료집』1권, 526~527쪽.
朴雲先은 지평 출신으로 우익장 尹聖鎬의 부하였는데, "왜놈한테 돈 50냥을 받고" 윤성호를 밀고하여 지평의 상동에서 체포되어 죽게한 자이다.

〈표 3〉 양평출신 전기의병 현황

연번	성명(이명)	생몰연도	출신지	본관	자	호	관력	의병활동	기타	전거
1	權善卿		지평				포군			독운자1, 399쪽
2	金伯善(金道濟)	1873~1896	지평	경주	伯善			선봉장		본문참조
3	金水乭	?~1896					포군	전사		독운자1, 399쪽
4	金龍俊(金容俊)		지평				포군	중군아장		독운자 510, 538쪽
5	金在觀	?~1896	지평					충주 장현전투에서 전사		본문참조
6	金性化(金聖化)	?~1896	지평					가홍전투 전사		본문참조
7	金正淳(金正純)	?~1896	지평					〃		본문참조
8	金振根	1873~1947	지평	강릉	士惠	東雲		김백선과 함께 참전		강릉김씨한림공파 대동보
9	金振基	1871~1948	지평	강릉	士交			〃		상동
10	金振德	1859~1931	지평	강릉	士俊	石愚		〃	金伯善 護喪	상동
11	金振文	1865~1936	지평	강릉				〃		상동
12	金振淳	1874~1922	지평	강릉				〃		상동
13	金振勝	1974~1933	지평	강릉				〃		상동
14	金振靈	1874~1932	지평	강릉				〃		상동
15	金振縣	1863~1917	지평	강릉	士集			〃		상동
16	朴廷和	1877~?	지평	밀양	景朝	省庵		유인석의진	은사금거부, 옥고	『砥邑日記』
17	孫德化	?~1896	지평					가홍전투 전사		본문참조
18	孫龍文	1880~?	지평					초산전투 참여	손덕화의 子	상동
19	申泰亨		양근					유인석의진	유인석 문인	

연번	성명 (이명)	생몰연도	출신지	본관	자	호	관력	의병활동	기타	전거
20	安承禹	1865~1896	양근	순흥	啓賢	夏沙		중군장, 제천 남산전투 전사		본문참조
21	安鍾應	1845~1906	지평 상서리	순흥	呂聲	退央		의병지원	안승우의 父	상동
22	安鍾曄 (安鍾燁)	1864~1908	지평	순흥	元春			지평수성장		본문참조
23	李福永		지평			是菴	감역	유인석의진 정선수성장		
24	李鳳夏		양평					양근의병	이근원 문인	문일민, 한국독 립운동사, 42쪽
25	李鵬九		지평					지평의병 참여		양평의병운동사
26	李承龍	1853~1896	양근 동종면	청해	秀雲	錦坡	강령 현감	양근의병, 남한 산성 입성	이연년의 父	본문참조
27	李春永	1868~1896	지평	덕수	友三	槐隱		중군장,수안보 전투에서 전사		상동
28	林乙善	?~1896						유인석의진 지평에서 전사		상동

4) 후기의병과 의병장

(1) 의병의 항전과 일본군의 탄압

1907년 8월 구한국 군대가 강제로 해산되고 고종황제가 퇴위되는 사태에 의병의 대일항전은 더욱 격화되었다. 특히 양평지역은 서울과 가까운 거리에 있고 강원도의 홍천 또는 경기도의 여주 일대와 인접해 있어 피신이나 의병 초모, 또는 군수품 조달 등에서 유리한 지리적 위치에 있었다.

양평지역은 용문산이 자리 잡고 있어 유격전에도 유리했다. 이에 따

라 양평 출신은 물론 양평 출신이 아닌 의병들도 양평 일대를 근거지로
하여 일본군과의 치열한 항전을 전개하였다. 특히 군대해산 직후 많은
의병들이 용문산으로 들어가 용문사와 상원사를 근거지로 하여 활동하
였다. 이들은 양근읍내 또는 지평 등지를 습격하여 일본군에게 타격을
주고, 지평군수 김태식을 처단하는 등 혁혁한 공을 세웠다.

　　한편 1907년 11월초에는 지평의 삼산리에 李麟榮 의병장의 요구에 따
라 5천여 명의 의병이 집결하였다. 이 연합의진은 이인영 의진의 약 1천
여 명으로 시작되었으나, 곧 2천명으로 증가했으며, 許蔿 부대 등 각지
의 의병부대가 집결한 결과 5천여 명에 달했다. 이 부대는 1908년 1월
서울탈환 작전을 감행한 13도창의진의 기간 부대가 된 이인영 의병장
(참모장, 金壎)과 許蔿 등의 연합의진으로 서울 진공작전을 목표로 전국
의진에 통문을 돌리고 작전을 개시하고 있던 중이었다.66) 일본군은 이
부대를 공격하고자 赤倉 대위가 인솔하는 1개 중대가 11월 6일 원주를
출발하고, 이 보다 앞서 서울에서 坂部 소좌가 또 다른 1개 중대를 인솔
하여 왔다. 三山 전투는 11월 7일부터 2일에 걸쳐 있었다. 의병은 일본군
의 포화에 다수의 사상자를 내었으나, 삼산에서 철수하여 목적지인 양
주를 향하여 이동하였다. 이 연합의병에 양평에서는 김춘수가 安撫將으
로 참전했다.67)

---

66) 「폭도에 관한 편책」, 韓憲警 乙 제404호, 융희2년 4월 9일(『한국독립운동사자료』
　　10, 128～129쪽).
67) 「폭도에 관한 편책」, 원비발 제46호의1, 1907년 11월 10일(『한국독립운동사자료』8,
　　104～5쪽) ; 같은 책, 한헌경을 제404호, 융희2년 4월 9일(『한국독립운동사자료』
　　10, 128～9쪽).
　　신용하, 「전국 '십삼도창의대진소'의 연합의병운동」《한국독립운동사연구》1, 1987,
　　17～18쪽.

일본군의 양평지역에서의 의병에 대한 탄압은 혹독했다. 의병의 근거지라고 하여 유서 깊은 사찰인 용문사와 상원사, 사나사를 불태웠다. 상원사와 용문사는 일본군 보병 제52연대 제9중대에 의해 1907년 8월 24, 25일간에 불태워졌으며,[68] 사나사는 그 해 10월 27일 일본군 보병 제51연대 제11중대에 의해 불태워졌다.[69] 또한 일본군은 양평지역에서 수많은 민가를 소각시켰다. 1907년 8월에 지평의 水洞에서 200여 호를 소각했으며,[70] 10월에는 양근읍내에서 200여 호, 사탄과 역곡에서 90여 호, 옥천에서 20여 호의 민가가 일본군에 의해 소각되었다.[71] 11월에도 양근읍에 군의 관아만 남고 민가 수백여 호가 소각되었다.[72]

한편 1907년 가을 영국의 신문기자 맥켄지가 양근읍을 가서 의병을 만나고 의병의 사진을 남겼다. 맥켄지가 양근읍에 들어가니 우선 민가마다 대문에 십자가가 그려져 있는 것을 보았다. 그런데 이것은 일본군이 일주일 전에 양근읍을 습격하여 민가를 소각하였는데, 십자가가 있

「參1發 제83호」(1907년 8월 28일) 『한말의병자료』4, 독립기념관, 58쪽. 한국주차 군사령관은 일본 참모총장에게 "보병 제52연대 제9중대는 24, 25일 양일 간에 적의 근거지인 上元寺 및 龍門寺는 집적해 있던 다량의 양식과 함께 불태웠음"이라고 보고하였다.
「조선폭도토벌지」(『독립운동사자료집』3)에 의하면, "양근, 이천 방면으로 파견된 명석 중대는 23일 양근에 도착, 24일 양근 동북 약 20리에 있는 폭도의 소굴인 장수동 蓮安幕을 습격, 궤란하는 폭도를 습격하여 龍門寺 근거지를 무찔러 장래의 화근을 끊기 위하여 그것을 소각해 버렸다"(692쪽)라고 보고되어 있다.
69) 「조선폭도토벌지」(『독립운동사자료집』3, 709쪽) 「10월의 폭도토벌」에 의하면, "보병 제51연대 제11중대는 (중략) 27일에는 양근 북방 사나사에서 약 150의 폭도를 습격 궤란시키고 舍那寺를 소각해 버렸다"라고 10월 27일 사나사의 소각 사실을 알려주고 있다.
70) 《황성신문》, 1907년 8월 29일, 잡보.
71) 《대한매일신보》, 1907년 10월 8일, 「楊邑又燒」.
72) 《대한매일신보》, 1907년 11월 6일, 잡보.

는 집을 불태우지 않았기 때문에 일본군이 간 뒤에 집집마다 대문 위에 십자가를 그려 붙였다는 것이다.[73] 맥켄지는 그 장면을 찍어 자신의 책에 게재하였다.

맥켄지는 우리에게 소중한 의병의 사진을 제공하고 있다. 의병 10여명이 총을 겨냥하고 있는 이 사진은 바로 양근에서 활동하던 의병들의 사진으로 확인된다. 즉 1907년 가을 어느 날 맥켄지가 양근에서 하루 밤을 자고 다음 날 아침 바위와 모래가 깔린 강변에 이르렀을 때 20여 명의 의병으로부터 포위를 당했는데 다행히 의병들의 호의로 그들의 사진을 찍을 수 있었다는 것이다. 맥켄지의 기록을 통해 사진 찍을 당시의 정황을 보기로 한다.

해가 뜨자마자 의병들은 거리로 열을 지어 나갔다. 그들은 지난 밤에 나를 찾아 왔을 때 몇몇 사람들이 보여준 그 특징, 즉 보잘것없는 무기와 부족한 화약을 휴대한 초라한 모습을 여실히 재현하였다. 그 날 아침 내가 출발하기 전에 그들은 미리 사람을 각 초소에 보내어 나는 영국인이니 다쳐서도 안된다고 경고하였다. 나는 서로의 앞날을 축복해 주면서 그들과 헤어졌지만 출발에 앞서 우리의 무기 중에 없어진 것이 있지나 않은 가를 자세히 살펴보았다. 내가 데리고 다니던 사동들은 그 의병들에게 우리의 총을 주어서 그들로 하여금 일본인을 죽일 수 있도록 해달라고 내게 간청하는 것이 아닌가!

우리는 멀리 가지 않아 바위와 모래가 깔린 강변에 이르게 되었다. 그 때 갑자기 사동 하나가 목이 찢어질 듯이 나를 부르면서 자기가 들고 있던 무기를 내던졌다. 우리는 발걸음을 멈추었다. (중략) 우리는 바위 사이를 달리면서 누더기를 입고 우리에게 점차로 접근해 오는 무리들을 볼 수가 있었다. 몇 사람이 우리에게 접근해 오는 동안 그들의 총은 우리를 겨누고 있었다. 그러자 20여 명의 군인들이 손이 닿을 듯이 가까운 곳에서

---

73) 맥켄지(신복룡 역), 『대한제국의 비극』, 탐구당, 1980, 235쪽.

벌떡 일어섰다. 신식군대의 제복을 입은 한 청년이 그들을 이끌고 있었다.
우리가 서서 기다리고 있는 동안 그들은 우리에게 뛰어왔다. 드디어 그들
은 내가 누구인지 알고 자기들의 실수를 정중히 사과하였다. (중략) 이 의
병대의 몇 사람은 14~16세를 넘지 않았다. 나는 그들을 세워 놓고 사진
을 찍었는데 앞 페이지에서 볼 수 있는 사진이 그들의 모습이다.74)

〈그림 2〉 맥켄지의 '대한제국의 비극'에서

여기에서 보잘 것 없는 무기와 누더기 옷을 입은 의병들의 형상이 떠
오른다. 사동들이 자신들의 신식 무기를 의병에게 주어 일본군을 죽이
게 하자고 요청하기까지 하였다. 맥켄지는 출발한 지 얼마 안되어 의병
과 만났고 자신이 영국인임을 밝히자 의병들이 호의를 베푼 것으로 보
아 이 의병들은 아침에 양근읍내의 의병진으로부터 통지를 받은 양근
지역에서 활동하던 의병임에 틀림없을 것이다. 사진에 군복을 입은 이
가 의병장이었으며 그 중에 14~16세 정도의 소년의 모습도 보인다.75)

---

74) 맥켄지, 앞의 책, 243쪽.
75) 맥켄지, 위의 책, 243쪽.
　　『양평의향지』에 의하면, 맥켄지가 찍은 이 의병 사진이 양평군 옥천면 아신리에
　　서 뒷산 능선을 배경으로 강 쪽에서 찍은 것이라 한다(양평군, 2000, 371쪽). 양평

양평출신으로 후기의병기 대표적인 의병장으로 權得洙, 金春洙, 李延季, 曺仁煥 등이 있다.

(2) 의병장의 활동

① 權得洙

權得洙(1873~1907)는 1877년 경기도 양주에서 태어났다. 족보에는 恰으로 기입되었으며, 자는 成根이며 본은 안동이다. 부친 權信榮은 무과출신으로 안동권씨 추밀공파 政丞公의 33세손이다.[76] 권득수는 金正和의 문하에서 한학을 수학하였다. 또한 그는 무장으로서의 기상도 뛰어나 무과에 응시하여 급제하였다고 전해진다.

그는 1905년 양평군 양근리 장로교 신자인 홍씨 부인의 집에 정착하였다. 그는 장로교회를 개척하여 선교활동과 문맹퇴치에 헌신하는 金演玉을 만나 동지가 되어 구국을 위한 의병활동에 나서게 되었다. 그는 교회에서 젊은이를 모집하고자 하였으나, 김연옥으로부터 교회보다 시장에서 의병을 모집하라는 권고를 받았다. 그는 가산을 정리하여 무기를 구입하였다. 소장수를 가장하고 양평, 양주, 이천의 장날을 택하여 격문을 붙이고 창의하였다. 그가 창의한 때는 1907년 음력 7월로 보인다. 그는 용문산을 근거지로 하여 양평, 양주, 이천, 지평 일대에서 200명이 넘는 의병진을 편성하는데 성공하였다.[77] 그는 용문사에 군량과 무기를

지역에서 활동한 의병 중에 해산군인 출신으로는 正尉출신의 權仲植이 있다. 따라서 군복을 입은 의병장이 권중식일 가능성도 있겠다.

76) 『안동권씨추밀공파대보』.

77) 조선총독부 경무국 편, 「폭도사편집자료」(독립운동사편찬위원회, 『독립운동사자료집』3, 507쪽). 이 자료에 의하면, 권득수를 "소장사를 하던 자인 바 한때 부하

비축해 놓고 활동했으며, 의병을 이끌고 서울로 진격하고자 양평군 양
서면 문호리의 나루터를 도강하려는데 일본 기병대에 발각되어 치열한
격전을 치렀다. 이 전투에서 일본 헌병 2명을 사살하였으나 중과부적으
로 많은 피해를 입고 용문산으로 후퇴하였다.

용문사를 근거지로 활동하던 조인환의진과 함께 활동하던 권득수 의
병은 1907년 8월 일본군 보병 제52연대 제9중대(중대장, 明石)의 급습을
받았다. 아카시가 이끄는 제9중대는 8월 23일 양근에 도착하여 24일 의
병의 근거지인 용문사를 불태웠다.[78) 의병은 상원사와 운필암으로 후퇴
하면서 항쟁하였다. 8월 말에는 양근의 水回里 일대에서 군자금 모금 등
의 활동을 하였다. 8월 31일(음, 7월 23일)에 해산군인인 金聖完이 수회
리에서 권득수 의병장의 휘하에 들어왔다는 진술이 이를 말해 준다. 또
한 이 진술에 의하면, 권득수 의병장은 매일 의병들에게 급료를 주었던
것으로 확인된다.[79) 권득수는 9월 8일(음, 8월 1일)에는 楊州의 檜村으로
가서 그곳에 거주하고 있는 申載萬에게 국가를 위하여 창의할 것을 권
유하고 자금 5만원과 洋銃 및 鳥銃 등 13정을 모집하기도 하였다.[80)

권득수는 1907년 9월(음) 원주의병장 민긍호 부대를 비롯하여 張箕煥
의병, 崔斗煥의병, 韓甲福의병, 朴來鳳의병, 朱錫敏의병 등과 연합하여
인제군 일대에서 활동하기도 하였다. 이때 이 연합의병이 1만여 명에 달
했다고 신창현은 진술하였다. [81) 이로 보아 권득수 의병의 행적이 1907

200여 명을 인솔하고 지평, 양근, 이천, 양주의 각지를 배회 출몰하여 현재 소재
불명인 바 일설에는 부하에게 살해되었다고 전한다.”라고 보고하고 있다.
78) 「조선폭도토벌지」『독립운동사자료집』3, 692쪽.
79) 『독립운동사자료집』별집1, 12쪽, 「김성완판결문」. 김성완은 체포되어 1907년 11
월 5일 유형 7년형을 선고받았다.
80) 『독립운동사자료집』별집1, 12～13쪽, 「판결서 형제 46호 56호」.
   신재만은 이 일로 10년형을 선고받고 옥고를 치렀다.

년 음력 9월까지는 확인된다. 1909년 3월 16일 경기도 관찰사 金思默이
내부대신 박제순에게 보고한 『폭도사편집자료』에 의하면, 권득수에 대
하여 "현재 소재 불명인 바 일설에는 부하에게 살해되었다고도 전한
다"[82]라고 부하에게 살해되었을 가능성을 언급하였으나 권득수의병장
의 사망일시와 경위가 아직 확인이 안된다.[83] 권득수가 용문사 일대에
서의 활동할 때인 1907년 8월말에는 인근의 오촌리에 있는 金崙求의 99
간 저택이 권득수 의병에게 무기와 군량을 제공하였다는 이유로 불태워
지기까지 하였다.[84]

② 金春洙(1874~1952)

양근군 북면 小雪里(고읍면 후평리?) 출신의 유생으로 농업에 종사하
였다.[85] 본명은 魯洙이며(일명 丙洙) 본관은 광산이다. 1874년 8월 옥천면
신복리에서 부친 永錫과 모친 고성이씨 사이에서 장남으로 태어났다.

---

81) 『독립운동사자료집』별집1, 69쪽. 이 자료에 權得珠라 표기되어 있는데 이는 權
    得洙의 오기로 보인다. 신창현은 1908년 6월 18일(음, 5월 20일) 체포되어 9월 15
    일 종신유형을 선고받았다.
82) 『독립운동사자료집』3, 507쪽.
83) 「폭도사편집자료」에 의하면, 黃在浩(약 37세, 포천군 산내면)에 대한 기록 중에
    "그 해(1907년, 필자) 9월 상순 적성군 폭도 權德洙라는 자로부터 더불어 일을 일
    으키자는 꾀임을 받았으나 일단 응낙하지 않았다. 그러나 당시 이미 폭도의 수괴
    로써 행동하려는 의사가 있었다. 그 후 도당을 모아 권덕수와 합동하였으나 서로
    불화하여 마침내 권덕수를 살해하고 스스로 수괴가 된 자로서"(『독립운동사자료
    집』3, 509~510쪽)라고 하여 권덕수가 黃在浩(보병 하사 출신)에 의해 살해되었
    다고 보고되어 있다. 이때의 權德洙가 權得洙가 아닌가 한다.
84) 김윤구는 1919년 3·1운동에 참여하여 징역 6개월형을 선고받고 옥고를 치렀다(『독
    립운동사자료집』5, 491쪽).
85) 「폭도사편집자료」, 위의 책, 506쪽.

그는 1907년 8월 이후 홍천에서 창의하여 200여 명을 인솔하고 양평, 여주, 광주 일대에서 활동하였다. 참모장에 白永基, 종사에 金應西, 李延季이 있다. 그리고 의병으로 이춘명, 李千甫, 高正卜, 辛元英 등이 확인된다. 김춘수는 許蔿 부하인 金奎植 등과 연계하여 1907년 12월 13도창의진에 安撫將으로 참여하였다. 그는 20여 명의 의병을 이끌고 1908년 4월에 양근군의 북면으로 들어가 4월 8일자로 된 두 종류의 격문을 각지에 보냈다. 그 중 하나는 양근군 북면 면장과 각 동장에게 보냈는데 격문의 일부 내용은 다음과 같다.

근처에 倭賊이 있어서 세력이 왕성하다. 그러나 의병이 再擧하고 또 청국병도 역시 動하여 아 국민은 소생할 수 있을 것이다. 화약과 화승을 준비하라. 自衛隊長은 참살한다. 文武 중에 義氣 있는 자는 義兵에 投하라.[86]

또 하나의 격문은 오빈동 공산리 주민에게 보냈는데 그 내용은

의병의 대군이 근일 양근을 습격하려 한다. 고로 처자가족은 피난하라. 또 화약 탄환을 준비하기 어렵거든 草鞋 및 양식을 준비하라.[87]

라고 하여 의병부대가 곧 양근을 공격할 것을 알리면서 의기 있는 이들의 의병 참여를 요청하였다. 아울러 주민들에게 화약이나 화승총 또는 짚신이나 양식을 준비해 줄 것도 요구하였으며, 일본군의 앞잡이 노릇을 하는 자위대원은 참살할 것임을 경고하였다. 그는 북면에서 의병 귀순자 3명을 잡아 가평군 남면으로 끌고 가 처형하기도 하였으나 1908년

---

86) 「폭도에 관한 편책」『한국독립운동사자료』10, 143쪽.
87) 「폭도에 관한 편책」『한국독립운동사자료』10, 143쪽.

4월 19일 가평수비대장 內藤 중위에 의해 가평군 淸平川의 북쪽 九政里
에서 체포되었다.[88] 그가 이후에 어떻게 탈출했는지는 확인이 안되나
1909년 12월 양주경찰서에 자수하였다.[89]

김춘수의병에서 활동한 인물로 高正卜, 李春明, 李千甫 등이 확인된다.

고정복은 양평군 남시면 학곡리 출신으로 1908년 3월 3일 경기관찰사
이규환이 내부대신에게 보고한 <양근의병 귀순자 명단>에 포함되어 있
는 것으로 보아 일시 귀순했던 것으로 보인다. 그러나 그는 그 해 12월
14일(음) 양평군 용암리에 거주하는 李春明, 辛元英, 李千甫와 함께 남시
면 일대에서 군수품을 탈취하는 등의 활동을 한 것으로 보고되고 있어
1908년 3월 귀순한 이후 재차 의병활동을 한 것으로 보인다.[90] 李春明은
강원도 양구 출신으로 양평군 용암리에서 거주하였다. 판결문에 의하면,
1910년 현재 33세로 직업은 '농업 겸 뱃군'으로 되어있다. 1907년 9월경
(음)부터 김춘수 의병진에 가입하여 활동하였다. 같은 해 12월 양근분견
소에 자수하였다가, 다시 의병 활동을 전개하였다. 1908년 12월 14일(음)
高正卜 등과 함께 남시면에서 군수품을 탈취하는 등의 활동을 하였다.
이춘명은 이 일로 체포되어 1910년 4월 징역 5년형을 선고받고 옥고를
치렀다. 李千甫(李天甫)는 양평군 남시면 학곡리 출신으로 김춘수 의병
진에 가입하여 이춘명 등과 함께 활동하였다.[91]

---

88) 「폭도에 관한 편책」『한국독립운동사자료』10, 149·151쪽.
89) 「폭도에 관한 편책」『한국독립운동사자료』17, 342~343쪽.
    김순덕, 「경기지방 의병운동 연구」, 한양대 박사학위논문, 2003, 42쪽.
90) 『독립운동사자료집』별집1, 153쪽. 京觀發 제272호 보고서, 경기관찰사 李圭桓
    내부대신 任善準 각하(1908년 3월 3일)(『한국독립운동사자료』9, 338~343쪽).
91) 『독립운동사자료집』별집1, 153쪽. 경기관찰사의 의병보고서(1908년 3월 3일)(『양
    평군지』, 892~893쪽).

③ 李延秊

李延秊(1874~1944)은 전기의병장 이승룡의 장자로 1874년 12월에 양근의 대홍리에서 태어났다. 초명은 穆秊이고 일명 得秊이며, 자는 敬文, 호는 松石이다. 벼슬은 副司果에 올랐다. 그는 선친이 의병을 일으켜 남한산성을 점거하였다가 적에게 살해당한 후 항상 왜놈을 증오하고 복수심에 불탔다. 그는 1907년 왜적이 고종황제를 강제로 퇴위시키는 사건을 일으키자 벼슬을 버리고 귀향하였다. 그는 그해 7월 초순경(음) 양근에 거주하는 閔基熙의 초청을 받고 지평군 마천 대동에 가니 포수 30여 명이 집결해 있었다. 민기희는 "현재 정부 대신의 국가를 그르치는 것이 이처럼 심하여 강토와 생령이 회복할 여지가 없게 되었으니 의병을 일으켜 일본인을 물리치고 구제도를 회복하려 하니 君이 두령이 되어 큰일을 이룩하자"라고 이연년을 의병장에 추대함에 이연년은 이들을 이끌고 활동을 개시하였으며, 지평의 愚谷에서 이들과 함께 金春洙 의진에 합류하였다. 이연년은 김춘수의진의 종사가 되어 활동하였다. 같은 해 11월 보름께 홍천의 南蒼에서 일본군과 전투하였으며, 12월초에는 여주의 천양에서, 12월 보름께는 홍천의 각길리에서 교전하였다. 1908년 정월(음)에는 귀순한 의병장 丁大武의 선봉장 金應西와 지평의 黃耕坪에서 의병을 재모집하는 활동을 하였다. 그 후 대송면 곡수에서 한인순사 金秊相을 살해하는 등의 활동을 하다가 1908년 3월 청운면 삼성리의 벗고개에서 일본군수비대와 치열한 전투 중에 유탄을 맞아 부상을 입고 체포되었다. 지평옥에 투옥되어 심한 고문을 받다가 서울로 이송되어 그해 5월 22일에 평리원에서 내란죄로 유배 10년형을 선고받고 완도에서 유배생활을 하였다. 유배가 끝난 후 그는 대홍리 본가에 大谷書堂을 열고 후학을 지도하였다.92)

한편 이연년을 의병장에 추대한 閔基熙 역시 양근 출신이다. 그는

1907년 7월 초순경(음) 포수를 중심으로 지평군 馬川 大洞에서 의병을
일으키고 이연년을 의병장에 추대하고 활동하였다. 그는 포수 30여 명
을 모아 놓고 "현재 정부 대신의 국가를 그르치는 것이 이처럼 심하여
강토와 생령이 회복할 여지가 없게 되었으니 의병을 일으켜 일본인을
물리치고 구제도를 회복하려 하니 그대가 두령이 되어 큰일을 이룩하
자"라고 이연년을 의병장에 추대하였다. 민기희는 그 후 이연년과 함께
김춘수 의진에 들어가 활동하였다.

④ 曺仁煥

曺仁煥(1881~1909)은 양근읍 출신으로 양반 출신이다. 군대해산 직후
국권을 회복하고자 거의하여 용문산으로 들어가 용문사와 상원사를 근
거지로 하여 활동하였다. 의진의 규모는 4백여 명에 달했다.[93] 1907년 8
월 3일 양근 읍내를 습격하고 관아와 세무서, 우편물 취급소, 일본인 가
옥 등을 파괴, 방화하는 활동을 하였으며, 8월 5일에는 지평의 순사파출
소, 8월 12일에는 양근순사파출소, 8월 19일에는 지평군아를 공격하여
군수 김태식을 처단하는 등 혁혁한 공을 세웠다. 그러나 아카시 중위가
이끄는 일본군 보병 제52연대 제9중대의 공격을 받고 9월 상순 양주, 파
주 지역으로 일시 물러났다. 일본군은 이 과정에서 상원사와 용문사를
불태우는 만행을 저질렀다. 조인환은 9월 17일 다시 양근으로 들어와 남
종면의 分院洞 남방의 고지에서 일본군 수비대 제47연대 제1소대와 격

---

92) 「폭도사편집자료」『독립운동사자료집』3, 509, 734쪽.
    『독립운동사자료집』별집1, 117~118쪽.
    이중신, 「이연년」『백운문화』4, 1987, 171~173쪽.
93) 「폭도에 관한 편책」, 京警收秘 제151호의 6, 융희4년 3월 7일(『한국독립운동사
    자료』17, 376쪽).

전을 치러 의병 20여 명이 전사하였다. 조인환의 그후의 행방이 묘연하자 잔여의병들은 해산군인인 申昌鉉을 대장으로 추대하고 활동하였다.[94] 그는 그 후에도 이천, 여주 일대에서 활동을 계속했으나, 1909년 12월 20일 군수품 배분 문제로 불만을 품은 자한테 살해당했다 한다.[95]

⑤ 權仲植, 朴光天, 鄭永雲, 李聖瑞, 李昌俊 부자 등

후기의병기 양평 출신의 의병으로는 앞에서 언급한 이들 외에도 정위 출신의 權仲植, 교수형으로 순국한 朴光天, 鄭永雲, 李聖瑞, 李昌俊 부자 등의 행적이 두드러진다.

權仲植은 正尉 출신의 해산군인으로 1907년 8월 楊根에서 해산군인과 산포수로 구성된 의진을 조직하여 활동하였다. 그는 경기관찰사에게 통첩하기를, "某日에 3천여 군을 거느리고 수원 龍珠寺를 入據할터이니 백미 2백석, 北魚 2백 馱, 海藿 1백 立을 豫備 等待하라"고 하였다. 이로 보아 그의 군세를 짐작할 수 있다.[96]

權洛鍾은 양평출신으로 兵曹佐郞, 全州判官 등을 역임하였다. 1905년 을사조약 체결을 반대하여 慶賢洙, 李喬永, 宋洛奎, 宋洛中, 南夏朝 등과 함께 강원도 鐵原郡 寶盖山에서 봉기하여 훈련중에 일본군의 습격을 받아 많은 사상자를 내고 체포되어 서대문 형무소에서 7개월 간의 옥고를 치르고 석방되었으나 악형으로 불구가 되어 고생하다가 병사하였다.[97]

94) 『독립운동사자료집』3, 666·727쪽.
  『독립운동사』1, 474·500～501·532·538쪽.
95) 「폭도에 관한 편책」, 京警秘發 제151호, 융희4년 1월 26일(『한국독립운동사자료』17, 16쪽). 같은 책, 18쪽. 高秘發 제740호의 1, 융희4년 1월 31일.
96) 문일민, 『한국독립운동사』, 541쪽.
  뒤바보, 『의병전』, 「제3기 군대해산한 때」.
97) 김승학, 『한국독립사』, 541쪽.

李聖瑞(聖西, 1856～1909)는 판결문에 의하면, 지평의 楊谷출신으로, 1909년 당시 경성의 중부 小笠洞에 거주하였으며, 54세로 직업은 미장이였다 한다. 1907년 음력 7, 8월경에 鄭在學 의병에 들어갔으며, 8월 1일(음) 정재학 의병장을 비롯하여 80여 명과 함께 총기로 무장하고 경기도 적성군과 마전군 등지에서 활약하던 중 일본인 약상인 岸本源四郎을 총살하고, 같은 달 신중원과 의병을 거느리고 경기도 삭녕군 읍내에서 주사 모씨로부터 총 30정과 탄약 5근, 돈 160원을 모집하는 활동을 하였다. 그는 아들 李昌俊과 함께 황해도 토산군 토산시장에서 동장과 집강 등을 붙잡아 220원을 모집하고 군청의 이방을 위협하여 탄약 1상자와 탄환 3천 발을 탈취하였다. 이들은 체포되어 1909년 11월 19일 경성지방재판소에서 이성서는 강도 및 살인죄로 교수형을 선고받고 공소하였으나 동년 12월 14일 경성공소원에서 기각, 형이 확정되어 순국하였으며, 이창준은 징역 2년6개월에 처해졌다.[98]

卞道石은 양평군 상서면 흑천리 출신의 의병으로 朴正文 부대에 소속되어 양근과 지평에서 활동하였다. 1910년 1월 양평순 남면 곡수동 일대에서 군수품을 징발하는 활동을 하였다. 그는 이 일로 2월 2일 지평주재소의 순사에 의해 체포되었다.[99] 朴光天(1854～1910)은 양평출신으로 1907년 8월(음력) 金相鎭 의진에 참여하여 강원도 홍천군 일대에서 활동하다가 8월 20일(음) 홍천군 東新坅 東隱橋洞에서 친일 밀고자 金尹汝를 김상진의 명령에 따라 화승총으로 총살하였다. 그후 체포되어 이 일로 1909년 11월 26일 경성지방재판소에서 소위 강도 및 살인죄로 교수형을 선고받았다. 그는 이를 경성공소원과 고등법원에 항소하였으나 12월 23

---

98) 『독립운동사자료집』별집1, 131～133쪽.
99) 「폭도에 관한 편책」『한국독립운동사자료』17, 173쪽.

일과 1910년 1월 27일 기각되어 교수형을 받고 순국하였다.[100]

朴君先(1875～?)은 양평군 남시면 백석동 출신으로 의병에 투신했다가 일시 귀순했으나 다시 의병에 투신하여 여주와 이천 일대에서 활동하였다. 그는 1909년 11월 잠시 양평의 집에 들렀다가 여주경찰서에 파견된 한인순사 2명에 의해 역시 귀순했던 의병 徐順弼, 安石鉉등과 함께 체포되었다. 그러나 이들은 양평군 고읍면 덕곡리에서 또 다른 의병의 지원을 받아 11월 15일 새벽 3시 반경에 식사를 하는 한인순사들을 공격하여 쓰러뜨리고 이들이 소지한 騎銃 2정을 탈취하여 탈출하는데 성공하였다.[101]

이외에도 지평출신 李文鎬는 1905년 6월 창의하여 13도에 격문을 보냈으며,[102] 역시 지평 출신의 李福永(호: 是菴)은 감역을 역임한 인물로 제천의병의 정선수성장이 되어 의병을 지원하였다.[103] 李鳳夏는 금계 이근원의 문인으로 1895년 지평의병에 참여하여 활동한 것으로 보인다. 李再福(1881～?) 역시 지평 상동면 삼상리 출신으로, 판결문에 의하면 직업이 농업으로 되어 있다. 1908년 3월부터 7월까지 李正簫 의진에 가담하여 경기, 강원도 일대에서 활약하였다. 일본수비대와 총 4회의 전투를 수행하는 등 치열한 반일무장투쟁을 전개하였다. 그러다가 체포되어 1908년 9월 12일 경성지방재판소에서 유형 7년을 받아 옥고를 겪었다.[104] 鄭東爕은 양평 출신으로 1907년 8월부터 1909년경까지 지평에서 의병장으로 활동하였다.[105] 鄭永雲(1879～1910)은 경기도 지평에서 태어

---

100) 『독립운동사자료집』별집1, 135～137쪽.
101) 「폭도에 관한 편책」『한국독립운동사자료』16, 20～24쪽.
102) 황현, 『매천야록』, 338쪽.
103) 「하사안공을미창의사실」, 위의 책, 409쪽.
104) 『독립운동사자료집』별집1, 215쪽.

나 양근군 남시면 상백석동에 거주하였다. 임행숙 의진에 가담하여 동
료의병 100여 명과 함께 각지를 다니면서 활약하던 중 1907년 11월 1일
에 경기도 여주군 홍곡면 충신동 산 속에서 여주경찰서 소속 순사 5명
을 만나 그 중 渡邊卷太郎, 福島榮太郎, 足田章, 金漢永 등 4명을 사살한
뒤 의병활동을 계속하다가 일경에게 체포되었다. 1910년 2월 16일 경성
지방재판소에서 교수형을 선고받고 항소하였으나, 3월 1일 경성공소원
에서 교수형이 확정되어 순국하였다.[106]

鄭永軫은 양평 출신의 의병장으로 창의하여 일본순사와 헌병을 살해
한 것으로 체포되어 1910년 2월 17일 경성지방재판소에서 사형선고를
받았다.[107] 千洛龜은 지평 출신으로 호는 致範이다. 李根元의 문인으로
1905년에 원용팔이 의병을 일으키자 강릉의 봉평에서 만나 참모종사가
되어 활동하였다.[108] 崔大奎(또는 趙大奎)은 양평 江下面 사람으로 구한
국시대의 오위장이며 정미년에 56세로 起義하여 경기도 각지에서 활약
하였다. 崔友錫은 경기 지평군 상북면 다태리 출신으로 1907년 9월경(음)
丁大武의병에 들어가 지평, 홍천 등지에서 활동하였으며, 1908년 정월
(음)에는 춘천에서 의병장이 되어 30여 명을 모집하여 춘천의 동산면 구
항리 일대에서 일본군 수비대와 교전하였으며, 8월 7일(음) 지평 일본군
수비대에 자수하였으나 1909년 10월 13일 경성지방재판소에서 유형 1년
형을 선고받고 옥고를 치렀다.[109]

崔太平은 남중면 전의리 출신. 崔大平 또는 崔泰平으로도 불렀다.

105) 『독립운동사』1, 532쪽.
106) 『독립운동사자료집』별집1, 150·169쪽.
107) 《황성신문》, 1910년 2월 20일, 잡보, 「兩犯宣告」.
108) 이구영 편, 『호서의병사적』, 제천군문화원, 1994, 688쪽.
109) 『독립운동사자료집』별집1, 34~35쪽.

1907년 8월 의병 3백여 명을 이끌고 양근을 근거지로 활동하였다. 1908
년 8월에 서울진공작전에 참전하기 위하여 양근을 출발하여 양근군 남
종면 분원에서 일본군 기병대와 접전하고 퇴각하였다. 1908년 12월 귀순
하였으나,[110] 다시 의병에 참여하여 1910년 1월 현재 10여 명의 부하를
이끌고 활동하였다.[111] 韓仁秀(1881~?)는 평안도 영변 출신으로 양평군
북면 汝物里에 거주하였다. 1909년(당시 29세) 9월경부터 姜基東의병부
대에서 활동하였다. 전군장 全聖西의 소속이 되어 부대원 13명과 함께
무장하고 양주, 포천, 영평, 적성, 연천 일대에서 군수품을 모집하는 등
의 활동을 하였다. 1910년 초에 체포되어 3월 2일 경성지방재판소에서
징역 2년형을 선고받고 옥고를 치렀다.[112]

  양평 출신으로 이강년의진에 참여한 이로는 안승우의 아들인 安基永
(1884~1920)과 김상기, 맹철호 등이 확인된다. 안기영은 지평의 상동면
출신으로 안승우의 장남이다. 자를 處仁, 호를 又夏라 한다. 1907년 이강
년 의진에서 從事로 선임되어 대일항전에 나섰다. 안기영은 이강년 의
병장이 1907년 재거의할 당시 자신의 집을 군사 召募의 거점으로 제공
하는 등 처음부터 의진을 지원하였다.[113] 또한 1895년 을미의병 당시 유
인석의진의 활동상을 기록한 창의록인『하사안공을미창의사실』을 보존
하여 후세에 역사의 진실을 알리는 데 공헌하였다. 金商基(?~1924, 자:
덕준, 본관: 경주)는 경기도 양평군 용문에서 출생하여 단양군 적성면
상원곡에서 살았다. 1907년 이강년과 거의하여 많은 전공을 세웠다.
1911년 양평에서 의진을 해산하였다. 이후 단양군 매포면 삼곡에서 은거

---

110) 「폭도사편집자료」『독립운동사자료집』3, 506~507쪽.
111) 「폭도에 관한 편책」『한국독립운동사자료』17, 2~3·16~17쪽.
112) 『독립운동사자료집』별집1, 148쪽.
113) 「운강선생창의일록」『독립운동사자료집』1, 219·299쪽.

하였다.114) 孟哲浩는 경기도 지평 출신으로 이강년의진의 좌종사부에 소속되어 의병 활동을 하였다.115)

⑥ 양근 출신 귀순의병

양근 출신으로 의병투쟁을 전개한 이들 중에 의병장들이 체포되고 부대가 해체되는 과정에 고향으로 돌아가 생업을 하기 위하여 많은 이들이 귀순한 경우가 있었다. 경기관찰사는 양근 출신의 귀순의병 명단을 내부에 보고하였는데, 비록 이들의 마지막 선택이 불명예롭기는 하지만, 처음 창의한 뜻을 무시할 수는 없어 여기에 게재하고자 한다. 이 자료는 경기관찰사 李圭桓이 1908년 2월 30일까지 귀순한 양근출신 의병의 명단을 3월 3일 내부대신 任善準에게 보고한 것으로 「폭도에 관한 편책」에 실려 있다. 그러나 이들 중에 高正卜이나 崔太平의 경우처럼 그 후에도 의병활동을 계속하고 있는 사실들이 확인된다. 이로 보아 귀순자 명단만 제출하고 실제로는 계속 활동한 의병들도 있었던 것으로 보인다.116)

---

114) 구완회, 『한말의 제천의병』, 427쪽.
115) 「운강선생창의일록」, 위의 책, 304쪽.
116) 京觀發 제272호 보고서, 경기관찰사 李圭桓 내부대신 任善準 각하(1908년 3월 3일)(『한국독립운동사자료』9, 338~343쪽). 귀순자 명단을 가나다 순으로 정리하면 다음과 같다.
　　"갈성달, 강미력, 강선문, 강인경, 강춘길, 고정복, 구석숭, 권성현, 김경노, 김경신, 김광록, 김군명, 김길이, 김돌이, 김명현, 김명화, 김백봉, 김백선, 김삼복, 김성운, 김여삼, 김영석, 김용길, 김운선, 김원경, 김유산, 김자근길, 김재용, 김현용, 김홍순, 김익삼, 남치대, 문사준, 문학이, 민성좌, 민철호, 박대남, 박상복, 박선명, 박성도, 박원경, 박치원, 박홍달, 백덕화, 백오여, 백원경, 백정여, 변화경, 손영심, 신덕산, 신두숭, 신순필, 안개천, 안장소, 안호관, 양준환, 어기연, 여봉오, 염경준, 염학선, 유부길, 유주현, 윤경선, 윤공순, 윤학이, 이득길, 이만기, 이명실, 이벽학, 이석준, 이순경, 이영석, 이영천, 이완겸, 이용운, 이원명, 이원석,

이상 양평 출신 주요 후기 의병장 현황을 살펴보면 다음과 같다.

〈표 4〉 양평출신 후기의병장 현황

연번	성명 (이명)	생몰연도	출신지	본관	자	호	관력	의병활동	기타
1	高正卜		남시면					김춘수의병	
2	權洛鍾		양평				호조좌랑 전주판관	강원도 철원	7개월 옥고
3	權得洙	1873~1907	양근	안동	成根			양평, 인제	
4	權仲植		양근				해산군인 正尉	양평	
5	金商基	?~1924	용문면	경주	덕준			이강년의진	
6	金春洙 (金魯洙)	1874~1952	옥천면	광산				홍천, 양평 여주, 광주	
7	孟哲浩		지평					이강년의진 좌종사부	
8	閔基熙		양근					李延季의진	
9	卞道石		상서면					朴正文의진	1910. 2.2. 체포됨
10	朴光天	1854~1910						金相鎭의진 홍천	교수형
11	朴君先	1875~?	남시면					여주, 이천	
12	安基永	1884~1920	지평 상동면		處仁	又夏		이강년의진 종사	안승우 아들

이윤보, 이일원, 이중삼, 이창진, 이천보, 이치구, 이학이, 이화보, 임공선, 임상
호, 임춘명, 장주원, 정성진, 정연길, 정인준, 조진구, 최도근, 최도치, 최문홍, 최
복길, 최복성, 최영석, 최완성, 최용선, 최태평, 편완손, 한보여, 함소위, 홍성범,
홍재복, 황선진"(총 108명)

이들 외에도 지평출신의 安向行이 1908년 7월 11일, 金聖根과 金元深, 鄭順
五가 1908년 7월 16일, 金明實과 孫君成, 林道汝, 鄭雲景, 姜鳳俊이 17일 지
평주재소에 귀순한 것이 확인된다(「폭도에 관한 편책」『한국독립운동사자료』
11, 501쪽).

연번	성명 (이명)	생몰연도	출신지	본관	자	호	관력	의병활동	기타
13	李文鎬		지평					1905년 창의 13도에 격문발송	
14	李聖瑞 (李聖西)	1856~1909	지평 양곡면					鄭在學의진, 적성, 마전	사형순국
15	李延季	1874~1944	양근 대흥리		敬文	松石	副司果	양평	
16	李再福	1881~?	지평 상동면					李正蕭의진 경기, 강원	
17	李昌俊		지평 양곡면					鄭在學의진,	2년6개월형 이성서 아들
18	李千甫 (李天甫)		남시면					金春洙의진	
19	李春明	1878~?	양구 출신 양평 거주					金春洙의진	
20	鄭東燮		양평					지평	
21	鄭永雲	1879~1910	지평					임행숙의진	
22	鄭永軫		양평					일본순사와 헌병 살해	1910년 사형순국
23	曺仁煥	1881~1909	양근					양근의병장	
24	千洛龜		지평		致範			원용팔의진 참모종사	이근원의 문인
25	崔大奎 (趙大奎)	1852~?	강하면				해산군인 五衛將	경기도	
26	崔友錫		지평					丁大武의진 지평, 홍천,춘천	1909년 10월 1년 유형
27	崔太平		양근 남중면					양근의병장	
28	韓仁秀	1881~?	영변출신 양평거주					姜基東의진	1910년 체포, 징역 2년형

5) 맺음말

한말 양평지역에서는 전, 후기에 걸쳐 항일의병이 치열하게 전개되었다. 1896년 1월 화서학파의 유생 이춘영과 안승우가 의기를 들고 포군장 김백선이 군사가 되어 지평의진이 결성된 이래 단양의 장회협 전투를 승리로 이끌었으며, 그 후 유인석 의병장 휘하에서도 의진의 핵심으로 활동하였다. 이들 3의병장은 모두 순국하여 민족의 이름으로 현창되고 있다. 또한 이승룡은 양근지역에서 의병을 이끌고 남한산성에 들어가 항전하다가 관군의 꼬임에 빠져 역시 순국하였다. 이들 외에도 가홍전투에서 전사한 손덕화, 김성화, 김정순 3의병과 손덕화의 뒤를 이어 참전하여 공을 세운 손용문 소년 의병이 있다.

1907년 이후의 후기의병기는 양평지역이 경기도 의병부대의 근거지 또는 집결장이었다. 양평지역에서는 일본군과의 전투가 자주 일어났으며, 그 중에 대표적인 전투가 권득수, 조인환 부대의 용문산 전투와 서울탈환작전의 준비를 수행 중이던 이인영의 연합의병이 일본군과 벌였던 지평의 삼산리 전투이다. 양평출신의 의병장으로는 권득수와 조인환이 용문산을 근거로 하여 양평지역은 물론 인근의 여주와 이천, 심지어는 임진강 지역에까지 진출하여 일본군을 격퇴하였으다. 전기의병기 남한산성에서 순국한 이승룡의 장자 이연년은 부친의 뜻을 계승하여 창의하여 일본군과 전투 중 부상을 입고 체포되어 옥고를 치렀다. 이들 외에도 이성서, 이창준 부자, 안승우의 아들 안기영 등 대를 이어 항일투쟁을 전개한 이가 많다. 이성서와 박광천, 정영운은 교수형을 받고 순국하였으며, 고정복, 권낙종, 이창준, 이재복, 이춘명, 이천보, 최우석, 한인수 등은 옥고를 치렀다.

의병의 활동으로 인해 양평지역이 큰 피해를 입었다. 의병에 대한 가혹한 학살이 가해졌으며 민가가 수백 호 불태워졌다. 양평의 대표적 사찰인 용문사와 상원사, 사나사가 소각되었다. 그럼에도 불구하고 안종응, 안승우, 안기영 3대 의병, 이승룡, 이연년, 이성서, 이창준, 손덕화, 손

용문 부자의병 들의 행적을 통해서 알 수 있듯이 불굴의 의병 정신은 대를 이어 계승되었음도 볼 수 있었다.

1907년 가을 양근을 방문한 맥켄지에게 어느 의병장이 "우리는 어차피 죽게 되겠지요. 그러나 일본의 노예가 되어 사는 것보다는 자유민으로 죽는 것이 훨씬 낫습니다"라고 말하였듯이 양평의 의병들은 대를 이어 혹은 죽음을 무릅 쓰고 자유를 위한 투쟁의 선봉에 나섰다. 이들의 행적은 우리 역사 속에 길이 새겨질 것이다.

3. 남상목의 항일투쟁

1) 가계와 학문

한말 의병은 박은식이 그의 『한국독립운동지혈사』에서 "무장한 의병의 피살자가 10여만 명이었고, 무고한 촌민으로 학살당한 자는 곧 독립 후가 아니고서는 그 통계를 구할 수가 없다"[1]라고 하였듯이 일본군과의 항전에서 수많은 희생자를 냈다. 열악한 무기로 무장한 의병은 현대화된 일본군과의 항전에서 철저하게 학살당한 것이다. 체포된 후에도 포로로서 대우받지 못하고 많은 이가 현장에서 살해당했다.

〈그림 3〉 남상목 의병장

남상목 의병장 역시 경기도 광주에서 의병을 일으켜 항일전을 수행하다가 순국한 애국지사이다. 그의 행적을 알려주는 자료가 너무나 적어 그의 활약상을 제대로 확인할 수 없으나 함께 활동한 의병들의 판결문 등을 통하여 그의 행적의 일단이라도 밝히고자 한다. 그에 대한 연구는 용인지역의 의병활동을 밝히는 과정에서 일부 이루어진 바가 있다.[2]

南相穆은 1876년 4월 12일(고종 13년)에 경기도 광주군 낙생면 하산운리(현, 성남시 분당구 하산운동)에서 유교 가문인 의령남씨 普熙의 장남

---

1) 박은식, 『한국독립운동지혈사』하편 제1장 「韓日國民性之氷炭, 韓族對日本族之怨恨」(편찬위원회, 『백암박은식전집』2, 2002, 144·494쪽).
2) 김명섭, 「한말 용인 항일의병의 활동과 그 특징」,《인문과학논집》15, 강남대학교 인문과학연구소, 2006.

으로 태어났다. 호는 東泉, 자는 文一이다. 그는 가학으로 한학을 수학하
여 경학은 물론 주역과 병서류에도 조예가 깊었다. 특히 충과 효의 실행
에 깊은 관심을 보였다.[3]

2) 한일의정서 체결 반대투쟁

남상목은 일제가 1904년 2월 러일전쟁을 일으키고 한일의정서를 강제
로 체결하자 이를 조선 침략으로 간주하고 항일 투쟁을 본격화하였다.
일제는 각의에서 '대한방침'과 '대한시설강령'을 의결하였다. '대한시설
강령'의 제6항에 의하면 농업에 대하여 다음과 같이 조선의 농업을 일본
인에게 개방시킬 것을 계획하였다.

> 甲 農業
> 한국에서 본방인의 기업 중 가장 유망한 것은 농사이다. (중략) 그러므
> 로 아 농가를 위하여 한국 내지를 개방시키는 수단으로 다음 2책을 취하
> 는 것으로 할 것
> 1. 관 소유 황무지에 대하여는 한 개인의 명의로써 경작 및 목축의 특
>   허 혹은 위탁을 받아 제국 정부의 관리 하에 상당한 자격있는 아방
>   인민으로써 이를 경영하게 할 것.
> 2. 민유지에 대해서는 거류지에서 일리 이외일지라도 경작 또는 목축
>   등의 목적으로써 이를 매매 혹은 임대할 수 있게 할 것.

또한 이 시설강령에서는 이어서 '山林'에 대한 조항도 있는데, 이에
의하면,

---

3) 鄭哲和 許達 金在善 宋柱祥 金泰東 姜春善 등, 「通告文」, 융희2년 11월 4일
   (후손 소장).

乙 林業

두만강 및 압록강안은 산림이 울창하다. 특히 후자는 그 면적도 넓고 운수도 편리하여 한국 재원중에 굴지의 곳이다. 이 산림의 벌채권은 수년 전 러시아인에게 주었지만 한국정부로 하여금 이를 폐기시켜 아방인으로 하여금 대신 이를 경영시킬 수단을 세우고, 한편으로는 적당한 장소를 선택하여 새로 식목하는 방도를 강구하도록 할 것.4)

라고 하여 압록강과 두만강 연안의 산림 벌채권을 러시아로부터 이양받아 이를 경영할 계획을 수립하였다. 일제는 1904년초부터 조선 영토를 강점할 계획을 세우고 내각에서 위와 같은 정책안을 결의하였다. 실제로 일제는 이를 달성하기 위하여 대장성의 관방장을 지낸 長森藤吉郎을 1904년 1월 조선에 파견하여 이른바 황무지개척권을 요구하였음은 이미 밝혀진 바와 같다.5)

이와 같이 일제는 러시아와의 전쟁 수행을 위해 한일의정서를 체결하고 강제로 조선인의 인력과 재원을 수탈하였다. 남상목이 29세 되던 해인 1904년 그의 고향인 낙생면까지 일제의 수탈 정책이 시행되었다. 그해 5월경 일제는 낙생면 하운산리의 울창한 수목을 무기 자재로 사용하기 위하여 낙생면과 언주면, 돌마면 등 3개 면민을 동원하여 수목을 벌채한 것이다. 더욱이 주민들에게 이를 운반하는 작업을 시켜놓고 노임도 지불하지 않는 만행을 저지르자 남상목은 일본인 감독관 中井를 폭행하는 등 이에 항거하였다. 그는 이 일로 일본헌병대에 체포되어 체형을 당하고 풀려났다. 이에 대하여 그의 동지들이 작성한 「통고문」에서

4) 일본외교문서 권37, 일한협약체결의 건 390, 대한방침 및 대한시설강령 결정의 건 (일본외교문서 1권, 태산문화사, 355~356쪽).
5) 윤병석, 「일제의 황무지 개척권 요구와 한국민의 투쟁」, 『근대한국민족운동의 사조』, 집문당, 1996, 81~101쪽.

는 “섬 오랑캐가 침입함에 백성을 위하는 길이라 하여 왜적의 횡포를 당하여 왜적에 항거하여 일본헌병에 구속되어 곤욕을 당한 후 석방되었다”6)라고 알려주고 있다. 이 사건은 그가 항일의병을 일으키게 된 계기가 되었음에 틀림없다. 이 사건이 있은 지 얼마 안되어 을사늑약이 체결되어 국가의 외교권마저 빼앗기는 망국의 사태에 직면하게 되었다.

3) 의병 봉기

남상목은 1907년 8월 군대해산 후 전국적으로 의병이 봉기할 때 고향에서 의병을 봉기한 것으로 보인다. 남상목의 행적을 알려주는 자료인 「통고문」이 있어 여기에 소개하고자 한다.

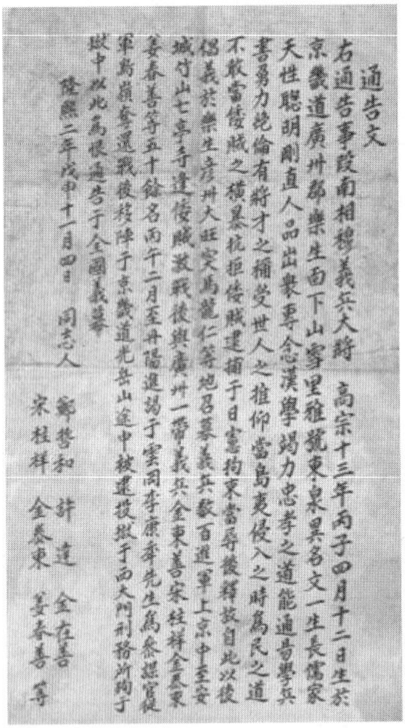

通告文

右通告事段南相穆義兵大將 高宗十三年丙子四月十二日生於京畿道廣州郡樂生面下山雲里雅號東泉異名文一生長儒家天性聰明剛直人品出衆專念漢學竭力忠孝之道能通易學兵書勇力絶倫有將才之稱受世人之推仰當島夷倭入之時爲民之道不敢當倭賊之橫暴抗拒倭賊逮捕于日憲拘束當辱發釋放自此以後倡義於樂生彦州大旺突馬龍仁等地召募義兵數百進軍上京中至安城竹山七亭寺遣倭賊數戰後與廣州一帶義兵金東善宋柱祥金泰東姜春善等五十餘名丙午二月至丹陽進竭于雲岡李康秊先生爲參謀官從軍鳥嶺奮進戰後移陣于京畿道光岳山途中被逮捕投獄于西大門刑務所拘于獄中以此爲根通告于全國義幕

隆熙二年戊申十一月四日 同志人

鄭哲和 許達 金在善

宋柱祥 金泰東 姜春善 等

〈그림 4〉 통고문

通告文

이에 통고할 일은, 南相穆 의병대장이 고종13년병자 4월 12일에 경기도 광주군 낙생면 하산운리에서 출생하였다. 아호는 東泉이요, 이명이 文一이다. 儒家에서 성장하여 천성이 총명하고 강직하고 인품이 출중하였다. 한학에 전념하여 충효의 길에 힘을 다했다. 역학과 병서에 능통했으며 힘이 출중하여 장수가 될 재

---

6) 鄭哲和 許達 金在善 宋柱祥 金泰東 姜春善 등, 「通告文」, 융희2년 11월 4일 (후손 소장).

목으로 칭송되어 세인의 추앙을 받았다. 섬 오랑캐가 침입함에 백성을 위하는 길이라 하여 왜적의 횡포를 당하여 왜적에 항거하여 일본헌병에 구속되어 곤욕을 당한 후 석방되었다. 이후 樂生 彦州 大旺 突馬 龍仁 등지에서 의병 수백 명을 소모하여 서울로 진군하던 중 안성 죽산의 七亭寺에서 왜적을 만나 격전한 후 광주 일대의 의병 김동선,[7] 송주상, 김태동, 강춘선 등 50여 명과 함께 1906년 2월 단양으로 가서 雲岡 李康秊 선생을 만나 참모관으로 종군하여 조령탈환전에 참전한 후 경기도 光岳山에 이진하던 도중 체포되어 서대문 형무소에 투옥되어 옥중에서 순국하였으니 이를 한으로 여겨 전국의 義幕에 통고한다.

　　융희2년 무신 11월 4일
　　同志人 鄭哲和 許達 金在善 宋柱祥 金泰東 姜春善 등[8]

　이에 의하면, 그는 일제의 횡포에 항거한 일로 일본 헌병에 체포되어 곤욕을 당하였으며, 석방된 이후 의병을 봉기하였다. 그는 이후 樂生, 彦州, 大旺, 突馬, 龍仁 등지에서 의병 수백 명을 소모하여 서울로 진군하던 중 안성 죽산의 七亭寺(지금의 七長寺, 저자)에서 일본군과 격전하였다. 이 자료에 의하면 의병을 봉기한 시기를 알 수는 없다. 위 자료에서 고향인 광주 일대에서 의병을 모아 활동하다가 '1906년 2월'에 이강년 의진에 참전하였다 하였으나 이는 함은 잘못 기록한 것으로 보인다. 『운강선생창의일록』에 의하면 이강년이 봉기한 것은 1907년 5월 11일(음, 3

---

7) 김동선은 통고문을 발표한 동지인 중의 金在善의 오기가 아닌가 한다. 김재선 등의 판결문에서도 김동선의 이름은 보이지 않는다. 통고문에서 의병 이름을 거론하면서 가장 먼저 '김동선'을 적었는데이는 그가 의병 중에서 대표적인 인물이기 때문으로 보인다. 그렇다면 '김동선'은 '김재선'으로 보아야 할 것이다. 남상목이 순국한 뒤에 이 통고문을 작성한 것이 1908년 11월인데, 이때 통고문에 나오는 동지들 중에 "金在善 宋柱祥 金泰東 姜春善"은 이미 체포되어 옥중에 있었다. 따라서 이 글은 맨 앞에 있는 鄭哲和와 許達이 작성한 것으로 보인다.
8) 이 통고문은 후손이 소장하고 있다.

월 29일)이기 때문이다. 단지 그의 휘하에서 활동하다가 체포된 김재선 등의 판결문에 따르면, 그는 군대해산 후 의병이 전국적으로 전개되던 때인 1907년 8월경 경기도 용인의 용곡천 일대에서 활동한 것은 분명하다. 이때 그는 휘하에 50여 명을 인솔하고 있었고, 무기도 구식총 40자루와 신식총 10자루를 갖춘 의병대의 대장으로 활동하고 있었다.

남상목은 이들 의병부대를 이끌고 이강년 의진에 합류하였다. 이강년은 고종의 퇴위에 자극받아 의병을 재기한 대표적인 의병장이다. 그는 7월 23일 고종의 강제 양위 소식을 듣고 사당에 나가 결사보국을 맹세하고 종사 11명을 거느리고 제천의 배양산에서 의병을 재기하였다. 이강년은 거의하여 伊藤博文이 "국모를 시해하고, 임금을 욕보이고, 남의 정부를 핍박한" 죄를 성토하였다. 또한 그는 각국의 영사관에 일본의 신의 없음과 불법적 군사점령행위에 의병을 일으켰음을 통고하였다. 이강년은 제천, 문경일대에서 많은 전과를 수립하며 항일전을 수행하였다. 위 통고문에 의하면, 남상목은 이강년의 조령전투에 참전하였다 한다. 조령전투는 1907년 9월 9일 있었다. 이 전투는 이인영 부대와 합진하여 일본군 足達 지대 소속인 일본군보병제51연대 제9중대의 豊饒 소위가 이끄는 일본군과 항전한 것인데,『운강선생창의일록』에 의하면 이 전투에서 의병 32명이 전사한 것으로 기록하고 있다.

그의 휘하에 참모로 참여한 金在善(1885~?)은 해산군인 출신이다. 김재선이 서울 시가전에 참전했는지 여부는 알 수 없다. 그러나 그는 군대 해산 뒤에 서울의 김태동 집에서 송주상, 전경화, 이시영 등과 신문을 열람하다가 각지에서 의병이 봉기하는 소식을 접하고 "나라의 형세가 병들고 쓰러져 국권이 기울어져 가니 국민된 자로서 잠잠히 보아 넘길 수 없다"라 하고 이들과 함께 의병에 참여하기로 결의하였다. 김재선 등은 서울을 출발하여 수원의 山城寺에서 하루밤을 지내고 그곳에서 강춘선을 만나 의기가 투합되어 용인으로 가서 남상목의병에 가입하였다. 이를 알려주는 김재선, 송주상, 김태동의 판결문 전문을 소개하면 다음과 같다.9)

판결 刑 제46호
한성 북부 삼청동 피고 평민 金在善 24세
한성 중부 사동 피고 銀工 宋柱祥 22세
한성 북부 재동 피고 印刷社 文選 金泰東 20세
　　피고 김재선·피고 송주상·피고 김태동의 안건을 검사 공소에 의하여 이를 심리한즉, 피고 김재선은 시위대의 퇴역병으로 피고 김태동 집에 매일 가서 놀던 바, 그 집에서 피고 송주상·피고 김태동·전경화·이시영 등으로 더불어 신문을 열람하다가, 각처에서 의병이 일어난다는 말을 듣고 피고가 발언하기를 '이 때에 나라의 형세가 위미(萎靡)하고 국권이 기울어져 가니 국민된 자로 잠잠히 보아 넘길 수 없다'하고 그 도당에 투입할 계획으로 음력 지난해 7월경에 위에 기재된 모든 사람으로 더불어 경성에서 출발하니 지나다가 수원 산성사)에서 지새고, 또 그 고을에 거주하는 강춘선과 함께 용인군 용천곡으로 간즉, 소위 의병장 南相穆이 50여 명을 인솔하고 왔었는데 대장은 환도를 패용하였고, 그 도당 중에 구식총이 40자루요, 양총이 10자루라, 피고 등이 마침내 참가하여 피고는 좌익이 되고, 피고 송주상·김태동은 종사가 되고, 강춘선은 후군장이 되며 김경화·이시영은 포군이 되어 동월 경에 일본병과 음성 땅에서 교전하여 패하고 피고가 그 흩어진 패병 30여 명과 같이 죽산 칠정사에 이른즉, 1백여 명을 거느린 전봉규·민병찬 등이 내도하여 패병에게 힐문하다가 말하기를 '우리들은 안성을 습격할 터이니 그대들도 역시 함께 가자'하기로 피고 등이 따라 가서 총을 발사할 무렵에 일본병이 패주하였기 그 유실한 기계를 습득한 바 전봉규·민병찬 등이 말하기를, '우리들이 전승하여 습득한 기계

─────────────
9) 편찬위원회, 『독립운동사자료집』별집 1권, 121～122쪽.

를 그대들에게 나누어 줄 필요가 없다.'하고 본래 가졌던 총기까지 빼앗아 간지라, 피고가 이로부터 도피하여 동년 8월 초에 상경하였다가 음력 본년 3월에 체포되었다 하며 피고 송주상은 추심할 돈이 있어서 금산 조상철 집으로 음력 지난해 7월경에 내려갔다가 천안 땅으로 돌아 와서 파수 보는 포군에게 붙들려서 따라 간즉, 대장은 신씨라 하는데 신씨가 말하기를 '그대는 아직 여기 있으라'하기로 부득이 붙들려 있다가 그 다음날 저녁에 기회를 엿보다가 도주하여 상경 후 영업(은공) 하다가 음력 본년 3월에 체포되었다 하며 피고 김태동은 독일 말을 공부하는 학생으로 음력 지난해 7월경에 충주 유치계 집에서 추심할 돈이 있어서 내려 가는 길에 용인 천곡에 이르러 남상목에게 붙들려서 따라 가다가, 4일째 되는 날 청안군 못미쳐 위치한 탄동에서 일본병이 총을 쏘고 습격해 오므로 도주하여 상경하고 다시 독일말 배우는 덕어학교에 입학하였다가 뒤에 또 명동에 있는 한일인쇄사에 고용하고 있던 중 본년 음력 3월에 체포된 바, 피고 송주상·피고 김태동은 모두 지나는 길에 위협을 받고 잠시 의병에 참가된 것처럼 꾸며댔으나 피고 김재선과 공모하고 행동한 종적이 경시 취조와 피고 김재선의 공술에 증하여 명백한지라, 피고 김재선·송주상·김태동을 아울러 형법대전 제195조 정사를 변경하기 위하여 난을 일으킨 자 율로, 동 제135조 종범은 수범의 율에서 1등을 감한다는 율에 해당하나, 피고 등이 나이 젊은 망상으로 경솔하게 투입한 정상을 고려하여 피고 김재선은 본율에서 1등을 감하여 유형 10년에 처하며, 피고 송주상·김태동은 김재선에게 선동을 받고 응종 투입한 자요, 또 김재선에 비하여 연령도 좀 어리니 정상을 고려하여 또 감 1등하여 유형 10년에 처한다.

융희2년 7월 13일

검사 張燾 입회

평리원 재판장 서리 판사 洪祐晳

위 김재선 등의 판결문은 남상목의 활동상을 알려주는 중요한 자료이다. 남상목은 1908년 8월경에 김재선 등을 자신의 의병부대에 편입시켜 각각 직책을 부여하였다. 김재수에게는 좌익장, 姜春善은 후군장, 송주상과 김태동은 종사, 金景化와 李時永은 포군으로 임명하였다. 곧바로 전개된 음성 전투에서 비록 패했지만 격전을 벌였던 것으로 보인다. 또한 김태동의 활동상을 말하면서

> 피고 김태동은 독일 말을 공부하는 학생으로 음력 지난해 7월경에 충주 유치계 집에서 추심할 돈이 있어서 내려가는 길에 용인 천곡에 이르러 남상목에게 붙들려서 따라 가다가, 4일째 되는 날 청안군 못미처 위치한 탄동에서 일본병이 총을 쏘고 습격해 오므로 도주하여 상경하고 다시 독일 말 배우는 덕어학교에 입학하였다가(후략)

라고 하여 남상목 부대가 청안 지역의 탄동 일대에서도 일본군과 전투한 사실을 알려준다. 청안은 현재의 괴산군 청안면 지역을 말하는 것으로 보아 남상목부대의 활동범위가 경기도 용인 일대에서 충북 음성과 괴산 일대까지 펼쳐져 있었음을 알 수 있다.

　남상목의 휘하에서 활동하던 김재선은 음성전투에서 패한 후 잔병 30여 명과 같이 죽산의 칠장사로 들어가 전봉규·민병찬 등이 이끄는 의병대와 합류하여 안성전투에 참여하였다. 그러나 김재선은 전봉규·민병찬 의병한테 오히려 무기를 빼앗기고 그해 8월초(음)에 상경하였다가 1908년 3월(음)에 체포되어 10년 유형을 선고받았다. 宋柱祥은 패산한 뒤인 1907년 7월(음)에 금산의 曹尙哲을 찾아 갔다가 오는 길에 천안에서 의병(대장: 申씨)에 참여하였다가 곧바로 상경하여 '銀工'의 일을 하다가 1908년 3월(음)에 체포되어 역시 10년 유형을 선고 받았다. 김태동(1888~?)은 탄동에서 남상목 의병대를 만나 활동하다가 상경하여 덕어학교에 입학하였으며, 명동에 있는 한일인쇄사에 근무하던 중 1908년 3월(음)에 체포되어 10년 유형을 선고받았다.

남상목은 조령전투 후에 경기도 光岳山으로 이진하던 도중 체포되어 서대문 형무소에 투옥되어 옥중에서 순국하였다. 광악산은 현재 용인과 수원에 걸쳐 있는 광교산을 말한다. 이로 보아 남상목은 조령 전투 후에 의병을 이끌고 원래 의병의 근거지인 고향 일대로 회군하다가 체포된 것으로 보인다. 후손의 증언에 의하면 1908년 11월 출동한 일본 헌병에게 성남의 "느릿골"에서 체포되었다 한다. 그후 서대문형무소에 수감되어 복역하던 중 고문의 후유증으로 생긴 장파열로 1908년 11월 4일에 형무소에서 순국하였다. 그의 유해는 청계산 아래 '후천골'에 가매장 되었다. 해방 후에 고향인 성남시 하산운동의 '뒷내골' 선산에 모셨다가 대전의 애국지사 묘역으로 이장하였다.

제2장 강원의병과 의병장

1. 강원지역 의병전쟁과 의병장*

1) 머리말

1894년 일본군이 경복궁을 무력으로 점령한 갑오변란과 청일전쟁을 전후하여 일제의 군사적 위협은 더욱 노골화되었다. 조선인들은 외세의 침략을 극복해야 할 과제로 인식하였으며 의병을 조직하여 국가와 민족을 수호하기 위한 항쟁을 전개하기 시작하였다.

한말 의병은 초기단계에는 유학자가 중심이 되어 반침략 반개화 항쟁을 전개하였다. 그러나 점차 민족의 위기가 심화되면서 여기에 농민과 포수, 심지어는 동학교도까지 의병에 합세하여 민족적 대항전을 펼쳐 갔다. 이로써 의병전쟁은 민족주의운동으로 발전될 수 있었다. 후기의병의 경우에는 척사사상보다 반개화성, 특히 반봉건성이 더 나타난다. 의병전쟁을 민중운동사의 측면에서도 평가하는 이유가 여기에 있다.

한말 의병에 대한 연구가 시작되면서 의병사의 체계화를 위한 시기구분은 여러 갈래로 시도되었다. 그간 제기된 시기 구분법으로는 2시기 구분법, 3시기 구분법, 4시기 구분법 등이 있다. 여기에서는 3시기 구분법에 의하여 강원지역 의병의 활동에 대하여 검토하고자 한다.

---

* 김상기, 「한말 강원의병의 전개와 의의」, 《의암학연구》9, 2012.

강원지역은 지리적으로 산악 지대에 위치하여 의병의 활동에 유리한 조건을 갖추고 있었다. 그러한 조건은 강원의병이 전기부터 후기에 걸쳐 활발히 전개할 수 있도록 한 요인으로 작용하였다. 이 글에서는 의병의 전기에서부터 중기, 후기의병에 걸친 강원의병의 전개상황과 대표적인 의병장의 활동에 대하여 검토하고자 한다. 또한 이를 통하여 강원의병의 특성과 의의를 밝히고자 한다.

2) 전기의병의 전개

(1) 춘천의병

춘천의병은 강원도 관찰부의 소재지인 춘천을 중심으로 활동한 의병을 말한다. 이 지역은 이항로의 학통을 이은 柳重敎를 비롯하여 柳麟錫, 柳弘錫, 李昭應 등 위정척사론자들이 집중적으로 거주하고 있어 의병봉기의 분위기는 성숙되어 있었다. 춘천의병은 1896년 1월 18일 춘천유생 鄭寅會가 군인 成益賢과 상인 朴玄成을 포섭하고 포군 400여 명과 함께 춘천관찰부를 습격, 점령하면서 시작되었다.[1] 이들은 단발한 박 초관을 처형하고 전유수인 탐관오리 민두호의 생사당을 파괴한 후 봉의산에 진영을 설치하였다. 이어서 인근의 농민과 보부상이 의진에 참여하여 의진이 확대되었으며 1월 20일 당시 명망이 높던 이소응을 대장으로 추대하였다.

대장에 오른 이소응은 '檄告八道'라는 격문을 발표하였다. 이 격문에서 그는 '倭奴'와 적신들이 국모를 시역하고 군부의 머리를 깎은 처사에

---

1) 오영섭, 「춘천지역의 을미의병운동」, 『북한강 유역의 유학사상』, 한림대아시아문화연구소, 1998.

의병을 일으켰음을 분명히 하였다. 이어서 그는 중화를 높이고 이적을 물리쳐 국가의 원수를 갚아 치욕을 씻을 것이며 의병을 방해하는 지방관은 응징할 것을 천명하였다. 춘천의병은 1월 28일 단발하고 부임하는 신임관찰사 겸 선유사 조인승을 가평에서 체포, 춘천으로 압송하여 춘천부 청사 앞의 처형장 '개못개'에서 총살하였다.[2]

정부에서는 춘천의병을 진압하기 위해 1월 31일 친위대 1개 중대를 급파하고 2월 5일에는 2개 중대의 지원군까지 증파하였다. 춘천의병 역시 전열을 가다듬고 서울로 진격하였다. 2월 1일 성익현 휘하의 의병 선봉대는 경춘가도의 안보역에 도착하여 머물고 관군과의 접전을 준비하였다. 다음 날 관군이 가평에 주둔하고 있다는 소식에 더 진격하지 못하고 가평의 벌업산[寶納山]에 진을 쳤다. 춘천의병은 李忠應이 거느리는 가평의병과 연합하여 관군과의 전투를 감행했으나 무기와 훈련 부족으로 춘천으로 후퇴하고 말았다. 대장 이소응은 그의 종제 李晉應과 李景應에게 의진을 위임한 뒤 원병을 요청하기 위해 지평으로 갔으나 오히려 맹영재에게 구속되었다. 이소응이 없는 사이에 관군의 연이은 공격으로 이진응이 전사하고 의병이 패퇴하고 말았다.

의병들은 관군이 회군한 직후, 이진응의 동생 이경응을 대장에 추대하고 의병을 다시 모아 3월 15일경에는 군세가 전보다 2배나 성했다한다. 춘천의병은 재차 서울로 진격하여 3월 17일에 양근에서 20리 떨어진 광진 상류에서 한강을 넘어 이천의병과의 연합작전을 모색하였다. 그러나 남한산성이 관군과 일본군에 의해 포위되고 얼마안가 산성이 함락됨에 춘천으로 회군하였다. 그러나 관군의 공세에 5월초에 대

---

2) 오영섭, 위글, 187쪽.
차상찬,「내가 난리치러본 이야기」,《혜성》1권 8호, 1931, 240쪽.

장 이경응과 巡撫將 장한두, 성익현 등은 의병을 거느리고 강릉의 민용호의병에 합류하였다. 한편 柳重洛, 유홍석, 김경달 등 가평일대에서 유격전을 수행하던 의병들은 유인석의 제천의병에 합류하여 활동을 계속하였다.[3]

(2) 민용호의 관동9군도창의소

여주에서 거주하고 있던 閔龍鎬는 단발령이 내려진 직후 원주로 가서 평창 영월 정선지방의 포수로 의진을 구성하여 1896년 1월 17일 원주의 남쪽 30여 리 떨어진 신림(현, 원주시 신림면)에서 이병채, 송현순 등과 함께 의병을 일으키고 대장에 추대되었다.[4] 민용호는 1월 24일 평창의 방림에서 격문을 발표하고 의병의 뜻을 밝혔다. 민용호는 1월 29일 강릉 진입을 눈앞에 두고 인근에서 의병을 모집하여 의진을 편제하였다. 민용호 의진은 2월 1일(음력, 12월 18일) 강릉으로 들어갔다. 도사 이승학 등 강릉의 토착세력에게 군무첩을 내려 이들을 의병에 편입시켰다. 의병대는 경무관보 고준식을 처단하였으며, 강릉의 선비 권인규를 초빙하여 '창의포고문' 등 각종 포고문을 작성하여 의병의 뜻을 널리 전파하였다.[5]

權仁圭(1843~1899)는 일본에 의해 을미사변이 자행되고 단발령이 공포되는 사태를 보고 비록 나이 먹어 병들었으나 목숨 바쳐 '島夷'를 물

---

3) 이구용, 「춘천의병의 항일투쟁」, 『춘천항일독립운동사』, 춘천문화원, 1999, 60쪽.
4) 민용호(1869~1922)는 경남 산청의 梧谷 출신으로 청년시절 서울과 여주로 이거하여 살았다. 자는 文賢, 호는 復齋이다. 문집으로 『復齋集』이 있다.
5) 박민영, 『대한제국기 의병연구』, 한울, 1998, 122쪽. 이때 군무첩을 받은 강릉의 인물로는 이승학, 김노원, 심홍택, 정규섭, 이승찬, 최돈익, 김양선, 임익상, 정헌중, 김인수, 전치운, 강동오 등이 확인된다.

리칠 것을 맹서하였다.6) 권인규의 擧義 논리는
철저한 위정척사론에 기반하고 있다. 그는 의
병을 일으키는 것을 '斥邪扶正', 즉 사도를 물리
치고 정도를 붙잡는 행위로 보았다. 그는 죽음
을 무릅쓰고 의병을 일으키는 행위는 의리를
실천하는 것으로 하늘의 도움으로 절대로 죽지
않을 것이라면서 의병에 참여할 것으로 호소하
였다. 권인규가 민용호와 만난 것은 민용호가
강릉에 들어 온 직후로 보인다. 권인규는 민용

〈그림 1〉 민용호 의병장

호와 만난 후에 민용호에게 큰 기대를 했다. 민용호의진에서 나온 그는 12
월 말에 독자적으로 「창의포고문」을 작성하여 민용호의진인 '관동9군도창
의소'가 설치된 사실을 널리 알리고 의병에 참여할 것을 호소하였다.7)

권인규는 일본을 임진왜란의 원수이며, 국모를 시해한 '섬 오랑캐'라
면서 철저한 척왜론적 인식을 견지하였음을 볼 수 있다. 그는 우리가 원
수를 갚지도 못했는데 또 고개를 숙이고 단발령과 같은 그들의 정책을
따를 수 없음을 분명히 밝혔다. 권인규의 이 포고문은 그가 민용호를 만

---

6) 權仁圭는 헌종9년(1843년) 강릉의 草堂에서 태어났다. 초명은 獻圭이고 자는 景
行이며, 호는 東濱 또는 巢雲, 巢隱이라 한다. 본관은 안동으로 추밀공파에 해당
한다. 생부는 思珌이었으나 동생인 極의 양자로 들어갔다. 권인규는 민용호 의진
에서 주로 격문 또는 포고문 등의 문서를 작성하여 의병의 당위성을 피력하였던
것으로 보인다. 그가 작성한 문서들이 그의 문집인 『巢隱倡義錄』에 수록되어 있
는데 이를 통하여 그의 활동내용과 창의 이념을 알 수 있다. 『소은창의록』에 의병
과 관련 있는 문서로는 '예안 창의소에 답한 통문', '창의 포고문', '창의 통문',
'관동 창의소 포유문', '관동 창의사 효유문', '서고문' 등과 서간문인 '의병장 민
용호에게 보낸 편지'와 '유진장 이병채에게 보낸 편지'가 있다.
7) 권인규, 「창의포고문」, 『소은창의록』, 『독립운동사자료집』3, 1972, 261쪽.

난 직후인 12월말에 발표했다.8) 권인규는 1896년 설을 세고 민용호 부대
에 다시 참전하였던 것으로 보인다. 그는 이때 관서와 관북지역의 사민
들에게 의병에 동참할 것을 호소하는 '창의통문'을 작성하였다. 여기에
서 그는 강릉지역에 의병도창의소가 창설되었음을 알리고, 관북은 이성
계가 왕업의 기초를 닦은 곳이요, 관서는 箕子의 첫 교화를 받은 곳이라
면서 이 난세를 당하여 한번 죽어 대의를 이룰 것을 주창하였다.9) 또한
각 항구에서 일본에 붙어서 생활하는 자들에게 '효유문'을 발표하였다.
그는 이 효유문에서 "우리 땅에 머물러 있는 왜놈은 종자도 없이 모조
리 없애야 한다" 또는 "소위 우리나라 대신으로 왜놈의 심복이 된 자
와 수령들로 백성을 협박하여 머리를 깎게 하는 자는 용서없이 처단해
야 한다"라면서 일제와 그에 붙은 부일개화파를 철저히 처단해야 할
것을 밝히고 있다. 아울러 그는 의병이 거리에 넘치고 있으며, 의병이
가는 길에 일제와 붙어 협력하는 자는 목숨을 부지할 수 없음을 경고
하였다. 이어서 의병에 합세하여 일제를 격퇴하는데 합력할 것을 호소
하였다.10)

한편 민용호는 육지와 해안에 烽燧將과 望海將을 두었으며, 무사청과
예빈소도 설치하였다. 또한 권익현, 권명수, 이경한, 김윤희 등을 강원도
와 함경도 각지에 소모사로 파견하여 의병 모집과 일본군 방어의 임무
를 맡겼다.

민용호가 이끄는 2천여 명의 의병은 원산의 일본거류지 공격을 목표
로 세우고 3월 2일 강릉을 출발하였다. 민용호 부대는 북상을 계속하여

---

8) 권인규, 「의병장 민용호에게 보낸 편지」, 『한국독립운동사자료집』3, 1972, 263쪽.
9) 권인규, 「창의통문」, 위책, 265쪽.
10) 권인규, 「관동창의사효유문」, 위책, 273쪽.

3월 9일에는 고성군수의 영접을 받았다. 3월 17일 원산에서 7,80리 떨어진 안변의 신평에 도착하였을 때 폭우를 만나 신평에 유진하였다. 그러나 의병의 동향을 감시하던 일본군의 급습을 받기에 이르렀다. 일본군 원산수비대 병력과 원산에 정박하고 있던 군함 高雄號에서 파견한 일본군 육전대는 3월 19일 새벽 3시에 안변에 도착하여 신평에 주둔하고 있던 의병을 3면으로 포위하고 8시 40분부터 의병부대를 공격하였다. 전투는 오전 10시 30분까지 벌어졌다. 의병은 비가 내리는 상황에서 무기의 열세로 인하여 백병전을 수행하면서 일본군을 맞아 결사의 항전을 했으나, 30여 명의 사상자를 남기고 패퇴하고 말았다.

일본군 수비대장 나카가와(中川祐須) 소좌는 3월 21일 군함 고웅호 함장인 오다(小田亨) 대좌에게 보낸 보고서에서 "신평장에서 압수한 무기와 기타 서류가 너무 많아서 아직 조사를 완료하지 못했습니다. 또 포로 여러 명을 구금하였습니다."라는 보고를 올리고 있다. 그는 또한 이 전투에 참여한 의병의 총수를 1천여 명으로 보고하고 있다.[11]

민용호 부대는 이 전투에서 패하고 강릉으로 집결하였다. 민용호는 각 지역의 의병장에게 격문을 보내어 상호 협력할 것을 호소하였다. 이에 영양의 金道鉉 의병장이 60여 명의 의병을 이끌고 합세하였으며, 삼척의 김헌경 의병장과도 연합하여 삼척의 삼봉산에서 전투를 치렀다. 4월 14일 치러진 이 전투에서 의병은 유리한 지형을 이용하여 항전하였으나 탄약의 고갈로 인하여 결국 오십천 변으로 퇴각하고 말았다. 민용호부대는 6월 중순 양양전투에서 승리하는 등 항전을 계속하였으며 그

---

11) 閔龍鎬 부대의 신평(新坪: 仙坪이라고도 함) 전투에 대하여는 박민영의 『대한제국기 의병연구』, 한울, 1998, 129~131쪽에 자세히 밝혀져 있다. 『關東倡義錄』에 의하면, 이때 의병이 수십 명 사망했고, 일본군은 부상자가 '180여 명'이었다고 기록되어 있다.

후 고원 영흥 정평에서 활약하다가 9월 18일 함흥을 점령하기도 하였다. 그러나 일본군의 공격에 의병의 전력이 쇠퇴해져 결국 개마고원을 넘어 만주로 들어가 후일을 기약하였다.

3) 중기의병-원주의병-

元容八(일명 元容錫, 1862~1907)은 러일전쟁 개전 이후 일제의 정치군사적 침략이 가시화되는 상황에 1905년 8월 강원도 원주에서 재기하였다. 원용팔은 省齋 柳重敎의 문하에서 수학한 유학자이다. 전기의병기에는 여주 일대에서 활동하던 沈相禧 의진에 참가한 뒤 제천의병의 중군장을 지내는 등 의병 활동에 참여했던 인물이었다. 원용팔은 원주의 금마둔에 있던 朴受昌을 찾아가 함께 의병을 일으킬 것을 요청하였다. 박수창은 군자금과 화포 등의 군수품을 지원하기로 함에 이들은 소를 잡아 천제를 지내고 의병 봉기를 결의하였다. 원용팔은 8월 16일(음, 7월 16일) 원주의 주천면 풍정에서 종제인 元容銖와 蔡淳默, 金洛中 등 동지를 규합하였다. 이때 박수창은 명포수인 崔炳德과 鄭在植 등을 보내 의진에 합류토록 하였다. 이에 원용팔은 이들을 좌, 우 총독장으로 선임하였다.

원용팔은 의병을 봉기한 후 일제의 침략을 성토하는 격문과 성명서를 발표하였다. 서구 열강의 공사관과 청국 공사관에는 지원을 요청하는 서한을 보냈으며, 한국침략의 죄상을 성토하는 격문을 별도로 일본공사관에도 보냈다.[12] 그는 「격고문」을 널리 배포하여 일제침략을 격렬하게 성토하였는데 주요 내용을 보면 다음과 같다.

---

12) 《대한매일신보》 1905년 8월 24일. 「元氏陳疏」.

산림천택을 모조리 점령하고 재정과 토지를 제 것으로 만들었으며 왕
실이 불탄 것과 같다. 새둥지가 엎어졌으니, 알이 온전할 리 없다. 흙집이
이미 기울어졌으니, 가죽을 보존할 수 없는데 털을 어찌 보전할 수 있겠는
가. 시랑이 우리 백성을 학대하니 악하기가 진실로 심하고, 犬羊이 우리의
예속을 더럽히니 차라리 죽을지언정 차마 들을 수 없도다. 사람마다 袁安
의 탄식이요, 사람마다 蔡哀의 통곡소리로다. 심지어는 간악한 백성이 血
黨을 널리 벌여 이른바 일진회라는 것이 지독한 난적의 무리이니 만약 저
들의 소위를 그대로 둔다면 반드시 나라를 없애고야 말 것이다. 또 顧問
이라는 관작을 두고서 州縣의 관직을 빼앗고 전국 각지에 역당의 앞잡이
들을 배열하여 온 나라를 그물질하고 우리 인민을 속박하였다. 요순우탕
제왕의 전통은 마침내 그림자도 없이 끊어지고 공맹정주 성현의 학문은
멸망의 참변을 당하게 되었으니 이를 어찌하리오. 과거 조선의 전형은 복
구할 수 없게 되고 小日本의 모습이 되고 말 것이다. … 진실로 문을 열
고 도적을 받아들인 무리가 아니라면 누구인들 저들의 고기를 먹으며 가
죽을 베고 잘 마음이 없겠는가.13)

원용팔은 이 격문에서 일제의 황무지개척권 요구와 일진회의 매국행
위를 폭로하였다. 또 일제가 고문정치를 자행하면서 매국관인들을 포섭
하고 내정을 침탈하는 양상을 격렬한 어조로 성토하였다. 그리하여 '제
왕성현'의 한국이 '소일본'으로 전락하는 절대 절명의 위기상황에서 항
일의병을 일으켜 왜적을 주살할 것을 호소하였다.

원주에서 거의한 원용팔은 강원도와 충청도 각지에서 전력 확충에 들
어갔다. 영월군 주천에서 포군 수십 명을 모은 다음 다시 단양으로 행군
하였다. 단양에서는 鄭雲慶, 李九永, 張益煥, 李奎顯, 池源永, 李九永 등
전기의병 때의 동지나 지역 유지들의 협조를 받았다. 단양은 향약 조직
을 통해 포군을 두어 도적을 막고 있었기 때문에 이들 포군 세력을 의병

---

13) 독립기념관 한국독립운동사연구소, 『한말 의병자료집』3, 1989, 200~201쪽.

으로 흡수하여 전력을 보강할 수 있었다.

원주의병은 8월 26일에는 장졸 및 포군 30여 명과 종사 수십 명을 거느리고 영춘군으로 들어갔으며, 이곳에서 다시 外村의 포군 10여 명을 모집한 뒤 吏廳에서 하룻밤을 유숙하였다. 이로써 영춘 지역에서는 의진의 규모가 수백 명에 이르게 되었다. 정운경은 의진의 편제를 다음과 같이 갖추었다.

전군장: 이정의   수성장: 이회승
소모장: 오두갑 유해붕 조준원 남필원 엄태간
파수장: 조윤식 김순익
참모종사: 김태관 채경묵 엄성하 엄기섭 정대억 지규창 지병언
서기: 장지환 홍범식

원주의병은 이처럼 원주, 제천, 영춘 등지의 유생들로 전기의병에서 활동한 다수의 인물들이 확인된다. 전군장 이정의, 소모장 남필원, 참모종사 엄성하, 서기 장지환 등은 제천의병에서 활동한 인사들이었다. 일부 군인·서리 출신들로 보이는 인사들도 기용되었으며, 또 군량과 무기 등의 군수품을 지원한 인사들도 있었다.[14]

원용팔 의병은 영춘에서 전열을 가다듬은 뒤 곧 영월로 이동하였다. 영월에서는 報德寺의 승려 金尙儀를 승장으로 임명하는 한편, 엄성하를 수성장, 金乃鉉을 소모장, 朴齊昉, 李兢夏, 丁履恒을 참모로 선임하여 지역 방어체제를 갖추었다. 그리고 磨嵳(현 영월군 북면)에서 尹德培와 金敬魯를 파수장, 金盈斗와 梁漢用을 교련장으로 삼았다. 윤덕배와 양한용

---

14) 권영배, 「구한말 元容八의 의병항쟁」, 『한국민족운동사연구』(우송조동걸선생정년기념논총 2), 나남출판, 1997, 230~231쪽.

은 군인 출신으로 1907년 군대 해산 이전에 의병에 가담하여 군사교련을 담당하였다. 의병진은 다시 정선으로 진출하여 이곳에서도 嚴基燮을 선봉장으로 삼고 수성장에 金尙圭, 파수장에 沈景化, 全明心, 梁叔道, 참모종사에 李象烈, 鄭台永, 金鴻根, 鄭炳燾, 崔漢燮 등을 선임하였다. 이 시기 원용팔의 원주의병은 지방관들을 크게 위협하였다. 강원도 관찰사가 내부에 보고한 문건이 언론에 보도되었는데 이에 의하면,

> 원용팔 의병대장이 처음 영월군으로 들어갈 때는 그 규모가 포군120～130명 정도였으나, 정선군에 이르러서는 이미 200여 명이나 되었는데, 이는 불과 며칠 만에 확대된 진세였다.15)

라고 하면서 그 대책에 부심하고 있음을 보아 이를 알 수 있다.

원용팔 의병의 중군 김낙중은 이 무렵 일진회 첩자 고영달과 일본인 체신부 1명을 처단하였다. 또한 원용팔은 비밀리에 원주로 들어가 진위대 군인들과 연합전선을 구축하기로 약속한 뒤 돌아왔다. 이어 원용팔 의진은 평창군 봉평으로 이동하여 많은 동지들을 규합하면서 진세를 강화하였다. 이곳에서 그는 추성구, 천락구, 배진환, 추병철과 천후근, 강윤중, 강형진, 곽재호, 신경집 등의 동지들을 참모, 종사로 영입하였다. 이어 홍천 서석에서도 권영섭, 정장화, 이은상, 이규원 등을 참모와 종사에 임명하였다.

원용팔 의병은 이처럼 원주에서 재기한 뒤 단양·영월·정선·홍천 등지를 전전하면서 많은 인사들을 영입하면서 전력을 확충하는 한편, 각지로 항일의병의 기세를 확산시켜 갔다. 원용팔이 이끄는 의병은 보강

---

15) 《대한매일신보》 1905년 9월 20일, 「義兵漸熾」.

된 전력을 극대화하기 위해 군사훈련을 강화하고 실전에 적응할 수 있도록 전열을 가다듬기 위한 기간이 필요하였다. 그러나 이러한 정보가 누설됨으로써, 정부에서는 원주진위대로 하여금 원용팔 의병을 해산하도록 조처하였다. 원주진위대장 金龜鉉은 일진회원들을 동원하여 의병진 와해 공작을 벌이게 되었고, 이로 말미암아 많은 이탈자가 발생하여 의병의 규모는 300명으로 격감하고 말았다.[16] 원용팔 의병은 일진회원들의 농간으로 원주진위대와 연합하기 위해 원주 활곡으로 갔다가 진위대의 공격을 받고 1905년 9월 25일 원용팔이 체포됨에 해산되고 말았다. 원용팔은 서울로 압송되어 경성감옥에 투옥되어 옥고를 견디지 못하고 1906년 3월 옥중 순국하였다.[17]

4) 관동창의군과 후기의병

1907년 8월 이후 강원 의병은 춘천과 원주 지역은 물론 홍천과 강릉, 울진 등 각 지역에서 봉기하여 활발히 항쟁하였다. 이들 의병부대는 춘천 원주 강릉 등을 오가면서 활동하였다. 강원도 지역에서 활동한 의병 중에 비교적 규모가 큰 부대로 연기우, 김춘수, 이종협, 김억석, 조북동, 채응언, 유학근 등이 있다. 장기 항전을 주도한 의병으로는 김광옥, 최도환, 정경태, 연기우, 강두필, 김상태, 이태영 의병부대가 있으며, 일본군 경과의 전투횟수가 많았던 부대는 김광옥, 최도환, 유학근, 이종협, 김억석, 조복동 부대가 두드러졌다. 그중에서 김춘수는 강원도 홍천에서 의병을 일으켰다. 그는 부하 200여 명을 데리고 양평을 비롯한 광주, 가평,

---

16) 권영배, 「구한말 원용팔의 의병항쟁」, 『한국민족운동사연구』(우송조동걸선생정년기념논총 2), 나남출판, 1997, 233쪽.
17) 《대한매일신보》 1906년 3월 10일, 「元氏獄斃」.

홍천 등 경기도와 강원도를 넘나들면서 활동하였다. 그는 1908년 4월 가평과 홍천 등지에서 방곡령을 지시하면서 활동하다가 가평에서 체포되었다. 얼마 뒤 탈옥하여 다시 활동하다가 1909년 12월 자수하였다.

강원도 원주에서는 이은찬과 이구채가 의병부대를 결성하고 전국적인 규모의 의병대를 구축하였다. 이들은 여주 출신으로 전기의병기에 유인석의병대에서 활동한 이인영을 대장으로 추대하고 활동하였다. 이인영은 원주에 의병원수부를 설치하고 관동창의군을 봉기하였다. 편제를 보면 다음과 같다.

```
대장    이인영
총독장    이구채      중군장    이은찬
좌군장    방인관      우군장    권중희
유격장    김해진      좌선봉장  정봉준
우선봉장  김병화      후군장    채상준
운량관    현이보      재무관    신창광    민춘원
좌총독장  김현복      우총독장  이귀성
진위대사령부    민긍호18)
```

이인영 등은 1907년 11월 15일자로 경고장을 원주진위대에 보냈다. 이어서 이인영은 '해외 동포에게 보내는 격문'을 국외에 거주하는 동포들에게 보내어 의병전쟁의 정당성을 천명하였다.

관동창의군은 전국적인 연합의진을 결성하기 위하여 지평으로 이동하여 주둔하며 일본군과 격전을 벌이면서 전국 의병대와의 연결을 취했다. 이인영은 각 지역 의병을 통합하여 둑을 무너뜨리는 기세[潰堤之勢]

---

18) 국사편찬위원회, 『한국독립운동사』자료8, 1979, 157쪽.

를 이루어 "근기지방으로 쳐들어가면 천하는 우리의 것이 될 수는 없더라도 한국 문제의 해결에 유리할 것"이라는 내용의 통문을 전국에 보내어 의병 부대의 연합을 강력히 촉구하였다. 그리하여 전국 각지에서 의진이 합세하였다. 이어서 허위 부대 등도 합세하여 양주에 집결한 의병은 약 1만 명에 달했다. 각도의 의병장들은 연합의진을 편성하여 13도창의대진소라 하고 이인영을 대장으로 추대하였다.

13도창의대진소는 서울 공략을 목표로 하였다. 이들은 서울을 공략하여 통감부를 격파한 후 을사조약을 철회시킨 다음 국권을 회복하고자 하였다. 대표적인 전투가 1907년 11월의 경기도 삼산전투와 마전전투였다. 군사장 허위는 300여 명의 선발대를 이끌고 1907년 11월부터 서울로 진격하여 동대문 밖 30리에서 일군과 싸웠다. 그러나 후발대의 지원이 없이 일본군의 공격을 받아 퇴각하고 말았다. 더욱이 이 과정에서 총대장 이인영의 부친상을 당하여 대장직에서 사퇴함에 서울진공작전은 더 이상 수행할 수 없게 되었다.

서울진공작전이 좌절된 후 허위는 경기도 임진강 유역에 근거지를 마련하고 항쟁하였다. 그는 조인환, 권준, 왕회종, 김진묵, 박종한, 김수민, 이은찬 등 의병장들과 긴밀히 열락하여 의병부대를 재정비하였다. 1908년 4월에는 허위, 이강년, 이인영, 유인석, 박정빈의 연명으로 전국 13도 의병의 재기를 요청하는 통문을 발송하였다. 그러나 일본군의 증강된 일본군의 압도적인 화력에 제2차 서울진공작전은 실현되지 못하였다.

강원지역에서는 강원도 출신 뿐 아니라 경기, 충청, 경상, 심지어는 평안도 출신의병장이 활동하였다. 강원 지역 역시 후기의병장은 양반 유생보다는 갈수록 농민이나 광산노동자, 포수 등 평민 출신의 의병장이 증가하는 특징을 볼 수 있다. 이들 중에 이은찬과 민긍호, 엄해윤 등 대표적인 의병장의 활동을 살펴보기로 한다.

李殷瓚(1878～1909)은 강원도 원주 부흥사면 출신으로, 1907년 고종의 퇴위와 군대해산을 계기로 각지에서 의병이 다시 일어나자, 그 해 9월 李九載와 더불어 원주에서 의병을 일으켰다. 그는 의병을 모집한 뒤, 이구재와 함께 문경의 李麟榮을 찾아가 관동창의대장으로 추대하고 자신은 중군장이 되어 의병항쟁에 돌입하였다. 그는 이인영과 함께 원주를 떠나 횡성, 지평, 춘천 등지를 전전하며, 의병규합에 진력하는 한편, 전국 의병장에게 격문을 띄워 양주로 집결할 것을 촉구하였다. 이에 호응하여 양주로 집결한 의병들로 13도창의군을 편성하고 이인영을 총대장으로 추대하였다.

13도창의군은 서울을 공격할 계획이었으나 1907년 12월 이인영이 부친상을 당하여 문경으로 돌아가면서 계획에 차질이 초래되었다. 그는 자신의 의진을 거느리고 양평·포천 방면으로 이동하여 임진강유역에서 활동하던 許蔿와 함께 임진강의병 연합부대를 편성하고 항일전을 전개하였다.

1908년 말 허위가 잡혀 순국하자, 의병부대를 인솔하고 양주·포천·영평·연천·연안 등지의 육지와 해상 도서에서 유격 전술을 펼쳐 전과를 거뒀다. 또한 민폐를 없애는 데 힘써 주민들로부터 지지를 받았다. 1909년 1월 초순에 일본군 수비대의 공격을 받고 남방의 연안 도서지방으로 이동하였다. 1월 19일 야음을 틈 타 2척의 배에 승선하여, 연평도 지역에서 일본군 파견대를 기습 공격하여 큰 피해를 입히고 甑山島로 후퇴하였다. 같은 해 2월 27일에는 3백여 명의 의병을 거느리고 양주군 석우리 북방에서 일본 군인과 헌병 연합부대와 격전을 벌여 타격을 입혔으나, 의병 진영에서도 수십 명의 희생을 냈다. 그는 국내에서의 의병활동의

한계를 느끼고 서간도로 항일거점을 옮겨 정병을 양성하려는 계획을 세
웠다. 그런데 서울에 있던 朴魯天과 申左均 등이 이와 같은 계획을 탐지
하고 군자금을 제공하겠다는 미끼로 그를 서울로 유인하였다. 그들의
말을 믿고 3월 31일 서울의 용산역에 나타났다가, 잠복하고 있던 일본경
찰에 잡혀 1909년 5월 8일 경성지방재판소 검사국에서 '내란죄'로 교수
형을 선고받고 그해 6월 27일 순국하였다.19)

閔肯鎬(?～1908)의 본관은 여흥으로 서울 출신이다. 그는 1897년 원주
진위대 고성분견대의 정교를 지내고, 춘천분견대에 전입하여 1901년 특
무정교가 되고 원주진위대에 전입되었다. 1907년 8월 일제가 원주수비
대를 해산하려 하자 약 300여 명의 병사를 이끌고 원주 우편취급소와 일
본경찰을 습격, 3시간 동안 격전하였다. 그는 의병부대를 소단위의 의병
부대로 편성하고, 제천, 죽산, 장호원, 여주, 홍천 등지에서 유격전으로
적에게 큰 타격을 주었다. 특히, 강원도·충청도 일대에서 크게 활약한
李康秊, 邊鶴基, 曺仁煥, 許俊, 李京三, 金萬軍, 李韓昌, 韓基錫, 韓甲復, 尹
起榮의 의병부대와 긴밀한 연락을 취하였으며, 그 중에서도 이강년 부
대와 밀접한 협력관계를 맺고 있었다. 1907년 8월 12일 약 200명으로 편
성된 부대로 여주를 기습하여 경무분견소를 포위, 공격한 뒤 이곳 일본
경찰과 가족들을 처단하고 무기를 접수하였다. 이때 많은 지방민이 의
병부대로 지원해 와 의병의 수가 크게 증가하였다. 8월 중순 이강년과
충주공략의 작전계획을 세운 뒤 22일 행동을 개시하였으며, 23일 충주를
공격하여 적에게 큰 타격을 주었으나 점령하지 못하고 장호원으로 후퇴

---

19) 독립운동사편찬위원회, 『독립운동사』1, 1972. 윤병석, 『의병과 독립군』, 세종대왕
　　기념사업회, 1977. 조동걸, 『한말의병전쟁』, 독립기념관, 1989. 김도훈, 「한말 이
　　은찬의 연합의병운동과 창의원수부의 활동」, 《북악사론》5, 1995.

하였다. 9월 17일 약 600명을 2개 부대로 나누어 홍천을 습격하여 적에게 많은 피해를 입히고, 9월 10일 약 200명의 의병이 재차 홍천을 기습하였다. 나머지 400명의 의병은 狼川郡衙를 기습 공격, 총기와 탄약을 접수하였다. 춘천 남방의 정족 부근에서도 격전을 벌였고, 횡성에서도 일본 수비대와 격전을 벌여 커다란 타격을 주었다. 10월 26일 횡성 둔촌에서, 11월 27일 홍천 서남 양덕원에서, 12월 8일 원주 동북 鵲谷에서 계속 격전을 벌였다. 1908년 2월 29일 일본군과 접전하였으나 의병 20여 명이 사살되고, 그는 사로잡혀 강림으로 호송되었다. 그날 밤 부하 60여 명이 강림을 습격하여 그의 탈출을 시도하였으나 그는 탈출 도중에 전사하였다.

嚴海潤(1863～1909. 11. 30)은 강원도 영월 출신이다. 직업은 의원이었다. 진주의병장 노응규가 1906년 가을 충북 황간의 상촌면에서 의병을 일으킬 때 노응규와 徐殷九의 권유로 의병에 참여하였다. 그는 선봉장으로 무기를 수집 제조하고 군사들을 모집하여 훈련을 실시하였다. 이윽고 병력이 증강되자 총기와 화약을 모아 무장하고 경부철도와 일군시설을 파괴하였다. 이들은 장차 서울로 진격, 일본세력을 물리치려는 웅대한 포부 아래 투쟁하였다. 그러나 1907년 1월 밀정의 간계에 속아 의병장 노응규를 비롯한 중군장 서은구, 종사 盧公一 등과 함께 체포되었다. 이들은 옥중에서 강경한 태도로 항일 토적의 대의를 주장하며 절개를 굽히지 않았다. 결국 노응규 의병장은 그해 2월에 옥사하고 엄해윤은 그해 5월 18일 고등재판소 평리원에서 유형 7년을 받아 황해도 장연군 백령도로 유배되었다. 광무황제의 특사로 유배에서 풀려난 1908년 그는 다시 이은찬 의진에 투신하여 의병활동을 재개하였다. 그는 이은찬 의진에서 참모로 활동하였으나, 1908년 음력 12월 李鍾協이 분리 독립한 뒤에는 이종협 의병진의 참모로 활동하였다. 그러나 1908년 12월 황해도 금천과 토산군 일대에서 활동하다가 체포되었다. 그는 경성감옥에서 옥고를 치르던 중 1909년 4월 13일 탈출하다가 다시 체포되어 1910년 10월 18일 대심원에서 '내란죄'로 교수형을 선고받고 순국하였다.

李春明은 강원도 양구출신으로 경기도 양평군 용암리에서 거주하였다. 1910년 현재 33세로 직업은 '농업 겸 뱃군'이다. 1907년 9월경(음력)부터 김춘수 의병진에 가입하여 활동하였다. 같은 해 12월 양근분견소에 자수하였다가, 다시 의병 활동을 전개하였다. 1908년 12월 14일(음력) 고정복, 신원영, 이천보 등과 함께 남시면에서 군수품을 탈취하는 등의 활동을 하였다. 이춘명은 이 일로 체포되어 1910년 4월 징역5년형을 선고받고 옥고를 치렀다.[20]

朴光天(1854～1910)은 1907년 8월(음력) 김상진 의진에 참여하여 강원도 홍천군 일대에서 활동하다가 8월 20일(음력) 같은 해 홍천군 동신대동 은교동에서 친일 밀고자 김윤여를 김상진의 명령에 따라 화승총으로 총살하였다. 그후 체포되어 이 일로 1909년 11월 26일 경성지방재판소에서 소위 강도 및 살인죄로 교수형을 선고받았다. 그는 이를 경성공소원과 고등법원에 항소하였으나 12월 23일과 1910년 1월 27일 기각되어 교수형을 받고 순국하였다.[21]

5) 강원의병의 특징

강원의병은 첫째, 화서학파 계열의 인물들이 주도한 특징을 갖는다.

---

20) 독립운동사편찬위원회, 『독립운동사자료집』별집1, 1971, 153쪽.
21) 독립운동사편찬위원회, 『독립운동사자료집』별집1, 1971, 135～137쪽.

춘천 일대에는 유인석을 비롯한 화서학파의 유생들이 집단적으로 거주
하였다. 이들은 존화양이론에 입각하여 서양세력은 물론 일제의 침략을
생존권 확보 차원에서 반대, 항전하였다.

춘천의 가정리 출신인 유인석은 이항로와 김평묵, 유중교로부터 위정
척사론의 요체를 전수받은 유학자이며 그 사상을 실천에 옮긴 의병장이
다. 유인석 사상의 핵심은 존화양이론이라 하겠다. 여기에서 '華'라는 것
은 주자학 중심의 '중화문화'를 의미하는 것으로 보인다. 따라서 주자학
을 신봉하지 않는 '倭洋'은 곧바로 '夷'로서 격퇴시켜야 할 대상으로 보
았다.

강원 출신 의병 중에는 유인석의 영향을 받은 화서학파의 문인들이
주도적인 역할을 하였다. 유인석의 제천의병과 이강년의병대에 의병들
이 다수 포함되어 있음도 이를 알려준다. 이는 다수의 의병을 배출한 지
역인 춘천과 원주, 영월 지역이 화서학파의 사상적 영향을 받고 있음과
도 연관이 깊은 것으로 보인다.

둘째, 강원의병은 춘천과 원주, 그리고 영월 지역 출신 의병이 다수를
차지하는 특징을 보인다. 강원도 지역 출신으로 그동안 정부로부터 포상
을 받은 이가 약 4백여 명에 달한다. 이를 표로 제시하면 다음과 같다.22)

---

22) 2012년 현재 국가보훈처의 홈페이지에 등록되어 있는 독립유공자 수는 11,747명
에 달한다. 그 중에 경북지방이 1804명으로 가장 많이 등록되어 있다. 다음에는
충남 981명, 경남 898명, 평북 860명, 전남 853명, 경기 796명, 전북 685명, 평남
552명의 순이다.

<표 1> 강원도 출신 독립유공자 현황(2012년 현재)

시. 군명	독립유공자 수	의병 수	의병 비율	비고
춘천시	42	22	52%	춘성 포함
원주	37	18	49%	
영월	24	14	58%	
강릉	27	7		명주 포함
평창	17	7		
양구	12	6		
횡성	33	6		
정선	6	4		
철원	27	2		
화천	18	1		
고성	60	5		
인제	3	2		
홍천	32	1		
삼척	22	3		
양양	49	1		
태백	0			
속초	0			
동해	0			
합계	409	98	평균 24%	

위 표에서 볼 수 있듯이, 강원 출신 의병 수는 98명으로 강원 출신 독립유공자(409명)의 24%에 해당한다. 이는 2011년 현재 추서된 독립유공자(11,747명)대 의병(1,843명)의 평균 비율인 15.6%보다 높은 비율임을 알 수 있다.23)

위 표에서 의병이 많은 지역을 살펴보면, 춘천(22명)과 원주(18명) 그

---

23) 2012년 현재 국가보훈처의 홈페이지에 등록되어 있는 독립유공자 중에서 의병의 숫자는 1,843명에 달한다. 그 중에 경북 출신이 360명으로 가장 많으나 경북 출신 전체 독립유공자 수에 비하면 20% 정도이다. 전북이 228명(33%), 전남이 225명(26%)으로 역시 호남지역에서 의병의 비중이 큼을 알 수 있다. 충북이 90명으로 22%이고, 경기는 120명으로 15%, 충남은 98명으로 10%대이다.

리고 영월(14명)이 54명으로 강원 출신 의병 수(98명)의 55%를 차지함을
알 수 있다. 즉, 18개 시군 중에서 위 3개 지역에서 과반수 이상의 의병
관련 독립유공자를 배출한 것이다.

춘천의 경우에는 유인석을 비롯하여 이소응과 이진응, 성익현, 유홍
석, 최천유 등이 있다. 유인석은 앞에서 서술하였듯이 화사학파의 문인
으로 제천의병장으로 활동하였다. 이소응과 이진응은 1896년 춘천의병
에 참여한 이들이다. 이진응은 1896년 전사하였다. 성익현은 1907년 8월
에 춘천에서 의병을 일으켜 관동창의대장에 추대되었다. 그는 울진, 평
해 등지에서 활동하였으며, 이강년의진과도 연합하여 경북 봉화지역에
서도 활동하였다. 최천유는 1907년 춘천에서 의병을 일으키고 화천 양구
일대에서 활동하였다. 1908년 일본헌병대 양구분대와 전투를 벌였으며,
일본군 춘천수비대에 체포되어 순국하였다. 유홍석은 유인석의 재종형
이다. 그는 1896년 유인석의 제천의병에 참여하였다. 1907년 춘천, 원주
에서 의병 활동하였다. 가평에서 일본군과의 전투에서 부상을 당하였다.
그는 국망 후 중국의 환인현으로 망명하였다.

원주 출신 의병으로는 이은찬과 김덕제가 있다. 김덕제는 육군 정위
로 1907년 군대해산 시 원주진위대 대대장 대리로 있었다. 그는 일제의
군대해산 명령을 받고 특무정교 민긍호와 함께 이에 항거하여 항일투쟁
에 나섰다. 이들 외에도 원주 출신으로는 박정수와 원용정, 김사정, 이석
길 등이 1896년 제천의병에 참여하였다. 이철래, 김운선, 윤기영 등은 이
강년 의진에 참여하여 항전하였다. 이철래와 윤기영은 1907년에, 김운선
은 1909년 4월에 전사하였다. 김종근 의병장은 횡성, 홍천 일대에서 부
일파를 처단하는 등 활동을 하였다. 그는 체포되어 1917년 서대문형무소
에서 사형을 당하였다. 徐云先 의병장도 원주 등지에서 활동하다가 체

포되어 1912년 사형 선고를 받고 순국하였다. 민긍호 의병대에 참전하여
활동한 김경휘도 원주출신이다.

영월 출신 의병으로 김성도, 채경묵, 김응문, 김순여 등이 있다. 이들
은 이강년의진에 참전하여 활동하였는데, 김성도와 채경묵이 1909년, 김
순여는 1911년, 김응문은 1912년에 사형선고를 받고 순국하였다. 이은찬
의진에 참여한 엄해윤은 1909년 11월 교수형을 당했다. 1896년 이천의병
에 참여한 김태원도 영월 출신이다.

셋째 강원의병은 타 지역 출신 의병장들과의 연대 투쟁을 활발히 전
개한 특징을 보인다.24) 민용호의병에 경북 영양의병장 김도현이 의병대
를 이끌고 와 합세하여 삼척의병장 김헌경의병대와 삼척에서 삼봉산전
투를 수행하기도 하였다. 후기의병기에 여주 출신의 이은찬과 이구채가
원주에서 의병을 일으키고 이인영을 대장으로 한 관동창의군을 봉기하
였다. 이 관동창의군이 주력 부대가 되어 13도의군이 조직될 수 있었다.
원주진위대 참위 출신의 梁在遠의병대는 1907년 8월 제천 출신의 朴汝
成부대와 연합하여 인제의 군청과 주재소를 공격하기도 하였다.

넷째, 강원 지역은 산지와 고원으로 형성된 지형적 특성으로 강원 출
신 의병들이 타 지역 의병대에 합류하여 활동한 특징을 띤다. 전기의병
기에 지평에서 의병을 결의한 안승우 등이 정작 의병 창의지로는 원주

---

24) 강원도는 대부분 산지와 고원으로 이루어져 있다. 동쪽으로는 한반도의 등줄기를
이루는 태백산맥이 해안을 따라 남북으로 뻗어 있고 그 서쪽에는 광주산맥, 아호
비령산맥, 마식령산맥이 북동에서 남서 방향으로 뻗어 있다. 태백산맥의 철령
(677m) 부근에서 시작된 광주산맥은 영서고원 내 추가령구조곡의 동쪽 가장자리
를 따라 뻗어 있다. 이 산맥에는 오성산(1,050m) 등 1,000m 안팎의 산들과 고개들
이 있다. 강원도와 평안남도, 황해북도의 경계를 이루는 아호비령산맥에는 두류
산(1,323m) 천을봉(1,210m), 육판덕산(1,323m), 백년산(1,341m) 등의 산들이 있다.
마식령산맥에는 추애산(1,528m) 등이 있다.

의 안창을 택했던 것이 대표적인 경우이다. 그 결과 원주 지역의 김사정을 비롯하여 박정수와 원용정 등이 적극적으로 유인석 의진에 참여하였다. 후기의병기에도 경상도 출신의 이강년이 제천에서 의병을 일으켰으나 강원지역에서 많은 활동을 전개하였다. 그 결과 윤기영, 이철래, 김운선 등 강원 출신 의병들이 이강년의진에 합류하여 투쟁을 전개하였다.

6) 맺음말

강원지역에서의 의병 활동은 전기의병에서부터 중기, 후기의병기에 걸쳐 치열하게 전개되었다. 전기의병기 강원지역에서는 춘천과 원주, 강릉지역에서의 의병이 활발하였다. 춘천에서는 춘천의 유생 정인희와 군인 성익환 등이 의병을 일으키고 이소응을 대장에 추대하였다. 춘천의병은 춘천관찰부를 점령하고 신임관찰사 조인승을 처단하였다. 춘천의병은 일본군의 공격에 이경응 등이 살해되고 일부는 민용호의병에 일부는 제천의병에 합류하였다. 민용호는 원주에서 의병을 봉기하였다. 민용호의병은 원산의 일본인거류지의 공격을 계획하고 진격 중에 일본군의 급습을 받고 결사 항전했으며, 이후에도 영양의 김도현의병과 강릉의 김헌경의병과 연합하여 삼척의 삼봉산 전투를 치렀다.

1905년 중기의병기 강원지역의 의병으로는 원용팔의 원주의병이 있다. 원주에서 거의한 원용팔은 영월과 단양 일대에서 의병을 초모하고 일진회 첩자와 일본인 체신부를 처단하는 등 대일항쟁을 전개하였다.

1907년 8월 구한국 군대가 강제로 해산되고 고종황제가 강제로 퇴위되는 사태에 강원 지역은 경기 지역의 의병과 도 경계를 뛰어 넘어 서로 긴밀하게 연계하거나 연합의진을 형성하여 항전하였다. 1907년 8월 이후 강원 의병은 춘천과 원주 지역은 물론 홍천과 강릉, 울진 등 각 지역에서 각지를 서로 오가면서 활동하였다. 강원도지역에서 활동한 의병 중에 비교적 규모가 큰 부대로 연기우, 김춘수, 이종협, 김억석, 조북동, 채응언, 유학근 의병대가 있다. 장기 항전을 주도한 의병으로는 김광옥, 최도환, 정경태, 연기우, 강두필, 김상태, 이태영 의병부대가 있으며, 일본군경과의 전투횟수가 많았던 부대는 김광옥, 최도환, 유학근, 이종협, 김억석, 조복동부대가 두드러졌다.

일제는 대규모의 군대를 투입하여 의병을 무자비하게 탄압하였다. 일본군의 의병에 대한 탄압은 혹독했다. 의병의 근거지라고 하여 유서 깊은 사찰을 불태웠다. 또한 일본군은 수많은 민가를 소각시켰다. 또한 체포된 의병들에 대하여 가혹하게 처벌하였다. 단순 가담자라 하더라도 2~3년의 유배형에 처해졌으며, 의병을 주도한 인물들은 폭동죄와 내란죄를 적용하여 사형이나 10년 이상의 유배형을 받았다. 강원지역 의병장 중에 교수형을 선고받고 순국한 의병장으로 이은찬, 엄해윤, 박광천 등이 보인다. 이는 의병을 근절시키기 위하여 의도적으로 중형을 부과한 것이라 하겠다.

강원의병은 유인석 등 화서학파 계열의 인물들이 주도한 특징이 있다. 춘천과 원주, 영월지역에서 의병을 많이 배출된 특징도 있다. 이는 이 지역이 화서학파의 영향권에 있었던 점과 연관된다 하겠다. 강원의병은 타 지역 의병장들과의 연합 투쟁에 활발했음도 볼 수 있다. 또한 강원 지역은 산지와 고원으로 형성된 지형적 특성으로 강원 출신의 많은 의병들이 타 지역 의병대에 합류하여 활동하였음도 주목된다. 이는 강원지역이 지형적으로 산간지역인 특성과도 연관이 있어 보인다.

2. 권인규의 강릉의병 투쟁

1) 수학과정

權仁圭(1843 계묘~1899 기해)는 헌종9년 강릉의 草堂에서 태어났다. 초명은 獻圭이고 자는 景行이며, 호는 東濱 또는 巢雲(또는 巢隱)이라 한다. 본관은 안동으로 추밀공파에 해당한다. 생부는 思珌였으나 그의 동생인 極의 양자로 들어갔다.[1]

그는 어려서부터 한학을 수학하였다. 동몽교관을 제수받았으나 향리에서 후학을 양성하며 유학자로서의 삶을 영위했던 것으로 보인다. 그러한 그에게 1894년 강원도 일대에서 벌어진 동학농민전쟁은 그로 하여금 의도하지 않은 투쟁의 노선에 나서게 하였다. 그는 1894년 동학농민군이 강릉의 선교장을 공격, 점거하는 사태가 일어나자, 민보군을 조직하여 동학농민군을 물리치는 반동학투쟁에 나섰던 것이다.

강릉일대에서의 농민군은 1894년 8월중순경 기포하여 9월 4일에 강릉으로 진입한 것으로 보인다. 농민군은 별 저항을 받지 않고 강릉부를 점령하였다. 다음날 농민군은 강릉부 관아에 '輔國安民'의 깃발을 내걸고 三政을 삭감하고 요호와 향리들을 체포하여 토지와 재산을 빼앗았으며,

---

1) 권인규의 가계표는 다음과 같다(『안동권씨추밀공파강릉세보』참조).

9월 6일에는 강릉부 최대 지주였던 李會源 집인 仙橋莊을 공격한다고
선언하였다. 이회원은 농민군에게 백미 100말과 돈 300꾸러미를 보내 경
계를 풀게 하고, 한편으로는 각지에 연락하여 민보군을 조직하여 농민
군을 공격하였다. 민보군은 9월 7일 비가 억수로 쏟아지는 한밤중에 농
민군을 급습하였다. 경계를 풀고 잠자리에 들었던 농민군은 대패하였다.
농민군은 20여 명의 시체를 남기고 대관령을 넘어 평창 쪽으로 퇴각하
였다.2)

　　이회원은 이어 '영동구군대도호사 겸 관동26읍소모사'가 되어 이진석
을 도총에, 이영찬을 隊長에 임명하고 박동의를 종사로 삼아 봉평, 대화,
평창 등 강원도 일대에서 농민군을 진압하였다.3)

　　권인규는 이회원의 통지를 받고 민보군에 참여하여 주로 문서 작성
등의 임무를 수행한 것으로 보인다. 그의 문집인 『소은창의록』에 그가
작성한 것으로 보이는 「討東匪序」가 있는데, 여기에는 이회원의 활동상
이 잘 기록되어 있다.4)

---

2) 박준성, 「1894년 강원도 농민군의 활동과 반농민군의 대응」, 『동학농민혁명의 지
　역적 전개와 사회변동』, 동학농민혁명기념사업회, 새길, 202~204쪽.
3) 『巢隱倡義錄』(필사본), 「討東匪序」.
4) 『巢隱倡義錄』(필사본), 「討東匪序」참조.
　동학진압을 마친 후 정부에서 공을 수립한 인물의 명부인 「동학당정토인록」(『동
　학란기록』하, 620~624쪽)에 그의 이름은 올라있지 않다. 즉 「동학당정토인록」에
　의하면, 강릉 지역의 인물 중에서 동학진압에 공을 세운 인물로 전사과 이진석과
　전감찰 이영찬을 비롯하여 유학 최돈민, 최오집, 박동의, 강위서, 민주식, 유광채,
　박훈양, 이병조, 임노규, 유택근, 박문양, 이난헌, 이희문, 홍우현, 이민상, 이학헌
　등 여러 인사를 들고 있으나 권인규는 명단에 빠져있는 것으로 보아 그다지 큰
　활약은 없었던 것으로 보인다.

2) 의병투쟁

권인규의 실천적인 삶은 1895년 을미사변과 단발령 공포 직후 전개된 의병투쟁으로 이어진다. 권인규는 일본에 의해 을미사변이 자행되고 단발령이 공포되는 사태를 보고 비록 나이 먹어 병들었으나 목숨 바쳐 '島夷'(섬오랑캐)를 물리칠 것을 맹서하였다. 권인규의 거의 논리는 철저한 위정척사론에 기반하고 있다. 그는 의병을 일으키는 것을 '斥邪扶正', 즉 사도를 물리치고 정도를 붙잡는 행위로 보았다. 그는 죽음을 무릅쓰고 의병을 일으키는 행위는 의리를 실천하는 것으로 하늘의 도움으로 절대로 죽지 않을 것이라면서 의병에 참여할 것으로 호소하였다.[5]

권인규는 민용호의병에 참여하여 의병투쟁을 전개하였으며, 독자적으로 '창의포고문'을 발표하여 민용호의진을 지원하기도 하였다. 여주 출신인 민용호는 단발령이 내려진 직후 여주를 떠나 1895년 12월 1일 원주에 도착하였다. 이곳에서 그는 송형순, 이병채 등과 의병을 모집하고 의병을 일으켰다. 민용호는 평창의 방림에서 격문을 발표하고 인근에서 의병을 모집하였으며 12월 18일(2월 1일, 양) 강릉으로 들어갔다. 그리고 도사 李承學 등 강릉의 토착세력에게 군무첩을 내려 이들을 의병에 편입시켰다.[6]

권인규는 민용호의진에서 주로 격문 또는 포고문 등의 문서를 작성하여 의병의 당위성을 피력하였던 것으로 보인다. 그가 작성한 문서들이 그의 문집인 『소은창의록』에 수록되어 있는데 이를 통하여 그의 활동내

---

5) 권인규, 「창의포고문」, 『소은창의록』(『독립운동사자료집』3, 261쪽).
6) 박민영, 『대한제국기 의병연구』, 한울, 1998, 122쪽.
   이때 군무첩을 받은 강릉의 인물로는 이승학, 김노원, 심홍택, 정규섭, 이승찬, 최돈익, 김양선, 임익상, 정현중, 김인수, 전치운, 강동오 등이 확인된다.

용과 창의 이념을 알 수 있다.

『소은창의록』에 의병과 관련있는 문서로는 '禮安 창의소에 답한 통문', '창의 포고문', '창의 통문', '관동 창의소 포유문', '관동 창의사 효유문', '서고문' 등과 서간문인 '의병장 민용호에게 보낸 편지'와 '유진장 이병채에게 보낸 편지'가 있다.

권인규가 민용호와 만난 것은 민용호가 강릉에 들어 온 직후로 보인다. 권인규는 민용호와 만난 후에 민용호에게 큰 기대를 했던 것으로 보인다. 민용호의진에서 나온 그는 12월 말에 독자적으로 「창의포고문」을 작성하여 민용호의진인 '관동9군도창의소'가 설치된 사실을 널리 알리고 의병에 참여할 것을 다음과 같이 호소하였다.

> 아! 우리 5백년 대소 신민들아, 저 왜놈의 극악함은 어찌 차마 더 말할 수 있겠는가. 강산에는 아직도 2陵의 원수가 남아 있고, 천지에는 또 8월의 변고가 일어났으니, 설사 그놈들의 배를 쪼개고 그 놈들의 간을 씹지 못할망정 또 고개를 숙이고 머리를 깎으며 그놈들의 호령을 따른단 말이냐. 원통하고 원통하다.[7]

권인규는 일본을 임진왜란의 원수이며, 국모를 시해한 '섬오랑캐'라면서 철저한 척왜론적 인식을 견지하였음을 볼 수 있다. 그는 우리가 원수를 갚지도 못했는데 또 고개를 숙이고 단발령과 같은 그들의 정책을 따를 수 없음을 분명히 밝혔다.

권인규의 이 포고문은 그가 민용호를 만난 직후인 12월말에 발표했던 것으로 보인다. 이는 그가 민용호에게 보낸 편지에서

---

7) 『독립운동사자료집』3, 261쪽.

오직 타고난 양심은 일찍이 하루도 義를 잊은 적이 없습니다. 요즘 창의통고문을 마련하여 네거리에 써 붙이고 대소 인민과 왕래하는 나그네들을 타일러서 의를 따르는 자의 마음을 고동시켜 격려하고 분발하게 하였는데 과연 보셨습니까?[8]

라고 창의통고문을 사방에 써 붙였음을 밝히고 있는데서 알 수 있다.

권인규는 1896년 설을 세고 민용호부대에 다시 참전하였던 것으로 보인다. 그는 이때 관서와 관북지역의 사민들에게 의병에 동참할 것을 호소하는 「창의통문」을 작성하였다. 여기에서 그는 강릉지역에 의병도창의소가 창설되었음을 알리고, 관북은 이성계가 왕업의 기초를 닦은 곳이요, 관서는 기자의 첫 교화를 받은 곳이라면서 이 난세를 당하여 한번죽어 대의를 이룰 것을 주창하였다. 또한 그는

슬프다. 사람이란 죽고 사는 문제가 제일 큰 것이지만, 그러나 머리 깎고 살면 살아도 욕이요, 義를 안고 죽으면 죽어도 역시 영광이다. 하물며 여러분께서는 모두 공자 맹자를 외우고 법 받는 처지이니 몸을 죽여 인을 이룬다는 말이 있지 않은가. 또 삶을 버리고 의를 취한다는 말이 있지 않은가. 인을 이루고 의를 취하는 것이 바로 이때에 있으니 부디 힘쓰소서.[9]

라면서 '殺身成仁'과 '捨生取義'의 정신으로 의병에 동참할 것을 호소하였다.

권인규는 또한 각 항구에서 일본에 붙어서 생활하는 자들에게 「효유문」을 발표하였다. 그는 이 효유문에서 "우리 땅에 머물러 있는 왜놈은 종자도 없이 모조리 없애야 한다" 또는 "소위 우리나라 대신으로 왜놈

8) 「의병장 민용호에게 보낸 편지」, 『한국독립운동사자료집』3, 263쪽.
9) 「창의통문」, 위책, 265쪽.

의 심복이 된 자와 수령들로 백성을 협박하여 머리를 깎게 하는 자는 용서없이 처단해야 한다"라면서 일제와 그에 붙은 부일개화파를 철저히 처단해야 할 것을 밝히고 있다. 아울러 그는 의병이 거리에 넘치고 있으며, 의병이 가는 길에 일제와 붙어 협력하는 자는 목숨을 부지할 수 없음을 경고하였다. 이어서 의병에 합세하여 일제를 격퇴하는데 합력할 것을 다음과 같이 부르짖었다.

　　오늘의 의거는 충분히 격동되어 사생을 헤아리지 않고 왜적을 처 없애기로 다짐한 거이니 道마다 의병이요, 읍마다 의병이라. 의병이 있는 곳에는 하늘이 돕고 귀신이 도울 것이니 저 극악한 왜놈들은 반드시 멸망하고 말 것이다. 그렇게 되면 우리 동포로써 왜놈을 끼고 작난하는 몸은 어찌 밝은 이 하늘아래 목숨을 보존할소냐. 너희들의 타고난 양심으로 돌아오고 우리 선왕의 끼친 은택을 생각하여 의병이 가거들랑 총부리를 거꾸로 돌리고 따라 붙어 함께 추한 무리를 쓸어버리고 영원히 이 강산을 깨끗이 하자. 아! 5백년 역사를 가진 우리 선왕의 유민들이여.[10]

　한편 권인규는 민용호에게 보낸 편지에서 다음과 같은 자신의 방책을 제시하여 의리에 입각한 의병 정신에 입각하여 의병투쟁을 지도해 나갈 것을 권유하였다.

　1. 일의 대소를 막론하고 의리로 미루어 나갈 것.
　2. 사람을 쓰는데 반드시 심지가 깨끗하고 충의가 돈독한 자를 택하여 소임을 맡길 것.
　3. 利慾을 영위하는 협잡배는 일체 쓰지 말 것.
　4. 재정을 마련하는데 공정한 마음으로 경중을 헤아리고 우열을 따지며

10)「관동창의사효유문」, 위책, 273쪽.

私意로써 厚薄을 두지 말 것.[11]

그러나 민용호의병은 원산의 선평장전투에서 일본군과의 전투에서 참패하고 말았다. 민용호부대가 원산을 공격한다는 첩보를 접한 일본군은 3월 19일(음, 2월 6일) 선평장에 주둔하고 있던 의병을 기습하였다. 이 전투에 참여한 일본군은 원산수비대와 군함 高雄號에서 파견한 陸戰隊 등 도합 150여 명 정도로 이들이 천여 명의 의병과 격전한 것이다. 이날은 진눈깨비가 내리는 악천후로 의병들은 화승총을 쏠 수 없는 상태였다. 일본군은 이를 이용하여 선제 공격을 감행하였다. 당시 원산수비대장 中川소좌가 대본영의 小田대좌에게 올린 보고서에 의하면 의병은 30여 명이 전사하고 5명이 포로로 체포되는 등 참패한 것으로 보인다.[12]

권인규가 1896년 2월(음) 유진장 이병채에게 보낸 편지가 남아 있는데, 바로 이 선평장전투 직후 보낸 것으로 보인다. 그는 편지에서 "북진의 첩보를 밤낮으로 바라고 바랐는데, 마침내 실패했다는 기별을 들으니 하늘이 의사를 돕지 아니하여 그런 것인가. 아니면 인사가 잘못되어서 그런 것인가. 책상을 치며 크게 소리치자 피눈물이 쏟아집니다"라면서 이어서

그러나 승패는 병사의 상사니 한번의 실책으로 기운을 잃지 말고 더욱 분발하여 덕으로써 인심을 무마하고 의로써 사기를 고동시켜 뒷일을 튼튼히 하면 오늘의 한번 실패가 후일 백전백승의 伏線이 될 것을 어찌 알겠습니까.[13]

---

11) 「의병장 민용호에게 보낸 편지」, 위책, 263쪽.
12) 김상기 편역, 『한말의병자료』 제2권, 101~102쪽, 公 제34호.
     김상기, 「전기의병의 일본군에 대한 항전」, 《한국근현대사연구》20, 2002, 46~48쪽.
13) 「유진장 이병채에게 보낸 편지」, 위책, 266쪽.

라고 승패는 병가의 상사이니 기운을 잃지 말 것과 인심을 회복하여 재
기를 도모할 것을 기대하였다.

권인규의 의병활동은 그의 자식들에게 이어졌다. 즉, 그의 아들인 권종
해가 1907년 후기의병기에 강릉에서 거의한 후 이강년의병과 함께 의병
투쟁을 전개하였으며, 그의 손자인 권기수는 1919년 3·1운동에 참여하는
등 3대가 항일투쟁을 전개하였던 것이다. 그리고 이 과정에서 그의 가족
은 일제로부터 가혹한 학살을 당하고 옥고를 겪는 등 고통을 당했다.

권종해(1869~1922, 호: 惺坡, 자: 宣明, 이명: 周成)는 1907년 8월 군대
해산 직후 원주에서 봉기한 민긍호부대에 참여하였다. 1908년 2월부터
는 이강년 의진과 합류하여 활동하였다. 3월에는 백담사전투에서 큰 공
을 수립하였으며, 이후 인제의 운두령전투와 정선의 단림전투에 참전하
였다. 그러나 일본군은 이강년을 체포한 직후인 6월 6일 권종해의 집을
습격하여 모친 경주김씨를 살해하고 둘째 아들 曾洙의 복부를 총검으로
찌르는 만행을 저질렀다. 권종해는 1909년 4월에 강원도 양양에서 활동
하는 등 끈질긴 항쟁을 계속하였으며, 국망 후에는 중국 동북지역으로
망명하여 의군부에 가입하여 유격장으로 활동하였다. 1918년 정만교와
귀국하여 이듬해 3·1운동이 일어나자 강원도 충북 일대를 잠행하면서
무력 항쟁하다가 체포되어 옥고를 치렀다(증손 권영좌 증언).

권종해의 장자인 權基洙(1894~1922, 호: 靑溪, 자: 聖厚) 역시 1919년
3·1운동에 참여하여 영월, 평창, 정선 일대에서 독립만세운동을 주도하
였다. 왜경에 체포되어 함흥형무소에서 옥고를 치렀으며, 병보석으로 풀
려났으나 1922년 순국하였다(권영좌 증언).

제3장 충청의병과 의병장

1. 충청지역 의병전쟁과 의병장*

1) 머리말

1894년 6월의 甲午變亂과 청일전쟁이후 조선은 일제의 군사적 침략으로 반식민상태에 빠지고 말았다. 이에 따라 조선인들은 반침략, 반외세를 시대적 과제로 인식하고 義兵을 조직하여 국가와 민족을 수호하기 위한 항쟁을 전개하기 시작하였다. 의병투쟁은 국권침탈이후 전개된 독립전쟁의 정신적이며 인적인 연원이 되며 동시에 출발점이라는 점에서 그 역사적 의의는 실로 크다 하겠다.

충청지역에서의 의병투쟁(이하 忠淸義兵이라 약술함)은 전기·중기·후기 등 의병의 전 시기에 걸쳐서 치열하게 전개되었다. 특히 충청의병은 투쟁의 성과와 지속성 그리고 영향 면에서 전국 의병을 주도하는 등 활발했으며 그 과정에서 뚜렷한 특성이 드러난다. 지금까지 충청의병에 대하여는 홍주의병과 제천의병 중심으로 연구되었다. 그리고 관련 인물에 대한 연구가 진행되었다.[1] 이 글에서는 충청의병에 대하여 각 단계

---

* 김상기, 「한말 충청지방에서의 의병투쟁과 그 성격」,《청계사학》3, 1997.
1) 기왕의 충청의병에 관한 주요 연구논저는 다음과 같다.
　이동우, 「의병장 유인석의 의병운동고」,《성대사림》2, 1977.
　강병식, 「한말 홍주성의병에 대한 일연구」,《민족사상》2, 1984.

마다의 전개과정과 그 특성을 살펴 충청의병에 의한 민족보위의 투쟁사
를 구체적으로 구명하고자 한다.

2) 전기의병기 충청의병

(1) 유성의병

한말 항일의병투쟁은 1894년 일제에 의해 자행된 일련의 민족적 위기
를 극복하고자 시작되었다. 우선 척사 유생을 비롯한 조선인은 1894년
6월 21일 일어난 甲午變亂을 민족 존망의 위기 상태로 받아들였다. 더욱
이 한반도에서 청일전쟁이 일어나고 일본의 사주를 받는 친일적 개화

박민영, 「의암 유인석의 위정척사운동」, 《청계사학》3, 1986.

송용재 편, 『홍주의병실록』, 홍주의병유족회, 1986.

김상기, 「한말 을미의병운동의 기점에 대한 소고」, 《한국민족운동사연구》3, 1989.

김상기, 「1895~1896년 홍주의병의 사상적 연원과 전개」, 『윤병석교수화갑기념논총』, 지식산업사, 1990.

유한철, 「홍주성의진(1906)의 조직과 활동」, 《한국독립운동사연구》4, 1990.

김상기, 「1895~1896년 제천의병의 사상적 연원과 전개」, 『백산박성수교수화갑기념논총』, 1991.

이동우, 「을미년 충청지방의 의병운동 연구」, 『국사관논총』28, 1991.

김상기, 「조선말 홍주의병의 봉기원인과 전개」, 『수촌박영석교수화갑기념논총』, 1992.

김상기, 「조선말 문석봉의 유성의병」, 《역사학보》134·135합집, 1992.

유한철, 「1896~1900년간 유인석의 서행, 도만과 그 성격」, 『택와허선도선생정년기념논총』, 1992.

김상기, 「복암 이설의 항일민족운동에 대한 고찰」 『우강권태원교수정년기념논총』, 1994.

김상기, 「김복한의 학통과 사상」, 《한국사연구》88, 1995.

김상기, 「전기충청의병의 전개와 성격」, 『오세창교수화갑기념논총』, 1995.

정권에 의한 갑오경장이라는 근대화 정책을 일본화를 위한 예속 정책으로 인식한 조선인들은 무력 투쟁의 방법으로 일본 세력을 구축하고자 하였다. 그 중에서 지평의 안승우, 홍주의 안창식, 철원의 홍범도, 안동의 서상철, 상원의 김원교 등은 의병을 모집하기까지 한 대표적인 의병장들이라고 할 수 있다.[2]

이중에서 안창식의 거의 시도는 충청의병의 출발점이라고 할 수 있다. 비록 모병단계에서 끝났지만 1895년 이른바 '을미변복령'에 반대하여 그해 4월에 의병봉기를 계획하여 광천, 정산일대에서 거의를 시도하기까지 하였다. 안창식의 활동은 1895년 을미사변 이후에 홍주의병으로 발전되는 충청의병의 첫 단계라고 하겠다.

충청의병은 을미사변 직후에 전국에서 가장 먼저 일어났다. 너무나 비참한 명성황후의 시해소식에 접한 조선인은 일제와 친일 정권에 대한 적개심이 솟구치지 않을 수 없었다. 그럼에도 일제는 자신들의 책임을 부인하였으며 친일 내각도 오히려 폐비조칙을 내리는 지경에 이르렀다. 이러한 처사에 조선인의 분노는 폭발하기에 이르렀다. 李建昌, 洪承憲, 鄭元夏, 李南珪 같은 관료들은 폐위에 반대하며 국모의 원수를 갚아야 한다는 상소를 올렸으며 서울을 비롯하여 지방 각지에서 의병의 조짐이 거세어져 갔다. 그러나 본격적인 의병투쟁은 9월 18일 文錫鳳이 봉기한 유성의병에서부터 시작되었다.[3]

문석봉은 1895년 9월 18일(음) 유성의 場垈(현 대전광역시 유성구 장대동)에서 창의하였다. 그는 대장에 추대되어 선봉에 金文柱, 中軍에 吳亨德, 군향에 宋道淳 등 지휘부를 조직하였다. 이어서 문석봉은 通文을

---

2) 김상기, 「조선말 갑오의병전쟁의 전개와 성격」, 《한국민족운동사연구》3, 1989.
3) 김상기, 「조선말 문석봉의 유성의병」, 《역사학보》134·135합집, 1992.

〈그림 1〉 유성의병장 문석봉

각지에 발송하고 의병에 참여하여 적을 토벌, 사직을 건질 것을 호소하였다.4)

유성의병은 공격의 목표를 공주부 관아로 잡고 우선 회덕현을 급습, 무기를 탈취하였다. 이어서 주민들의 의병 참여를 권고하고 10월 21일에는 진잠으로 들어가 군수 이세경에게 동참할 것을 요구하였다. 이세경은 오히려 의병의 동태를 관찰사에게 보고하며 협조를 거부하였다. 10월 28일 유성의병은 孔岩(현, 공주시 반포면 공암리)을 거쳐 공주 관찰부를 향해 진격하였다. 공주부 관찰사 李鍾元은 전중군 백낙완과 이인 찰방 具完喜에게 각각 100명씩 이끌고 대응하게 하였다. 의병부대는 이들과 공주 와야동(현재, 공주시 상왕동)에서 일전을 겨루었다. 그러나 의병은 와야동전투에서 관군의 기습공격으로 패하고 말았다.5) 문석봉은 패산 후 중군 오형덕 등과 함께 경상도 고령, 초계등지에서 재봉기를 준비하였다. 그러나 결국 고령현감의 고변으로 12월 24일 체포되어 대구부에 구금되었다. 문석봉은 1896년 봄 영장 최은동과 중군장 오형덕과 함께 파옥, 탈출에 성공하였다. 그해 4월에는 원주로 내려가 '都指揮'가 되어 각도 의병장들에게 통문을 돌리면서 재봉기를 시도하였으나 불행히 그해 11월 병사하여 기병한 뜻을 이루지 못하고 말았다. 그러나 유성의병은 을미사변의 비보에 조선인이 즉각적으로 일제와 친일내각에 항거한 사실을 알려주

---

4) 文錫鳳, 「通文」, 『의산유고』권2.
5) 백낙완, 「남정록」, 《한국학보》74, 1994.

는 점에서 그 의의는 크다.

(2) 제천의병

을미사변으로 유성, 강계 등지에서 의병봉기가 일어나고, 전국 각지에서 봉기 계획이 진행되고 있을 때인 1895년 11월 15일(양, 12월 30일) 김홍집 내각은 단발령 공포를 강행하였다. 고종의 강제 단발 소식과 공주부 관찰사 이종원의 강경 나루에서의 강제 단발을 비롯한 관리들의 단발 강요 및 행패는 유생들로 하여금 의병봉기의 불을 붙이게 하기에 충분하였다. 단발령 공포 후 전기의병은 전국적으로 확대되었다. 그러나 그 중에서도 제천, 홍주 등 충청지역의 의병은 규모 면에서 또는 투쟁역량이나 타 지역에 미친 영향 면에서 전기의병을 주도해 나갔다.

제천의병은 1896년 1월 安承禹, 李春永 등 화서학파의 문인들이 거의한 지평의진에서 비롯되었다. 안승우는 지평의 포군장 金伯善을 비롯한 포수 400여 명을 주병력으로 하여 원주 관아를 점령하였으며, 이어서 1월 17일 제천에 무혈 입성하였다. 이때 徐相烈, 李弼熙, 吳寅泳, 배시강 등이 의진에 참여하였다. 이필희를 대장에 추대한 지평의진은 단양 군수를 구금시키고 일본군과 관군을 장회나루 전투에서 크게 물리쳤다. 그러나 관군과 일본군의 계속된 추격에 영월로 퇴진하였다. 이러한 사태에 접한 유인석은 요동행을 포기하고 제천의병을 지휘하게 되었다. 이때가 1896년 1월 26일이었다. 영월에서 대장에 추대된 유인석은 의진을 제천으로 진격시켜 관아를 접수하고 관아 뒷산인 아사봉에 본영을 설치하였다. 중군장에 이춘영, 전군장에 안승우, 후군장에 신지수, 선봉장에 김백선, 소모장에 서상렬을 임명하고 각지에 격문을 띄워 항일전 참여를 호소하였다.

제천의병은 홍주의 김복한, 유성의 문석봉, 장성의 기우만 등에게 통문을 보내 거의를 호소함은 물론 연합작전을 모색하였다. 제천의병은 단발을 강요한 단양군수 권숙과 청풍군수 서상기를 처형하고 2월 17일 충주성을 점령, 충주관찰사 金奎植을 처단하였다. 이어서 천안군수 김병숙, 평창군수 엄문환을 처형하고 선유사 申箕善을 잡아 가두었다. 소모장 서상렬은 안동부 일대에서 7읍의 맹주로 추대되어 예천군수 유인형을 처단하고 안동의병과 연합작전을 펴기도 하였다. 이로써 제천의병은 충주부를 중심으로 중부지역 일대를 장악하는 세력권을 형성하였다.

제천의병은 수안보와 가흥에 주둔하고 있던 일본군의 격퇴를 주요 목표로 삼아 작전을 폈다. 그러나 2월 26일 수안보전투에서 이춘영이 전사하고 충주성 공방전에서 주용규가 전사하는 큰 손실을 입었다. 제천의병은 3월 5일 다수의 희생자를 낸 채 충주성을 포기하고 제천으로 후퇴하였다. 유인석은 안승우를 중군장으로 삼아 전열을 정비하였다. 이때 이강년이 의병을 이끌고 의진을 찾아와 유인석과 사제의 의를 맺었다. 이강년은 유격장에 임명되어 다수의 전투에서 큰 전과를 올렸다. 그러나 3월 27일 선봉장 김백선의 처형사건 이후 병사들의 사기가 떨어졌으며 제천의병은 결국 5월 25일 제천의 남산전투에서 관군과 일본군의 집중적인 공격을 받고 패하여 西行의 길을 택하게 되었다. 유인석은 고종의 해산조칙을 전해 받았으나 구제도를 회복하지 못했으며, 침략군인 일본군을 물리치지 못했다면서 의병을 해산할 수 없음을 상소를 올려 분명히 하였다.6) 이후 강원도, 평안도를 거쳐 8월 24일 초산전투를 끝으로 압록강을 건너 중국의 懷仁縣(현재의 桓仁縣)으로 들어갔다. 이는 중국의 지원 하에 국내에 재진입하고자 한 때문이었다. 그러나 제천의병

---

6) 유인석, 「西行時在旌善上疏」, 『의암집』권4, 소.

은 회인현재 徐本愚의 제지를 받고 8월 29일 무장해제를 당하였으며 유인석 등 21명을 제외한 219명은 강제 귀국 당하였다. 유인석 일행은 심양으로 들어가 심양현에 군사지원을 요청하였으나 일본과의 전쟁의 사단을 일으킬 수 없다고 거절당하였다. 유인석 일행은 중국의 원병을 기대하기 어렵다는 사실을 깨닫고 원세개에게 가려던 길을 돌려 1896년 9월 고구려 구토인 유하현 오도구로 들어가 "復古制 斥倭獨立"을 위한 기지로 정하고 재기의 준비를 하였다.[7]

(3) 1896년 홍주의병

1896년 홍주의병은 安昌植, 安炳瓚부자를 중심한 홍주지방의 유생들과 金福漢, 李偰을 비롯한 관료출신들에 의해 일어났다. 홍주일대의 유생들은 단발령이 공포되자 1895년 11월 28일 청양의 化城에서 향회를 실시한 뒤 군사활동을 결의하고 180여 명의 민병을 모집하였다. 다음 날 安炳瓚, 蔡光默이 이들을 인솔하여 홍주성에 입성하였다. 12월 1일 저녁에는 정산과 청양의 李鳳學, 李世永, 金正河 등이 수백 명의 의병을 거느리고 성안에 들어왔다. 12월 2일에는 안병찬의 척숙 박창노가 土民 수백 명을, 청양의 선비 이창서는 청양군수 鄭寅羲의 명령을 받아 수백 명을 인솔하고 각각 홍주부에 집결하였다.

김복한의 지시에 의병들이 경무청을 부수고 홍주부의 참서관과 경무관이 동문 밖으로 끌어내어 구타하자 관찰사 李勝宇도 결국 의병에 참여하였다. 이어 '존화복수'의 기를 세우고 다음날 홍주관찰부내에 창의소를 설치하고 김복한을 의병장으로 추대하였다. 김복한은 통문을 띄워

7) 김상기, 「1895~1896년 제천의병의 사상적 연원과 전개」, 『백산박성수교수화갑기념논총』, 1991.

의병에 응모하기를 호소하고 송병직, 채광묵, 박창로, 정제기 등을 의병 초모와 산성수리를 위하여 파견하였다.

그러나 의병의 기치를 든지 이틀 만인 12월 4일 관찰사가 배반하고 말았다. 그는 유생들의 권유와 위협에 마지못해 거의에 참여는 하였으나 실패를 두려워하였으며 관리들의 회유에 거의의 뜻을 번복하고 김복한, 이설을 비롯한 23명을 구금시켰다. 그중 김복한 등 6명은 1월 12일 서울의 한성재판소로 이송되었다. 2월 23일 고등재판소 재판장 이범진이 이들을 불러 공초를 하고 25일에는 실형을 선고하였으나, 이날밤 자정 임금의 특지로 전원 사면 석방되었다. 이들에 대한 판결문이 남아 있어 전기의병의 판결문으로는 희귀한 것이다. 이들 중에 김복한과 이설의 행적을 살펴보기로 한다.

김복한(1860~1924)은 충청남도 홍성군 갈산면 출신이다. 1892년 문과에 급제하고 사헌부 지평, 형조참의, 성균관대사성, 우부승지 등을 지냈다. 1894년 6월 일제의 침략이 노골화되자 관직을 사직하고 1895년 11월 단발령의 공포에 항일의병을 봉기하였다. 1895년 12월 홍주관아를 점령하고 창의대장에 추대되었다. 그러나 의병에 참여하였던 관찰사 이승우가 뜻을 번복하고 김복한을 비롯하여 주도자 23명을 체포하는 사건이 일어났다. 1905년 을사조약이 늑결되자 그는 이설과 함께 상경하여 을사5적의 매국행위를 성토하는 상소를 올렸으나 경무청에 체포되어 옥고를 치렀다. 다음해 홍주의병이 일어나자 주위 인사들에게 의병에 참전할 것을 권고하였다. 의병장 민종식이 지휘하는 홍주의병은 홍주성 전투에서 큰 희생을 치르고 패산하였다. 김복한은 이때 민종식과 더불어 의병을 계획했다는 혐의로 일본군에 체포되어 한성 경무청에 구금되었다. 그해 11월말 풀려났으나, 다음 해 10월 민심을 선동했다는 이유로 체포

되어 보령군에 구금되었다. 일본인 순검들은 그를 공주 감옥으로 이송
하는 도중 의병의 소재지를 대라며 구타하고 끝내는 살해하려 하였다.
다행히 한인 순검의 도움으로 목숨을 건질 수 있었다. 10월 22일 풀려난
그는 12월에 홍성군 결성면 산수동에 은거하였으며, 1910년 8월 국망의
소식에 죄인으로 자처하였다. 그러나 1919년 거족적인 3.1운동이 일어나
고 민족대표에 유림계가 빠진 것을 알고 호서지역의 유림과 곽종석 등
영남의 유림들과 함께 일제의 침략과 조선의 애족장을 호소하는 長書를
작성하여 서명한 후 이를 파리의 강화회의에 발송하는 운동을 전개하였
다. 그는 이 파리장서운동이 발각되어 그해 7월 공주 감옥에 구속되어
7월 29일 대구지방법원에서 '불온문서 서명배포'죄로 징역1년형을
선고받고 옥고를 치렀다. 그는 제자들에게 한학을 교육하면서 유
교부식회의 설립을 지도하다가 1924년 3월 생을 마쳤다.[8]

　　이설(1850～1906)은 충청남도 결성군 화산면에서 태어났다. 1895년 10
월 일제의 명성황후 시해사건이 일어나자 김복한 등과 함께 홍주에서
의병을 일으켰다가 1896년 1월에 체포되어 서울로 압송되어 '장60'의 판
결을 받았으나 국왕의 특지로 석방되었다. 1904년에 일본이 전국의 황무
지 개척권을 요구하자 분개하여 전국에 격문을 돌리어 이를 반대하고
민족의식을 고취하였다. 1905년 11월 일제가 무력으로 국왕과 대신들을
위협하여 을사조약을 강제 체결하고 국권을 박탈하자 이에 항거하여 일
제를 규탄하는 상소를 올렸다가 체포되어 투옥되었다. 그는 고향에 돌
아와서 식음을 전폐한지 수십일 만에 1906년 4월 29일 순국하였다.

　　한편 체포되지 않은 홍주지역 유생들은 의병을 재기하였다. 李根周,

---

8) 김상기, 「김복한의 학통과 사상」,《한국사연구》88, 1995.
　　김상기, 「김복한의 홍주의병과 파리장서운동」,《대동문화연구》39, 2001.

조의현, 안창식, 정인희 등이 그 대표적 인물이다. 특히 청양군수 정인희는 12월 6일 정산읍에 진을 치고 분연히 일어났다. 12월 7일 공주를 향해 진격하였으며 공주부의 구완희 부대와 정산의 철마정 일대에서 치열한 전투를 벌였다. 한편 이세영은 홀로 홍주를 빠져나가 1896년 2월 아관파천 후 남포에서 의병을 다시 일으켰다. 이때 같이 거의한 인사에는 黃載顯, 李寬, 金弘濟 등이 있다. 이 거사 역시 성공을 보지 못하고 패하고 말았지만 이세영 등 홍주지역 유생들의 끈질긴 항쟁의 모습을 알 수 있다.9)

한편 김산의병장 李起燦부대가 지례전투에서 패한 뒤 충북의 황간으로 이진하여 의병투쟁을 계속하였다. 이기찬 부대는 이곳에서 전판서 李容直으로부터 正租 80여 석을 군량으로 지원받아 흩어진 의병을 소모하는 등 활동을 재개한 것이다. 이기찬은 의진을 속리산 아래 장내로 옮기면서 전투를 계속하다가 고종의 해산 칙유에 의진을 해산하였다.10)

3) 중기의병기 충청의병

(1) 단양의병

중기의병은 1904년 2월 일제가 러일전쟁을 일으키고 대한제국에 한일의정서를 강제 체결케 한 것이 계기가 되어 시작되었다. 1904년 2월 이후 각지에서 의병봉기의 조짐이 나타났으며, 5월에는 평리원 판사 허위의 이름으로 격문이 발표되어 한일의정서의 침략성이 지적되고 일제의

---

9) 김상기, 「1895～1896년 홍주의병의 사상적 연원과 전개」, 『윤병석교수화갑기념논총』, 1990.
10) 李起燦, 『止山遺稿』(필사본) 참조.

황무지개척권 요구의 부당성이 지적되었다. 8월에는 홍천에서, 12월에는 평북의 태천지역에서도 의병이 봉기하였다.

충청지역에서의 중기의병은 전기의병과 같이 제천지역과 홍주지역을 중심으로 재개되었다. 제천지역은 유인석을 비롯한 화서학파의 인물들이 주도한 전기의병의 대표적인 기병지이자 전적지였다. 이들은 비록 의진의 해산 후에 각기 본업에 돌아갔으나, 유인석은 1900년 만주에서 귀국하여 그의 문인들과 관서지역과 제천지역에서 강회 활동 등을 통해 사풍을 진작시켜 나갔다.

1905년 1월 제천지역 유생들은 제천향약을 조직하여 향약운동을 전개하였다.[11] 이들은 향약을 실시하여 인심을 단속하고 풍속을 바로 잡아 일진회에 대항하고자 하였으며 나아가 국망을 막아야 한다고 하였다. 이 제천향약은 유인석의 명에 의해 시행된 것으로 보이며, 유인석이 '향선생'을 사양함에 이소응이 도유사를 맡고 도약사에 兪鎭弼이 선임되었다. 제천향약은 제천군의 현석, 근우, 근좌, 동면, 서면 등 각면에 임원을 두었으며 하구곡, 상구곡, 음마곡, 양마곡, 송치, 답동, 오리동, 현박, 원박, 신대, 삼성동, 소시랑, 공전, 장담, 구탄, 삼거리 등 각지의 사민들이 이에 참여하였다. 이 제천향약의 시행으로 제천을 비롯한 인근의 원주 일대까지 일진회가 책동하지 못하는 등 상당한 성과가 있었던 것으로 알려진다.[12]

중기의병 봉기의 촉매제 역할을 했던 원용팔과 정운경의 거의는 제천, 원주지역에서의 이와 같은 항일 분위기 속에서 이루어졌다고 할 수

---

11) 제천향약에 대하여는 최재우의 「한말 제천지방 향약의 위정척사적 성격」, 《충북사학》2, 1989 참조.
12) 이정규, 「종의록」(『독립운동사자료집』1, 1970), 635～636쪽.

있다.

1905년 9월 중순 전기의병 때 제천의병에서 중군장으로 활약한 바 있는 元容八은 옛 동지인 朴貞洙 등과 재거의를 협의하고 각처에 격문을 보내고 의병을 봉기하였다. 원용팔은 스승인 유인석에게 다음의 글을 올려 거의의 뜻을 알렸다.

현재의 불행한 형편을 말한다면, 말로는 顧問이라는 명색을 가지고 있지만 나라의 권리를 마음대로 행사하니 소위 10부 大臣이라는 것은 벌써 일본정부로 화하여 버렸습니다. 들판을 태우는 큰 불길이 8도로 퍼져서 시골에 약간 남은 풍속도 몇날 안에 다 없어지게 되고, 소위 재판이니 세금을 받느니 하는 무리들이 판을 치고 있습니다. 새로 정한 약조가 1백 60조나 된다고 하니 무슨 흉모가 이렇게까지 많은 지 모르겠습니다마는 이것을 차례 차례 실시하여 그들의 욕심을 채우고야 말게 되겠습니다. 이 시기의 형편이야 말로 칼자루를 남에게 맡겨서 나를 죽이게 하는 것과 무엇이 다르겠습니까. 山林川澤을 점거하는 일이나, 戶口를 등록하고 군대를 개편하는 일 같은 것을 제 마음대로 하고, 일찍이 우리를 나라로 보는 일이 없으니, 아아 사람으로서야 이 모양을 차마 보고만 있을 수 있겠습니까.[13]

이어서 원용팔은 격고문을 발표하고 제천, 청풍 일대의 충청도와 원주, 횡성, 홍천 일대의 강원도에 걸쳐 1천여 명의 의병을 초모하여 원주의 주천지방에서 거의하기에 이르렀다. 그러나 원용팔은 의병을 편제하기 전에 원주 진위대의 공격을 받아 그만 체포되고 말았다.[14]

원용팔이 체포되고 의병진이 해산되었다는 소식에 충청도 제천에서 정운경 등이 재기하였다. 鄭雲慶(1861~1939, 본: 오천, 자: 和百, 호: 松

---

13) 朴貞洙, 「회당집」(『독립운동사』1, 335~336쪽) 참조.
14) 독립운동사편찬위원회, 『독립운동사』1, 1970, 333~338쪽.

雲)은 義源과 함종어씨 사이에서 1861년 제천에서 출생하여 종족숙인 健齋 鄭一源문하에서 수학하였다. 부인이 원주원씨이니 원주의 원용팔과는 인척의 관계가 된다. 그는 1896년 원용팔과 함께 제천의병에 참여하여 전군장으로 활약한 바 있다.

정운경은 원용팔의 체포 소식을 듣고 李圭錫, 金鴻卿, 姜秀明, 池源永, 金知鉉, 鄭解薰, 元建相, 張翊煥 등과 단양에서 창의하였다. 그는 의병을 일으키기에 앞서 「募義文」이라는 격문을 발표하였다. 이 격문에서 그는

> (전략) 병자년의 강화와 임오년의 변란 이후 기강이 무너지고 풍속이 頹敗하여 삼천리 문명의 나라가 장차 개나 양의 나라로 망하려 하며 5백년 교화하여 길러낸 백성이 어육의 지경에 빠지려 한다. 이러한 때에 당하여 동토의 살아서 혈기 있는 사람 중에 진실로 반 조각의 彛倫을 지키려는 자가 어찌 앉아서 보고만 있겠는가. 춘추의 법에 난신적자는 누구나 죽일 수 있다고 하였으니 士師(재판관)를 기다릴 필요가 없다. 이 거의의 빛남이 해와 별과 같으니 가히 염려할 것이 없다. 지금인 즉 안으로 공경대부가 잠잠히 소리를 내지 않고, 밖으로는 수령 방백이 두려워 열성조가 배양해 준 은혜를 들어내지 않으니 과연 편안히 있을 것인가. 또 東道의 사람이 먼저 義兵을 일으켰으나 백성들이 이에 쫓지 않았으니 이는 대개 기강이 서지 않은 때문이며, 인의에 밝지 않은 때문이니 가히 탄식할 바라. 우리는 비록 초야의 필부이나 또한 임금의 교화를 받은 사람이라. 이 원통함을 참는 것이 극에 달하여 힘의 천하고 짧은 것을 헤아리지 못하고 이에 경통하니, 원컨대 모든 글을 읽는 이는 일제히 모여 의거를 강명하고 무너진 기강을 지켜 종사를 보존하고 생명을 평안케 하심을 바랍니다.[15]

정운경은 일제에 의해 침략을 받는 것은 우선적으로 기강이 무너진데에 그 원인이 있음을 지적하고 무너진 기강을 확립하여 종사를 보존

---

15) 鄭雲慶, 「募義文」, 『송운집』권4 통문.

하고 나아가 백성의 생명을 구하기 위해 거의하였음을 밝혔다.

정운경의 거의 동기는 그가 체포된 후 평리원에서 가진 공사에서 보다 구체적으로 알 수 있다. 즉 그는 "존화복수와 춘추대의를 강명하고 충성을 다하여 적을 토벌하는 것이 배운 자의 본분이다. 지금 일제가 조선의 국권을 침탈하고 조선의 재산을 귀속시키고 관리의 복색을 바꾸는 행위에 義兵을 창기하였다"16)라고 하여 존화양이론에 입각한 국권회복론이 주요한 거의 이념임을 밝히고 있다.

정운경이 거의하자 며칠 사이에 의병의 수가 3,4백 명에 달하였다. 그러나 의병진이 진영을 갖추기도 전에 원주진위대의 급습을 받아 의진은 패산하고 정운경은 영춘에서 체포되고 말았다. 정운경은 11월 말일 평리원의 재판을 거쳐 '流15년형'을 받고 다음해 10월에 황주의 철도에 유배되었다.17)

(2) 1906년 홍주의병

중기의병은 1905년 11월의 을사조약의 늑결로 확대된다. 충청지역에서는 전기의병 때 봉기하였던 홍주지역에서 역시 의병이 크게 일어났다. 홍주의병은 김복한과 이설의 을사조약 반대 상소에서 부터 비롯되었다. 이들은 상소를 올려 을사 5적의 매국행위를 맹렬히 성토하였다. 특히 이설은 이 상소에서 애통조를 내려 충의군을 모집하고 각도 관찰사에게 명령을 내려 군량을 준비케 하고 백만의 군사를 모을 것을 주청하였다. 그는 또한 비록 일이 이루어지지 못하면 사람이 죽고 나라도 망

---

16) 「평리원 供辭」, 『송운집』권2 잡저.
17) 李世永, 「송운행적」, 『송운집』권5 부록.
　　族孫 元泰 찬, 「행장」, 『송운집』권5 부록.

하고 말 뿐이라고 끝까지 무력 항전할 것을 주장하였다.[18] 이설은 또한 옥고를 치르고 돌아와 안병찬 등에게 거의를 권유하였으며 전참판 閔宗植에게도 서신을 보내어 의병에 동참할 것을 권하였다.[19]

홍주의병을 일으키는데 주도적 역할을 수행한 인물로 안병찬이 있다. 안병찬은 을사조약의 늑결 소식을 듣고 1895년 홍주의병 때와 마찬가지로 적극적인 의병투쟁을 통한 국권회복운동을 전개할 것을 다짐하였다. 안병찬은

> 왜놈들에게 대권이 옮겨져 있으니 비록 천장의 상소와 백장의 공문서를 올린들 무슨 유익한 일이 있겠는가. 한갓 소용없는 빈말만 할진대 차라리 군사를 일으켜 왜놈 하나라도 죽이고 죽는 것만 못하다.[20]

라는 강한 항전의식으로 1906년 초부터 의병봉기를 추진하였다. 그는 채광묵 박창로 이세영 등과 함께 의병을 초모하는 동시에 정산에 거주하고 있는 전참판 민종식을 찾아가 총수의 책임을 맡아줄 것을 청하였다. 을미사변 후 관직을 버리고 정산에서 은거 중인 민종식은 이를 기꺼이 수락하였으며 박토 10여 두락을 팔아 5만 냥을 군자금으로 제공 하였다. 이에 따라 의진의 근거지를 민종식이 거주하는 정산군 천장리로 삼고 의진의 편제를 정비하였다. 참여한 주요 인물로는 안병찬, 채광묵, 박창로, 李容珪, 洪淳大, 朴潤植, 鄭在鎬, 李晩植, 成載翰 등을 들 수 있다. 이들은 각지에 격문을 발송하고 각국의 공사관에 청원문을 보냈다.

---

18) 이설, 「청토매국제적소」, 『복암집』권4, 소.
19) 김상기, 「복암 이설의 항일민족운동에 대한 고찰」, 『우강권태원교수정년기념논총』, 1994, 662쪽.
20) 임한주, 「홍양기사」, 『성헌선생문집』, 義 상, 33~34쪽.

홍주의병은 부대 편성을 마치고 1906년 3월 15일(음, 2월 21일) 예산의 광시장터에서 봉기의 깃발을 들었다. 이들은 대장기를 세워 천제를 올리고 이튿날 곧바로 홍주의 동문 밖 하우령에 진을 쳤다. 그리고 홍주성 안에 살고 있는 일본인을 잡아오면 1천 냥을 상금으로 주겠다고 하면서 홍주성 공격을 명하였다. 그러나 관군의 저항에 오히려 대장소마저 위태롭게 되어 다시 마을 밖으로 나와 진을 쳤다. 다음날 의진은 광시장터로 회군하여 군제를 바로잡고 병사들을 훈련시켜 공주를 공격하기로 하였다. 선두부대가 청양의 묵방(일명, 먹고개)에 이르렀을 때 공주 병력과 경병 200여 명과 일본군이 청양읍에서 휴식중이라는 척후병의 보고가 들어왔다. 의병진은 진로를 화성으로 옮겨 습川일대에 진을 쳤다. 이날 관군과 일본군은 오후 6시 먹고개에 도착하여 탐문하고 10시경 합천인근에 쳐들어와 잠복하였다. 다음날(3월 17일) 오전 5시 의병은 이들의 급습을 받아 패하였으며 안병찬, 박창로 등 23명이 체포되어 공주감옥에 갇히고 말았다.

한편 의병장 민종식은 보령군 청라면으로 피하여 재기를 도모할 수 있었다. 1906년 5월 9일(음, 4월 16일) 홍산의 지티에서 다시 의기를 높이 들었던 것이다. 이때의 부대는 이용규가 전라도의 전주, 진안, 용담, 장수, 무주 지역과 충남의 서남부 지역인 서천, 남포, 오천 등지에서 초모한 300여 명의 의병이 중심이 되었다.

민종식은 대장에 추대되어 부대를 정비한 후 홍산을 점령하고, 5월 13일(음, 4월 20일)에는 서천읍에 도착하였다. 관아에 돌입한 의병부대는 서천군수 李種錫을 감금시키고 양총 등 무기를 획득하였다. 이때 의병수가 1천여 명에 달하였다고 한다. 다음날 비인을 함락하고 남포에 들어갔다. 여기에서 유준근을 초청하여 유병장으로 삼았으며 유회군 33명을 영업하고 남포읍성을 공격하였다. 그러나 남포읍성은 요해지였다. 거기에 공주 병력까지 합세하여 반격하였다. 4일간의 전투 끝에 의병부대는 승리를 거두었으며 남포군수를 감금시키고 병사 31명을 의병진에 귀순시켰다. 그후 광천을 거쳐 결성으로 진군하여 하루를 지내고 5월 19일(음, 4월 26일) 홍주로 들어왔다.

홍주의 삼신당리에서 일본군과 싸워 이긴 의병부대는 구식 화포 2문을 선두에 내세워 홍주성을 포위 공격하였다. 의병의 우세한 공격을 당해내지 못한 일본 헌병들은 북문을 통해 덕산방면으로 도주하였다. 드디어 홍주성이 의병들에 의하여 점령된 것이다. 홍주성을 함락시키자 신보균, 신현두, 이식, 안항식, 김상덕, 유호근, 윤석봉 등 각지 인사들이 차례로 집결하였다. 의병진에서는 진용을 정비하고 소를 잡아 천제를 지냈다.

홍주성에서 패주한 일본군은 공주 병력을 지원받아 20일부터 홍주성을 둘러싸고 공격을 감행하였으나 의병부대는 이를 격퇴시켰다. 21일은 수원 헌병부대로부터 증파된 헌병과 경찰의 공격도 물리쳤다. 22일에는 서울 경무고문부의 排原 경시와 조선 경무관 및 그 부하 20명이 증파되었다. 이들은 24일 공주경무진위대에서 파견한 57명의 조선병과 함께 의병을 공격하였다. 27일 桐原 경시는 土坊경부와 宋 총순에게 순사 5명을 딸려 서문 밖을 정찰하도록 시켰으나 이들은 의병에게 처형되었다. 이와 같이 몇 차례의 일본경찰과 헌병대의 공격에도 전세가 의병 측에 유리하게 전개되자 통감 이토 히로부미는 주차군 사령관에게 군대파견을 명령하였다. 사령관 長谷川은 포병, 기병, 헌병 및 보병 2개 중대를 홍주에 파견하여 홍주성의 공격을 지시하였다. 이에 보병 제60연대의 대대장 田中 소좌 지휘 하에 보병 2개 중대와 기병 반개소대 그리고 전주수비대 1개 소대가 합세하여 30일 홍주성을 포위하기에 이르렀다.

한편 의병 측에서도 방어태세가 정비되었으며 29일에는 곽한일과 남규진이 400여 명을 이끌고 홍주성에 입성하였다. 홍주성이 포위됐다는 정보를 듣고 이를 지원하기 위하여 달려온 것이다. 그러나 일본군은 우세한 화력과 전투경험이 많은 병사들이었다. 이들은 田中소좌의 지시에 따라 30일 밤 11시에 동문에서 약 500미터 지점 숲속에 잠복하였으며 31일 오전 2시 반 기마병 폭발반이 동문을 폭파시켰다. 이를 신호로 하여 일본 보병과 헌병대, 경찰대가 기관포를 쏘며 성문 안으로 진입하였다. 또한 2중대 1소대와 4중대 1소대는 각각 갈매지 남쪽고지와 교동 서쪽 장애물 도로 입구에서 잠복하여 의병부대의 퇴로를 차단하였다. 31일 오전 4시경 홍주성은 일본군에 의해 완전히 장악되었다. 일본군은 기마병을 시켜 의병을 추격 사살케 하였다. 이때 양민 역시 다수 희생되었다. 이와 같이 양민까지 학살한 일제는 홍주지역에 일본인을 이주시킬 것을 계획하고 있었으니《大韓每日申報》에서는 이를 다음과 같이 보도하고 있다.

> 홍주군 정형을 들은 즉 일본군대가 義兵을 습격할 때 의병은 기미를 알고 흩어져 모두 제거하지 못하고 무고한 居住民을 남기지 않고 도륙하고 日露전쟁시 만주를 점령함과 같이 일본인민을 점차 이주케 할 계획이라 하니 한 사람의 무고한 백성을 죽이고 천하를 얻어도 사람들이 참지 못하는 바이어늘 하물며 한 州의 무고한 생명을 학살하고 한 城을 점령했으니 이를 가히 참을 수 있겠는가. 우리는 너무나 비참하고 눈물이 흘러내려 할 말을 잇지를 못하겠다.[21]

---

21) 《대한매일신보》, 1906년 6월 15일자 잡보, 「학살홍민」.

이 전투에서 일본군 측이 10여 명 사살된 반면 의병측은 참모장 채광묵 부자와 운량관 성재한과 田泰鎭, 徐基煥, 田慶鎬, 鄭在忠을 비롯하여 여기에 학살당한 양민의 수를 합하면 300여 명 이상이 전사한 것으로 보인다.22) 체포자 수는 145명에 이른다. 그중에 김상덕 등 79명은 서울로 압송되었다. 이들은 일본군 사령부에서 심문을 받고 윤석봉 등 70명은 7월에 석방되었다. 그러나 유준근, 안항식, 이상구, 신현두, 신보균, 이식, 남규진, 최상집, 문석환 등 9명은 대마도로 유배되었다. 이세영은 6월 체포되어 겨울에 종신 유배형을 선고받고 황주의 철도에 유배되었다. 또한 이때 체포된 곽한일을 비롯하여 박윤식, 김덕진, 정재호, 황영수, 박두표 등은 종신 유배형을 받고 지도(전라도 신안군)로 귀향갔으며 홍순대, 김재신은 고군도(전북 옥구군 미면)로 귀향갔다. 한편 안병찬, 박창로, 최선재, 윤자홍 등 수십 명은 공주감옥에 감금되었다.

1906년 10월에는 예산 현곡(지금의 대술면 상항리)에 있는 李南珪의 집에서 이남규, 이용규, 곽한일, 박윤식, 김덕신, 이석락 등이 모여 의병의 재기를 계획하였다. 이들은 11월 20일 예산을 공격하여 활동의 근거지로 삼기로 결정하고 민종식을 다시 대장에 추대하기로 뜻을 모았다. 그러나 일진회원의 밀고로 11월 17일 새벽에 일본헌병 10여 명과 지방병 40여 명 그리고 일진회원 수십 명의 포위 습격을 당하여 곽한일, 박윤식, 이석락 등이 체포되었다. 이남규, 이충구 부자도 함께 체포되어 온갖 악형을 당하였다. 민종식은 11월 20일 체포되어 1907년 7월 3일 교수형을 선고 받았으나 다음날 내각회의에서 종신유배형에 처해져 진도에 종신 유배되었다. 이로써 예산에서의 재기는 좌절되고 말았다. 이때 이

22) 김상기, 「조선말 홍주의병의 봉기원인과 전개」, 『수촌박영석교수화갑기념논총』, 1992.

용규는 청양의 추티에서 의병을 재집결하여 부여와 노성 등을 행군하여
연산의 부흥리에서 일본군과 교전하였다. 1907년 7월 趙炳斗는 중상을
입고 체포되어 대전역에서 사망하고 말았으며 채경도, 오상준은 체포되
어 공주부에 갇혔다. 우군관 홍순대는 1906년 11월초 부여군 은산면에서
80여 명을 규합하여 의병을 재기하였다. 이때 또한 남포의 성문에는 '義
兵大將宋'이라는 이름으로 군수 이철규의 처단을 경고하는 방문이 나붙
는 등 각지에서의 의병 봉기는 끊이지 않았다.

이와 같은 홍주의병의 재기 움직임에 일제는 불안을 느끼고 이 지역
의 중요 인물들에 대한 감시와 학대를 강화하였다. 1907년 9월에는 일본
기마대 1백여 명이 李南珪 부자를 체포해 가던 중 귀순을 거부한다고 온
양의 평촌 냇가에서 이들을 학살하는 만행을 저질렀다. 그해 11월 김복
한 역시 거의를 밀의하였다고 구속, 악형을 당하였다. 김복한은 풀려난
이후 1910년 국망을 당하자 죄인으로 자처하여 은거생활을 하였다. 그러
나 3·1운동에 유림계의 인물이 민족대표에서 빠진 것을 수치로 생각하
고 파리장서운동을 전개하였다. 영남의 곽종석과 함께 작성한 이 장서
에 김복한 외에 안병찬, 김덕진, 전양진, 임한주 등 의병의 동지들이 서
명하였으니 홍주의병은 3·1운동으로 계승되고 있음을 알 수 있다.

홍주의병에서 체포되어 황도에 유배되었던 이세영은 1908년 유배에
서 풀려나자 정산에 誠明學校를 설립하였으며, 1909년에는 부여에 大韓
協會 지부를 조직하는 등 계몽운동을 전개하였다. 1910년 한일합방 조약
이 늑결되자 그는 독립의군부 충청, 전라, 경상 3도의 사령관에 임명되
는 등 의병투쟁을 재개하였다. 그러나 국내에서 의·활동에 한계를 느낀
그는 1911년 만주로 망명하였다. 그 후 신흥무관학교 교장, 한교교육회
이사장, 통의부 군사위원 겸 사령장 등을 역임하면서 독립투쟁을 선도

해 갔다.

홍주의병은 홍주성전투에서 채광묵 등 3백여 명이 전사하는 등 희생이 컸던 의병이다. 체포된 포로 중에서 서울로 압송된 인물이 78명이다. 이 중에 민종식과 이용규 등 재판을 받은 이들의 판결문이 남아 있다. 이들 중에 민종식을 비롯하여 안병찬, 곽한일, 이용규 등의 행적을 살펴보기로 한다.

민종식(1861~1917)은 경기도 여주에서 판서 閔泳商의 장남으로 태어나 1882년(고종 19) 문과에 급제하여 벼슬이 이조참판에 이르렀다. 1895년 을미사변 후 벼슬을 버리고 충청남도 청양의 정산으로 이주하였다. 그는 일제에 의해 강제로 을사조약이 늑결되자 항일운동의 전면에 나서게 되었다. 그는 의병장에 추대되어 1906년 3월 15일(음력, 2월 21일) 광수장터에서 의병을 봉기하였다. 대장단을 세워 천제를 올리고 이튿날 바로 홍주성을 공격하였다. 그러나 관군의 저항에 오히려 대장소마저 위태롭게 되어 다시 마을 밖으로 나와 진을 쳤다. 의병은 화성의 합천전투에서도 관군과 일본군의 공격에 패산하였다. 민종식은 각지를 잠행하다가 5월 9일(음력, 4월 16일) 충청남도 홍산군 지티에서 의병을 재기하였다. 민종식은 의병을 이끌고 서천, 비인, 남포를 거쳐 홍주에 도착하여 홍주성을 점령하였다. 홍주성에서 패주한 일본군은 공주병력을 지원 받아 20일부터 홍주성을 둘러싸고 공격을 감행하였으나 의병부대는 이를 격퇴하였다. 몇 차례의 일본경찰과 헌병대의 공격에도 전세가 의병 측에 유리하게 전개되자 통감 이토는 주차군 사령관에게 군대파견을 명령하였다. 사령관 하세가와의 명령을 받은 보병 제60연대의 대대장 다나카(田中) 소좌는 보병 2개 중대와 기병 반개소대 그리고 전주수비대 1개 소대를 거느리고 30일 홍주성을 포위하여 대대적인 공격을 감행하였다.

이 전투에서 홍주성은 일본군에 의해 완전히 장악되었으며, 참모장 채광묵 부자와 운량관 성재평과 전태진, 서기환, 전경호를 비롯하여 300여 명이 학살되었다. 민종식은 성을 빠져나와 예산 이남규의 집에서 재기를 계획하였다. 민종식은 처남인 이남규의 도움을 받아 11월 20일 예산을 공격하여 활동의 근거지로 삼기로 뜻을 모았다. 그러나 일진회원의 밀고로 11월 17일 새벽에 일본헌병 10여 명과 지방병 40여 명, 그리고 일진회원 수십 명의 습격을 당하여 곽한일, 박윤식, 이석락 등이 체포되었다. 이남규 이충구 부자도 함께 체포되어 온갖 악형을 당하였다. 민종식은 다행히 미리 공주로 피신하여 체포를 면했으나, 결국 11월 20일 체포되었다. 민종식은 체포된 후 12월 7일과 25일에 모두 4차례의 심문을 받았는데 일본 경찰은 계속하여 궁중과의 관련을 추궁하였다. 이에 대하여 민종식은 사실무근이라고 강하게 부인하였다. 민종식은 1907년 7월 2일 '내란죄'로 교수형을 선고받았다. 그는 다음날 내각회의에서 종신유배형에 처해져 진도에 유배되었으며 12월에는 순종의 즉위를 맞아 특사로 석방되었다.23)

安炳瓚(1854~1929)은 청양군 화성에서 安昌植의 아들로 태어났다. 1895년 명성황후시해와 단발령 사건이 발발하자, 충청도 방면에서 제일 먼저 의거의 깃발을 올린 것은 충남 홍성에서였다. 그는 1895년 12월 1일 채광묵과 함께 부친의 지시를 받고 향병 180여 명을 이끌고 홍주성 밖에 유진하고 다음날인 12월 2일 입성하여 김복한을 의병총수로 추대하고 조양문 위에 홍주의진의 기치를 게양하였다. 그러나 이틀 후 관찰사 이승우의 배반으로 선생을 비롯한 23명이 체포되고 말았다. 그는 옥중에서 자결을 시도하였다. 임승주의 극진한 간호로 이튿날 깨어나 목

---

23) 김상기, 「1906년 홍주의병의 홍주성전투」, 《한국근현대사연구》37, 2006.

에서 흐르는 피로 문종이에 혈시를 써서 관찰사에게 전하였다. 그는 1896년 1월 17일 한성감옥에 구금되었으며 2월 25일 징역 3년을 선고받았으나, 고종의 특지로 석방되어 향리에 돌아와 재기를 위한 준비를 하였다.

1905년 일제는 을사조약을 늑결하여 조선의 외교권을 빼앗고 통감정치를 강행하였다. 이때 그는 "왜놈들에게 대권이 옮겨져 있으니 비록 천 장의 상소와 백장의 공문서를 올린들 무슨 유익한 일이 있겠는가. 한갓 소용없는 빈말만 할진대 차라리 군사를 일으켜 왜놈 하나라도 죽이고 죽는 것만 못하다."라며 결연히 일제를 물리치기 위한 의병투쟁을 재기하기에 이르렀다. 그는 1906년 초부터 의병봉기를 추진하였으며 정산에 거주하던 민종식을 총수로 추대하고 광시장터에서 봉기의 깃발을 들었다. 홍주의진은 홍주성을 공격하였으나 관군과 일본군의 완강한 저항에 부득이 퇴거하여 청양군 화성면 산정리 합천에서 유진 중 왜적의 야습을 받았다. 그는 박창로 등과 함께 체포되어 공주감옥에 구금되었다. 2개월이 넘는 옥고를 거친 그는 다행히 석방되어 홍주의병에 참모사로 다시 참여하여 수백 명의 의병이 산화한 홍주성전투에 참여하였다. 이 전투에서 패한 후 청양 지역에서 부대를 수습하여 다시 기의하려다가 밀고로 체포되어 수개월의 옥고를 치렀다. 1919년 3·1운동을 일어남에 김복한과 함께 유림들의 독립청원서인 파리장서에 서명하였다. 이 일로 그해 6월 피검되어 공주감옥을 거쳐 대구감옥으로 이송되어 옥고를 치렀다.

郭漢一(1869~1936)은 1906년 5월 南圭振과 더불어 예산에서 기병하고 민종식 의진이 홍주성을 점령한 소식을 듣고 홍주의진에 합류하였다. 곽한일은 돌격장으로 임명되어 일본군과의 홍주성전투를 수행하였다.

그러나 5월 31일 새벽에 일본군의 대공세로 홍주성이 함락되고 의진이 궤멸하고 말았다. 곽한일은 성을 탈출하여 예산 지방을 중심으로 재기를 계획하였다. 그는 예산의 한곡에 살고 있는 李南珪의 집에서 민종식을 대장으로 추대하기로 하고 참모의 직임을 맡았다. 그러나 일진회원에 의해 기밀이 누설되어 거사 계획이 일본헌병대에 알려졌다. 10월 2일 새벽 적의 기습을 받고 곽한일은 이남규 부자와 함께 체포되었다. 그는 공주 경무청으로 압송되었다가 경성 평리원으로 이감되어 문초를 받았다. 그는 종신유배형을 선고받고 전라남도 지도에 유배되었다가 1912년에 풀려났다. 사면되어 귀향한 후 1913년 2월에는 독립의군부의 총무총장에 임명되어 재정 지원을 약속하고 온양일대에서 모금을 계획하였다. 그러나 독립의군부의 계획이 발각되면서 체포되어 1913년 8월 13일 경성지방법원에서 1년6개월의 징역형을 선고받았다. 그는 출옥 후에도 군자금 모집에 주력하다가 1914년에 체포되어 유배생활을 하였다.

李容珪(1859~?) 충남의 부여 출신으로 1906년 3월 15일 매부인 민종식이 예산의 광시에서 홍주의병을 일으킬 때 안병찬 등과 함께 의병진 편성의 주도적 역할을 담당하였다. 홍주의병은 청양의 합천전투에서 관군한테 패하고 안병찬 등이 체포되기에 이르렀다. 이용규는 이때 체포를 피해 전주, 진안, 용담, 장수 등 전북지역에서 의병을 모집하였다. 그는 여산에서 의진을 결성하고 부여의 지티로 와서 민종식을 대장에 재추대하였다. 그는 참모사가 되어 의병의 홍주성 점령에 크게 기여하였다. 그러나 5월 31일 일본군의 대대적인 공격으로 홍주성이 함락당하자 다시 청양의 추티에서 의병을 수습하여 400명의 병력으로 부여·노성을 지나 연산에 이르러 교전하였다. 이용규의 활약상에 놀란 일본군은 그의 거처를 확인하고자 6월 17일 그의 아내 박씨와 어린 아들을 칼로 찌르고 고문하여 20일 그의 아들이 사망하였다. 그는 예산의 이남규 집에서 재거를 계획하였다. 거사 일을 10월 5일로 정하고, 일단 민종식을 성우영의 집으로 피신시키고 예산 관아를 습격할 구체적인 계획을 추진하였다. 그러나 10월 2일 일진회원의 밀고로 이들의 계획이 드러나 관군에게 포위되어 그를 비롯하여 이남규 부자와 곽한일 등이 체포되었다. 그는 이 일로 재판을 받아 1907년 2월 평리원재판소에서 사형을 선고받았으며, 7월 2일에 평리원 고등재판소에서 감일등되어 소위 내란죄로 종신유배형을 선고받았다. 그는 지도에 유배되었다가 11월에 특사로 풀려났다. 1911년 10월에는 옥천에서 전 승지 盧秉稷, 전 참의 張南基, 宋舜台 등과 의병을 일으킬 논의를 하였으나 1912년 4월 밀고로 30명이 함께 잡혔다가 8월에 풀려났다. 그 뒤에도 계속 독립운동을 전개하다가 1917년 4월에 잡혀 통영 욕지도로 유배되었다. 1918년 12월 파리강화회담에 보낼 자료를 준비하던 중 예심원 감옥에 수감되었다. 그 뒤 1919년 한성임시정부 수립에 참가하여 충청남도 大義士가 되었으며, 서울시민에게 보내는 취지문을 인쇄하여 배포하다가 붙잡혔다. 그는 이 일로 1919년 8월 30일 경성지검에서 공판에 부쳐졌으며, 경성지검에서는 그에게 12월 19일 징역10월형을 구형하였다. 그러나 1920년 3월 5일 경성복심법원에서 원판결을 취소하고 무죄를 선고하여 풀려났다.

(3) 당진의병

당진지역의 인사들 역시 을사조약의 늑결에 항거하여 즉각적으로 의병을 봉기하였다. 이 시기 대표적인 당진의병장으로 최구현(1866~1906)이 있다. 그는 면천의 매염리 출신으로 고종 3년(1866) 태어났다. 그는 정유재란 중인 1597년 영천전투에서 장렬하게 전사한 충신공 최준립의

12대 후손이다. 고종 24년(1887) 12월에 무과에 급제하고 1888년 훈련원 봉사로 벼슬길에 올라 군부에서 근무하던 그는 1904년 일본에 의해 한일의정서가 체결되는 것을 보고 국정을 탄식하며 군부참서관 직을 사직하고 낙향하였다. 1905년 11월 을사조약이 늑결되자 1906년 4월 기지시에 '병오창의도소'를 설치하고 의병을 일으켰다. 그는 면천, 당진, 고덕, 천의, 여미 등지에 격문을 발표하고 370여 명의 의병을 모집하였다. 그는 '창의영도장'에 추대되어 의병을 지휘하고 인근 지역을 돌면서 위세를 떨치고 5월 10일(음력, 4월 17일) 초저녁에 면천성을 공격하였다. 다음날 새벽까지 일제의 경찰대와 치열한 공방전을 수행하였으나 화승총으로 일본 경찰대의 신식 무기를 이길 수 없었다. 최구현은 죽음을 각오한 의병 36명을 인솔하고 5월 16일(음력, 4월 23일) 소난지도로 들어갔다. 소난지도에는 다른 당진의병과 화성창의장 홍일초 부대 40여 명도 있었다. 5월 27일(음력, 윤4월 5일)에는 서산의병 참모 김태순 등 28명이, 6월 7일에는 홍주성에서 패한 홍주의병 차상길 등 15명이 소난지도에 합세하였다.

이들 소난지도에 주둔하던 의병들은 1906년 6월 18일 면천군에 돌입하여 군수 이교영을 포박하고 이속들을 난타하고 결전 350냥과 양총 5정, 탄환 85발, 환도 2정을 탈취하였다. 소난지도 의병대는 그 해 8월 중순에도 다시 면천군을 습격한 것으로 보인다. 이때는 군수가 지방에 출타 중이었는데 '의병 수백 명'이 총 6정과 실탄 30여 발을 탈취해 갔다. 그러나 이들 120여 명의 소난지도 의병은 8월 24일(음력, 7월 5일) 일본 경찰대의 대대적인 기습공격을 받았으며, 최구현 의병장은 체포되어 면천감옥에서 심한 고문을 받고 옥고의 후유증으로 그해 12월 23일(음력) 사망하고 말았다.24)

(4) 황간의병

전기의병기 진주의병을 이끌었던 노응규가 1907년 1월초 충청북도 황간에서 의병을 다시 일으켰다. 노응규는 진주의병이 와해된 이후 부친과 형을 잃고 가산까지 몰수당하는 참변을 당하였다. 호남 지방으로 피신하여 숨어 지내던 그는 서울로 올라가 학부대신 신기선의 도움으로 「지부자현소(持斧自見疏)」를 올리고 사면을 받아냈다. 이후 1902년 규장각 주사에 임명되었고, 이어서 중추원의관 등의 관직을 지냈다.

그는 을사늑약의 소식을 접하자 관직을 버리고 광주로 내려가 의병 재기를 계획 하여 1906년 6월 최익현의 태인의병에 합류하였으나 의진이 해산되자 황간에서 서 은구, 엄해윤, 노승룡 등과 의병을 일으켰다. 노응규의 황간의병은 영동, 청산, 옥천 등지에서 일제 시설물과 철도를 주로 공격하였으며, 일본군과도 교전을 벌여 척후병을 패퇴시켰다.

그러나 충북경무서 황간분파소 소속의 순검들에 의해 1907년 1월 노응규를 비롯한 지휘부가 체포되자 의진 은 해산되고 말았다. 노응규는 서울로 압송되어 경무청 감옥에 투옥되었다. 그는 기개를 굽히지 않고 급식을 거부하다가 그해 2월 옥중에서 순국 하였다. 서은구와 엄해윤, 노공일은 7년 유형을 선고받고 고초를 겪었다.[25]

4) 후기의병기 충청의병

(1) 의병 활동

1907년 7월 고종이 헤이그 특사를 파견한 일로 인해 강제 퇴위당하였

---

24) 김상기, 「1908년 당진 소난지도 의병의 항일전」, 《한국근현대사연구》28, 2004.
25) 박민영, 『한말중기의병』, 독립기념관 한국독립운동사연구소, 2009, 85~90쪽.

다. 이등박문의 지시를 받은 李完用 내각은 고종의 양위를 의결하고 입
궐하여 고종의 양위를 청하였다. 이에 고종은 "짐은 죽는 한이 있더라도
양위하지 않는다. 경들은 누구의 指嗾를 받아 짐을 팔려고 하는가"고 매
국 대신들을 꾸짖었다. 그러나 결국 7월 18일 오전 3시 고종은 군국의
대사를 황태자에게 대리케 한다는 양위 조칙을 반포하였다.

고종의 강제 퇴위 소식이 전해지자 종로 상가는 철시를 단행하고 각
사회 단체를 중심으로 종로에서 군중 집회를 열고 일제와 매국 적신을
규탄하였다. 군중들은 이 시위에서 일본군에 투석으로 대항하였으며 일
본군의 총격으로 사망자가 발생하였다. 이때 시위를 주동했던 단체중에
同友會의 활약이 컸다. 동우회는 皇室尊重과 청년교육 그리고 동양평화
를 통해 독립을 유지하자는 취지로 1907년 3월 설립된 단체였다.[26] 동우
회에서는 고종의 강제 양위 소식을 접하자 민중들과 양위저지투쟁을 전
개하고 종로시위를 주도하였으며 이완용의 집을 불태우는 등 격렬한 시
위를 주도하였다. 이 시위를 주도한 혐의로 회장 윤이병은 종신유배형
을 선고받았다.[27]

일제는 고종을 강제로 퇴위시킨 직후인 7월 24일 한국병합을 추진할
의도로 정미 7조약을 늑결하였다. 이 조약으로 조선은 내정권마저 박탈
당하였다. 또한 비밀각서에서 "육군 1대대를 존치하여 皇宮守衛 업무를
當케 하고 기타를 解隊할 事"라 하여 한국군을 강제로 해산케 하였다.
드디어 7월 31일 長谷川 일본군사령관은 총리대신 이완용을 데리고 창
덕궁에 들어가 순종에게 한국군 해산조칙을 재가토록 하였다.

8월 1일 해산조칙에 접한 시위대 제1연대 제1대대장 朴昇煥은 비통함

26) 「동우회취지서」, 『省齋遺稿』권2, 잡저.
27) 성재윤선생유적간행협회, 「성재윤선생유적기」, 『성재유고』, 1960.

을 참지 못하여 "군인으로 나라를 지키지 못하고, 신하로서 충성을 다하지 못하니 만번 죽어도 아깝겠는가"라는 유서를 남기고 권총으로 자결하였다. 이를 목도한 시위대 군인들은 무장하여 병영을 장악하고 일본군과 시가전을 감행하였다. 서울 시위대의 해산 거부와 일제와의 항전소식을 접한 원주, 강화, 홍주, 진주, 안동 등 지방의 진위대 병사들 역시대일항전의 대열에 합세하였다. 이처럼 한국군의 강제 해산은 의병투쟁의 새로운 전환의 계기가 되었다. 해산을 거부한 한국군들은 지방의 의병부대에 동참하든지, 아니면 독자적인 의병을 조직하여 의병 대열에합세함으로 의병투쟁은 규모나 범위, 전투력 면에서 큰 발전을 가져왔다. 또한 병사층을 비롯한 민중세력이 대거 의병에 참가함으로 후기의병은 민중적인 성격을 띠게 되었다.

군대해산 후 충청지역에서의 의병항전 역시 활발했다. 우선 강제해산된 군인 중에서 충청지역에서 활약한 인물이 많다. 盧炳大(부위)[28]를 비롯하여, 吳明洙(부위), 閔昌植(참위), 朴寬實(참교), 李德景(하사), 裵昌根(하사, 청주출신), 金應善(하사, 옥천 출신), 陳聖九(하사) 그리고 병사 출신으로 韓鳳洙(상등병), 金奎煥(일등병), 金順五(이등병), 金永根(정산 출신), 金天福(청주 출신), 李基石(청주 출신), 鄭仲澤(제천 출신), 李龍云, 李仁煥, 張允石, 張基洙, 韓致晚, 趙用根, 李憲永, 金亨植 등이 있다.[29]

후기의병기 충청의병은 전기, 중기의병에 비해 소규모 부대에 의한

---

28) 「폭도사편집자료」(독립운동사편찬위원회 편, 『독립운동사자료집』3, 1972, 535쪽).
   융희 2년 10월 15일자에 의하면 노병대를 "경상도 상주 출생으로 유생이었다. 서당 교사를 하고 명망이 있었다"라고 기술하고 있어 그가 해산군인이 아닌 유생임을 알려주고 있어 그의 해산군인 여부는 더 조사되어야 할 것이다.

29) 成大慶, 「정미의병의 역사적 성격」, 《대동문화연구》29, 1994, 195쪽.
   독립운동사편찬위원회, 『독립운동사자료집』별집1, 1973, 335∼416쪽.

유격전을 수행한 특성이 있다. 이것은 유생의병장의 쇠퇴로 일반 농민
또는 해산군인들이 대두하면서 나타난 현상으로 후기의병의 성격의 변
화를 여실히 보여주는 증거이기도 하다. 물론 이러한 특성은 타 지역에
서도 나타나는 현상이나 충청의병의 경우도 예외가 아니라는 사실을 알
려 준다. 참고로 1907년 9월부터 1909년 7월까지 충청지역에서 일본군과
격전한 장소와 의병의 규모를 보면 다음 <표 1>과 같다.[30]

⟨표 1⟩ 후기 충청의병 전투상황

격전일	격전지	의병수	격전일	격전지	의병수
1907.9.4	진천	150	1908.6.8	보령	60
9.15	미원	300	6.13	당진	50
9.24	천안, 성환	50	6.13	서천	60
9.24	부강	70	6.14	괴산	60
9.29	목천	30	6.17	문의	20
10.7	보은	300	6.18	강경	40
10.20	청주	60	6.20	남포	100
10.21	천안	50	6.27	면천	50
10.30	충주, 청풍	300	7.2	해미	20
11.17	청풍	300	7.24	수안보	10
11.22	단양	300	7.25	정산	30
11.26	영춘	150	8.1	청양	30
12.2	영풍	300	8.5	공주	20
12.4	음성	50	8.15	안면도	95
12.10	충주	50	8.25	부여	37
12.16	영춘	80	9.1	음성	20
12.17	월악산	40	9.1	태안	30
1908.1.7	청양	400	9.10	음성	80
1.8	은진	150	9.11	음성	30
1.12	음성	70	9.11	해미	18
1.15	연산	60	9.12	음성	20
1.19	은진	150	9.14	남포	40

30) 「폭도사편집자료」(독립운동사편찬위원회 편, 『독립운동사자료집』3, 1972).

격전일	격전지	의병수	격전일	격전지	의병수
1.20	보은	100	9.20	남포	70
1.21	공주	50	9.23	청양	40
1.27	청주	13	9.28	청양	60
1.28	은진	70	10.3	임천	40
1.31	공주	50	10.12	단양	25
2.16	제천	27	10.13	단양	30
2.17	노성	70	10.16	임천	20
2.24	단양	70	10.24	청양	100
2.28	청주	20	10.26	한산	70
3.12	보은	60	10.30	정산	50
3.16	청양	15	11.1	당진	30
3.24	단양	70	11.5	단양	17
3.28	청주	20	11.21	남포	15
3.28	공주	175	1909.1.16	태안	5
3.29	공주	40	1.31	연산	10
4.20	청주	30	2.27	보은	10
4.21	청주	100	3.13	단양	40
4.21	진천	10	3.15	단양	50
4.22	보은	50	4.12	음성	20
4.30	영춘	60	4.24	청풍	8
5.3	보은	20	4.29	남포	20
5.4	청풍	25	5.15	당진	20
5.8	단양	40	5.17	청양	20
5.22	보은	400	5.25	청풍	100
5.28	남포	60	7.5	보은	11
5.29	청양	80			

위 표는 1907년 9월 이후 1909년 7월까지의 활동상을 조사한 통계이
다. 이를 통하여 우선 후기충청의병은 충남의 경우에는 청양, 공주 등
산악지대와 해미, 당진, 남포 등 해안 지대, 충북의 경우에는 진위대가
해산된 청주지역을 비롯하여, 보은, 괴산 등 속리산 지역과 충주, 단양,
제천, 청풍 등 월악산과 조령 등 산간지역이 중심이었음을 알 수 있다.
이것은 전, 중기의병에서 홍주성이나 충주성과 같이 지역의 중심지를

점령하고, 서울을 향해 진공하고자 했던 양상과는 크게 다른 점이다. 또한 위 표에서 연인원 6,936명이 97회에 걸친 투쟁을 하였음을 알려준다. 따라서 충청지역에서 평균적으로 1회에 71명 정도 의병이 참여한 것으로 보인다. 부분적으로 100명 이상의 부대가 있기는 하나(13회, 전체의 13%), 대부분이 100명 이하의 부대, 그중에서도 적게는 5명에서 50명 정도의 부대가 많았음을 알 수 있다. 이것은 후기충청의병 역시 타 지역과 마찬가지로 산간이나 해안가에서 소규모의 유격전을 수행했음을 알 수 있게 한다.

(2) 의병장의 활동

충청지역 후기의병의 경우에 참여층의 신분을 보면 일부 양반 유생이 나타나기는 하나 대부분은 평민출신인 것으로 보인다. 다음 표는 1907년 8월 이후 충청지역의 각지에서 활동한 주요 의병장 중 체포되어 재판을 받은 이들의 재판기록을 정리한 것이다. 이들의 인적사항을 검토하여 후기 충청의병의 성격을 살펴보기로 한다.31)

---

31) 이 표는 독립운동사편찬위원회의 『독립운동사자료집』별집1(의병항쟁사 재판기록, 충청남북도편, 1973, 335~416쪽)과 김상기 편, 『독립운동 관련 판결문 자료집』의 병운동1(국가기록원, 2011, 43~45쪽)을 참조하여 작성하였다. 충청 지역 출신으로 타 지역에서의 활동상도 포함시켰다.

〈표 2〉 충청지역 후기의병장 현황

순번	이름	거주지	나이	직업신분	활동부대	활동장소	활동시기	활동내용	형량
1	姜德保	공주	26	농업	李寬道 부대	공주	1908.12~09.5	군자금 모집	징15년
2	姜遂元	영춘	34	日傭稼	이강년 부대	영춘	07~10	일 순사 처단	징15년
3	權順明	제천	35	농업 포군	金春釗 부대	양주, 가평	08.8~08.10	일군과 교전	징15년
4	金敬文	괴산	48	상업		병천	08.8~09.5	탈옥, 군자금 모집	징10년
5	金洛鎭	경성 연산	51	서당훈장	허열 부대		07.9	군자금 모집	유7년
6	金東雲	영춘	39	농업	김상태 부대	영춘	09~12	밀정처단	징15년
7	金得洙	연산	25	농업		연산	07	총기구입	유7년
8	金末出	연산	19	?	李鳳白 부대	순흥	08.8	군자금 모집	징5년
9	金明心	청주	30	농업	韓鳳洙 부대	청주,보은	09.5	밀정살해	징15년
10	金法允	전주	20	상업		공주	07.12~08.5	군자금 모집	교수형
11	金保寧	해미	36	농민	장석홍 부대	남포	08.8	군자금 모집	징5년
12	金尙台	단양	50	농업	이강년 부대	단양	1896,1907~11	일군과 교전	교수형
13	金聖九	강릉	27	농민	金學善 부대	음성,보은	07.5~08.5	일군과 교전	유배15년
14	金成煥	청주	39	서당훈장		청주	1913	항일의식 고취	금고1월
15	金壽童	영춘	26	농민	李康秊 부대	단양,영춘	07.9~10.6	밀정살해	교수형
16	金雙奉	해미	29	.		해미당진	08.5~6	군자금 모집 밀정치사	교수형
17	金龍鉉	제천	60	商民	이강년 부대	제천	1908	의병 참여	태80
18	金永根	정산	29	해산군인	.	서울	07.8	의병 공모	유5년
19	金雲老	보은	54	서당훈장		보은	07.7~8	일본인 살해	사형
20	金濟煥	청주	42	서당훈장		청주	1913	항일의식고취	금고1월

순번	이름	거주지	나이	직업신분	활동부대	활동장소	활동시기	활동내용	형량
21	金天福	청주	27	해산군인		서울	07.8	의병 공모	유5년
22	金春三	청풍	35	농업	趙東奎 부대	충주	07.7~8	일군과 교전	유10년
23	金黃澗	선산	21	농업		황간 상주	10.2	군자금 모집	징5년
24	金興用	홍주	36	.	薛仁道 부대	청양 홍주	09.4~8	군자금 모집	종신형
25	孟宜燮	보은	50	농업		보은	1914.8	의병 모의	징3월
26	朴敬三	석성	27	무직		금산	09.3~4	군자금 모집	교수형
27	朴桂文	면천	47	상민	김태원 부대	서울	07.8	의병 공모	유5년
28	朴得用	제천	24	농업	李康秊 부대	제천 영춘	07.8~09.9	군자금 모집	유5년사면
29	朴雨日	당진	31	농업	朴道京 부대	영광 함평	09.2	군자금 모집	종신형
30	朴一福	남포	27	상업	신여도 부대	홍산	07.9~08.6	군청사령 살해	교수형
31	朴正文	남포	31	잡화상	朴一福 부대	부여 정산	08.5~6	의병참여	징10년
32	朴致良	청주	32	농업	.	보은	08.4	군자금 모집	징7년
33	裵昌根	청주	41	청주진위대 하사		청안	07.7	일군 살해	징5년
34	白南忠	청양	62	농업	申汝道 부대	임천	07.11	군자금 모집	징7년
35	成貞模	회덕	28	농업	李錫宰 부대	남포 공주 은진	07.11~08.5	군자금 모집	징7년
36	孫明善	대구	38	상민	.	음성	07.7~08.1	일군과 교전	유10년
37	孫應鉉	당진	29	농업	鄭周元 부대	당진	08.2~3	군자금 모집	징5년
38	宋憲俊	청주	27	이발업	金亨伯 부대	청주	07.11	군자금 모집	징2년6월
39	愼相學	면천	27	무직	洪元祐 부대	양주 포천	10.2	군자금 모집	징2년
40	申舜重	당진	26	농업	鄭周元 부대 분대장	해미	08.5~12	군자금 모집	징15년
41	安春興	충주	26	농업	申泰元 부대 영솔장	문경 예천	07.7~8	총기 소란	징10년

순번	이름	거주지	나이	직업신분	활동부대	활동장소	활동시기	활동내용	형량
42	梁致先	청주	19	농업	吳良善 부대	보령	08.2~8	주재소 방화	징10년
43	廉萬順	보은	29	농업		보은	08.2	군자금 모집	종신형
44	吳德文	청풍	24	농업	金允善 부대	순흥	09.2	군자금 모집	징10년
45	禹相玉	충주	32	농업	鄭鳳俊 부대	충주	07.9~08.3	총포수리	유15년
46	元仁石	영춘	22	농업	全海山 부대	함평 무안	09.2~9	군자금 모집	교수형
47	元和常	음성	22	상업	方仁寬 부대	진천 충주	07.7~8	총기소란	징3년
48	柳桂馨	충주	32	잡화상	趙東奎 부대 소모관	문경 예천	08.8	총기휴대 소란	징2년
49	劉德三	영춘	32	농업		영춘 문경	08.11~09.3	군자금 모집 일진회원 살해	교수형
50	尹順榮	음죽	30	陶器 행상	한봉수 부대	청주	09~10	군자금 모집	유10년
51	李康季	문경	51	유생	이강년 부대	제천, 충주	1896, 1907~09	일군과 교전	교수형
52	李基石	청주	36	청주 진위대 병사	裵昌根 부대	청안	07.7	일군 살해	교수형
53	李德慶	공주	26	상업		공주	07.12~08.5	군자금 모집	교수형
54	李萬逢	청주	19	농민	柳德三 부대	청주 보은	07.8	군자금 모집	징5년
55	李明先	연산	54	무직		연산	09.8	군자금 모집	징10년
56	李鳳來	오천	32	무명장사		지도	08.8	탈출	태 1백
57	李相坤	보은	51	농민		보은	14.8	의병모의	징2월
58	李相德	태안	39	농민	정주원 부대	당진	08.3	일군과 교전	징15년
59	李聖澤	남포	47	농민	신여도 부대	남포	08.12	일군과 교전	징10년
60	李良三	연기	28	.	金順五 부대		07.11~08.8	군자금 모집	유죄
61	李龍業	영춘	50	농민 포군	李康季 부대	단양 제천 충주	07.7~10	일군과 교전	징5년

순번	이름	거주지	나이	직업신분	활동부대	활동장소	활동시기	활동내용	형량
62	李龍云	연풍	26	청주 진위대 병사	裵昌根 부대	충주	08.5~9	군자금 모집	징5년
63	李寅肅	충주	34	.		봉화 강릉	07.7~08.7	군자금 모집	징15년
64	李麟榮	황간 여주	42	유생	13도창 의대장	문경 원주 황간	1896, 07~09	의병장	교수형
65	李日奉	해미	23	농업	장석홍 부대	남포	08.7	일군과 교전	징5년
66	李子成	여산	30	농업	한봉수 부대	보은	09.8	군자금 모집	유10년
67	李正九	목천	34	농민	韓鳳洙 부대	청주	09.4~11	일군사살 총기탈취	종신형
68	李鍾七	목천	47	魚商	한봉수 부대	청주		일군 처단	징5년
69	李春成	공주	34	보부상		부여	08.2~09.5	군자금 모집 주재소 습격	교수형
70	李弥奉	홍주	28	.	吳良善 부대	홍주	08.2	일진회원 살해	종신형
71	李烘	남포	21	농민	장석홍 부대	남포	08.8	일군과 교전	징5년
72	張景春	괴산	28	.	姜韓朝 부대 십장	죽산	07.8	총기휴대 소란	종신형
73	張錫弘	남포	34	양반 상업	장석홍 부대	남포	08.2~08.9	일군과 교전	징7년
74	張允三	진천	33	농민	이병필 부대	진천	07.8~08.6	밀정살해	교수형
75	張仁植	단양	32	농민	李康季 부대	영춘	07.7~08.10	일군과 교전	유3년
76	鄭時恒	충주	42	금광역부	鄭鳳俊 부대	음성	07.7~08.5	일군과 교전	유15년
77	鄭龍云	보령	18	농업	오양선 부대	보령	08.7	일군과 교전	징3년
78	鄭雲淇	괴산	38	측량사		괴산	14.8	의병모의	징5년
79	鄭周源	당진	39	양반	정주원 부대	당진 경기	07~08	일군과 교전	종신형
80	鄭仲澤	제천	31	시위대 병사(농민)	李康季 부대	영춘 단양	07.6~9	일군과 교전	유10년

순번	이름	거주지	나이	직업신분	활동부대	활동장소	활동시기	활동내용	형량
81	鄭春瑞	청주	25	.			1911.5 선고	살인교사	교수형
82	趙奉先	음성	26	募軍業	全秉鉉 부대 십장	충주 음죽	07.8	총기휴대	유7년
83	趙成潤	제천	44	농민	이강년 부대	제천	08	의병참여	태80
84	趙雲植	상주	38	농업	한봉수 부대	보은	09.8	일군과 교전	교수형
85	陳根善	영동	26	농민		황간 상주	05.2~09.2	군자금 모집	종신형
86	崔宗賢	정산	30	승려		고부 부안	09.4	군자금 모집	종신형
87	崔敬先	청안	30	.		죽산	07.10~08.3	군자금 모집	종신형
88	崔戴玉	청풍	44	농민		청풍	07.8	군자금 모집	징5년
89	崔明起	충주	29	농민		청주	08.9~10	군자금 모집	징5년
90	崔聖天	충주	26	광부	金相台 부대	봉화 예천	08.6~10.3	군자금 모집	교수형
91	崔聖必	고산	44	상민, 일진회원	허열 부대	연산 고산	07.9	군자금 모집	유7년
92	崔順乭	면천	28	어물상	吳良善 부대	보령	08.7~09.8	군자금 모집	징7년
93	崔致魯	문의	44	농민	車鎬然 부대	거창	1909.2	군자금 모집	징7년
94	韓鳳洙	청주	27	상등병, 무직	金奎煥 韓鳳洙 부대	청주 진천 보은	07.8~09.10	일군사살, 밀정살해	교수형 (사면취소)
95	韓致順	회덕	30	무직	金基洙 부대	공주	07.10~09.12	군자금 모집	징7년
96	黃敬文	청풍	37	무직	이강년 부대	충주	08.7	일군과 교전	태100
97	黃德化	황간	34	.	申明先 부대	금산	07.12	군자금 모집	징10년

위 <표 2>는 비록 재판기록이라는 제한성은 있으나, 의병의 봉기 현
황과 의병주체의 직업과 신분, 그리고 활동상의 특징 등 후기충청의병
의 성격을 알려줄 수 있는 좋은 자료라 할 것이다. 우선 총 97명의 의병

중에서 이인영, 이강년, 정주원, 장석홍 등과 서당훈장인 김제환, 김성
환, 김낙진, 김운로 정도가 양반으로 보인다. 그 외의 인물의 신분을 확
실히 알 수는 없다. 그러나 대부분이 농업과 상업으로 나타난다. 해산군
인도 김영근, 김천복, 이기석, 배창근, 정중택, 한봉수 등 7명이 확인된
다. 그리고 승려, 측량사, 이발업, 광부 등인 것을 보아 대부분 평민들이
아닌가 한다. 이로 보아 충청의병의 경우에도 군대해산 이후 활동한 의
병은 전기, 중기의병에서 김복한, 민종식, 유인석과 같이 당대 최고의 유
학자 또는 당상관 이상의 고위 관직을 지낸 인물들이 거의했던 것과 판
이하게 다름을 알 수 있다.

　따라서 후기 충청의병의 경우에도 호남지역의 의병과 같이 민중적인
성격이 나타난다. 예컨대, 상등병 출신인 韓鳳洙는 부호재산가와 관공서
의 금품을 빈민들에게 나누어 주기도 하였다. 한편 상등병 출신인 金亭
植 역시 금광노동자 50여 명으로 의병을 조직하고 문의군아를 공격하고
군수를 총살하는 활동을 하였다.32) 이때 문의군의 주사 李義宰까지 총
살하려다가 그가 빈민인 것을 감안하여 "이런 자를 죽이는 것은 의병의
할 일이 아니다"라며 방면하기도 하였다.33)

　또한 의병들이 1907년 7~8월 직후 봉기하여 1910년 초에는 대부분
소멸되는 것으로 보인다. 김운로, 이상곤, 정운기 등이 1914년 8월에 활
동한 것은 이들이 이때 의병봉기를 공모하다가 체포되었음을 말해준다.
김제환, 김성환 형제는 1913년 서당 훈장으로 있으면서 학생들에게 항일
의식을 고취한 일로 체포되었다.

　의병들의 활동사항을 보면 주로 군자금 모집인 것을 알 수 있다. 그

---

32) 독립운동사편찬위원회, 『독립운동사』1권, 1970, 494쪽.
33) 『조선폭도토벌지』, 1907년 11월 1일자 「청주경무고문분견소 보고」.

외에 밀정이나 일진회원 살해 등의 활동이
있으며, 일본군과의 전투행위는 많지 않음
을 볼 수 있다. 이와 같이 후기충청의병은
평민 중심으로 소규모의 항일유격대를 편성
하였으며, 일본군과의 전면전보다는 군자금
모금 활동을 하면서 동시에 일진회원이나
밀정과 같은 친일세력을 처단하는 활동을
주로 한 것으로 보인다. 이는 충청의병의 투
쟁방법의 변화라기보다는 일본군의 탄압으
로 의병세력의 활동이 위축된 결과로 보아
야 할 것이다.

〈그림 2〉 이강년 의병장

　이들 중에 이강년을 비롯한 활동이 두드러진 인물들의 행적을 소개하
기로 한다.

　이강년(1858~1908)은 경북 문경 출신으로, 8척 장신으로 병서에도 조
예가 깊었다. 그는 1880년 무과에 급제하여 선전관으로 활동하였으나
1884년 갑신정변이 일어나 정국이 혼란하자 사직하고 낙향하였다. 1895
년 을미사변과 단발령이 공포되고 유인석이 제천에서 의병을 일으켰다
는 소식을 듣고 1896년 1월에 문경에서 의병을 봉기하였다. 거의 직후
안동의병에 쫓겨 도망 중이던 안동관찰사 김석중과 순검 이호윤·김인
담을 체포하여 문경의 농암 장터에 운집한 군중 앞에서 효수하였다. 이
어 제천으로 유인석을 찾아가 그의 문인이 되고, 제천의병의 유격장으
로서 수안보의 일본군병참부대를 공격하는 등 충주, 문경 등지에서 활
약하였다. 그 해 5월 제천의병이 장기렴이 거느린 관군과의 제천전투에
서 패해 유인석이 압록강을 건너 서간도로 가자 그는 의병을 해산하고

단양 금채동에서 노모를 모시고 은신하였다.

그는 1907년 4월 일제의 침략이 노골화하자 을미의병의 동지였던 안성해 등과 함께 제천에서 의병을 재기하였다. 그해 8월 고종이 강제로 퇴위하고 정미7조약으로 한국군대가 해산당하는 사건이 일어났다. 그는 원주진위대를 이끌고 봉기한 해산군인 민긍호 부대와 연합하여 원주의 배향산에 진을 쳤다. 고종은 이 소식을 듣고 그에게 밀조를 내려 도체찰사의 직을 하사하였다. 그는 민긍호 부대와 제천에서 일본군 소대병력을 격파하였다. 제천전투 후인 1907년 8월 그는 김상태 등 40여 의병들에 의해 제천의 의림지에서 도창의대장에 추대되고 김상태를 중군장, 우군장에 이중봉, 우선봉장에 백남규, 좌군장에 이용로, 좌선봉장에 하한서, 전군장에 윤기영, 감군장에 이세영 등을 임명하여 의진을 편성하였다. 의병대는 9월 10일 문경의 갈평전투에서 '적의 시체가 산과 들에 가득 찼다'라고 할 정도로 대승을 거두었다. 9월 16일에는 싸릿재, 9월 27일에는 죽령, 10월 5일에는 고리평, 10월 23일에는 백자동에서 큰 전과를 올렸다. 이 해 12월에 전국의 의병들이 서울탈환을 위해 양주에 집결해 이인영을 대장으로 한 13도창의대진소를 편성하자, 호서창의대장으로 이에 참여하였다. 그는 1908년 봄부터 의병들을 독려하여 가평 용소동전투를 비롯해 대청리전투, 포천의 청계전투, 인제의 백담사전투, 안동의 서벽전투 등에서 일본군과의 교전에서 대담한 유격전으로 대승을 거두었다. 그의 지휘를 받는 의병들은 엄격한 군율로 기강이 서 있었으며, 또한 지역의 지리에 밝았으며 지방민들의 절대적인 지지를 받고 있었던 점이 승리의 중요한 요인이었다. 그러나 1908년 7월 2일 제천 금수산의 작성에서 일본군과의 격전 중에 발목에 총알을 맞고 일본군에게 붙잡혔다. 그는 수원의 일본수비대에 구류되었다가 같은 해 7월 8일에

서울의 일본군헌병사령부로 압송되었다. 이곳에서 다시 평리원으로 옮겨져 '내란죄'로 9월 22일에 교수형을 선고받고 그해 10월 순국하였다.[34]

金尙台(1864~1912)는 단양의 영풍 출신으로 본관이 삼척이다. 1895년 을미사변과 단발령 공포에 항거하여 1896년 이강년이 문경에서 의병을 일으키자 중군장으로 활약하였다. 이강년이 유인석의 제천의병에 가담하자 그를 따라 제천의병에서 항일전을 수행하였다. 유인석이 제천전투에서 패한 뒤 서간도로 들어가자 이강년을 따라 고향에서 은거하였다. 1907년 고종황제가 강제로 퇴위당하자 정운경과 함께 제천에서 의병을 일으켜 이강년의 의진과 합세하였다. 그는 제천의 의림지에서 이강년을 도창의대장에 추대하고 자신은 중군장을 맡았다. 이때 이중봉이 우군장, 백남규가 우선봉장, 이용로가 좌군장, 하한서가 좌선봉장, 윤기영이 전군장이 되었다. 의병대는 9월 10일 문경의 갈평 전투에서 대승을 거두었다. 9월 16일에는 싸릿재, 9월 27일에는 죽령, 10월 5일에는 고리평, 10월 23일에는 백자동전투에서 큰 전과를 올렸다. 그는 1908년에도 중군장으로 의병들을 독려하여 가평 용소동 전투를 비롯해 대청리전투, 포천의 청계 전투, 인제의 백담사 전투, 안동의 서벽전투 등에서 일본군과의 교전을 벌여 대승을 거두었다. 그러나 1908년 7월 이강년이 체포되자 그는 대장이 되어 단양을 비롯한 소백산 일대에서 유격전을 전개하였으며 일헌병과 교전한 것이 10여 회에 달하였다. 1909년 3월에는 단양군내 순사주재소를 습격하여 순사 2명을 사살하기도 하였다. 총독부는 그에게 상금 5백금을 걸기에 이르렀다. 결국 돈에 눈이 먼 종사 우중수가 그를 배

---

34) 『雲岡先生倡義日錄』. 김의환, 『항일의병장열전』, 정음사, 1975. 윤병석, 『한말 의병장열전』, 독립기념관, 1991. 김상기, 「『보병14연대 진중일지』를 통해 본 이강년 의진의 활동」, 《지역문화연구》9, 세명대 지역문화연구소, 2010.

신하여 고발하였다. 그는 1911년 5월 순흥 남목리에서 체포되어 대구경
찰서로 압송되었다. 3차에 걸친 심문 끝에 1911년 대구지방재판소에서
교수형을 선고받았다. 의분을 참지 못한 그는 순경의 칼을 빼앗아 자결
하려 하였으나 뜻을 이루지 못하였다. 그는 옥중에서 "일본 놈의 욕을
보느니 차라리 자살하겠다"는 결심하고 단식하였다. 일인들이 기계로 입
을 열어 먹이고자 하였으나, 단식하여 1912년 7월 28일 옥중에서 순절하
였다. 그의 유해는 유언에 따라 이강년의 무덤 곁에 반장되었다가 제천
시의 '의병묘역성역화계획'에 의해 제천시 고암동 의병골에 안장되었다.

崔聖天(1885~1910)은 충북 충주 신기리의 광부 출신이다. 1908년 6월
경부터 김상태 의진에 가담하여 활동하였다. 그는 이듬해 3월 김상태 의
병장과 더불어 단양군 순사주재소를 습격하여 순사 2명을 사살하는 전
과를 올렸다. 같은 해 8월 25일에는 경북 봉화군 물야면 개단리에서 일
본군 수비대의 밀정 권흑이의 밀고로 체포되었다가 탈출하여 같은 달
30일 권흑이를 처단하였다. 이후 일제의 탄압이 가열되자 산악지대를
근거지로 하는 유격전으로 일본군에 맞서기 위해 김상태 의병장과 함께
소백산으로 들어가 활동하였다. 최성천은 10명 내지 20명 정도의 의병부
대를 이끌고 소백산을 근거지로 대일 항전을 전개하였다. 그는 의병부
대를 이끌고 1910년 1월 2일 경북 봉화군 물야면 서리에서, 2월 6일에는
수곡리에서 군자금모집 활동을 하였다. 같은 해 3월 26일에는 20여 명의
의병부대를 이끌고 경북 예천군 왕천시장에서 군수품을 징발하는 한편
일본인 야마우치(山內銀三郎)를 처단하였다. 그러나 1910년 4월 한명선
과 함께 일본군에 체포되어 1910년 11월 12일 대구지방법원에서 '재물탈
취강도'죄로 교수형을 받아 순국하였다.

한봉수(1884~1972)는 충북 청원군 북일면 세교리 출신이다. 1907년 9

월경 해산군인 김규환을 만나 감화를 받고 함께 국권을 회복하고자 의
병에 가담하였다. 그는 청주 세교장에서 기의하여 해산 군인 100여 명을
규합하여 대장으로 추대되었다. 9월 15일에는 미원에서 일본군수비대와
의 격전이 있었으며, 10월 28일에는 문의군을 습격하여 군수를 처단하였
다. 1908년 1월에는 청주의 교자동에서 일진회원 김홍식을 처단하였으
며, 이후 한편으로는 군자금을 모금하면서 한편으로는 일본군수비대와
교전을 계속하였다. 그해 5,6월경에는 속리산에서 수비대와 격전을 벌였
는데, 6월 29일에는 괴산군 서면에서 우편물을 호위하던 일본군을 공격
하여 그 중 일 헌병대위 시마자키(島崎善治)를 사살하고 수송되던 세금
을 군자금으로 확보하였다. 10월 1일에는 미원 헌병분견소 대원들과 격
전을 벌이고 헌병보조원 정태헌에게 부상을 입혔다. 이후 전의, 목천, 평
택, 여주, 문경 등지에서 일군과 30여 회의 격전을 치르는 등 크게 활약하
였다. 한편 그는 괴산의 김규환, 보은의 盧炳大, 상주의 趙雲植 의병 등과
연합하면서 일본군을 습격하여 전과를 올렸다. 그는 1910년 3월 서울에
서 귀순의사를 타진했으나 그해 5월 일본경찰에게 붙잡혔다.[35] 1910년 6
월 29일 공주지방법원 청주지청에서 '폭도 강탈 살인'의 죄목으로 교수
형을 선고받았다. 경성공소원에 항소한 그는 1910년 8월 29일 소위 '합
방대사령'을 받아 면소 판결되어 석방되었다.[36] 1919년에는 고종황제의
국장에 즈음하여 상경하였다가 귀향하여 3월 7일 청주의 서문장터 입구
마차 위에서 이태우, 임봉수 등과 함께 선언서를 살포하고 장꾼들과 함

---

35) 독립운동사편찬위원회, 『독립운동사』1, 573쪽. 『폭도에 관한 편책』에 의하면, 한
   봉수는 1910년 3월 경무국에 자수 의사를 타진하면서 문태수 의병장의 소재지를
   알려주고 체포에 협조하는 조건으로 사면을 요구하였다(고비수 제1-817호, 1910
   년 3월 11일).
36) 독립운동사편찬위원회, 『독립운동사자료집』별집1, 1974, 390-394쪽.

께 대한독립만세를 높이 불렀다. 4월 1일에는 북일면 세교리 구시장에서 다시 만세시위를 벌였으며, 다음날에는 내수보통학교 학생 80여 명과 같이 만세시위를 전개하다가 일경에게 체포되어 1919년 5월 6일 공주지방법원 청주지청에서 징역 1년형을 받고 옥고를 치렀다.[37]

鄭周源(1870~1925)은 당진의 고대면 용두리에서 양반으로 태어나 어려서 한학을 수학하였다. 그가 육군 장교였는지 여부는 확인이 안되나, 고종황제가 강제로 폐위되고 구한국 군인이 강제로 해산된 직후인 1907년 8월 죽산에서 의병을 일으켰다. 처음에는 서용범의 권유를 받고 그 부대에 가입하여 부장으로 100~150명을 인솔하며 일본군 수비대를 격파하였다. 그는 용인군 굴암 등지에서 의병을 초모하고 경기도 죽산, 양지, 안성 지역과 충청도 당진, 서산 등지를 배로 이동하면서 활동하였다. 1907년 8월 25일 안성에서의 초모 모임에 참석하고, 8월 29일 일본군과 교전하였다. 25일 이후는 죽산과 양지 지역에서 활동을 계속하였다. 한진에서 배를 타고 고온포에 건너가 충청도의 당진과 서산 일대에서 활동하였다. 정주원부대는 당진분파소를 습격하여 순사보조원을 물리치고 분파소에 있던 물품을 탈취하였다. 일본 경찰은 이들이 배를 타고 어디론가 도주했다고 보고하고 있다. 정주원은 충청, 경기지역의 의병을 초모하여 연합의병을 조직하고 일본경찰서를 공격했으며, 우편체송인을 공격하는 등의 활동을 하는 외에 일진회원을 비롯한 친일세력과 의병을 고발하는 자들을 처단하였다. 당진군 상대면의 심사성 처단 건은 그 대표적인 일이었다. 정주원은 이를 시장에 광고하여 경각심을 심어주기도 하였다. 정주원은 각 면의 면장에게 통고하여 결전을 일본인에게 상납하지 말 것을 요구하였다. 아울러 순행하는 의병들에게 보조금을 주어

---

37) 한봉수 등 판결문(대정8년 형 제307호, 경성공소원, 대정8년 5월 6일).

일인에게 포살되는 농민이 있는 것을 알고 있음도 밝혔다.[38) 1908년 음2
월 다시 안성과 양지, 죽산 등지로 이진하여 활동하였다. 정주원 부대는
일본군의 추격을 받던 중 3월 31일 오전 5시 40분경 죽산군 원삼면 능촌
에서 숙영하는 일본군 이천수비대와 경찰대 연합대를 공격하였다. 정주
원부대는 6월 15일 서산의 동음암면 송내리에서 일본인 체신부 아라키
(荒木臺藏)를 죽이고, 당진군 읍내에 들어가 순사 전재길 집의 가구를 파
괴하고 군아의 부속 건물에 방화하는 등 17일 오전 5시경까지 당진군을
점령하였다. 그러나 정주원은 결국 7월 19일 성환수비대에 의해 체포되
고 말았다. 7월 17일 오후 3시 반경 아산의 서방 약 40리에 있는 행해도
(지금의 행담도) 부근에서 성환수비대 소속 미조타(溝田) 중위가 인솔하
는 일본군과 교전하였다. 정주원은 일본군과의 해상 교전이 있은 후 이
틀 뒤인 7월 19일 아침 8시경 추격해 온 일본수비대에 의해 해미군 적서
촌(지금의 당진군 대호지면 적서리)에서 부하인 이상덕과 함께 체포된
것이다. 정주원은 체포당시 당진 대호지면 차숙보의 집에 기거하였다
한다. 그는 대호지의 대성인 차씨 문중의 보호를 받으며 당진포 건너의
천연 요새지인 적서리 방구바위[防寇巖] 산록에서 부대 훈련을 시켰는
데 7월 19일 초병이 일본군에게 체포되고 이들의 안내를 받은 일본군에
의해 체포되었다.

정주원은 1908년 9월 29일 경기지방재판소에서 교수형을 선고받았다.
정주원은 그해 11월 24일 경성공소원에서 종신형으로 감해졌다. 감해진
사유는 그를 '내란죄의 수범으로 오인'했으나 '내란죄의 종범'에 해당하
기 때문이라는 것이다.[39)

---

38) 홍비수제122－1호(융희2년 3월 1일), 「暴徒ノ貼紙ニ關スル件」부속 문서 <各面
面長ニ廣告ス>(국가기록원 소장본), 『폭도에 관한 편책』.

정주원이 체포된 후 정주원 부대는 급속히 무너졌다. 그러나 안춘경은 스스로 대장이 되어 수원 일대에서 활동하였으며, 최동식은 정주원을 밀고한 자를 체포하고 일본인을 처단하였으며, 신현구는 죽산에서 일본인을 처단하고 이 일로 체포되어 교수형을 당하였다. 정선경과 하군배는 당진주재소를 공격하다가 체포되었으며, 황명운은 양지군에서 일본 순사의 총에 순국하는 등 1910년까지 투쟁을 계속하였다. 이들의 활동상을 알아보기로 한다.

이상덕(1884~?)은 태안군 하대면 출신으로 구한국 군인 참위 출신으로 알려진다. 1908년 3월경에 정주원의병에 가입하여 당진과 면천 등지에서 소대장으로 활동하였다. 그는 의병장 정주원과 함께 활동 중 1908년 7월 17일 오후 3시 반경 아산의 서방 약 40리에 있는 행해도 부근에서 성환수비대 소속 미조타(溝田) 중위가 인솔하는 일본군과 교전을 벌였으나, 당진 대호지면 적서리에서 결국 정주원과 함께 체포되었다. 1908년 9월 29일 경성지방재판소에서 유형15년형을 선고받았다.

최종성은 당진출신으로 정주원 부대의 부장으로 하군배, 정선경, 심주현 등 의병 30여 명을 끌고 활동하였다. 1907년 5월 3일 정선경 등과 함께 당진주재소를 습격하여 순사 유희영을 처단한 일이 대표적이다. 일제의 정보보고서에 의하면, "당진군 출신으로 직업은 농업이다. 1908, 9년 30여 명의 의병을 이끌고 당진, 서산, 해미, 홍산 일대에서 활동하였다."라고 하여 1909년까지 활동하였음을 알 수 있다. 그는 일본경찰과 헌병의 수사망을 피하였으나 그와 함께 활동한 정선경, 심주현, 하군배는 체포되어 옥고를 치렀다.

하군배(1854~?)는 당진 외맹면 찬동 출신이다. 상민으로 농업을 생업

---

39) 김상기, 「한말 정주원의병의 항일투쟁」, 《충청문화연구》1, 2008.

으로 하였다. 1909년 체포당시 56세의 고령이었다. 1906년 정주원 의병의 부장인 최종성의 권유로 의병에 가입하였다. 1908년 5월 3일 최종성등 의병과 함께 당진주재소를 습격하여 순사 유희영을 처단하였다. 1909년 1월 3일 밤에 정선경, 심주현 등과 함께 당진 외맹면 송당리의 한인동과 인노수 집에서 당목(唐木) 35척과 3원을 거두고 이어서 외창리 인문식 집에서 솥 1개를 거두었다. 5월 15일에는 의병 20여 명과 함께 당진 외맹면 찬동에서 활동하다가 당진주재소 순사들과 교전을 벌였으며부상을 입고 체포되었다. 1909년 5월 28일 공주지방재판소로부터 징역 2년6월형을 선고받고 상고하였으나 그해 7월 23일 경성공소원에서 이를기각하였다.

정선경(1863~?)은 하군배와 같은 마을인 당진 외맹면 찬동 출신이다. 상민으로 농업을 생업으로 하였다. 1909년 당시 47세였다. 1906년 정주원의병의 부장인 최종성의 권유로 의병에 가입하였다. 1908년 5월 3일 최종성 등 의병과 함께 당진주재소를 습격하여 순사 유희영을 처단하였다. 5월 15일에는 의병 20여 명과 함께 당진 외맹면 찬동에서 활동하다가 당진주재소 순사들과 교전을 벌였으며 부상을 입고 체포되었다. 정선경은1909년 5월 28일 공주지방재판소로부터 징역 10년형을 선고받았다.

심주현(1872~?)은 당진 남면 행정리 1통5호에 거주하였다. 신분은 양반으로 알려지며 농업을 생업으로 하였다. 정주원 의병부대원으로 활동하였으며 1908년 5월 3일 최종성 등 의병과 함께 당진주재소를 습격하여 순사 유희영을 처단하였다. 정주원이 체포된 뒤인 5월 15일 의병 20여 명과 함께 당진 외맹면 찬동에서 활동하다가 당진주재소 순사들과교전을 벌였으며 부상을 입고 체포되었다. 심주현은 1909년 5월 28일 공주지방재판소로부터 징역 2년6월형을 선고받았다.

최기운(1884~?)은 당진군 읍내리 출신으로 정주원부대의 의병으로 당진, 서산 일대에서 활동한 것으로 보인다. 그는 1908년 6월 15일 의병 부대원과 함께 서산의 동음암면(지금의 음암면) 송내리에서 홍주우편국 직원 일본인 아라키(荒木)를 붙잡아 처형하였다. 최기운은 이날 음암에서 점심을 먹고 해미 군서면 무릉산 쪽에서 온 의병 30여 명과 함께 쉬고 있던 중 아라키를 만나 습격한 것이다. 부대원의 무기는 연발총 1정과 화승총 14정, 스나이더총과 모젤 총 4정, 칼 2자루 정도였다 한다.

최동식은 출신지는 미상이나 정주원 의병부대원으로 활동하였으며, 정주원이 체포된 후 당진일대에서 독자적으로 의병장으로 활동하였다. 그는 의병 3명을 인솔하고 1909년 4월 26일 오전 4시경에 면천군 신북면 한진에 사는 이윤삼 집을 급습하여 그를 체포하였다. 정주원이 있는 곳을 밀고하여 체포하게 한 때문이었다. 최동식 일행은 이윤삼을 체포하여 소선 2척에 분승하여 당진군 외맹면 보덕포(당진에서 동북쪽으로 약 30리) 앞바다에서 1박을 한 뒤 다음 날 김성일과 박화숙 집에서 명주 등 물품과 현금 1원을 거두었다. 최동식은 같은 날 오후 4시경에 면천군 창둔면 성구리로 이동하여 배를 타고 정박해 있던 일본인 후쿠다(福田久兵衛, 福田淸松) 부자를 처단하고 이들의 배를 탈취하여 면천군 신북면 쪽으로 떠나 수원군 수근리의 후포에 내렸다. 이 사실은 최동식 의병을 이동시켰던 배의 소유주로 보이는 면천군 창둔면과 성금리에 사는 임창실과 최선용, 박모 등이 체포되면서 알려졌다. 그중에 임창실은 홍성경찰서에 체포되어 일본인들의 소유물인 잡화 3상자와 건어물 20개를 면천군 중흥면 주곡동 안성필 집에 숨긴 것을 실토하였다. 의병이 일본인과 격투하는 와중에 이윤삼은 탈출하고 말았다. 이윤삼은 집으로 돌아가지 않고 인천으로 피신하였다.

손응현(1880. 8~1950. 7)은 당진군 하대면 당산리 출신으로 농업을 영위하였다. 1908년 1월 5일 정주원의병에 가입하여 해미와 서산 등지에서 군자금 모집 활동을 하였다. 1908년 음력 1월 15일 밤에 당진군 하대면 석동의 강달선 집에서 담배와 음식, 주류 등을 탈취하고 같은해 음3월 27일 밤에는 서산군 동암면 남촌의 이종우집에 들어가 그를 납치하여 해미군 염솔면 천의시에서 배에 태워 당진군 내맹면 대난지도와 소난지도 부근에 구류시키고 3일 후인 3월 30일 장고항리에서 그의 아들이 가지고 온 돈 30원을 받았다. 그는 체포되어 1910년 3월 28일 공주지방재판소에서 징역 5년형을 선고받고 경성공소원에 공소했으나 같은 해 4월 19일 공소의 이유가 없다고 기각당하였다.

신순중(1884~?)은 당진 고대면 용두리 출신으로 농업을 영위하였다. 정주원 부대의 분대장으로 1908년 5월 9일 의병 수명과 함께 해미군 사기소리 이인정의 집에 들어가 군자금 명목으로 4원을 거두고 5월 19일 서산군 성연면 상평리에서 한태원한테 8원, 6월경에는 성연면 창리에서 김인택으로부터 10원을 창리의 홍모로부터 2원을 거두었다. 그는 정주원의병장이 체포된 후에는 신갑균을 대장으로 추대하고 분대장이 되어 1908년 7월경에는 서산군 대산면 고하리 이영우로부터 10원, 11월 13일 대산면 독관리의 이성윤으로부터 겨울바지 열 벌 등을 거두었다. 이 일로 체포된 그는 1909년 11월 26일 공주지방재판소에서 징역형을 선고받고 이에 항소하였다. 경성공소원에서 이를 인정하여 1909년 12월 21일 징역15년형을 선고하였다.

김쌍봉(1880~1908)은 충남 해미군 부산면 원평리 출신으로 직업은 농업이다. 정주원의병대에 들어가 해미와 당진일대에서 활동하였다. 1908년 5월(음력) 신갑순·이용백 등 30여 명과 함께 총기를 휴대하고 해미군

천의면 승비리의 남모 집에서 군자금 명목으로 2백냥을, 당진군 구루지이 주사 집에서 70냥을 수납하였다. 같은 해 6월 중순(음력)에는 해미군 일도면 상시평에서 일제의 밀정을 체포하여 처형하였다. 그러나 그해 8월에 홍주경찰서의 순사에게 체포되기에 이르렀다. 1908년 9월 16일 공주지방재판소에서 교수형을 선고하였으며, 이에 불복하여 상고하였으나, 1908년 11월 6일 경성공소원에서 다시 교수형에, 다시 대심원에 공소하였으나 대심원에서는 1908년 11월 25일 이를 기각하고 형이 집행되어 순국하였다.

김성백(1883~?)은 면천군 감천면 창덕리에 거주한 이로 직업은 고용인이며 1908년 26세였다. 정주원 의병대에서 김쌍봉과 함께 활동했으며 1908년 음6월 해미 일도면에서 일제의 밀정을 처단한 일로 홍주경찰서 경찰에 의해 1908년 8월 김쌍봉과 함께 체포되어 검찰에 송치되었다. 김쌍봉은 이로 인해 결국 대심원에서 교수형을 선고받고 순국하였고, 김성백 역시 체포되어 비록 살인 사건을 자백하면서도 전혀 이를 반성하지 않았다고 하였으니 유사한 선고를 받았을 것으로 보이나 아직 김성백의 판결문이 확인되지 않아 그의 사후 행적은 확인이 안된다.

金壽童(1885~1910)은 충북 영춘 출신이다. 1907년 군대강제 해산후 이강년·최성천 의진에 가담하여 충청·강원도 일대에서 활약하였다. 이강년은 1907년 7월 「정미7조약」에 격분하여 봉기하였다. 이강년 부대에는 김상태를 비롯한 백남규·변학기·성익현·김운선 등 유능한 해산군인과 합류하였다. 김수동은 이강년이 기병한 1907년 9월부터 참여하여 11월 26일까지 의병활동을 활발히 전개하였다. 이 기간 그는 의병 2백여 명과 함께 경북 문경, 충북 단양·영춘, 강원도 영월 군내에서 일본군 수비대와 전투를 벌리는 한편, 일진회 회원 및 친일관료 등 매국매족 행위

자를 처단하였으며, 의병활동에 필요한 군수품을 조달하였다. 그 후 1908년 6월 청풍 까치재에서 의병장 이강년이 적에게 체포되자, 그의 부장들은 저마다 의병을 거느리고 활약하였는데 영월지방에서는 김상태, 삼척지방에서는 성익현, 영양과 울진지방에서는 변학기가 오랫동안 활약하였다. 김수동도 의병활동을 계속하였는데, 이 때 그는 소백산을 중심으로 경술국치 직전까지 일본군의 포위망을 뚫고 산간지대를 자유롭게 드나들며 의병활동을 하던 최성천 의진에 들어가게 되었다. 그리하여 그는 1910년 6월 6일 경북 영천군 두내면 반구 시장 부근에서 영천군 봉향면 상망동에 사는 정갑이 및 상주군에 사는 정인수 등 두 사람을 시장에서 돌아오는 길에 만나게 되었다. 이 때 그는 정인수가 단발을 한 것을 보고 그가 순사라는 것을, 정갑이 또한 밀정으로 의병활동을 정탐하러 온 자임을 직감하였다. 이에 그는 동료 의병 5명과 함께 그들을 결박하고 영천군 호문면 화기동 지내 반구천 제방으로 끌고 가 처단하였다. 그는 체포되어 1910년 10월 7일 대구지방재판소에서 교수형을 받고 불복하여 공소하였으나, 11월 15일 대구공소원에서 기각, 형이 확정되어 순국하였다.

朴一福(1883~1909)은 충남 남포 출신이다. 그는 1907년 9월 신여도 의진에 가담하여 동료의병 280여 명과 함께 1908년 6월경까지 충남 보령, 남포, 청양 등지에서 군자금 모집을 위해 활약하였고 1907년 11월경에는 홍산군 읍내에 거주하는 밀정 함성덕을 오갑진과 같이 처단하는 등의 활동을 했다. 그후 각지에서 군자금 모집활동을 하다 체포되어 1909년 1월 29일 경성공소원에서 소위 폭동 및 故殺죄로 교수형을 선고받고 순국하였다.

柳德三(1878~1909)은 충북 출신으로 1907년 8월 기의하여 수백 명의

의병을 인솔하며 그중 3백명에게 각각 총기를 휴대시키고 충북 청주·보
은 지방에서 활약하였다. 1908년 음력 11월 20일에는 홍치경 등 4명과
함께 경북 순흥군에 거주하는 박씨집에 들어가 군자금을 모집하고 같은
달 하순경에는 충북 영춘군 대곡면 해일리에 거주하는 일진회원 우성문
이 헌병대에 밀고하여 의병활동을 방해하므로 元建常 등 8명과 함께 동
인을 포박하여 연행한 후 총살하였다. 1908년 음력 12월 20일에는 김운
선 등과 함께 밀정으로 파악된 충북 영춘군의 조명숙을 처단하였다. 또
1909년 음력 1월 10일에도 경북 순흥군 단산면에 거주하는 마을 이장 안
모가 의병 홍치경을 헌병에게 밀고한 것을 알고 그를 처단 응징하였다.
1909년 2월 10월 김운선 등 의병 수명과 함께 옥대리에 거주하는 목모
집에서 군자금을 모집하였고 그해 3월 14일에는 경북 문경군 동노소면
적성리에서 김운선 등 4명과 함께 의병이 되기를 거절한 김인호를 처단
하는 등의 활약을 하다가 체포되었다. 그는 1909년 경성공소원에서 소위
살인 및 강도죄로 교수형을 선고받고 순국하였다.

　李春成(1876~1909)은 1908년 음력 2월 충남 부여 일대에서 申汝道 외
20여 명을 인솔하고 군자금 모집활동을 하였다. 동년 8월 24일에는 이종
화, 오양선, 민창식 등과 합동하여 80여 명이 각기 총칼을 휴대하고 보령
읍내 순사주재소를 공격한 후 10월 15일에는 30여 명의 선봉장이 되어
아산군 신창읍내 순사주재소를 공격하여 군수품 50여 종을 확보하였다.
1909년 음력 3월부터는 설인수, 박성돌, 최봉실 외 수십 명의 부하와 함
께 청양과 정산 등지에서 군자금 모집 등의 활약을 하다가 체포되었다.
그는 1909년 11월 24일 공주지방재판소에서 소위 강도죄로 유죄판결을
받고 공소했으나 1909년 12월 25일 경성공소원에서 교수형이 확정되어
순국하였다.

이필봉(李弼奉, 1884~1950)은 충남 홍성 출신으로 오양선이 이끄는 의병진에 가담하였다. 그는 1908년 11월 19일 정택하·전봉학·채한영 등과 같이 홍주군 화성면 제곡동에서 친일 일진회원 이종국을 결박하여 같은 면 용두리로 끌고가 참살하다가 일경에게 체포되었다. 그는 1909년 6월 11일 공주지방재판소에서 소위 모살죄로 종신 징역형을 언도받고 공소하였으나 같은 해 8월 16일 경성공소원에서 기각, 형이 확정되어 옥고를 치르던 중 감형되어 1919년 8월 출옥한 후 1940년 3월 만주로 망명하였다고 한다.

鄭春瑞(1885~1911)는 충북 청주 출신으로 1907년 4월 초에 청주에서 한봉수와 함께 의병을 소모하여 거의하였다. 4월 중에 의병 9명과 함께 무기를 휴대하고 각지에서 군자금을 모금하였다. 5월 10일(음력) 괴산군 서면 사치에서 의병장 한봉수가 쌍안경으로 일본수비대 2명이 우편물을 호위하며 통과하는 것을 확인하고 저격케 하였다. 정춘서는 동료 9명과 함께 일제 사격을 가하여 일본 병졸 2명을 사살하고, 군용총 2정, 총검 2자루, 탄약함 2개, 수통 1개, 탄약 10발을 확보하였다. 이때 이들 의진의 활약과 거점 등에 대하여 청주군 북강 내이면 화죽리에 거주하는 박내천이라는 자가 왜경에게 제보, 의병에 큰 피해를 입히자 체포하여 사살하였다. 11월 8일 한봉수와 결별하고 12월에 이종칠 외 1명과 총 2정으로 무장하고 16일에 청주군 북강 외이면 양청리 유 주사 집에서 44원 10전을 군자금으로 모금하였으며 계속해서 목천 일대에서 활약하였다. 그러나 이러한 행적이 드러나 체포되었으며 소위 내란·살인·강도죄로 교수형이 선고되어 상고하였으나 1911년 6월, 형이 그대로 확정되어 형무소에서 순국하였다.

5) 맺음말

1894～1895년간 시작된 충청의병은 충청지역의 각지에서 '국수보복'과 '존화양이'의 구호아래 치열한 반개화, 반침략 투쟁을 전개하였다. 충청의병의 무장투쟁은 전국적으로 큰 영향을 주었으며 위정자와 일제 침략군에게 큰 위협을 주었다. 단발령은 철회되었으며 고종은 아관파천을 단행하여 일제의 침략행위에 대한 반대의사를 행동으로 보여주었다. 아관파천 직후 김홍집, 어윤중 등 개화파 관리들은 민중들에게 처단되었으며 침략정책의 일환으로 추진되던 개화정책은 비판되어 실효를 보지 못하였다. 또한 전기의병은 표면적으로 해산되었지만 제천의병의 경우는 끝까지 고종의 해산조칙을 거부하고 만주로 들어가 재기의 항전을 준비하였다. 그리고 다수의 의병장들은 1905년 을사늑약을 전후하여 의병의 기치를 다시 세우고 홍주, 제천 등 충청지역 일대에서 민족수호를 위한 항일투쟁을 재개하는데도 선도적이었다. 또한 1907년 고종의 강제 퇴위와 군대해산 이후에도 충청지역에서는 타 지역과 마찬가지로 지속적인 투쟁을 전개하였다. 이상에서 나타난 충청의병의 성격과 의의를 살펴보면 다음과 같다.

우선 전기, 중기충청의병은 구성원이나 전투의 양상과 방법 등에서 유사성을 띤다. 충청의병은 전기와 중기에는 동일한 학파와 동일한 지역, 그리고 동일한 인물들에 의해 주도되어진 특성이 있다. 즉 이 시기 충청의병은 홍주를 비롯한 홍주문화권과, 제천, 충주를 비롯한 中原文化圈이라는 지역적인 범위 속에서 조직, 활동되었으며, 동시에 지휘부를 비롯한 구성원들이 南塘學派나 華西學派와 같은 학파의 범주속 에서 편제되었다. 또한 전기, 중기의 충청의병의 이념은 근왕적이며, 동시에 존화양이론에 기반한 척사적인 성격을 띠고 있는 공통성을 갖고 있다.

그러나 후기의병의 경우에는 전기, 중기와는 달리 충청의병에서도 민중적인 성격이 나타난다. 우선 의병장의 신분이 평민이 대다수이다. 즉 그다지 알려지지 않은 인물들이 소규모의 부대를 이끌고 유격전의 방법으로 항일전을 수행한 것이다. 이것은 군대해산 이후 일제의 탄압으로 전기, 중기 의병에서 대규모 부대를 이끌던 유생의병장들이 체포되거나 은둔한 때문으로 보인다. 이와 같은 평민의병장의 등장으로 의병의 성격도 자연히 서민적인 또는 민중적인 면이 나타나게 되었다.

또한 후기충청의병은 주로 군자금의 모금이나 일진회원 또는 밀정 등 친일세력의 처단에 주력하고 있다는 점에서 전기, 중기 충청의병과는 그 투쟁 양상을 달리한다. 후기충청의병은 전기와 중기에 비하여 그 규모에서 판이하게 다름을 볼 수 있다. 후기충청의병은 1907년 7~8월과 1908년 봄에서 여름까지 집중적으로 일어나고 있기는 하다. 그러나 1909년은 급격히 쇠퇴하여 1910년 이후부터는 그 활동상을 찾아보기 어려울 정도로 소멸되어 간다. 따라서 후기충청의병은 충청의병의 고조기라기보다는 오히려 쇠퇴기 또는 독립군으로의 전환기라고 해야 할 것이다.

그러나 충청의병은 전 기간에 걸쳐서 투쟁성을 유감없이 보여 주었다. 이것은 제천의병의 충주성 전투와 남산전투, 홍주의병의 홍주성전투에서의 불굴의 투쟁 사실에서 엿볼 수 있다. 충청지역의 의병들은 승패를 떠나 투철한 살신성인의 정신으로 지속적으로 투쟁하였다. 그리고 국망 이후에는 국내에서는 獨立義軍府 또는 大韓光復會와 같은 무장단체에 적극 참여하였으며, 국외에서는 만주에서의 무관학교나 무장단체에 참여하여 활동하는 등 그들이 전개한 민족독립운동은 크게 평가된다.

2. 홍주의병과 합천전투

1) 머리말

충청지역 대표적인 의병으로 홍주의병이 있다. 洪州義兵이란 홍성군을 비롯한 충남 서부지역 일대인 洪州文化圈 내에서의 의병을 말하는 것으로, 1895년과 1906년 두 차례 전개되었다. 홍주의병은 1895년 12월 일제의 잔학한 침략행위인 을미사변과 단발령공포에 반대하여 金福漢을 총수로 하여 일어났다. 이들 주도자들은 관찰사의 배반으로 체포되어 옥고를 치렀다. 안병찬 등 홍주 유생과 민중들은 을사늑약에 항거하여 1906년 의병을 다시 봉기하였으며 일본 정규군과의 치열한 홍주성 전투를 치렀다. 이 홍주성 전투는 중기의병 중에 최대의 전과를 올렸으며 단일 전투로는 최대의 희생자를 낸 것으로 기록된다. 또한 전국적으로 의병전쟁을 폭발할 수 있게 한 도화선이 되었다.

이 글에서는 1906년 홍주의병을 재조명하고자 한다. 그 중에서도 청양의 화성에서 있었던 합천전투를 중심으로 밝히고자 한다. 그동안 홍주의병에 대한 연구는 진행되었으나[1), 합천전투에 대한 재검토가 필요하게 됨에 따라 이를 밝혀 홍주의병의 실상을 복원하고자 한다.

---

1) 유한철, 「홍주성의진(1906)의 조직과 활동」, 《한국독립운동사연구》4, 한국독립운동사연구소, 1990.
   김상기, 「1895~1896년 홍주의병의 사상적 연원과 전개」, 『윤병석교수화갑기념한국근대사논총』, 1990.
   김상기, 「1906년 홍주의병의 홍주성전투」, 《한국근현대사연구》37, 2006.

2) 1896년 홍주의병과 청양

1896년 홍주의병이 일어나기 전에 청양의 화성 출신인 안창식의 의병 준비가 있었다. 청양의 화성에 거주하던 安昌植(1838∼1899, 자: 伯卿, 호: 艮湖)은 개화파들의 일련의 정치개혁을 선왕의 문물을 무너뜨리는 것으로 보았으며, 의병을 일으켜 이를 성토하고자 하였다. 안창식은 1895년 4월 그는 광천으로 가서 林廷學 등과 함께 시장 상인들을 동원하여 의병 봉기를 추진하고자 하였으나 실행에 옮기지는 못했다. 그로부터 2개월여 후인 8월 20일, 명성황후가 시해당한 을미사변이 일어나자 이들은 9월 하순 이세영 집에서 재집결하였다. 이들은 군사 모집과 무기 수집 등의 구체적인 행동에 들어갔다. 이들의 거의계획과 추진은 11월 15일 단발령이 공포된 후 구체화되어 갔다.

안창식은 청양유생 채광묵 등과 함께 1895년 11월 28일(음) 청양의 화성에 사는 李麟榮 집에서 '향회'를 실시하였다.[2] 이 향회에는 100여 명에 이르는 홍주 일대 유생들이 참석하였으며, 이 자리에서 180여 명의 의병을 모을 수 있었다. 다음날 안병찬과 채광묵이 이 부대를 인솔하여 홍주성에 들어갔다.

청양의 선비 李彰緖(1841∼1911)는 청양군수 정인희의 명령을 받아 수백 명을 인솔하고 각각 홍주부에 집결하였다. 여기에 안병찬·채광묵의 민병 180명이 대기하고 있었으니 그 군세는 홍주부 관아를 압도하기에 충분하였다.[3] 안병찬은 먼저 관찰사 이승우에게 의리정신을 들어 의병에 참여할 것을 호소하였다.[4] 의병들은 12월 3일 홍주부내에 창의소를

---

2) 안창식, 『간호일기』, 1895년 11월 28일(송용재, 『홍주의병실록』, 164쪽).

3) 안병찬, 앞의 책, 1895년 12월 2일자.

4) 안병찬, 「규당일기」, 1895년 11월 28일(송용재, 『홍주의병실록』, 174쪽).

설치하고 김복한을 총수로 추대하였다.5) 안병찬은 김복한과 함께 창의
소에 있으면서 의병을 지휘하였다. 청양 출신의 채광묵과 이창서는 동
남부 소모관에 임명되어 활동하였다. 그러나 창의소를 설치한지 하루만
인 12월 4일 관찰사 이승우가 배반하고 말았다. 안병찬은 金福漢·李偰·
洪楗·宋秉稷·李相麟(홍주6의사라 칭함) 등과 함께 구금되었다.

안병찬은 투옥된 12월 4일 저녁 구차하게 살아 뭇 소인들로부터 욕을
당하느니 차라리 머리를 온전히 하여 죽는 것이 낫다고 칼로 목을 찔러
자결을 기도하였다. 임승주의 극진한 간호로 다음 날 새벽에 깨어난 안
병찬은 문종이를 찢어서 목에서 난 피로 血詩를 지어 이승우에게 보냈
다.6) 안병찬은 옥중에서 임승주가 주는 미음을 먹었지만, 목에 난 상처
구멍으로 새어나왔으며 구멍을 통하여 잔기침도 나왔다. 안창식은 관찰
사의 소행과 더욱이 큰아들인 안병찬의 자결 기도소식을 듣고 의병 봉
기를 시도하였다. 그는 12월 6일 주위에 연락하여 창리(현 청양군 화성
면 창말)앞 주점에서 의병을 봉기하고자 하였다. 그러나 집결한 의병은
거우 10여 명에 불과하여 중지하였다.

한편 청양군수 정인회도 12월 6일 정산읍에 진을 치고 의병을 봉기하
였다. 12월 7일 공주를 향해 진격하였으며 공주부의 구완희부대와의 치
열한 전투를 정산 (철마정)일대에서 벌였다. 공주부에서는 홍주에서의
거의소식에 정부에 친위대의 지원과 무기 탄약들을 요청하여 대비하였
다. 결국 정인회 부대는 패하고 말았다. 정인회 부대에는 그가 이끄는
청양관내의 군인 외에 홍주전투에 참여하였던 다수의 유생들이 보인다.
이세영, 김정하, 이병승 등이 그들로 홍주부 관군에 체포되지 않고 의병

---

5) 임한주, 「홍양기사」, 263쪽. 「志山年譜」, 『지산집』권15.
6) 안병찬, 「규당일기」, 1895년 12월 5일(송용재, 『홍주의병실록』, 177쪽).

을 재기하여 투쟁을 전개한 것이다. 이들은 정산의 철마정 전투에서 패퇴한 후 각기 흩어졌다. 이후 정인희는 관직을 사퇴하고 은거하였다.

안창식은 12월 20일 체포되어 홍주감옥에 수감되었다. 옥중에서 아들을 만나게 해주길 요구했으나 거부당하였다. 안창식은 관찰사 이승우의 문초를 받았다. 안창식은 관찰사가 처음 창의한 뜻을 뒤집고 동지들을 배반한 것을 힐책하였다. 그는 12월 26일 경무관 강호선의 문초를 받았는데, 그는 이 자리에서 '坤殿이 역적의 무리에게 시해당한 일(을미사변, 필자)'과 '임금의 상투가 강제로 잘리는 변(단발령, 필자)'에 창의하였음을 분명히 밝혔다. 안창식은 1월 5일(음) 방면되어 귀가할 수 있었다.

그러나 안병찬을 비롯하여 김복한·이설·홍건·이상린·송병직은 방면되지 못했다. 1월 12일 이들을 압송하라는 법부의 훈령이 도착하였으며, 이에 따라 1월 13일 홍주를 떠나 17일 서울에 도착하여 한성재판소에 이송되었다.[7] 서울에 온 지 한 달이 지난 2월 23일 고등재판소 재판장 이범진이 의병들을 불러 공초를 하였다. 안병찬이 재판정에서 을미사변을 분통해하며, 단발령의 소식을 듣고 화이의 구별이 없어진 것으로 보아 충의정신과 의리 정신에 입각하여 거의하였음을 밝혔다. 이범진은 2월 25일(양, 4월 7일) 午時에 선고를 하였는데, 안병찬은 홍건·이상린·송병직 등과 함께 징역 3년형을 선고 받았다. 김복한에게는 유배 10년형이 내려졌다. 이날 밤 자정에 판사 金教獻은 안병찬 등 홍주6의사를 불러들여 임금의 특지에 따라 전원 사면 석방한다는 뜻을 전했다.[8]

---

7) 안병찬, 위의 책, 1896년 1월 17일(송용재, 『홍주의병실록』, 180쪽).
8) 김상기, 「1895~1896년 홍주의병의 사상적 연원과 전개」, 『윤병석교수화갑기념 한국근대사논총』, 지식산업사, 1990.

3) 1906년 홍주의병과 합천전투

(1) 광시에서의 기병과 홍주성 공격

1895년 홍주의병에서 기병한 뜻을 이루지 못한 유생들은 그후 후학을 지도하면서 강회 또는 향음례 등을 실시하였다. 1905년 을사조약의 늑결은 이들을 또 다시 격분시켰다. 김복한과 이설은 상소의 방법으로 정부의 개화정책과 일제의 침략행위를 규탄하였다. 이들은 12월 4일 경무청에 체포되어 옥고를 치르게 되었으며 12월 그믐날 석방되었다.

한편 1895년 홍주의병을 전개하였던 또 다른 주도세력인 안병찬 채광묵 박창로 이세영 등은 을사조약의 늑결 소식을 듣고 적극적인 의병투쟁을 통한 국권회복운동을 전개할 것을 다짐하였다. 특히 안병찬은

> 왜놈들에게 대권이 옮겨져 있으니 비록 천장의 상소와 백장의 공문서를 올린들 무슨 유익한 일이 있겠는가. 한갓 소용없는 빈말만 할진대 차라리 군사를 일으켜 왜놈 하나라도 죽이고 죽는 것만 못하다.[9]

라고 1906년 초부터 의병봉기를 추진하였다. 그는 동지들과 함께 의병을 초모하는 동시에 정산에 거주하고 있는 전 참판 閔宗植을 찾아가 총수의 책임을 맡아줄 것을 청하였다. 이때 안병찬은 이설, 김복한 등과 먼저 협의하였던 것으로 보인다. 이설은 의병의 뜻을 묻는 안병찬에게 "목의 피가 이미 빠지고 다시 뿌릴만한 피가 없어서 그러는가" 라면서 적극적으로 의병을 권하였다. 또한 이설은 민종식에게도 편지를 보내 안병찬 등이 민종식을 영수로 모시고자 하니 이를 수락하여 후회하는 일이

---

9) 임한주, 「홍양기사」, 『성헌선생문집』義 上, 33~34쪽.

없도록 책임을 맡을 것을 권하였다.10)

閔宗植은 을미사변 후 관직을 버리고 정산의 천장리에서 은거 중이었다. 안병찬은 박창로와 함께 1906년 2월 28일 이세영 집에서 만났으며, 다음 날인 3월 1일(음, 2월 7일) 이들은 정산의 천장리에 거주하는 민종식을 찾아갔다. 안병찬 등은 3월 11일(음, 2월 17일) 다시 민종식을 찾아갔다. 민종식의 처남 李容珪를 비롯하여 많은 인사들도 그의 집에 와 있었다. 안병찬은 이들과 합세하여 민종식을 대장 직에 추대하였다.11) 민종식은 이를 받아들여 의병장에 올랐으며 박토10여 두락을 팔아 5만 냥을 군자금으로 내놓았다.12) 민종식 역시 체포된 후에 의병을 봉기한 일을 진술했는데 다음과 같이 봉기의 과정을 밝히고 있다.

　　나는 항상 盡忠報國을 본령으로 삼고 있었더니 28년(1895년; 필자)에는 국모의 변이 있고, 4년 후에 내부대신 李址鎔은 일본과 비밀조약을 맺었으며, 작년 11월 한일신협약이 성립되어 위로는 聖上을 괴롭게 하고 아래로 만민은 안도하지 못하고 국가의 존망은 아슬아슬하였다. 이에 뜻을 결정하고 작년 舊曆 11월 25일 동지 金相悳(金商悳의 오식; 필자) 金鳳煥(金福漢으로 보임; 필자)과 함께 상경하여 5賊 대신을 주륙하고 伊藤통감과 長谷川대장을 살해하고 협약을 파기하여 국권을 회복해야 한다는 상주를 하려 했다. 마침 上奏文을 부탁한 동지인 李僎과 金鳳煥이 경무청에 체포되어 상주문을 압수당해 일이 이루어지지 않아 일단 충청남도 정산군의 자택으로 돌아왔다. 동지 李容珪 柳濬根 李侤 南敬天(南奎鎭; 필자)과 모의하여 의병을 일으켜 목적을 달성하고자 하였다.(후략)13)

---

10) 이설, 「與閔允朝書」, 『복암집』권5 서.
11) 안병찬,「龜淵께 드리는 제문」(송용재 편, 『홍주의병실록』, 403쪽).
12) 兪鳳在, 「의사이용규전」, 독립운동사편찬위원회 편, 『독립운동사자료집』2, 320쪽.
13) 「匪魁閔宗植取調之槪要」.

즉 을사늑약 후 5적과 伊藤博文, 長谷川好道를 죽여 국권을 회복해야 한다는 상소를 올리려 하였으나 상소문 작성을 의뢰한 李儁과 金福漢이 체포되어 이를 이루지 못하자 낙향하여 천장리 자택에서 이용규 등과 함께 의병을 일으켜 뜻을 이루려고 하였다는 것이다.

민종식은 대장에 추대되어 의진의 근거지를 정산의 천장리로 삼고 항전에 돌입하였다. 의병에 참여한 주요 인물로는 안병찬을 비롯하여 이세영, 채광묵, 박창로 등 전기의병기에 참여한 이들과 이용규, 홍순대, 박윤식, 정재호, 이만직, 성재한 등을 들 수 있다. 민종식은 의진을 편성하고 1906년 3월 15일(음, 2월 21일) 광시장터(현, 예산군 광시면)로 진군하였다. 이들은 이곳에서 편제를 정하고 大將壇을 세워 天祭를 올렸다. 이때 창의대장 閔宗植 밑에 종사관으로 洪淳大, 중군사마에 朴潤植, 참모관으로 朴昌魯, 유회장에 柳濬根, 운량관으로 成載豊을 임명하였으며, 安炳瓚은 행군사마의 직을 맡았다.14)

홍주의병은 격문과 각국의 공사에게 보내는 청원문과 통문을 작성하였다. 그중에서 현재 통문만이 전해진다. 이 통문은 안병찬이 작성한 것으로 보이며 인근 사민들에게 보내어 의병참여를 호소한 것이다.

의진은 이튿날 바로 홍주로 향하여 동문 밖 夏牛嶺(일명 하고개)에 진을 쳤다. 그리고 명령을 내려

> 홍주성 안에 살고 있는 왜인이 6명이라고 한다. 그들을 잡아 목 하나를 베어오면 상금으로 1천냥을 줄 것.15)

이라고 방을 붙였다. 방이 나붙자 칼을 가진 이들이 서로 성안으로 들어

---

14) 송용재 편, 『홍주의병실록』, 306~307쪽.
15) 홍순대, 『海菴事錄』(송용재 편, 『홍주의병실록』, 307쪽).

제3장 충청의병과 의병장 267

가려 하였다. 이때 의병의 숫자는 6,7백 명에 달했던 것으로 보인다.16)
성안에서는 포를 쏘아 맞섰다. 그러자 의병들이 놀라 흩어졌다. 의병장
이 성문 앞에 이르자 홍주군수 李敎奭이 대장과 종사관 2명만 들어오라
고 했다. 민종식이 종사관을 데리고 성안에 들어갔다. 성 안에서 민종식
과 이교석의 담판이 있었던 것으로 보인다. 이교석은 민종식의 擧義의
뜻에 처음에는 호응했던 것으로 보인다. 그래서 "3일 후에 성을 허락할
것이니 의병을 이끌고 물러가 있으라"고 하였다. 민종식은 이 말을 듣고
군사를 성 밖 마을로 물렸다.17) 민종식에게 3일 후에 성을 내주겠다고
말한 이교석은 4월초 홍주목사를 사직한 것으로 보인다.『승정원일기』
에 의하면 4월 18일자로 사직 처리되었으나, 군수직을 사직한 그는 이미
4월 초에 서울에 올라와 있었던 것으로 보인다.18) 이교석의 후임으로 尹

---

16) 성덕기,「의사이용규전2」, 독립운동사편찬위원회 편,『독립운동사자료집』2, 329쪽.
   안병찬은 홍주성전투에서 산화한 蔡光默에게 바친 제문에서 "2월 21일(양, 3월
   15일) 홍성으로 진격할 때 士民 수백 명이 따라서 閔宗植을 맹주로 하였는데"라
   고 하여 의병의 숫자가 수백 명에 달했다고 하였다(안병찬,「龜淵께 드리는 제문」
   (송용재 편,『홍주의병실록』, 403쪽)).

17) 홍순대,『海菴事錄』(송용재 편,『홍주의병실록』, 307쪽). 성덕기의「의사이용규
   전2」(독립운동사편찬위원회 편,『독립운동사자료집』2, 329쪽)에 의하면, "이교석
   은 일본 군사와 일진회 무리가 온다는 소식을 듣고 성문을 굳게 닫았다"라고 적
   혀 있다.

18) 李敎奭(1862~1927, 자: 景伯, 호: 怡雲, 본: 전의)은 보령 남포 출신으로, 1885년
   무과에 급제한 이후 선전관, 훈련원 첨정, 우부승선, 중추원의관, 평리원 검사, 경
   무청 경무국장, 농상공부 협판 등 여러 관직을 역임하였다. 그가 홍주목사에 임명
   된 것은 1905년 5월 31일로 보인다(『승정원일기』광무9년 4월 28일자). 그가 제출
   한 홍주목사 사직서는 1906년 4월 18일자로 처리되었다(『승정원일기』, 광무10년
   4월 18일 "洪州郡守李敎奭...依願免本官"). 그러나《황성신문》1906년 4월 7일
   자에 의하면, "南來인의 傳說을 聞한즉 홍주군수 李敎奭씨가 文簿를 다 磨勘
   하고 입정한지가 5,6일이나 된다 하난대 해군은 義匪의 근거로 已往前鑑이 있고

始永(호: 芸亭)이 홍주군수로 임명된 것은 1906년 5월 25일(음, 윤4월 3
일)이었다. 그는 부임의 명령을 받고 부임지인 홍주에 가던 도중에 일본
군의 홍주성 점령 소식을 들었다. 그가 홍주성에 갔을 때는 이미 성이
일본군에 의해 점령당했고, 수백 명의 의병이 피살된 다음이었다. 그는
의병 전사자를 매장해주는 등 진휼을 다하였다.[19]

(2) 합천전투

의병대가 홍주성 밖 마을에 물러나 있을 때 李世永(1869~1938, 호: 古
狂)이 합류하였다. 1895년 의병에 참여한 뒤 군대에 들어가 부위에 까지
오른 그의 참여는 의진에 큰 힘이 되었다. 이세영은 홍주의병이 지티에
서 재기했을 때 중군장에 임명되어 이후 홍주성전투까지 큰 활약을 하
였다. 그는 체포되어 황주로 종신 유배되었다가 풀려났으며, 1910년 국
망 후 망명하여 신흥무관학교 교장을 지내는 등 만주지역에서 독립운동
을 이끌었다. 민종식은 다음 날 의병대를 광시로 집결시켰다. 군제를 바
로 잡고 훈련을 시켰으며, 목표를 바꿔 공주부를 공격하기로 하였다.

내포 一境에 火賊이 우심한대 戡捕官이 일시라도 떠나면 더욱 창궐됨이라. 만
일 적당한 군수를 新差 못할 터이면 이씨를 促送하야 생민 도탄을 구하기를 절
망한다더라"라고 하여 이교석이 군수직을 사직하고 이미 4월 초에 서울에 올라왔
다고 한다.
19) 윤시영, 『홍양일기』(『향토연구』11, 충남향토연구회, 1992) 참조.
　　김상기, 「1906년 홍주의병의 홍주성전투」,《한국근현대사연구》37, 2006, 146쪽.

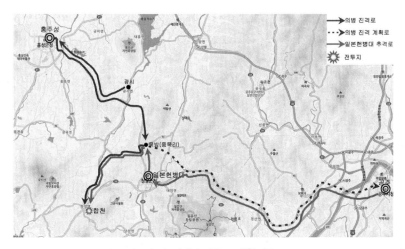

〈그림 3〉 의병의 이동로—합천전투

　의병대가 공주를 향하여 진군 중 선두 부대가 默坊(일명 먹고개)에 이르렀을 때, 척후병이 달려와 공주 관군과 경군 2백여 명이 청양읍에서 휴식중이라고 보고하였다.[20] 이에 의병진을 화성면 화성장터로 이동시켰다. 그리고 인접한 합천 옆 야산에 진을 치고 유숙하였다. 그러나 다음날 새벽에 일본군의 기습 공격을 받고 의병들이 체포되고 패산하였다.

　합천전투에 대하여 부여 출신으로 창의대장 종사를 맡았던 홍순대가 남긴 『해암사록』에서 다음과 같이 상세히 적고 있다.

　　공주로 향한 선발부대가 묵방에 이르렀을 때 척후병이 급히 달려와 공주병과 서울 병력 2백여 명이 청양읍에 도착하여 휴식중이라고 보고하였다. 척후병의 보고에 따라 임시로 군을 피하기 위하여 홍주군 화성면 화성장터로 군사를 후퇴시켜 하룻밤을 지냈다. 그날 밤에 공주 병정이 묵방에

―――――――――
20) 홍순대, 위책, 307쪽. "洪牧曰三日後許城闕리니 退軍을 勸誘하난지라"
　　　兪鳳在, 「의사이용규전」, 『독립운동사자료집』2, 316쪽.

도착하여 우리 군의 자취를 발견하고 그 마을 주민에게 정탐한 즉시 화성
군의 우리 진지 옆에 잠시 잠복하였다가 밤을 틈타 어지럽게 총을 쏘아
어찌 할 길이 없이 패하여 무너져 각기 생명을 보전하기 위하여 흩어져
도망하여 각기 집에 돌아갔다. 土倭와 왜적이 세밀히 조사하여 체포하기
위하여 某人는 물론이요 우리들은 집에 가지 못하고 이로부터 피신하기
위하여 사방을 주유함에 산간 벽지에서 하루 한끼를 먹고, 2,3일은 먹지도
못하고 2,3개월을 고통을 당함이 막심하였다.[21]

의병대가 일본군과 관군이 합천 인근에 잠복하였다가 밤을 틈타 총을
쏘며 급습하여 의병이 패하여 사방으로 흩어졌다는 것이다.

성덕기의 「의사이용규전」에서도 다음과 같이 전투 상황을 적고 있다.

군수 이교석은 처음에는 서로 응할 마음이 있더니, 일진회와 함께 일본
병 대병력이 이르니 도리어 의심과 두려운 마음이 나서 성문을 군게 닫고
거절하니 부득이 군사를 대흥 光水(현재의 光市임, 필자)로 물렸다. 갑자
기 홍주 合川에서 큰 군사를 만나 구원병이 없는 고립된 군사가 적을 대
적하지 못하고 패해서 흩어졌다. 박창로 안병찬 등 40여 인이 잡혀갔다.[22]

홍주군수가 성문을 닫고 의병 참여를 거절함에 광시로 군사를 물렸다
가 합천에서 일본병의 공격을 받고 패산했다는 것이다. 그리고 이때 박
창로와 안병찬 등 40여 인이 체포되었다고 하였다.

---

21) 홍순대, 위책, 307~308쪽.
22) 성덕기, 「의사이용규전2」, 독립운동사편찬위원회 편, 『독립운동사자료집』2, 329쪽.
    이 글의 원문은 다음과 같다. "郡守李敎奭始有相應之心 尋日兵與一進會大兵
    來到 反生疑懼堅城閉拒 不得已退軍大興光水 猝遇大兵於洪州會川 孤軍無
    援 抵敵不得敗散 朴昌魯安炳燦等四十餘人被禽而去"(위책, 828쪽). 위 글에
    서 '洪州會川'은 '洪州合川'의 오기로 보인다. 이를 "홍주에서 큰 군사를 만나
    내를 사이에 두고 대하게 되었다"라고 해석함은 잘못으로 보인다.

지금까지 위 기록을 토대로 안병찬과 박창로가 체포되어 공주 감옥에
갇힌 것만을 알았으나, 이진구의 「의사이용규전」에 의하면, 합천전투에
서 安炳瓚과 朴昌魯 외에 崔璇在 등 수십 명이 일본 병정에게 사로잡혀
공주로 갔다가 윤4월에 풀려나왔다[23]라고 기록하고 있다. 최선재는 科
擧 급제자로 오위장, 첨지중추부사 등을 지낸 인물로 보인다.[24] 그러나
아직 자료 부족으로 신원이 제대로 확인되지 않는다. 또 임한주의 「홍양
기사」에서는 "마침내 홍주 합천에서 패전하였다. 그래서 병찬 및 박창
로는 잡혀가고 채광묵은 병으로 집에 있었던 때문에 모면되었다."라고
하여 역시 안병찬과 박창로가 잡혀갔음을 알려준다. 또한 안병찬의 문
하에 있던 朴容根도 포박을 당하여 안병찬을 따라가 좌우에서 살펴주었
다 한다.[25]

한편 합천전투에 대하여 한국내부경무국에서 펴낸 『고문경찰소지』에
서 다음과 같이 상세히 합천전투의 전황을 알려준다.

공주 지부에서는 이 풍설을 듣고 각 면에 탐정을 풀어 동정을 시찰 중
에 동년 3월 16일 閔宗植은 다수의 도당을 모집하여 청양의 북방 약 20리
의 묵방에 둔취하고 있다는 보고를 접했다. 마침 청양이 있는 佐竹 보조
원은 순교 2명과 그곳에서 회동하여 헌병과 함께 이들을 추포하기 위해

---

23) 유재봉, 「의사이용규전」, 『독립운동사자료집』2, 317쪽.
　　합천전투에서 체포된 인원 수에 대하여 원문에는 '數十人'으로 적혀 있는데(위
　　책, 823쪽) 번역본에는 '수백 명'으로 잘못 기재되어 있다.
　　"翌日 即 向洪州 其時 本郡 李敎奭 堅城不許 還屯洪州 會自公州 日兵與本
　　國兵數百來到 干戈相連 勢不能敵 因以散軍 不幸安炳璨 朴昌魯 尹滋洪 崔
　　璇在等 數十人 爲日兵所擒 押去公州府 而至閏四月 放出".
24) 『각사등록』경기도편4, 「開城府留營狀啓謄錄」4, 신묘 9월.
　　《승정원일기》고종30년 계사(1893) 3월 13일, 3월 16일, 3월 30일자.
25) 임한주, 「홍양기사」, 『독립운동사자료집』2, 294쪽.

동일 오후 6시 목적지에 도착하였다. 그러나 민 이하는 이미 묵방을 출발
하여 화성면을 지나 합천에 갔다. 그래서 곧바로 이를 추적하여 그날 밤
10시 화성면에 도착하여 적정을 살핌에 저들은 합천에서 유숙함을 확인하
였다. 이에 따라 우리 수사대는 동이 틀 무렵 이들을 습격하여 전원 체포
하기로 하였다. 다음날 17일 오전 5시 합천의 숙소를 습격하여 일동이 칼
을 뽑아 집안으로 돌입하였다. 적은 낭패하여 허둥지둥하고 화승총으로
다소 저항하였지만 23명을 포박하였다. 그러나 수괴 閔 이하 약간 명은 위
급을 벗어나 후방의 산중으로 도주하였다. 백방으로 수색하였으나 끝내 잡
을 수 없었다. 대개 적은 홍주성에 들어갈 목적으로 하였지만 경계가 엄함
을 듣고 바꾸어 보령에 가는 도중 합천에서 우리의 습격을 받은 것 같다.26)

이에 따르면, 경무국 공주지부 소속 경찰이 청양의 묵방에 의병대가
모여 있음을 알고 佐竹 보조원은 순교 2명과 헌병과 함께 오후 6시경 묵
방에 갔음을 알 수 있다. 이어서 의병대가 합천으로 갔다는 말을 듣고,
그날 밤 10시경 합천 인근에 들어가 잠복하였다. 이들 일본군이 다음날
3월 17일(음, 2월 23일) 오전 5시경 의진을 공격하자 의병대는 겨우 화승
총으로 저항하였지만 의병 23명을 체포하였으나, 의병장 민종식은 끝내
체포하지 못했다는 것이다.

경무국의 보고에서 23명을 체포하였다고 하였는데,《황성신문》1906
년 3월 22일에 의하면 다음과 같이 28명을 체포하였음을 알 수 있다.

공주군에 주재한 日憲兵이 晩近 暴徒가 洪州 合川지에 在함을 聞하고
馳馬當前하야 揮劍放砲한 則 該徒가 四散逃走하는 故로 與本國巡檢 등
으로 合力 追捕하여 現今 捉獲이 23명이오 銃3柄, 창2개, 還刀 1개, 마2
필, 四人轎 1좌, 負擔 1척, 軍案 1건, 圖書 1顆를 탈취하얏으며 定山郡에
서는 所捉 5명중에 禹士俊 丁允甫는 果無所犯하야 일 헌병이 直放하얏

26) 한국내부경무국, 『고문경찰소지』, 1910, 113쪽.

고 其餘 徐德玄 李宗鳳 李殷明과 홍주군에서 所捉한 閔泳玉 李季化 禹
在明 朴亨鎭 朴溫伊 崔利基 徐善明 崔景三 林相春 李春吉 吳正三 朴
文淑 尹澤善 徐景春 方煥德 姜順業 李斗星 韓平心 朴用達 安丙瓚 朴
宰煥 洪永燮 鄭德西 등 26명을 與日憲兵으로 眼同押待하와 幷爲牢囚하
얏스며 所奪軍物은 일 헌병이 一切拿去하얏고 巡檢 4인과 及補佐員 1인
은 홍주군으로 向往하야 각 부근 郡邑에 連加申飭하야 各別調捉하는 중
이라더라.[27)

위 기록을 보면, 공주 주재 일본 헌병대가 구한국 순검과 함께 합천에
서 의병을 공격하였다 한다. 이 전투에서 체포된 의병은 정산군 출신이
5명, 홍주군 출신이 23명으로 모두 28명에 달했다. 정산군 출신 5명 중에
우사준과 정윤보는 범법 행위가 없었다 하여 곧바로 풀어줬지만, 서덕
현, 이종봉, 이은명과 홍주군 출신 23명을 일 헌병이 압송하여 갔다. 이
들 28명의 명단은 다음과 같다.

> 정산군 출신: 徐德玄 李宗鳳 李殷明(3명), 禹士俊 丁允甫(2명은 현장
> 석방)
> 홍주군 출신: 閔泳玉 李季化 禹在明 朴亨鎭 朴溫伊 崔利基 徐善明
> 崔景三 林相春 李春吉 吳正三 朴文淑 尹澤善 徐景春
> 方煥德 姜順業 李斗星 韓平心 朴用達 安炳瓚 朴宰煥
> 洪永燮 鄭德西 (23명)

그런데《황성신문》에 나오는 체포자 명단과 이진구의 「의사이용규전」
과 임한주의 「홍양기사」에 나오는 명단이 안병찬을 제외하고는 달라 확
인이 요구된다. 또한 26명의 신원을 밝히는 일도 차후의 과제로 남게 되

---

27) 《황성신문》 1906년 3월 22일자 잡보, 「暴徒調捉」.

었다.[28]

《황성신문》에 의하면, 일본 헌병대는 총 3정과 창 2개, 환도 1개, 말 2
필, 4인교 1좌, 負擔 1척, 軍案 1건, 도서 1과 등을 탈취했다 한다. 4인교가
포함되어 있는 것으로 보아 의병장이 탔던 것으로 유추된다. 말 2필까지
그대로 두고 탈출하였으니 당시의 급박했던 상황을 짐작하게 한다.

이들 합천전투에서 체포된 안병찬을 비롯한 26명은 공주 감옥에 갇히
게 되었다. 그러나 안병찬은 이남규의 주선으로 석방될 수 있었다. 다른
이들의 석방 여부는 알 수는 없다. 안병찬이 빨리 석방될 수 있었던 것
은 이남규가 당시 직산 군수였던 郭瓚에게 안병찬의 석방을 간곡히 청
했기 때문이었다. 곽찬은 직산 군수로 있으면서 공주군의 檢官의 직을
겸하고 있었는데, '盧永俊獄事'의 일을 잘못 처리한 일로 체포된 바 있었
기 때문에 아무리 관찰사를 지낸 이남규의 청이라 해도 쉽게 들어주기
는 쉽지 않았다.[29] 그러나 이남규의 다음과 같은 편지를 받고 안병찬의

---

28) 이진구의 「의사이용규전」(『독립운동사자료집』2, 317쪽)에 의하면, 합천전투에서
"安炳瓚 朴昌魯 崔璇在 등 수백 명이 일본 병정에게 사로잡혀 붙들려서 공주로
갔다가 윤4월에 풀려나왔다"라고 기록하고 있다.

29) 郭瓚은 홍문관 교리와 사헌부 장령(『일성록』, 1892년 8월 2일자) 등의 직을 역임
하였다. 홍문관 시독였던 1904년 8월 12일 직산 군수에 임명되었다(『승정원일기』
고종 41년 갑진, 1904년 8월 12일자). 곽찬은 1905년 10월 17일에는 직산군수 겸
공주군의 '三檢官'으로 있으면서 '盧永俊獄事'의 일을 잘못 처리한 일로 체포된
바 있었다. 물론 3일만에 풀려나기는 했다(『일성록』, 광무 9년 1905년 10월 20일).
「放 朴正彬 金甲淳 趙用熙 郭璨 金用來」, "法部奏以公州郡 盧永俊獄事朴
正彬爲初檢官該獄實因以病患懸錄金甲淳爲覆檢官以被踢後病患懸錄郭璨
爲三檢官以被踢打後病患懸錄金用來初査官以病患執定趙用熙爲再查官以
被踢打後病患執定而該獄案屢經審查以被踢致死斷案則被告等未免失錯之
罪照刑法大全二百十五條請幷處笞放送允之".
　곽찬은 그후 1907년 9월 7일에 경기도 喬桐군수에 제수되고(『일성록』, 1907년
9월 7일자) 1909년 2월 순종의 경기도 순행시 개성행재소에 참석한 자 중에 '교동

석방을 위해 노력하였다.

安斯文 炳燦형이 참으로 어떤 사람입니까? 을미년의 변란에 동지들과 함께 의거를 일으켜 성토하고 복수하려다 불행히 성공을 하지 못하고 洪陽의 감옥에 갇히게 되었는데, 감옥에 이르러 차고 있던 칼을 뽑아 스스로 찔렀으나 죽지 못하자, 창문의 종이를 찢어 왼손에 들고는 칼을 찌른 곳에 손가락 하나를 넣어 피가 손가락을 타고 흘러옴에 재빨리 "지조 있는 선비는 죽어서 시체가 구렁에 버려질 것을 각오한다"는 일곱 자를 써서 수졸에게 던지고는 눈을 부릅뜨고 꾸짖기를 "속히 갖고 가 너의 獄師에게 알리라"하니 수졸이 숨을 헐떡이고 땀을 뻘뻘 흘리며 달려가 옥사에게 알렸는데 그 옥사는 후들 후들 떨면서 감히 받아 읽지 못하였고 관청 안의 사람들도 서로 돌아보며 놀라 눈이 휘둥그레지면서 사색이 되었다고 합니다.(중략) 그런데 그때 죽지 못하고 결국 또 오늘의 치욕을 당하게 되 이 하늘이 대체 무슨 까닭에 이런 분을 진작에 그 뜻을 이루게 하지 못하고 이 비린내 나는 더러운 세상에 그 몸을 남겨 두어서 이처럼 말할 수 없는 고통을 계속 받게 하는지 모르겠습니다. 죽이고 살리는 권한이 오랑캐 놈의 손안에 있으니 형께 어떤 힘이 될 수 있는 방도가 없겠습니다만, 설사 있다 하더라도 원수에게 목숨을 구걸하는 것이 또한 깨끗한 죽음을 지연시키는 데 불과하겠으니, 그 사랑하는 것이 도리어 괴롭히는 것이며 아끼는 것이 도리어 누를 끼치는 것이라고 저는 사실 말을 하고 싶지 않습니다. 그러나 그렇지 않고 그 처단의 권한이 형에게 있고 오랑캐에게 있지 않다면 저는 또 굳이 말을 할 필요가 없다 하겠습니다. 왜냐하면 형의 마음이 곧 저의 마음이기에 그 대처함에 말을 기다릴 필요가 없기 때문입니다. 다만 염려되는 바는, 형께서 단지 비분 강개하여 요즈음처럼 맨몸으로 강을 건너고 맨 손으로 호랑이를 잡으려는 용기가 있는 줄만 알고 종전처럼 의리를 중히 여기고 목숨을 가벼이 여기는 것을 몰라 곰의 발바닥을 버리고 생선을 취하려는 뜻을 평소 마음속에 두고 있지나 않을까 하는

군수 곽찬'(『일성록』, 1909년 2월 3일자)이 나오는 것으로 보아 관직을 계속 유지하고 있었던 것으로 보인다.

것이어서, 자꾸 말을 하면서도 근간의 일을 말하지 않고 을미년의 일에 대해 자세히 말한 것이니, 양찰해 주셨으면 합니다. 만일 이런 분을 죽게 한다면 우리가 참으로 황보장군처럼 淸流의 黨人을 돕지 못한 부끄러움을 당하지 않겠습니까.[30]

위 편지에서 이남규의 안병찬을 아끼는 심정이 잘 나타나 있다. 또한 이남규가 1906년의 조선을 "이 비린내 나는 더러운 세상"이라고 함에서 그의 시세에 대한 인식도 잘 나타난다. 그는 곽찬에게 의리를 들어 안병찬의 구명을 요청한 것이다. 안병찬은 이처럼 이남규의 노력으로 민종식이 홍산에서 재기하기 4일 전인 5월 5일(음, 4월 12일) 석방되어 민종식 의진의 참모사로써 다시 종군할 수 있었다.[31] 임한주의 「홍양기사」에서 "박창로는 본래 지혜가 많고 말도 잘 하였으므로 권변을 써서 병찬보다 먼저 석방되었다"라고 하였다. 또한 박용근이 "좌우에서 보살펴 정

---

30) 『修堂集』권2, 書「與郭粲玉」丙午(『국역수당집』1, 민족문화추진회, 1997, 293쪽). 원문의 전문은 다음과 같다.
"安斯文炳瓚。兄以爲何如人耶。乙未之變。與同志謀擧義討復。不幸不濟。逮繫洪陽獄。至獄拔佩刀刎不殊。裂窓紙在左手。納一指刎處。血淋漓隨指出。颯颯書志士不忘在溝壑七字。投以與守卒。瞋目叱急持此告若帥。卒持書喘汗走告帥。帥戰慄不敢受以讀。府中人相顧愕眙。無人色。斯文仆而絶旣甦。覺有物在頷下。問同繫者。知其爲倭藥。遽以手揮去之曰。死耳。此物寧可近吾身。今刎痕尙皴縮如瘡餘也。乃其時不得死。竟又有今日之辱。不知上天何故使斯人不早遂其志。寄軀殼腥穢中。飽受此刀山劍樹之苦也。殺活操縱。在虜掌握。則兄必無可以爲力。設有之。丐命讐虜。又遲了明白一死。則其愛之也適以刻之。其惜之也適以累之。弟固不欲言。不然而其勘斷在兄。不在虜。則弟又不必言。何者。兄之心卽弟之心。而其所以處之也。無待乎言耳。但恐兄徒知慷慨憤激。有近日憑河暴虎之勇。而不知其從前重義理輕軀命。舍熊取魚之志。素定于中。故言之不已。而不言近日事。於乙未事致詳焉。倘有以亮察否。使斯人而死者。吾輩獨無皇甫將軍不得與黨人之耻乎".
31) 임한주, 「홍양기사」(『독립운동사자료집』2, 293쪽).

성을 다하고 석방되는 것을 보고서야 돌아왔다"[32]라고 하는 것으로 보아, 안병찬과 같이 구금되었던 다른 이들도 모두 석방된 것으로 보인다.

의병장 민종식은 합천전투에서 간신히 탈출하여 각지를 잠행하면서 고초를 겪고 처남인 이용규가 초모한 의병을 중심으로 5월 9일(양) 부여의 내산면 지티에서 의병을 재기하였다. 서천, 남포읍성 전투에서 승리한 홍주의병은 여세를 몰아 5월 19일(음, 4월 26일) 홍주로 들어가 홍주성을 포위 공격하여 5월 20일 아침에 홍주성을 점령하였다. 민종식은 의진을 재편성하였는데, 안병찬은 안항식·박창로·신보균 등과 함께 참모의 직을 맡았다. 그의 동생인 안병림은 돌격장을 맡았다.

홍주의병은 일본 경찰대의 공격을 대포를 쏘아 물리쳤다. 그러자 주차군 사령관 長谷川好道는 통감 伊藤博文의 명령에 따라 보병 제60연대의 대대장 田中 소좌 지휘 하에 보병 2개 중대(약 400명)와 기병 반개소대 그리고 전주수비대 1개 소대가 합세하여 5월 30일 홍주성을 포위, 공격하였다. 일본군은 田中 소좌의 지시에 31일 새벽 2시 반 공격을 개시하여 3시경에 기마병 폭발반이 동문을 폭파시켰다. 의병은 치열한 시가전을 감행하면서 방어했으나 일본군의 화력에 밀려 수백 명의 사상자를 내고 패퇴하였다.[33]

홍주성전투에서 패한 민종식을 비롯한 지휘부는 성을 빠져나왔다. 이용규는 그해 10월경에 예산 현곡(지금의 대술면 상항리)에 있는 이남규의 집으로 가서 민종식 등을 만나 재기를 추진하였다.[34] 그러나 일진회원의 밀고로 11월 17일 새벽에 일본헌병 10여 명과 지방병 40여 명, 그리

---

32) 임한주, 위글, 295쪽.
33) 김상기, 「1906년 홍주의병의 홍주성전투」,《한국근현대사연구》37, 2006, 139쪽.
34) 한국 내부경무국, 『고문경찰소지』, 1910, 118~120쪽.

고 일진회원 수십 명의 포위 습격을 당하여 안병찬을 비롯한 수십 명이 공주감옥에 감금되었다. 이남규·이충구 부자도 함께 체포되어 온갖 악형을 당하였다. 安炳瓚은 공주감옥에서 풀려난 후 朴昌魯와 함께 정산의 칠갑산 쪽으로 들어가 항쟁을 지속하였다. 이들은 1907년 12월 일본헌병대에 체포되었는데, 이때의 일본 보고서에 의하면 의병 약 3백 명이 있었다고 한다.[35]

4) 맺음말

1906년 3월 17일 새벽에 홍주의병은 청양군 화성면 합천 일대에서 일본경찰과 헌병대와의 전투를 치렀다. 이 전투를 합천전투라고 한다. 홍주의병은 1906년 3월 15일 예산의 광시에서 의병을 봉기하고 곧바로 홍주성을 공격하였다. 그러나 홍주군의 총격을 받았다. 군수 이교석은 3일 후에 성문을 열테니 의진을 물리치라고 하였다. 의병장 민종식은 의진을 성 밖 마을로 후퇴시키고 공주부를 공격하기로 계획을 바꾸었다. 의병대가 공주를 향하던 중 비봉면 묵방에 이르렀을 때 청양 읍내에 일본군 2백여 명이 휴식중이라는 보고를 듣고 합천으로 의진을 옮겼다. 일본경찰대는 의병의 뒤를 좇아 묵방을 지나 합천까지 추적해 왔다. 그리고 인근에 잠복해 있다가 다음 날 새벽 5시 30분경 의병대를 급습하여 합천전투가 일어났다. 기습을 당한 의병대는 화승총으로 대항하였다. 그러나 기습을 당한 의병대는 패산하고 민종식을 비롯한 일부만이 탈출에 성공하였다.

---

35) 『폭도에 관한 편책』권3, 명치40년 12월 7일 보고서(국가기록원 소장본).
   김상기, 「안병찬가의 민족운동」, 《한국독립운동사연구》50, 2015, 65쪽.

이 합천전투에서 안병찬을 비롯한 28명이 체포되었다. 또한 총과 말, 4인교, 그리고 軍案까지 탈취당하였으니 급박했던 상황을 짐작하게 한다. 체포된 이들 중에 현장에서 풀려난 2명을 제외한 26명은 모두 공주 감옥에 갇혀 옥고를 치렀다. 이들은 이남규의 주선으로 풀려날 수 있었다. 그 중에서 안병찬은 민종식이 홍산에서 재기하기 4일 전인 5월 5일 석방되어 민종식 의진의 참모사로써 다시 종군할 수 있었다. 민종식은 탈출한 후 각지를 잠행하면서 고초를 겪었다. 그리고 처남인 이용규가 전북지역과 충남 서남부 지역에서 모집한 의병으로 5월 9일 부여군 내산면 지티에서 의병을 재기할 수 있었던 것이다.

민종식은 서천과 남포 읍성전투에서 승리한 뒤 5월 20일 아침에 홍주성을 공격, 점령하였다. 이때 의진을 재편하였는데, 합천전투에서 체포된 안병찬과 박창로는 참모에 임명되었으며, 최선재 역시 의병에 재합류하여 수문장을 맡아 활동하였다. 나머지 인물들의 행적은 확인하기 어렵다. 향후 이에 대한 재검토가 요구된다.

3. 유인석의 사상과 제천의병*

1) 머리말

조선조 말기 제국주의 세력의 정치, 경제적 침략에 재지유생들은 주자학 질서를 수호하고자 하는 위정척사운동과 민족의 생존권 회복을 위한 반침략 의병투쟁을 주도하였다. 그중에서 유인석은 제국주의세력의 침략에 대항하여 철저한 존화양이론에 입각한 의병운동을 전개한 대표적 인물이다.

유인석은 화서학파의 종장인 이항로와 김평묵, 유중교로부터 척사론의 요체를 전수받은 유학자이며 그 사상을 실천에 옮긴 의병장이다. 유인석은 1895년 11월 제천 자양영당에서 '처변삼사'를 제시하였다. 이에 따라 안승우 등 제자들이 의병을 봉기하여 항전하였다.

제천의병은 安承禹 李春永 등이 중심이 되어 활동한 砥平義陣이 모체가 되어 柳麟錫을 대장으로 추대함으로 편성된 것이다. 화서학파의 문인들이 주축이 되어 조직되었으며, 요충지인 제천, 충주일대에서 활동하였다. 제천의병은 비록 관군과 일본군의 연합공세에 밀려 중부지역의 근거지를 상실한 채 요동행을 결행하고 말았으나, 전기의병 가운데 최대의 규모로 최대의 전과를 올린 의진으로 평가되고 있다.

유인석에 대한 연구는 비교적 진척된 편이다.[1] 이 글에서는 유인석의

---

* 김상기, 「유인석의 사상과 제천의병」,《의암학연구》12, 2015.
1) 이동우,「의병장 유인석의 의병운동고」,《성대사림》2, 1977.
　이종춘, 「한말 초기의병운동에 관한 연구」,《청주교대논문집》18, 1982.
　박민영, 「의암 유인석의 위정척사운동」,《청계사학》3, 1986.
　유병용, 「유인석 제천의병항쟁의 제한적 성격과 역사적 의의」,『강원의병항쟁사』, 1987.

修學 과정과 사상적 특성에 주목하고자 한다. 그리고 제천의병의 결성
과정과 의진 결성 후 활동상 그리고 서행 과정 등에 관하여 구체적으로
밝히고자 한다.

2) 유인석의 학문과 사상

(1) 가계와 학문

柳麟錫(1842~1915)은 헌종 8년(1842) 1월 춘천 가정리 愚溪에서 부친
重坤과 고령신씨 사이에서 태어났다. 초명은 承猷이며 자는 再新, 汝聖
이며, 호는 毅菴이다. 본관은 고흥이다. 14세 때인 1855년 2월 같은 우계
에 살고 있는 柳重善에게 양자를 갔다. 양모는 덕수이씨이다. 고조부는
瓛은 호조참판에 증직되었으며, 증조부 柳榮五(1777~1863)는 문과에 급
제하고 병조참판을 지냈는데, 省齋 柳重教(1832~1893)의 큰할아버지가
된다. 그리고 다음 달 양근 벽계리에 있는 華西 李恒老(1792~1868)의 문
하에 들어갔다. 이항로는 그를 보자 "仁을 이루 다 사용할 수 없겠다"하
고 자신을 극복하여 예를 회복한다는 '克己復禮'를 써 주며 仁을 행할
것을 권했다.2) 유중교도 5세 때인 1836년 이항로의 문하에 들어갔는데,
이는 모두 유영오가 주선한 것이다. 유영오는 유배에서 돌아와 潛江(현,
가평군 설악면) 栗里에 '書館'을 짓고 자리 잡았는데, 양근의 벽계(현, 양
평군 서종면 노문리)에 있는 이항로를 만나보고 당대의 '大儒'임을 알고
자손들과 친인척의 자제들을 그에게 입문시켰다.3) 유영오는 자손들이

김상기, 「1895~1896년 제천의병의 사상적 연원과 전개」,『백산박성수교수화갑기
  념논총』, 1991.

구완회,『한말의 제천의병』, 집문당, 1995.

2)「유인석 연보」,『의암집』 권55 부록 을묘조.

〈그림 4〉 의암 유인석

이항로와 가까운 곳에 살면서 이항로의 가르침을 받게 하려고 잠강에서 5리 남짓 떨어진 漢浦(현, 가평군 설악면 선촌리)로 터를 옮겼다.

1866년 병인양요가 일어나자 스승 이항로가 척사 상소를 올리기 위해 상경함에 수행하였다. 2년 후인 27세 때인 스승을 잃고 心喪 3년을 마친 뒤 화양동으로 가서 만동묘를 참배하였다. 1876년 일본의 강화도 포격으로 조정이 강화조약을 맺을 즈음 홍재구 등 문인들과 왜와의 화친을 반대하는 척화상소를 올렸다. 그해 여름에 유중교를 따라 가평의 옥계로 이사했다. 1884년 유중교를 따라 춘천 가정리의 旺洞으로 돌아왔다. 1892년 김평묵, 1893년 유중교를 연이어 잃었다. 유중교는 1889년 8월 제천의 장담으로 이거한 바 있다. 춘천은 서울과 가까워 매일 오랑캐('異類')들이 왕래함을 보고 산천이 깊은 장담으로 이거한 것이다. 청풍의 徐相烈을 비롯하여 포천의 洪淳恒, 양구의 朱庸奎, 강릉의 鄭華鎔 등 많은 이가 장담으로 이거하여 조석으로 수업을 받았다.4)

그는 1894년 6월 21일의 갑오변란을 '소중화'의 위기로 나아가 국가의 위기로 파악하였다. 여러 사우들에게 보낸 글에서 "나라의 변고에 통곡하고 통곡합니다"라고 이를 국가의 변고로 인식하였다. 나아가 "우리들은 편안히 앉아 글만 읽을 처지가 아닙니다"라고 하여 행동에 나설 것을 선언하였다.5) 1895년 조정에서 의복의 색깔을 흑색으로 변개하는 변복

---

3) 「유중교 연보」, 『성재집』 권58 부록. 병신조.

4) 「유중교 연보」, 위책, 기축조.

5) 「유인석 연보」, 위책, 갑오년 6월조.

령을 발표하였다. 이에 대하여 그는 변복령에 처하여 죽음만이 있을 뿐
이라면서 목숨을 들어 반대하였다.6) 그는 이를 곧 '오랑캐화'로 인식하
여 조선의 자주성을 해치는 문화망국 행위로 파악한 것이다.

1895년 5월에 제천의 장담 건너편 마을인 구탄으로 이사하였다. 이곳
에서 그는 문인 사우들과 윤5월 2일부터 의병 봉기 직전까지 사서삼경,
근사록, 소학, 동몽선습, 華西雅言, 격몽요결 그리고 朱子, 程子, 重菴, 省齋
의 글을 내용으로 한 강회를 실시하였다. 이 강회는 매월 상, 중, 하순에
실시했던 것으로 보인다. 유인석 문인이 중심이 되어 참석자는 많을 때는
윤5월 2일과 같이 150여 명에 이르기도 하였다. 그리고 한달에 2~3회 정
기적으로 장담서사에 모여 화서학파의 요체라 할 수 있는 '尊攘論'과 의
리정신을 논하였다. 강회 의장은 유인석이 맡았으며, 『대학』, 『易學』, 『宋
子己丑封事尊攘條』, 『朱子戊午黨議序』, 『朱子行宮便殿』, 『朱子王梅溪文
集序』 등을 강론하였다.7)

(2) 사상

유인석은 이항로 이하 그 두 고제인 김평묵과 유중교를 차례로 스승
으로 모시면서 화서학파의 사상을 철저히 계승하였다. 그의 사상 중 핵
심은 尊華攘夷論이라고 할 수 있다. 그가 1913년 요동에서 작성한 『宇宙
問答』에서

조선은 唐堯의 시대에 나라를 시작했고 塗山의 會盟을 함께 했으며,
기자가 東來한 후, 임금이 되어 九疇를 펴 보였고, 八條의 가르침을 베풀

---

6) 「유인석 연보」, 위책, 을미년 1월조.
7) 『장담강록』 참조.

어서 소중화가 되었다. 이로부터 대를 이어 오던 중 약간 쇠퇴하여 오랑캐
에 조금 물들었으나, 고려말에 이르러 鄭圃隱 선생이 元明의 교체기를 당
하여 오랑캐를 물리치고 의를 존중할 것을 주장하여 원을 물리치고 명을
섬길 것을 의논했다. (중략) 中華를 높이고 夷賊을 물리침은 천지의 떳떳
한 법도를 다하는 것이니 서로 저수하고 또 南明의 삼황제를 받들어 정통
으로 하고 영력 연호를 썼다. 이에 중국이 망한 후에 사천년의 華夏一脈
이 조선에 있게 되고, 이천년 공맹의 남긴 법도가 조선에 있지 않음이 없
게 되었다. 이것이 바로 소중화의 실상이 확연하다는 것이다.

라고 하여 중국과 조선은 각기 삼황과 단군 그리고 기자의 정통을 이어
중화와 소중화의 맥을 계승해오다가 명이 망한 후 그 화맥이 중국에서
는 없어지고 조선에만 남게 되었다는 것이다. 여기에서 '華'라는 것은
주자학 중심의 '중화문화'를 의미하는 것으로 보인다.

　그는 개항을 전후하여 倭洋一體論을 주장하였다. 주자학을 신봉하지
않는 '倭洋'은 곧바로 '夷'로서 격퇴시켜야 할 대상으로 보았다.[8] 1876년
불평등 조약인 강화도조약이 강제로 체결되기 직전 그는 스승 유중교
김평묵 등 화서문인 50인과 함께 「伏閤儒生斥洋疏」를 올렸다. 이 50인의
병자연명유소는 이항로의 병인년 상소 이후 화서학파에 의한 최초의 집
단적인 정치운동으로 개국의 부당성을 항의 상소한 것이다. 이 연명유
소는 왜양일체론이 주요 내용이다. 이에 의하면 왜는 서양의 앞잡이라
는 것이며 이는 이미 왜가 서양과 결합하여 양선을 타고 양포 등 양기를
사용하고 있음을 보아 알 수 있다는 것이다.

　그의 왜양일체론은 을미사변과 단발령 공포 후에는 倭賊討伐論으로
전환하였다. 그는 춘추대의는 '적을 토벌하여 복수하고 중화를 높이며

---

8) 유인석, 「小中華論」, 『의암집』권51, 「宇宙問答」.

오랑캐를 물리친다'는 것이라며

난적의 변고는 어느 시대들 없겠습니까마는 어느 때에 지금의 倭賊과 같은 이적이 있었겠습니까. 麟錫은 布衣로 의병을 일으켜 장차 공자의 春秋大義를 시행하겠다고 단단히 자신을 다짐하였습니다.(중략) 근래에 임금을 팔고 나라를 팔아먹는 무리들이 정부에 발을 드러놓고 만국이 개화한다고 하면서 대대로 원수인 오랑캐와 수호조약을 체결하여 점점 화근을 얽어매어 결국 우리 國母를 시해하고 우리 지존인 임금을 욕보이고 우리 선왕의 백상들을 몰아서 금수로 만들었으며, 우리 선정의 제도를 더럽혀서 시궁창으로 빠지게 하였습니다.(중략) 이러한 때에 저들을 討伐하여 복수하고 존화양이를 하여 춘추대의를 밝히는 것이 옳겠습니까? 하지 않는 것이 옳겠습니까?[9]

라고 을미사변으로 국모를 시해하고 단발령으로 임금의 머리를 훼손한 왜적을 토벌하여 춘추대의를 밝히고자 의병을 일으켰음을 분명히 하였다.

그는 또한 왜적은 '선왕의 제도를 더럽힌 원수'요, '임금에게 욕을 가한 원수', 그리고 '국모의 원수'라면서 "이러한 원수를 잊어버리고 시간만 보낸다면 왜적이 우리를 더욱 경시하고 모욕하여 재앙이 미치지 않는 것이 없을 것"이라고 하였다. 나아가 그는 조정의 관원들이 "백성이 짐승의 먹이로 맡겨져도 근심할 줄 모른다."면서 원수를 토벌하지 않게 되면 일본이 우리를 모욕함이 끝이 없고 종국에는 백성들이 그들의 먹이로 유린당할 것이라면서 의병은 '匪徒'가 아닌 민족의 멸망을 막기 위함임을 천명하였다.

또한 그는 反開化論, 나아가 開化亡國論의 태도를 분명히 하였다. 유인석은 철저한 反開化論의 입장에서 1894년 이래 개화파에 의한 일련의

---

9) 유인석, 「再檄百官文」, 『의암집』권45, 檄.

갑오경장을 친일적 반민족적 정책으로 인식하였다. 나아가 그는 개화망
국론을 주장하였다. 개화란 용어는 일본으로 파견한 유학생이 귀국한
뒤 1890년대 개화파 관리들에 의해 사용되었다 그러나 그에게 '開化'는
곧 '倭化' 나아가 '亡國'의 의미로 파악되었다. 그는 개화파들에 의한 외
국과의 통상이 망국의 근원이 된다고 논파하였다. 그리고 의병의 목적
은 남의 노예가 되는 수치를 면하고자 함에 있음을 다음과 같이 주장하
였다.

> 아! 원통하다. 뉘 알았으랴, 외국과 통상한다는 꾀가 실로 망국의 근본
> 이 될 것을, 문을 열고 도적을 받아들이어 소위 世臣이란 것들은 달갑게
> 왜적의 앞잡이 노릇을 하는데 목숨을 바치니, 仁을 이루려는 이 선비들은
> 남의 노예가 되는 수치를 면하자는 것이었다.10)

그는 1894년 6월 일본군에 의한 경복궁 점령사건인 갑오변란이 일어
나자 이를 국가의 자주권이 크게 훼손된 것으로 亡國의 시작이라고 인
식하였다. 이는 그가 1895년 의병을 일으키고 발표한 격문에서 '마침내
갑오년 6월 20일 밤에 이르러 우리 조선 삼천리강토가 없어졌도다'라고
함에서 잘 알 수 있다.11)

한편 그는 復讐保形論을 강하게 주장하였다. 을미사변으로 시해된 국
모의 원수를 갚고자 하였다. 그리고 변복령과 단발령의 철회를 주장하
였다. 그는 1895년의 변복령이 반포되자 중화의 정맥과 조선의 예법이
단절되었다면서 다음과 같이 성토하였다.

---

10) 유인석, 「檄告內外百官」, 『의암집』권45, 격.
11) 유인석, 「檄告八道列邑」, 『의암집』권45, 격.

> 오호라, 애통하다. 4천년 華夏正脈과 2천년 孔孟大道와 조선 5백년 禮
> 樂典型과 家家數十世 冠裳法度가 여기서 단절되었도다. 이제 글 읽는 선
> 비는 어떻게 처신해야 옳겠는가.(중략) 이것은 天地 聖賢 先王 父祖에 죄
> 를 지은 것이니 살아서 장차 어찌하리요. 이제 성토하다 죽고 거의하다 죽
> 으리니 선왕의 도를 수호하다 죽는 것은 선비의 의리이다.12)

그는 여기에서 "성토하다 죽고 舉義하다 죽으리니"라고 하여 이때부
터 의병 봉기를 유념하고 있었던 것으로 보인다.

그는 단발령에 대하여도 변복령과 같이 화이론적 가치관에 입각해 아
래와 같이 통박하였다.

> 천지간 華夷綱常과 禮儀大道는 반드시 人身에 있으니, 이 몸이 華人
> 되고 夷獸됨은 계발과 圓袂에 달려 있다. 이 상투와 원메의 存, 不存에
> 따라 華夷人獸의 判, 不判과 綱常大道의 保, 不保가 달려 있으니, (중략)
> 머리는 만 번이라도 갈라질지언정 상투는 한번도 잘릴 수 없고, 몸은 만
> 번이라도 찢길지언정 원메는 한 번도 찢길 수 없다.13)

여기서 그는 상투와 '圓袂'(둥근 소매)의 수호여부에 따라 華夷와 人
獸의 결판이 난다고 보았다. 그리하여 단발 강요에 대한 반감은 개화 그
자체를 증오하는 감정으로 발전하였고, 이것은 또 일본화로 받아들여졌
다. 그 결과 그는 의병을 봉기하여 이를 회복하고자 한 것이다.

한편 그의 중화중심의 척사론은 말년에 서양과 일본의 무력을 인정하
는 태도로 변화를 보인다. 이를 동도서기론적인 採西論,14) 또는 그가 점

---

12) 유인석, 「을미훼복시입언」, 『의암집』권35, 잡저.
13) 유인석, 「贈言金仲一還國」, 『의암집』권38, 잡저.
14) 김도형, 「의암 유인석의 정치사상연구」,《한국사연구》25, 1979, 127~129쪽.

진적인 개혁을 제창하였다 하여 '自主開化論'[15]으로 이해되기도 한다. 이에 대하여 그가 동서 문명을 성리학의 체용 논리로 구분하여 이해하였기 때문에 동도서기론을 수용할 수 없었다는 주장도 있다. 즉, 유인석은 體가 서야 用이 행해지는데, 외국은 체를 버리고 용만 힘쓴다고 비판하였다는 것이다.[16]

유인석은 서양에 대하여 비판적인 인식과 태도를 유지하고 있었음은 사실이다. 그러나 말년에 서양 문화를 이해하고 또한 서양의 기술 중에서 특히 병기의 우수성을 인정하고 이를 취해야 한다고 하였다. 이에 대하여 그는

> 지금 중국이 옛날의 극성했음을 채용해서 長技를 얻으면 강성해질 것이다. 저 외국의 장기 또한 권세를 부림에 반드시 소용되는 것이지만, 이것은 중국이 극성했던 옛날에 이미 쓰지 않은 적이 없던 것들이다. 이제 외국의 장기를 모두 채용해서는 안되고, 그 중에 없어서는 안될 급한 것만 써야 한다. 이미 우리의 장기를 두터이 하고 또 저들의 장기를 이용하면 우리는 더욱 강해질 것이다. 이렇게 하면 되겠지만, 어떤 이는 '중국의 道로 體로 삼고, 외국의 法으로 用으로 삼는다'고 한다. 이것은 이치에 닿지 않는 말이다. 체와 용이 본래 하나의 바탕인데, 어찌 이것과 저것을 섞어 하나가 되겠는가. 저들을 대적하기 위해 저들의 것을 취할 뿐이니 근본에 벗어남은 부득이한 일이다.[17]

라고 하여 서양의 장기라는 것이 중국이 번성했을 때 이미 사용했던 것

15) 박성수, 「구한말 의병전쟁과 유교적 애국사상」, 《대동문화연구》6, 1969, 180~181쪽.
16) 오영섭, 「의암 유인석의 대서양인식」, 『이기백선생고희기념 한국사학논총(하)』, 1994.
17) 유인석, 「우주문답」, 『의암집』권51(국역 『의암집』6, 193쪽).
   유한철, 「우주문답을 통해 본 유인석의 국권회복운동론」, 『오세창교수화갑기념 한국근현대사논총』, 1995.

들로써, 외국의 장기 중에서 급한 것만 채용해야 된다면서 일부에서 주장하는 中體西用論을 비판하였다. 그리고 서양의 것을 취하는 것이 근본을 벗어나 부득이한 일이지만, 그들과 대적하기 위하여 취해야 한다고 하였다.

이처럼 그가 일반적인 채서론의 입장에 섰다고 볼 수는 없으며, 일부 병기의 경우에 수용하는 것을 인정한 것으로 보인다. 이는 지산 김복한이 1919년 파리장서에 서명한 일로 화서학파의 일부로부터 비판이 있자, 이는 '正例'는 아니나 일제를 구축하기 위한 '變例'라면서 일제를 토벌하는 것이 더 중요하고 급했기 때문에 부득이한 결정이었다[18]고 함과 같은 맥락으로 보인다. 즉, 김복한이 말년까지 존화양이론의 태도를 견지하였듯이, 유인석 역시 화이론에 대한 인식의 변화는 없었던 것으로 보인다.

3) 제천의병 항전

(1) 鄕飮禮 실시와 의병 봉기

1894년 6월(음)의 갑오변란 후 부일개화파들에 의해 정권이 장악되어 '更張'이란 이름하에 일련의 개화정책이 펼쳐졌다. 다음 해인 1895년 봄에 갑오정권은 관복제도를 변혁한 변복령을 시행하였다. 이와 같은 일제의 침략과 그에 영합한 개화파 관리들에 의한 일련의 개화정책을 망국행위로 단정한 보수유림들은 대응책을 수립하지 않을 수 없게 되었다. 이에 화서학파의 도맥을 승계한 의암 유인석은

---

18) 김상기, 「김복한의 학통과 사상」, 《한국사연구》88, 1995, 98쪽.

나라의 환란이 이와 같은데 만일 모르는 체하고 아무 일도 하지 않으면 인심이 꺾여 수습하지 못할 것이다.[19]

라고 하고 제자들에게 향음례를 거행할 것을 명하였다. 그리하여 윤5월 2일 제천 장담의 장담서사에서 춘추를 강론하고 다음 날인 3일(양력 7월 18일) 향음례를 실시하였다. 참석자는 150~160명에 달했다.[20] 향음례의 분위기는 매우 진지하고 무거웠던 것으로 보인다. 대강례를 거행하는데 마침 관리가 새로 제정한 殿牌와 명령장을 갖고 오자 이를 찢고 불태웠다는 기록으로도[21] 이때의 분위기를 충분히 짐작하게 한다. 또한 이 향음례에서 시국에 대처하기 위한 방안이 논의 되었을 것을 짐작하기는 어렵지 않을 것이다.

1895년 8월에 명성왕후가 시해되었다. 조정에서는 국모를 서인으로 폐하고 상복을 입지 못하게 하였다. 그는 "어찌 국모 상복을 입지 않아 원수들에게 국모의 강등을 증명한단 말이냐"면서 상복을 입었다. 10월 24일에는 모친 덕수이씨의 상을 당했다. 그해 11월에 단발령이 내렸다. 유인석은 "장수란 戰鼓아래 죽고, 마부란 말고삐 아래 죽는 것이니, 先王의 道를 지키다 죽는 것이 선비의 상사다"라고 울면서 말하고 변란에 처하여 3가지 방책이 있음을 가르쳐 주었다. 이것이 '蹈海', '自靖', '擧義'의 처변삼사이다.[22] 이 세 가지 행동방안은 문인들의 행동 준거를 제

---

19) 이정규, 『종의록』(독립운동사편찬위원회, 『독립운동사자료집』1, 1971, 16쪽).
20) 「유인석 연보」 을미년 윤5월 2일조.
　　이정규의 『종의록』에 의하면, 향음례를 거행한 일자를 '5월 15일'이라고 되어 있으며, "이때 각처에서 모인 자가 5, 6백명에 달했다."고 되어 있으나, 연보의 기록인 윤5월 3일을 취하고자 한다.
21) 이정규, 위책, 16~17쪽.
22) 이정규, 위책, 17쪽. 「유인석 연보」 을미년 11월 15일조.

공해 주었다. 유인석은 제2안을 취해 요동으로 들어가 守義하는 길을 취
하였다. 주용규, 오인영, 박주순, 박정수, 유병헌, 이조승, 정화용, 이정규,
홍선표 그리고 최열, 홍덕표 등이 그를 따르기로 하였다. 그리고 심두환
등은 自靖을 택했다. 안승우, 이필희, 이범직, 서상열 등은 거의의 태도
를 취했다.[23)

安承禹(1865~1896, 호: 下沙, 자: 啓賢, 본: 順興)는 고향인 지평으로
가 구체적인 의병 결성을 추진하였다. 안승우의 부친인 안종응은 이미
약간의 무기를 준비해 놓고 李春永(1869~1896)과 의봉 봉기를 계획, 추
진 중이었다. 안승우와 이춘영은 곧 거의를 결의하고 지평의 포군장 김
백선을 의병에 참여하게 하였다. 김백선은 400여 명의 포수를 거느리고
의병에 합류하였다.[24)

안승우 등은 11월 28일(음) 원주의 안창에서 창의의 깃발을 들었다.
의병대는 원주관아를 공격, 점령하였다. 이때 의병의 군세는 약 천여 명
에 달하였다.[25) 원주군수 이병화는 충주로 도망갔으며 충주관찰사는 정
부에 원병을 요청하였다. 이에 정부에서는 1월 19일 내부협판 유세남을
파견하는 동시에 친위대 1개 중대를 원주로 출병시켰다.[26) 한편 일본의
가흥 병참 수비대에서도 1월 17일 당일로 5명의 정찰병을 원주로 파견
하였다.[27) 의병의 원주관아 점령은 을미의병 초기 단계에서 얻은 쾌거
로 이후 춘천 안동 등 각지에서 의병을 일으키는데 일익을 담당하였다.

의병대는 1895년 12월 3일(양, 1896년 1월 17일) 제천에 입성하였다. 군

---

23) 이정규, 위책, 17~18쪽.
24) 이정규, 위책, 18~19쪽.
25)《東京朝日新聞》, 1896년 1월 29일, <賊徒蜂起>.
26)《동경조일신문》, 1896년 1월 21일 전보, <暴徒鎭壓>.
27)《시사신보》1896년 1월 19일 전보, <朝鮮原州郡に暴徒蜂起>.

수 김익진은 의병의 기세에 눌려 성을 버리고 도망갔다. 이때 서상렬이
가세하였다. 그는 안승우와 이춘영의 거의 소식을 듣고 동문인 이필희
오인영 배시강 등과 함께 동참한 것이다. 서상렬이 합세한 뒤 이필희를
대장으로 추대함에 따라 이필희 이진이 결성되었다.[28] 의병장 이필희는
'堤川郡義兵將'의 이름으로 격문인 '격고팔도열읍'을 발표하였다.[29] 이
필희는 격문에서 전국의 충의지사는 과감히 일어나 의병에 합세하여 삼
천리 강토를 회복할 것을 호소하였다.

유인석은 이들에게 편지를 보내어 '금일의 일은 천하 만고에 더 없는
대사'라면서 "成敗는 미리 볼 수 있는 것이 아닙니다. 오직 대의를 천하
와 후세에 펴면 成敗와 利鈍 사이에 모두 크게 성취할 것입니다."라고
격려했다.[30]

이필희 의진은 12월 5일(양, 1896년 1월 19일) 단양으로 들어가 공격에
대비하였다. 鄭華鎔은 보병 10여 명을 거느리고 강나루를 파수하였다.
첫 전투는 단양의 장회협에서 12월 8일(양, 1월 22일) 벌어졌다. 친위대
1개 중대가 이춘영이 매복한 곳으로 들어오자 일제히 총격을 가하였다.
친위대는 사상자 10여 명을 버리고 도주하였다. 의병대는 승세를 타고
북쪽으로 수십 리를 추격하였다. 친위대는 짐수레를 모두 버리고 도주
하였다.[31] 이필희 의진은 단양의 장회협전투를 승리로 이끌었다.[32] 그

---

28) 이정규, 위책, 171쪽.

29) 격문 제목은 '檄告八道列邑'으로 '光緖21年 乙未初3日 忠淸左道 堤川郡義兵
將 李弼熙 謹檄'으로 되어 있다. 격문은 立庵 朱庸奎가 작성한 것으로 알려진
다. 이 격문은 12월 3일 이필희의 이름으로 발표되었다.

30) 「유인석 연보」, 을미년 11월 28일조.

31) 이정규, 「六義士列傳」. 張忠植, 「乙年日記」 을미년(1896) 12월 초8일.
김상기 편역, 「재조선공사의 보고」, 『일본외교사료관소장 한말의병자료』1, 2001,
2~3쪽.

러나 의병들이 갑자기 흩어지고 의진이 와해되었다.[33] 더욱이 단양전투
에서 패배한 부하들이 대장 이필희를 제거하려는 사건이 발생하여 이필
희는 도피하였다. 이 사건의 배후에는 민용호가 있었던 것으로 보인다.[34]

제천에 유진하고 있던 안승우 부대도 12월 12일 도망갔던 제천군수
김익진이 관군을 이끌고 공격함에 지곡을 거쳐 그날 밤에 주천으로 이
진하였다. 안승우는 이곳에서 민용호가 군사들을 빼앗아 강릉 쪽으로
갔다는 말을 듣고 민용호를 좇아 방림과 진부까지 갔으나 민용호는 이
미 대관령을 넘어 구산에 유진한 후였다.[35] 안승우는 유인석의 지시에
따라 12월 20일 영월에 들어갔다. 유인석은 의병이 단양에서 패했다는
소식을 듣고 요동행을 포기하고 가족을 피신시킨 뒤 제자들을 안승우와
서상렬 등에게 보내 영월로 모이게 했다.

(2) 의병의 편성과 충주성 전투

유인석이 요동행을 포기하고 영월로 오자 제자들이 그를 총대장으로
추대하였다. 유인석은 상중임을 이유로 불가하다고 하였으나 안승우 등
이 국가의 대사가 더 중하다면서 대장 직을 맡아줄 것을 읍소함에 결국
대장직을 수락하였다.[36] 이에 따라 의병들이 점차 집결하고 신지수도
군사를 초모하여 달려옴에 1895년 12월 24일(양, 1896년 2월 7일) 유인석

---

32) 이정규, 「육의사열전」. 장충식, 「을년일기」 을미년(1896) 1월 22일.

33) 《동경조일신문》, 1986년 2월 14일, 『丹陽小戰』.

34) 이정규, 「종의록」, 위책, 20~21쪽.

35) 박정수, 위책, 361~365쪽.

36) 이 글에서 제천의병이란 제천 충주 단양 등 충주부, 청주 천안 등 청주부, 춘천
강릉 원주 등 춘천부 그리고 예천 풍기 안동 등 안동부 등 중부지방에서 광범위
하게 의병 초모 및 항일운동을 전개한 의병을 말한다. 제천의병 용어에 대하여는
이 글의 <부록> 참조.

을 총대장으로 하는 제천의병이 결성되기에 이르렀다.37) 유인석은 상복을 평복으로 바꾸어 입고 12월 28일 제천으로 진군하여 아사봉에 대장소를 차리고 여러 장수들에게 다음과 같이 각각의 책임을 맡겼다.38)

　　총대장: 柳麟錫
　　중군장: 李春永　전군장: 安承禹　후군장: 申芝秀　선봉장: 金伯善
　　조련장: 安成海　참모: 朴胄淳　사객: 張忠植　종사: 李肇承　洪善杓　李
　　起振　鄭華鏞

　이와 같은 편제를 갖춘 뒤 유인석은 전국에 격문을 띄워 대일항전의 뜻을 밝히고 전국민의 궐기를 호소하였다. 그는 격문에서 소중화의 조선이 왜의 침략과 이를 방조한 개화파 관리들의 '개문납적'으로 금수의 지경에 떨어지게 되었다고 밝힌 뒤 일제의 무력 침략의 전초가 된 갑오변란으로부터 조선은 망한 바나 다름없으나 그를 이어 국모 시해와 단발의 화가 계속됨에 각도의 충의지사는 과감히 일어나 거의에 참여할 것을 호소하였다.39) 유인석이 격문을 전국에 발표하자 원근의 유생들은 각기 민병을 거느리고 동참해 왔다.

　유인석은 총대장에 추대되어 의진을 편제한 후 그날 밤 전군종사 선달 辛二白(辛處士)과 맹영재의 부하로 의병에 참여한 李敏五, 그리고 신원이 확실치 않은 최진사, 박주사를 참수하였다. 이들이 의진안에서 병사들의 사기를 저해하였기 때문이었다.40) 이와 같이 군율을 강화하고

---

37) 「유인석 연보」, 1895년 12월 24일조. 유인석이 의병장에 추대된 일자에 대하여 12
　　월 15일, 12월 20일 등으로 다르게 기록되어 있는데, 본고에서는 연보의 기록을
　　따랐다.

38) 이정규, 「종의록」, 위책, 23쪽.

39) 유인석, 「격고팔도열읍」, 『의암집』권45, 격.

기강을 확립한 유인석은 12월 28일(양, 2월 11일) 의진을 영월에서 제천
으로 옮겼다. 이즈음 의병의 총수는 약 천4, 5백명 정도였다 한다. 기존
의병의 지휘 체계에 인원을 보강하고 확대 개편한 유인석은 1월 3일(양,
1896년 2월 15일) 친일관리로 단발을 강요했던 단양군수 권숙과 청풍군
수 徐相耆를 체포 처형하였다.

　제천의병은 다음 날 1월 4일 충주성 공격을 개시하였다. 충주 지역은
내륙교통의 중심지이며 군사적 요새이기 때문에 선점할 필요가 있었다.
의병진은 원서에서 하루를 묵었다. 이때 전승지 禹冀鼎과 평창의 李元廈
가 민군 3000여 명을 전승지 李鎬承이 민군 500여 명을 모집하여 원조하
였다.[41] 이 시기 의병의 총수는 1만명 이상이었던 것으로 알려지고 있
다.[42] 1월 5일(양, 2월 17일) 남한강 상류인 북창나루를 얼음위로 건너
충주성을 공격하였다. 당시 충주성에는 경군 400여 명과 지방진위대 500
여 명 그리고 200여 명의 일본 수비대가 있었다. 그러나 제천 출신의 포
수 서장석과 엄팔용이 미리 성내에 잠입 관군과 내통하여 성문을 열어
놓았기 때문에 큰 피해 없이 충주성을 함락하였으며 관찰사 김규식을
체포 처단하기에 이르렀다.[43] 제천의병의 충주성 점령은 전기의병에서
최대의 전과로 평가되며 이후 각지에서 의병봉기를 고무시키는데 큰 자
극이 되었다. 충주성에 입성한 유인석 의병장은 「격고내외백관」이란 격
문을 포고하여 버슬아치들이 강상의 큰 변이 극단에 이르러도 무사안일
한 자세를 힐난한 뒤 충의 정신에 입각하여 지난날의 과오를 뉘우치고
의병에 동참할 것을 촉구하였다.[44]

---

40) 이정규, 앞의 책, 24~25쪽.
41) 이정규, 위책, 28~31쪽.
42)《동경조일신문》, 1896년 2월 26일, <朝鮮時事>.
43) 이정규, 위책, 30쪽.

한편 충주성 함락 후 유인석은 소모장 이범직을 호서지역에 파견하여 천안군수 김병숙을 처단하고 선유사 신기선을 잡아 가두었다. 유인석은 각처의 의진에 연락을 취하여 합세할 것을 청하였다. 이에 원근 지방의 의병들이 충주성으로 모여들어 제천의병은 중부지역의 의진을 규합한 연합의진의 성격을 띠게 되었다. 제천의병에 참여한 세력을 보면 李文欽(호, 장진)이 단양포수 수백명을 申泰洪은 호서의 군사 수백명을 모집하여 왔으며 의당 朴世和는 문인 尹膺善(1854~1924, 호: 매당)을 보내어 돕도록 하였다. 그 외에도 尹正燮, 尹陽燮(호: 小白)형제, 沈漢洙(호: 晩松), 任鎬, 申永春, 申永休, 金炳遂 등이 와서 도왔다.[45] 이때 진잠에 거주하던 의병장 文錫鳳에게도 합세를 요청하였다.[46] 이후 제천의병은 수안보와 가흥에 주둔하고 있던 일본군의 격퇴를 주요 목표로 삼아 작전을 폈다.[47] 그러나 1월 15일 수안보의 일군 병참부대를 공격하던 중군장 이춘영이 전사하였다.[48] 제천의병은 1월 5일 충주성을 점령한 이후 李文欽이 단양포수 수백 명을 모집하여 오는 등 인근의 세력이 합세하여 병력은 크게 증강되어 1천여 명 이상의 병력에 대포 4문을 가지고 있었다.[49]

일본군은 충주성을 집중적으로 공격하기 시작하였다. 부산수비대장

---

44) 유인석, 「격고내외백관」, 『의암집』권45, 격.

45) 이정규, 위책, 31~32쪽.

46) 이조승, 「서행일기」, 『호서의병사적』, 제천군문화원, 1994, 59쪽.

47) 《동경조일신문》, 1896년 2월 25일, 「忠州の暴徒」. 《시사신보》, 1896년 2월 25일, 「忠州暴民の襲來」.

48) 이정규, 위책, 33~34쪽.

49) 『明治二十七八年役 第5師團陣中日誌』권15, 1194·1198쪽, 1896년 2월 18일, 20일자. 충주성 점령시의 제천의병 수는 위 자료에서 1천명으로 보고되고 있다. 그러나 위 자료 2월 18일자의 부산 伊津野千里 수비대장이 大本營에 보낸 보고서에서는 "忠州는 17일 오후 5천명의 暴徒로부터 점령되어"라고 제천의병을 5천여 명이라고 보고하고 있다.

伊津野 소좌는 충주성 공격을 위하여 인근의 병력을 가흥과 안보에 집결시켰다. 1월 16일(양, 2월 28일) 헌병대를 가흥수비대에 집결시켰으며,50) 이어 1월 17일(양, 2월 28일) 충주성을 공격하였다. 이 공방전에서는 주용규가 전사하는 등 의병 측에서 큰 손실을 입었다.

1월 19일에는 문경수비대의 萩原중위 이하 25명과 長岡軍曹 이하 9명을 안보로 출동시켰다. 이어서 가흥수비대장 三宅에게 다음과 같은 명령을 내렸다.

　　귀관은 可興 부근에 있는 각 중대(수비대를 위해 약간을 남김)의 병력을 동원하여 전력을 다해 일거에 충주의 賊을 擊攘할 것을 바람.51)

명령을 받은 本多소위와 酒井소위는 1월 19일 아침 5시에 부대를 이끌고 충주성 공격을 위한 정찰대로 출동하였다. 이들이 충주성에서 서쪽으로 10리 떨어진 곳에 도착했을 때 의병이 방어 시설을 갖추고 대비하고 있어 1시간 반 정도 전투를 벌였다. 의병이 성내로 들어가 응전하자 2장 이상의 높은 벽으로 둘러 쌓인 견고한 성곽을 넘지 못하고 가흥으로 퇴각하지 않을 수 없었다.52)

일본군은 같은 날 밤 12시에 가흥을 출발하여 다음 날인 1월 20일(양, 3월 4일) 아침 6시부터 충주성 공격을 개시하였다. 이날 전투의 실황에 대하여 다음과 같이 田中대위는 자세히 보고하고 있다.53)

---

50) 『명치이십칠팔년역 제5사단진중일지』권15, 1208쪽, 1896년 2월 28일자.
51) 『명치이십칠팔년역 제5사단진중일지』권15, 1211쪽, 1896년 3월 2일자.
52) 『명치이십칠팔년역 제5사단진중일지』권15, 3월 4일조.
　　《동경조일신문》, 1896년 3월 13일, <戰鬪二所>.
53) 『명치이십칠팔년역 제5사단진중일지』권15, 1212쪽, 1896년 3월 6일조.

忠州 田中대위 보고(3월 6일 오전 8시 10분착)

오늘(3월 4일, 필자) 오전 6시 30분 제1중대의 제3소대 및 萩原중위 인솔의 40명은 본관의 지휘에 속하여 서남문을, 제1중대의 1소대와 제2,제3 중대의 24명은 三宅대위가 이를 인솔하여 동북문을 향해 각 부대가 동시에 공격을 시작하였습니다. 본관은 9시 10분 제1소대와 제3소대의 일부를 거느리고 서문을 돌파했습니다. 적은 성벽을 의지하여 교묘히 사격을 하여 廣田군조와 병졸 4명이 부상을 입었습니다. 성벽에 도달할 여러 방법을 다하여 점령하려 하였지만, 견고하고 또 銃眼을 만들어 쉴새없이 사격을 하여 끝내 목적을 이룰 수 없었습니다. 10시 20분 우선 퇴각하고 오늘 밤은 각 부대가 忠州城을 포위하고 露營하였습니다. 현재로는 步兵만으로는 일거에 격퇴할 수 없을 것으로 보입니다.

3월 4일 오후 10시 30분

위 보고에 의하면, 일본군의 충주성 공격에는 후비보병 제10연대 제1 대대의 제1중대를 중심으로 한 중대 병력이 동원된 것으로 보인다. 가흥 수비대장 三宅대위는 제1중대의 제3소대와 제2, 3중대에서 차출된 24명을 인솔하여 성의 동북문을, 田中대위[54]는 제1중대 제3소대와 문경수비대에서 파견된 萩原중위가 인솔하는 40명을 인솔하고 서남문을 공격하였다. 이들은 1월 20일 아침 6시 30분에 공격을 개시하였는데, 의병의 항전으로 하루 종일 격전하였으나 오히려 廣田군조 등 부상자만 발생하였다. 결국 밤 10시가 되어 성을 포위하고 성 밖에서 露營하였다. 다음 날 충주성 공격은 또 진행되었고 결국 1월 21일(양, 3월 5일) 밤 11시에 충주성은 일본군에 의해 함락되고 말았다. 이틀 간의 치열한 공방전 끝에 義兵은 城을 내주고 청풍과 단양 방면으로 패주하고 말았다. 田中대위의

---

54) 田中대위는 1894년 9월 중위로 이천수비대장을 맡고 있었는데, 이때는 대위로 진급하여 장호원수비대장을 맡고 있다가 충주성전투에 참전한 것이다.

보고에 의하면, 의병이 사체 30여 구를 남기고 퇴각했다고 한다. 반면에 일본군은 2명의 중상자를 포함하여 모두 9명의 부상자만 냈다고 보고하고 있다.[55] 일본군은 전리품으로 쌀 약 100석과 탄환 370상자('1상자에는 圓彈 3되가 들어감'), 화약 약 100貫, 대포 5문, 소총(火繩筒) 300여 정, 槍 700본, 刀 50, 牛馬 12두를 보고하고 있는 것으로 보아 의병은 오랜 기간 싸울 수 있는 식량과 탄약을 비축하고 있었던 것으로 보인다.[56] 그러나 일본군의 스나이더 소총이나 村田소총 연발총과 같은 월등한 화력에 견뎌내지 못한 것이다.[57]

제천으로 이진한 유인석은 이춘영의 후임으로 안승우를 중군장으로 삼아 전열을 정비하였으며, 정운경을 전군장으로 삼아 청풍의 북창나루를 지키게 하고 신지수로 강령의 좁은 목을 막고 장익환은 단양경계를 지키게 하였다. 이인영의 원주의병과 이강년의 문경의병이 제천의병에 합세한 것이 이 무렵이었다.[58] 이강년은 제천의병에 합류하여 유격장에

---

55) 『명치이십칠팔년역 제5사단진중일지』권15, 1212～1213쪽, 1896년 3월 6일, 7일자. 김상기 편역, 『한말의병자료』 제2권, 76쪽, 公제50호 <忠州府 暴徒 潰走의 件 報告>에 의하면, 부산영사 加藤이 외무차관에게 보고하기를 "暴徒의 사망자가 58명이고 우리 부상자는 하사 이하 9명입니다"라고 義兵의 사망자를 58명이라고 보고하고 있어 『陣中日誌』의 기록과 다름을 볼 수 있다.

56) 『명치이십칠팔년역 제5사단진중일지』권15, 1215쪽, 1896년 3월 9일자. 《동경조일신문》, 1896년 3월 17일, <忠州續報>에 의하면, 충주성 전투에서 전사한 의병의 수가 58명에 달하며, 의병이 충주성에 남기고 간 물품이 미곡 약 100석, 탄환 370상자, 대포 5문, 화승총 300여 정, 창 700자루, 칼 50자루, 우마 12마리였다고 보도하고 있다.

57) 『명치이십칠팔년역 제5사단진중일지』권15, 1214～1215쪽, 1896년 3월 7일자. 이때 충주성 전투에 참여한 보병대위 三宅武義(勳5等雙光旭日章, 年金100圓)를 비롯하여 중위 萩原弘同(勳6等瑞寶章, 金150원), 소위 酒井鶴太郎(勳6等單光旭日章, 金150원) 등에게는 1895년 12월 청일전쟁의 수훈으로 훈장과 연금이 수여된 것이 확인된다.

임명되어 수안보, 단양, 음성 등지에서 유격전을 펴 전과를 올렸다.[59] 한편 영남 소모장으로 출동한 서상렬은 안동, 예안, 풍기, 예천, 영천, 봉화, 순화 등지를 돌며 군사를 초모하였으며, 이곳 7읍의 맹주로 추대되었다. 그는 이어 군사를 이끌고 예천으로 들어가 의병초모를 방해한 예천군수 유인형을 처단하였다.[60]

　그러나 이때 평민출신 의병장 김백선의 처형사건이 일어났다. 김백선은 제천의병의 선봉장으로 많은 공을 세운 바 있다. 그가 이끄는 부대가 2월 14일(양, 3월 27일) 가흥전투에서 일본군 수비대를 괴멸시키고 진지를 공격할 때 본부에 요청한 원군이 오지 않아 점령에 실패하고 회진하였다. 이때 원군을 보내지 않은 것을 탓하며 중군장 안승우에 대항하는 등 군기를 문란시켰다는 것이 그를 처형한 죄목이었다.[61]

　김백선 처형 다음 날 유인석은 평창군수 엄문환을 처형하였다. 2월 18일에는 이필희를 진동장으로 삼아 원주를 지키게 하였으며 2월 27일(양, 4월 9일)에는 제천 주위에 수성장을 임명하여 각기 그 지역을 장악하고 의병초모와 군수물자의 공급을 담당하게 하였다.[62]

　제천의병은 제천 부근의 여러 지역을 파수하면서 유격전을 전개하였다. 3월 초에는 죽산 음성의 尹義德 孫永國 부대가 합세하였으며 남한산성에서 남하한 金河洛 부대와 원주 李麟榮 부대의 군사 민응서 등 30여 명이 합세하였으며, 呂安國 등 7명의 청국인이 의진에 참여하기도 하였다. 이어서 金思斗를 중군 참모에 임명하는 등 전력을 강화하였다.

58) 이정규, 위책, 36쪽.

59) 이정규, 「雲崗李公行狀」, 『항재집』 권15, 행장.

60) 《시사신보》, 1896년 3월 24일, <可興の暴徒大敗>.

61) 박정수, 위책, 408쪽. 이정규, 「종의록」, 『독립운동사자료집』 1, 43~45쪽.

62) 박정수, 앞의 책, 417쪽.

제천의병은 점차 수세에 몰렸다. 그 이유는 위에 든 김백선 처형사건
도 지적할 수는 있겠으나 그보다는 관군과 일본군의 집중적인 공격을
받았기 때문이다. 김하락의 이천의병과 심진원이 이끄는 광주의병이 2
월 하순경 남한산성에 입성하여 서울진공작전을 계획하는 등 위세를 떨
친 바 있다. 이때 참령 장기렴이 이끄는 관군은 남한산성 전투에 전력을
기울일 수밖에 없었다. 그러나 3월 22일 남한산성이 함락된 후에는 장기
렴이 이끄는 관군과 일본군이 그 여세를 몰아 제천의병을 공격목표로
삼고 제천으로 몰려든 것이다. 결국 4월 13일(양, 5월 25일) 제천의 남산
전투에서 중군장 안승우와 그의 제자인 종사 洪思九가 전사하고 그 외
에도 많은 병력을 잃었다.63) 제천의병은 즉각적인 반격을 가해 다음 날
새벽 5시 30분 가흥의 수비대를 기습 공격하여 전신주를 무너뜨리고 일
본군 다수를 부상케 하는 등의 전과를 세웠다.64) 그 후에도 단양·풍기·
영춘·음성·괴산 등지에서 잔여 의병을 수습하여 음성전투를 승리로 이
끌었다. 그러나 우세한 화력과 전투력을 갖춘 관군과 일본군 연합부대
의 총공세에 제천의병은 4월 29일(양, 6월 10일) 군사를 수습하여 서행을
결행하고 말았다.

(3) 西行과 항일근거지 구축

서행이란 제천의병이 관군과 일군의 예봉을 피하여 강원도 평안도 지
역을 거쳐 요동에 이르기까지의 과정을 말한다. 제천전투에서 대진이
패한 후 유인석은 제천부근의 지곡에서 의진을 수습하였다. 이때 모인
참모들의 면모를 보면 전군장 정운경, 좌군장 이희두, 우군중군 윤영훈,

---

63) 박정수, 위책, 456~466쪽.
64) 《동경조일신문》, 1896년 6월 19일, <可興匪徒>.

별영장 이인영, 참진장 한동직 등이었다. 중군장 안승우는 전사하였으며 우군장 이강년은 참석하지 못하였다.[65] 다음 날 단양으로 진을 옮겼다. 이곳에서 유인석은 자살을 결심하기까지 하였다.[66] 이때 이강년의 기병 수십 명과 소토장 서상렬, 장의장 이원하 부대를 만날 수 있었다. 4월 19일에는 풍기군수 權在己의 권유로 부대를 풍기로 옮겼으나 권재기의 꼬임에 빠져 매복한 관군의 공격을 받았다.[67] 관군에 쫓긴 의병은 조령을 넘어 단양으로 향하고자 하였으나 단양에는 서울에서 내려온 장기렴부대가 진을 치고 있었다. 결국 제천의병은 그 예봉을 피하고자 소백산을 넘어 4월 20일(양, 6월 1일) 영춘에 도착하였으나 의진을 이탈하는 병사가 속출하였다. 이어 4월 22일에는 군사를 돌려 단양읍에 주둔하였으며 4월 23일 다시 壽山(현 제천시 덕산면 수산, 월악산 서쪽 기슭)으로 진을 옮겼다.[68] 유인석의 서행은 이날 수산에서부터 결행되었다고 할 수 있다. 유인석은 이처럼 군사들의 사기가 떨어짐을 보고 전각과 문묘에 祭를 올리고 자진하여 장기렴에게 체포당하려 하였다. 그러나 부하들이 요동지역에서 중화의 명맥을 잇는 일을 제시하며 만류함에 서행을 결행하였다. 4월 25일(양, 6월 6일) 충주에 도착하였다. 충주에 도착하기 전 우군장 이강년과 한어장 이형구가 장기렴부대를 공격하여 유인석의 길을 열었으며, 후군장 신지수는 본대를 호위하였다. 4월 27일 음성을 공격하여 승리를 거두었다. 이번 전투의 승리는 공주지역 소모장이었던 정인설의 활약에 힘입은 바 컸다. 충주군수 정기봉은 의병들에게 음식을 제공하였다. 그러나 제천의병은 청주와 공주의 관군의 공격과 우천

---

65) 박정수, 「의암유선생서행대략」, 『독립운동사자료집』1, 483~484쪽.
66) 이조승, 위글.
67) 박정수, 위책, 484~488쪽.
68) 박정수, 앞의 책, 488~495쪽.

관계로 화승총을 쏠 수 없게 되자 결국 6월 9일 충주로 후퇴하였다. 충주로 후퇴한 제천의병은 적을 피하며 강원도 지역으로 진로를 수정하였다. 그리하여 4월 29일(양, 6월 10일) 원주에 도착하였다.[69] 이때 경기도 여주 일대에서 심상희 의병장이 임금의 선유를 받고 의병을 해산하였다.[70] 이 소식을 들은 유인석은 격서를 보내 심상희를 책망하였으며 후군과 소모군의 본진에 합류를 명하고 제천을 거쳐 영월, 평창, 정선으로 이진하였다.[71]

정부에서는 장기렴부대에 명하여 뒤쫓게 하였으며 또 한편으로는 선유사 鄭彥朝를 보내 의병의 해산을 권유하였다. 그러나 유인석은 정언조를 오히려 꾸짖어 보내고 5월 23일(양, 7월 3일) 정선에서 임금께 상소를 올렸다. 그는 이 상소에서 서행의 뜻과 의병해산령에 따르지 못함을 밝혔다.

이와 같은 유인석의 태도는 유생의병장들이 고종의 해산조칙을 받고 자진해산했으며, 그것이 '봉건유생'들의 골수에 박힌 충군애국사상이 가져온 결과이며 이로 인해 의병투쟁이 중단되었다는 주장에 재고를 요구케 하는 것이다.[72] 이는 같은 전기의병의 주요부대인 이천의병·홍주의병·강릉의병의 창의대장인 김하락·김복한·민용호 등이 전사 또는 체포, 그리고 유인석과 마찬가지로 해산조칙을 받고 이를 거절하고 의병활동을 계속한 것을 보아 더욱 그러하다. 상소를 올린 후 유인석은 종사 이조승을 서울로 파견하여 상소문의 전달여부와 정부의 정책 등을 탐지하고 군수품 조달을 신속히 할 것을 명령하였다. 이조승은 곧 서울로 올라가 閔泳珪 등 고관을 만나 유인석의 지시를 수행하였다.[73] 이 사실은 지

---

69) 박정수, 위책, 496~501쪽.
70) 『고종실록』 권34, 건양 원년(1896) 2월 29일조.
71) 박정수, 위책, 502~503쪽.
72) 이종현, 『근대조선역사』 일송정, 1988, 206쪽.

난 2월 이조승의 형인 이주승을 서울로 파견했던 것과 함께 유인석의 임금에 대한 간곡한 호소와 기대를 알게 하여 아울러 의병세력이 정부의 정책 결정에 지대한 관심을 갖고 있었음을 알게 해준다.

중군장 원용석이 사퇴함에 중군아장 李元廈를 중군장에 임명하고, 倚風停에서 군사훈련을 시키기도 하였다. 5월 31일(양, 7월 11일)에는 강릉을 지나 大和에 도착하였다. 여기에서 유인석은 기호지역과 관서지역의 사대부들에게 <布告文>과 <通文>을 발표하여 의병을 지원해 줄 것을 호소하였다.74) 의진은 북상을 계속하여 6월 11일(양, 7월 22일) 춘천에 도착하였으며, 양구전투를 승리로 이끌었다. 그러나 대진의 앞길을 뚫고 가던 서상렬이 狼川(현, 화천)지역에서 관군의 계략에 빠져 급습을 당하고 전사하는 큰 손실을 당하였다.

6월 15일(양, 7월 25일)에는 회양을 지났으며, 6월 29일에는 龜堂에 도착하였다. 다음날 유인석은 서북지방에서 관리들의 감시가 심하여 의병을 초모할 수 없다는 보고를 접하고 결국 국경을 넘기로 최종적인 결정을 보았다. 이에 따라 유인석은 李弼熙·兪致慶·宋尙奎 등을 남경 천진 북경지역으로 먼저 보내어 청국 정부에 군사지원을 청하도록 하였다.75) 7월 2일(양, 8월 10일)에는 함경도 안변을 지났으며, 7월 16일(양, 8월 24일) 국경지대인 楚山에 도착하였다. 이곳에서 의병을 추격하던 관군과 전투를 벌여 승전을 거둔 뒤 유인석은 의진을 수습, 阿城에서 <再檄百官文>을 발표하여 그는 세족, 공경대부와 사민들에게 자신이 당당한 소중화와 예의의 나라를 회복시키기 위하여 의병을 일으켰음을 밝혔다.76)

---

73) 이조승, 위글.
74) 이조승, 「送畿湖通文」, 『호서의병사적』. 박정수, 「의암유선생서행대략」, 위책, 병신년 6월 1일.
75) 박정수, 위책, 539쪽.

한편 이에 앞서 李範稷은 申芝秀와 함께 선발대를 이끌고 강을 건너 요동으로 들어갔다. 그러나 그곳 수장 王茂林이 의병에 핍박을 가해오자 이범직은 참모관 權夔洙와 함께 본진의 전도가 되기 위해 초산으로 되돌아 왔으나, 국경지대를 정찰하던 趙承顯 부대에 체포되어 권기수와 함께 살해당하였다.[77] 바로 이날 유인석은 위의 격문을 발표하고 압록강을 건넜던 것이다. 240명으로 추정되는 제천의병은 요동으로 들어갔으나 파저강변(현재, 渾江) 沙尖子(현재, 吉林省 桓仁縣 沙尖子鎭)에서 懷仁縣宰 徐本愚의 제지를 받았다. 처음에는 비적으로 의심받았으나 마침내 의병임을 알고 머물게 하였다. 그러나 청국은 일본과 이미 화약을 맺은 관계로 의병문제를 가볍게 처리할 수 없다고 하면서 귀국할 것을 종용하였다. 결국 7월 21일(양, 8월 29일) 의병들은 무장해제를 당하고 유인석과 원용정, 유홍석 등 21명만이 심양으로 향하였으며 나머지 219명은 강제로 해산, 귀국하였다.[78]

심양에 도착한 유인석 일행은 縣宰 賈元桂에게 군사지원을 요구하였으나, 역시 청국과 일본과의 관계를 설명하면서 신하의 신분으로 외국과의 전쟁의 사단을 일으킬 수 없다고 요구를 거절하였다. 이로써 유인석은 청국의 원병 역시 기대하기 어렵다는 사실을 깨닫고 元世凱에게 가던 길을 돌려 결국 그해 9월 서행의 마지막 목적지인 通化縣 五道溝에 들어갔다. 그는 이곳을 '復古制, 斥倭獨立'을 위한 근거지로 정하였으며 望國壇을 만들어 참배하며 재기의 시기를 기다렸다.[79] 그후 유인석은 회인현으로 거처를 옮겼다가, 1897년 8월 徐相懋가 가지고 온 임금의 초

76) 유인석, 「재격백관문」, 『의암집』권45, 격.
77) 이정규, 「육의사열전」, 『독립운동사자료집』1, 202~204쪽.
78) 원용정, 「卜隱」, 『소의신편』권8, 244쪽.
79) 이정규, 「의암선생행장」, 『항재집』권15, 행장.

유문을 받고 초산에 와 「陳情待罪疏」를 올렸다. 그리고 그해 10월 죄를 묻지 않겠다는 비답을 받고 춘천 가정리로 귀국하였다.[80]

4) 맺음말

유인석은 이항로의 문인으로 1866년 이후 위정척사운동을 전개하였다. 그는 1894년 갑오변란을 조선의 위기로 파악하고 행동에 나설 것을 선언하였다. 1895년 을미사변과 단발령 공포 이후 처변삼사를 제시한 그는 제천의병장에 추대되어 의병항전을 전개하였다.

유인석의 사상은 존화양이론에 철저한 면을 보여준다. 1876년 병자수호조약에 즈음하여 왜양일체론을 주장하였으며, 을미사변과 단발령 이후에는 '왜적토벌론'을 주장하였다. 그는 반개화론 입장에서 일련의 갑오경장을 친일적 반민족적 정책으로 인식하였다. 나아가 그는 개화망국론을 주장하였다. 한편 그의 척사론은 '복수보형론'적 성격을 띤다. 그의 척사론이 말년에 서양의 무력을 인식하는 태도를 보인다고 하여 이를 채서론으로 이해하기도 한다. 그러나 이는 독립을 위해 서양 무기를 취해야 한다는 부득이한 처사로 보인다. 그의 화이론에 대한 인식의 변화는 없었던 것으로 보인다.

유인석의 처변삼사의 논리에 따라 안승우, 서상렬, 이필희 등이 擧義 방도를 택해 의진을 결성하였다. 이필희의진의 단양전투 패배는 去守의 길을 견지하던 유인석으로 하여금 제천의병을 결성하게 하였다. 의병의 총수로 추대된 유인석은 충청북도는 물론 인근의 강원도 경기도 경상도 지역에까지 세력을 확대, 의병대를 규합하여 군세가 1만을 헤아릴 정도

---

80) 유인석, 「因召命入疆至楚山陣情待罪疏」, 『의암집』6권 4, 소.

의 대규모 연합부대를 결성하였다. 그리하여 제천의병은 충청북도 관찰부 소재지인 충주성을 함락시키고 관찰사를 처단하는 등 전기의병사에서 최대의 전과로 평가되는 전적을 수립하기에 이르렀다. 그러나 이천의병을 패퇴시킨 관군과 일본군이 우세한 화력과 병력으로 제천의병을 공격하게 됨에 따라 제천의병은 점차 수세로 몰려 충주, 제천 일대의 근거지를 상실하게 되고 결국 1896년 8월 28일 압록강을 건너 요동행을 단행하고 말았다.

제천의병은 중부지역을 점령, 통치한 연합의진이었다. 제천의병은 유인석이 총수로 추대되면서 이강년의 문경의병, 심상희의 원주의병, 이인영의 의병부대가 합세하여 의진을 편성하였다. 이후 인근의 부대와 연합한 제천의병은 충청북도는 물론 인접한 경상도 북부지역, 강원도 원주, 춘천지역, 경기도 이천 양평 여주지역, 충청남도 천안지역까지 장악하였다. 개화파 관리로 알려진 충주관찰사 김규식 등이 처단 되었으니 제천의병의 성과이기도 하다.

그러나 제천의병의 지휘부와 병사간의 갈등은 전투력의 집중력을 약화시켰다. 의병진의 구성에 있어 농민들이 전투의 실질세력으로 활약하였음에도 의병장들은 이들의 요구를 대변 해주지 못하였다. 그 결과 의병의 군사력은 약화되지 않을 수 없었다. 의병지휘부를 이룬 유생들이 비록 위와 같은 신분적 제한점이 있다 하더라도 이들은 충군애국사상에 입각하여 철저한 무장투쟁을 전개하였다. 중군장 안승우를 비롯하여 다수의 유생의병들이 장렬한 전사를 하였음은 이를 말해준다. 또한 제천의병은 고종의 해산 칙유에도 요동으로 망명하면서까지 항일투쟁을 전개하였다. 제천의병은 개화파 집단과 일본제국주의 침략군에 대항하여 반개화 반침략 투쟁을 수행한 점에서 민족운동사상 차지하는 의의가 크다 할 수 있다.

〈부록〉 '제천의병' 용어에 대한 제설 검토

1) 연구물에서의 '제천의병' 용례 검토

제천을 중심으로 활동한 유인석의진을 그간 '湖左義兵' 또는 '柳麟錫 부대' 등으로 표현하기도 하였다. 그러나 필자는 이 글에서 '堤川義兵'이 라고 이름하였다. 제천의병이란 이름은 신석호 국사편찬위원장이 처음 사용한 것으로 보인다. 그는 1963년 「한말의 의병」이란 글에서 "제천의 병장 유인석은 '국모의 원수를 갚지 못한 이상 해산할 수 없다'라고 부 하를 거느리고 서간도로 들어가(후략)"1)라고 썼다. 같은 해 윤병석 교수 는 「한국의병항쟁사」에서 '호좌의병진'이라고 하였다.2) 이후에도 여러 용어가 사용된 바 있다. 1977년 이동우 교수는 이를 '유인석 의병진'이라 하였다. 여기에서 '유인석 의병진'이란 '지평민병'이 주류가 된 이필희 의진부터 유인석이 의병장에 추대된 이후 활동하다가 만주 지역으로 들 어간 의진을 말한다.3) 이동우 교수는 1991년에 발표한 「을미년 충청지 방의 의병운동연구」에서는 '제천의병진'이란 용어를 사용하였다. 1982 년 이종춘 교수는 '호좌창의군'과 '유인석의병부대', '유인석의병진', '제 천의진' 등을 혼용하여 사용하였다.4)

1969년 독립운동사편찬위원회에서 펴낸 『독립운동사』1권에서는 절

---

1) 신석호, 「한말의 의병」, 《한국사상》6, 1963, 105쪽. 신석호는 「한말의병의 개황」 (《사총》1, 1955, 12쪽)에서는 '경기도의병장 유인석'이라고 하다가, 1963년에는 이 를 제천의병장으로 수정하였다.

2) 윤병석, 「한국의병항쟁사」, 『한국현대문화사대계』5, 1963, 431쪽.

3) 이동우, 「의병장 유인석의 의병운동고」, 《성대사림》2, 1977. 이동우, 「을미년 충청 지방의 의병운동연구」, 《국사관논총》28, 1991.

4) 이종춘, 「한말 초기 의병운동에 관한 연구」, 《청주교논문집》18, 1982.

제목에서 「제천의병」이란 용어를 사용하였다.

> 제천(堤川)의병 경기도 지평에서 거의한 이춘, 안승우, 김백선, 등이 건
> 양 원년 1월 17일(음력 12월 초3일)에 제천으로 들어가 유진한 다음 의병
> 진의 활동은 상당히 활발하였다.[5]

여기에서 경기도 지평에서 일어난 의병을 '제천의병'이라 분명히 명
명하고 있음을 볼 수 있다.

논문 제목에 '제천의병'을 붙인 것은 1987년 유병용 교수의 「柳麟錫
堤川義兵抗爭의 制限的 性格과 歷史的 意義」가 처음으로 보인다.[6] 김상
기는 1991년 「1895~1896년 堤川義兵의 思想的 淵源과 전개」를 발표하
였다.[7] 이 글에서 필자는 "제천의병이란 제천·충주·단양 등 충주부, 청
주·천안 등 청주부, 춘천·강릉·원주 등 춘천부 그리고 예천·풍기·안동
등 안동부 등 중부지방에서 광범위하게 의병 초모 및 항일운동을 전개
한 의병을 말한다"라고 정의한 바 있다. 그리고 그 이유로써, 유중교와
유인석이 거주하며 제자를 양성한 제천의 長潭마을이 의병봉기의 터전
이 되었으며, 이필희의병이 패하고 영월로 후퇴하자 유인석이 의진을 수
습, 의병장으로 의병활동을 전개하기 시작한 곳이 제천이고, 또한 1896년
1월 결성되어 6월말 西行을 단행할 때까지 주로 제천에 본진을 설치하
고 투쟁한 것을 들었다. 즉, 유인석 의진의 활동이 중부지역에 걸쳐 있

---

5) 독립운동사편찬위원회 편, 『독립운동사』1권 의병항쟁사, 1969, 175~176쪽. 이 책
  의 집필자는 '김상기, 홍이섭, 김용국, 김의환'이다.

6) 유병용, 「유인석 제천의병항쟁의 제한적 성격과 력사적 의의」, 『강원의병운동사』,
  1987.

7) 김상기, 「1895~1896년 제천의병의 사상적 연원과 전개」, 『백산박성수교수화갑기
  념 논총』, 1991.

었으나 제천이 그 시원지이고 근거지였다는 점에서 유인석의진을 제천
의병이라고 불렀던 것이다. 제천의병이란 용어는 1995년 '제천의병100주
년기념사업회'가 조직되면서 널리 통용되기에 이르렀으며, 『제천의병연
구』라는 저서까지 나왔다.[8] 최근 제천의병이 아니고 이를 '지평의병'이
라고 불러야 한다는 주장이 제기되기도 하였다.[9] 이는 의병 봉기의 모
태가 지평지역이기 때문이라는 것이다.

  의병 부대의 이름은 의병 자신들이 사용한 용어를 쓰거나 아니면 그
간 일반에서 사용해 온 용어를 택해왔다. 연구자들은 이것들을 참고하
여 이름을 붙여왔다. 제천의병은 봉기한 장소가 지평이 아닌 원주의 '안
창'이다. 봉기지를 기준으로 한다면 '안창의병' 또는 '원주의병'이라 할
수 있다. 지평 사람들이 주도를 했으나, 의병 봉기지가 안창이고 또한
이때 안창과 원주 일대의 사민들도 의병에 합세했기 때문이다. 그러면
같은 의병을 지역인마다 다르게 부르게 되는 혼란을 초래하게 된다. 그
래서 그렇게 부르지는 않는다. 홍주의병의 경우에도 홍주, 보령, 예산 등
지의 사람들이 예산의 광시에서 봉기하고 부여의 지티에서 재봉기하였
으나 이를 예산의병 또는 부여의병이라고 부르지 않고 홍주의병이라고
하는데 이의가 없다. 이는 비록 타지에서 의병을 봉기하였더라도 의병
들이 홍주성에 집결하였으며, 홍주성에 본진을 두고 항전하였기 때문인
것이다. 제천의병의 경우에도 지평인들이 중심이 되어 안창에서 봉기하
고, 또 영월에서 재봉기하였으나, 곧바로 제천으로 들어갔으며, 제천에
대장소를 두고 항전하였기 때문에 제천의병이라고 불렀던 것이다. 당대
의 자료에서도 유인석 의진을 '호좌의진' 이외에 '堤陣', '堤川義陣', 또

---

8) 구완회, 『한말의 제천의병』, 집문당, 1995.
9) 양평의병기념사업회, 『국맥지평의병』, 2007.

는 '堤川義兵'이라고 불렀던 사례가 다수 보인다.

2) 자료에 나타난 예

제천의병들이 자신들의 부대 이름을 '제천의병', '제천군의병', 또는
'堤陣'등으로 제천이란 이름을 붙여 사용한 예가 많음을 알 수 있다. 물
론 '호좌의병'이란 이름을 사용하기도 하였다. 우선 유인석이 자신의 부
대 이름을 어떻게 붙는지를 살펴보기로 한다. 유인석은 '제천의병(의진)'
과 '호좌의병' 양자를 모두 사용했다. 1895년 12월 3일 제천에서 의진을
편성한 후 발표한 「격고팔도열읍」과 1896년 1월 발표한 「격고내외백관」
에서 '호좌의병장'이란 호칭을 썼다.[10] 「재고백관문」에서는 '호좌창의
생'이라 하여 역시 '호좌'란 지역 명을 썼음을 볼 수 있다.[11] 또 홍주창
의소에 보낸 글인 '與洪州倡義所書'에서는 '호서의병장'이라고 썼다.[12]
이에 대하여 호서지역의 윤석봉 등 유학자들은 '上湖左義兵將書'라 하여
'호좌의병장'으로 대우했음을 알 수 있다.[13]

또한 유인석은 '충청도의병' 또는 '제천의병'이란 말도 사용한 예가
여러 차례 보인다. 「고각국공사문」에서는 '조선국충청도의병장 유인석'
이라 하여 '충청도의병장'이란 말을 썼다.[14] 「격고팔역」에서는 '을미12
월 일 충청도제천의병장 유인석 근격'[15]이라 하여 '제천의병장'이라고
하였다. 1899년 6월 족숙인 항와 유중악에게 보낸 편지에서는 '堤陣'이

10) 독립운동사편찬위원회 편, 『독립운동사자료집』1, 643쪽.
11) 이구영 편, 『호서의병사적』, 1994, 892쪽.
12) 이구영 위책, 254·976쪽.
13) 독립운동사편찬위원회 편, 『독립운동사자료집』1, 649쪽.
14) 이구영, 위책, 977쪽.
15) 이구용, 위책, 979쪽.

란 명칭을 여러 번 사용하고 있다.[16) 또 1906년 金寬植, 玄熙鳳, 白三圭
등에게 보낸 편지에서는 朴南華가 '堤川擧義'에 참여하다고 언급하고 있
다.[17) 그리고 宋煥國에게 보낸 편지에서도 송환국이 홍주에서 '堤川義
陣'으로 달려왔다고 적고 있다.[18) 李基準에게 쓴 편지에서도 "지난 병신
년 수안 李子道군이 멀리 '堤川義陣'으로 달려와"라고 '제천의진'이라는
용어를 사용하고 있음을 볼 수 있다.[19)

이와 같이 유인석 자신이 '호좌의병장', '호좌창의생', '호서의병장'과
같은 '호서'를 사용한 경우도 있지만, '제천군의병장', '제진', 그리고 '제
천의진'이란 명칭을 구체적으로 사용했음도 알 수 있다.

이외의 다른 인물 또는 다른 자료에도 '제천'이란 지명을 붙여서 유인
석 의진을 불렀던 사례가 많다.

우선 1895년 12월 3일 의병장에 추대된 이필희(1857~1900)가 제천에
서 발표한 격문인 「격고팔도열읍」에서 '제천군의병장 이필희'라고 하여
'제천군의병'이란 말을 쓰고 있음을 알 수 있다. 이필희는 요동으로 들
어 간 이후 팔왕동에서 당시의 의병에 대하여 기록하면서도

> 필희는 장기렴과 아주 친한 사람이 '기렴은 병법을 해득하여 남한산성
> 의 의병을 쳐부수었고 堤川義兵은 사류가 모인 것이었으나 또한 쳐부수
> 었다'라고 거창하게 떠들어댐을 보았다.[20)

---

16) 유인석, 「답족숙항와 별지 기해 6월 29일」, 『의암집』권8, 서.
17) 유인석, 「與金寬植玄熙鳳白三圭 병오 4월」, 『의암집』권9, 서.
18) 유인석, 「書贈宋士觀煥國 계묘 7월」, 『의암집』권39, 잡저.
19) 유인석, 「書贈李子道基準」, 『의암집』권39, 잡저.
20) 이필희, 「팔왕동어록」, 『소의신편』권7(국사편찬위원회, 1975, 214쪽). "弼熙見張基
   濂至親, 盛說基濂能解兵法, 破南漢義兵, 若堤川義兵, 士類所會, 亦能破之".

라고 하여 '제천의병'이란 말을 사용하고 있음을 볼 수 있다. 춘천의병장 습재 이소응 역시 「척화사실거의대략」에서

동향 사우 신석원 등이 동남쪽의 소식을 듣고 곧바로 '堤陣'에 이르러 처음부터 끝까지 계책을 돕고[21]

라고 하여 '堤陣'이라 표현하였다.

제천의병에 참여한 박정수(1859~1917)가 기록한 이강년의병 활동 기록인 『창의사실기』에서도 유인석의진에 대하여 '堤川義陣' 또는 '堤陣', '堤川陣'이라고 표현하고 있다. 이강년이 농암 장터에서 김석중 관찰사를 잡아 죽인 사실을 기록한 후

날마다 말술을 마시고 칼을 두드리면서 길게 탄식하는데, 제천의진이 매우 대단하다는 소식이 있었으니, 가슴 속이 상쾌하고 마치 몇 만이나 되는 병력을 이끌고 돌격해 나가는 기분이 들었다.[22]

라고 '제천의진'이라 표현하고 있음을 볼 수 있다. 영월 출신으로 이천의병에 참여한 후 제천의병에 참여한 바 있는 金泰源(1863~1933)의 『集義堂遺稿』에서도

내가 듣기에 堤川大將 柳毅菴의 군세가 매우 성하다하니 가서 의지하여 뒷일을 도모할 만합니다. 만약 뜻이 맞지 않으면 남으로 나갑시다. 이에 양근에서 지평, 여주, 원주를 낮에는 자고 밤에는 행군하여 수십일 지나 堤川 경계에 도착하여 시내를 바라보고 군사를 멈추게 하고 장소에 명

---

21) 「척화거의사실략」, 『소의신편』권8(국편, 254쪽).
22) 김태원, 「乙丙事略」, 『집의당유고』잡저.

을 전했다. 堤陣에서 논의하여 하루가 되지 않아 毅菴이 특명으로 받아들
이고 가로되, 내가 8백 명을 분급하여 원주수성장으로 삼고자 합니다 하
였다.23)

라고 하여 유인석을 '堤川大將'이라 칭하고 있음을 볼 수 있다. 또한 그
는 이어서 제천에 들어가 대장소에 뜻을 전했더니 '堤陣'에서 논의하여
하루가 되지 않아 자신을 원주수성장으로 삼았다고 기록하고 있다. 유
인석의병에 대한 지방의 보고에서도 '제천의병'이라고 하였음도 볼 수
있다. 『각사등록』에 의하면

        卽接稷山郡守 白性洙報告內開 舊平澤公兄等 所告를 接見ᄒ온즉 本
    月九日 巳時量에 所謂堤川義兵 二百餘名이 驀地突入ᄒ와 矣等를 縛打
    問招ᄒ 後에 若干軍器之掘地深埋者를 掘去ᄒ옵고 結錢中 二千兩을 惡
    刑督納ᄒ오믹 不勝 痛楚 果以二百兩으로 哀乞塞責이다.24)

라고 하여 직산군수가 보고하기를 '소위 제천의병' 2백여 명이 돌입하여
자신들을 구타하고 땅을 파 매몰한 군기를 가지고 갔으며, 결전을 독촉
함에 2백 냥을 주었다 하고 있다.

    또한 金允植(1835~1922)은 그의 『속음청사』에서 "을미년에 제천의병
장 유인석이 요동으로 패주하다."라고 유인석을 '제천의병장'이라 표현
하고 있다. 김윤식은 1896년 기록에서 유인석을 '堤川亂魁'라고 표현하
기도 하였다.25)

---

23) 박정수, 「창의사실기」, 『운강선생유고』부록 권2.
24) 『각사등록』, 公文編案 32, 公州府, "公州觀察使 李㴐遠 建陽元年五月二十七日".
25) 김윤식, 『속음청사』권9, 광무5년 신축 2월조(국편, 『속음청사』상, 545쪽). "乙未
    年堤 川義兵將柳麟錫敗走遼東". 『속음청사』권8, 병신 2월조(국편, 『속음청사』

朴文鎬(1846~1918)의 『壺山集』에서도 "근래 일을 보건대 제천의병은 임충민 같고, 홍주의병은 삼학사와 닮았다"라고 하여 역시 '제천의병'이란 말을 사용하고 있음을 볼 수 있다.[26]

한편 제천의병이란 말은 후기의병기에도 사용되었다.《대한매일신보》 1907년 8월 27일자에 의하면

> 槐山郡은 堤川義兵이 延豊을 經하야 漸次來襲흔다 하고[27]

라고 하여 제천의병이 연풍을 지나 점차 습격해 온다고 보고하고 있다.

이와 같이 '호좌의병'과 '제천의병'이란 용어는 당시의 여러 자료에 다수 보임을 알 수 있다. 따라서 어느 용어가 옳다거나 그르다고 평가하기 보다는 어느 용어를 사용하느냐는 연구자의 선택의 몫일 것이다. 유인석의 경우에도 상대에 따라서 또는 처지에 따라서 양자를 사용했음을 알 수 있다.[28]

상, 393쪽).

26) 박문호, 『壺山集』(『동학농민혁명사료총서』8권, 時事, "近事觀之堤川義兵似林忠愍洪州義兵似三學士云 丙申".

27) 《대한매일신보》 1907년 8월 27일 잡보.

28) 지평의병이란 용어도 보인다. '지평의병'이란 이름은 이필희 의병이 단양에 왔을 때 단양 출신 장충식의 일기에 나온다. 그가 볼 때 이필희의진을 지평 사람들이 주도한 것으로 보아 '지평의병'이라 한 것으로 보인다. 이필희는 자신을 '제천군의병장'이라고 하여 제천이란 이름을 붙음은 위에서 본 바와 같다. 중요한 것은 유인석의 경우에 자신의 부대 이름을 지평의병이라고 한 경우는 찾기 힘들다는 것이다.

제4장 영남의병과 의병장

1. 영남지역 의병전쟁과 의병장

1) 머리말

임진왜란기 영남의병[1]에 대한 연구는 있으나, 한말의병 연구에서 영남의병이란 용어는 찾기 어렵다. 이 글에서의 영남의병은 경상도 지역에서 활동했던 항일의병을 통칭하는 개념을 말한다. 그렇다고 영남지역 의병에 대한 연구가 없는 것은 아니다. 단지 영남지역이 경남과 경북으로 나뉘어 있고 특정한 학파나 지역적 통합성을 찾을 수 없기 때문에 하나의 의병세력으로서 영남의병을 연구 대상으로 삼지 않았다 할 수 있다.

영남의병에 대한 연구는 전기의병기 김산의병, 진주의병, 안동의병, 청송의병, 영해의병과 김도현, 노응규, 허위, 이청노, 김도화[2] 등 여러

---

1) 최효식, 『임진왜란기 영남의병 연구』, 국학자료원, 2003.

2) 송태호, 「경북의 의병활동 소고」, 《안동교대논문집》9-2, 1976. 권대웅, 「김산의진고」, 『윤병석교수화갑기념논총』, 지식산업사, 1990. 김강수, 「한말 의병장 벽산 김도현의 의병활동」, 《북악사론》2, 1990. 박민영, 「신암 노응규의 진주의병 항전 연구」, 『백산박성수교수화갑기념논총』, 1991. 이구용, 「운강 이강년의 항일의병활동」, 《강원사학》7, 1991. 신용하, 「허위의병부대의 항일의병투쟁」, 『수촌박영석교수화갑기념논촌』, 1992. 김정미, 「한말 경상도 영해지방의 의병전쟁」, 《대구사학》42, 1992. 권영배, 「한말 의장 이청노와 의령의병의 김해전투」, 《조선사연구》3, 1994. 권대웅, 「1896년 청송의진의 조직과 활동」, 《한국근현대사연구》9, 1998. 김상기, 「1895~1896년 안동의병의 사상적 연원과 항일투쟁」, 《사학지》31, 1998. 김

연구가 이루어졌다. 중, 후기의병기 영남의병에 관하여는 산남의병과 신돌석, 최세윤, 류시연에 대한 연구가 있다.[3] 경북지역 의병에 대하여는 『경북독립운동사』1(의병항쟁)가 간행된 바 있으나, 부산, 경남지역 의병에 대한 체계적인 연구는 이루어지지 못하고 있다.[4]

이 글에서 필자는 영남의병에 대한 종합적인 검토를 하고자 한다. 아울러 국가기록원에 소장되어 있는 한말 의병장의 판결문을 분석하고 이를 토대로 대표적인 영남의병장의 활동을 추적하고자 한다.[5]

2) 전기의병기 영남의병

(1) 의병의 항전

① 안동의병

안동의병은 1895년 11월 단발령이 내려지고 난 직후에 시작되었다. 안동의병은 안동지역에서 대표적 서원이었던 호계서원과 청성서원 그리

희곤, 「안동의병장 척암 김도화의 의병항쟁」, 《역사교육논집》23·24, 1999. 권영배, 「벽산 김도현의 의병활동과 도해 순국」, 《조선사연구》20, 2011.

3) 배용일, 「산남의진고」, 《포항실전논문집》6, 1982. 배용일, 「최세윤의병장고」, 《사총》31, 1987. 김희곤, 「신돌석의진의 활동과 성격」, 《한국근현대사연구》19, 2001. 권영배, 「산남의진의 조직과 활동」, 《역사교육논집》16, 1991. 한준호, 「한말 류시연 의병장 연구」, 《안동사학》12, 2007.

4) 안동대 안동문화연구소 편, 『경북독립운동사』1(의병항쟁), 경상북도, 2012.
영남의병 연구는 경북 지역 중심으로 연구된 경향이 있다. 이는 경북 지역에서 의병의 활동이 활발했기 때문이다. 부산 경남지역에서도 함양, 거창 등 지리산에 인접한 지역에서의 의병 활동이 있었으나 향후의 연구 과제로 남는다.

5) 김상기 편, 『독립운동 관련 판결문 자료집』－의병운동2－, 국가기록원 기록편찬문화과, 2012.

고 경광서원을 중심으로 이루어졌다. 12월 6일 안동부 청사내의 삼우당
에서 인근의 사민 1만여 명이 집결하였다. 이들은 창의를 결의하고 대장
에 권세연을 추대하였다. 권세연은 12월 7일 아침 연무당에서 부장에 곽
종석을 임명하는 등 의진을 편성하였다.6) 안동부는 의병에 의해 완전히
장악되었으며, 관찰사 김석중은 신변에 위험을 느끼고 의병이 창의된
날 밤에 탈출하였다. 그러나 김석중은 의병진이 채 갖추어지기 전에 대
구부의 관군을 이끌고 안동부를 탈환하였다.

관찰사가 수백 명의 관군을 거느리고 안동부에 들어온 것은 12월 16
일(양, 1896. 1. 30)이었다. 안동부를 접수한 관찰사는 19일 의병소에 들
어가 의병의 문부와 전곡을 압수하여 갔다.7) 26일에는 스스로 단발을
하고 주민에게도 단발을 강요하였다. 각지에 순검을 풀어 강제로 삭발
시켰다.

예안과 예천 등 인근의 읍에서 의진을 편성하였다. 1월 4일(양, 2. 16)
선성의진이 청량산에서 일어나 이중린이 상장에 추대되었으며, 예천에
서는 1월 5일 박주대가 대장에 추대되었으나 신병을 이유로 대장직을
사퇴함에 동생인 박주상을 대장에 추대하였다.8) 권세연의 안동의병 역
시 의진을 수습하여 안동부의 공격을 기도하였다.

관찰사는 이러한 의병의 기세에 눌려 더 이상 안동부에 있을 수 없다
고 판단하고 1월 7일 순검 몇 명을 이끌고 안동을 빠져나갔다.9) 그러나
그는 문경에서 거의한 이강년의진에 체포되어 1월 13일(양, 2. 25) 문경
의 농암 장터에서 처형되고 말았다.

---

6) 이긍연, 『을미의병일기』, 1895년 12월 7일~14일자. 김도현의 『벽산선생창의전말』.
7) 박주대, 『나암수록』, 1895년 12월 19일조.
8) 박주대, 『나암수록』, 1896년 1월 5일조.
9) 이긍연, 위책, 1896년 1월 7일자.

안동의병장 권세연은 이상룡, 유시연 등과 함께 안동의병을 거느리고 관찰사가 처형된 날인 정월 13일 안동부에 무혈입성하고 안동향교에 진을 쳤다. 안동의병은 이어서 봉화의병, 서상렬 의병과 연합하였다.

안동의병은 태봉의 일본 병참부대를 공격의 목표로 삼고 서상렬의병을 비롯한 인근의 의병들과 연합하였다. 안동의병을 비롯하여 영남 북부지역 8읍의 의병들이 2월 9일 예천에 집결하였다. 연합의진은 태봉을 공격하기 전에 예천군수 유인형을 참하여 기세를 올렸다. 연합의진과 일본군과의 전투는 15일 밤부터 개시되었다. 그러나 의진은 저녁 무렵 일본군의 총공격에 밀려 모두 퇴각하고 말았다. 일본군은 태봉전투에서의 승세를 타고 인근의 의병 진압에 나섰다. 일본군은 안동의 송현까지 추격해 와 안동부를 의병의 소굴이라 하여 시가와 민가에 불을 질렀다. 마침 바람을 타고 불길이 온 읍을 덮쳐 안동읍 1천여 호의 민가가 불탔다. 일본군들은 봉정사에 진을 치고 부중의 재산을 빼앗고 심지어는 마을의 부녀자를 음욕하기까지 하였다. 또 시골의 소를 끌고 갔다.

안동의병은 선유사들에게 '격고문'을 보내어 "단지 두 명의 간신을 참하고 흉적을 제거했다고 말할 수 없으며, 한명의 왜놈도 죽이지 않고 복수했다고 말할 수 없다라며 해산의 칙유에 따를 수 없음을 분명히 하였다. 그러나 고종의 효유문을 받고 관군과 일본군의 쫓김을 당하며 더 이상 항전하지 못하게 되었다. 그 결과 6월초에 안동의병은 각자 흩어져 영양이나 춘양, 혹은 오천으로 들어가면서 사실상 해산되었다.[10]

② 김산의병

김천 선산 그리고 상주 등지의 유생들은 을미사변의 소식을 듣고 이

---

10) 김상기, 「1895~1896년 안동의병의 사상적 연원과 항일투쟁」, 《사학지》31, 1998.

에 통분, 상호 연락을 취해 거의를 실현시켰다. 우선 상주의 유생 이기찬은 목천에 거주하는 친척인 이기하와 함께 허위를 찾아가 의병을 일으킬 것을 협의하였다. 이때 허위는 이미 김산(현재의 김천)과 구성지역에서 진사 조동석, 유도섭 등과 의병을 규합하고 있었다. 이기찬은 이들과 합세하여 1896년 2월 11일 군사적 요충지인 김산으로 들어가 의병근거지로 삼았다.

이때 이곳에서는 이미 이곳의 향반출신인 여영소, 여중용 등이 중심이 되어 통문을 띄우고 거의를 준비하고 있었다. 이들은 김산 군수 이범창을 영입하여 관민이 합세한 의병을 조직하고자 하였다. 그러나 이범창은 관찰사 이중하의 친척으로 거사를 무산시키는데 뜻이 있었으며 거사 일을 2월 22일로 늦추도록 하고서 감영으로 가버렸다. 이러한 가운데 상주 선산 측의 이기찬, 허위 등이 의병을 이끌고 김산에 들어와 김산지역의 여영소 등이 이끄는 의병과 연합하여 3월 10일 김산향교에서 의병을 일으킨 것이다. 이 부대 이름을 김산의진이라고 부른다.11)

이기찬은 이때 운집한 의병들에 의하여 창의대장에 추대되었다. 이어서 의진의 진용을 갖추었으니 조동석을 군문도총, 강무형을 찬획, 허위를 참모장, 이시좌 여영소를 서기, 양제안을 중군, 윤홍채를 선봉에 임명하고 인근에 격문을 발송하여 국난에 처하여 모든 이가 의병대열에 나서서 국치를 설욕할 것을 천명하였다. 김산의병은 김산 장날에 읍으로 들어가 수백 명의 의병을 모집하고 김산군의 무기고를 습격하여 무장하는 등 군세를 강화하였다. 이때 전 무주부사 이탁이 화약 300근을 보내주기도 하였다.

이처럼 김산의진은 대구부를 공격하기 위해 군량 확충과 모병을 계속

---

11) 권대웅, 「김산의진고」, 『윤병석교수화갑기념 한국근대사논총』, 지식산업사, 1990.

해 나가던 중 3월 14일 지례에서 관군을 맞아 전투를 수행하게 되었다. 그러나 연합부대로 형성된 김산의병은 지휘체계의 미비와 전투력의 열세로 패퇴하고 말았다. 이후 의병장 이기찬을 비롯한 주력부대는 부득이 지례의 홍심동으로 들어가 진용을 재정비하였다. 김산의진은 천험의 요새인 홍심동에서 부의장에 이주필, 우익장에 이성백, 도집례에 유인목, 운량도감에 조석영을 추대하여 진용을 보강하였다. 의진은 이곳에서 전 판서 이용직으로부터 쌀 80여 석을 군량으로 지원받았다. 흩어졌던 장졸들이 사방에서 모여들었으며 이기찬은 이들을 훈련시켜 재기를 준비할 수 있었다. 또한 의병 중에 조모라는 이가 민가를 약탈함에 그를 체포, 효수하여 군율을 엄정히 하였다. 이어서 영동군수 민치순에게 가렴주구의 죄를 추궁하였다. 이 소식을 듣고 인근의 수령들이 도망하는 자가 속출하였다. 4월 5일 김산의병은 구성면 도곡천에서 경상감영의 관군과 대치하게 되었다. 그러나 이 접전에서 의병들은 괴멸하고 말았다. 의병장 이기찬은 여영소, 여중용, 양제안 등 지휘부를 이끌고 황간으로 들어갔다. 그 후 김산의진은 속리산 아래 장내에서 전투를 치렀으며, 충청도의 음성에서 유인석 부대에 합세하였다. 그러나 김산지역은 관군에 의해 장악되고 의병에 참여한 사람과 가문은 극심한 탄압을 받았다. 여영소의 경우는 그의 집은 가산이 적몰되고 부모는 체포되었다. 여영하의 집도 화를 당했다. 양제안은 유인석 의진이 패한 뒤 지례로 들어왔다가 관군의 추격을 피해 영일군 죽장면에 은거하였다. 조동석은 상주의 吏校에 의해 포살되기까지 하였다.[12]

---

12) 이기찬, 『지산유고』(필사본) 참조.
　　 김상기, 「의병열전－이기찬－」,《유교신보》, 1995년 4월 15일자.

③ 영양의병

영양지역에서 의병 봉기를 준비한 이는 벽산 김도현이다. 김도현은 단발령 공포후 안동에서 의병이 봉기했다는 소식을 듣고 12월 9일(음) 영양읍에 유생들과 창의를 의론하고 통문을 돌렸다. 그러나 주위의 만류로 중지하고 말았다. 그는 1896년 2월 17일(음, 정월 초5일) 안동의진의 소모장 유시연의 권유를 받고 청량산으로 들어가 의병을 봉기하였다. 그는 봉화와 영주지역을 돌면서 의병을 모집하고 안동으로 들어갔다. 김도현은 2월 28일 안동의 영호루 앞 백사장에서 진법을 훈련하였다. 안동의진과 합진에 실패한 그는 영양으로 회군하였다. 영양에는 조승기가 의병을 봉기한 상태에 있었으나 합진에 실패하였다. 김도현은 예안으로 가서 선성의진에 합세하였다.

선성의진은 896년 1월 25일 결성되었다. 대장은 이만도, 부장은 이중린이었다. 선성의진은 안동을 탈출했던 김석중이 경군을 이끌고 안동부를 공격함으로 안동의진이 퇴각했다는 소식을 접하고 2월 1일 해산한 바 있었다. 선성의진은 2월 16일 다시 결성되었는데 1차의진의 부장이었던 이중린이 청량산에서 다시 거병한 것이다. 김도현은 3월에 선성의진의 중군장에 초빙되어 선성의진에 합세하였다. 그는 영덕군수 부자의 목을 베고 예천회맹에 선성의진의 본진을 이끌고 참여하였다. 이때 선성의진의 조직을 보면 이중린 대장 밑에 중군장은 김도현, 선봉장은 이인화, 전방장은 이중언, 참모에는 이빈호와 이중엽, 종사는 이장규 등이었다.[13]

예천회맹에는 안동의병을 비롯하여 선성, 풍기, 순흥, 영천, 봉화의병, 그리고 제천의병등 7개 의병진이 참여하였는데, 이들 의병진은 3월 28일

---

13) 김도현, 「벽산선생창의전말」, 『한국독립운동사자료집』2, 편찬위원회, 1983, 22쪽.

예천의 산양에서 회맹하고 함창을 향해 출동하였다. 의진의 공격은 3월 29일 아침부터 시작되었다. 저녁까지 치열한 전투를 감행했으나 의병진은 일본군의 공격에 밀려 퇴각하고 말았다. 선성의진은 김도현과 함께 퇴각한 병사가 3,4명에 불과하였다. 그러나 4월 1일 안동의병의 구원 요청에 의병 50명을 이끌고 안동으로 갔다. 그러나 안동부는 이미 일본군의 방화로 불타고 있었다. 그는 중군장을 사퇴하고 영양으로 돌아왔다.

김도현은 민용호의 강릉의병의 소모사 이호성의 권유를 받고 60여 명의 의병을 거느리고 4월 하순경에 강릉으로 들어갔다. 민용호는 김도현을 선봉장에 임명하고 군사들에게 당포를 주어 옷을 만들어 입도록 하였다. 김도현은 민용호 의진에 합류한 후 서울에서 온 관군과 대공산성에서 일대 접전을 벌였으나 우세한 화력에 밀려 의병들이 패산하였다.

김도현은 민용호 의병과 함께 삼척으로 이동하여 삼척의병과 연합하여 활동하였다. 이때 민용호부대의 편제를 보면, 대장에 민용호, 선봉장에 김도현, 수성장에 민동식, 유진장에 김헌경, 중군에 최중봉 강우서, 이영찬, 전치운, 신무섭으로 구성되었다. 이 연합의진은 5월 31일(음, 4월 19일) 삼척에서 관군과의 큰 전투를 수행하였다. 관군의 공격으로 시작된 이날 전투에서 의병은 처음에는 유리한 지형을 점령하고 있었기 때문에 우세하였으나 점차 탄약이 고갈됨에 전세가 역전되어 결국 5십천변으로 밀리고 말았다. 의병은 관군에게 큰 피해를 입혔으나 결국 삼척을 떠나 정선 지역으로 퇴각하지 않을 수 없었다.

삼척전투에서 퇴각한 김도현은 남은 군사를 이끌고 고향인 경상도 영양으로 돌아와 검산성을 쌓고 항전을 계속하였다. 이 산성은 석성으로 성둑이 1.5km, 면적이 3만5천여 평에 달하는 크기였다. 이처럼 요새를 이용하여 지구전을 감행하고자 한 것이다. 그러나 김도현은 각 지역의 의병 해산과 패산을 보면서 결국 총 113자루를 숨겨 후일을 기약하면서 1896년 중양절인 음력 9월 9일(양, 10월 15일) 영양군 청기면에서 부대를 해산하였다. 이때의 심정을 그는 다음과 같이 토로하였다.

> 아, 이 한몸으로 어찌 불공대천의 원수를 갚으리까. 천신만고 수 없는 죽을 고비를 겪고 나서 겨우 목숨을 부지하여 살고 있으나, 세상 일의 움직임을 지켜보면서 하늘을 우러러 통곡하지 않는 날이 없다.[14)

④ 의성의병

의성의병은 1896년 3월 25일(음, 2. 12) 봉기하였다. 의성지역의 유생들은 3월 3일경 향교에서 통문을 돌리고 3월 14일 향회를 개최하였다. 이 자리에서 김상종(1847~1907)이 의병장에 추대되었다. 김상종은 의병을 모집하여 3월 25일 창의하였다. 이때의 진용을 보면, 김상종 대장 밑에 중군장으로 권대직, 선봉장에 김수담, 우익장에 이희정, 소모장에 김수욱, 관향장에 김수협이 있었다. 이들 주도층은 김상종·김회종 형제가 안동의 유학자 김흥락과 김도화의 문인이니 정재학파의 범주에 포함되는 유생들임을 알 수 있다. 김수담·김수욱·김수협 등은 모두 신안동김씨로 의성군 점곡면 서변리에 세거하는 김상종의 족숙에 해당한다.

의성의병의 관군과의 첫 전투는 4월 2일 의성읍 구봉산에서 일어났다. 4월 1일 오후에 남쪽에서 관군이 올라온다는 소식을 들은 의진은 읍내를 뒤로 한 구봉산에 진을 치고 대비하였다. 전투는 4월 2일 새벽에 시작되었다. 이른 새벽에 관군이 의진을 공격한 것이다. 이날 전투는 오후 1시 무렵까지 계속되었다. 이날의 첫 전투는 의병 측의 승리였던 것 같다. 김회종의 『병신창의실록』에서는 의병은 다행히 한사람도 다친 사

---

14) 김강수, 「한말 의병장 벽산 김도현의 의병활동」, 『북악사론』2, 1990.

람이 없는 반면에 관군은 탄환에 맞아 죽은 자가 20여 명이었다고 기술하고 있기 때문이다. 그러나 의진은 관군의 공격을 끝까지 막아내지는 못하였다. 점차 뒤로 밀리게 된 의진은 읍내를 포기하고 물러났다. 관군은 의성읍내의 집들을 불태우는 만행을 저질렀다. 『적원일기』에서는 이를 다음과 같이 알려주고 있다.

> 20일(양, 4월 2일, 필자). 닭이 운뒤 본진에서 척후의 사통이 또 이르러 말하기를 의성진과 대구 병정이 구성봉 아래에서 접전하였는데, 의진이 대패하여 인민들은 피하고 적병은 곧장 성내로 들어가 관공서와 민가를 마구 소멸하여 폐허가 되었다고 하였다.[15]

의성의병은 5월 10일(음, 3. 28)에는 황산에서 대구와 군위의 관군과 전투를 치렀다. 그러나 전투 중에 큰비가 내려 화약을 쓸 수가 없을 정도였다. 의진은 이 전투에서 참패하고 김수담 김수협 등 많은 의병이 전사하였다. 『병신창의실록』에 의하면, 관군이 황산에서 27일, 고무곡에서 2인 도합 29인을 죽였다. 또 대장 김상종의 고향인 사촌에 가서는 민가에 불을 질러 소각하였다 한다.

의성의진은 남한산성 전투를 치르고 내려온 김하락의 이천의진과 연합하여 항쟁하기도 하였다. 연합의진은 5월 20일 관군 200여 명이 남쪽 산운리 쪽으로 들어온다는 보고를 받고 수정사에 본진을 구축하고 관군의 공격에 대비하였다. 이천의병의 좌우익장 신용희와 김경성은 3대를 거느리고 비봉산에 매복하였으며, 조성학은 3대를 이끌고 수정동 입구에 매복하였다. 의성의진의 김두병은 2대를 인솔하고 비봉산 아래에 주둔하였으며, 중군과 김순삼은 천마봉에 매복하였다. 김하락은 유격대 1

---

15) 심성지, 『적원일기』, 1896년 2월 20일.

대를 인솔하고 각대를 왕래하였으며, 김상종은 나머지 의병을 이끌고 남현을 지켰다. 정오경에 수정동으로 들어오는 관군과 첫 전투가 벌어졌다. 수정동에 잠복해 있던 조성학 인솔의 부대가 공격하여 관군을 청로역 방면으로 퇴각시켰다. 의병대는 오후에 조성학 부대까지 합세하여 관군을 추격하여 전과를 세웠다. 저녁때 의병대는 수정사로 회군하였다. 관군의 공격은 그로부터 5일후인 5월 25일 아침에 다시 시작되었다. 이 전투는 26일까지 계속되었다. 26일은 화약이 날아갈 정도로 바람이 거세게 부는 날씨였다. 의병은 화승총에 화약을 잴 수 없는 형편에 이르게 되었다. 김상종은 결국 헛되이 죽는 것이 아무런 의미가 없다면서 각자 해산할 것을 명령하였다.[16]

⑤ 청송의병

청송의병은 1896년 3월 12일에 봉기하였다. 이보다 앞서 안동의병의 소모장 유시연이 3월 8일(음, 1월 25일) 포병 30여 명을 데리고 청송으로 와서 청송군 관아의 무기를 탈취하고자 하였다. 긴급히 각 면에 연락을 취해 3월 10일 향회가 열렸다. 이 자리에는 백여 명이 참여하였는데 서효원을 장수로 추대하였으나 모임을 이끄는 것이 익숙하지 않다면서 사양하였다. 그러나 그는 여러 사람들에게 의병에 참여할 것을 권유하였다.

청송 지역의 유생들은 3월 12일에 심성지(본: 청송, 자: 士行, 호: 小流)를 대장에 추대하고 조성규와 권복규가 파록을 정했다. 심성지는 춘추 대의론에 입각하여 창의의 당위성을 역설하고 다음 날 대장직에 올라 유시연을 돌려보냈다. 3월 15일에는 제장을 선임하고 참모와 서기를 뽑았다.[17] 16일에는 대장기를 세우고 남천 백사장에서 군사훈련을 실시하

---

16) 김희곤 외, 『의성의 독립운동사』, 의성군, 2002, 94~96쪽.

였다. 17일에는 축문과 昌誓詞를 지어 천지신명께 축원하였다. 축문은
서효원이 지었는데, '국왕의 의대소가 내려진 이상 창의는 우리와 오랑
캐, 사람과 짐승의 분별을 위한 춘추대의'라고 규정하였으며, 김상길이
지은 창서사에서는 '밀지를 받은 선비의 소임은 흉도를 섬멸하고 오랑
캐를 구축하는 것'이라고 밝히고 있다.[18]

청송의진의 지도부는 심성지 등 양반유생으로 구성되었으며, 병사부
는 포병 100여 명과 농민, 그리고 보부상 등으로 구성되었다. 지도부는
대부분 청송지역에 세거한 가문 출신으로 덕천의 청송심씨, 안덕의 함
안조씨, 화목의 의성김씨, 부동의 달성서씨, 현동의 영양남씨, 부내의 파
평윤씨 등이 중심이다. 이들은 학문적으로 대체로 정재 유치명의 문인
이거나 정재학파 문인들과 교유 관계에 있는 이들이 많은 특징이 있다.
청송의병은 의병 군자금을 위해 향도청을 설치하여 군량을 모았다. 향
도청에서는 각 문중에 일정액을 분담하여 군량을 확보하고자 하였으며,
요호들로부터 자발적인 의연금을 받고자 하였다.

청송의병은 창의 후 안동의병을 비롯하여 의성의병, 영덕의병 등과
밀접한 관계 속에서 활동하였다. 안동의병과는 전후 10여 차례의 사통
을 교환하였다. 의성의병과도 3~4차례의 사통을 주고 받았다. 홍해, 영
덕 의병과도 사통을 주고 박으며 협조체제를 형성하였다. 또한 김하락
의진이 의성으로 들어온 후인 5월 13일에는 의성, 청송, 이천의병의 연
합의진을 결성하였다. 이 연합의진은 5월 14일에 안덕면 감은리 뒷산인
성황현에서 관군과의 전투를 수행하여 전과를 올렸다. 연합의진은 관군

---

17) 청송의진의 편제에 대해서는 권대웅의 위글, 52쪽 참조.
18) 『적원일기』, 1896년 정월 29일~2월 9일자. 권대웅, 「1896년 청송의진의 조직과
활동」,《한국근현대사연구》9, 1998, 75쪽.

170여 명이 대구 방면에서 청송 화목으로 들어온다는 정보를 접하고 이에 대비하였다. 구연영은 2대의 군사를 거느리고 안덕 후방에 잠복하고, 신용희는 2대의 군사를 이끌고 안덕 뒤 상봉에, 김경성은 2대의 군사를 거느리고 성황산 주봉에 매복하였다. 조성학은 2대의 군사를 거느리고 성황현에 매복하고 김하락은 높은 지대에 올라가 총지휘하였다. 의성의 진은 앞선 전투로 의병의 피로가 누적하여 전투에 참여하지 못하였다. 청송의진은 안덕 속곡으로 물러나 있었다. 전투가 개시되어 매복해 있던 의병들이 일제히 공격하자 관군은 앞산을 향해 도망쳤다. 청송의병의 중군 김대락 등이 포군 2대를 이끌고 감은리 뒷산으로 올라 전투에 합류하여 관군을 패퇴시켰다. 영덕의병은 청송의병을 후원하기 위해 의병을 파견하였다. 그러나 5월 17일 의병이 이전평역에 도착하였을 때는 이미 전투가 끝난 후였다. 영덕의병은 5월 18일 위로 차 청송의진을 방문하고 돌아갔다. 5월 22일 청송의진에서는 우익장 권성하와 후방장 장무호등에게 포군 3초를 이끌고 영덕의병을 후원하기도 하였다. 이들이 영덕에 도착했을 때는 이미 영덕의병이 관군이 공격을 받고 패퇴한 뒤여서 청송의병은 회군하고 말았다. 이후 청송의병은 경주성전투에도 참전한 것으로 알려진다.19)

⑥ 봉화의병

봉화의병은 1896년 음력 1월말 창의하여 7월 중순경까지 봉화, 안동, 예천 일대에서 활동하였다. 봉화의병의 대장은 금석주(1857~1921)로 3월 8일(음, 1월 25일) 의병을 이끌고 안동으로 들어가 안동의병 등과 연

19) 『적원일기』, 1896년 4월 초2일~11일자. 김하락, 『진중일지』, 602쪽. 권대웅, 위 글, 68~73쪽.

합의진을 결성하였다. 안동의병과 봉화의병을 비롯한 7읍의 연합의진은 3월 20일 풍산도회를 열고 상주의 태봉에 주둔하고 있던 일본병참부대와의 전투를 수행하였다. 태봉전투에 참여한 봉화의병은 대장 이하 70여 명에 달했던 것으로 보인다. 봉화의병의 진용을 보면 다음과 같다.[20]

봉화의병 편제
대장: 금석주 중군장: 정규철 참모: 이만흥, 장성완, 김상철
좌익장: 김진규 우익장: 정영룡 군무도총: 이현규
제군문도총: 김종대 포영장: 박영우 서기: 유진극
종사: 홍환욱, 정석연 관향: 김진하, 금보연 군문집사: 김영주, 박영희
출령군관: 윤성근, 연기홍, 박원석

봉화의병에는 이들 외에 포정이 53명이 편제되어 있어 중요한 무장세력이 되었을 것으로 보인다.

봉화의병은 태봉전투에서 포졸 53명을 5대로 나누어 일본군 병참 앞 천방 아래로 투입하여 왜병 4명을 사살하는 전과를 수립하였다. 그러나 포졸 엄학성이 부상을 입었으며, 일본군의 집중 공격에 다른 의진과 함께 퇴각하였다. 봉화의병은 산양과 경진 등을 거쳐 3월 31일 봉화로 퇴각하고 진영을 재정비하였다. 우선 흩어진 의병을 다시 모으고 요호들과 각 문중에 문배전을 할당하여 군량을 확충하였다. 이후 봉화의병은 풍기, 순흥, 영주의병과 협조체제를 형성하면서 죽령 이남을 방어하는데 주력하였다.

---

20) 『일기』, 1896년 2월 10일. 김희곤 외, 『봉화의 독립운동사』, 봉화군, 2007, 55쪽.

⑦ 진주의병

진주의병은 1896년 2월 노응규에 의해 안의에서부터 시작되었다. 이
때 그와 함께 거의한 인물로는 덕유산 기슭에 위치한 장수사의 승려인
서재기를 비롯하여 정도현, 박준필, 최두원, 최두연 등 그의 문인과 그
외에 임경희, 성경호 등이 있다. 노응규는 서재기를 선봉장에 임명하는
등 의병진을 편성하고 2월 19일(음, 1월 7일) 저녁에 의병을 이끌고 진주
성에 도착하였다. 이들은 진주향교에 들어가 성안의 동정을 살피고 공
격의 계획을 수립하였다. 노응규 의진은 다음 날 새벽 순식간에 진주성
을 점령하였다. 이때 성을 지키던 순검 2명과 중방 1명은 철퇴를 맞고
사망하였으며, 관찰사 조병필과 경무관 김세진은 대구로 도피하였다. 참
서관 오현익은 성을 탈출하여 삼가의 토곡까지 도주하였다가 체포되어
진주로 압송되어 효수되었다. 노응규의 의병 봉기의 이유는 명성왕후의
시해에 대해 복수하고자 함에 있었다. 다음과 같은 일본공사관의 보고
에서 이를 분명히 알 수 있다.

> 그 목적이 왕비를 살해한 것이 전적으로 日人의 행위라 하여 원수 일
> 인을 조선 국경 밖으로 구축하는 것에 있었던 까닭에 일본인과 결탁된 자
> 및 단발한 자를 미워하는 것이 심하였으니 지금까지 살해된 자로는 단발
> 자 40여 명, 일본인과 결탁된 상인 2인, 이유 없이 살해된 자도 실로 100
> 여 명에 달한다고 한다.[21]

진주성을 점령한 노응규는 고종에게 창의소를 올려 "절사는 목숨을

21) 『주한일본공사관기록』5, '진주방면에 있어서의 폭도의 정황', 국사편찬위원회 영
    인, 1988, 10쪽. 박민영, 「신암 노응규의 진주의병 항전 연구」, 『백산박성수교수화
    갑기념 한국근대사논총』, 1990, 219쪽.

경솔히 버리지 않으며, 의리를 붙잡는 것은 군자의 의무 이옵기에 적개심을 이기지 못하여 의병을 일으켰다"고 거의의 뜻을 밝혔다. 또한 그는 "석달 안에 왜적을 축출하고 선왕의 문물과 토지를 회복할 것"을 천명하였다.

노응규 의병진이 진주성을 점령하자 진주부민들도 정한용을 대장으로 의병진을 결성, 성밖에 진을 쳤다. 노응규는 성안에 초현관을 임시로 설치하고 인근에 방문을 내걸고 ①경륜이 뛰어난 자, ②도략이 과인한 자, ③문학에 능한 자, ④籌術에 능통한 자, ⑤비력이 과인한 자를 초빙하여 각 지역의 치안과 행정을 담당케 하고자 하였다.

노응규는 또 한편으로 의병초모를 위해 각 면리에 전령을 보내 매 2호당 군사 1명씩을 내게 하였다. 2월 26일에는 하늘에 제사를 올리고 임진왜란때 진주수성전에서 순절한 3장사 및 의기사에도 제사를 올려 지역 주민의 의기를 고무시켰다.

대구로 도망간 경무관 김세진은 대구 진위대군을 지원 받아 진주의병을 진압하고자 2월 26일 대구를 출발하였다. 대구 진위대군은 2월 28일 의령에 도착하여 공전을 탈취하고 주민을 강제로 부대에 편입시켰다. 관군의 이와 같은 행위에 군수는 도피하고 의령향교 측에서는 관군의 행적을 비밀리에 급히 통보해줬다. 노응규는 이 소식을 듣고 선봉장 서재기에게 별동대를 주어 출동하게 하였다 의병은 정암진에서 관군과 만나 패퇴시켰다. 그 뒤에도 대구진위대군이 일본군의 지원을 받아 현풍을 거쳐 진주로 공격해 들어왔으나 이 역시 의병에 의해 패퇴되었다.

이와 같이 부대를 정비한 진주의병은 대구부에서 파견된 관군을 두 차례에 걸쳐 격파하고 다수의 전리품을 노획하여 의병의 사기는 더욱 고무되었다. 노응규는 점차 활동범위를 넓혀 부산과 근접한 함안, 김해 일대까지 진출하여 일본군 수비대와 치열한 접전을 전개하였다. 이때 의령출신의 이청로 부대도 합세하였다.

그러나 정부에서 파견된 이겸제가 이끄는 관군은 기우만의병을 진압하고 그 여세를 몰아 4월 중순경 곧바로 진주로 들어왔다. 이때 토착세력인 정한용 의병대는 관군의 이간책으로 합천 삼가로 이진하고, 선봉장 서재기부대도 안의로 이진한 상태여서 성안에는 노응규가 인솔하는 소수의 의병만이 주둔하고 있었다. 이겸제가 거느린 경군 5백여 명과 대구진위대 군은 일시에 진주성을 공격하여 함락하였다. 노응규는 간신히 탈출하여 삼가로 갔으나 정한용은 이미 의병을 해산한 후였다. 선봉장 서재기마저도 안의의 서리들에 의해 살해되었다. 결국 노응규는 안의의 서리들에 의해 부친과 친형이 살해당하는 아픔을 겪고 의병을 해산시켰다.22)

(2) 의병장의 활동

권세연(1836~1899)은 경북 봉화 출신으로 본관은 안동. 호는 星臺이다. 안동에서 살았으며, 참봉을 역임하였다. 1895년 민비시해사건과 단발령에 격분한 안동지역의 柳止浩·金興洛 등 유림들은 의병을 일으켜 음력으로 12월 초3일 안동관찰부를 점령하고, 권세연을 의병장에 추대하였다. 권세연은 격문을 각지에 보내어 각지의 의병부대와 긴밀한 연락을 취하고 민심을 크게 격려, 고무시켰다. 이 격문에는 침략자 일본에 대한 적개심과 거기에 부화뇌동하는 자에 대한 증오심이 설득력 있게 표현되어 있어, 의병규합에 큰 몫을 하였다. 그러나 1월 28일 안동으로부터 도망쳤던 관찰사 김석중이 많은 관군을 끌고 공격하여 의병들이

---

22) 박민영, 「신암 노응규의 진주의병 항전 연구」, 『박성수교수화갑기념 한국근대사논총』, 1990, 225쪽. 김상기, 「의병열전-노응규-」, 《유교신보》 1995년 5월 1일자.

패배하였다. 그후 주변의 의진들과 연합하여 반격을 준비하던 중 이강
년 의진이 김석중을 붙잡아 처형한뒤 의병장에서 물러났다.

김도화(1825~1912)는 안동 출신의 유학자이다. 그는 1895년 을미사변
이 일어나자 김흥락 등과 함께 거의하여 1896년 1월 안동부를 점령하고
권세연을 창의대장에 추대하였다. 안동의병은 도주했던 관찰사 김석중
이 관군을 이끌고 다시 안동부를 점령하자 사방으로 흩어졌다. 안동에
서 흩어진 의진의 중심 인물들은 다시 각처에서 병력을 수습하고 점차
전력을 회복하여 2월 중순경부터 다시 안동부에 집결하였다. 의병들은
권세연의 후임으로 김도화를 의병 대장에 추대하였다. 안동의병은 일본
의 편에 섰다고 인정되는 예천군수 유인형, 의성군수 이관영, 영덕군수
정재관 등을 참형에 처하였다. 이어서 인근의 의진들이 군사적으로 연
합하여 상주에 있는 일본군 병참을 공격하였다. 3월 그믐에 함창 태봉에
주둔한 일본 수비대를 공격할 계획을 세우고 3월 26일 제1차 공격을 하
였고, 29일 연합의진의 의병들이 모두 태봉을 향하여 진격하였다. 그러
나 여러 차례의 격렬한 공방전 끝에 태봉 함락은 실패로 돌아갔다. 4월
2일 적군 50여 명이 안동부로 들어가 시가에 불을 질렀다. 이때 안동읍
천여 호의 민가가 불탔다. 태봉 전투에서 실패한 후 안동부를 중심으로
한 일대의 의병장들은 다시 흩어진 군사를 수습하여 전투 준비를 갖추
었다. 이때 안동 의진은 대장 김도화를 중심으로 하여 부장 유난영, 도
총 김하휴, 선봉장 유시연, 소모장 이충언 등이 병력을 보충하여 안동읍
을 중심으로 진영을 설치하였다. 이후 그는 고령으로 계속 활동은 못하
였으나 상소를 올리는 등 투쟁을 계속하였다.

노응규(1861~1907)는 경남 안의 출신의 의병장이다. 본관은 광주(光
州)로 경남 안의에서 노이선의 2남으로 태어났다. 어려서부터 유학 공부

에 힘썼다. 당시 영남유림의 권위로 알려진 성재 許傳의 문하에서 수학하였다. 그는 면암 최익현을 찾아 사사하고, 연재 송병선, 입재 송근수에게도 나아가 학문을 연마하고, 국가사를 논의하기도 하였다. 이때 일본은 명성황후를 시해하고 이어 단발령을 내렸다. 이에 대항하여 1895년 10월 임최수·이도철·김재풍 등이 친일정부의 대신들을 처단하려는 사건이 있었다. 노응규도 그들과 약속하고 12일 새벽을 기하여 경복궁의 건춘문을 열고 들어가서 궁중 수정전에 머물고 있던 대신들을 죽일 계획에 참여하였다. 그러나 친위대의 공격으로 중도에 좌절되고 말았다. 1896년 1월 7일 노응규는 승려 서재기 등과 안의에서 거의하였다. 이들 진주의병은 진주성으로 들어가 관리들을 살해하였다. 의병장 노응규는 국왕에게 창의소를 올려서, 창의의 불가피함을 강조하고 앞으로 국왕을 위해 몸바칠 결의를 피력하였다. 또한 사방에 격문을 돌려 민중들의 적극 참여를 호소하였다. 진주 일대를 장악한 진주의병은 3월 28일 일제의 침략 교두보인 부산항을 공략하기 위해 의병 부대의 별군을 진주에서 김해로 이동시켰다. 이때 수천 명의 김해 민중들이 적극 호응하였지만, 일본군측은 정보를 수집하여 만반의 준비를 갖추고 있었다. 의병부대를 먼저 공격해 온 일본군과 4월 11, 12일(양력) 양일간에 걸쳐 김해 평야에서 치열한 공방전을 벌여 많은 손해를 입혔으나 부산항을 함락시키지는 못하였다. 이 때 정한용이 관군과 결탁하여 노응규를 배반함으로써 진주성이 함락되고 말았다.

1897년 10월 상경하여 「持斧自見疏」를 올리고, 1902년 동궁시종의 직책을 맡았으나, 1905년 일제의 강압으로 을사조약이 체결되자 관직을 버렸다. 그리고 1906년 6월 최익현 부하로 들어가 활약하고자 하였다. 그러나 순창 일대에서 최익현 등 12인이 체포되어, 의진이 해산되는 바람에 실현하지 못하였다. 그는 충청북도 황간으로 들어가 서은구·엄해윤·노공일 등과 의병을 봉기하였다. 1906년 가을 매곡면 일대를 사병 훈련소로 삼아 인근의 이장춘·문태수 의진의 의병들과 함께 합동 훈련도 실시하였다. 경부철도 파괴, 열차 전복 등의 활동을 하였으나, 일경에 체포되어 한성경무서 감옥에서 옥중 투쟁을 계속하다가 옥사하였다.

3) 중, 후기의병기 영남의병

(1) 의병의 항전

① 산남의진

산남의진은 을사늑약에 항거하여 경북 영천, 영덕, 청송, 포항 등 경북 남동부 지역에서 활동한 영남지역 대표적인 의진이다. 산남의진은 중추원의관으로 고종을 보필하던 정환직의 지시에 따라 그의 아들인 鄭鏞基(1862∼1907, 호: 丹吾, 자: 寬汝)는 이한구, 정순기 등과 함께 거의하였다. 정환직은 고종으로부터 밀명을 받고 의병 봉기에 착수한 것으로 알려진다.

정용기는 통문과 격문을 돌려 의병을 소모하였다. 통문에는 일제의 침략으로 5백년 '문명국'이 없어지고 2천만 '생령'이 멸절될 위기에 닥쳤다면서 '국세를 만회'하고 백성을 구하고자 의병을 일으켰음을 밝혔다.[23] 산남의진은 1906년 3월 의진을 편성하고 정용기가 의병장에 추대되었다. 이때 편성된 지휘부를 보면 다음과 같다.[24]

---

23) 편찬위원회, 『독립운동사자료집』3, 948∼949쪽.
24) 편찬위원회, 『독립운동사자료집』1, 351∼353쪽.

의병장: 정용기

중군장: 이한구	참모장: 손영각	소모장: 정순기
도총장: 이종곤	선봉장: 홍구섭	후봉장: 서종락
좌영장: 이경구	우영장: 김태언	연습장: 이규필
도포장: 백남신	좌익장: 정치우	우익장: 정래의
좌포장: 이세기	우포장: 정완성	장영집사: 최기보
군문집사: 이두규		

산남의진의 규모는 확실하지는 않지만 많을 때는 1천여 명에 달했다. 산남의진은 결성 직후 신돌석 의병의 패전 소식을 듣고 이를 구원하기 위하여 청하읍으로 행군하였다. 그러나 4월 28일 경주에서 경주진위대 장 참령 신석호의 간계에 속아 체포되어 대구 경무청에 압송되었다. 산 남의진은 본격적인 활동을 하기도 전에 대장이 체포되고 만 것이다. 산 남의진은 중군장 이한구 체제로 항일전을 펼쳤다. 6월 1일에는 영덕의 강구항을 공격하여 일본인 어부를 처단하였다. 그러나 1906년 6월경부 터 일본군수비대의 집중적인 탄압을 받게 되었다. 산남의진은 정용기 의병장이 석방된 후에 재기할 것을 기약하며 1906년 7월 하순 활동을 일 시 중지하고 의병을 해산하였다.

정용기는 1906년 9월 부친 정환직의 노력으로 석방되었다. 정환직은 이때부터 의병에 참여하였다. 그는 영천으로 내려가 정용기와 이한구, 정순기 등을 만나 이듬해 5월까지 의병을 조직하여 강릉으로 북상하여 서울로 입성할 것을 지시하였다. 정환직은 강릉에 본진을 설치하고 무 기와 군량 준비에 진력하였다. 정용기는 옥고중에 얻은 병을 치료한 후 1906년 4월이 산남의진을 재기하였다.

정용기는 의병을 재기한 후 고종에게 창의의 정당성을 밝히는 상소를 올리고 격문을 발표하여 의병 참여와 지원을 호소하였다. 그러나 본격적인 활동은 중기의병기인 1907년 9월 이후부터 시작되었다. 산남의진은 9월 27일(음, 8월 20일)경 포항을 점령하였다. 그 후 영천으로 들어가 일본 상인 山內銀三郎를 사살하였다. 이어서 정환직의 지시에 의해 의병을 모집하면서 군복을 준비하는 등 북상을 준비하였다. 정용기는 북상을 위하여 의진 100여 명을 이끌고 경주 매현리(현, 포항시 죽장면)에 유진하였다. 1907년 10월 6일(음, 8월 29일)의 일이었다. 새벽 4시경 일본군이 청송에서 죽장으로 이동한다는 보고가 들어왔다. 정용기는 일본군이 입암에 유숙할 것을 예측하고 의병대를 매복시켰다. 그런데 매복해 있던 이세기부대가 성급하게 공격함으로 일본군 영천 수비대의 역습을 받았다. 이 입암전투에서 대장 정용기와 중군장 이한구, 참모장 손영각, 좌영장 권규섭 등 수십 명이 전사하였다. 입암전투의 참패로 의진은 무너지고 활동은 중단되었다.

정환직은 1907년 10월 아들의 뒤를 이어 의병장에 올라 의진을 재기하였다. 정환직은 영일의 북동대산으로 의진의 근거지를 옮긴 뒤 다음의 의진을 짰다.

의병장: 정환직
참모장: 정순기　　중군장: 이순기
도총장: 구한서　　소모장: 김태환
선봉장: 우재룡　　후봉장: 박광
좌영장: 이규필　　우영장: 김치현
좌익장: 정래의　　우익장: 백남신
연습장: 김성일　　도포장: 고찬
좌포장: 김성극　　우포장: 이규환
장영집사: 이규상　군문집사: 장성우[25)]

산남의진은 1907년 10월 20일(음, 9월 3일) 청하분파소를 습격하여 순검 1명을 사살하고 분파소를 소각하였다. 이후 청송의 보현산 일대와 영일의 동대산 일대를 근거지로 삼아 항일투쟁을 펼쳤다. 1907년 11월 26일(음, 10월 11일) 흥해를 공격하여 순검을 사살하고 가옥과 건물을 소각하였다. 그후 영덕으로 이동하던 중 12월 17일(음, 11월 2일) 새벽 유암에서 일본군의 기습을 받아 영장 남경숙이 전사하는 등 피해를 입었다. 의진은 무기와 탄약의 결핍으로 전력이 약화되어 갔다. 정환직은 북상을 위하여 의진을 해산하고 휘하 의병들에게 개별적으로 관동에 집결하라고 지시하였다. 그는 북상을 하던 도중 청하의 각전에서 잠시 병을 치료하던 중이던 1908년 1월 14일(음, 12월 11일)에 일본군수비대에 체포되고 말았다. 결국 그는 영천의 남교에서 총살, 순국하였다.

산남의진의 정순기 등 의병들은 정환직의 후임으로 1908년 3월 18일(음, 2월 5일) 최세윤을 의병장으로 추대하였다. 최세윤은 북상을 중단하고 경상도 일대에서 지구전을 펴기로 결정하고 진용을 다음과 같이 편성하였다.

> 의병장: 최세윤
> 중군장: 권대진   참모장: 정래의
> 소모장: 박완식   선봉장: 백남신
> 도포장: 이종곤   후봉장: 최치환
> 좌포장: 최기보   우포장: 이규필
> 연습장: 김성일   장영집사: 이규상
> 군문집사: 허서기
> 유격장: 이세기(보현산), 우재룡(팔공산), 서종락(주왕산), 남석구(철령),

---

25) 『산남창의지』하, 21~22쪽.

임중호(주사산)[26]

최세윤은 본진을 남동대산에 두고, 부대를 소규모로 분산시켜 보현산과 팔공산, 주왕산, 철령, 주사산 등지에 유격대를 두어 유격전을 전개하도록 하였다. 이들은 길밀히 연락을 취하면서 때로는 연합 전선을 형성하면서 일제 군경에 항쟁하였다. 그러나 최세윤도 1908년 8월 장기 용동에서 체포되고 말았다. 이어서 이세기를 비롯하여 서종락과 김사곡 등이 전사 또는 체포되면서 산남의진은 구심력을 잃고 와해되고 말았다. 잔여 의병들이 유격전으로 항쟁을 계속하였으나 1910년 고와실전투를 마지막으로 산남의진은 해체되었다.[27]

산남의진은 3대의병장으로 계승하면서 경북 남동부 지역을 중심으로 대일항전을 전개하였다. 처음에 유생 중심이라는 한계를 보여주기도 하였으나, 차츰 무장투쟁 세력으로 전환하여 일제 군경에 큰 손실을 주는 등 투쟁성을 유감없이 보여주었다. 또한 의진이 해체된 뒤에도 생존 의병들은 1910년대 국내 비밀결사운동에 참여하였다. 김성극·이규환·홍구섭·남정철·남규철·김남준 등은 만주로 망명하여 무장투쟁을 전개하였다.

② 영릉의병

영릉의병은 신돌석이 1906년 4월 6일(음, 3월 13일) 영덕에서 일으킨 의진을 말한다. 신돌석은 영해 출신으로 전기의병기에도 김하락의진의 영덕전투에 참여한 것으로 알려진다. 신돌석은 고향인 영해의 복평(현, 영덕군 축산면 부곡리)에서 의병을 일으키고 의진의 이름을 '영릉진'이

---

26) 배용일, 「최세윤의병장고」, 《사총》31, 1987, 60쪽.
27) 권영배, 「산남의진의 조직과 활동」, 《역사교육논총》16, 1991, 171~174쪽.

라 하고 자신이 의병장이 되었다. 그의 휘하에는 중군장, 선봉장, 좌익장, 우익장, 포대장, 소모장, 참모장 등의 편제를 두었다. 박수찬을 비롯하여 이창영·한영육·이하현·신태종·백남수·김치헌 등이 중요 직책을 맡아 활동한 것으로 알려진다.

신돌석은 거의 직후 군사 소모와 자금 모집에 힘썼다. 그 결과 1906년 4월부터 5월초에 걸쳐 1,656냥을 확보하였다. 영릉의병은 4월 30일 영양읍 관아를 공격하여 무기를 확보하기도 하였다. 1906년 5월 14일자『황성신문』에 따르면 총 22정과 다수의 탄환, 그리고 화승총 35정과 화약 등을 확보하였다.[28]

영릉의병은 울진의 일본인을 주요 공격대상으로 삼았다. 일제는 울진을 어업침략의 교두보로 삼았으니, 이미 1890년대 후반부터 일본인 어부와 수산업자들이 잠수기 어선을 동원하여 해산물을 쓸어갔다. 한인어부들은 이와 같은 일제의 어업 침탈에 분개하고 있었다. 신돌석의병은 여러 차례 울진지역으로 들어가 일본인 가옥을 파괴하고 일본인을 처단하였으며, 자금을 탈취하는 등 일제의 어업 침탈세력을 응징하였다.

1906년 5월 8일 울진에 도착한 영릉의병은 일본인을 사살하고 그들이 살던 가옥을 파괴하였다. 그해 6월 상순 울진 관아를 재차 공격하였다. 1906년 6월 하순에는 영해읍을 공격, 점령하고 영해군수의 죄상을 성토하였다. 7월에는 영덕으로 들어가 관아를 공격하였다. 군수를 체포하여 단죄하고 건물을 파괴하였으며 무기와 군수물자를 확보하였다. 1907년 1월에는 울진에 다시 들어가 군수 윤우영을 포박하고 우편취급소를 습격하여 우편물을 압수하여 소각했다. 1907년 9월에는 강원도 삼척군 원덕면 장호동에서 전복잡이를 하던 일본인 습격하여 사살하고 노획품을

---

28) 김희곤, 「신돌석의진의 활동과 성격」,《한국근현대사연구》19, 2001.

확보하기도 하였다.[29]

한편 일본군수비대는 영릉의병에 대한 대탄압작전을 벌였다. 일본군은 1907년 11월부터 혹한기에 펼쳐졌다. 일본군 제14연대에서는 제1대대장 아카시의 지휘아래 일월산을 중심으로 활동하는 영릉의병에 대한 탄압을 실시했다. 영릉의병은 태백산맥의 오지로 이진하면서 투쟁을 지속적으로 전개하였다. 그러나 1908년 하반기 이후 일본군의 공격이 강화되면서 의진의 활동이 위축되기 시작하였다. 의진의 규모와 범위도 축소하게 되었다. 더욱이 일본군의 '귀순법'이 발표됨에 따라 귀순하는 의병이 생겨났다. 신돌석의병장의 활동도 위축되었으며, 그에 따라 만주지역으로 이동하는 계획을 수립하였다. 그러나 그는 1908년 12월 12일 이동을 위한 자금을 확보하기 위하여 고향으로 내려갔다가 김상렬 형제에의해 타살되고 말았다. 그 결과 영릉의병의 만주 이동 계획은 좌절되고말았다.

(2) 의병장의 활동

1906년 이후 영남지역에서 활동한 의병장으로는 신돌석과 정환직, 유시연 등 대표적인 의병장들이 있다. 그러나 신돌석은 상금에 눈이 먼 지역민들에게 살해당했으며, 정환직은 체포되어 재판도 없이 일본군 수비대에 의해 영천에서 살해되었다. 안동 일대에서 의병 활동을 하다가 체포되어 교수형으로 순국한 유시연도 있다. 이들의 활동을 살펴보기로한다.

申乭石(1878~1908)은 경북 영해군 남면 복평리에서 신석주의 아들로출생하였다. 본은 평산으로 고려 개국공신 신숭겸의 후예이지만, 영해에

---

29) 김희곤, 위 글.

〈그림 1〉 영릉의병장 신돌석

서 그의 문중은 서리, 즉 중인 집안이었다. 그는 1895년 10월 명성황후 시해사건을 계기로 평해에서 기병한 것으로 알려진다. 1905년 을사조약이 강제로 체결되자 신돌석은 1906년 3월 13일(음) 아우 友慶과 함께 영덕 복평리 축산에서 기병하였다. 그는 대장기를 세우고 영릉의병장이 되었다. 신돌석은 먼저 군율을 정하여 군사들의 기강을 엄숙히 한 다음, 이웃 고을인 진보의 이하현, 영덕의 정용기 그리고 이한구 등의 의진과도 연락하여 유기적인 활동을 모색하였다. 그는 영해읍을 거쳐 평해읍, 울진읍을 행군하며 병력을 점차 증강시켜 갔다. 그는 의병부대를 이끌고 태백산맥의 산악 지대를 이용하여 일본군의 공격을 피하고, 혹은 해안선을 따라 활동하였다. 1906년 11월 이후에는 일월산 일대에서 항일 유격전을 전개하였다. 1907년 봄에 중군장인 백남수와 김치헌 등과 함께 영덕 일대 지방민들의 협력을 얻어 가면서 진용을 보강하고, 친일파들을 처단하여 의진의 기세는 날이 갈수록 높아 갔다. 같은 해 9월 15일에는 영양의 주곡에서 일본군 1종대와 격전을 벌였다. 이어서 경주의 동북 대산성에 이르러 일군과 수일간 격전하였다. 10월에 영해로 들어가 경무서를 격파하고 일경을 추방한 후 수동으로 들어가 군량을 모으고 군졸들을 휴식시켰다. 이때 李麟榮의 의진을 중심으로 연합 의진이 형성되어 가고 있었으며, 서울로 진격하기 위하여 양주에서 합진하자는 이인영의 격문이 신돌석에게 전달되었다. 신돌석은 대오를 정비하여 천여 명을 거느리고 양주로 향하였다. 이때 신돌석은 교남의병 대장으로 임명되었다가 박정빈으로 교체되었다. 1908년 정월 신돌석은 의진을 거느리고 고향으로 귀환하였다. 그는 평해로 들어가 독곡의 일군을 섬멸시키고 2월에 영양읍에 주둔하였다. 1908년 여름에는 군사들을 휴식시키고 7월에 의병활동을 재개하여 평해 한곡에서, 9월에는 영해 희암에서 적과 격전을 벌였다. 10월에 의진을 거느리고 안동 재산면을 거쳐 영양 금정여점에 이르렀을 때 일군과 맞부딪쳤으나 무사히 빠져 나올 수 있었다. 그러나 11월에 엄동을 맞이하여 의병활동을 전개하지 못하게 되자, 다음해 봄에 재개할 것을 기약하고 일단 해산하지 않을 수 없었다. 그는 의병을 해산한 후, 가족을 산중으로 피신시키고 동지 규합에 나섰다. 영덕 눌곡에 이르렀을 때 길에서 우연히 옛 부하였던 김상렬을 만났다. 김상렬의 간청으로 그의 집에 투숙하게 되었다. 그날 밤 김상렬 형제의 음모에 빠져 독주를 마셨다. 신돌석이 쓰러지자 김상렬의 3형제가 합세하여 도끼로 쳤다. 1908년 11월 18일의 일이었다.[30]

鄭煥直(1843～1907. 11. 16)은 경북 영천 출신이다. 본관은 영일, 초명은 致右, 자는 伯溫, 호는 東嚴이다. 용모가 준수하고 재기가 과인하여 이미 12살 때 지방 백일장에서 장원을 차지하기도 하였다. 1887년에 북부도사에 제수되었다가 이듬해인 1888년 의금부의 금부도사를 역임하였으며 1894년 동학농민전쟁이 발발하자 그 해 겨울 토포사를 제수 받고 황해도에서 구월산에 모여 있던 동학군을 권유하여 진압한 공으로 태의원 시종관에 제수되었다. 1900년에 도찰사에 임명되었다. 1906년 아들 정용기에게 의병을 일으켜 강원도 강릉으로 북상하도록 명하였다. 그 해 10월 정용기가 입암에서 일본군 영천수비대를 맞아 격렬히 싸우다 전사하자 스스로 의병대장이 되어 의병진을 이끌게 되었다. 그는 진영

---

30) 김의환, 『항일의병장열전』, 정음사, 68～72쪽. 편찬위원회, 『독립운동사』1권, 391쪽.

을 정비하여 4개 소대로 재편성하고 제1소장에 조재술, 제2소장에 남경숙, 제3소장에 안홍천, 제4소장에 김경문을 임명하였다. 그 해 10월 29일 제1소장 조재술에게 의병 80여 명을 이끌고 홍해를 습격케하여 우편국 분파소 등을 불태우고 취급소장 등 3명을 사살하였다. 11월에는 신녕을 기습하여 분파소에 보관된 총기 60여 점을 탈취하였다. 또한 의흥을 습격하여 분파소를 방화하고 총기 49정을 탈취하였다. 그 해 11월 16일에 홍해군 신광에서 정완생을 수장에, 우재룡을 부장으로 각각 명하여 홍해를 습격케 하여 분파소를 불태우고 일본 순사와 한국인 순검 1명씩을 사살하였다. 12월 5일에 영덕 부근에서 일헌병 영덕분견대의 야간기습을 받아 남경숙이 전사하자, 이에 분개하여 7일에 부하 83명을 이끌고 영덕을 역습하여 적병 20여 명을 목 베어 죽였다. 경주로 이동하고자 하였으나 영덕군 소택에 주둔하고 있던 일본군에게 포위당하자 이튿날 청하군 각전에서 부하들에게 해산하도록 명령하고 동대산에서 일본군과 항쟁하려다 12월 11일 새벽 고천에서 일본군에 의해 체포되었다. 일본 헌병은 대구로 호송하면서 여러 방법으로 회유하고자 하였으나 끝내 굽히지 않음에 다시 영천으로 호송하여 영천 남쪽 교외에서 총살형에 처하니 장렬하게 순국하였다.[31]

柳時淵(1873~1914)은 안동 임동 고천 출신이다. 자는 璞汝, 호는 星南요, 본관은 전주이다. 향리의 大坪學塾에서 柳淵覺으로부터 한문을 수학하였다. 1896년 안동의병장 權世淵의 막하에서 선봉장으로 활약하면서 적에게 큰 타격을 주어, 유 선봉이라는 별호를 얻었다. 안동의진이 해산

---

31) 편찬위원회, 『독립운동사』1, 350~353쪽. 편찬위원회, 『독립운동사자료집』3, 375~406쪽.
   배용일, 「산남의진고─정환직, 정용기 부자 의병장 활동을 중심으로」, 《논문집》6, 포항실업전문대학, 1982.

한 뒤, 영남지방으로 남하한 金河洛의진에 가담하였다. 1905년 을사조약이 늑결되자, 유시연은 다시 일어나 소모장이 되어 동지를 규합하였다. 1906년 봄 경주 분황사에서 열읍의 의병장들과 회맹하고 총대장에 추대되어 진보, 영덕, 평해 등지에서 전투를 벌여 전과를 올렸다. 1907년 군대 해산 후 호서와 영남 중간에서 활약하던 이강년이 격서를 보내어 서로 손을 잡고 일하자고 요청해 왔다. 그는 군사 수십 명을 거느리고 삼척방면으로 가서 이강년을 만났다. 이 때 친일파 박두일의 계략에 빠져 군졸들이 흩어지자, 격분하여 울진 십이령에서 박두일을 사살하였다. 이어 영양, 청송, 안동 등지에서 유격전을 벌여 전과를 올렸다. 1911년 8월 만주로 망명하여 이상희, 김동삼, 안창호 등과 독립운동을 전개하였다. 그는 만주지역이 국권회복운동을 전개하기에 최적지임을 깨닫고 군자금을 조달하기 위해 1913년 국내에 잠입하여 활동하였다. 그러나 밀정의 밀고로 5월 영주 盤邱倭警所에 붙잡혔다. 대구복심법원에서 사형을 선고받아 1914년 1월 교수형으로 순국하였다.[32)]

영남의병장 중에서 이들 외에도 신돌석과 정환직의진에서 활동하다가 체포되어 교수형을 당하거나 옥중 순국한 이들이 있다. 이들 중에 조준용, 이창영, 박기운, 최경연, 김술이, 오경명, 김완수, 이학이, 노병대, 김반석, 배선한, 윤학이, 신낙선, 강근이, 신태용, 최산두, 구성집, 정홍대, 권석규, 김문오, 김재수, 권계홍, 강준학, 강운학, 금달연, 이규성, 박성도, 윤홍곤, 김일원, 김수곡, 최세윤 등의 행적을 살펴보기로 한다.

趙俊容(1886~1907)과 李昌英(1883~1907)은 경북 영양 출신이다. 1906년 음력 3월 20일 신돌석의진에 참가하여 영양 석포에서 신돌석 휘하의

32) 편찬위원회, 『독립운동사』1, 1970. 「유의사전」(유규원, 『독립운동사자료집』3, 편찬위원회, 1972).

의병과 함께 군자금과 군수품을 모집하는 등의 활동을 전개하였다. 같은 해 3월 27일에는 의병의 '집사'가 되어 신돌석이 거느리는 75명과 함께 영양의 장파에서 임 초시로부터 80냥을 다음 날인 28일에는 영해로 들어가 90냥을 모집하였다. 29일에는 소모관이 되어 영양에서 군자금을 확보하였다. 4월 13일에는 울산으로 들어가 군의 병정과 전투를 벌이기도 하였다. 이 외에도 울산군 청송군 청운역의 손부이로부터 군자금 100냥, 영양군 진보읍 이방의 집에서 군자금 200냥, 청송군 이전평에서 군자금 350냥 등 군자금과 군수품을 모집하는 활동을 하다가 영양군 순교한테 체포되어 1907년 2월 5일 교수형을 선고받고 순국하였다.33)

朴基運(1844~미상)은 흥해 출신으로 산남의진에 참여하여 경주·청송·영덕 일대에서 군수금을 모집하는 활동을 전개하였다. 정용기는 부친인 고종황제의 시종관 정환직의 지시에 따라 고향인 영천에서 이한구·손영각 등을 규합하여 창의하였다. 박기운은 1907년 음력 3월 산남의진에 참여하여 경주·청송·영덕 일대에서 군수금을 모집하는 활동을 하였다. 그러나 정용기 의진은 1906년 4월 28일 일본군 토벌대에 패한 신돌석 의진을 돕기 위해 영해로 진군하다가 경주 우각에서 경주진위대에 체포되었다. 이리하여 산남의진은 중군장 이한구에 의해 이끌려 나가다가 7월 하순경 해산하고 말았다. 박기운은 1906년 귀향하여 농사일을 하고 있던 중 음력 5월 26일 일본 경찰에 체포되었다. 1907년 9월 4일 경상북도재판소에서 유형 15년을 받았다.34)

崔敬淵(1859~1909)과 金述伊(1874~미상), 吳敬明(1852~미상)은 경북

---

33) 판결문(1907. 2. 5, 대구지방재판소).《황성신문》1907년 2월 21일자. 편찬위원회, 『독립운동사자료집』별집1, 419·420쪽.
34) 판결문(1907. 9. 4, 대구지방재판소).

일본군을 토벌하여 갔다. 김반석은 박연백 의진에서 종군하면서 1907년 8월경 동료 의병들과 함께 경북 안동군 송제동 재곡에 있는 김파총 집에서 군량미를 징발하였고, 같은 해 10월 영천의 정용기 의진과 합세하여 경북 경주군 죽지면 입암리에서 일본군 수비대와 격전을 벌였다. 그리고 같은 해 11월 25일 박연백 의병장의 지휘 아래 100여 명의 동료 의병들과 함께 경북 의성군사무소와 일본군 헌병분견소를 습격하였고, 같은 해 12월 23일에는 경북 청송군 월매동에서, 그리고 12월 25일에는 의성군 삼산면 진목동에서 일본군 수비대와 교전하는 등 맹렬한 항일 무장투쟁을 전개하였다. 이후 그는 강진수와 서주일 의진으로 들어가 1908년 음력 7월 중에는 경북 의성군 옥산면 광전동에서 군자금을 징발하는 등 의병활동을 계속하였다. 그러다가 체포되어 1908년 9월 21일 대구지방재판소에서 징역 10년을 받고 항소하였으나 오히려 1908년 10월 13일 대구공소원에서 징역 15년형을 선고하였다. 대심원에서도 이를 기각하여 15년형의 옥고를 치렀다.[38]

裵善翰(1883～1961)은 경상북도 진보군 동면 출신이다. 그는 같은 동면 출신의 유학이 신낙선과 영덕 출신의 강근이, 봉화 출신의 신태용 등과 함께 신돌석 의진에 참가하여 활동하였다. 배선한은 1906년 음력 3월 신돌석 의병에 참가하여 50명의 의병들과 함께 영양읍을 공격하여 무기고를 점령하고 다수의 무기를 빼앗았다. 4월에는 130명의 병력으로 청송읍을 공격하였으나 일본군 수비대의 공격을 받고 패하여 귀가하였다. 이듬해인 1907년에 신돌석 의진에 다시 들어가 5월에 흥해 영해 진보 일대에서 일본수비대와 싸웠다. 영양, 평해, 청송 일대에서 일군과 싸우다가 1908년 6월에 체포되었다. 배선한은 1908년 9월 28일 대구지방재판소

---

38) 판결문(1908. 9. 21, 대구지방재판소, 1908. 10. 13, 대구공소원 판결문).

에서 15년의 징역형, 윤학이와 신낙선은 10년형을 선고 받고 옥고를 치
렀다. 강근이와 신태용은 무죄를 선고받았다.39)

崔山斗는 경북 흥해 출신으로 의병장 최세윤의 아들이다. 그는 흥해
군 일대에서 군수품 모집 등의 활동을 하였다. 그는 1908년 3월부터 오
두안 오문석 김학림 등과 함께 흥해군의 이호동과 우각동, 강호곡, 그리
고 청하군 죽장면 감곡동 일대에서 군수품을 모집하였다. 그는 체포되
어 1908년 9월 30일 대국지방법원에서 종신징역형을 받았다.40)

具聖執(1876～1909. 2)은 경북 의성 사람이다. 1906년 9월 12일경 金東
山 의병장 휘하에서 화승총으로 무장하고 경북 봉화군·강원도 삼척군
등지에서 의병활동을 하다가 동월 25일경에는 삼척군 개산동 윤천총과
이학서로부터 각각 군자금을 모집하기도 하였다. 이듬해인 1907년 7월
경에는 成益賢 의병장 휘하에서 화승총으로 무장하고 동지 200여 명과
함께 경북 울진군 내에서 활동하였고 또 삼척군 죽변동 해안에 있는 일
본 어선을 공격하여 일인 早野菊松 외 2인을 총살하고 군자금을 모집하
는 등의 활동을 하였다. 동년 8월 5일부터 10월 10일경 사이에는 울진군
석호리 박명칠과 삼척군의 김자율·이도장·김자현의 집에서 각각 군자
금을 모집하다가 체포되었다. 그후 1908년 10월 7일 대구지방재판소에서
소위 살인 및 강도죄로 교수형을 선고받고 공소하였으나 1909년 2월 2
일 경성공소원에서 기각되어 순국하였다.41)

金允璜(1886～1908. 12)은 경북 상주 사람이다. 1903년 9월 경북 청도

---

39) 판결문(1908. 9. 28, 대구지방재판소). 편찬위원회, 『독립운동사자료집』별집1, 439·
    440·441쪽.
40) 판결문(1908. 9. 30, 대구지방재판소).
41) 판결문(1908. 10. 7, 대구지방재판소). 편찬위원회, 『독립운동사자료집』별집1, 520·
    521쪽.

군 팔조령에서 김문진·김곤이·김향군·소춘화 등과 함께 일인 井上俊太
郞를 살해하였고 1904년 6월에서 1905년 10월 사이에는 탁영조·이모·천
생이 등과 함께 자인군에서, 그리고 1906년 5월에는 여두명·이도신과 함
께 경주군에서 각각 군자금을 모집하였다. 그후 1908년 3월 13일에서 5
월 18일 사이에도 이봉상·남방우·이봉우·이남산·이해문 외 수 명과 함
께 경주군·신녕군·경산군 등지에서 군자금을 모집하며 활동하다가 일
경에게 체포되었다. 1908년 10월 9일 대구지방재판소에서 소위 강도·살
인죄로 교수형을 선고받고 공소하여 1908년 10월 31일 대구공소원에서
기각되자 다시 상고하였지만 동년 12월 28일 고등법원에서 기각, 형이
확정되어 순국하였다.[42]

鄭興大(1860~1909. 2)는 경북 문경 사람이다. 1907년 음력 7월 29일경
이인영 의병장의 휘하로 들어가 부하 80여 명과 함께 경북 상주·문경
등지에서 활약하였고 동년 음력 8월 1일경에는 의병 30여 명과 함께 문
경 읍내에 돌입하여 친일순검 박시영·박세진 집에 방화하여 모두 불태
우고 체포되었다. 그후 1908년 10월 19일 대구지방재판소에서 소위 폭동
및 방화죄로 종신형을 선고받았으나 검사의 공소로 1909년 2월 9일 대
구공소원에서 교수형이 확정되어 순국하였다.[43]

高閏韓(1870~미상)은 경북 용궁 사람이다. 고윤한은 1907년 7월 이인
숙 등 의병 60여 명과 함께 의병자금 확보를 위해 경북 봉화군 춘양면에
서 엽전 200냥을, 9월에는 이인숙과 함께 강원도 강릉군 중계면에서 엽
전 100냥을 군자금으로 징수하였다. 1908년 6~7월에는 봉화군에서 의

---

42) 판결문(1908. 10. 9, 대구지방재판소). 편찬위원회, 『독립운동사자료집』별집1, 458~
    463쪽.
43) 판결문(1908. 10. 19, 대구지방재판소). 편찬위원회, 『독립운동사자료집』별집1, 455·
    483·484·504쪽.

병자금을 징수하는 등 지속적으로 의병 군자금 모집활동을 하였다. 그
러다가 체포되어 1908년 10월 16일 대구지방재판소에서 징역 15년을 받
아 옥고를 치렀다.44)

權錫奎(1884~미상)는 경북 순흥 사람이다. 金成雲 의진에 가담하여
경북 영양 일대에서 활약하였다. 권석규는 1907년 10월 김성운 의병장의
명령에 따라 금전·곡식 및 기타 물품 징발 명령서를 가지고 경북 영양
군 일대에서 군자금 및 군수품 수합 활동을 벌였다. 그는 20여 명의 동
료 의병들과 함께 영양군 수비동에서 군수품을 징발하였고, 같은 군 계
동에서는 군량미를 징발하였으며, 같은 군 문암동에서도 미곡 및 군자
금을 징수하였다. 그러다가 체포되어 1908년 11월 30일 대구지방재판소
에서 종신징역을 받아 옥고를 치렀다.45)

金文五(1874~미상)는 경북 영해 사람이다. 유시연 의진에 가담하여 경
북 안동 일대에서 활약하였다. 유시연 의병장은 경북 안동 출신으로 을
미의병에 참여하여 權世淵의 부하로서 활동하였고, 1905년 이후 다수의
의병을 모집하여 일월산을 중심으로 한 영남의 동북부에서 유격전을 벌
이며 일제에 막대한 타격을 입힌 의병장이었다. 김문오는 유시연 의진
에서 종군하면서 1907년 음력 12월 18일부터 1908년 정월 말까지 동료
의병 33명과 함께 권총을 휴대하고 경북 안동군 임동면 마령, 같은 면
노곡과 임북면 잔루동 등 3개 처에서 3차례에 걸쳐 일본군과 교전하였
고, 특히 이 때 척후 정찰병으로 활약하였다. 그러다가 체포되어 1908년
12월 25일 대구지방재판소에서 징역 7년을 받고 공소하였으나, 1909년 2

---

44) 판결문(1908. 10. 16, 대구지방재판소). 편찬위원회, 『독립운동사자료집』별집1, 342·
    343쪽.
45) 판결문(1908. 11. 30, 대구지방재판소). 편찬위원회, 『독립운동사자료집』별집1, 453쪽.

월 13일 대구공소원에서 기각, 형이 확정되어 옥고를 치렀다.[46]

金在水(1877~1909. 3)는 경북 청송 사람이다. 1907년 10월 15일부터 동년 12월 5일 사이에 朴淵伯 의병장 휘하에서 소모장으로 활동하고 박연백 의진 30여 명과 함께 경북 신녕군·안동군·청송군 일대에서 정진사·권대방·김명원·김연전 등으로부터 군자금을 모집하다가 체포되었다. 그후 1909년 1월 19일 대구지방재판소에서 소위 강도죄로 종신징역을 선고받고 공소했으나 그해 3월 4일 대구공소원에서 교수형으로 형이 변경되어 고등법원에 상고했지만 동년 4월 8일 기각, 형이 확정되어 순국하였다.[47]

權桂洪(1871~1945)은 경북 안동 사람이다. 1905년 을사조약 늑결 이후 朴仁和 의병진에 가담하여 안동·영양·봉화 등지에서 3년 동안 일군경과 항전을 벌였다. 그는 동료들과 함께 총검으로 무장하고 안동 및 영양 관내의 경찰주재소를 습격하는 등의 활동을 벌였으나 1908년 체포되었다. 그는 1909년 1월 27일 대구지방재판소에서 소위 폭동 및 내란죄로 징역 3년형을 선고받고 공소하였으나 3월 27일 대구공소원에서 기각되어 옥고를 치렀다.[48]

康雲鶴(1881~1964)과 康俊鶴(1887~1964)은 경북 봉화 출신으로 형제 간이다. 강운학은 동생 강준학과 함께 李康季 의병부대가 경북지역을 거점으로 일군과 전투를 벌일 때, 1909년 음력 3월 봉화의병장 鄭景泰의 휘하에 들어가 봉화·영월·울진 등지에서 80여 명의 동지들과 함께 일군과 전투를 벌이다가 중과부적으로 후퇴, 피신하던 중 함께 일경에게 체

---

46) 판결문(1908. 12. 25, 대구지방재판소). 편찬위원회, 『독립운동사자료집』별집1, 483쪽.
47) 판결문(1909. 1. 19, 대구지방재판소). 편찬위원회, 『독립운동사자료집』별집1, 488·489쪽.
48) 판결문(1909. 1. 27, 대구지방재판소). 편찬위원회, 『독립운동사자료집』별집 제1권, 467~479쪽.

포되었다. 이들은 1909년 8월 30일 대구지방재판소에서 소위 폭동죄로 징역 5년형을 선고받고 옥고를 치렀다.[49)]

琴達淵(1874∼1914)은 순흥에서 살았으며 본은 봉화이다. 1905년 을사조약이 체결된 이래 국운이 날로 기울고 일인의 횡포가 심해지자 1905년 영주에서 김낙임과 함께 의병을 조직하여 의병장이 되어 활약하였다. 1907년 순흥의 일헌병 분견소를 비롯하여 인근 일대의 일군과 접전하였다. 그 때 이강년이 의병을 일으켜 경기도 충청도 일대에서 활약하고 있었다. 1907년 음력 8월에 휘하의 포군 수십 명을 거느리고 이강년 의병의 중군장 金尙台의 진중으로 찾아갔다. 금달연은 이강년을 뵙고, "달연이 金白愚 선생께 몸을 바친지 해가 넘었사온대, 지금 백우선생의 명으로 감히 뵈오니 죽이건 살리건 처분대로 하옵소서." 하였다. 이강년은 도독장 李萬源을 불러 별초종사로 임명케 하였다. 1908년 이강년의 종사부에서 활약하다가 이강년이 체포된 후에는 김상태와 함께 의병을 수습하고 그 선봉장이 되어 영주 단양 일대에서 일본군과 교전하며 많은 전과를 올렸다. 1909년 7월 체포되어 대구지방재판소에서 종신징역을 선고받아 복역 중 1914년 10월 21일 옥사 순국하였다.[50)]

李圭成(1870∼1949)은 경북 흥해군 기계면 출신이다. 1907년 음력 10월 정환직 의병장이 이끄는 산남의진에 들어가 경북 흥해 지역에서 군자금을 모집하는 등의 활동을 벌였다. 1912년에 체포되어 1912년 3월 4일 대구지방재판소에서 징역 2년 6월형을 선고받고 옥고를 치렀다.[51)]

49) 판결문(1909. 8. 30, 대구지방재판소). 편찬위원회,『독립운동사자료집』별집1, 502쪽.
50) 판결문(1908. 10. 29, 대구지방재판소).《대한매일신보》, 1907. 5. 12. 편찬위원회, 『독립운동사』1, 536쪽. 편찬위원회,『독립운동사자료집』1, 244∼245·299쪽.
51) 판결문(1910. 8. 22, 대구지방재판소). 편찬위원회,『독립운동사자료집』별집1, 548∼549쪽.

朴成道(1874~1910)는 경북 청송군 현내면 출신이다. 그는 1907년 9월 정환직 의진에 들어가 청하군 분파소 공격에 가담하였다. 1908년 7월에 청하군 사령을 죽인 일로 체포되어 1910년 4월 29일 대구지방법원에서 교수형을 선고받고 순국하였다.[52]

尹興坤(미상~1910)은 경북 청하군 소천면 출신이다. 1907년 정환직의 진에 가담하여 경북 일대에서 활약하였다. 그는 정환직의 명령에 따라 동지 1백 수십 명과 함께 총과 칼을 휴대하고 1907년 10월 29일 경북 홍해군 읍내에 들어가 우편취급소를 습격하여 일본인 소장 市原爲太郎 가족을 처단하였다. 그리고 그곳에 보관한 3백여 원을 군자금으로 노획하고 근처에 있는 경무분파소 및 기타 13동의 집을 방화 소각시켰다. 같은 해 11월 3일에도 신령군 읍내에 들어가 군청에서 총 1백 수십 정을 탈취하고 경무분파소 및 친일 순검의 집을 소각하였고, 같은 달 4일경에는 의흥군 읍내에 들어가 경무분파소에서 총 수백 정을 탈취하고 분파소 및 순검 주택 3동을 소각시켰다. 1909년 12월 28일에도 그는 김수곡, 김일원 등과 함께 총칼을 휴대하고 의성군 점곡면 서변동에서 군수품을 징수하였다. 그러나 일본군에 의해 체포되어 1910년 8월 22일 대구지방법원에서 '불온조직활동 강도방화파괴'죄로 교수형을 선고받고 항소했으나 9월 20일 대구공소원에서 기각되어 동지 김수곡, 김일원과 함께 교수형을 받아 순국하였다.[53]

崔世允(1867~1916)은 경상북도 홍해 출신이다. 자는 成執, 聖執, 호는 農膏이다. 어려서부터 한문을 수학하였으며, 특히 병서를 즐겨 읽어 정

---

52) 판결문(1910. 4. 29, 대구지방재판소).

53) 판결문(1912. 3. 4, 대구지방재판소). 배용일, 「산남의진고－정환직, 정용기 부자 의병장 활동을 중심으로」, 《논문집》6, 포항실업전문대학, 1982.

〈그림 2〉 최세윤 의병장

통하였고, 성품이 청렴 강직하여 절의를 숭상하였으며, 홍해군의 형방서기를 역임하였으며, 1894년 동학농민전쟁에 참여하기도 하였다. 1896년 전기의병시 안동의병장 金道和 의진에 입진하여 아장으로 활약하였다. 그후 고향에서 후학을 교육하였다. 1905년 을사조약이 늑결된 후 정용기가 의병을 봉기하고 李韓久를 파견하여 거의할 것을 요청하므로 자신이 병중에 있었고 부인도 임신 7개월이었음에도 불구하고 구국의 결단으로 산남의진에 참여하였다. 그는 의병장 정용기와 정환직이 연이어 순국하자 1908년 2월 부장 李世紀, 鄭純基 등에 의해 보현산 속에서 제3대 대장으로 추대하였다. 의병장이 된 그는 중군장에 권대진, 참모장에 정내의, 소모장에 박완식 등을 임명하고, 전군을 인솔하여 홍해, 청하, 청송, 영해, 영천, 의성 등지에서 활동하며 적을 습격하여 많은 전과를 올렸다. 그러나 의성전투에서 크게 패배하고 고립되어 부득이 의진을 해산하고 재기를 준비하였다. 일본군은 그를 체포하기 위하여 다액의 현상금을 걸고 수사망을 펼쳤다. 결국 1908년 7월 영일군 장기면 용동에서 일본군에게 체포되어 대구로 압송되었다. 1911년 11월 15일 대구지방재판소 형사부에서 10년의 징역형을 받고 공소하였으나 12월 12일 대구공소원 형사부에서 공소가 기각되어 경성 형무소에서 옥고를 치렀다. 수감된 뒤 그곳에서 제공하는 음식은 일체 거절하고 부인이 넣어 주는 사식만으로 옥고를 치렀다. 그러나 희망이 없음을 깨닫고 그 사식마저 거절하고 단식 항쟁하다가 1916년 8월 옥중에서 순국하였다.54)

---

54) 판결문(1911. 11. 15, 대구지방재판소). 산남창의지(하권). 편찬위원회, 『독립운동

金炳一(1886~1914. 2)은 경북 봉화 사람이다. 일제가 조국을 강점하자 경북에서 의병을 일으켜 일군경에 손해를 입히며 활동하다가 1911년 음력 6월 20일에서 9월 11일 사이에 김영수·사문성 외 수 명과 함께 강원도 삼척군과 경북 소천면 일대에서 군자금 모집활동을 하였다. 1912년 5월 30일에서 7월 18일에도 성병태 등과 함께 경북 안동군과 봉화군에서 군자금을 모집하고 그사이 7월 10일에는 일인에게 협조한 봉화군의 여일구·안봉순·김유백 등 3인의 집에 방화하여 그들을 응징하기도 하였다. 그후 1913년 3월 28일에서 5월 6일에도 역시 성병태 등과 함께 강원도 삼척군·봉화군·울진군 등지에서 군자금 모집활동을 하다가 체포되었다. 그리하여 1913년 12월 13일 함흥지방법원에서 소위 강도방화·강도상해 및 살인죄로 유죄판결을 받고 공소하였으나 1914년 2월 18일 경성복심법원에서 사형을 선고받고 형이 집행되어 순국하였다.[55]

金鍾鐵(1880~1917. 4. 19)은 경북 봉화 사람이다. 김종철은 1907년 8월경 강원도 인제에서 박화암을 의병장으로 추대하고, 관포수 등 100여 명의 의병을 모집하여 의병활동을 시작하였다. 그는 1908년 2월경 일본군 양양수비대에 체포되었다. 하지만 그는 강릉으로 압송 도중 탈출하여 위기를 벗어났고, 이후 강원도 정선·삼척, 경북 봉화 등지에서 은둔 생활을 하면서 재차 거병의 기회를 노리고 있었다. 그러던 중 일제의 무자비한 의병 탄압, 특히 1909년 9월부터 10일까지 전개된 이른바 '남한대토벌작전'을 목격하고는 분개하여 재차 거의를 단행하였다. 그는 동지들을 규합하여 의병부대를 조직한 후, 친일 관리 및 밀정 등 부일배를

사』1, 1972. 편찬위원회,『독립운동사자료집』2, 3, 1970·1971. 배용일,「산남의진고－정환직, 정용기 부자 의병장 활동을 중심으로」,《논문집》6, 포항실업전문대학, 1982.

55) 편찬위원회,『독립운동사자료집』별집1, 555~562쪽.

처단하여 민족정기를 선양하는 한편 투쟁역량을 강화하기 위해 군자금
품 수합활동을 벌였다. 1910년 음력 3월 10일 김문도와 김중삼 등 부하
의병들과 함께 강원도 인제군 내면 소한리에 살던 친일 면장 김시원을
처단하려 하였으나, 출타 중이므로 그의 집을 소각하였다. 같은 해 음력
5월 30일에는 김국서 등 부하 의병 4명과 함께 강원도 인제군 기린면 서
리에 살던 일진회 회원 엄윤문을 총살, 처단하였다. 그리고 1913년 음력
11월 15일에는 이종서 등 부하 의병 3명과 함께 강원도 강릉군 연곡면
퇴곡리에서 군자금과 군수용품을 징발하였다. 또 1915년 5월 8일에는 김
종근 등과 함께 강원도 홍천군 두촌면에서 군자금을 징수하였다. 아울
러 같은 해 6월 6일 상기 의병들과 함께 연곡면 장천리에서 의병활동을
밀고한 박군팔을 총살, 처단하기도 하였다. 또한 같은 해 8월 11일에도
김용원 등과 함께 연곡면 송천리 이치령에서 군자금을 거출하는 등 의
병활동을 계속하였으나 체포되어 사형을 선고받고, 1916년 11월 29일 경
성복심법원에서 형이 확정됨에 따라 1917년 4월 19일 서대문감옥에서
순국하였다.56)

南錫仁(1878～1907. 9.15)은 경상북도 청송 출신으로서 농업에 종사하
고 있었다. 남석인은 1906년 정용기 의진에 들어가 서종락·남석구·임중
호·심일지 등과 함께 청송지역에서 의병 활동을 하였다. 남석인은 영천
으로 정용기를 방문하였는데, 이미 정용기는 기밀이 누설되어 체포된
후였다. 다만 정용기의 사촌인 鄭士弘이 의병 30명을 거느리고 있을 뿐
이었다. 남석인은 정사홍과 경주 사람 이운경·홍해 사람 정천여 그리고
남석인의 육촌 되는 남석문 등과 함께 1906년 음력 4월 거의하고 4월 13
일 영덕 靑蓮寺로 들어갔다. 여기에는 이미 경주 사람 이한구가 의병 30

---

56) 『조선총독부관보』(1917. 4. 24). 편찬위원회, 『독립운동사자료집』별집1, 290～300쪽.

명을 거느리고 와서 절에 머물러 있었다. 본래 이한구는 정용기 의진의 중군이었으므로 합진할 것을 결정하고 부서를 다시 정하였다. 이때 남석인은 포대장으로 임명되었다. 의진을 정비한 후 4월 26일에 의병 80명을 거느리고 경주로 향하였다. 그날 정오에 영덕 적암지에 이르렀을 때 경주 진위대 병정 30명이 총을 쏘며 내습해 왔다. 역부족으로 의진을 해산하고 옥동으로 돌아와서 나머지 병사들을 타일러 해산시키고 다음날을 기약하였다. 그는 정용기가 재기한 후에 군사 30명을 모집하여 영천 거동사에 머물면서 독자적으로 청송·흥해 등지의 민가를 다니면서 군자금을 모금하였다. 1907년 6월 청하의 하옥계에서 일본군의 공격을 받고 은신하여 고향으로 돌아왔으나 6월 20일 체포되고 말았다. 재판 결과 종신 징역에 처해졌으나, 끝내 옥중 순국하고 말았다.[57]

朴水吉(1880～1908)은 경북 청도 출신으로 경남 삼가군 일대에서 의병장으로 활동하였다. 박수길은 1908년 6월 경남 삼가군 일대에서 김팔용 등 30여 명의 의병을 이끌고 삼가군 중촌면 덕지면 일대에서 활동하면서 군자금을 모집하였다. 그러나 1908년 8월 1일 진주의 성내2동에서 김팔용 등과 함께 숙박하던 중 일본 순사 3명과 한인 순사 4명에 의해 체포되었다. 박수길은 진주지방재판소에서 교형을 선고받아 그 해 10월 10일 대구복심법원에 항소하였으나 기각되어 순국하였다.[58]

張鶴伊(1881～1909. 3)는 경북 상주 사람이다. 1907년 음력 9월 30일 朴淵伯 의진에 가담하여 경북 의성군 일대에서 수십 명의 동료와 함께 총기 20여 정을 휴대하고 군자금 모집과 밀정 김명준을 처단하는 등의 활동을 하였다. 1908년 음력 6월 李土玉 의진에 가담한 후 부하 8명 등과

---

57) 편찬위원회, 『독립운동사자료집』별집1, 427쪽.
58) 판결문(1908. 10. 10, 대구복심법원).

함께 총기 7정을 휴대하고 의성군 사곡면과 채동면 등지에서 군자금을 모집하다가 체포되었다. 1909년 1월 18일에 대구지방재판소에서 소위 살임 및 강도죄로 교수형을 선고받아 항고하였으나 3월 6일 대구공소원에서 기각되고 3월 23일 대심원에서 형이 확정되어 순국하였다.[59]

趙雲植(1873~1910. 3)은 경북 상주 사람이다. 1909년 음력 7월 경북 풍기에서 기의하여 부하 수백 명의 총대장이 된 후 한봉서·박황성·이인만·김용태 등을 부장으로 하여 고유문을 작성, 각처에 배포한 뒤 의병을 모집하였다. 동년 7월중에는 충북 보은군·청주군 등지에서 면장 이상락 외 3명으로부터 각각 군자금을 모집하기도 하였다. 1909년 음력 8월에는 의병 30여 명을 인솔하고 경북 상주군 화북면에서 밀정 정화춘·김경모 등을 처단하였으며 같은 달 영천군 주막에서 부하 500여 명을 인솔하고 머무르던 중 일군의 포위 습격을 받고 교전하다 부하 5명이 전사하였다. 1909년 9월에서 10월 사이에는 회덕·풍기·청산·청주·보은 지역에서 활약하다가 동년 10월 13일 러시아의 이범진으로부터 다음해 3월을 기하여 일시에 항거하자는 제의를 받았다. 이에 한봉서 등 부장 4명 및 부하 350여 명에게 무기를 휴대하게 하여 이범진과 합진하고자 준비하던 중 동월 15일 충북 영동경찰서 순사에 의해 체포되었다. 1910년 2월 14일 광주지방재판소에서 소위 내란죄로 교수형을 선고받아 공소하였으나 동년 3월 12일 경성공소원에서 기각, 형이 확정되어 순국하였다.[60]

金大圭(1878~1907. 11. 21)는 경상북도 예안 출신이다. 1905년 을사조약 늑결에 격분함을 금치 못하고 11월 17일 청송의 주치와 울산의 불영

59) 판결문(1909. 1. 18, 대구지방법원). 편찬위원회, 『독립운동사자료집』별집1, 485~
    487쪽.
60) 판결문(1910. 2. 14, 광주지방재판소). 편찬위원회, 『독립운동사자료집』별집1, 528~
    536쪽.

사에서 경상도와 강원도 일대의 지사들과 회합하여 의거를 결의하였다. 이들은 동지 규합을 호소하는 격문을 지어 살포하여 의병 5백 명을 모병하였다. 1906년 2월 영양 입암 교동의 자택에서 의진의 부서를 확정하고 김대규는 도포장에 피선되었다. 그 후 진보 오누지 작전에 참전하였다. 이 때 의병탄압의 책임자인 일본 헌병 무도(武藤)를 비롯한 일본군 수 십 명을 사살하는 전과를 올렸다. 1906년 5월 울진 죽변 왜관전투에서 일본군과 접전하여 크게 물리쳤다. 8월에는 잔류 병력을 정비하고 의병대장으로 추대되었다. 의병장이 된 김대규는 휘하의 병사들을 훈련시켜 전력을 보강하여 전투에 대비하였다. 10월에 이르러 병왕동에서 출동한 일본군을 맞아 격전하였으나 사면이 포위되기에 이르렀다. 그러나 야음을 틈타 물 속으로 뛰어들어 간신히 탈출하는데 성공할 수 있었다. 그 후 안동 임동면 대곡 일대에서 일본군과 교전을 하였다. 의진의 치열한 방어전에 견디지 못한 일본군은 산악지대에 불을 놓는 방화 작전으로 대처하였다. 결국 김대규는 불길 속에서 헤어나지 못한 채, 1907년 11월 21일에 순국하였다.[61]

이상으로 살펴 본 의병장 현황은 다음 표와 같다.

〈표 1〉 후기의병기 영남의병장 (판결순)

번호	이름	생몰년	출신지	형량	판결일	의병장	활동지역
1	조준용	1885~1907	영양	교수형	1907.02.05	신돌석	영양, 진보
2	이창영	1883~1907	영양	교수형			
3	남석인	1878~1907	청송	종신형, 옥사	1907.06	정용기	청송, 영덕
4	박기운	1844~?	흥해	유15년	1907.09.31	정용기	영천, 경주
5	김대규	1878~1907	예안	─	─	김대규	청송, 진보, 울진
6	최경연	1859~1909	김천	유7년	1908.08.29	박계장	지례
7	김술이	1874~?	지례				

61) 김의환, 『항일의병장열전』, 정음사, 1975.

번호	이름	생몰년	출신지	형량	판결일	의병장	활동지역
8	오경명	?	지례				
9	김완수	1889~?	영양	유10년	1908.09.07	성익현	안동, 영양
10	이학이	1874~?	영양	유3년			
11	노병대	1858~1913	상주	유10년	1908.09.14	노병대	보은, 상주
12	김반석	1879~?	의성	징10년	1908.09.21	박연백	청송, 의성, 안동
				징15년	1908.10.13		
13	배선한	1883~1961	진보	징15년			
14	윤학이	1873~?	진보	징10년	1908.09.28	신돌석	영해, 영양, 울진
15	신낙선 (신영이)	1856~1917	진보				
16	최산두	1888~1926	흥해	종신	1908.09.30	최세윤	(포항)흥해
17	구성집	1875~1909	의성	교수형	1908.10.07	성익현	봉화, 삼척, 울진
18	박수길	1880~1908	청도	교수형	1908.10.10	박수길	삼가, 진주
19	김윤황	1885~1908	상주	교수형	1908.10.31	?	하양, 경주, 경산
20	정흥대	1860~1909	문경	교수형	1908.10.19	이인영	문경, 상주
					1909.02.09		
21	고윤한	1877~?	용궁	징15년	1908.10.26	?	봉화
22	권석규	1883~?	순흥	종신	1908.11.30	김성운	영양
23	김문오	1874~?	영해	징7년	1908.12.25	유시영	안동
24	김재수	1976~1909	청송	종신	1909.01.18	박연백	의성, 청송
				교수형	1909.03.04		
					1909.04.08		
25	장학이	1881~1909	상주	교수형	1909.03.23	박연백	의성
26	권계홍	1871~1945	안동	징3년	1909.03.27	박처사	안동, 영양
27	강준학	1887~1964	봉화	징5년	1909.08.30	정경태	봉화
28	강운학	1881~1964	봉화				
29	금달연	1874~1914	순흥	종신형	1909.10.29	이강년	영주, 문경
30	조운식	1873~1910	상주	교수형	1910.03.12	조운식	풍기, 보은, 상주
31	박신촌 (박성도)	?	청송	교수형	1910.04.29	정용기	(포항)청하
32	윤흥곤	1880~1910	청하	교수형	1910.08.22	정환직	(군위)의흥 영덕, 의성
33	김일원	1880~1910	영덕				
34	김수곡	1876~1910	신녕				
35	최세윤	1867~1916	흥해	징10년	1911.11.15	최세윤	흥해, 청송
36	이규성	1870~1949	흥해	징2년6월	1912.03.04	정환직	(포항)흥해
37	김병일	1886~1914	봉화	교수형	1914.02.18	?	안동, 봉화, 울진
38	김종철	1880~1917	봉화	교수형	1917.04.19	박화암	인제, 봉화, 삼척

4) 영남의병의 특성과 의의

전기의병기 영남지역에서의 의병 활동은 안동을 중심으로 한 예안, 봉화, 의성, 영양, 청송 등 경북 북부지역인 안동문화권이 중심이었다. 경상남도는 진주의병이 대표적이다. 안동지역에서의 의병은 제천에서 내려온 유인석의진의 소모장인 서상렬의병과 연합하여 일본군과 태봉 전투를 치르는 등 활동이 컸다. 그러나 태봉전투에서 일본군에 의해 패퇴하고 더욱이 안동시가지가 불태워지는 피해를 입었다. 노응규가 지휘한 진주의병은 진주성을 점령하고 대구에서 파견한 관군을 격파하고 김해로 진출하여 일본군수비대와의 전투를 치르는 등 활약하였다. 그러나 진주의병은 정부에서 파견한 이겸제가 이끄는 관군에 의해 성을 빼앗기고 해산되었다.

중기의병은 일제의 침략이 한층 강화된 어려운 조건 위에서 전개되었다. 1904년 이후 서울에 일제의 한국주차군사령부가 설치되고, 러일전쟁을 명목으로 일본군 정예부대가 주둔하였다. 의병의 활동이 성공할 것이라고 기대하기는 어려웠다. 의병에 투신하는 것은 곧 목숨을 내건 투쟁이었다. 그럼에도 전기의병에 참여했던 상당수가 재기하였으니 이들에 대한 민족사적 평가는 마땅하다. 중기의병은 전기의병에 비하여 보다 투쟁적이었다. 중기의병은 전기의병의 한계로 지적되는 지역성과 학통성, 혈연성을 어느 정도 극복해 가는 경향을 보여준다. 이와 같은 경향은 의병에 참여하는 신분층이 저변으로 확대된 사실과 연관된다. 중기의병 단계에서는 전술상의 변화도 점차 나타난다. 의병들은 전력을 극대화하기 위하여 상호 연합전선의 구축을 시도하였다.

중기의병기 영남의병은 정용기의 산남의진과 신돌석의 영릉의진이 대표적이다. 이 의병대는 후기의병기로 이어진 특성이 있다. 1906년 3월 편성된 산남의진은 신돌석의진과 연계하면서 경주와 영덕일대에서 활약하였다. 정용기는 체포되었다가 다시 석방된 후에도 북상을 준비하면서 항쟁하였다 그러나 입암전투에서 그를 비롯한 지휘부 여러 명이 전사함에 의진이 무너졌다. 영릉의진은 영양 관아를 공격하고, 울진의 일본인을 공격하여 어업 침탈세력을 응징하였다.

후기의병기 영남의병으로 산남의진의 활동이 두드러진다. 정용기의 부친인 정환직이 산남의진을 재기하여 항일전을 치렀다. 정환직은 북상을 기도하던 중에 체포되어 순국하였다. 그 뒤를 이어 최세윤이 경북 남동부 지역을 중심으로 유격전을 수행하면서 다대한 전과를 거뒀다. 신돌석의 영릉의진은 일본군수비대의 '토벌'작전에 태백산맥으로 이진하면서 항쟁을 지속하였다.

한말 의병의 강력한 반일투쟁은 일제의 식민지화 정책을 지연시키는데 기여하였다. 일제는 1909년 후반기에 조선을 강점하려 하였으나, 의병의 투쟁이 장기화됨에 뜻을 이루지 못하였다. 결국 일제는 '남한대토벌작전'과 같은 의병에 대한 무자비한 대탄압을 가한 후에 조선을 식민지로 병탄하였다.

2. 1895~1896년 안동의병의 사상적 연원과 항일투쟁*

1) 머리말

　조선조 영남학파의 본산임을 자처해 왔던 안동지역 유림들은 19세기 중반 이후 대원군의 서원철폐정책에 강력히 항의하였으며, 1881년의 척사운동에도 萬人疏를 올리며 전국적인 척사운동을 주도해 갔다.

　이들의 척사운동은 1894년 7월 일본군에 의한 경복궁 침범사건인 甲午變亂과 을미사변 이후 변화되었다. 이들은 이를 외민족에 의한 침략행위로 단정하고 반개화, 반침략의 의병투쟁을 전개하기에 이르렀다. 안동지역의 유림들은 1895년 을미사변과 이어 일어난 단발령의 시행에 즉각적으로 의병을 조직하고 본격적인 항일투쟁을 전개하였다. 안동의병에 관하여는 그간 영남지역에서의 의병항쟁을 서술하는 과정에서 검토되었으며1), 최근 이를 구체화시켜 의병장 李晩燾와 金道和, 그리고 金道鉉에 관한 연구가 진행되었으며2) 경북 북부지역의 醴泉會盟과 胎封전투에 대하여 집중적으로 검토하기도 하였다.3) 그러나 아직은 안동의병의 구체적인 전개과정에 대한 해명이 미흡하고 주도 세력에 대한 구명도 이루어지지 못한 형편이다. 이러한 이유는 우선 자료의 부족에 기인한 듯하다. 안동의병에 참여한 인물과 그들이 남긴 문집류는 다수 남아 있

---

　* 김상기, 「1895~1896년 안동의병의 사상적 연원과 항일투쟁」,《사학지》31, 1998.
1) 독립운동사편찬위원회, 『독립운동사』1, 1970.
　　조동걸, 『한말의병전쟁』, 독립기념관, 1989.
　　김희곤, 「영남지방의 의병전쟁」, 『일제의 한국침략과 영남지방의 반일운동』, 1995.
2) 서석홍, 「척암 김도화연구」, 안동대학교 석사학위논문, 1993.
　　金龜鉉, 「척암 김도화 선생의 의병투쟁과 애국정신」.
3) 권대웅, 「을미의병기 경북 북부지역의 예천회맹」, 『민족문화논총』14, 1993.

지만, 정작 의병과 관련된 기록은 찾기가 쉽지 않다. 그러던 중 최근에 안동의병의 구체적인 활동내용을 알려주는 자료가 발굴되었다. 그중에서 李肯淵의 『乙未義兵日記』,4) 朴周大의 『渚上日月』,5) 琴錫柱의 『日記』,6) 沈誠之의 『赤猿日記』7) 등은 비록 개인의 일기이지만, 안동을미의병 기

---

4) 李肯淵, 『乙未義兵日記』(한국학중앙연구원 도서관, 마이크로필름 19-6926). 이 자료는 자료명이 없으나 내용을 검토한 결과 李肯淵으로 보인다. 이긍연은 진성 이씨 周村派로 안동시 와룡동 주하동에서 6백년간 세거한 토착 양반출신이다. 이 사실은 그의 후손으로 자료를 한국정신문화연구원 도서관에 기증한 李世俊씨의 증언과도 일치한다.

이 자료는 한지에 초서로 쓴 모두 42면의 필사본이다. 표지가 없어 자료의 이름은 없으나 내용이 안동을미의병과 관련된 것이어서 정문연에서 이를 『을미의병일기』 라고 명명한 것이다. 자료의 30면까지는 일기로, 안동의병이 일어난 을미 12월부 터 의병이 해산한 직후인 병신년 10월까지의 안동의병의 활동상을 알려주고 있 다. 이긍연은 봉정사의 모임은 물론 안동부에서의 의병 창립시에도 직접 참여하 였으며, 후에 김도화로부터 종사관의 첩지를 받는 등 안동의병에 깊숙히 관여한 인물이다. 그는 자신이 직접 본 내용을 기록하였으며, 전해 들은 내용까지 그 내 용을 일자별로 상세히 기록하였다. 31~42면까지는 안동의병과 관련된 자료모음 집이다. 여기에는 ①안동군수가 의병에 보낸 帖紙(병신 9월 12일), ②勅嶺南大 小民等書, ③楚漢衍義 招賢館榜文13조, ④韓信拜將時定17조, ⑤新觀察疏草 (李南珪), ⑥本陣上疏草(大將 金道和), ⑦晉州通文抵安東鄕校, ⑧安東答晉 州通文, ⑨哀慟詔, ⑩忠淸道堤川檄文(李弼熙), ⑪湖西召募將檄文(徐相烈, 丙申 正月) 등 중요한 자료가 수록되어 있다.

5) 朴周大의 『渚上日月』은 한국정신문화연구원 도서관에 원본이 수장되어 있다. 『渚 上日月』은 朴周大의 부친인 朴得寧 대부터 박주대의 증손인 朴榮來 대까지 5대 의 일기로 여기에서는 박주대의 일기부분을 주로 이용하였다. 책력에 초서로 쓴 것으로 난해한 편이다. 朴成壽 교수의 『渚上日月』주해 상·하(서울신문사, 1993) 가 참고된다.

6) 琴錫柱의 『日記』(권대웅교수 제공)는 봉화의병장 금석주가 작성한 병신년(1896) 2월~3월간의 진중일지이다. 태봉전투에 관한 내용을 李肯淵의 자료와 대조한 결과 내용이 거의 일치함을 볼 수 있었다. 부록으로 奉化義陣의 編制表(병신 2 월 10일)와 湖左義兵召討營任案, 병신4월의 무기현황이 약기되어 있다.

간 동안의 일종의 진중일지의 형식을 취하여 사료적 신빙도가 높은 것
으로 보인다. 또한 金道和의『拓菴全集』을 비롯하여 權世淵의『星臺集』,
金興洛의『西山全集』, 李晩燾의『響山集』, 金道鉉의『碧山集』, 李相龍의
『石洲遺稿』, 金養鎭의『愚軒集』, 沈誠之의『小流集』, 柳必永의『西坡集』
등 다수의 문집이 있다. 본고에서는 이 자료들을 비교 검토하여 안동의
병의 활동상을 구명하고자 한다.

2) 정재학파의 형성과 안동의병

안동지역에서 을미의병을 주도한 인물은 퇴계 이황을 종장으로 삼고
있는 定齋 柳致明(1777~1861)의 문인 중에서 다수 배출된 특징이 있다.
柳致明(1777~1861, 호: 定齋, 자: 誠伯, 본: 전주)은 퇴계의 학통을 鶴
峯 金誠一－葛庵 李玄逸－密庵 李栽－大山 李象靖－損齋 南漢朝로 이어
받은 유학자이다. 그는 안동의 蘇湖에서 李象靖의 외증손으로 태어나 어
려서는 종증조부인 柳長源에게 수학하였으며, 21세되던 1797년 상주에
살던 이상정의 고제인 南漢朝의 문하에 나아가 수학하여 일가를 이루었
다. 29세 되던 1805년 별시문과에 급제한 후 관계에 진출하여 대사간에
이어 1853년에는 병조참판에 임명되었다. 그는 이처럼 안팎으로 이상정
의 성리설을 계승하여 理를 活物로 보고 理의 自發的 動靜에 의하여 氣
가 動靜할 수 있다고 보았다.[8]

유치명의 문인을 알려주는 자료로『晩愚亭約案』이 있다.『晩愚亭約案』

---

7)『赤猿日記』는 청송의병장 沈誠之의 지시로 沈宜植·吳世魯·徐孝格 등이 기록
  한 진중일지로, 병신년(1896) 정월 19일부터 4월 13일까지 일자별로 청송의병과
  안동의병의 활동상이 기록되어 있다(권대웅 교수 제공).
8) 金興洛,「定齋柳先生行狀」,『西山先生文集』권22, 行狀.

은 1857년 작성한 문인록으로 309명의 인물이 실려있다. 이중에는 전주
유씨가 128명, 의성김씨가 54명으로 전체의 59%를 차지할 정도로 두 성
씨가 중심이 된 것을 알 수 있다.9) 여기에서는 이들을 定齋學派라 명명
하고 이들 중에서 金興洛 金道和 權世淵을 비롯하여 안동의병에 참여한
인물들을 중심으로 그들의 행적을 살펴보고자 한다.10)

柳致明의 고제자로 金興洛이 있다. 金興洛(1827~1899, 자: 繼孟, 호:
西山, 본: 義城)은 안동의 金溪(검제마을)에서 鶴峯 金誠一의 11대 宗孫으
로 태어나 어려서 재종숙 金鎭龍에게 수학하고 19세 때에 유치명의 문
하에 들어가 경학을 수학하였다. 41세 때에 逸薦으로 仁陵參奉에 제수되
고 그후에 경상도사, 사헌부 지평, 승정원 우부승지, 영해부사 등이 연이
어 내려졌으나 부임하지는 않았다. 그는 만년에 西山齋를 짓고 학문을
닦으며 많은 제자를 양성하였으니, 그의 제자로는 위에 든 바와 같이 당
세의 여러 유학자를 배출하였다.

---

9) 『晩愚亭約案』, 한국학중앙연구원 도서관 소장, 마이크로필름 35－6411－1. 晩
   愚亭은 1857년 자제와 문인들이 설립한 유치명의 강학처를 말한다. 晩愚亭의 도
   유사로 1887~1888년에는 金興洛, 1892년에는 金道和, 1896년는 柳止鎬가 맡고
   있다. 유치명의 또 다른 문인록으로『大坪約案』이 있다. 이것은 1827년 유치명의
   아들 柳止鎬가 중심이 되어 문인들의 결속을 다지고자 만들었다(한국학중앙연구
   원 도서관소장).
10) 琴章泰,「韓末 日帝下 韓國性理學派의 思想系譜와 文獻에 관한 硏究」,『哲
    學思想의 諸問題』3, 韓國精神文化硏究院, 1985. 尹榮善의『朝鮮儒賢淵源圖』
    (東文堂, 1941)에는 李震相을 柳致明의 門人으로 포함시키고 있으나, 여기에서
    는 李震相을 별도의 학파(寒洲學派)로 보았다.

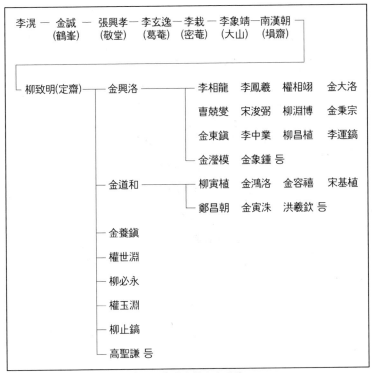

〈그림 3〉 定齋學派의 系譜

　　金興洛은 1894년 8월 정부에서 내린 영해부사직을 사직하면서 "섬 오
랑캐를 끌어들여 內訌을 일으키고 대궐의 변란을 일으켜 관제를 바꾸었
으며, 土匪가 4방에서 일어나고 기이한 말이 나라에 가득 차 세상에 퍼
지니 어찌 신하된 자로서 차마 들을 수 있는 것이 있겠습니까."라고 아
뢰고, 이어서 권세가를 끊고 현인을 임명할 것과 부역을 경감시키고, 유
학을 숭상할 일, 검약하여 재정을 절약할 일 등의 내수책을 강조하였다.
그리고 이와 같이 내수를 하면 국가의 원기가 복원되어 '外邪'(외부의
사학이나 사교를 말함)는 스스로 쫓겨 나갈 것으로 보았다.[11]

그는 을미사변의 소식을 듣고 복수할 일을 꾀하였으며, 단발령 후 通文을 각지에 발송하고 거의를 실천하고자 하였다. 당시 안동지역 유림계의 거두였던 그는 노령으로 직접 의병에 참여하여 투쟁할 수는 없었으나 의병 봉기를 적극 지원하였으며 권세연 대장체제 때도 유지호와 함께 직접 대장소에 나가 있었으며, 문인인 예안 下溪 출신의 李運鎬(임신 1872년생, 본: 진성, 호: 亨應)를 權世淵 의병장 아래에서 좌익장으로 활동하게 하기도 하였다.12) 또한 그는 동문 후배인 김도화가 의병장에 추대된 후에는 指揮將의 직임을 띄고 의병활동에 참여하기까지 하였다.13)

金道和(1825～1912, 호: 拓菴, 자: 達民, 본: 의성)는 1825년 안동의 일직면 구미동에서 출생하였다. 그는 25세 때인 헌종 15년(1849) 定齋 柳致明의 문하에 나아가 『中庸』을 비롯한 경학을 수학하였다. 철종 12년(1861) 유치명이 죽은 후에는 문집을 勘校하고 간행하는데 정성을 다하였다. 부모의 뜻에 따라 과거장에 나가기는 하였으나 과거의 문란과 혼탁함을 보고 과거를 포기하고 주자·퇴계학에 전념하였다. 1893년 의금부도사를 제수받았으며 1895년 을미사변과 단발령이 반포되자 72세의 노령에도 불구하고 의병장에 추대되어 평생 탐구해 온 성리학적 의리론을 실천에 옮겨 안동의병을 이끌었다.14)

---

11) 김홍락, 「辭興海府使疏」, 『서산선생문집』권2, 疏.
12) 김도현, 「碧山先生倡義顚末」, 『독립운동사자료집』2, 17쪽.
13) 권상익, 「西山先生行狀」, 『서산선생문집』부록 권2, 행장.
　　李晩燾, 「墓碣銘」, 위책.
　　「輔仁稧帖」, 『서산전집』 부록.
　　유정기, 「해제-서산선생의 생애와 학문-」, 『서산전집』, 서산전집간행회, 1982.
14) 金鴻洛, 「墓碣銘」, 『척암선생문집』부록 권2.
　　洪羲欽, 「敍傳」, 위책.
　　「及門錄」, 위책.

그는 창의하면서 「倡義陳情疏」를 올려 자신의 뜻을 고종에게 전했다. 여기에서 그는 "8월의 宮衛之變은 二陵의 慘禍보다 더 심하고 11월의 斷髮令은 灣關의 遠播보다도 심합니다."[15]라 하여 을미사변과 단발령에 분기하였음을 알 수 있게 한다. 또한 그는 1896년 8월 파병후 올린 글에서 파병의 부당성을 적으면서 일본과 친일내각에 대해 敵愾心에 찬 어조로 다음과 같이 주장하였다.

> 아! 저 왜놈이란 오랑캐는 아국이 만세를 두고 반드시 갚아야 할 원수입니다. 列聖이래로 臥薪嘗膽의 뜻을 일찍이 하루라도 잊은 적이 없아온대 근년에 와서 적신과 임금을 업신여기는 무리가 왜적의 매와 개가 되어 왜군을 불러들여 대궐을 범하고 우리의 宗器를 옮기어 빼앗고, 우리 임금을 협박하여 열성조의 전장문물을 일체 소탕하고, 선왕의 의관제도를 어려움 없이 革廢하여 온 나라 臣民을 금수의 나라로 섞어 넣었습니다. 또한 흉역한 이들은 이것으로도 부족하여 8월에 宮衛罔極之變이 있었고, 겨울에는 궁궐의 법에 씻기 어려운 욕이 있었습니다. 나라의 신하된 자는 제 몸과 처자를 보호하는 것만을 마음으로 삼고 만 번이라도 죽어서 나라의 은혜를 갚아야 할 도리를 생각하지 않으며, 방백 수령은 오로지 의병을 해산시키는 것으로 급무로 삼으면서 왜적의 우두머리만 보호함을 상책으로 삼으니 이것이 무엇 때문입니까.[16]

김도화는 이어서 조정의 간신배와 왜적이 있는 한 의병을 해산할 수

李完栽, 「해제」, 『척암전집』, 척암전집간행회, 1983.
15) 金道和, 「倡義陳情疏」, 『拓菴先生別集』권1, 疏.
여기에서 '二陵의 慘禍'란 선조 25년 9월 왜군이 宣陵과 靖陵을 파헤친 사건을 말한다. 이때 체찰사 柳成龍, 도원수 金命元, 순찰사 權慄이 장계를 올려 통분하였다. '二陵之變'이라고도 한다.
16) 김도화, 「罷兵後自明疏」, 『척암선생별집』권1.

없음을 들고 있다. 그리고 명성황후 시해의 진상을 밝히고 책임자를 분명히 밝힐 것과 이런 국가적 羞辱의 해결 없이는 의병을 해산할 수 없다고 주장하였다.

權世淵(1836~1899, 자: 祖源, 호: 澹窩·星臺, 본: 안동)은 안동권씨 三宜谷派로 三宜谷 碩忠의 10대손이다. 헌종 2년 봉화 酉谷(닥실)에서 출생하여 어려서는 족부인 權承夏(호: 杞泉)와 權璉夏(호: 頤齋)의 사사를 받았으며, 20세 때인 1855년 유치명 문하에 나아가 수학하였다. 유치명 사후에는 西山 金興洛, 肯菴 李敦禹, 愼菴 李晚愨, 復齋 姜橪 등을 선배로 모시고 향음주례를 행하면서 향풍을 진작하였던 그는 동학농민군의 봉기와 일본군에 의한 을미사변을 접하고 내수외양을 근본으로 하는 척사론을 정립하였으며, 단발령 공포 후에는 안동의병의 대장으로 추대되어 의병항일전을 주도하였다.[17]

그는 우선 격문을 띄워 擧義의 뜻을 밝히고 인근 사민들의 참여를 호소하였다. "安東倡義大將은 눈물을 씻고 격문을 띄웁니다"로 시작되는 격문에서 그는 "천지가 위치를 정했으니 中華와 오랑캐의 한계는 벗어날 수 없고, 춘추가 엄연히 있으니 亂賊의 죄는 도망갈 수 없습니다."라 하여 '尊華攘夷'와 '춘추'의 정신으로 거의하였음을 밝히고 있다. 또한 그는

---

17) 權相圭, 「遺事」, 『星臺先生文集』 부록(權肅 씨 제공, 서울 강북구 수유동 거주). 權世淵은 병신년(1836년) 정월 19일 태어났으니, 그는 환갑의 나이에 의병장에 추대되어 항일전을 감행한 것이다. 자신의 환갑일인 병신년(1896) 정월에는 안동부를 재탈환하여 의진을 수습하고 있을 때였다. 따라서 그의 환갑 축연을 1년이 지난 정유년에 행하였다. 이때 朴周大 黃肇夏 등 인근 사우들이 작성한 回甲頌 祝詩와 격문을 권숙씨가 보관하고 있다.

저 왜놈들은 계급으로 말하면 2백년동안 우리에게 조공을 바치던 나라
요, 원수로 말하면 4백년동안 우리가 이를 갈던 적이니, 설사 성의와 호의
로 우리에게 和親을 청한다 해도 오히려 그 놈들을 죽여 없애고만 싶고
똑바로 보기도 싫은데 감히 방자하게 간사한 꾀를 부려 까닭없이 트집을
만드는 것입니다. 그래서 망명한 역적과 결탁하고 무뢰배를 종용하며, 한
가지 기술의 장점을 과장하여 우리 용기를 좌절시키고 五營의 군사를 억
압하여 우리 수족을 놀릴 수 없게 하며, 우리 임금을 협박하고 우리 대신
을 죽이고, 年號를 황제의 예로 쓰게 한 것은 중국과 이간을 붙이자는 수
작이요, 재정을 내어 구제한다는 것은 어리석은 백성을 우롱하는 데 불과
하며, 列聖의 憲章을 함부로 고치고, 선왕의 法服을 강제로 무너뜨리며,
악독한 손길이 대궐 안에 뻗치니 臣者로서 차마 말할 수 없는 것입니까.
머리깎는 칼이 도마에 올랐으니 고금에 이런 변이 없을 것입니다. 어찌 생
각인들 했겠습니까. 작지 않은 나라가 한 번 싸워 보지도 못하고 위태롭게
될 줄을. 저 개와 양 같은 외국 놈의 침략은 실로 극히 흉악한 역적 놈들
의 내응이 있었기 때문입니다. (후략)

光緖21年 12月　日　倡義大將　權世淵[18]

라고 하여 일본을 '倭酋'라 표현하며 4백년의 원수인 그들이 약간의 기술
을 익혀 임금을 위협하며 우리의 제도와 전통 관습을 倭化시키고 심지어
는 단발마저 감행하는 만행을 저질렀음과 저들의 침략으로 나라가 위태
롭게 됨을 통탄하고 있다. 그는 또한 "지금 오랑캐를 물리치고 적을 토벌
하는 일(攘夷討賊)에 누가 목숨을 버리고 의를 택하지 않겠습니까. (중략)
살아서 보람없이 산다면 어찌 죽을 자리에서 죽는 것만 같으리까."라 하
여 '척왜론'과 '사생취의'의 정신으로 거의하였음을 밝히고 있다.

柳止鎬(1825~1904, 자: 元佐, 호: 洗山, 본: 전주)는 유치명의 아들로

---

18) 권세연, 「안동격문」, 『독립운동사자료집』2, 1972.
　　권세연, 「창의격문」(權肅씨 소장).

한학을 직접 사사받았으며, 신창·연천·장기 등지의 현감과 돈녕부 도정을 역임하였다. 1896년 단발령 공포후 이 일로 안동관찰사 김석중한테 체포되어 옥고를 치렀으며, 그후 안동의병의 계획과 추진에 깊이 관여하였다.[19]

金養鎭(1829～1901, 자: 正伯, 호: 愚軒, 본: 의성)은 14세 때인 1842년(임인) 유치명의 문하에 들어갔다. 1870년 臨川書院의 복향을 주청하는 상소를 올려 횡성으로 유배된 바 있던 그는 1895년 12월 안동의병 거의 시에는 虎溪書院의 회원으로 통문 작성에 참여한 것으로 보인다.[20]

이들 외에도 안동의병에 참여한 정재학파 인물로는 김흥락의 제자인 이운호와 수곡 출신의 柳淵博(1844～1925, 자: 景深, 본: 전주), 李相羲(1858～1932, 자: 萬初, 호: 石洲, 본: 固城, 이명: 相龍), 柳昌植 등이 있으며, 김도화의 문인인 柳寅植 등 다수이다. 이들 중 이상룡, 유인식과 같이 을미의병 때에 의병에 참여하기는 하였으나 후기에 가서는 협동학교를 세워 교육운동을 전개하는 등 계몽운동자로 전환한 이도 있다. 또한 이상룡·이봉희 형제 등 여러 인물들은 1910년 망국 후에 만주로 망명하여 독립운동을 전개하였으며[21], 柳必永(1841～1924, 자: 景達, 호: 西坡, 본: 전주)·權相翊·柳淵博을 비롯한 다수의 인사는 1919년 3·1운동 직후 전개된 파리장서운동에 적극 참가하는 등 민족운동을 지속적으로 전개하였음을 볼 수 있다.[22]

---

19) 柳廷鎬 撰, 「洗山公家狀」, 『坪山世蹟』권4.
20) 김도화, 「愚軒行狀」, 『愚軒文集』권10 부록, 行狀
　　柳止鎬, 「愚軒墓碣銘」, 위책.
21) 조동걸, 「안동유림의 도만경위와 독립운동상의 성향」, 『대구사학』15·16합집, 1978.
22) 김동섭 편, 『유림단독립운동실기』.
　　허선도, 「3·1운동과 유림계」, 『3·1운동50주년기념논문집』, 동아일보사, 1969.
　　남부희, 『유림의 독립운동사연구』, 범조사, 1994.

3) 안동의병의 전개

(1) 起兵과 安東府 점령

을미사변의 소식이 안동일대에 전해진 것은 사건이 발생한 지 여러 날이 지난 1895년 9월초였다. 더욱이 명성황후의 폐비조칙까지 전해지자 안동지역 유생들은 어떻게 국모를 폐한다는 말이 나올 수 있느냐면서 통곡하며 국모의 복수를 할 것을 다짐하였다.[23]

안동의병은 1895년 11월 15일 단발령이 내려지고 난 직후에 시작되었다. 안동에 단발령이 전해진 것은 11월 27일경이었다. 안동 유생들은 이 소식을 듣고 5백년 예의문물이 하루아침에 망했다고 하면서 의기를 떨치며 거의를 꾀하게 되었다. 이 움직임은 당시에 안동지역에서 대표적 서원이었던 虎溪書院과 靑城書院 그리고 鏡光書院을 중심으로 이루어졌다. 靑城書院과 鏡光書院에서는 12월 1일 通文을 발하여[24] "5백년 衣服文物之鄕에 하루아침에 斷髮은 不可"하다고 선언하였으며, 12월 3일 묘邸에서 집회할 것과 읍저에서 모이기 전에 먼저 鳳停寺에서 만날 것을 통지하였다.[25] 虎溪書院의 통문은 다음날 도착하였다. 호계서원의 통문

---

23) 李晩燾,『향산일기』1895년 11월 5일조, 국사편찬위원회, 1985, 673쪽.
　　이만도의 위 글에 의하면 안동일대에서 11월 초에 吏胥들을 중심으로 안동 경내에 격문을 배포하였던 것으로 보이나 확인되지는 않는다. 이러한 사태에 9월 중순 현풍 출신의 무관 文錫鳳이 자신의 임지 인근이었던 유성, 대전 일대에서 '復讐討賊'의 기치를 들고 의병을 일으켰음은 이미 알려진 사실이다(김상기,「조선말 문석봉의 유성의병」,《역사학보》134·135합집, 1992).
24) 靑城書院은 안동시 풍산읍 모곡리에 소재하였으며, 퇴계의 제자인 松巖 權好文의 학덕을 기려서 1608년(선조 41) 설립되었다. 대원군때 훼철되었다가 1909년 복설되었다. 鏡光書院은 안동시 서후면 금계리에 소재하였으며, 1569년 서당으로 시작되어 1686년(숙종 12)에 서원으로 승격되었다. 慵齋 李宗準과 敬堂 張興孝를 모셨다.

에서도 12월 3일 안동향교에서 집결할 것을 알리고 있다.[26]

12월 3일 봉정사 모임은 계획대로 추진되었다. 이날 모임에는 4, 50명 정도 참석한 것으로 보이며 이들은 안동부로 들어가 창의에 대하여 협의하였다. 이들은 다음 날 유림대회의 성격을 띠는 향회를 실시하기로 하고 일단 해산하였다. 이에 따라 12월 4일 안동부에서 1천여 명이 참석한 가운데 향회를 실시하였으며[27], 虎溪書院에 都所를 차리고 6일 창의할 것을 결의하였다.

12월 6일 안동부 청사내의 三隅堂에서 인근의 사민 1만여 명이 집결

---

25) 李肯淵, 위책, 1895년 12월 1일조, 한국학중앙연구원 도서관 소장. 朴周大의 일기인 『渚上日月』 1895년 12월 2일조에 의하면 이때 관찰사는 이를 막기 위해 일본군을 불러들여 준마를 탄 일본군 30여 명이 안동부에 들어왔다고 한다.

26) 위책, 1895년 12월 2일자에 의하면 이때 호계서원의 임원으로 도유사에 도사 金道和, 재유사에 유학 金潤模였으며, 그리고 전임 임원으로는 전지평 金興洛·유학 金常洙·전도정 柳止鎬 등이고 회원으로는 유학 金養鎭이 있었던 것으로 보인다. 2월 3일의 집회를 연 장소가 靑境通文에서는 '邑邸'(안동부청사)로 호계서원 통문에는 '安東鄕校'로 되어 있다. 그러나 부청사와 향교는 바로 인접한 곳에 있었기 때문에 일단 집회하는 데는 문제가 없었을 것으로 보인다. 호계서원은 안동시 임하면 임하리에 소재한 서원으로, 1575년(선조 8) 설립되어 1676년(숙종 2) 사액된 서원이다. 退溪 李滉을 제향하고 西厓 柳成龍과 鶴峯 金誠一을 배향하였다. 본래는 여강서원이었으며 대원군 서원철훼령으로 훼철되었다. 月谷面 道谷里 白蓮寺 터에 창건하였으나 1973년 수몰로 임하면으로 이건하였다. 여강서원에 대하여는 金鶴洙의 「廬江書院과 嶺南學統」(『朝鮮時代의 社會와 思想』, 朝鮮社會研究會, 1998) 참조.

27) 이긍연, 위글, 1895년 12월 3일자. 李兢淵은 이날 족조인 李厚坤과 족제인 이도연과 함께 참석하였다. 이날 김도현 역시 창의를 위해 친구인 성순 권한모와 함께 의론하였다. 그러나 권한모가 주위의 형세의 어려움을 들어 창의에 난색을 표함에 金道鉉은 12월 9일 혼자 통문을 띄우고 거의에 들어갔다(김도현, 「碧山倡義顚末」, 『한국독립운동사자료집』2, 1972, 16면). 金道鉉의 의병활동에 대하여는 김강수의 「한말 의병장 벽산 김도현의 의병활동」(《북악사론》2, 1990) 참조.

하였다. 이때 首座에는 유치명의 문인인 金興洛, 柳止鎬, 金道和와 하회
의 柳道性, 柳芝榮 등 안동 유림의 대표들이 자리잡았다. 이들은 창의를
결의하고 대장에 權世淵을 추대하였다. 권세연은 12월 7일 아침 練武堂
에서 부장에 郭鍾錫을 임명하는 등 의진을 편성하였는데 지휘부의 편제
상황을 보면 다음과 같다.[28]

〈표 2〉 안동의병 지휘부 편제표 1(1895. 12. 7 현재)

대장	權世淵
부장	郭鍾錫(미취임)[29]
중군장	柳碗
선봉장	金玉瑞
우익장	權用賢
좌익장	李運鎬
좌부장	李宜鎬

안동부는 의병에 의해 완전히 장악되었으며, 관찰사 金奭中은 신변에
위험을 느끼고 의병이 창의된 날 밤에 탈출하였다. 원래 관찰사는 의병
의 봉기 움직임에 대구부에 연락을 취해 일본군의 지원을 요청한 바 있
다. 그러나 의병이 봉기하고 곧이어 10여 명의 향리들이 비밀리에 자신
을 포박할 것을 꾀하기까지 하자 그날 밤에 도망간 것이다.[30]

이 시기의 안동의병의 상황을 일본의 『東京朝日新聞』에서는 다음과

---

28) 이긍연, 위책, 1895년 12월 7일~14일자. 김도현의 『벽산선생창의전말』, 朴周大,
　　『渚上日月』참조. 이들 외에도 서기가 선출되었으나 내용은 알 수 없다.
29) 박주대의 『저상일월』 1895년 12월 7일자에 의하면, 곽종석이 부장에 추대되었으
　　나 유독 곽종석만이 나오지 않았다 하며 그것이 의아스러우면서 알만하다고 기록
　　하고 있다.
30) 이긍연, 위책, 1896년 1월 6일자.

같이 보도하고 있다.

> 安東賊勢   1월 25일(음, 12월 11일; 필자) 경성발
>
> 安東의 賊勢는 실제 다수로써 萬名이라 칭해지지만, 그 개요는 이미 전보로 보고한 바와 같다. 경상도의 대구에는 아병참부가 있어 鈴木 소좌가 약간의 수비병으로 여기에 주재하고, 기타 낙동과 충청도의 可興에도 아병참부가 있기 때문에 안동의 적도는 부산 방면으로 남하할 수도, 충청도를 향해 나갈 수도 없다. 이수비병을 두려워하여 오직 安東과 그 부근에 屯集하고 있다. 앞 보고에서도 언급한 바와 같이 안동의 府廳은 敵手에 빠져 觀察使는 간신히 도망하였다.(후략)[31]

한편 관찰사는 의병진이 채 갖추어지기 전에 대구부의 관군을 이끌고 안동부의 탈환을 시도하였다. 이에 따라 20～30명의 관군이 12월 10일에 예천에 진을 치기 시작하여 13일에는 60여 명의 관군이 증원되는 등 관군의 총병력은 300여 명에 이르렀으며, 여기에 일본군 100여 명이 가담하였다.[32] 이들은 예천군수 柳仁馨의 접대를 받고,[33] 다음날 신양과 풍산 쪽을 거쳐 안동의병소를 덮쳐 안동부를 탈환코자 하였다.

의병소에서 관군의 공격 소식을 접한 것은 12월 12일경이었다. 權世淵

---

31) 《동경조일신문》, 1896년 2월 4일, 朝鮮時事, 「安東賊勢」.
32) 박주대, 위책, 12월 12～14일.
  이긍연, 위글, 1895년 12월 16일자에 의하면 관찰사가 안동부를 접수한 16일 대구부 병정 300이 곧 돌아갔다고 알려주고 있다. 또 12월 19일자에 의하면 일본군 100여 명이 성문을 통과하여 宣城을 향해 나갔음을 알려주고 있다.
33) 안동을 공격하는데 예천이 전초기지로 사용되었으며, 예천 군수는 적극적으로 이를 지원하였다. 후일 안동부가 관군에 점령된 후 이긍연은 이를 일러 "이번 일은 대개 예천군수의 간교한 꾀에 의하여 이다." 라고 하면서, "예천군수의 죄는 粤中보다 심하다."(이긍연, 위글, 1895년 12월 21일자)라고 비판하고 있다. 후일 서상렬부대에 의해 예천 군수가 가장 먼저 처단된 이유를 알 것 같다.

은 우선 선봉장 金玉瑞에게 명령을 내려 포군 70여 명을 거느리고 예천
쪽으로 향해 관군에 대응하게 하였다. 이어서 저녁때에는 중군장 柳椀
에게도 4, 50명을 거느리고 출발케 하였다. 다음 날 구름과 안개가 자욱
하여 산천을 구별할 수 없을 정도의 악천후에 우익장 權用賢이 군정 60
명을 이끌고 출발했으며, 14일에는 좌부장 李宜鎬에게 1백여 인을 거느
리고 가 관군에 대적케 하였다. 선봉장이 거느린 의병과 관군과의 전투
가 예천과 안동의 접경지대에서 처음으로 있었으나 의병은 패하고 말았
다. 이에 선봉장은 잔병을 데리고 甘厓에 주둔했으며, 중군장은 豊山에,
우익장은 兜院에, 좌부장은 芦(蘆?)下里에 진을 쳤다. 선봉장은 15일 새
벽에 관군을 공격케 하였으나 일본군이 총을 쏘면서 白日嶺을 덮으며
진격해오자 의병은 그만 제대로 접전을 하지 못하고 사방으로 와해되고
말았다.34) 이때가 새벽 3～5시경이었다. 의병은 무기를 버리기도 하고
끌기도 하면서 도망하였으며 인근의 백성들마저 피난가는 상황이 되었
다. 풍산에 있던 의병 역시 모두 해산하였다. 우익장과 좌부장은 松峴에
합진하였으나 관군의 세력에 대처할 방법을 찾지 못하고 의병을 해산시
키고 말았다.35) 이후 의병장 권세연은 태백산중의 九麻洞으로 들어가 가
산을 다 내어 의병을 모으고 무기를 구입하는 등 재기를 준비하였다.36)
　관찰사가 수백명의 관군을 거느리고 거만하게 안동부에 들어온 것은
12월 16일(양, 1896. 1. 30)의 일이었다. 안동부를 접수하는데 큰 힘이 되
었던 대구 병정 300명은 그날로 돌아갔다.37) 안동부를 접수한 관찰사는

---

34) 『赤猿日記』 병신년 정월 19일조에 의하면, 이때 일본군이 시내로 들어와 岳寺의
　　상부에 있는 향교 뒤로 총을 쏘면서 돌입하였다 한다.
35) 이긍연, 위글, 1895년 12월 12～15일자.
36) 『적원일기』 병신년 정월 19일조.
37) 金道鉉은 이날 의병 봉기에 관한 협의를 진행중 안동의병이 깨진 소식을 들었다.

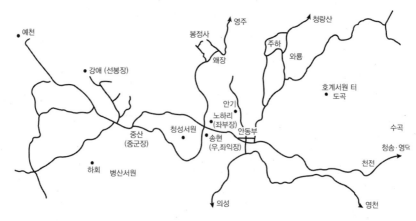

〈그림 4〉 안동의병 전투도(1895. 12. 14)

19일 의병소에 들어가 의병의 문부와 전곡을 압수하여 갔다.[38] 26일에
는 스스로 단발을 하고 주민에게도 단발을 강요하였다. 각지에 순검을
풀어 강제로 삭발시켰으며, 이로 인해 29일에는 9명이나 삭발당했다.[39]
酉谷과 海底 두 마을은 특히 심하여 골목길에 다닐 수 없었다. 또한, 정
초에 사대부들이 집에서 설을 쇨 수 없을 정도였으며, 심지어 1월 3일에는
水谷의 柳止鎬마져 단발문제로 관찰사에게 붙잡혀 형벌과 욕을 당했다.[40]
이런 형편에 예안과 예천 등 인근의 읍에서도 의진이 편성되었다. 1월
4일(양, 2. 16) 선성의진이 청량산에서 일어나 李中麟이 上將에 추대되었
으며, 예천에서는 1월 5일 朴周大가 대장에 추대되었으나 신병을 이유로

그날 밤에 수곡에 살던 종고모가 자기 집에 피난왔다. 김도현은 안동의진의 패함
에 분하여 그날 밤 거의를 구체화시키고 있음을 알 수 있다(김도현, 위책, 18쪽).
38) 박주대, 위글, 1895년 12월 19일.
39) 이긍연, 위글, 1895년 12월 29일.
40) 박주대, 위글, 1896년 1월 2,3일.
　　김도현, 위책, 18쪽.

대장직을 사퇴함에 동생인 朴周庠을 대장에 추대하였다.[41] 권세연의 안
동의병 역시 의진을 수습하여 안동부의 공격을 기도하였다.

관찰사는 이러한 의병의 기세에 눌려 더 이상 안동부에 있을 수 없다
고 판단하고 1월 7일 순검 몇 명을 이끌고 안동을 빠져나갔다.[42] 그러나
그는 문경에서 거의한 이강년의진에 체포되어 1월 13일(양, 2. 25) 문경
의 농암 장터(현, 경북 문경시 가은면 농암리)에서 처형되고 말았다. 그
는 단발한 채 서울을 향해 달아나다가 마침 농암에 진을 치고 있던 李康
秊義陣의 파수병에 의해 체포되어 효수된 것이다.[43] 이미 김석중이 처
형되기 하루 전인 12일, 宣城義兵將 李中麟은 김석중의 목에 千金의 현
상금을 걸고 체포할 것을 명령한 바 있었다.[44]

안동의병장 權世淵은 李相龍[45] 柳時淵[46] 등과 함께 안동의병을 거느

41) 박주대, 앞의 글, 1896년 1월 5일. 朴周大,『羅菴隨錄』.
42) 이긍연, 위책, 1896년 1월 7일.
43) 독립운동사편찬위원회,『독립운동사자료집』1,『운강선생창의일록』, 212~213쪽.
　　정제우,『운강이강년의병장』, 독립기념관, 1997, 25쪽.
　　김석중은 본관이 울산으로 동학군 진압에 공을 세워 1895년 안동관찰사에 제수된
　　인물이다. 李康秊은 김석중을 처단한 직후 안동의병장 權世淵을 찾아가 태봉의
　　일본병참부대 공격에 관해 협의하였으며, 권세연으로부터 안동의진의 사정을 듣
　　고 돌아왔다 한다.
44) 이긍연, 위글, 1896년 1월 12일.
45) 李相龍은 1894년 祖父喪을 당한 후, 동학군이 치성하자 살고있는 곳이 府와 가
　　까워서 소요스럽다 하여 陶谷의 先齋로 옮겨 우거하다가 1895년 겨울에 외삼촌
　　이 權世淵이 의병장에 추대되자 "公私의 義理가 重大한데 喪制를 지키느라 집
　　에 있을 수 없다"(權相圭,「行狀」,『石洲遺稿』권6, 行狀)하고 臨淸閣으로 돌아
　　와 권세연의 활동을 도왔다.
46) 유시연이 이 시기 안동의병의 소모장으로 임명되어 활동했던 것으로 보인다. 선
　　봉장으로 임명된 날자는 언제인지 분명하지는 않으나, 沈誠之의『赤猿日記』丙
　　申 正月 25일자에 따르면 유시연이 정월 25일 안동의병 소모장의 이름으로 30여

리고 관찰사가 처형된 날인 정월 13일 안동부에 무혈입성하고 안동향교
에 진을 쳤다.47) 이날 안동의병은 김도현의 선성의병과 영천의병 등 인
근의 의병들과 함께 입성한 것으로 보인다. 이날 안동부에 입성한 김도
현은 이날의 감격을 다음과 같이 전해주고 있다.

> 13일에 出陣해서 安東府를 향하니 서로 相距가 40리다. 旗幟는 앞에
> 있고 車騎는 뒤에 있으며 대포 소리는 우레 같으니 홍분하여 일어나지 않
> 는 사람이 없었다. 山南에서 우러러 바라보는 선비가 얼마이며 길가에서
> 보는 이가 몇이던가. 境內에 들어가 산천의 형세를 보고 인물의 풍부함을
> 보니 참으로 15읍 중에서 제일 큰 고을이었다.48)

주하리에 거주하고 있던 李肯淵 역시 그의 『乙未義兵日記』에서 당시

명의 포졸을 거느리고 청송에 들어왔음을 알 수 있다. 趙性吉의 「丙申年倡義記」
에 따르면 유시연이 "隣郡은 義陣을 일으킨지 이미 오래되었는데, 이 군은 강 건
너 불 보듯이 하고 있으니 무슨 다른 마음이 있어서 그러한 게 아닌가. 이 군의
軍器는 가져가는 것이 마땅하다."라고 군기를 거두어가려 했으며, 이에 청송에서
도 정월 16일 의병을 일으켰다는 것이다(권대웅, 위글, 57쪽 참조).

47) 이에 대하여 "李相龍과 柳昌植이 孤雲寺에서 기병하여 金道和를 대장에, 柳蘭
榮을 都摠에 추대하고 안동부를 공격하여 탈환했다"고 되어 있는 기록도 있다.
그러나 의병의 안동부 탈환시에 안동의병을 비롯하여 金道鉉이 거느리는 宣城
義兵과 인근의 의병들이 함께 무혈입성했던 것으로 보인다. 金奭中이 12월 16일
안동부에 이끌고 온 관군은 이미 당일로 대구로 돌아갔다. 이에 대하여 아관파천
으로 정부에서 관군을 철수시켰다거나, 제천의병을 진압하기 위해 군대를 돌렸다
는 등 여러 설명이 있다. 어쨌든 김석중은 자신의 직속인 소수의 관군만을 거느리
고 안동부에서 단발을 강요하는 등 행세를 하다가 김도현이 청량산에서 기병하고
예천에서도 의병이 봉기하였으며 권세연을 비롯한 이상룡, 유창식 등 안동 의병
들이 안동부 탈환을 시도하자 관찰사는 이를 정탐하고 도망가다가 체포되어 처형
된 것으로 보아야 하겠다.

48) 김도현, 위책, 20쪽.

의 상황을 다음과 같이 묘사하고 있다.

> 13일. 맑음. 儒生 2명을 台庄面(현, 서후면 태장리) 會所에 보냈다. 五
> 里院에 나가 義師를 맞았다. 威儀가 매우 성대했다. 軍容이 정숙했다. 총
> 을 멘 자, 칼을 든 자가 수백 명 이었으며 그 나머지는 셀 수 없었다. 사방
> 의 관중 역시 천인지 만이지 수를 셀 수 없었다.49)

이때 오리원을 통해 수백 명의 무장한 의병이 성대한 모습으로 들어
왔는데 이때 의병을 맞이한 주민의 수를 셀 수 없을 정도였다고 한다.
이를 보아 인근 주민들의 의병에 대한 관심과 그들에 대한 기대감을 알
수 있다.

이러한 주민들의 관심은 직후에 군자금을 의연하는 것으로 나타났다.
16일 열린 향회에서 2천 냥의 의연금이 모금된 것이다. 또한 21일 다시
星廳에서 향회를 열어 안동일대의 각 문중과 향교, 그리고 서원별로 의
연금을 기부할 것을 약속하였다. 이날 약속한 문중의 수는 151개 문중이
었으며, 여기에 40개의 기관이 참여하였으니 안동지역에서 참여하지 않
은 세력이 없을 정도였다. 약속한 의연금의 총액도 무려 2만 냥을 넘었
으니 안동일대의 반개화, 반침략적인 기세와 주민들의 의병에 대한 호
응의 정도를 충분히 짐작하게 한다.50)

각 문중별로 의연금을 배분한 현황을 살펴보면, 안동의 풍남, 풍서, 풍
북, 풍현내, 서후, 서선, 북후, 북선, 동선, 동후, 임북, 임동, 임현내, 임남,

---

49) 이긍연, 위글, 1896년 1월 13일.
50) 「安東倡義所各門中配記」(丙申 正月 日)는 1896년 1월 의병소에서 안동지역
　　의 각 문중과 향교, 서원, 서당 등 기관별로 의연금의 액수를 책정하여 배분한 자
　　료로 「李兢淵 資料」에 포함되어 있음. 문중별로 정한 義捐金의 액수는 부록한
　　표를 참조.

길안, 일직, 감천, 내성, 춘양, 소천, 재산 등 21개 전지역에서 문중별로 적게는 2냥에서 많게는 1천 냥까지 군자금을 배분하였다. 그중에 하회 유씨와 수곡의 전주유씨문중에서 각기 1천 냥씩을, 유곡의 안동권씨문중에 1천냥을 배분하였으며, 천전의 의성김씨문중에 800냥, 금계의 의성 김씨문중과 해저의 의성김씨문중, 법흥의 고성이씨문중에도 500냥씩을 배분하였다. 그리고 法田의 晉州姜氏門中과 鹿洞의 眞城李氏門中에 400 냥, 持谷의 安東權氏門中에 300냥, 蘇山의 安東金氏門中, 美洞의 豊山金 氏門中, 芋洞의 宣城李氏門中, 黃田 金氏門中, 楓井 李氏門中에 200냥씩 을, 道津 鄭氏門中, 閥芳 劉氏門中, 立石 權氏門中, 杜谷 權氏門中에 150 냥씩을 배분하였다. 그리고 100냥씩을 배분한 문중도 春坡 張氏門中, 周 村 李氏門中, 佳野 金氏門中, 鑑湖 朴氏門中, 挑木 裵氏門中, 沙月 權氏門 中, 黙溪 金氏門中, 五樂 金氏門中, 蘇湖 李氏門中, 安谷 南氏門中, 龜湖 金氏門中, 晩雲 姜氏門中, 春陽 洪氏門中 등 13개 문중에 달하는 등 총 152개 문중에 11,882냥을 배분하였다.

한편 안동지역에 있는 향교를 비롯하여 각지의 서원과 사당, 심지어 는 서당에까지 모두 8,980냥을 군자금으로 의연토록 하였음을 볼 수 있 다. 그 결과 각 문중에 할당한 금액과 향교와 서원 등에 할당한 금액을 합하여 도합 20,867냥이나 되는 거액을 분배하였다.

이와 같이 막대한 군자금을 확보한 권세연은 1월 24일 조직을 보다 전투적인 체제로 개편하여 전투를 대비하였다.

〈표 3〉 안동의병 지휘부 편제표 2 (1896. 1. 24 현재)

상장: 權世淵
도총: 柳蘭榮(河回)
부장: 金夏林(海底)
중군: 權載昊
도포장: 吳 宣傳
좌포장: 金
우포장: 劉
서기: 蘇湖 李, 美洞 金, 甫峴 權濟寧, 金溪 金[51]

　　새로 조직한 편제는 이전의 副將, 先鋒將, 左右翼將 체제를 都摠, 都砲
將, 左右砲將 체제로 바꾸었으며, 도포장에 선전관을 역임한 인물을 임
명한 데에서 엿볼 수 있듯이 보다 전투적인 체제라 할 것이다. 또한 도
총과 부총에 河回와 海底지역의 인물을 등용하고 있는 점 역시 지역으
로부터 군수 지원을 비롯하여 실질적인 지원을 받기 위함에 그 목적이
있었던 것으로 보인다.

　　안동의병은 이어서 봉화의병, 徐相烈 의병과 연합하였다. 이처럼 안동
의병에서 군자금을 모금하면서 새 진영을 갖추고 있던 차에, 1월 25일
봉화의병장 琴錫柱가 포정 50여 명을 이끌고 안동에 왔으며, 1월 27일
오후에는 제천의병 소모장 서상렬이 안동의 安寄에 정병 100여 명을 거
느리고 나타났다. 안동의진에서는 중군장 권재호가 나가 이들을 맞이하

---

51) 이긍연, 「乙未義兵日記」 1896년 1월 24일조.
　　김도현의 「碧山先生倡義顚末」에 의하면 위 인물들 외에 權載重이 참모로 활동
　　하고 있음을 알 수 있다(『독립운동사자료집』2, 28면). 권재중의 아들 權泰錫은
　　3·1운동시 의성의 孤雲寺에서 운영하는 地方學林이라는 학교의 교사로 있으면
　　서 학생들에게 민족 자주의식을 고취시켜 준 것으로 알려진다(김원석, 「안동지역
　　3·1운동의 성격」,《안동문화》15, 1994, 125쪽).

였으며, 다음날인 28일 연무당에서 세 의진 砲卒 800여 명은 연합식을
하고 숫소 3마리와 쌀 20말로 음식을 준비하여 잔치를 베풀었다.52)

서상렬은 안동에 오기 전에 영서소모대장이란 이름으로 영남지역에
격문을 발표한 바 있다. 이 격문에서 그는 국가를 위하여 적을 토벌할
것을 맹세하였음을 밝히고 있다. 그리고 이번 擧義는 아래로는 부모로
부터 물려받은 머리털과 피부를 훼손시키지 않기 위해서요, 위로는 국
가가 욕을 당한 치욕을 씻기 위함이라면서 모두가 '誓死效忠' 하고 '捨
生取義'할 것을 호소하였다. 또한 그는 특별히 지방의 수령들과 관병에
게 귀화하면 모두 용서할 것이나, 그렇지 아니할 경우에는 '肆市'(사형하
여 그 시체를 사람들이 보도록 저자에 버림)할 것이라고 경고하였다.53)
서상렬은 이후 예천군수 유인형을 비롯하여 인근의 군수들을 처형하여
이를 실천하였다.

안동의병에서는 이때 의병장 權世淵이 사퇴하는 일이 발생하였다. 권
세연은 1월 29일(양, 3. 12) 4, 50여 명의 향원이 참석한 가운데 三門 밖에
서 열린 향회에 單子를 보내 자신의 사퇴의사를 전했다.54) 향원들이 대
장소에 들어가 사유를 묻자 권세연은 "본래 非人으로 연말 패한 일은 다
시 말할 필요 없으나, 지금에 이르러 군무가 이루어진 모양이어 몸을 바
쳐 자퇴하니 공사간에 당을 이루시오"하고 자리를 떴다.55) 권세연은 자

---

52) 이긍연, 위책, 1896년 1월 27~28일자.

53) 「嶺西召募大將徐相烈檄文」, 『나암수록』4, 국사편찬위원회, 1980, 417~418쪽.
    이긍연, 위책, 부록.

54) 이상룡, 「義兵再擧後義將單子」(代義將作 병신), 『石洲遺稿後集』, 석주선생기
    념사업회, 1996, 121~122쪽.
    이 글은 대장직을 사퇴하는 글로써, "代義將作 丙申"이라고 적혀 있듯이 李相
    龍이 의병장 權世淵을 대신하여 작성한 것으로 보인다. 위 책에 의하면 3편의 단
    자가 수록되어 있는 것으로 보아, 사퇴하는 단자를 3차례 보낸 것으로 보인다.

신이 대장에 추대되어 안동부를 접수한 직후였던 1895년 12월 중순경 관군과의 전투에서 패한 일을 들어 자신을 자책하고 이제 연합의진이 편성되고 기세가 성대해지자 보다 능력있는 이에게 대장직을 위임하기 위해 자진 사퇴한 것으로 보인다.[56]

　권세연의 후임으로 향원들은 龜湖의 金道和를 선출하였다. 그리고 金鎭儀, 柳昌植, 柳駉佑, 權徹淵 등을 보내 대장직에 오를 것을 청하게 하였다. 金道和는 30일 밤에 안동부에 들어와 대장직에 올랐다.[57] 김도화는 당시에 호계서원의 도유사도 겸하고 있었다. 그는 유창식 등의 대장직 수락 요청에 노구를 이끌고 의병대열에 참여하고 다음과 같이 지휘부를 조직하였다.[58]

〈표 4〉 안동의병 지휘부 편제표 3(1896. 1. 30 현재)

大將	金道和	
指揮將	金興洛	柳道性
中軍將	權載昊	
副將	柳蘭榮	
都摠	金夏林	
先鋒將	柳時淵	
召募將	李忠彦	柳昌植[59]
亞將	崔世允	

---

55) 이긍연, 위책, 1896년 1월 29일.
56) 권상규, 「遺事」, 『星臺集』 부록.
　　권세연은 이후 고향에 들어가 태백산 속에서 세상과 등지고 『退溪書節要』를 정정하며 학업에만 전념하였다.
57) 이긍연, 위책, 1896년 1월 29~30일.
　　박주대, 『渚上日月』, 1896년 1월 30일.
58) 이긍연, 위책, 1896년 1월 29~30일.
59) 『赤猿日記』 병신년 2월 17일자에 소모사 유창식의 활동이 나와있다.

위에서 볼 수 있듯이 금계의 김흥낙과 하회의 유도성이 지휘장으로 의병진에 참여하고 있음을 볼 수 있다. 김도화는 안동일대의 적극적인 지원을 기대하였던 것이다.

김도화는 체제를 정비한 후 각지에 격문을 발송하여 의병에 참여할 것을 호소하였다.60) 이어서 서상렬부대와 예천에서 집결하여 연합작전을 수행하기로 하였다. 2월 7일 김도화는 의병 200여 명을 거느리고 일단 풍산에 집결하여 풍기, 순흥, 예천, 봉화, 선성, 호서의진과 함께 예천으로 향하였다. 이때 김도화는 서상렬 의진을 보고 천군만마를 얻은 듯 그를 칭송하였으며, 아울러 "늙은 몸 이끌고 막대기 짚고 나섰으니,(중략) 하늘의 운세를 돌리는 일인들 어찌 못하리"61)라며 의기가 충만해 있었다.

(2) 연합의진의 편성과 태봉전투

안동의병은 우선 태봉의 일본 병참부대를 공격의 목표로 삼고 이를 위하여 徐相烈의병을 비롯한 인근의 의병들과의 연합을 시도하였다.62) 안동의병을 비롯하여 영남 북부지역 8읍의 의병들이 2월 9일 예천에 집결하였다.

이들 8읍 의병은 2월 13일 중국 춘추시대 齊 桓公이 葵丘에서 맹세한 일을 모방하여 백마를 잡아 그 피를 마시며 동맹의 서약을 하였다. 그리고 다음의 다섯 가지를 맹세하고 이어서 盟約文을 작성하여 결의를 굳혔다.

---

60) 청송의진에 金道和의 격문이 2월 6일 전해졌으나, 격문의 내용은 전해지지 않는다.
61) 김도화, 「贈徐相烈」, 『척암선생문집』속집1, 詩.
62) 박주대, 위책, 1896년 2월 5일자에 의하면, 연합의병의 준비는 예천지역에서도 추진되었다. 예천에서는 연합의진의 편성을 위하여 향교와 서당, 그리고 문중에서 의병 군자금을 분담하여 거두었는데 2월 5일 현재 7,400냥을 모금하였다.

盟約文
1) 逆賊과 당짓지 말 것
2) 中華의 제도를 바꾸지 말 것
3) 죽고 사는 것에 마음을 바꾸지 말 것
4) 딴 생각을 갖고 사적으로 행동하지 말 것
5) 적을 구경하기만 하고 진격하지 않는 행동을 하지 말 것

무릇 우리 同盟이 맺어졌으니 이후 서로 言辭를 좋게 하며, 한결같이 약속을 준수하여 春秋의 大義를 밝히고, 人獸의 큰 구별을 판단하여 온 누리를 깨끗이 쓸어내고 왕실을 굳건하게 만들어야 한다. 만약 이 盟約을 깨뜨리는 자가 있으면 신과 인간이 모두 나서 베어 죽일 것이다.[63]

연합의진에 참여한 안동의병은 중군장 權載昊가 거느린 250여 명이었다.[64] 서상렬이 지휘하는 제천의병은 지휘부 49명을 포함하여 100여 명에 달하는 정예의 부대였다.[65] 琴錫柱가 거느린 奉化義兵은 53명이었

---

63) 이정규,「六義士列傳」,『독립운동사자료집』1, 174~175쪽.
박정수,「下沙安公倡義顚末」丙申年 2월 13일자,『獨立運動史資料集』1, 406쪽.
이긍연, 위책, 1896년 2월 13일. 이 맹약문은 李正奎의「六義士列傳」에 따르면 徐相烈이 元容正을 시켜 작성케 하였다 한다.
64) 이긍연, 위책, 1896년 2얼 17일.“本府中軍所率兵二百五十 還時只爲十六”
65) 이긍연, 위책, 1896년 1월 27일.『琴錫柱日記』의 부록에 제시된 제천의진의 편제표는 다음과 같다(권대웅, 위글).

湖左義兵召討營任案

大將;		徐相烈		軍師;		金尙圭	
都摠;	元容正	摠督;	張復圭	中軍;	洪選杓	前軍;	金東觀
後軍;	洪永燮	左軍;	金星漢	右軍;	池海永	先鋒;	黃基龍
左翼;	李章表	左衛;	馮世淸	偏將;	崔性煥	都砲將;	鄭致祥
參謀;	權璀 朴齊宣 禹昌夏 權秉錘 宋啓欽 金永圭 權泗淵						
子弟軍官;	徐相玉	從事;	嚴基燮 池昌錫 嚴相轍 崔重仁 宋治翼 權在重				

다.66) 宣城義兵은 중군 金道鉉이 거느린 주로 예안일대 진성이씨를 중심
으로 편성된 부대였다. 원래 선성의진은 중군 金奭敎가 지휘하여 醴泉會
盟에 참석하기까지 하였으나, 金奭敎가 사퇴하고 그 후임에 김도현이 추
대된 것이다. 김도현 휘하에는 선봉장 李仁和, 前防將 李中彦, 참모 李彬
鎬·李中燁, 종사 李章奎 등을 비롯하여 300여 명이 있었다.67)

연합의진은 태봉을 공격하기 전에 예천군수 柳仁馨을 斬하여 기세를
올렸다. 유인형은 개화파 관리로 서울에서 의병을 진압하기 위해 온 경
군을 접대한 죄로 처형된 것이다.68) 연합의진은 이어서 눈비가 오는 날

司客;	林聖浩 (兼軍需都監)	軍需 有司;	李泓魯	軍馬 監官;	張浚 金正顯	偵探 有司;	洪淳億
把守將;		金守顯 朴用夏		中軍參謀;		李相敎 鄭壽鳳	
從事;	權龜鎬	前軍從事;	權秉圭	後軍參謀;	權相學		
執事;	趙秉彦 金順化 兪振 千 金昌龍 高文化			大陣參謀;		宋之永	
(追到)							
參謀;	權在明	游擊將;	李華榮	監護將;	趙禮彬		

66) 『琴錫柱日記』附錄.
　奉化義陣(丙申 二月 十日)
　大將; 琴錫柱　　　　　中軍; 鄭圭哲
　參謀; 李晩弘 張性完 金相哲
　左翼將; 金進圭　　　　右翼將; 鄭泳龍
　軍門都摠; 李鉉奎　　　諸軍門都摠; 金鍾大
　砲領將; 朴永佑　　　　書記; 柳鎭極
　從事; 洪煥郁 鄭錫淵　　管餉; 金進河 琴普淵
　軍門執事; 金永周 朴永羲　出令軍官; 尹聖根 延基弘 朴元錫
　砲丁; 五十三名
67) 김도현, 위책, 22쪽.
68) 이긍연, 위책, 1896년 2월 13일.
　柳仁馨의 처형 건에 대하여는 朴周大의 위책, 2월 11일자에 상세하다. 박주대는
　유인형이 2월 11일 처형된 것으로 기록하고 있는데, 이긍연이 안동의병에 참여하

씨에도 불구하고 밤을 이용하여 상주의 용궁을 향했다. 연합의진이 용궁을 거처 산양에 진을 친 것이 2월 15일(양, 3월 28일)이었다.[69] 이때 합세한 의진은 안동의병을 비롯하여 봉화, 예안, 예천, 순흥, 풍기, 선성, 호좌의진 등 8읍의 의병이었다. 산양에 진을 친 것은 태봉에 있는 일본병참부대를 공격하기 위함이었다. 예천의병은 이날 赤城(문경시 동로면 소재)으로 들어가 일본군을 배후에서 고립시키고자 하였다.[70]

연합의진에서는 16일 개전하기로 하고 태봉의 지형을 보면서 작전 계획을 세웠다. 그리고 각기 길을 나누어 태봉을 향하였다. 우선 안동의병은 상주의 德通驛(현, 상주군 함창읍 덕통리)으로 가 유진하고, 호좌의병은 咸昌으로 갔다. 예천·순흥·예안의병은 함께 상주 浦內村(현 문경시

고 있었던 점으로 보아 박주대의 기록보다는 사실적일 것으로 보아 이글에서는 이긍연의 기록을 따르기로 하였다.

박주대는 예천군수가 처단되기 전인 10일에는 영덕군수 鄭在寬이 선성의진에 체포되어 참형에 처해졌음을 알려주고 있다. 영덕군수는 일찍 단발하고 있어 의병에 체포되었던 것이다(김도현, 「벽산선생창의전말」, 『독립운동사자료집』2, 21쪽). 이 무렵 의성군수 李觀永도 친일군수로 지목되어 의병들에 의해 처형되었다.

69) 『금석주일기』, 丙申(1896) 2월 15일.

70) 이긍연, 위책, 1896년 2월 13~14일.

이정규, 「육의사열전」, 『독립운동사자료집』1, 175쪽.

박주대의 『渚上日月』에서는 2월 12일 연합의진이 예천을 떠나 용궁으로 향했다고 기록하고 있어 이긍연의 기록과는 하루의 차이가 있다. 단지 박주대는 예천의진에는 별포군 130명과 읍포군 70명이 포함되었으며, 2월 15일 예천의진이 적성을 향했다고 기록하고 있는데 이는 서울 쪽에서 오는 지원군을 막아 태봉의 일본군을 고립시키기 위한 작전이었던 듯 하다.

연합의진의 山陽 집결에 대하여는 권대웅의 「을미의병기 경북 북부지역의 예천회맹」(『민족문화논총』14, 1993, 67~71쪽)이 참고된다. 단 산양에서 예천회맹이 시작되었다고 보기 보다는 예천회맹은 이미 2월 13일(박주대는 2월 11이라고 함) 예천에서 이루어 졌으며, 2월 15일 연합의진의 山陽모임은 태봉의 일본군을 공격하기 위해 진을 치고 있었던 것으로 보아야 할 것이다.

영순면 포내리)으로 가고, 풍기의병은 犬橋(犬灘의 唐橋, 현 문경시 때따
리)로 갔으며 봉화의병은 상주의 東山村으로 가서 유진하였다.

〈그림 5〉 연합의병의 진세도

　　연합의진과 일본군과의 전투는 15일 밤에 개시되었다. 호좌의진의 선
봉장 黃起龍이 거느린 의병과 일본군과의 교전이 한밤중에 있었던 것이
다.[71] 이 전투에서 호좌의진은 패했던 것으로 알려진다.[72] 16일(양, 3월
29일) 아침 일찍부터 연합의진의 태봉공격이 시작되었다. 이때 의병의
총수는 일본군의 보고에 의하면 7천여 명에 달했던 것으로 알려진다.[73]
태봉에 있는 일본군의 전력은 50～100명에 불과했던 것으로 보이나, 무
기는 의병의 그것에 비해 월등하게 우세했다.

　　일본군 진영이 있는 태봉지역의 지형은 태봉 앞에 큰 백사장이 있고,

---

71) 김도현, 위책, 23쪽.
72) 『금석주일기』, 丙申(1896) 2월 16일.
73) 『구한국외교문서』3, 日案 3, 4050호 「日軍의 安東民家燒却事件에 대한 해명」.

그 앞에 큰 둑이 있으며, 그 앞에 큰 시내가 있는데 시내의 좌우에는 산이 있었다. 산에서 태봉까지는 거의 10리에 가까웠다.[74] 의병들은 태봉을 둘러싸며 공격하였다. 안동의병이 먼저 좌측 산위로 올라가 일본군 진지를 향해 천보총을 사격하여 일본군 1명을 죽이는 전공을 수립하였다. 그러나 일본군 10여 명이 백사장으로 나와 발포하였다. 총알이 비오듯 떨어져 의병대는 순식간에 7~8명이 전사하고 20여 명이 부상을 당하였다.[75] 예안의진을 비롯하여 봉화, 풍기, 순흥의진은 차례로 개울을 넘어 제방까지 달려가 제방을 엄폐물로 이용하며 몸을 숨기고 공격하였다. 일본군은 가세하여 그 수가 42명에 이르렀으며 이들도 조그만 제방을 이용하여 사격을 가해왔다. 예안의병 한명이 총에 맞았으며[76] 예안의병은 뒤로 후퇴하여 산위로 올라가 공격하였다. 여기에서 예안의병은 김도현의 동생 金東鉉이 일본군 5명을, 哨長 李五同이 7명을 사살하는 전과를 수립하였다.[77] 봉화의진 역시 제방까지 5대로 나누어 엎드려 나아갔으며, 포수 嚴學成이 부상을 입고 물러났으나, 일본군 1명을 사살하였다. 이들은 일본군 13명이 돌진해 오자 일본군 2명을 사살하면서 저항하기는 했으나 봉화의진은 일본군의 공격에 무너져 산양으로 퇴각했다가 풍산으로 물러났다.[78]

이처럼 아침부터 시작된 태봉전투는 제방을 사이에 두고 치열한 접전

74) 이긍연, 위책, 1896년 2월 17일.
75) 금석주, 위책, 병신(1896) 2월 16일.
76) 이긍연의 『乙未義兵日記』(2월 17일자)에 의하면 "(전략) 모두 宣城軍이다. 列邑과 함께 倭를 공격했으나 이기지 못하고 대패하여 돌아온다 한다. 砲丁 1명이 수레에 실려 가는데 가슴에 총알이 나가 구멍난 것이 둥글게 보였다. 아직 죽지는 않았으나 장차 죽을 듯 했다.(후략)"라고 부상자의 위중한 상태를 알려주고 있다.
77) 김도현, 위책, 23~25쪽.
78) 금석주, 위책, 1896년 2월 16일.

을 계속하였다. 그러나 제방을 일본군에 의해 빼앗기고 개울 옆의 산위에서 대응하던 의진은 저녁 무렵 일본군의 총공격에 밀려 모두 퇴각하고 말았다. 예안의진을 지휘했던 金道鉉은

> 흑추 60여 명이 몹시 많은 것은 아니지만, 사방으로 흩어져 포를 쏘고 있으며, 우리 의병들은 도망해 달아나는 자가 얼마인지 알 수가 없다. 저녁 무렵 흑추 수백 명이 뒷산을 넘어 내려오는데, 의외의 포성이 터져 나오니 우리 의병들은 도망해 달아나는 자가 얼마인지 알 수가 없다.[79]

라고 일본군의 우세한 화력에 이기지 못하고 의병이 퇴각한 사실을 전해주고 있다.

의병은 태봉전투에서 비록 일본군 약간을 사살하는 전과를 수립하였으나 숫적인 우세에도 불구하고 화력과 조직력의 열세로 크게 패하고 말았다. 수백 명이라고 자랑하던 김도현의 예안의병은 모두 달아나고 끝까지 남은 병사는 불과 15, 16명에 불과하였으며, 산양으로 후퇴했을 때는 3~4명만이 남았을 뿐이었다. 김도현은 밤을 타고 예안으로 들어가 대장에게 사실을 고하고 중군직을 사퇴했다.[80] 서상렬이 지휘하는 제천의진 역시 예천으로 후퇴하였다. 이후 서상렬은 유인석의 본진이 장기렴 부대에 밀려 제천을 잃고 서북으로 이진함에 본진에 합류하여 서북로 개척의 전도가 되어 항전하다가 狼川(현, 華川)전투에서 전사하고 말았다.[81]

---

79) 김도현, 위책, 24쪽.
80) 김도현, 위책, 24~25쪽.
81) 이정규, 「육의사열전」, 『독립운동사자료집』1, 175~177쪽.
   김상기, 위책, 207쪽.

한편 안동의병은 중군장 權載昊를 중심으로 분전하였으나, 화력의 열세로 후퇴하고 말았다. 처음에 개울 좌측의 산위로 올라가 사격을 가한 것은 다른 의진으로 하여금 제방까지 진격할 수 있게 한 점에서 성공적인 작전이었다 할 수 있다. 또한 후퇴하면서 매복작전을 감행하여 일본군 15명을 사살하는 전과도 수립하였다. 그러나 큰 비가 오는 듯한 일본군의 총격에 총과 말안장까지 버리고 달아나기 바빴다.[82] 그 결과 중군장 지휘로 안동을 떠날 때는 250명이었으나 안동에 돌아올 때는 16명에 불과하였다. 전투중에 20여 명이 다치거나 죽었으며 나머지는 달아난 것이다.[83]

태봉전투에서의 패인은 연합의진의 일사분란한 지휘체계가 정해지지 않았던 조직상의 문제를 들 수 있다. 7읍의 의진은 뚜렷한 지휘계통이 없었으며 그 결과 조직적인 전투를 수행하기 어려웠다. 또한 화력의 열세와 훈련의 부족을 들지 않을 수 없다. 그 결과 일본군의 기총 사격에 크게 무너졌으며, 일단 무너진 다음에는 총마저 버리고 후퇴하기 바빴던 것이다.[84]

---

82) 이긍연, 위책, 1896년 2월 17일.
"倭酋不過五六 出沙場發砲 砲丸散落如大雨 諸軍連發砲不能倭砲 有甚我軍或死者或中不死 獲酋數不過三四首 安東兵獨屯於山上 發砲不及倭陣".

83) 이긍연, 위책, 1896년 2월 17일.
『赤猿日記』 병신년 2월 17일자에 의하면, 소모장 유창식이 포정과 부상 70여 인, 그리고 말탄 자 10여 인을 거느리고 청송을 지나 경주로 향했다고 적혀 있어 패전 후의 안동의병의 소식을 전해준다.

84) 이긍연의 『乙未義兵日記』에 의하면 가장 먼저 후퇴한 부대가 안동의병의 후진이었다고 밝히고 있다. 朴周大는 이를 두고 "패인은 안동의진이 크게 패했기 때문인데 권중군의 마음이 초조하여 결국 먼저 달아나 버렸다는 것이다."라고 안동의병의 후퇴가 곧 패인이라고 신랄하게 비판하였다."(『渚上日月』, 1896년 2월 16일). 반면에 다음날 일기에서 태봉전투에 참여하지 않은 예천의병에 대하여는 "7

(3) 일본군의 안동부 방화

일본군은 태봉전투에서의 승세를 타고 인근의 의병 진압에 나섰다. 2월 19일에는 예천에 도착하여 의병들이 없자 의병의 집에 방화하여 보복하였다. 이로 인해 副將 張錫奎 형제의 집과 蓮桂堂 그리고 의병의 집 5채가 불탔다.[85] 이날 밤에 예천의병은 적성에서 돌아왔으나 일본군은 이미 철수하여 안동으로 갔다. 예천의병은 이들을 추격하여 通讓까지 갔다가 되돌아 왔다.[86]

일본군은 2월 20일(양, 4월 2일) 아침 일찍 豊山에 주둔하고 있던 안동의진을 기습 공격하였다. 이로 인해 의병 1명이 전사하였으며, 중군장 이하 30여 명의 의병은 대응도 못해 보고 芋洞 쪽으로 패주하였다. 일본군은 안동의 松峴까지 추격해 와 안동부를 의병의 소굴이라 하여 시가와 민가에 불을 질렀다. 마침 바람을 타고 불길이 온 읍을 덮쳐 안동읍 1천여호의 민가가 불타버렸다.[87] 안동부 방화를 자행한 일본군은 後備 보병 제10연대 제1대대 소속의 50여 명이었던 것으로 밝혀진다.[88]

이러한 일본군의 만행은 안동관찰사로 임명되어 안동부에 부임하기 위해 상주 경계지점에 머물고 있던 李南珪에 의해 조정에 전달되었다. 그는 자신의 관할지인 현장에서 일본군의 만행을 목도하고 바로 상소를

읍의군은 별처럼 흩어져 군계를 넘어 들어왔고 예천의진만이 서상렬의진과 적성에서 합진하였다"라고 적고 있다.

85) 박주대, 위책, 1896년 2월 19일.

86) 박주대, 위책, 1896년 2월 19~20일.

87) 이긍연, 위책, 1896년 2월 20일.
심성지의 『赤猿日記』 병신년 2월 21일자에 의하면, 척후병의 보고를 인용하여 기록하기를, 일본군이 밤을 타 돌입하여 安奇(현, 안기동)에서부터 방화하여 塔谷(현, 法興洞 골짜기)까지 연소되었다 한다.

88) 『구한국외교문서』3, 日案 3, 4050호 「日軍의 安東民家燒却事件에 대한 해명」.

올려 이를 규탄하였으며, 동시에 안동관찰사의 직을 사직하고 귀향하였
다. 그는 상소문에서 다음과 같이 일본군의 행패와 사민의 참상을 보고
하였다.

> 순검도피자와 일본병이 갑자기 본부에 들어와 공해를 부수고 가옥을
> 불지르니 수천 민호 중에 이제 한두 집도 없고, 吏卒은 山谷으로 도망가
> 고, 土民은 구렁에 엎어지는 참상입니다.[89]

1906년 홍주의병에 참여하기도 한 그로서는 일본군의 이 같은 행동에
차마 정부의 관리로 부임할 수 없었던 것이다. 그는 1907년 홍주의병의
재기를 도모하던 중 일본군에 의해 체포되어 서울로 압송되어 가던 도
중에 온양 길가에서 참살 당하였다.[90]
예천유생 朴周大 역시 그의 일기에서 이 사건을 다음과 같이 기록하
고 있다.

> 2월 22일, 왜군이 안동에 들어왔다. 선봉장 權中軍이 패주하고 왜군이
> 花府에 直入하였다. 義所에는 한 사람도 남아있는 이가 없었다. 이로 인
> 해 방화하여 1천여 호가 소멸됐다 한다.[91]

한편 김도현은 안동부의 방화사건이 있기 전 안동의병의 지원 요청을

---

89) 이남규, 「辭安東觀察使疏」, 『수당집』권2, 疏, 42~43쪽.
　　『고종실록』권34, 建陽元年 4월 28일.
90) 이남규의 생애와 항일투쟁에 대하여는 김상기의 「수당 이남규의 학문과 홍주의
　　병투쟁」(『조선시대의 사회와 사상』, 조선사회연구회, 1998) 참조.
91) 박주대, 위책, 1896년 2월 22일. 박주대는 2월 22일자에 기록하고 있으나 이는 오
　　기로 보인다.

받고 50여 명을 이끌고 안동부에 가던 중에 밤이 늦어 烏川 後凋堂에서 잤는데 그날 밤에 그는 안동부가 방화되어 불타고 있음을 목도하였다. 그리고 후일 안동의병의 副將에 임명되어 안동부에 들어갔는데, 그는 방화사건 후의 안동의 참상을 다음과 같이 알려주고 있다.

> 이튿날 안동부에 들어가니 과연 집 천여 호가 모두 불타서 잿가루만 땅에 가득할 뿐 저자도 쓸쓸하여 그 참혹한 모습을 차마 볼 수가 없다.[92]

안동읍 방화사건에 대하여 당시의 유일한 국내 신문였던 『독립신문』에서도 이 사실을 다음과 같이 전해주고 있다.

> 안동관찰사 니남규씨가 이달 스무 나흗날 군부에 보고를 하엿난대 참 의병은 대군쥬페하께서 선유하옵신 칙교를 보고 안돈하거니와 거즛 의병은 지금 만히 모혀 행패가 무슈하난대 비도 괴슈 서샹열이가 여덟골 비도를 모집한거시 샴천여 명이라 본골에 웅거하야 야료할제 그때 도망하던 슌검들이 여럼 집에 드러가 무례히 행실을 하니 부인들이 자기 졋통과 손을 베고 죽은 이가 무슈한지라. 셔가가 삼천여 명 비도를 함창 태봉에 가셔 일본병정으로 싸흘새 일시에 비도들이 사면으로 훗터져 셔가가 크게 패하야 례천과 풍기로 드러가 노략하고 도망하엿든 슌검슈십인이 일본병정과 함께 본골이 불을 노화 슈천호가 탈새 나라 재물과 사사 재물이 다 타고 관부난 다행이 면하엿다더라.[93]

위 기사의 내용이 의병을 '비도'라 표현하면서 정부측의 태도와 유사한 시각을 가지고 있음을 볼 수 있다. 그러나 이남규가 군부에 보고한

---

92) 김도현, 위책, 25~28쪽.
93) 《독립신문》 건양원년 4월 30일 목요일 「잡보」.

것을 토대로 하여 서상렬이 지휘하는 3천여 명의 의병이 태봉전투를 감행하였음을 전하고 있다. 그리고 의병에 쫓긴 관군이 민가에 들어가 부녀자에게 무례한 행위를 한 것과, 이들이 태봉전투에서 승리한 일본군과 함께 안동부를 방화하여 수천호가 불탔음을 알려주고 있다.

이남규의 상소문을 받은 조정 역시 이를 일본군의 과잉 진압으로 인식하였다. 당시 외무대신이었던 李完用은 4월 26일 일본공사 小村壽太郞에게 다음과 같은 공문을 보내 이를 금지시켜 줄 것을 요청하기까지 하였다.

> 지금 안동부관찰사(金奭中, 李南珪의 誤記; 필자) 보고에 의하면, 안동 예천 등지에 匪類가 咸昌의 台峰에 와서 이곳의 日本兵站隊와 교전하여 끝내 敗歸하였는데, 수일 후에 일병 50여 명이 갑자기 安東府에 들어가 民家 천여 호를 燒燬하였으며, 이에 젊은이는 달아나 숨고 老弱者는 이어서 엎어지니 보는 이가 측은하지 않음이 없었다고 합니다.(중략) 무릇 匪徒가 일본병참을 침범해 온 자 인즉 총포로 상대하였으니 마땅히 죽어도 아깝지 않으나, 민가를 燒燬함에 이르는 것은 마땅히 금하도록 명령할 것을 바랍니다. 장차 일본공사는 이를 밝히 전하고 아울러 해당 병참부에 이런 폐를 자행하지 말게 하십시오. 匪徒가 귀 병참을 침범하여 교전하였다는 조사보고를 듣고 극히 놀랐다. 안동부가 匪類들을 머물게 하고 접대하고 공급한다고 하여 갑자기 하나의 府邑을 불태워 쓸어 없앴으니 어찌 옥과 돌을 같이 불사르며, 또한 어찌 이웃과의 평안한 관계를 이지러지게 하는 것입니까. 귀 공사는 이를 밝히 헤아려 각지 병참부에 再犯하지 말 것을 지시하길 바랍니다.
>
> 4월 26일 李完用 드림[94]

---

94) 『주한일본공사관기록』8 外部往來 2, 「日兵의 安東府 擾民留接民家燒燬에 대한 團束」(건양원년 4월 26일)(국편, 『주한일본공사관기록』4, 1988 영인, 566쪽). 『구한국외교문서』3, 日案 3, 4023호 「日兵의 安東府擾民留接民家燒燬에 대한

즉, 이완용은 사건이 있은 지 보름이 지난 3월 14일(양, 4월 26일) 공문
을 보내어 "의병은 마땅히 죽여도 아깝지 않으나 민가를 불태우는 행위
만은 금해달라"고 요청하였다. 그리고 주민과 의병을 玉과 石에 비유하
면서 옥석을 구분하지 않고 쓸어 없애려는 것은 선린의 관계를 해치는
것이라며 각지 병참부에 다시는 이런 일이 없도록 지시할 것을 요청하
였다. 일견 강력한 요청으로 보인다. 그러나 조정의 의병에 대한 태도는
철저히 일본과 같이 '匪類'로 인식하고 있음을 알 수 있다.

위 공문을 통해서 우리가 알 수 있는 중요한 사실은 일본군이 안동부
를 불태운 것은 안동부가 "의병을 머물게 하고 접대하고 나아가 의병을
공급"("至安東府謂以 匪類之留接供給")하기 때문이라는 것이다. 이는 일
본군이 안동부를 이른바 '의병의 소굴'로 인식하였으며, 그에 따라 일본
군은 의병의 근거지를 掃蕩하고자 한 것이다. 이로 보아 일본군의 안동
부 방화는 계획적인 행위였음을 알 수 있다.

그럼에도 일본군은 이에 대하여 "藤田 大尉는 부하 4分隊를 끌고 정
찰을 위해 出營하여(중략) 4월 2일(음, 2월 20일; 필자) 오후 3시 안동부
서방 2백미터 지점에 있는 제방아래에 도착하였을 때 匪徒가 시가 및 사
방 산 위에서 포격을 가하였기 때문에 응전 4시간, 그 동안 피아 중간에
서 일어난 불이 큰 바람을 타고 사방으로 만연한 것"[95]이라고 하며 일
본군의 방화가 아니라고 변명하였다. 그러나 위에서 언급하였듯이 이날
아침 일찍 일본군은 풍산에 있던 안동의병을 기습 공격하여 의병 1명을
죽이기까지 하였으며, 의병은 총 한 번 쏘지 못하고 도망하자 일본군이

단속요망」(건양원년 4월 27일).
95) 『구한국외교문서』3, 日案 3, 4050호 「日軍의 安東民家燒却事件에 대한 해명」
(1896. 5. 15).

송현까지 추격하여 안동부를 방화한 것이다.96) 또한 朴周大의 기록에서 볼 수 있듯이 2월 20일 일본군의 안동부 침입 시에는 의병의 저항은 찾기 어려웠다.97) 따라서 태봉전투에서 패주한 의병이 안동부를 지키기 위하여 4시간에 걸친 전투를 감행했다는 것은 납득할 수 없다.

일본군은 안동부를 방화함에 그치지 않았다. 이들은 부중의 재물과 비단을 탈취해 갔다. 이들은 탈취한 재물을 湖쪽쪽으로 가지고 갔는데, 40여 인이 짐을 지고 나갔다 하니 탈취 당한 재물의 양을 짐작할 수 있겠다.98)

(4) 의병의 재기와 해산

안동의병은 일본군이 물러난 후 의진을 다시 갖추고 재항전을 준비하였다. 이후 대장소는 新塘, 陶淵 龍潭寺 松川 등으로 이진하였다.99) 2월 30일에는 송천에서 都會를 열고 3월 초에 鳳停寺로 의진을 옮긴 김도화는 춘양면에서 포정 40여 명을 의병에 흡수시켰으며, 1천여 금을 군자금으로 모금하기도 하였다.100) 그리고 興海의 崔世允을 좌익장으로, 영양 의병장 金道鉉을 부장에 임명하였으며,101) 徐相烈을 군사에, 李肯淵을 종사관에,102) 權玉淵을 부장에 임명하는 등 편제를 새롭게 하고자 노력

---

96) 이긍연, 위책, 1896년 2월 20일.
97) 박주대, 위책, 1896년 2월 22일.
98) 이긍연, 위책, 1896년 2월 20~21일.
99) 심성지, 위책, 1896년 2월 21~24일.
100) 이긍연, 위책, 1896년 3월 11일.
101) 김도현, 위책, 27면, 36쪽.
102) 이긍연, 위책, 1896년 4월 11일.
    한국학중앙연구원 도서관에 이긍연의 종사관 첩지가 수장되어 있음. 이긍연의
    후손이 기증한 이 첩지(크기: 34×40cm)에는 "差帖 幼學李肯淵爲從事官者 丙

하였다. 그리고 이천의병과의 연합을 시도하기도 하였다.103)

그러나 4월 초에 일본군이 봉정사의 의진을 공격하여 의진은 패산하였으며, 의병장 김도화는 노구를 이끌고 소백산 일대에서 고난의 행군을 하지 않을 수 없었다. 72세의 노구를 이끌고 소백산중의 곤이령을 넘으면서 지은 다음의 시에서 그의 이러한 모습이 선하게 떠오른다.

> 곤이령을 넘으며
> 세월을 지나온 나무에 비는 끝없이 내린다.
> 꽃이 밝음은 太古의 봄이로다.
> 선경이 이렇게 가까운데
> 누가 나를 싸움에 임하는 이라고 말하겠는가.104)

김도화는 지방의 사람들에게「與鄕道士林」이란 글을 보내어 지원을 요청하였으며, 특별히 하회유씨문중에는「與河回柳氏門中」이란 글을 보내 鳳停寺에서의 패산 이후 문을 닫고 의병과의 관계를 끊고 있는 이들에게 의리정신을 들어 지원할 것을 호소하였다.105)

申 四月 日 大將"라 쓰여 있고 후미에 대장의 도장과 김도화의 싸인이 있음. 또한 의병장 김도화가 위 첩지를 보내면서 아울러 다음과 같은 전령(크기: 21×32cm)을 첨부하여 의병소의 임원을 맡아줄 것을 청하였다.
" 周村
傳令新差從事官李肯淵
當初義擧出於一鄕之公議 而見今軍事鞅掌 任員多闕 殊非共敦大事之意
玆後畧定任員差出 各面各自惕念 卽明日內現 俾免罪過之地宜當向事
丙申 四月 十日
大將 "

103) 이긍연, 위책, 1896년 3월 14일자. 김도현, 위책, 45~47쪽.
104) 김도화,「踰鵾夷嶺」,『척암별집』권1, 詩.
 "樹老無窮雨 花明太古春 怳然仙界近 誰謂鐵衣人"

일본군들은 鳳停寺에 진을 치고 부중의 재산을 빼앗고 심지어는 마을
의 부녀자를 음욕하기까지 하였다. 또 시골의 소를 끌고 가 식용으로 하
였다. 4월 8일경 이들의 숫자는 2백여 명에 달하였으며,[106] 4월 19일에는
선유사가 말을 타고 나타났다. 이들 선유사는 李晩胤, 柳道緯, 張錫龍, 鄭
宜默, 金近淵 등 모두 5명으로 고종의 효유문을 가지고 다니면서 의병의
해산을 권유하였다. 이들이 선성으로 들어가 효유하자 선성의진은 결국
4월 29일 포수를 돌려보내고 의병을 해산하고 말았다.[107]

안동의병은 선유사들에게 「격고문」을 보내어 "단지 두명의 간신을
참하고 흉적을 제거했다고 말할 수 없으며, 한명의 왜놈도 죽이지 않고
복수했다고 말할 수 없다"[108]라며 해산의 칙유에 따를 수 없음을 분명
히 하였다. 이후 영천, 오천 등지를 다니면서 활동하였으나 5월 말 군수
洪弼周가 각 문중에 서찰을 보내어 의병을 파하기를 청하였다. 홍필주
는 서찰에서 의병해산령을 지키지 않는 것은 위로는 국가의 죄인이요,
아래로는 조선의 죄인이라면서 의진을 파할 것을 요청하였다.[109] 그후
의병은 고종의 효유문을 받고[110] 관군과 일본군의 쫓김을 당하며 더 이
상 항전하지 못하게 되었다. 그 결과 6월초에 안동의병은 각자 흩어져

---

105) 김도화, 「與鄕道士林」, 『척암선생문집』별집, 권1.
　　　김도화, 「與河回柳氏門中」, 위책.
106) 이긍연, 위책, 1896년 4월 3~9일.
107) 이긍연, 위책, 1896년 4월 19일, 29일.
108) 김도화, 「檄告暗行曉諭使張錫龍鄭宜默金近淵」, 『척암선생문집』별집,권1.
109) 이긍연, 위책, 1896년 5월 13, 28일.
　　　김도화는 이에 대하여 「答本部參書官洪弼周檄文」을 발표하여 국모의 복수를
　　　못했음과 의관제도의 미복구 등을 들어 따를 수 없음을 밝혔다(『척암선생문집』
　　　별집, 권1).
110) 『척암선생문집』별집, 「諭告道內士林文」, 「勅嶺南義陣」(병신 8월).

영양이나 춘양, 혹은 오천으로 들어가면서 사실상 해산되었다.111)

의병장 金道和는 의병을 해산한 직후 「自明疏」를 올려

> 왕명을 빙자한 친일내각이 파견한 관군들이 선비들을 도륙해 국가의 元氣를 손상시켰으며(중략) 전하의 赤子로 하여금 전하의 兵刃앞에서 모두 죽게 할 작정입니까. 氣像이 愁慘해서 이 원통한 부르짖음이 漲天합니다. 전하께서는 어찌 백성으로 하여금 이에 이르게 하십니까.112)

라고 울분을 토로하였다. 그리고 "돌아가 책 읽고 밭 갈며 처분의 날을 기다리겠습니다"라며 의병해산령을 받아들였다.113)

4) 맺음말

안동의병은 1895년 12월 봉기하여 이듬 해 6월 해산하기까지 權世淵 의병장 체제에서 金道和 의병장 체제로 개편되면서까지 定齋學派로 분류되는 유학자들과 전주유씨·의성김씨를 비롯한 안동지역 민들로부터 적극적인 호응과 지원을 받아 의병활동을 수행할 수 있었다.

안동의병은 권세연 의병장 체제 직후 안동부를 수호하기 위한 전투와 胎峰전투, 그리고 鳳停寺전투 등 3차례의 큰 전투를 비롯한 여러 전투를 치렀다. 이중에서 연합의진을 편성하여 치룬 태봉전투는 전기의병에서

---

111) 이긍연, 위책, 1896년 6월 2일.

112) 김도화, 「派兵後自明疏」, 『척암별집』권1, 疏.

113) 이후 신임 안동군수로 鄭宜黙이 부임하였다. 그는 9월 29일 향회를 실시하는 등 민심을 위무하고자 노력하였으나 정작 29일의 향회에 참석한 자는 20여 명에 불과하였다(이긍연, 위책, 1896년 9월 19일, 29일, 30일). 군수가 발송한 帖紙는 이긍연의 위책 부록에 실려 있음.

대표적인 전투 중의 하나로 꼽힌다. 이 전투에서 안동의병은 일본군 다수를 살해하였으며 다른 의진의 진격을 지원하는 등 전과를 수립하였다. 그러나 일본군의 우세한 화력을 앞세운 공격에 비하여 안동의진을 포함한 연합의진은 무기의 열세, 훈련의 부족, 그리고 지휘체계의 미비 등으로 패퇴하고 말았다.

일본군의 안동의병에 대한 보복은 잔혹하였다. 안동의병을 추격하던 일본군은 안동지역을 의병의 소굴이라 하여 민가 1천여 호를 불태우는 만행을 저질렀다. 일본군은 안동부의 방화에 그치지 않고 부중의 재물을 탈취해가는 약탈행위까지 서슴치 않았다. 이는 의병에 대한 계획적인 보복행위였다. 더욱이 일본군은 봉정사 전투 후에는 부중의 재산을 약탈함은 물론 부녀자를 음욕하기까지 하는 만행을 저질렀다. 개화정권에서도 관군을 보내어 의병을 탄압함은 물론 선유사를 파견하여 의병의 해산을 요구하였다. 결국 안동의병은 부민들의 지원과 기대에도 불구하고 봉정사 전투 이후에는 항쟁할 전투력을 상실함에 따라 해산하고 말았다.

그러나 안동의병은 다음과 같은 여러 점에서 의병사상 의의가 큰 것으로 볼 수 있다.

첫째, 안동의병은 定齋 柳致明의 문인들을 비롯한 안동부의 지역민들의 광범위한 참여로 성립되었으며, 문중은 물론이고 향교, 서원, 사당, 서당 등 각 기관에서 거액의 군자금을 약속하고 의연하는 등 향촌사회의 적극적인 호응과 지원 하에 이루어졌다. 안동의병을 주도한 인물들은 비록 문약한 유생집단이었지만 일본을 침략 세력으로 규정하였으며, 개화정권을 일본의 종속집단으로 간주하고 반개화, 반침략적인 의병투쟁을 전개한 것이다.

둘째, 안동의병은 태봉에 주둔하고 있던 일본병참부대를 공격하여 경
상도 북부지역에 대한 일본군의 간섭과 탄압의 기반을 무너뜨리고자 하
였다. 또한 부산과 충주-서울간의 연결 통로로 이용되는 전략상 중요
한 지점이었던 태봉지역에 대한 공격은 부산-서울간 일본군의 연결통
로를 끊어 일본의 침략정책을 무력화시키려 했던 점에서 의의가 크다.
비록 태봉전투에서 패하고 말아 기대했던 목적을 달성할 수는 없었으나
일본군 다수를 살해하는 등 전과를 수립하였으며, 지역민의 항일의식을
고양시켜 이후 독립운동의 기반을 조성하였다.

셋째, 안동의병은 관군과의 전투는 물론 일본군과의 치열한 전투를
수행하였다. 이는 전기의병의 일부가 시위적인 성격을 띄었던 점과는
달리 안동의병이 강력한 전투의진이었음을 말해준다. 아울러 전기의병
이 단지 관군과의 전투만이 아닌 일본군과의 전투행위가 있었음을 분명
히 알려주는 점에서 안동의병이 갖는 민족사적 의의는 크다.

부록 「安東倡義所門中分配記」(병신 정월 일)

1. 各門分配錄

지 역	문중별 의연금 현황			
豊南	河回柳氏門中	1천냥		
豊西	九潭金氏門中	80냥	舟津金氏門中	50냥
	九潭申氏門中	10냥	葛田安氏門中	30냥
	葛田金氏門中	5냥	元塘李氏門中	5냥
	元塘權氏門中	20냥	枝谷權氏門中	300냥
豊北	蘇山金氏門中	200냥	素山金氏門中	50냥
	美洞金氏門中	200냥	玄厓金氏門中	屬蘇山
	新陽權氏門中	5냥	新陽鄭氏門中	屬道津
	新安南氏門中	20냥	寺洞李氏門中	10냥
	梅谷裵氏門中	30냥	晩雲宋氏門中	15냥
	晩雲權氏門中	20냥	玄厓鄭氏門中	5냥
	池潭李氏門中	50냥		
縣內	芋洞李氏門中	200냥	中村李氏門中	50냥
	山亭金氏門中	15냥	稚松權氏門中	屬晩雲
	磨崖李氏門中	80냥		
	이상 합 2,450냥			
西後	金溪金氏門中	500냥	金溪權氏門中	40냥
	金溪邊氏門中	60냥	春坡張氏門中	100냥
	松坡權氏門中	60냥	松坡河氏門中	40냥
	鳴洞權氏門中	屬松坡	廣坪鄭氏門中	屬道津
	佳野柳氏門中	屬水谷	寶峴權氏門中	屬金溪
西先	奄谷裵氏門中	屬桃木	魯谷權氏門中	50
北後	道村權氏門中	60냥	道津鄭氏門中	150
	雲谷金氏門中	5냥		
北先	周村李氏門中	100냥	蒼洞李氏門中	5냥
	馬岩李氏門中	屬芋洞	泉洞安氏門中	5냥
	明溪李氏門中	5냥	西枝李氏門中	屬周村
	이상 합 1180냥			
東先	佳野金氏門中	100냥	納谷權氏門中	40
	佳邱安氏門中	80냥	挑亭具氏門中	2냥
	池洞柳氏門中	10냥	佳邱權氏門中	3냥
	茅山李氏門中	10냥		

지 역	문중별 의연금 현황			
東後	芳岑金氏門中	10냥	蓼村權氏門中	5냥
	鑑湖朴氏門中	100냥	法興李氏門中	500냥
	東城李氏門中	5냥		
	이상 합 865냥			
臨北	挑木裵氏門中	100냥	三山柳氏門中	屬水谷
	九溪李氏門中	50냥	東坡李氏門中	50냥
	美質禹氏門中	20냥	馬洞琴氏門中	10냥
	沙月權氏門中	100냥		
臨東	水谷柳氏門中	1천냥	魯谷文氏門中	40냥
臨縣內	川前金氏門中	800냥	臨河權氏門中	40냥
臨南	調峴李氏門中	10냥	梧溪卓氏門中	20냥
	龍溪權氏門中	20냥	新基權氏門中	20냥
	枝洞金氏門中	20냥	松堤權氏門中	40냥
	이상 합 2,340냥			
吉安	默溪金氏門中	100냥	晩陰玉氏門中	10냥
	晩陰南氏門中	2냥	晩陰孫氏門中	5냥
	晩陰宋氏門中	10냥	五樂金氏門中	100냥
	五樂慶州金氏門中	10냥	?洞鄭氏門中	50냥
	? 川趙氏門中	10냥	山月權氏門中	10냥
	梧臺孫氏門中	30냥		
	이상 합 332냥(337냥, 필자)			
一直	蘇湖李氏門中	100냥	龜湖金氏門中	100냥
	安谷南氏門中	100냥	蘇湖徐氏門中	30냥
	縣出李氏門中	80냥	大谷李氏門中	屬縣出
	松洞南氏門中	80냥	塔里李氏門中	10냥
	支谷權氏門中	屬枝谷	星南張氏門中	5냥
	龍角鄭氏門中	5냥	龍角申氏門中	2냥
	安東金氏門中	4냥	莒洞金氏門中	10냥
	回岩金氏門中	2냥	彭木金氏門中	2냥
	遠湖李氏門中	2냥	回岩金氏門中	15냥
	湖岑洪氏門中	3냥		
	이상 합 550냥			
甘泉	酉洞趙氏門中	50냥	勿溪張氏門中	屬春坡
	石南權氏門中	50냥	石坪李氏門中	15냥
	勿溪金氏門中	30냥	花谷金氏門中	80냥
	閥芳?氏門中	30냥	長水權氏門中	20냥
	樹谷金氏門中	10냥	閥芳劉氏門中	150냥

지 역	문중별 의연금 현황			
	晚雲姜氏門中	100냥	縣村金氏門中	屬美洞
	이상 합 535냥			
乃城	酉谷權氏門中	1천냥	海底金氏門中	500냥
	巨村金氏門中	30냥	巨村邊氏門中	50냥
	浦底金氏門中	40냥	立石權氏門中	150냥
	黃田金氏門中	200냥	松內柳氏門中	50냥(屬高川
	西里李氏門中	10냥	幽洞裵氏門中	50냥
	鶴洞柳氏門中	20냥	海底余氏門中	5냥
	이상 합 2,105냥			
春陽	法田姜氏門中	400냥	鹿洞,棲碧李氏門中	400냥
	春陽洪氏門中	100냥	楓井李氏門中	200냥
	洛天堂金氏門中	80냥	納山鄭氏門中	50냥
	玉川金氏門中	屬金溪	春陽具氏門中	10냥
	이상 합 1,240냥			
小川	鷺湖權氏門中	10냥	鷺湖權氏門中	20냥
	粉川李氏門中	5냥	粉川金氏門中	屬金溪
	이상 합 35냥			
才山	仁谷金氏門中	10냥	才山沈氏門中	10냥
	東面權氏門中	30냥	東面金氏門中	屬美洞
	이상 합 50냥			
	이상 도합 11,682냥(11,687냥, 필자)			
春陽西先	蘭谷李氏門中	10냥		
	梅谷書堂洞宋氏門中	20냥		
	杜谷權氏門中	150냥		
	松堤金氏門中	20냥		
	이상 합 200냥			

2. 鄕中各儒中加配錄

명칭	금액	비고	명칭	금액	비고	명칭	금액	비고
鄕校	600냥							
虎溪	800냥	서원	三溪	600냥	서원	屛山	400냥	서원
臨川	600냥	서원	龜溪	520냥	서원	泗濱	400냥	서원
陶淵	240냥	서원	臨湖	320냥	서원	錦場壇	400냥	
西澗	80냥	書堂	黙溪	320냥	서원	明湖	160냥	서원

명칭	금액	비고	명칭	금액	비고	명칭	금액	비고
魯林	180냥	서원	高山	320냥	서원	靑城	200냥	서원
鏡光	320냥	서원	鶴岩	160냥	서원	流岩	80냥	서원
道溪	40냥	서원	龍溪	200냥	서원	周溪	160냥	서원
道生	200냥	서원	丹皐	160냥	書堂	道淵	40냥	
夜鹿	240냥		洛淵	60냥	서원	花川	200냥	서원
魯東	80냥	祠	岐陽	240냥	書堂	梧溪	80냥	
松川	40냥		汶陽	160냥		道林	40냥	
星潭	40냥		公山	40냥	祠	西山	40냥	서원
龍岩	40냥		鵲山	140냥	祠	東山	40냥	서원

도합 8,980냥　　　　　　* 비고란은 필자 조사
이상(부록 1+2)　　　도합 20,862냥(20,867냥, 필자)

제5장 호남의병과 의병장

1. 호남지역 의병전쟁과 의병장*

1) 머리말

1894년 7월의 甲午變亂과 淸日戰爭을 전후하여 일제의 군사적 위협은 더욱 노골화되어 나타났다. 급기야 1895년 8월의 乙未事變과 11월의 斷髮令 공포에 儒生을 중심으로 항일의병의 대일항전이 확대되기에 이르렀다. 1905년 11월의 乙巳勒約으로 의병이 재기하였으며, 1907년 고종황제의 강제 퇴위와 군대해산을 계기로 하여 의병은 항일전쟁의 단계로 격화되었다.

전기의병기 호남지역은 동학혁명의 심각한 후유증으로 의병을 일으킬 동력이 상실된 상태였다. 중기의병기 태인의병으로 세력을 과시한 호남의병은 후기의병기에는 치열한 대일항전을 전개하였다. 후기호남의병은 일제의 침략을 저지하는데 성과를 보았다. 그러나 한편으로 호남지역인들은 동학혁명으로 희생을 치룬 지 10여 년만에 또 다시 큰 희생을 치러야만 했다.

호남의병에 대하여는 일찍이 학계의 관심이 컸으며 이에 대한 연구도

---

* 김상기, 「한말 호남의병의 항전과 의병장」, 《인문학연구》98, 충남대 인문과학연구소, 2015.

활발히 이루어졌다. 그동안의 연구는 의병장과 의진 연구가 중심을 이루었다.[1] 일본군에 의한 호남의병 탄압상도 밝혀졌다.[2] 이와 같이 대표적인 의병장에 대한 연구는 이루어졌지만, 의병장 휘하에서 활동하다가 순국하거나 옥고를 치렀던 다수의 의병들에 대한 연구는 소홀했다.

본고에서는 한말 호남의병을 3시기로 구분하여 의병항쟁의 전개과정을 살펴보고, 각 시기 대표적인 의병장의 활동상을 검토하고자 한다. 아울러 호남의병 중에 체포되어 판결을 받은 인물들이 다수 있는데, 재판문서를 중심으로 이들의 활동상을 살펴보기로 한다.

2) 전기의병기 호남의병

1895년 8월 명성황후가 일제에 의해 시해된 을미사변이 발생하였다. 이러한 일제의 만행에 조선인의 분노는 전국적으로 폭발하였다. 을미사변 직후 '國讐報復'을 기치로 한 항일의병은 문석봉에 의하여 대전의 유

1) 강길원, 「한말 호남의병장 정재 이석용의 항일투쟁」,《원광사학》2, 1982. 강길원, 「해산 전수용의 항일투쟁」,《역사학보》101, 1984. 강길원, 「담산 안규홍의 항일투쟁」,『손보기박사정년기념 한국사학논총』, 1988. 김상기, 「최익현의 정산 이주와 태인의병」,《충청문화연구》7, 2011. 박민영, 「한말 의병의 대마도 피수 경위에 관한 연구」,《한국근현대사연구》37, 2006. 홍순권, 「한말 호남지역 의병운동의 참가층과 사회적 기반」,《역사연구》창간호, 1992. 홍영기, 「안규홍의병의 조직과 그 활동」,《한국학보》겨울호, 1987. 홍영기, 「구한말 심남일 의병의 조직과 그 활동」,《동아연구》17, 1989. 홍영기, 「구한말 김동신 의병장에 대한 일고찰」,《한국학보》56, 1989. 홍영기, 「1896년 나주의병의 결성과 활동」,『이기백선생고희기념 한국사학논총』하, 1994. 홍영기, 「한말 태인의병의 활동과 영향」,《전남사학》11, 1997. 홍영기, 「한말 호남창의회맹소에 대한 일고찰」,《한국근현대사연구》21, 2002.
2) 김상기, 「한말 일제의 침략과 의병 학살」,《역사와 담론》52, 2009. 홍순권, 「1909년 가을의 이른바 '남한대토벌작전'에 대하여」,《고고역사학지》9, 동아대 박물관, 1993.

성에서 1895년 9월 처음으로 봉기되었다. 문석봉은 무과출신으로 진잠 현감 재임 시 동학농민군을 진압한 공이 있어 대전 인근 유림의 호응을 받아 의병을 일으킬 수 있었다.3) 같은 해 11월 단발령이 공포되자 의병 은 제천, 이천, 홍주, 진주, 안동, 강릉 등 남한 지역을 중심으로 확대되 었다.

전기의병기 호남의병의 활동은 남한지역의 다른 지역에 비하여 크게 드러나지 않는다. 그것은 바로 전해인 1894년에 동학혁명이 전라도 전 지역에 걸쳐 크게 일어났기 때문이다. 동학농민군은 일본군과 관군에 의해 진압되었으며, 그 과정에서 수많은 호남지역의 농민군이 살해되거 나 유이민이 되었다. 그 결과 전기의병기 호남지역에서의 의병투쟁이 크게 일어나는 것은 어려운 실정이었다.

전기의병기 호남지역에서는 장성과 나주, 광주지역에서 의병이 일어 났다. 기정진의 손자이며 蘆沙學派의 학통을 계승한 奇宇萬(1846～1916, 자: 會一, 호: 松沙, 본관: 행주)은 고향인 장성에서 기삼연, 고광순 등과 擧義하였다. 기우만은 1895년 8월 을미사변의 비보를 접하고 통곡하며 짚자리에서 잠자고 창을 베개로 삼는다면서 의병을 일으킬 것을 결심하 였다. 이윽고 11월 단발령이 내리자 각지에 통문을 보내어 거의에 참여 할 것을 다음과 같이 호소하였다.

　　국모의 원수를 생각하면 臣子된 자로서 臥薪嘗膽해야할 시기인데 한 사람도 목욕재개하고 적을 치자고 청하는 자 없으며, 상감을 협박한 변은 바로 곧 임금이 욕을 당하면 신하가 죽는 날인데 內臣은 용감하게 나서서 업신여김을 막다가 죽은 자가 없고, 外臣은 서로 임금의 본의 아닌 명령 을 받들어 오직 머리 깎기만 독촉하고 있으니 이러고도 나라에 사람이 있

---

3) 김상기, 「조선말 문석봉의 유성의병」, 《역사학보》134·135, 1992.

다 하랴. 이같이 사람이 없기 때문에 짐승 발굽과 새 발자국이 날로 모여
들어 문명국이 변해 야만이 되어도 괴이할 것 없다는 것이다.[4]

또한 기우만은 고종에게 상소하여 적을 토벌하고 원수를 갚을 것과
단발령을 환수하여 옛 법도를 회복시킬 것을 주청하였다. 기우만은 柳
麟錫의 격문을 받고 의병을 일으킬 것을 결의하였다. 1896년 2월 제천의
병장 유인석의 격문이 도달하자 기우만 역시 각지에 격문을 띄워 의병
에 참여할 것을 호소하였다. 기우만은 奇參衍, 高光洵, 奇周鉉, 梁相泰,
奇東觀, 李承鶴, 奇宰, 奇東魯, 등과 장성향교에서 창의하였다. 이때 기우
만은 각 읍의 아전과 군교들에게 통문을 보냈으니 재력과 군사력을 갖
춘 이들이 우선적으로 초모의 대상이 되었음을 짐작할 수 있다.

한편 나주부에서도 기우만의 통문을 받고 양반유생과 향리들이 중심
이 되어 이에 호응하여 1896년 2월 1일 나주향교에서 의병을 결의하였
다. 다음날 이들은 司果 이승수와 유생 나경식의 추천에 의하여 전 주서
李鶴相이 회맹의 장이 될 만하다 하여 의병장으로 추대하였다. 이들은
거의한 후 기우만에게 통문을 보내 거의의 뜻을 밝혔다.[5] 기우만은 나
주의병의 초청에 응하여 200여 명의 의병을 모집하여 2월 11일 나주부
로 들어갔다. 나주의병의 위세에 나주부 관찰사는 도피하였다. 참서관
安宗洙는 의병대를 막고자 하였으나 2월 9일 나주의 아전과 군교들에게
피살되었다. 기우만의 나주 입성은 이러한 분위기에 나주의병들에게는
큰 힘이 되기에 충분하였으며, 기우만은 2월 13일 총대장에 추대되었다.

기우만은 2월 22일 인근에 다시 통문을 띄워 광주에 집결할 것을 통
고하고 자신도 의병을 이끌고 광주로 이진하였다. 기우만은 광주향교를

---

4) 기우만, 「격문」, 『송사집』권12.
5) 이병수, 「금성정의록」, 『독립운동사자료집』3, 1971.

본부로 하는 光山會盟所를 설치하였다. 이로서 기우만은 광주부를, 이학상을 중심한 나주의병은 나주부를 장악하며 기세를 올렸다.

그러나 전주진위대 중대장 김병욱에 의해 해남군수 정석진과 담양군수 민종렬이 체포되었다. 정석진은 그해 3월 10일 현지에서 살해되었으며, 김창균과 그의 아들 김철현, 그리고 영광의 향리 정상섭도 처형되었다.[6] 이처럼 나주의병은 관군에 의해 무참하게 진압되었다. 이러한 소식을 들은 기우만은 선유사 신기선이 고종의 칙유를 전달하자 그해 4월 의병을 해산하기에 이르렀다. 황현은 기우만의 의병 해산을 정석진의 처형과 관련하여 그가 자신에 해가 올 것을 두려워하여 의병을 해산하였다고 비판적으로 기록하고 있다.[7] 선봉장 기삼연은 이에 항거하여 장성으로 돌아가 의병의 재기를 도모하였으나 전주진위대에 체포되어 뜻을 이루지 못하였다.[8]

이상에서 살펴보았듯이, 나주의병은 나주의 향리층이 주도하였으며, 참서관 안종수를 처단하고 나주부를 장악하였다. 기우만 의병은 나주의병에 합세하여 활동하였다. 이들은 일본의 구축과 개화정책의 반대, 그리고 국왕의 환궁을 주장하였다. 이들 의병은 고종이 환궁한 후 내린 해산령에 따라 의병을 해산하는 등 투쟁성의 한계를 드러내기도 하였다.

3) 중기의병기 호남의병

1904년 2월 일제는 러일전쟁을 도발하고 한일의정서를 강요하여 한국

---

6) 홍영기, 「1896년 나주의병의 결성과 활동」, 『이기백선생고희기념 한국사학논총』 하, 일조각, 1994.
7) 황현, 『매천야록』 건양원년 병신 정월조.
8) 홍영기, 위 글.

에 대한 군사적 지배권을 장악하려 하였다. 을사5조약이 늑결되자 의병
은 전국적으로 확대되었다. 이 시기 호남지역에서 일어난 대표적인 의
진으로 崔益鉉의 태인의병, 양회일의 쌍산의소, 담양 창평의 고광순의병
그리고 광양의 백낙구의병 등이 있다.

林炳瓚 등 태인과 정읍 일대의 유생들은 충청도 정산에 거주하던 최
익현을 맹주로 초빙하여 태인의병을 일으켰다. 최익현의 눈물어린 호소
에 인근의 유생들이 의병에 자원하였다. 최익현은 격문을 배포하여 역
당과 왜적을 죽여 위험한 나라를 건지자고 호소하였다.[9]

태인의병 지휘부는 정읍, 순창 일대를 돌면서 의병을 소모하였다. 태
인의병은 기병한 다음 날인 6월 5일 행군하여 정읍에 들어가 내장사에
서 유숙했으며, 6일에는 순창에 들어가 구암사에서 유숙했다. 8일에는
곡성에 도착하여 격문을 지어 각 지역에 전했다. 10일(음, 윤4월 19일)에
순창으로 돌아와 주둔하였다. 태인의병의 활동 소식에 정부와 일제는
진위대를 파견하여 이를 진압하고자 하였다. 그날 정오쯤에 일본군이
동북쪽으로부터 공격하여 온다는 소식을 듣고 임병찬에서 2개의 奇兵을
설치하여 맞아 싸우게 하였다. 그러나 그들이 왜병이 아닌 진위대 병력
임을 알게 되었다. 전주관찰사 한진창과 순창군수 이건용이 군사를 거
느리고 와서 의병을 공격한 것이다. 최익현은 이에 임병찬을 불러 싸우
지 말도록 하였다.[10] 최익현은 의병을 해산하였다. 진위대는 최익현을
포함한 13명을 체포하여 서울로 압송하였다. 당시 최익현을 끝까지 사
수한 제자들을 '12의사'라고 하는데, 임병찬을 비롯하여 高石鎭, 金基述,
崔濟學, 文達煥, 林顯周, 梁在海, 趙愚植, 趙泳善, 羅基德, 李容吉, 柳海瑢

---

9) 최익현, 「창의격문」, 『면암집』권2 잡저.
10) 「연보」, 1906년 4월 20일(병술)조, 『면암집』부록 권4.

등이 그들이다.

최익현은 임병찬과 함께 8월 27일(음, 7월 8일) 대마도의 이즈하라(嚴原)에 압송되어 위수영의 경비대 안에 구금되었다. 최익현이 도착하였을 때 대마도에는 이미 홍주의병 9명이 유배와 있었다. 이들은 홍주의병 유병장 유준근을 비롯하여 홍주의병 9의사라고 불리는 이들이다. 최익현이 도착하자 대마도 경비대장이 검은 옷을 입을 것과 단발을 강요하였다. 이에 항거하여 최익현이 단식에 들어갔으며 나머지 10명도 이에 동참하여 단식투쟁을 감행하였다. 결국 경비대장은 2일 만에 자신의 지시를 번복하여 단발과 변복을 강요하지 않았다. 최익현은 자신들에게 주는 음식값이 조선에서 오는 것이라는 말을 듣고 비로소 식사를 재개하였다. 그러나 최익현은 1906년 12월 4일(음, 10월 19일) 병이 났다. 처음에는 감기였으나 점차 위중하였다. 12월 20일(음, 11월 5일)에는 고제학과 최제학이 면회를 와서 解語湯과 小續命湯을 지어 치료를 하고자 하였으나, 1907년 1월 1일(음, 1906년 11월 17일) 유배지에서 순국하고 말았다.[11]

林炳瓚(1851~1916)은 전라북도 옥구 출신으로 낙안군수 겸 순천진관 병마 동첨절제사를 역임하였다. 1906년 2월에 최익현을 의병장에 추대하고 태인의 무성서원에서 의병을 일으켜 초모, 군량 및 병사훈련 등의 책임을 맡아 활동하였다. 그 해 6월에 순창에서 최익현과 함께 체포된 그는 일본 헌병에 의해 서울로 압송된 후 유배 2년형을 선고받고 對馬島로 유배되었다. 그는 이듬해 1907년 1월 풀려났으나 1910년 국권을 상실한 후에는 은거하면서 재차 거의할 것을 도모하던 중 1912년 9월 독립의군부를 조직하였다. 임병찬은 총사령이 되어 일제의 내각총리대신 총독 이하 모든 관헌에게 「국권반환요구서」를 보내 합병의 부당성을 천명하

---

11) 김상기, 「최익현의 정산이주와 태인의병」, 《충청문화연구》7, 2011.12, 9~18쪽.

였다. 외국 공관에 대해서도 일제의 통치에 한국민이 불복하고 있음을 표명하였다. 그러나 그 해 5월 일본 경찰에 의해 계획이 사전에 발각되어 임병찬은 관련자들과 체포되고 말았다. 체포된 후에 옥중에서 자살을 기도하였으며, 거문도로 유배되어 옥고를 치르던 중 1916년 5월 순국하였다.[12]

梁會一(?~1908)은 1906년 10월 전남 화순의 능주에서 쌍산의소를 봉기하였다. 쌍산의소에서는 1907년 1월 격문을 발표하고 의병을 모았다. 의병대는 4월경 능주와 하순을 점령하였으며, 광주를 공격하였으나 실패하고 말았다. 의병장 양회일을 비롯한 중군장 임창모 등이 체포되어 지도로 유배되어 고초를 겪었다. 양회일은 1908년에 재차 의거하여 강진 등지에서 활약하다가 다시 체포되어 광주 옥에 수감되었다가 장흥으로 옮겨져 이곳에서 단식, 순국하였다.

고광순도 1907년 1월 담양군 창평에서 의병을 일으켰다. 고광순 의병은 1907년 4월 화순읍을 점령하고 평소 원성이 자자하던 일본인 집과 상점 10여 호를 소각하였다. 그러나 광주에서 파견된 관군과 교전 끝에 패산하고 말았다.

전남 광양에 은거 중이던 白樂九(?~1907)도 1906년 가을 의병을 일으켰다. 그는 태인의병의 소식을 듣고 합류하기 위해 북상하다가 태인의병의 해산 소식을 듣고 고향으로 돌아가 의병을 준비하였다. 그는 1906년 11월 광양 군아를 점령하고 무기와 군자금을 확보하였으나 구례에서 체포되고 말았다. 그후 1907년 봄에 석방되어 전남 함평군 羅山에서 거의한 劉秉淇의병에 참진하여 後軍將으로 활동하다가 동년 4월경 태인에서 일군과 접전 중에 전사 순국하였다. 남원의 梁漢奎도 1907년 2월 의

12) 편찬위원회, 『독립운동사』1, 369·373~386쪽.

병을 일으켰다. 양한규의병은 음력 설날 아침에 남원성을 공격하여 점령하였다. 그러나 의병장 양한규가 유탄에 맞아 순국하고 말아 의병대는 와해되고 말았다.[13)]

4) 후기의병기 호남의병

(1) 의병의 항일전

1907년 8월 1일 일제가 한국군을 강제 해산하자 이에 항거한 군인들과 의병이 서로 연합하여 대대적인 무장항일전을 벌이게 되었다. 해산된 군인의 항전은 서울의 시위대로부터 시작되어 원주, 강화, 홍주, 진주 진위대로 확대되었다. 이들은 각기 의병에 가담하여 의병의 전력을 강화 시켰다. 원주 진위대는 특무정교 민긍호의 지휘 아래 병사층을 중심으로 거의하여 강원도 충북일대에 본격적인 의병항쟁을 전개하였다.

후기의병기 호남의병은 박은식이 지적하고 있듯이, 전국에서 가장 왕성한 활동을 전개하였다. 일제 군경과의 교전횟수와 교전의병, 그리고 희생자 수에서도 호남의병은 단연 많은 수치를 보이고 있다. 이 시기에 호남지역의 마을마다 의병의 발길이 미치지 않는 곳이 없을 정도였다.

일본군은 호남의병의 항쟁이 격화되고 장기전으로 돌입하자 한국병합의 큰 장애물인 호남의병을 속히 종식시킬 목적으로 1909년 9월 1일부터 10월까지 약 2개월간에 걸쳐 호남의병에 대한 대학살작전을 수행했다. 이 군사작전은 한국임시파견대의 전 병력을 호남지역의 의병 진압에 투입하여 호남의병을 '박멸'한다는 계획이었다.

일제는 전라도 지역을 관할하는 남부수비관구의 모든 병력을 임시한

---

13) 박민영, 『한말 중기의병』, 독립기념관 한국독립운동사연구소, 2009, 101~154쪽.

국파견대로 교체 편성하여 의병 탄압 작전에 투입하였다. 임시한국파견대는 현지의 일본 헌병대와 경찰, 그리고 해군 11정대 등과 공동으로 작전을 전개하였다. 임시한국파견대의 제1연대는 순창-담양-나주-목포를 연결하는 전남의 서북지역을, 제2연대는 그 연결선상의 동남지역에서 작전을 폈다. 일본군은 1일 전진속도를 4킬로미터로 제한하면서 목포-해남 방향으로 의병대를 압축해갔다. 한편 연안과 도서지역의 경비와 수색은 11정대를 비롯한 해군이 담당하여 해안지역의 의병을 진압함은 물론 의병의 도서 진출을 막기 위하여 군함까지 동원하였다. 일제는 대포를 탑재한 중무장한 경비선 16척을 건조하여 그중 10척을 전남의 도서지역에 집중 배치하였다.

일본군은 이른바 교반적 방식으로 한 지역을 수색하고 다시 돌아와서 그 지역을 수색하는 방식으로 철저하게 의병을 살육하였다. 이 작전으로 임창모, 임학규 등 의병장들이 살해되었으며, 심남일, 안규홍, 양진여, 강무경 등 의병장들이 체포되었다. 전남경찰서의 보고에 따르면 이 작전 중에 살해된 의병이 420명으로 보고되어 있다.[14] 호남의병은 일제가 이른바 '남한폭도대토벌작전'이라고 부른 호남의병 대학살 작전에 의해 불과 40여 일 만에 붕괴되고 말았다. 그 결과 한말 의병 역시 대타격을 입고 의병의 대일항전은 급격히 쇠퇴하고 말았다.

일본군은 이 작전을 수행하면서 의병만이 아닌 일반 주민들을 살해하는 만행을 서슴지 않았다. 호남의병에 대한 대대적인 탄압을 직접 목격한 황현은 『매천야록』에서

---

14) 『폭도에 관한 편책』 전남경비발 제2082호, 융희3년 10월 23일.
   홍순권, 『한말 호남지역 의병운동사 연구』, 서울대출판부, 1994, 162쪽.

　　사방을 그물 치듯 해놓고 순사를 파견하여 촌락을 수색하고 집집마다
뒤져서 조금이라도 혐의가 있으면 죽였다. 그래서 행인의 발길이 끊기고
이웃과의 연락이 두절되었다. 의병들은 삼삼오오 도망하여 흩어졌으나 몸
을 감출 데가 없어 강자는 돌출하여 싸워 죽었고 약자는 기어 도망하다가
칼을 맞았다.15)

라고 기록하고 있음은 이를 말해준다.

　　이와 같이 후기의병기 호남의병은 전국의병을 대표했다고 할 정도로
격렬했다. 그 결과 일제의 탄압도 가장 강렬했으며 희생자도 많이 발생
하였다. 호남의병은 민중층이 대거 참여한 특징이 있다. 특히 후기의병
기에는 머슴을 중심으로 구성된 '안담살이 의병'이 편성될 정도였다. 따
라서 호남의병은 일제의 축출, 일진회를 비롯한 친일세력 처단, 일본상
품의 배격 등과 같은 민족적인 이념은 물론이고, 탐학한 관리의 축출과
같은 반봉건적인 이념을 동시에 내세우고 있다. 여기에서 호남의병이
동학의 보국안민적인 이념을 계승한 측면이 있음을 알 수 있게 한다. 이
와 같은 호남의병의 안민적 성격은 의병의 주민 침탈 행위를 엄단하도
록 하였다. 안규홍이 주민에게 피해를 주는 의병장을 처단한 것은 이를
잘 말해준다.

(2) 후기의병기 의병장의 활동

　　후기의병기 호남의병은 치열한 항일전을 수행하였다. 일제 군경의 탄
압도 극심하여 항전과정에서 많은 의병장이 희생되었다. 이들 중에 전
투 중에 전사한 의병장이 있다. 또한 체포되었으나 재판도 없이 사형을
당하거나 옥중에서 자결한 인물도 있다. 이들의 활동상을 살펴보기로

15) 황현,『매천야록』권6. 국사편찬위원회, 융희 3년 8월.

한다.

① 奇參衍의 호남창의회맹소

기삼연(1851~1908, 호: 省齋)은 전남 장성 출신으로 노사 기정진의 문인이다. 1896년 기우만과 함께 장성에서 의병을 일으켰다. 군대해산 후인 1907년 10월 의병을 재기하여 호남창의회맹소를 결성하였다. 여기에는 영광의 김용구와 나주의 김태원, 장성의 이철형, 함평의 이남규의병 등이 참여하였다. 이들은 「광고문」을 발표하여 친일파의 처단과 세금납부 거부 등을 전개할 것을 주장하였으며, 대한매일신보사 등 언론기관에 의병의 활동을 게재할 것을 요구하였다. 또한 각국 공사관에 「포고만국문」을 발표하여 의병 봉기의 당위성을 주장하였다. 호남창의회맹소는 장성과 순창 지역, 영광 나주, 함평 등지에서 활동하였으나, 1908년 2월 의병장 기삼연이 체포되어 해산되었다. 기삼연은 1908년 1월 광주 서천교 밑 백사장에서 재판도 없이 총살되었다.16)

吳成玄(1873~?)은 장성군 서삼면 증암리 출신으로 연초상이었다. 그는 1907년 10월중 奇參衍의병에 들어가 장성, 영암군 일대에서 활동하였다. 그는 기삼연 사후에는 1908년 5월 柳宗汝의병에 들어가 활동하였다. 1908년 10월경에는 李進士 의병에 들어가 창평, 담양, 옥과 일대에서 활동하였다. 1909년 2월에는 다시 金永泊의병에 들어가 장성 일대에서 활동하였다.17) 고창 출신의 朴道京(1874~1910)은 기삼연 의병에서 從事와 砲射隊長으로 활약하였다. 1908년 1월 의병장 기삼연이 광주에서 순국한 뒤, 격문을 돌리고 金公三과 함께 흩어진 군사를 수합하여 스스로는 砲

---

16) 홍영기, 「한말 호남창의회맹소에 대한 일고찰」, 《한국근현대사연구》21, 2002.
17) 판결문(1909. 7. 29, 대구공소원). 편찬위원회, 『독립운동사자료집』별집1, 712~713쪽.

土將이 되어 의병을 지휘하였다. 그는 광주를 습격하여 기삼연의 원수를 갚고자 하였다. 1909년에 선봉장 李道云, 중군장 孫道演, 도십장 具連譯과 좌우익장 및 참모를 거느리고 의병 1백여 명에 달하는 의병대를 지휘하면서 장성, 부안 등지에서 활약하였다. 음력 4월경 장성의 화룡시장에서 일본군수비병 및 한인 경찰대와 교전하였으며, 음력 5월경에는 영광에서, 음력 6월경에는 무장에서 일본군과 교전하였다. 그는 포위망이 좁혀져 의병활동을 전개하기 힘들어지자 의진을 해산하고 加峽 산중으로 거처를 옮겼다. 그러나 은신처마저 적에게 노출되어 체포되고 말았다. 1909년 12월 광주지방법원 전주지청에서 교수형을 선고받았으나 그는 1910년 2월 옥중에서 자결 순국하였다.[18] 金公三(1866~1910)은 1907년 음력 8월말 의병장 奇參衍의 휘하에서 중군장으로 고창, 부안, 담양 등지에서 활동하였다. 1908년 음력 1월 기삼연이 체포된 후에는 의병장으로 추대되어 동년 음력 2월 전남 장성군 송치산 등지에서 일본군과 접전을 벌였다. 1909년 6월 고창에서 의병을 해산시키고 재기를 계획하던 중 동년 9월 체포되었다. 동년 12월 광주지방법원에서 소위 내란죄로 교수형을 선고받고 순국하였다.[19] 李仲伯(1878~1910)은 1907년 기삼연 의병장의 호남창의회맹소에 참여하여 從事의 직임을 맡아 대일항쟁을 전개하였다. 1908년 초 기삼연이 순국하자 박도경 의병장의 휘하에서 대일항전을 계속하였다. 1908년 8월에는 金汝會 의병에 소속되어 제4초 십장을 맡아 장성, 순창 등지에서 항일투쟁을 전개하였다. 그는 1909년 일제의 탄압이 가중되자 독자적으로 소규모의 의진을 편성하고 활동하다

---

18) 판결문(1909. 12. 3, 광주지방재판소 전주지부). 편찬위원회, 『독립운동사자료집』 별집1, 776~778쪽.

19) 판결문(1909. 12. 8, 광주지방재판소 전주지부). 편찬위원회, 『독립운동사자료집』 2, 778~780쪽.

가 체포되었다. 1910년 3월 대구공소원에서 소위 폭동, 모살 등으로 교수형을 선고받고 순국하였다.[20] 趙正仁(1872~1909)은 1907년 12월 기삼연 의병에 들어가 일본헌병대 및 경찰과 접전을 전개하여 전과를 올렸다. 1908년 6월 나주 佳山에서 의병 沈守根과 함께 의병운동에 사용할 탄약을 제조하던 중에 일본 헌병대에 체포되었다. 광주지방법원에서 소위 내란죄의 주모자로 기소되어 사형을 선고받고 1909년 1월 대구 형무소에서 순국하였다.[21]

② 高光洵의병

고광순(1848~1907)은 호남의 명가로 알려진 장흥 고씨로 창평 출신이다. 그는 전기, 중기의병기에도 의병을 조직하여 항쟁한 바 있다. 그는 일제의 침략에 대하여 예기를 축적하여 장기항전을 준비한다는 '蓄銳之計'를 세우고 1907년 9월경 연곡사가 위치한 지리산 피아골에 의병의 근거지를 마련하고 활동하였다. 그는 부대를 3개 대로 나누어 일제 군경에 대응하였다. 고광수와 윤영기에게 각기 1개 대씩을 주어 경남 화개의 앞뒤 방향에서 공격하게 하였으며, 자신은 고제량 등과 함께 연곡사를 근거지로 삼아 항전하였다. 그러나 그는 일제 군경과의 연곡사전투에서 의병 20여 명과 함께 장렬하게 순절하였다. 일제는 전투가 종료된 후 연곡사와 문수암을 소각하는 만행을 저질렀다. 피아골 전투에서 살아남은 고광순의 동생 고광훈과 고광문, 고광수 등은 흩어진 의병들을 수습하여 지리산 주변의 구례, 남원, 곡성 등지와 무등산 일대를 중심으로 의

---

20) 판결문(1910. 3. 5, 대구공소원 형사부). 편찬위원회, 『독립운동사자료집』별집1, 890~891쪽.

21) 대구공소원 판결문. 대심원판결문(1908. 12. 15). 편찬위원회, 『독립운동사자료집』 별집1, 572~573, 814쪽.

병 활동을 계속하였다. 고광훈은 1907년 12월 체포되어 진도에 3년간 유배되었으며, 고광수는 1907년 11월 남원의 자택에서 체포되었다가 탈출하여 의병 활동을 계속하였다.22) 鄭永珍(1856~1919)은 화순출신으로 직업은 '紙商'이었다. 1907년 7월 하순 고광순의 의병 소모에 참여하였다. 趙晋奎가 소유하고 있던 총 1정을 강원숙에게 건네주는 등 의병운동을 적극 도왔다.23)

③ 李錫庸의 湖南倡義所

이석용(1877~1914, 호: 靜齋, 본: 전주)은 임실 출신이다. 그는 1907년 8월 군대해산 직후에 일본의 죄 10가지를 들어 격문을 발표하였다. 그는 9월 12일 마이산 남쪽기슭의 용암 위에 단을 쌓고 하늘에 제사하고 의진을 편성하였다. 그는 부대를 '창의동맹단'이라 명명하고, 전해산을 참모에 기용하고, 선봉에 포군 출신이 朴萬華, 중군에 呂雲瑞 등 용장들을 각 부서에 임용하였다. 9월 13일에는 진안읍을 기습하여 적장에게 총상을 입혀 패주케 한 뒤, 그들의 복장, 양총, 비단, 文簿 등을 노획하는 대승을 거두었다. 10월 화암리 후방산에서 일본군과 접전하였으나 화력의 열세로 많은 의병을 잃었다. 11월 장수읍을 공격, 일본군을 남원으로 후퇴하게 하였다. 1908년 3, 4월 진안, 수류산 등지에서 일본군과 접전하였다. 1909년 9월부터 행해진 일본군에 의한 호남의병대학살전이 전개되자 의진을 해산하고 잠적하였다. 1910년 나라를 잃은 뒤에도 일왕을 주살하려는 계획을 세우고 1912년 壬子冬密盟團을 조직하였다. 그러던 중에 1912년 임실의 성수면 삼청리에서 붙잡히고 말았다. 그는 1914년 2월 광주지

---

22) 홍영기, 『대한제국기 호남의병 연구』, 일조각, 2004, 287쪽.
23) 판결문(1908년 11월 7일, 대구복심법원). 편찬위원회, 『독립운동사자료집』별집1, 568쪽.

법 전주지청에서 사형선고를 받고 상고하였으나 기각되어 그해 4월 순
국하였다. 의병활동에 관한 진중일기를 남겨『靜齋先生湖南倡義日錄』이
간행되었다.[24] 이석용의병의 부대원인 金必洙(1875~1913)는 1908년 음
력 9월 6일 呂云西와 함께 일본 헌병의 밀정 金寬日을 처단하였다. 朴甫
局, 丁南釗, 洪允武, 朴東煥, 李南用, 金相臣, 韓日成과 함께 1912년 11월
장수군 진전면사무소를 기습하여 군자금을 모집하였다. 1913년 2월 광
주지방법원 전주지청에서 김필수는 소위 강도살인죄로 교수형을, 박보
국, 정남쇠, 홍윤무, 박동환, 이남용, 김상신, 한일성은 10년 징역형을 선
고받고 공소를 제기하였으나 3월 19일 대구 복심법원에서 공소기각 판
결을 받았다. 김필수는 5월 26일 대구감옥에서 순국하였다.[25]

④ 全海山의 大東倡義團

전해산(1879~1910, 본명: 垂鏞, 본: 천안)은 기삼연의 호남창의회맹소
와 이석용의 창의동맹단에 참여하여 의병활동을 전개하였다. 그는 1908
년 음력 8월에는 독자적인 의병을 조직하고 대동창의단이라 하였다. 선
봉장에 정원집, 중군장에 김원범, 후군장에 윤동수, 호군장에 박영근 등
을 두었다. 대동창의단은 1908년 후반부터 의병활동을 전개하여 다음 해
4월 부대를 해산할 때까지 전남 서부지역에서 활동하였다. 특히 전해산
은 심남일, 조경환 등의 부대와 연합 작전을 펼치면서 영광의 불갑산과

---

24) 판결문(1914. 2. 7, 광주지방법원 전주지청). 편찬위원회,『독립운동사자료집』별집
  1, 930~935쪽.
  김의환,『항일의병장열전』, 정음사, 1975.
  강길원,「한말 호남의병장 정재 이석용의 항일투쟁」,《원광사학》2, 1982.
25) 판결문(1913. 2. 22, 광주지방법원 전주지청). 편찬위원회,『독립운동사자료집』별
  집1, 930~932쪽.

함평의 석문산 일대를 근거지로 하여 활동하였다. 이들은 영광의 불갑산전투, 장성의 동화전투, 담양의 한재전투, 함평의 월야전투 등에서 전과를 올리며 전남지역의 대표적인 의병부대로 주목받았다. 일제에 의해 체포된 전해산은 1910년 6월 광주지방법원에서 사형을 선고받은 후 대구 감옥소에 이감되어 대구공소원과 고등법원에 상고하였으나 기각되고 그해 7월 교수형으로 순국했다.[26]

⑤ 文泰洙의병

문태수(1880~1913)는 경남 안의 출신이다. 1905년 상경하여 면암 최익현을 예방하였으며, 격문을 내어 의병을 모집할 방책을 상의하고 호남지방으로 내려가서 지리산에 들어가 거의하였다. 무주에서 의병 수십 명을 이끌고 덕유산으로 가던 중 일본군 수명을 사살하였다. 그 후 1906년 9월 중순경에 장수 양악에서 朴春實을 만나 그를 선봉장으로 삼고 의병진을 합세하여 계속 전투를 전개하면서 팔공산으로 들어갔다. 9월 하순에 장수읍을 함락시키고 일본군과 교전하였다. 1907년 1월에는 무주 부남면 고창곡에서 일본군을 습격하였다. 그 해 12월에 양주에서 각도의 의병진이 모일 때 호남의병을 이끌고 합세하여 호남창의대장에 추대되어 서울진격작전에 일익을 담당하였다. 1908년 2월 의병을 이끌고 무주주재소를 급습하여 적 5명을 사살하였다. 4월에는 부하 150명을 인솔하고 장수읍을 공격하고 일본군 다수를 살상하였으며, 총기 등을 획득하고 주재소와 군아 등을 불질렀다. 무주군민들은 이러한 문태수의 전공을 기리기 위해 1909년 4월에 공덕비를 세웠으나 일본경찰에 의해 철거되었다. 그 해 5월에는 남원군 문성 동북지역에서 일본군과 접전을 벌

---

26) 판결문(1910. 7. 9, 대구공소원).

여 전과를 올렸다. 8월 중순경에도 의병 수십 명을 인솔하고 충북의 영동·옥천 등지에서 유격전을 전개하였다. 10월 30일에 경부선 이원역을 습격, 방화하고 일본군 3명을 포로로 하였으며, 11월에는 무주군을 근거로 영동·옥천·금산 등에서 항일전을 벌여 일본군을 다수 사살하고 총기를 노획하였다. 그러나 1911년 8월 덕유산 아래 매부의 집으로 잠시 내려갔다가 서상면 면장의 밀고에 의해 일본군에 체포되었다. 대구감옥에서 서울로 옮겨졌으며, 1913년 2월 4일 옥중에서 자결하여 순국하였다.27)

　文泰洙의병에 가담하여 활약한 이로 장수 출신의 朴春實(1875∼1914)이 있다. 그는 무주·장수·진안 지역에 격문을 배부하여 의병을 모아 용담 구봉산에서 일군과 접전하여 전과를 올렸다. 1906년 가을 문태수의병에 합류하여 큰 전과를 올렸다. 1909년 5월 8일 文城 동북쪽에 떨어진 산중에 130명의 의병과 더불어 유진하고 있던 중 토리카이(鳥飼) 대위가 이끄는 일본군 함양수비대와 교전하던 중 의병 13명이 순국하고 박춘실은 체포되었다. 1909년 7월 17일 교수형을 선고받고 복역 중 1914년 전주형무소를 탈옥하려다 실패하였다. 그 후 대구형무소로 이감되자 벽을 파괴하고 동지들을 탈옥시킨 후 본인은 自盡하였다.28)

　明敬安(1852∼?)은 1909년 2월 용담에서 문태수의병 金尙鎭의 부탁을 받고 李用伊(1868∼?)와 함께 화약과 총을 공급하는 등 의병부대의 화력지원활동을 벌였다.29) 용담군 이동면의 농민 출신인 朴東植(1867∼1909)은 1907년 12월 문태수의병에 가입하여 선봉장으로 활동하였다. 1908년

---

27) 편찬위원회,『독립운동사』1권 536·616쪽.『폭도에 관한 편책』,「적괴 文泰洙 및 그 부장 申蘭波의 행동」(1910년 1월 10일 김천분견소장 보고).

28) 편찬위원회,『독립운동사』7권 227쪽. 편찬위원회,『독립운동사자료집』별집1 1203쪽.

29) 판결문(1909. 6. 9, 광주지방재판소 전주지부). 편찬위원회,『독립운동사자료집』별집1, 602∼603쪽.

3월 경북 안의의 영각사에서, 4월 장수에서, 5월 무주의 구천사에서, 6월 무주의 도현리에서, 7월 용담의 지장산에서, 11월 무주의 고청동에서, 그리고 1909년에는 2월 안의의 갈현리에서, 3월 안의 서상면 도산리에서 일본군수비대와 전투를 수행하였다. 그는 체포되어 1909년 6월 4일 광주지방법원에서 교수형을 선고받고 순국하였다.[30]

⑥ 金泰元의병

김태원(1870~1908)은 나주 출신으로 순릉참봉을 역임하였다. 1907년 9월 기삼연이 장성에서 거의하자 호남창의회맹소의 선봉장으로 활약하였다. 1907년 12월 함평주재소를 습격하여 일인 순사를 사살하고, 수차례 일본수비대와 접전하였다. 그는 기삼연 사후에는 스스로 대장이 되어 활동하였다. 1908년 3월 장성군 광곡에서 부하 약 80명을 이끌고 잠복 활동하였으며, 4월 부하 20여 명과 함께 어등산전투에서 순국하였다.[31]

광주 출신으로 최익현의 문인인 曺京煥(1876~1908)은 1907년 12월 초순 광주·함평 등지에서 李元晡, 金東洙, 梁相基 등 의병을 모아 김태원과 함께 기병하여 左翼將이 되어 항일전을 전개하였다. 1908년 9월 김태원 사후 의병장으로 추대되어 의병을 이끌고 흑석리와 오수산전투를 치렀다. 10월에는 함평의 석문과 장성의 고산 등지에서, 11월에는 광주의 동촌 등지에서 일본군 수비대와의 격전을 치렀다. 그는 1908년 음력 12월 과세차 의병을 귀향시키고 어등산 寺洞에 은신하고 있다가 일본 헌병대의 급습을 받아 순국하였다.[32] 劉秉淇(1882~1910)는 구례의 양반가

---

30) 판결문(1909. 7. 17, 대구공소원). 편찬위원회, 『독립운동사자료집』별집1, 598~
    600쪽, 709~710쪽.

31) 편찬위원회, 『독립운동사』1.

32) 송상도, 『기려수필』, 국사편찬위원회, 1955, 138쪽. 편찬위원회, 『독립운동사』1권,

문 출신으로서 宋秉璿의 문하에서 수학하였다. 1907년 봄 김태원 등과 함께 함평군 나산에서 의병을 일으켰다. 창평전투에서 일본군을 사살하였으며, 1907년 9월 중순 홍덕군 사진포에 있는 일본인 가옥 3동을 소각하였다. 1908년 2월 창평군 무등촌에서, 3월에는 영광군 봉산면에서 접전하여 일본군 기병 중위 관정(管井) 외 1명에게 중상을 입혔다. 4월 중순에는 순창 산막에서 교전하여 큰 전과를 올렸으나 접전 중에 후군장 백낙구가 전사하였다. 5월 30일 창평 龍興寺에서 왼쪽 팔과 왼편 복부에 총상을 입었다. 그후 일본군에게 체포되어 1910년 3월 광주지방재판소에서 교수형을 선고받고, 순국하였다.33) 함평 출신의 李雲善(1882~?)은 1908년 1월(음) 김태원의병에 들어가 정성, 담양, 함평, 광주 등지에서 활동하였다. 4월 25일에는 의병장 김태원과 함께 광주 어등산전투에 참전하였다. 1908년 12월(음)에는 조경환의병에 들어가 어등산 일대에서 활동하다가 체포되었다. 1909년 5월 5일 광주지방법원에서 7년 유배형을 선고받았다.34) 鄭洛仲(1884~1910)은 1907년 金泰元 의병에 참여하여 전남 각처에서 일본군과 교전하는 등 활동하였다. 어등산전투에서 김태원이 전사 순국하자, 그는 1909년 2월 朴土化의병에 참여하여 대일항전을 하였다. 1909년 8월부터는 羅成化의병에 입진하여 제4초 십장의 직임을 맡아 군사들과 함께 무안 삼향면에서 일본인 쿠리야마(栗山鶴吉)를 처단하고 군자금을 모집하는 등 활동하였다. 그러나 결국 일본군에 체포되어 1910년 1월 고등법원에서 교수형이 확정되어 3월 순국하였다.35) 李

617~618쪽.

33) 판결문(대구공소원, 1910. 5. 17). 국사편찬위원회, 『한국독립운동사』, 1965.

34) 판결문(1910. 6. 5, 대구공소원). 편찬위원회, 『독립운동사자료집』별집1, 708쪽.

35) 판결문(1909. 12. 7, 광주지방재판소 전주지부). 편찬위원회, 『독립운동사자료집』 별집1, 868쪽.

江山(1874~1910)은 함평에서 박치일, 정인술, 박장봉, 서성학, 양창국 등을 규합하여 의병을 일으켜 金泰元 휘하에서 활약하였다. 1908년 4월 의병장 김태원이 순국한 뒤 심남일 부대에서 부장으로 활동하였다. 그는 의병을 해산하고 귀순하였다가 밀정을 처단한 일로 체포되었다. 1909년 12월 광주지방재판소에서 교수형이 선고되어 사형 순국하였다. 그와 함께 활동한 朴致一, 鄭寅述, 朴章奉, 徐成學, 梁昌國 등도 체포되어 교수형을 선고받고 순국하였다.36)

⑦ 安圭洪의병

안규홍(1879~1911)은 가난한 농민 출신으로 보성과 순천 등 주로 동부지역에서 활동하였다. 보성 출신인 안규홍은 극빈한 가정 사정으로 어려서부터 머슴살이를 하였다. 그는 1907년 머슴들을 중심으로 의병을 일으켰다. 처음에는 강원도 출신인 강성인 의병부대에 투신하였다. 이 의병대는 순천 조계산의 향로암에 근거지를 구축하고 활동하고 있었다. 그는 강성인이 주민들에게 적지 않은 피해를 주자 1908년 4월 부하들과 함께 강성인을 처단하고 자신이 의병대를 이끌었다. 안규홍은 자신이 머슴살이를 하던 법화마을 인근에 있는 동소산에 근거지를 두고 활동을 시작하였다. 부장에는 염재보, 선봉장에는 이관회, 운량관에는 박제현 등을 임명하였다. 이들은 일본인의 구축과 함께 친일세력의 처단, 탐학한 관리의 근절을 목표로 내세우고 주민 침탈행위를 엄단하였다. 그러나 일제 군경의 포위망에 1909년 9월 의병 60여 명이 투항하는 사태가 일어났다. 결국 안규홍은 후일을 기약하여 의병을 해산하였다. 9월 하순 그는

---

36) 판결문(1910. 3. 8, 대구공소원 형사부). 편찬위원회, 『독립운동사자료집』별집1, 846~847쪽.

염재보 등과 함께 일본군에 체포되고 말았다. 그는 광주감옥에 수감되었
다가 대구감옥으로 이감되어 1911년 5월 교수형으로 순국하였다.[37]

林夏仲(1869~1910)은 농민출신으로 1908년 3월경 安圭洪의병에 참여
하였다. 그는 都什長, 運糧官 등을 맡아 안규홍과 함께 1909년 8월경까지
보성, 장흥, 순천 등지에서 활동하였다. 그러나 이른바 '남한폭도대토벌
작전'이 벌어지던 기간인 1909년 9월 보성에서 체포되었다. 1910년 3월
광주지방법원에서 교수형을 선고받고 순국하였다.[38] 화순의 목수 출신
인 張仁初(1877~1910)는 1909년 2월경 安圭洪 의병부대의 선봉장이 되
어 보성을 중심으로 활동하였다. 그는 안규홍의 지시를 받아 廉仁瑞, 廉
君明, 林夏中 등과 함께 양민의 재물을 탈취한 보성군 봉동에 거주하는
박봉조를 처단하였으며, 민가에 은닉된 총기를 수집하였다. 한편 1909년
음력 5월말 沈南一 의병부대의 선봉장으로 의병 100여 명과 함께 장흥,
강진, 보성 등지에서 활약하다가 그해 9월에 붙잡혔다. 1910년 6월 광주
지방법원에서 교수형을 선고받고 순국하였다.[39] 孫德五(1867~1910)는
목수직에 종사하다가, 1908년 2월경 안규홍이 의병을 일으키자 그 휘하
에서 都砲將, 左右砲將, 左右翼將 등을 맡았다. 그는 1908년 4월 廉仁瑞
등 동료의병 30여 명과 함께 양민의 재물을 약탈하는 의병대장 姜龍彦
을 총살하였다. 1909년 9월에는 廉仁瑞, 鄭奇贊 등과 함께 순천 낙서면
상고리로 가서 일진회원 李用西를 처형하였다. 그러나 1909년 9월 말 붙
잡히고 말았다. 그는 이듬해인 1910년 3월 광주지방재판소에서 소위 폭

---

37) 홍영기, 『대한제국기 호남의병 연구』, 일조각, 2004, 326~363쪽.

38) 판결문 (1910. 6. 27, 광주지방법원 전주지부). 편찬위원회, 『독립운동사자료집』별
　　집1, 875~878쪽. 독립유공자호남유족회, 『담산실기』, 1983.

39) 판결문 (1910. 8. 20, 대구공소원). 편찬위원회, 『독립운동사자료집』별집1, 1974.
　　홍영기, 『대한제국기 호남의병연구』, 2004.

동 및 살인죄로 교수형을 선고받고 순국하였다. 廉仁瑞도 함께 체포되
어 교수형을 선고받고 순국하였다.[40] 鄭奇贊(1880~1910)은 安圭洪이 의
병을 일으키자 그 휘하에서 포군십장, 월군장을 맡아 활동하였다. 1908
년 5월 초순 안규홍의 지시를 받고 일진회원 廉永化가 의병의 활동을 일
본 관헌에게 밀고한 혐의를 확인하고 보성 법화촌에서 총살하였다. 1909
년 9월 말 체포되어 이듬해인 1910년 3월 광주지방재판소에서 교수형을
선고받고 순국하였다.[41]

⑧ 沈南一의병

심남일(1871~1910)은 전남 함평 출신이다. 향리에서 면장과 향교 장
의 등을 역임하고 또 서당의 훈장을 지낸 바 있다. 그는 의병장 김율의
부장이 되어 장성·함평 등지에서 일군과 항전하여 많은 전과를 거두었
다. 김율이 전사하자 대장이 되어 진용을 재정비하였다. 그의 첫 접전은
1908년 3월 강진면 오치동에서 있었다. 이후에도 4월 장흥에서, 6월에는
남평 장담원전투에서, 7월에는 영암 사촌 전투, 8월은 나주 반치에서, 9
월은 장흥 신풍에서, 10월은 해남과 능주 등지에서 일본군과의 전투를
수행하여 많은 전과를 수립하였다. 이듬해인 1909년 3월 전해산과 안규
홍의병대와 연합전선을 형성하여 투쟁하기도 하였다. 그러나 일본군의
집요한 추적으로 1909년 10월 체포되었고, 다음 해 10월 대구 감옥에서
사형 순국하였다. 筆墨商을 하고 있던 姜武景(1878~1910)은 沈南一의 격
문을 받고서 결의 형제를 맺고 의병에 참여하였다. 그는 심남일을 대장

---

40) 판결문(1910년 6월 2일, 대구공소원). 편찬위원회, 『독립운동사자료집』별집1, 84
   0~841쪽. 홍영기, 「안규홍의병의 조직과 그 활동」, 《한국학보》49, 1987.

41) 판결문(1910년 6월 2일, 대구공소원). 편찬위원회, 『독립운동사』1, 1973. 편찬위원
   회, 『독립운동사자료집』별집1, 840~841쪽.

으로 추대하고 선봉장이 되었다. 그 이후 그는 심남일과 일체가 되어 활동하였다. 그는 풍치의 바위굴에서 은신생활을 하던 중 1910년 8월 체포되어 대구 감옥에서 교수형에 처해져 순국하였다. 나주 출신의 朴士化(1880~1912)는 1908년 2월 심남일 의병에 참가하여 중군장으로 활약하였다. 박사화는 부하들을 구출하기 위해 자수한 뒤, 다시 탈출하여 의병항쟁을 전개하다가 체포되었다. 그는 1910년 5월 광주지방법원에서 소위 내란 및 살인죄로 사형을 선고받아, 1912년 7월 형 집행으로 순국하였다.42) 영암 출신의 李復根(1879~1910)은 朴士化의병에 참여하여 활동하다가 체포되어 순국하였다.43) 金致洪(1880~1910)은 1908년 10월 沈南一 의병진에 가담하여 起軍將에 선임되어 영광·능주 등지에서 활동하였다. 1909년 4월에는 朴士化 부대의 제1초십장에 임명되어 영암 일대에서 군자금 모금 활동을 하였다. 그러나 같은 해 9월 영산포 일본헌병대에 체포되어 1910년 6월 광주지방재판소에서 교수형을 선고받고 순국하였다.44) 李世昌(1882~1910)은 1908년 음력 9월부터 심남일의병에 들어가 장흥과 영광, 보성 등지에서 활동하였다. 그는 체포되어 1910년 5월 광주지방법원에서 교수형을 선고받고 순국하였다.45)

⑨ 金東臣의병

김동신(1871~1933)은 대전의 회덕 출신이다. 군대해산 후 의병항쟁이

---

42) 홍영기,『대한제국기 호남의병 연구』, 일조각, 2004, 294~325쪽. 편찬위원회,『독립운동사』1, 604쪽. 편찬위원회,『독립운동사자료집』별집1, 1218쪽. 김의환,『항일의병장열전』205쪽.

43) 판결문(1910. 2. 19, 대구공소원).

44) 판결문(1910. 7. 23, 대구공소원). 편찬위원회,『독립운동사자료집』별집1, 812~813쪽.

45) 판결문(1910. 9. 6, 대구공소원). 편찬위원회,『독립운동사자료집』별집1, 1974, 850~853쪽.

본격화되자 백양사에서 高光洵과 더불어 통문을 돌려 의병을 봉기하고 '삼남의병도대장'이 되었다. 그는 9월 80여 명의 의병을 거느리고 순창의 우편취급소와 경무고문분파소를 습격하였다. 10월에는 의병 6백 명을 거느리고 경남 안의군 월성에서 일병을 공격하였으며, 李錫庸 의병과 합진하여 용담군 심원산에서 일병과 격전을 벌였다. 일제는 김동신 부대의 근거지의 하나인 지리산의 문수암을 소각하고, 진해만에 있던 중포병대 1개 소대까지 동원하는 등 진압에 혈안이 되었다. 이러한 상황에 김동신은 신병이 생겨 비밀리에 고향인 회덕군 탄동면 덕진동에서 치료하다가 대전경찰서 일경에게 1908년 6월 체포되고 말았다.[46] 김동신 의병으로 金振化(1874~?)가 있다. 담양 출신인 김진화는 1906년 6월부터 김동신 의병에 참여하였다. 그는 1907년 8월 4일 남원에서 일본군과 접전하여 2명을 사살하였으며, 같은 달 11일 구례 순사주재소를 공격하였다. 같은 해 9월에는 순창우편취급소와 순사주재소를 습격, 점령하는데 참여하였다. 이후 1908년 1월까지 전남 구례, 담양, 경남 안의, 거창 등지에서 활동하였다.[47]

⑩ 楊允淑의병

양윤숙(1875~1910)은 1908년 순창군 구림면 국화촌의 뒷산인 회문산에서 '義檄文'을 발표하고 의병을 봉기하였다. 1908년 음 8월 餉官 서기협으로 하여금 부하 22명을 인솔하여 순창군 무림면 화암리에서 일본군 순창수비대 및 헌병대와 교전하게 하여 전과를 올렸다. 1908년 음 9월에

---

46) 편찬위원회, 『독립운동사』1, 1973. 홍영기, 「구한말 김동신 의병장에 대한 일고찰」, 《한국학보》56, 1989.

47) 판결문(1909. 10. 8, 광주지방재판소 전주지부). 편찬위원회, 『독립운동사자료집』 별집1, 680쪽.

는 중군 최산홍이 40여 명을 인솔하고 구림면 국화촌에서 남원수비대를 기습 공격하였다. 1909년 음 2월에도 순창수비대를 공격하였다. 그러나 1909년 소위 일본군의 호남의병대토벌로 거점을 상실하고 은신하였다가 12월 23일 김제군 월산면에서 '피노리수비대'에 의해 체포되었다. 1910년 3월 광주지법 전주지청에서 교수형을 선고받고 순국하였다.[48] 楊允澤(1876~1947)은 1908년 7월 순창군 호계면에서 화승총을 의병장인 형 楊允淑에게 공급하고, 일본 수비대, 경찰서, 헌병 등의 동태에 관한 정보를 통보하여 의진을 도왔다. 1909년 12월 3일 양윤숙이 일본 헌병대에 체포될 때 함께 체포되어 1910년 6월 광주지방재판소 전주 지부에서 징역 1년에 처해졌다.[49] 崔山興(1883~1910)은 원래 잡화 상인이었으나 을사조약의 늑결에 격분하여 의병에 투신하였다. 1906년 10월부터 李慶春 의병부대의 都什將, 前砲將을 맡아 12월까지 태인과 부안을 중심으로 활동하였다. 1907년 11월부터 李錫庸의 휘하로 옮겨 이듬해 4월까지 檢察의 직을 맡고 임실, 남원, 진안 등지에서 항쟁하였다. 1908년 3, 4월에는 임실 상동에서 일본 수비기병대와 주재소를 습격하였다. 1908년 6월부터 1909년 10월까지는 楊允淑의병의 중군장으로 활동하였다. 1908년 12월 일본기병에게 집을 빌려주는 등 협조한 邊大圭의 집을 소각하였다. 일본군에 체포된 그는 1909년 12월 광주지방재판소 전주지부에서 교수형을 선고받아 순국하였다.[50] 李黃龍(1886~1910)은 소금과 누룩을 판매

---

48) 판결문(1910. 3. 9, 광주지방법원 전주지부). 국사편찬위원회, 『한국독립운동사』1, 1967. 편찬위원회, 『독립운동사자료집』별집1, 888~889쪽.

49) 판결문(1910. 6. 20, 광주지방법원 전주지부). 편찬위원회, 『독립운동사자료집』별집1, 888~889쪽.

50) 판결문(1909. 12. 27, 광주지방재판소 전주지부). 홍영기, 『대한제국기 호남의병 연구』, 일조각, 2004.

하는 상인이었으나, 망국적 상황에 의병에 투신하였다. 1908년 8월에 楊允淑의병 중군장 崔山興의병에 가담한 뒤 2~3개월 동안 순창군 일대에서 항일전을 펼쳤다. 같은 해 8월에는 순창과 임실의 경계인 갈치에서 金希仲 등 동료의병들과 함께 순창주재소 소속 朴京弘를 사살한 뒤 체포되었다. 1910년 1월 광주지방재판소 전주지부에서 교수형을 선고받고 순국하였다.51)

⑪ 林世默의병

임세묵(1876~1909)은 1907년 8월 의병을 일으켜 부하 수십 명을 인솔하고 전북 지역에서 활동하였다. 이듬해인 1908년 3월에는 金聖九 의병에 가담하여 부하 수십 명을 이끌고 남원, 구례, 순천 등지에서 활약하였다. 그는 1907년 11월에는 순천 복동에서, 1909년 2월에는 곡성군 두동에서 각각 일군과 교전하였다. 1909년 2월부터 4월에는 부하 수십 명을 인솔하고 군자금을 모집하다가 체포되었다. 동년 5월 광주지방재판소에서 징역 15년형을 선고받고 공소했으나 동년 6월 대구공소원에서 교수형으로 변경되어 순국하였다.52) 林基淑(1869~?)은 1909년 윤2월 임세묵의병에 투신하여 의병활동을 하였다. 같은 해 3월 임세묵 의병장 및 수명의 동료 의병과 함께 총을 휴대하고 남원군 機地坊에서 군자금을 징수하였다. 林基西(1872~1934) 역시 林世默 의병에 가담하여 남원 일대에서 활약하였다. 1909년 음력 2월 임세묵 의병장의 지휘 아래 孔成瓚 등 20여 명의 의병과 함께 총 15정을 휴대하고 남원군 수지방 호곡에서

---

51) 판결문(1910. 1. 12, 광주지방재판소 전주지부). 판결문(1910. 3. 3, 대구공소원). 판결문(1910. 4. 14, 고등법원). 편찬위원회, 『독립운동사자료집』별집1, 773~774, 877쪽.
52) 편찬위원회, 『독립운동사자료집』별집1, 591~596쪽.

군자금 모집활동을 전개하였다.[53] 구례 출신의 孔成瓚(1878~1909)은 1908년 2월경부터 남원, 구례 일대에서 활동하였다. 동년 11월에는 곡성에서 일본 순사대와 교전하였다. 1909년 4일경 일군에 체포되어 5월 광주지방재판소에서 소위 강도죄로 교수형을 선고받고 순국하였다.[54]

⑫ 李圭弘의병

이규홍(1881~1928, 호: 梧下)은 익산 출신으로, 최익현의 의병 소식을 듣고 1906년 4월 박이환, 문형모 등과 함께 의병에 참여하였다. 최익현의 태인의병이 해산된 뒤에는 독자적인 의병부대를 조직하고 활동을 지속하였다. 이규홍은 1907년 11월 박이환, 문형모 등과 함께 의병을 재기하였다. 그의 부친인 李琪榮은 의병 군자금을 지원하였다. 이규홍 부대는 1907년 11월 고산 가금리에서 일본군과의 전투를 치루는 등 전과를 수립하였다.[55] 柳志明(1881~1909)은 전북 高山 출신으로 이규홍의병의 제2지대장을 맡았다. 1907년 9월 초순부터 삼남의병대장의 인장이 찍힌 의병 격문을 만들어 이를 게시하고 의병 수백 명을 모집하였다. 또한 호남의 대부호인 김진사의 사음 李聖順 등 여러 명에게 도조 수백석의 지불을 정지하라는 문서 4통을 만들어 군량을 징발하였다. 1907년 9월 용담군 건무리에서 일본군과 교전하였다. 10월 3일 밤에는 丁成一, 金致三 등 수십 명을 이끌고 용담군 읍내의 일본인 거주지에 들어가 일본인 大石 외 2명을 사살하고, 한국인 경찰 鄭尙權을 쓰러뜨리고 무기를 탈취하

---

53) 판결문(1909. 5. 7, 광주지방법원 전주지부). 편찬위원회, 『독립운동사자료집』별집 1, 591~592쪽.

54) 편찬위원회, 『독립운동사자료집』별집1, 591~596쪽.

55) 『梧下日記』. 이강오, 「의병대장 이규홍의 항일투쟁」,《군사》6, 1983, 210~222쪽. 김상기, 「이규홍의 익산의병과 항일투쟁」,《전북사학》54, 2018.

였다. 1908년 12월에는 尹炳五라는 사람이 의병을 사칭하고 겁탈, 강간을 일삼아 의병의 명예를 실추시키므로 부하 柳致福을 시켜서 살해하였다. 그는 1909년 1월 체포되어 광주 지방 재판소에서 교수형을 선고받고 순국하였다.56) 鄭弘基(1888~?)는 1908년 2월까지 유지명의 지휘에 따라 전북 옥구, 용담 등지에서 활동하였다. 1907년 12월 고산군 읍내 시장 움막, 군아 부속건물 및 인접한 세무서 등을 불태웠다. 1909년 6월에는 전주의 소양면에서 군자금을 거두었다.57)

⑬ 梁振汝의병

양진여(1862~1910)는 광주 출신이다. 주막업을 하던 그는 1908년 음력 7월 20일경 광주에서 격문을 살포하고 의병을 모집하여 의병장으로 추대되었다. 1908년 11월 중순 광주의 대치산에서 일본수비대와 혈전을 전개하였다. 1909년 10월 담양군 남면 무동촌에서 일본수비대와 교전하던 중 체포되고 말았다. 1910년 3월 "내란죄"로 대구복심법원에서 교수형을 선고받고 순국하였다.58) 梁振汝의 아들 梁相基(1883~1910)는 한국 鎭衛隊 병사 출신이다. 그는 1907년 8월의 군대 해산으로 光州경찰서에 근무하게 되었으나 부친 양진여가 의병장으로 항쟁하고 있었으므로 파면되었다. 그는 의병에 투신하여 1909년 4월 담양군 정면 딕곡리 전투에서 패전하고 체포되었다. 1910년 대구형무소에서 교수형으로 순국하였다.59)

---

56) 판결문(1909. 1. 23, 광주지방법원 전주지부). 편찬위원회, 『독립운동사자료집』별집1, 703~708쪽.
57) 판결문(1909. 7. 19, 광주지방재판소 전주지부). 편찬위원회, 『독립운동사자료집』별집1, 606~607쪽.
58) 판결문(1910. 3. 5, 대구공소원 형사부). 편찬위원회, 『독립운동사자료집』별집1, 808쪽.
59) 판결문(대구공소원, 1910. 5. 17). 편찬위원회, 『독립운동사』1, 532~538쪽.

⑭ 기타

이들 외에도 독자적으로 또는 다른 의진에 참여하다가 독립부대를 이끌고 활동한 의병장들이 있다. 이들 중에 체포되어 옥고를 겪거나 순국한 이들을 살펴보기로 한다.

鄭日國(1882~1909)은 1906년 7월 남원에서 기의하여 1908년 음력 2월까지 구례·담양 그리고 경남 거창·하동 등지에서 활약하였다. 1908년 7월 순창 읍내에 진격하여 우편취급소를 공격, 일인 2명을 처단하였다. 음력 8월에는 구례 순사주재소, 음력 9월에는 안의군청을 공격하였다. 1909년 3월 순창·태인 등에서 활약하다 체포되어 10월 광주지방재판소 전주지부에서 교수형을 선고받아 순국하였다.[60] 金永伯(1880~1910)은 1907년 10월 고향인 장성군 북이면에서 朴化玉 등 의병을 규합하여 대장이 되었다. 그는 장성을 중심으로 광주, 태인 및 순창 일대에서 활약하였다. 1908년 3월에는 정읍의 단곡리에 주둔하고 있는 일본군수비대를 기습, 공격하였다. 7월 이후 10월까지 흥덕, 정읍, 장성 일대에서 항전하였으며, 1909년 1월부터 다시 일본군과 전투하였다. 1909년 12월 일헌병대 고부분견소에 자수하였으나 12월 광주지방법원 전주지청에서 '내란' 죄로 교수형을 선고받고 순국하였다.[61] 李元品(1877~1910)는 공주 출신으로 1908년 음력 10월 조경환 의병에 들어가 의병활동을 하였다. 1909년 1월 조경환 의병장이 일본군과 교전 중 전사한 후 스스로 의병장이 되어 활약하다가 같은 해 음력 6월 12일 체포되었다. 그는 1910년 2월 대구공소원에서 교수형으로 순국하였다.[62] 익산 출신의 林士有(1880~?)는

---

60) 판결문(1909. 10. 8, 광주지방재판소 전주지부). 편찬위원회, 『독립운동사자료집』 별집1, 652~653쪽.
61) 판결문(1909. 12. 20, 광주지방재판소 전주지부). 편찬위원회, 『독립운동사자료집』 별집1, 815~818쪽.

李基泆 의병에 가담하여 활약하였다. 1907년 음력 12월 초순 의병자금을 확보하기 위해 함열군 제석리 金監察로부터 군자금을 징수하고, 같은 군 柳化三의 집에서도 군자금을 거두었다. 그는 화승총 4정, 환도 1자루를 맡아두었다가 1908년 음력 6월 체포되어 流刑 10년을 선고받았다.[63] 鄭元局(1876~1909)은 1909년 1월 전주군 구이동면 및 임실군 상신면 관내에서 부하 4명과 함께 총기를 휴대하고 金善文외 6명으로부터 군자금을 모집한 후 일경에게 체포되었다. 동년 2월 광주지방재판소 전주지부에서 교수형을 선고받고 순국하였다.[64] 黃俊聖(1879~1910)은 구한국군 참령 출신이다. 1907년 8월 군대가 해산되자 이에 반대하여 항쟁하다가 체포되어 그해 12월 평리원에서 流刑 10년을 선고받고 완도에서 유배생활을 하였다. 그는 姜成宅과 1909년 6월 유배지를 탈출, 완도, 해남 일대에서 활동하였다. 그해 7월 秋珙燁, 黃斗一의 의병부대와 합류, 대장으로 추대되어 강성택, 추공엽 등을 부장으로 임명하고 휘하의 의병 150여 명으로 부대를 정비하였다. 완도에서 4개리의 이장을 소집하여 의병자금을 모집하고, 해남에서 일진회원과 일본 헌병의 밀정을 처단하였다. 대둔사에서 일본군 수비대의 야습을 받아 의병부대가 해체되자 숨어 지내다가 1909년 12월 붙잡혔다. 1910년 2월 광주지방법원 목포지청에서 교수형을 선고받고 순국하였다.[65] 순창 출신의 金善汝(1875~1910)는 1908년 4월 申甫鉉의병에 투신하여 좌익장 및 선봉장으로 의병활동을 하였다. 그는 1909년 3월 신보현의병에서 독립하여 순창군 백방산에서 金在

62) 판결문(1910. 2. 24, 대구공소원). 편찬위원회, 『독립운동사자료집』별집1, 382~383쪽.
63) 편찬위원회, 『독립운동사자료집』별집1, 571~572쪽.
64) 편찬위원회, 『독립운동사자료집』별집1, 575~579쪽.
65) 판결문(1910. 2. 26, 광주지방재판소 목포지청).

化, 金應先 등 의병 40여 명을 모집하여 동년 11월까지 순창, 담양등지에
서 활동하였다. 일본군과의 항일 무장투쟁을 전개하면서도 의병활동을
빙자하여 금품을 약탈하고 악행을 일삼은 자들을 처단하였다. 체포되어
1910년 3월 광주지방재판소에서 교수형을 선고받고 순국하였다.[66] 광양
출신의 金應伯(1870~1910)은 황영문 의병에 투신하여 의병활동을 하였
다. 그는 1908년 8월 황영문 의병장의 지휘 아래 광양군 진하면 망덕리
에 거주하는 일본인 이시다(石田耕作)와 가도노(角野仁平)의 집을 포위
하고 가도노 및 그의 가족 4명을 사살하였다. 체포되어 1910년 10월 부
산지방재판소 진주지부에서 교수형을 선고받고 순국하였다.[67] 鞠湖南
(1881~1912)은 흥덕 출신의 농민이다. 그는 고향에서 의병을 일으켜
1909년 3월 7일 흥덕군 북면 사포의 일본인 히라이(平井德藏) 집을 습격
하여 가족을 죽이고 가옥을 소각하였다. 5월 30일에는 고부군 거마면의
일본인 오오모리(大森五郞吉) 집을 습격하여 13년식 보병총 3정 외 6점
을 탈취하였다. 그는 체포되어 광주감옥 군산분감에 구금 중에 1910년
10월 26일 탈출하였으나 다시 체포되었다. 1910년 11월 광주지방재판소
군산지부에서 교수형을 선고받고 순국하였다.[68] 영암 출신의 金善仲
(1885~1912)은 朴士果 의병에 가담하여 활약하였다. 그는 1909년 음력 5
월경 박사과 의병장의 지휘 아래 나주군 방추목에서 일본군 헌병대와
접전하였고, 이 때 헌병보조원 1명을 사살하는 전과를 세웠다. 체포되어
1912년 1월 대구공소원에서 사형선고를 받고 순국하였다.[69]

---

66) 판결문(1910년 4월 21일, 대구공소원). 편찬위원회, 『독립운동사자료집』별집1, 783~
    785쪽.
67) 판결문(1910. 11. 22, 대구공소원). 편찬위원회, 『독립운동사자료집』별집1, 794쪽.
68) 판결문(1910. 11. 30, 광주지방재판소 군산지부). 판결문(1912. 4. 24, 광주지방법원
    전주지청).

이상에서 살펴 본 의병장 중에 체포되어 판결을 받은 의병의 주요 활
동과 판결 상황을 살펴보기로 한다.

〈표 1〉 후기 호남의병장 현황

번호	이름	출신지	신분/직업	생몰년	형량	의병장	활동지역
1	奇參衍	장성	양반	1851~1908	총살	기삼연	장성,광주
2	吳成玄	장성	연초상	1873~?	징10년	기삼연	장성
3	朴道京	고창	농업	1874~1910	자결	기삼연	영광,장성
4	金公三	고창	농업	1886~1910	교수형	기삼연	고창,장성
5	李仲伯	장성		1878~1910	교수형	기삼연	장성,고창
6	趙正仁	나주	미곡상	1872~1909	교수형	기삼연	나주,함평
7	高光洵	창평	양반	1848~1907	전사	고광순	구례,남원
8	鄭永珍	화순	紙商	1856~1919	유5년	고광순	곡성
9	李錫庸	임실	양반	1877~1914	교수형	이석용	임실,남원
10	金必洙	김제		1875~1913	교수형	이석용	장수,임실
11	朴甫局	임실		1876~1944	징10년	이석용	장수,임실
12	鄭南釗	임실		?	징10년	이석용	장수,임실
13	洪允武	임실		1872~1943	징10년	이석용	장수,임실
14	朴東煥	남원		1882~1965	징10년	이석용	장수,임실
15	李南用	임실	음식장사	?	징10년	이석용	함평,영광
16	金相臣	임실		1886~1949	징10년	이석용	함평,장성
17	韓日成	임실		?	징10년	이석용	보성
18	全海山	임실	양반	1879~1910	교수형	전해산	영광,담양
19	文泰洙	안의	양반	1880~1913	자결	문태수	무주,장수
20	朴春實	장수		1875~1914	자결	문태수	무주,장수
21	李用伊	무주	농업	1868~?	징7년	문태수	무주,진안
22	明敬安	진안	목수	1852~?	징7년	문태수	무주,진안
23	朴東植	용담	농민	1867~1909	교수형	문태수	무주,함양
24	金泰元	나주	참봉	1870~1908	전사	김태원	광주, 함평
25	趙京煥	광산	양반	1876~1908	전사	김태원	광주, 함평
26	劉秉淇	구례	양반	1882~1910	교수형	김태원	창평
27	李雲善	함평		1892~?	유7년	김태원	광주
28	鄭洛仲	함평		1884~1910	교수형	김태원	영광, 무안
29	李江山	함평	상인	1874~1910	교수형	김태원	함평, 영광

69) 판결문(1912. 1. 16, 대구공소원). 편찬위원회, 『독립운동사자료집』별집1, 935~936쪽.

번호	이름	출신지	신분/직업	생몰년	형량	의병장	활동지역
30	朴致一	함평		1882~1910	교수형	김태원	함평, 영광
31	鄭寅述	함평		1873~1910	교수형	김태원	함평, 영광
32	朴章奉	함평		1881~1910	교수형	김태원	함평, 영광
33	徐成學	함평		1865~1910	교수형	김태원	함평, 영광
34	梁昌國	광주		1875~1910	교수형	김태원	함평, 영광
35	安圭洪	보성	농민	1879~1911	교수형	안규홍	보성, 순천
36	林夏仲	보성	농민	1869~1910	교수형	안규홍	보성, 장흥
37	張仁初	화순	목수	1877~1910	교수형	안규홍	장흥, 보성
38	孫德五	보성	목수	1867~1910	교수형	안규홍	순천, 장흥
39	廉仁瑞	보성		1863~1910	교수형	안규홍	순천, 장흥
40	鄭奇贊	보성		1880~1910	교수형	안규홍	순천, 장흥
41	沈南一	함평	훈장	1871~1910	교수형	심남일	함평, 장흥
42	姜武景	무주	필묵상	1878~1910	교수형	심남일	함평, 장흥
43	朴士化	나주		1880~1912	교수형	심남일	함평, 장흥
44	李復根	영암		1879~1910	교수형	박사화	나주, 영암
45	金致洪	영암		1880~1910	교수형	심남일 박사화	영암, 나주
46	李世昌	장흥	농민	1882~1910	교수형	심남일	장흥, 보성
47	金東臣	대전	韓醫	1871~1933	종신유	김동신	정읍
48	金振化	담양	농업	1874~?	징7년	김동신	구례, 담양
49	楊允淑	순창	농업	1875~1910	교수형	양윤숙	순창, 임실
50	楊允澤	순창	농업	1876~1947	징1년	양윤숙	순창
51	崔山興	순창	잡화상	1883~1910	교수형	이석용 양윤숙	순창, 임실
52	李黃龍	순창	소금장사	1886~1910	교수형	양윤숙	순창, 임실
53	林世默	순창	농업	1876~1909	교수형	김성구	구례, 순천
54	林基淑	남원	농업	1872~?	징15년	김성구	남원
55	林基西	남원	농업	1869~1934			
56	孔成贊	구례	상업	1878~1909	교수형	김성구	구례, 남원
57	李圭弘	익산	양반	1881~1928		이규홍	고산
58	柳志明	고산	농업	1881~1909	교수형	이규홍	진안, 고산
59	鄭弘基	옥구	목면상	1888~?	징15년	유지명	전주, 진안
60	梁振汝	광주	주막업	1862~1910	교수형	양진여	광주, 창평
61	梁相基	광주	병사	1883~1910	교수형	양진여	광주, 창평
62	鄭日國	남원	농업	1882~1910	교수형	정일국	남원, 구례
63	金永伯	장성	농업	1880~1910	교수형	김영백	장성, 정읍
64	李元吾	공주		1877~1910	교수형	조경환	광주
65	林士有	익산		1880~?	유10년	이기협	함열

번호	이름	출신지	신분/직업	생몰년	형량	의병장	활동지역
66	鄭元局	전주	상인	1876~1909	교수형	정원국	전주, 임실
67	黃俊聖	진안	참령	1879~1910	교수형	황준성	완도
68	金善汝	순창		1875~1910	교수형	신보현	순창
69	金應伯	광양		1870~1912	교수형	황영문	광양
70	鞠湖南	흥덕	농민	1881~1912	교수형	국호남	흥덕, 영광
71	金善仲	영암		1885~1912	교수형	박사화	나주

이들 의병장의 신분은 기삼연, 고광순, 심남일, 문태수, 유병기, 전해산, 이
석용, 이규홍 등이 양반으로 확인된다. 의병 중에 중인 신분이 몇 명 있지만
나머지 대부분은 평민으로 보인다. 직업은 상인과 농민이 대다수이다. 체포
당시의 나이도 19살부터 60세까지 다양하다. 생년이 확인된 68명 중에 1910
년을 기준으로 하여 30대가 18명, 40대가 35명, 50대가 10명으로 3,40대가 중
심임을 알 수 있다. 이들은 家長이면서 동시에 사회적 책임을 짊어진 장년층
들이었다. 많은 의병장들의 몰년이 1910년이니 대한제국의 멸망과 함께 생
을 마감한 것을 알 수 있다. 위 표에 제시한 총 71명 중에 교수형으로 순국한
의병이 45명(63%), 전투 중에 순국한 이가 3명, 옥중에서 자결한 이가 3명에
달한다. 10년 이상의 선고를 받은 의병 역시 12명(17%)에 달한다. 이와 같은
선고는 일제의 의병에 대한 잔학한 보복적인 판결이 아닐 수 없다.

5) 호남의병의 특성과 의의

호남의병은 전기의병기에는 동학혁명으로 많은 이들이 희생을 당한
후유증으로 적극적으로 참여할 수 없었다. 그럼에도 불구하고 나주지역
의 향리층과 장성 지역의 유생들을 중심으로 의병을 봉기하여 활동한
것은 특기할 만하다. 기정진의 손자인 기우만은 고향인 장성에서 기삼
연, 고광순 등과 거의하였다. 나주부에서도 기우만의 통문을 받고 향리

들이 중심이 되어 나주향교에서 의병을 일으키고 이학상을 대장에 추대하였다. 이들은 일본의 구축과 개화정책의 반대, 그리고 국왕의 환궁을 주장하였다. 이들 의병은 고종이 환궁한 후 내린 해산령에 따라 의병을 해산하는 등 투쟁성의 한계를 드러내기도 하였다.

중기의병기 대표적인 호남의병으로는 태인의병과 쌍산의소가 있다. 최익현의 태인의병은 외국 공사관에 공함을 보내 을사조약 늑결의 부당함과 일제의 침략상을 성토하면서 지원과 협조를 요청하였다. 일본정부에 항의 서한을 발송하기도 하였다. 태인의병은 관군의 출동에 맞서 전투보다는 동족간의 '不戰'을 택했다. 최익현과 임병찬을 비롯한 의병지휘부는 자진 체포되어 옥고를 치렀다. 그러나 최익현의 거의는 한민족에게 의병 봉기를 촉구하는 큰 외침이었다. 이후 능주에서 양회일, 창평에서 고광순, 광양에서 백낙구, 남원에서 양한규 등이 의병을 일으켜 항일전쟁의 대열에 나섰다.

후기의병기 호남의병은 反帝國적 성격을 강하게 띤다. 호남의병은 일제의 축출, 일진회를 비롯한 친일세력 처단, 일본상품의 배격 등과 같은 민족적인 이념이 드러난다.

후기의병기 호남의병은 민중층이 대거 참여한 특징이 있다. 주도층은 지방 유생이 참여하였으나, 농민, 보부상, 해산군인, 승려, 산포수, 심지어는 안규홍과 같은 머슴 등 기층민의 참여가 눈에 띄게 많아진 특징을 갖는다. 유배수들이 탈출하여 의병을 일으킨 경우도 드러난다. 황준성과 정원집, 추기엽 등이 그들이다.

후기의병기 호남의병은 탐학한 관리의 축출과 같은 반봉건적인 이념을 동시에 내세우고 있다. 여기에서 호남의병이 동학의 보국안민적인 이념을 계승한 측면이 있음을 알 수 있게 한다. 이와 같은 호남의병의 민중적 성격은 의병의 주민 침탈 행위를 엄단하도록 하였다. 안규홍이 주민에게 피해를 주는 의병을 처단한 것은 이를 잘 말해준다.

후기의병기 호남의병은 지역 주민과의 유대를 강화하였다. 특히 평민 출신 의병장이 이끄는 의병부대가 많았으며, 이들은 가짜 의병과 부호의 토색 등의 문제를 해결해 주면서 대일항전을 전개하였다. 이에 주민들은 의병들에게 숙식과 정보를 제공하여 의병을 지원하였다.

후기의병기 호남의병들은 장기항전에 대비하여 국내외에 의병 기지의 건설을 추진하였다. 호남의병장 고광순이 이를 적극 추진하였는데, 그는 이른바 '蓄銳之計'라 하여 지리산을 장기 항전의 기지로 주목하고 지리산 피아골을 의병 기지로 삼아 항전하였다.

후기의병기 호남의병은 전국의병을 대표했다고 할 정도로 격렬했다. 그 결과 일제의 탄압도 가장 강렬했으며 희생자도 많이 발생하였다. 일제는 전투 중에 체포된 의병에 대하여 재판도 없이 총살했으며, 재판과정을 거치더라도 교수형을 선고하거나 10년 이상의 중형을 판결하였다. 여기에서 일제의 호남의병에 대한 보복적이며 잔학한 탄압상을 알 수 있다.

호남의병의 강력한 반일투쟁은 일제의 식민지화 정책을 지연시키는 데 기여하였다. 일제는 1909년 후반기에 조선을 강점하려 하였으나, 의병의 투쟁이 장기화됨에 뜻을 이루지 못하였다. 결국 일제는 '남한대토벌작전'과 같은 호남의병에 대한 무자비한 대탄압을 가한 후에 조선을 식민지로 삼을 수 있었다.

이와 같이 호남의병은 한말 의병 전 기간에 걸쳐 투쟁성을 여실히 보여주었다. 주도자 또는 참여자에서도 농민이나 머슴, 천민 등이 다수 참여한 점에서 의병의 민중성도 나타난다. 호남의병은 민족주의 이념 외에도 보국안민적인 동학의 이념을 계승하고 있는 점에서 의의가 있다.

2. 이규홍의 익산의병과 항일투쟁*

1) 머리말

한말 국권 상실의 위기에 많은 지사들이 국권회복투쟁을 전개하였다. 익산 출신의 이규홍은 그 중의 한명으로 1905년 을사늑약에 항거하여 의병을 일으켰다. 한말 호남의병은 주로 1907년 8월 이후에 크게 일어났다. 그동안 호남의병은 주로 지리산을 배경으로 강력한 항전을 전개하였음이 밝혀졌다. 또한 의병장과 의진 연구가 중심을 이루었다.[1] 일본군에 의한 호남의병 탄압상도 밝혀졌다.[2] 이와 같이 호남의병에 대하여는 대표적인 의병장에 대한 연구가 이루어졌고, 또 전남지역의 의병에 대한 연구가 집중된 특징이 있다. 또한 지역적으로 전남지역 또는 전남북 접경지대의 의병에 대한 연구가 집중되었다. 그러나 소규모로 활동했던 의진과 의병장에 대한 연구는 부족하다.[3] 이 연구는 전북 익산 출신의

---

* 김상기, 「이규홍의 익산의병과 한일투쟁」, 《전북사학》54, 2018.

1) 강길원, 「한말 호남의병장 정재 이석용의 항일투쟁」, 《원광사학》2, 1982. 강길원, 「해산 전수용의 항일투쟁」, 《역사학보》101, 1984. 강길원, 「담산 안규홍의 항일투쟁」, 『손보기박사정년기념 한국사학논총』, 1988. 김상기, 「최익현의 정산 이주와 태인의병」, 《충청문화연구》7, 2011. 박민영, 「한말 의병의 대마도 피수 경위에 관한 연구」, 《한국근현대사연구》37, 2006. 홍영기, 「안규홍의병의 조직과 그 활동」, 《한국학보》겨울호, 1987. 홍영기, 「구한말 심남일 의병의 조직과 그 활동」, 《동아연구》17, 1989. 홍영기, 「한말 태인의병의 활동과 영향」, 《전남사학》11, 1997. 홍영기, 「한말 호남창의회맹소에 대한 일고찰」, 《한국근현대사연구》21, 2002. 김상기, 「한말 호남의병의 항전과 의병장」, 《인문학연구》98, 2015.

2) 김상기, 「한말 일제의 침략과 의병 학살」, 《역사와 담론》52, 2009. 홍순권, 「1909년 가을의 이른바 '남한대토벌작전'에 대하여」, 《고고역사학지》9, 1993.

3) 홍영기, 「한말 호남의병 연구현황과 과제」, 《역사학연구》64, 2016, 124쪽.

이규홍 의병을 대상으로 한다. 익산의병은 그동안 관심을 두지 못했던 익산의 서북쪽인 진안, 완주, 금산 일대, 즉 전북과 충남의 접경지역의 산악지대를 배경으로 활동한 특징이 있다.

이규홍 의병에 대한 연구는 비교적 이른 시기인 1983년에 나왔다. 이 연구는 이규홍이 1928년 자신의 활동에 대해 일기체로 편찬한 『梧下日記』를 토대로 하였으며, 익산과 대전 지역을 직접 탐사하여 전해들은 내용까지 포함하였다. 또한 이 내용을 『전북의병사』와 『전북지역독립운동사』 등에 소개하였다.[4] 2016년에는 기념사업회에서 이를 보완하여 『익산의병전쟁사』를 간행하였다.[5] 본고는 『梧下日記』를 세밀히 재검토하면서 이 외에 당시의 언론 기사나 일본군의 의병 탄압 자료를 참고하여 이규홍 의병 활동을 살피고자 한다.

2) 가계와 학문

李圭弘(1881~1929)은 고종 18년(1881) 전북 익산의 두천면 관동(현, 익산시 석암동 352)에서 부친 琪榮과 인동장씨 사이에 장남으로 태어났다. 자는 元五, 호는 梧下이다. 본관은 경주로 국당공파에 해당한다. 菊堂公 僑은 고려말 문하시랑평장사를 지낸 문신으로 월성부원군의 봉호를 받았으며, 시호는 文孝이다. 이규홍은 그의 18세손이다. 국당공의 3남인 誠中(1331~1410)은 고려말 문인으로 조선 개국에는 참여하지 않았으나 태

---

4) 이강오, 「의병대장 이규홍의 항일투쟁」, 《군사》6, 1983.
　　이강호, 「지역별 의병활동」, 『전북지역독립운동사』, 전북지역독립운동추념탑건립추진위원회, 1994.
　　전북향토문화연구회, 『전북의병사』, 1990.
5) 주명준·김상기, 『익산의병전쟁사』, 익산의병기념사업회, 2016.

조에 의해 원종공신에 봉해지고 좌정승에 특진되었다. 성중의 4세손인 興孫이 낙안군수가 되어 내려왔다가 익산에 정착한 것으로 알려진다. 고조는 통덕랑 在坤이요, 증조는 희갑, 조부는 天淳이요, 부친은 琪榮(철종 4년, 1853〜1922, 자: 昌孝, 호: 菊雲)이다. 부친 기영은 큰 부자이면서 효성이 지극하였다. 1901년 조정으로부터 중주원 의관을 제수받았다. 그의 사후인 1923년 태인의 무성서원의 추천으로 성균관에서 효자 표창을 추서받았다.[6] 이기영은 정직과 충의의 정신을 본분으로 여긴 인물로 알려진다. 박사 李容求와 판서 李容稙, 참판 朴鳳彬, 승지 鄭恒朝, 판서 成岐運, 승지 李圭白, 참판 李鍾林, 도사 金圭熙, 전주판관 朴永斗, 군산감리 李茂榮 등 명망 있는 이들과 교유하였다. 나라에 변이 생기자 항상 강개한 말로 "남자는 이러한 때에 나라를 위해 한번 죽는 것이 가하다"라고 하였다.[7] 장자 이규홍이 의병을 일으킴에 "네가 의병을 일으키어 나라에 보답하려고 하니 내가 가산을 아끼지 아니할 것이다"라 하고 기만금의 군자금으로 내놓았다.[8]

이규홍은 부친으로부터 한학을 수학하였으며, 21살인 1901년 부친과 함께 중추원 의관에 제수되었다.[9] 강직하고 강개한[10] 그는 25세 때인 1905년 을사늑약의 소식을 듣고 "나라가 장차 망할 것이다"라고 한탄하

---

6) 이규연, 「家狀」. 宋奎憲, 「李孝子記」, 계해(1923년) 2월.
   "勅命 9品從事郞李琪榮 任中樞院議官 敍奏任官6等者 光武5년 9월 29일 중주원의장 金嘉鎭 宣"「議官李琪榮襃狀」(계해 2월)(李珍雨 소장).
7) 이규연, 「家狀」. 李康五, 위글, 211쪽.
8) 송병관, 위글. 이규연, 「家狀」. 이기영은 이규홍에게 의병을 권하고 군자금을 제공한 공적이 인정되어 2015년 11월 정부로부터 건국포장을 추서 받았다.
9) "勅命 9品從事郞李圭弘 任中樞院議官 敍奏任官6等者 光武5년 9월 29일 중주원의장 金嘉鎭 宣"(이진우 소장).
10) 宋炳璿, 「李烈士傳」, 『克齋集』권17, 傳.

였다. 그리고 민영환과 송병선 등의 자결 소식을 듣고 "의리는 진실로 당연하나 나라에 무슨 도움이 있겠는가?"라면서 순절보다는 직접적인 항일투쟁인 '擧義'의 길에 나설 것임을 표명하였다. 이는 유인석이 제기한 '擧義', '去守', '自靖'이라는 '처변삼사' 중의 제1안에 해당한다 하겠다. 이러한 그의 의식은 선대로부터 내려오는 충의정신에 영향을 받은 바가 큰 것으로 보인다. 그의 11대조인 嗣宗은 司醞署 奉事로 매제인 李寶와 함께 임진왜란 때 의병을 일으켰다. 그러나 매제와 여러 의병들이 노부모 시중들 사람도 없이 출진하였다면서 집으로 돌려보냄에 금산에서의 왜군과의 전투에 참여하지는 못했다. 그는 이보의 순절 소식을 듣고 여동생과 함께 금산에 가서 쌓여 있는 시체 중에 鈴帶를 증거로 시신을 수습하여 경주이씨 선산에 장사를 지냈다.[11]

이규홍의 동생 圭連(1884~1949) 역시 효자 표창을 받았으며, 광무7년(1903년) '分忠義'의 직첩을 받았다.[12] 분충의란 군공을 세운 사람 또는 납속을 한 사람에게 그 대가로 주는 임시직이다. 규연은 이규홍의 지시에 따라 의병의 연락 임무를 맡아 활동했으며, 형을 대신하여 집안일을 책임졌다.[13]

---

11) 姜漢欽, 「菊雲李琪榮行狀」.
　　李寶(?~1592)는 본관이 연안으로, 연평부원군 李貴의 형이다. 왜군의 침입에 금산전투에 참여하였다가 순절하였다. 익산에 있는 隱泉祠에 배향되어 있다. 묘는 익산의 경주이씨 종산에 모셔져 있다. 李寶의 묘비명은 한말 홍주 의병장 志山 金福漢이 작성하였다. 이에 의하면, "익산 일대에서 의병 4백여 명을 모집하고 금산의 이치에 나아가 왜군과 항전하였으며, 이 전투에서 순절하였다. 임진년 8월 27일의 일이다. 이보의 부인은 경주이씨니 八俊의 딸이다"고 하였다(金福漢, 「贈持平李公寶墓碣銘」, 『志山集』권10, 5~7쪽, 묘갈). 팔준은 바로 嗣宗의 부친이다.
12) 分忠義 임명장 참조(이진우 소장)
　　"9品從仕郎李圭連 任分忠義者 광무7년 11월 일
　　의정부찬정 궁내부대신임시서리 의정부찬정 成岐運 인"

3) 의병 활동

(1) 태인의병 참여

전기의병 이후 의병은 한동안 소강상태를 보였다. 그러나 러일전쟁과 그 직후에 체결된 한일의정서, 그리고 1905년 11월 강제로 체결된 을사조약 등 노골화된 일제의 침략에 맞서 민족의 독립을 지키고자 의병이 다시 일어났다. 이 시기 대표적인 의진으로 원용팔의 원주의병, 민종식의 홍주의병, 정용기의 산남의진, 최익현의 태인의병 등이 있다.

태인의병은 임병찬 등 태인과 정읍 일대의 유생들이 충청도 정산에 거주하던 최익현을 맹주로 초빙하여 1906년 6월 4일(음, 윤4월 13일) 전북 태인에서 일으킨 의병을 말한다. 최익현은 1905년 11월 28일 상소를 올려 5적을 토벌할 것과 거짓 조약의 문서를 없애버리고 일본이 우리를 겁박한 죄를 각국 공사관에 알릴 것을 요청하였다. 1906년 1월 19일(음, 1905년 12월 21일)에는 논산의 노성에 있는 궐리사에서 강회를 열었다. 강회를 마치고 일제의 침략에 대항할 방책을 제시하고 이를 맹서하는 7조의 誓告文을 발표하였다. 3월 15일(음, 2월 21일) 가묘에 제를 올리고 호남을 향해 출발하였다.

이 시기 이규홍은 朴駬桓, 文亨模 등과 의병을 일으키고자 하였다.[14]

---

13) 이기영은 임종 시에 차남인 규연에게 "너의 형이 집에 없으니 綱倫에 專心하고 집의 규범을 준수해라. 이것이 내가 바라는 바이니 명심해라"라고 유언을 남겼다 (姜漢欽, 「菊雲李琪榮行狀」).

14) 박이환(1873~1953, 호: 野隱, 본: 밀양)은 익산 동일면 강경리(현, 금강동) 출신으로 이규홍 집과는 약 3키로 거리에 있다. 이규홍과 의병 활동을 하였으며, 1983년 건국훈장 애국장을 추서받았다. 문형모(1875~1952, 자: 貞仁, 호: 愚堂, 본: 남평)는 옥구군 임피면 월하리 출신으로 익산의병 참모장으로 활동하였다. 의병 해산 후에는 대동단에도 참여한 것으로 알려진다.

이규홍은 을사늑약에 분함을 참지 못하고 있던 차, 1906년 2월 9일(음, 1월 16일) 朴騏桓이 찾아와 순절자가 있으며 혹은 깊은 산속으로 몸을 숨기는 이들이 있다면서 무슨 계획이 있는지를 물었다. 이에 이규홍은 나라가 누란의 위기에 있음이 임진왜란 때보다 심하다면서 의병을 일으키고 싶다면서 도와주기를 청하였다. 그리고 "의병을 일으키더라도 고명한 스승을 얻어서 거사하는 것이 좋겠다"고 하였다. 3월 29일(음, 3월 5일) 박이환이 옥구의 임피 사람 文亨模와 함께 이규홍 집에 다시 와 태인의 종성리에 있는 전 낙안군수 林炳瓚을 추천하였다. 박이환은 4월 18일(음, 3월 25일)에도 찾아와 최익현이 태인으로 내려왔음을 알려주었다. 5월 4일에는 문형모가 "요즘 들으니 최익현 선생이 태인군 종성리 임병찬의 집에 머무르고 있다하나 정확한 사실을 알아보려 일간 박이환과 함께 태인으로 가보려고 합니다"라는 편지를 보내왔다. 그리고 5월 17일 박이환과 함께 이규홍 집에 찾아 왔다. 이규홍은 이들과 함께 다음 날 임병찬의 집을 향해 출발하였다. 과연 최익현이 의병을 일으킨다는 소문이 사실인지를 확인하기 위해서였다. 5월 19일 종성리 임병찬의 집에 도착하여 아들 林應喆의 접대를 받고 최익현이 집에 와 있는지를 물었다. 임응철은 "그 말은 허언이 아닙니다."라고 대답하면서도 만나기는 어렵다고 하였다.15) 다음 날 이규홍 등은 임병찬을 만나 성리학의 '心性情'과 '人心道心說', 그리고 성리학의 중요한 문제인 '理發說'과 '氣發說', 또 "국가의 흥망에 있어 제왕의 득실은 무엇인지" 등 많은 질의를 하였다. 이규홍 등은 임병찬을 스승으로 모시기로 하고 다음 날 각기 백지

---

15) 임병찬의 「창의일기」(『의병항쟁일기』, 한국인문과학원, 1986, 204쪽)에는 이규홍이 1906년 4월 24일(음) 와서 최익현을 배알하였다고 적혀 있어 『오하기문』의 기록과 2일 차이가 난다. 이 글에서는 이규홍의 기록을 따르기로 한다.

3속을 사서 다시 종석산으로 올라가서 임병찬에게 집지의 예를 올리고
제자로 받아주기를 청하였다. 그러나 임병찬은 "나는 학식이 높지 않아
스승이 될 수 없다"고 고사하였다. 다음 날인 5월 22일(음, 4월 29일) 의
관을 정제하고 다시 집지를 요청하여 허락을 받았다.[16] 이들은 의병 일
으키는 것에 대해 질의하였다. 임병찬은

　　우리가 거의하고자 하는 뜻은 사생과 승패를 돌아보지 않고 천하에 대
　의를 펼쳐 오랑캐와 逆臣, 동포로 하여금 임금이 임금답고 신하가 신하답
　고 애비는 애비답고 자식은 자식답게 하려 함에 있다.[17]

라고 의병은 '사생'과 '승패'를 돌보지 않고 천하의 대의를 펴고자 하는 것
임을 알려주었다. 이규홍 등은 이날 임응철의 안내를 받아 최익현을 만날
수 있었다. 이들은 최익현에게 거병하고자 하는 뜻을 전하였다. 최익현은

　　제군들이 老物을 버리지 않고 멀리서 찾아왔으니 그 의로움이 적지 않
　다. 아직 정확한 것은 알지 못하나 그 의로움으로 인하여 同義錄에 그대
　들의 이름을 기재함이 좋을 듯하다.[18]

라 하고 임응철에게 이규홍, 박이환, 문형모 3인의 이름을 同義錄에 기
재하게 하였다.

---

16) 임병찬의 「창의일기」에는 4월 29일자에 "임피 문형모 익산 박이환이 집에 와서
　　집지를 하고 갔다"하고 이날에는 문형모와 박이환만 집지를 했다고 적혀있다. 그
　　리고 이규홍은 윤4월 8일 찾아갔을 때 집지했다고 적혀 있다(「창의일기」 윤4월
　　8일자 참조).
17) 이규홍, 『오하일기』(무진정월초), 1906년 4월 29일.
18) 이규홍, 위책, 1906년 4월 30일.

이규홍은 다음 날 익산으로 돌아왔다가 5월 30일(윤4월 8일) 임병찬을 다시 찾아갔다. 임병찬은 이규홍에게 고산과 익산의 포수를 모집하여 6월 4일 무성서원에서 실시하는 강회에 집결할 것을 지시하였다.[19] 집에 돌아 온 이규홍은 부친에게 그간의 일을 고하고 거의의 뜻을 밝혔다. 이에 대하여 부친은

> 신하되고 자식된 사람으로 가히 해야 할 일이다. 맹자는 전쟁에 나가서 용맹이 없으면 효가 아니라 했다. 지금부터 너는 집안 일에 대하여는 일체 염려하지 말고 오직 그동안 너와 내가 나라로부터 받은 은혜에 보답하도록 하라. 그러니 이제 집안에 있는 양곡을 팔아 너에게 주겠다. 그 돈을 가지고 가서 군자금으로 사용하도록 하여라.[20]

라고 의병을 일으켜 나라의 은혜에 보답하라면서 아울러 군자금도 제공하겠다고 하였다.

그러나 불과 6일 만에 의병을 모집하고 무기를 준비하기에는 역부족이었다. 할 수 없이 이규홍은 임병찬에게 편지를 보내 무성서원에서 강회하는 날까지 참석하지 못할 것임을 알렸다. 임병찬은 이 편지를 무성서원 강회 전날인 6월 3일(음, 윤4월 12일)에 받아보았다.[21] 그러나 무성서원에서의 강회는 예정대로 6월 4일 추진되었다. 최익현은 강회를 마친 뒤 눈물을 흘리면서 참여자들에게 의병 참여를 호소하고 격문을 지어 널리 배포하였다. 그는 격문에서 역당과 왜적을 죽여 위험한 國勢를 건지자고 호소하였다. 그 결과 봉기한 지 1주일 만에 포수 2,3백 명을 포

---

19) 이규홍, 위책, 1906년 윤4월 8일.
   임병찬, 「창의일기」, 1906년 윤4월 8일.
20) 이규홍, 위책, 1906년 윤4월 9일.
21) 임병찬, 「창의일기」, 1906년 윤4월 12일.

함하여 9백여 명의 의병이 집결하였다. 태인의병은 기병한 다음 날 행군하여 정읍을 장악하고 6월 10일(윤4월 19일)에 순창에 주둔하였다. 다음날인 6월 11일 전주관찰사와 순창군수가 관군을 거느리고 의병을 공격하였다. 최익현은 상대가 관군임을 알고 싸움을 중지시켰다. 다음 날 6월 11일(음, 윤4월 21일) 아침 진위대는 최익현을 포함한 13명을 체포하여 서울로 압송하였다. 당시 최익현을 끝까지 사수한 제자들을 '12의사'라고 한다. 최익현 일행은 대전에서 기차를 타고 남대문 정거장에 도착하여 6월 18일(음, 윤4월 27일) 일본군 헌병사령부로 끌려가 구금되어 고초를 겪었다. 최익현은 임병찬과 함께 대마도에 유배되었다가 1907년 1월 1일(음, 1906년 11월 17일) 병고를 이기지 못하고 이역 만리 유배지에서 순국하였다.22)

이와 같이 태인의병이 전투도 못하고 체포되어 가던 6월 12일, 이규홍은 의병 수십 명을 모집하여 무장시켜서 익산을 떠나 전주에 도착하였다. 다음 날 임실의 葛潭(임실군 강진면 갈담리)에 도착하였을 때 전주, 남원, 광주의 군대가 순창에서 의병과 접전하였다는 소식이 들려왔다. 6월 14일에는 의병이 패하였다는 소식을 들었다.23) 이날은 이미 최익현 등이 체포되어 전주로 압송된 날이었다. 이규홍은 이 소식을 듣고 인솔했던 의병을 돌려보내면서 다음 기회를 기다려 달라 하였다. 부친은 의병을 해산하고 돌아온 그에게

---

22) 김상기, 「최익현의 정산 이주와 태인의병」, 《충청문화연구》7, 2011.
23) 태인의병이 관군과 대적한 것은 6월 11일이다. 이규홍은 이 소식을 3일이나 지난 6월 14일 들었음을 알 수 있다. 최익현은 서울로 압송되어 6월 18일(음, 윤4월 27일) 일본군 헌병사령부에 구금되었다가 임병찬과 함께 8월 27일(음, 7월 8일) 대마도의 이즈하라(嚴原)에 압송되어 위수영의 경비대 안에 구금되었다.

네가 비록 전장터에서 불행하게 죽더라도 신하된 자의 의를 다한 것이
므로 부끄러울 것이 없다. 너는 집안일을 돌아보지 말고 다시 기회를 엿보
아 나라의 은혜에 보답할 것을 꾀해라24)

라고 아들이 의병에 나가 싸우지도 못하고 살아온 것을 질책하면서, 집
안 일을 돌아보지 말고 오직 나라의 은혜에 보답할 것을 엄명하였다. 이
규홍은 부친의 명에 따라 의병 재기를 준비하였다.

(2) 익산의병 활동

① 의병대 조직과 봉기

이규홍은 최익현이 사망한 사실을 신문을 통하여 알았다. 이규홍은
남쪽을 바라보며 밤새 통곡하였다 한다. 1907년 3월 15일(음, 2월 2일) 스
승 임병찬이 해금되어 환국하였다는 소식을 듣고 박이환과 문형모에게
편지를 보내어 함께 찾아가자고 하였다. 3월 23일 이규홍은 이들과 함께
종성리로 가서 임병찬을 만났다. 이규홍 등은 임병찬과 밤새 나라 일을
걱정하였다. 임병찬은 이들에게 "면암이 순국하기 전에 고종 황제께 드
리는 상소문을 내가 지니고 있는데, 이 상소문을 황제께 올리기 위해 2
월 13일 한성으로 올라가겠다"25)고 하였다.

이규홍은 1907년 고종이 강제로 퇴위되고 군대마저 해산되는 등 나라
가 잘못되어 감에 근심으로 잠을 이룰 수 없었다. 이규홍은 나라를 구하
는 길은 의병을 일으켜 일본을 격퇴하는 길 밖에 없다고 생각하였다. 마
침내 11월 20일(음, 10월 15일) 동생 이규연에게 비밀리에 편지를 써주어

---

24) 이규홍, 위책, 1906년 윤4월 27일.
25) 이규홍, 위책, 1907년 2월 10일.

강경리에 사는 박이환에게 보냈다. 편지를 본 박이환은 동생과 함께 집에 왔다. 다음 날 박이환은 종성의 임병찬에게 올리는 다음과 같은 이규홍의 편지를 가지고 출발하였다.

> 지금 임금이 욕을 보고 나라가 망하여가는 때를 당하여 소제자 이규홍이 비록 어리석지만 어찌 감히 편안하게 앉아서 보고만 있을 수 있겠습니까. 장차 거의하여 토적하고자 하나 재주와 지식이 천박하여 승패와 군무의 여하를 알지 못하니 원컨대 선생님께서 밝게 지도하여 주시기를 복망하나이다.26)

의병을 일으킬 뜻을 굳힌 이규홍이 임병찬에게 지도를 청한 글이다. 임병찬을 의병장으로 추대하고는 싶었으나, 대마도 유배에서 풀려난 스승에게 또 다시 고초를 겪게 할 수는 없었기에 스스로 창의하기로 했던 것으로 보인다. 임병찬은 이규홍에게 다음의 답서를 보냈다.

> 그대가 보내 준 글을 보니 그대의 충의가 춘추의 대의에 바로 합치되며 해와 달이 비치는 바와 같도다. 누가 흠앙해 마지않을 수 없다 하겠는가. 그러나 군병이라는 것은 흉물이어서 신중하고 신중해야 한다. 첫째로는 널리 인심을 살펴 어루만져야 하고, 둘째로는 상벌이 분명한 연후에 군대의 규율이 서는 것이다. 이기고 지는 것은 하늘의 뜻에 있는 것이니 예측할 수 없다. 그대는 묵상하는 가운데 깊이 깨닫도록 하라.27)

임병찬은 이규홍의 충의정신이 춘추대의에 합치됨이 해와 달이 비치는 것과 같이 밝다고 하였다. 군사 활동을 함에 인심을 위무할 것과 상

---

26) 이규홍, 위책, 1907년 10월 16일.
27) 이규홍, 위책, 1907년 10월 20일.

벌을 분명히 할 것을 주문하면서 승패는 하늘의 뜻이라고 하였다.

이규홍은 임병찬의 편지를 받고 부친에게 擧義의 뜻을 밝혔다. 부친
은 그의 뜻에 동의하면서

> 네가 나라로부터 받은 은혜를 갚겠다고 하여 의병을 일으킨다하니 이
> 제 이 일을 위하여 나의 재산을 모두 너에게 주겠다. 臨陣勿退하여 기필
> 코 왜적에게 보복하도록 해라.28)

라고 하였다. 부친은 전 재산을 의병 군자금으로 제공하겠다면서 의병을
일으켜 왜적에게 보복할 것을 당부하였다. 이규홍은 재산을 팔아 생긴
수만 원으로 의병을 규합하고 무기를 준비하였다.29) 박이환과 문형모가
비밀리에 전주 진위영의 해산 군인 100여 명을 초모하였으며, 각지에서
자원하여 온 100여 명을 합하여 초모한 의병이 257명에 달했다. 『오하일
기』에 의하면, 의병의 지휘부를 다음과 같이 조직한 것으로 되어 있다.30)

    의병장 이규홍
    부장 박이환
    참모장 문형모
    참모 宋致玉 金鳳佑 安宗文 崔璀鎬 金好 金漢頂 李相根
    제1지대장 趙在榮   제2지대장 柳志明
    제3지대장 韓性信   제4지대장 李原伯
    제5지대장 任成白   제6지대장 崔周敬

---

28) 이규홍, 위책, 1907년 10월 22일.
29) 이규홍, 위책, 1907년 10월 22일.
30) 이규홍의 『오하일기』 1907년 10월 22일조에 이 편제가 제시되었으나, 擧義 단계의
　　편제로 보이지는 않는다. 어느 시기의 편제인지는 확인이 요구된다. 또한 이 중에
　　제2지대장 유지명 외에는 이들의 행적을 알려주는 자료가 아직은 확인이 안된다.

제7지대장 金文玉

총포와 화약은 박이환의 형 朴永桓으로 하여금 구입하게 하였다. 구입한 무기는 양총 100여 자루, 한총 200여 자루, 군도 50여 자루, 납탄 20여 말, 화약 10여 말에 달했다. 아울러 박이환 편에 편지를 임병찬에게 보내 의병을 일으키기로 하였음을 알리고 가르침을 구했다. 이에 대하여 임병찬은 12월 8일 답장을 주어 대장으로서 지켜야 할 다음과 같은 10가지의 지침을 제시하였다.[31)]

1) 신의로써 약속을 지킬 것(信可以守約)
2) 재정을 집행함에 청렴할 것(廉可以分財)
3) 의로움에 서서 머뭇거리지 않을 것(處義而不回)
4) 직책을 지켜 폐기하지 말고(守職而不廢)
5) 즐기는 것을 끊고 욕심을 금할 것(絶嗜禁欲)
6) 술을 절제하고 색을 삼갈 것(貶酒闕色)
7) 혐의를 피하고 의심스러움을 멀리할 것(避嫌遠疑)
8) 공손, 검소, 겸양, 절약할 것(恭儉謙約)
9) 계획을 깊게 하고 생각을 멀리할 것(審計遠慮)
10) 외롭기는 자신만을 믿는 것보다 더한 외로움은 없으니 조심할 것
    (孤莫孤於自恃)

임병찬은 의병을 일으키려는 이규홍에게 신의와 청렴을 지키고, 의로움으로 직책을 수행할 것이며, 의심을 살 일을 하지 말 것이며, 주색을 금하고 겸손할 것을 당부하였다. 또한 대장으로서 깊고 원대한 계획을 세울 것이며, 자신만을 너무 믿지 말고 상대와의 조화를 이루라고 하였

---

31) 이규홍, 위책, 1907년 11월 4일.

다. 임병찬은 이와같은 자세한 지침을 제시하면서 끝으로 꾸준히 힘쓰고 조심하라고 하였다. 임병찬이 제시한 덕목은 주로 『黃石公素書』에 들어있는 것들이다. 이 책은 진나라 말기에 황석공이란 사람이 장자방에게 전수했다고 전해지는 병서이다 임병찬은 그 중에 병법과 처세에 관한 비결들을 제시하였으니 전장에 나서는 이규홍에게 좋은 가르침이었다.

이규홍은 12월 10일(음, 11월 6일) 부모와 영결하고 출진하였다. 출진하는 아들에게 모친은 "남자로 태어나 위태한 지경을 당해 전쟁에 나가는 것은 신하된 자로서 당연한 도리이다. 그러나 매사에 신중하게 대처하여 우리나라가 일본으로부터 받은 치욕을 크게 갚도록 하여라"라 하였다. 이규홍은 내실에 들어가 부인에게 오늘 나가면 살아 돌아올지 가늠할 수 없으니 시부모를 잘 모시고 뱃속의 자식을 잘 길러줄 것을 당부하며 이별하였다. 마침 부인은 첫 아이를 임신한 상태였다.[32] 동생 규연에게도

　이와 같은 망국의 때에 비록 愚夫愚婦일지라도 치욕스러워 왜적과 하늘을 이고 같이 살 수 없을 것이네. 하물며 簪纓華族으로서 나라가 위급한 지경에 이르면 나라를 위해 몸을 바쳐야 한다는 의리에 대하여 조금이라도 알고 있는데 어찌 감히 앉아서 바라만 보고 있을 것인가. 그러나 兵이란 흉물이어서 승패와 길흉은 미리 알 수 없는 것일세. 동생은 두 분 부모님을 효성스럽게 받들고 가업을 잘 지켜주기 바라네.[33]

라고 부탁하였다. 이규홍은 오후에 뒷동산에 올라 출전 준비를 마치고 의

---

32) 이규홍이 출진한 지 2개월여 후인 1908년 1월 23일(음) 장남 鍾南(후일 鍾燮으로 개명)이 태어났다.
33) 이규홍, 위책, 1907년 11월 6일.

병대를 집합시켰다. 부친 이기영은 술과 고기를 의병들에게 배불리 먹이고

> 여러분들은 모두 우리 광무황제의 적자들이다. 나라의 원수를 갚고자
> 나의 아들과 함께 전쟁터에 나가는 충의는 실로 흠앙해 마지않는 일이다.
> 출진함에 도처의 백성들을 돌아보아 어루만져주고 한마음으로 협력해야
> 할 것이다. 금일 출진하여 고생한 뒤 얼마 되지 않아 승리하여 승전고를
> 울리며 즐겁게 돌아오기를 간절히 바란다.[34]

라고 출전하는 의병들의 충의 정신을 모든 이가 높이 우러러 볼 것이라
면서 승전고를 울리며 무사 귀환하기를 부탁하였다.

② 柯琴전투

12월 10일 관동을 떠난 익산의병은 여산과 고산을 거쳐 3일 뒤인 12월
13일 운장산 기슭인 대불리(전북 진안군 주천면 대불리)에 도착하였다.
이곳에서 이규홍은 거의한 뜻을 천지신명에게 고하는 天祭를 지냈다.
그리고 李錫庸, 文泰洙, 金奉準[35] 등 호남지역 의병장들에게 다음과 같
은 글을 보내 의병을 일으킨 뜻을 밝히고 함께 토적할 것을 천명하였다.

> 나는 대한제국의 신하된 자로서 나라의 운명이 누란의 위기에 처해 있
> 는데 어찌 감히 앉아서 바라만 볼 수 있겠습니까. 조금이나마 선비와 군졸
> 들을 모아 의병을 일으켜 적을 토벌하여 불공대천의 원수를 갚고자 합니
> 다. 여러 의병장들과 함께 同聲相應할 수 있다면 千萬幸甚이겠습니다.[36]

---

34) 이규홍, 위책, 1907년 11월 6일.
35) 김봉준은 金準(이명: 金泰元)으로 보인다.
36) 이규홍, 위책, 1907년 11월 9일.

이규홍은 호남의 대표적인 의병장들에게 글을 보내 의병을 일으켰음을 밝히고 서로 응원하면서 투쟁할 것으로 요청한 것이다.

익산의병의 첫 전투는 고산군 가금리(완주군 화산면 화월리)에서 1907년 12월 19일(음, 11월 15일) 있었다. 『오하일기』에 의하면

> 15일. 고산군 柯琴里에서 왜병과 접전하였다. 왜병 29명 사살하고 아군 21명이 전사하였다.[37]

라고 가금전투에서 일본군 29명을 사살하였으나 의병도 21명이 전사하였다고 하였다. 다음과 같은 《대한매일신보》의 기사는 바로 익산의병의 가금전투에 대한 설명으로 보인다.

> 19일 밤의 高山郡 義兵 3백 명이 日兵騎兵 停止 斥候를 습격하여 一夜를 互相 공격하다가 20명은 전사하고 翌日 오전 5시에 퇴각하였다 하고[38]

위 신문 기사는 12월 19일 고산군에서 의병이 척후하는 일본군 기병대를 습격하여 전투를 벌였으며, 이 전투에서 의병 20이 전사했다는 것인데, 이규홍의 『오하일기』의 12월 19일자 기사와 거의 일치한다. 이는 『오하일기』의 사료적 가치를 알려준다.

이규홍은 12월 29일(음, 11월 25일) 익산에 가서 참모회의를 열고 모병과 군수 조달, 전략 등을 논의하였다. 이것을 알게 된 익산군수 金靖基의 고발로 전주에서 출동한 일본 경찰대가 이규홍의 집은 물론 관동의 집들을 수색하였다.[39] 이규홍은 宋致玉의 집에서 참모회의를 하고 있었다.

---

37) 이규홍, 위책, 1907년 11월 15일.
38) 《대한매일신보》 1907년 12월 22일, 잡보, 지방소식.

일본 경찰대가 들이닥쳤으나, 송치옥의 기지로 참모진은 체포를 면할
수 있었다. 그러나 울타리 근처에 세워 둔 의병의 총이 발각되어 송치옥
은 체포되었다. 송치옥은 익산군으로 연행되던 중 삼례 부근 쌍청리 마
을 앞의 제방을 지날 때 일본 경찰들을 발로 차 제방 아래로 떨어지게
하고 피신하였다. 그러나 관동으로 돌아가지 못하고 결국 정읍 지방에
서 체포, 투옥되었다 한다.40)

관동을 탈출한 이규홍은 12월 31일 익산의병을 이끌고 여산에 들어가
의병을 모집하였다. 그는 읍내에 있는 사람들에게

> 나라의 안위는 백성들의 榮辱과 직결됩니다. 역적이 일어나니 충신들
> 이어 죽음에 나아갑시다.41)

라는 연설을 하고 의병 26명을 모집하였다.

이규홍은 항일전을 수행하는데 필수적인 무기와 탄환 제작소를 설치
했던 것으로 보인다. 무기제작소의 위치는 비봉과 화산 접경지역인 고
산의 내월리 뒷산에 있는 佛堂洞(현, 완주군 비봉면 내월리) 지역으로
첫 전투가 있었던 가금리와 멀지 않은 곳이다. 이곳에서 칼이나 화약을
제조하거나 화승총의 수리를 했던 것으로 추측하고 있다. 화약을 제조
했던 곳은 해방 후까지 깊이 파인 채 남아 있었다고 한다.42)

---

39) 이규홍, 위책, 1907년 11월 25일조.
40) 이강오, 위글, 219쪽.
　　주명준, 김상기, 『익산의병전쟁사』(익산의병기념사업회, 2016), 140~142쪽.
41) 이규홍, 위책, 1907년 11월 27일조.
42) 이강오, 위글, 218~219쪽.
　　주명준, 「익산시 독립운동 정신 계승 발전을 위한 독립운동사 연구」, 전북경제연
　　구원, 2013, 57쪽.

③ 개화동전투

익산의병은 익산, 용담 등지를 옮겨 다니면서 일본군과의 항전을 계속하였다. 『오하일기』1908년 1월 8일자(음, 12월 5일)에 의하면, 진안, 장수, 용담 등지에서 일본군 44명을 죽이고 의병 7명이 전사하였다 한다.[43] 이 시기《대한매일신보》에는 다음의 기사들이 게재되었다.

> 1) (1908년 1월) 2일 고산군 砥石領에서 의병이 留宿 중이라 하는 정보를 日 순사가 접하고 前往 交戰하였다더라(1908년 1월 11일자)
> 2) (1908년 1월) 7일 오전 2시에 의병 약 40명이 익산읍에 침입하여 순사주재소를 포위 사격한 후 세무서를 습격하여 전부를 소각하고 동일 오후 4시 30분 동군 豆村面 방면으로 퇴각하였는데, 其時 세무주사는 피난하고 日 순사는 타처에 출장하였고, 세무서 使令 1명은 足部를 부상하였다 하고(1908년 1월 26일자)
> 3) 지난 (1월) 27일 여산읍내에 의병 수십 명이 來襲하여 日 순사주재소 及 우편취급소와 郡衙及書記廳에 돌입하여 제반 서류와 器具를 沒數히 소각하고 동북 방면으로 向往하였다 하고(1908년 2월 6일자)

위《대한매일신보》기사에 나오는 의병이 익산의병인지 여부는 확인 안된다. 그러나 이 시기 익산의병이 위 지역에서 주로 활동하였음을 볼 때 그 가능성은 크다고 본다. 익산의병이 12월 29일 관동에서 참모회의를 하고, 2일 후인 31일 여산에서 의병을 초모하였음을 위에서 확인한 바 있다. 익산의병은 이후 고산의 砥石領 일대로 이진한 것이 아닌가 한다.[44] 그리고 위 인용문 1)에 보듯이, 1월 2일 일본 순사대와 교전한 것

---

43) 이규홍, 위책, 1907년 12월 5일.
44)《대한매일신보》1908년 1월 11일자의 砥石嶺은 운장산 근처에 있는 硯石山으로 보인다. 고산 지역에 지석산은 안 보인다. 연석산은 현재 완주군 동상면 사봉리 일대에 있는 해발 928미터의 산이다.

으로 보인다. 또한 익산의병은 1월 7일 익산읍내를 습격하여 순사주재소와 세무서를 습격하고 이규홍의 집 인근인 荳村面 방면으로 퇴각한 것으로 보인다. 순대사의 일본인 순사가 다른 곳에 출장 갔다는 것으로 보아 순사가 출장 간 정보를 입수하고 습격한 것은 아닌가 한다. 1월 27일 의병 수십 명이 여산읍내에 들어와 순사주재소와 우편취급소, 군아와 서기청을 급습하고 서류와 기구 등을 소각하였다 하는데, 이 역시 익산의병일 가능성이 크다 하겠다.

1908년 2월 1일(음력 1907년 12월 29일)45) 음력으로 1907년 마지막 날을 龍潭의 朱子川(현, 진안군 주천면)에서 보냈다. 이즈음 익산의병은 완주와 진안 일대에서 항전하였다. 『오하일기』에 의하면, 이때 왜병 56명을 죽이고 의병 57명이 전사했다고 한다.46) 그런데 이 시기 『오하일기』에 기록되어 있는 익산의병과 관련 있는 내용이 《대한매일신보》에 아래와 같이 실려 있음을 볼 수 있다.

전라북도 용담분견대로부터 출장한 토벌대는 (2월) 17일 서북방 약 3리 지점 매화동 부근에 약 400여 명 의병과 충돌하였는데 사상은 불명하다 하고47)

일본군 용담분견대에서 파견된 '토벌대'가 용담의 서북쪽 30리 지점에 있는 '매화동'48)에서 의병 400여 명과 접전을 벌였다는 것이다. 이 기

---

45) 이규홍의 위책에는 "三十日送歲于龍潭朱子川"이라 하여 "음력 12월 30일 정미년 마지막 날을 보냈다"고 되어 있다. 그러나 정미년 마지막 날은 음력으로 12월 29일이다. 따라서 '三十日'은 '二十九日'의 착오로 보인다.

46) 이규홍, 위책, 1907년 12월 29일, 1908년 1월 3일.

47) 《대한매일신보》 1908년 2월 25일, 잡보, 지방소식.

48) 매화동은 『보병14연대진중일지』에 의하면 '개화동'으로 보인다.

사에서는 사상자 수를 알 수 없다고 하였다. 그런데 이 전투에 대하여 일본군『보병14연대 진중일지』에 상세히 기록되어 있어 주목된다.『보병14연대 진중일지』에 의하면, 1908년 2월 17일 용담에서 서쪽으로 약 40리에 있는 長燈에서 일본군이 의병과 대접전을 벌였는데, 의병 36명을 사살했다고 보고하고 있다. 익산의병이 2월초에 주자천 일대에서 보내고 일본군과의 전투에서 57명이나 전사했다는『오하일기』의 기록으로 보아 이 전투는 익산의병의 활동으로 보인다. 장등 마을은 주자천에서 지금은 용담댐으로 변해 있는 곳을 지나 산 속 깊은 곳에 있는 마을이다. 이 지역은 주위에 해방 600미터 이상의 산들이 군집되어 있다. 서북쪽으로는 무주의 노고산(550미터), 북쪽으로는 금산의 진악산(732미터), 서쪽으로는 진안의 운장산(1,125미터)과 구봉산(1,002미터), 명도봉(863미터)을 비롯하여 700미터 이상의 산들이 줄지어 있는 산악지대이다. 이처럼 이 지역은 진안, 금산, 무주 등지의 산악지대로 이어져 있어 의병들의 활동지로는 아주 적합한 지역이다.

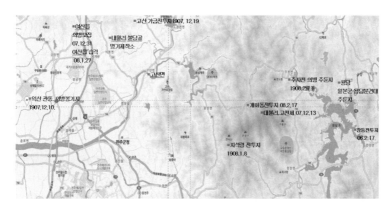

〈그림 1〉 익산의병 활동도

용담 일대에서 의병 활동이 격화되자 일본군 제14연대에서는 '용담토벌대'를 편성하여 의병을 탄압하였다. '용담토벌대' 대장 片桐 상등병이 병졸 6명을 거느리고 정찰을 위하여 2월 16일 오후 9시 용담을 출발하였다. 이들은 17일 오전 1시에 장등(진안군 안천면 삼락리 장등마을)의 서쪽 끝에서 다수의 의병이 숙영하고 있고 또 開化洞에 의병의 본대가 있음을 탐지하였다. 일본군이 장등에 진입하자 의병대는 장등의 서남쪽 고지를 향해 이동하였다. 의병대는 고지에 도착하여 일본군과의 전투를 개시하여 2시간 반이나 항전하였다. 일본군은 3시에 개화동 북쪽 약 200미터에 방면으로 이동하여 개화동 북쪽에 있는 의병대를 공격하였다. 의병은 완강하게 대항하였다. 오전 6시에 사방의 고지에 올라 일본군을 포위 공격하였다. 그러나 일본군이 표고 635미터의 고지를 점령했다.[49] 이어서 남쪽 고지와 동쪽 고지를 일본군에 점령당하였다. 의병대는 오전 11시경까지 항전하였으나 일본군의 화력에 밀려 퇴각하지 않을 수 없었다. 일본군 보고서에 의하면 의병장은 '호남창의대장 盧松庵', '삼남의병대장 柳志明'이라고 하였다. 또한

> 戰場에 遺棄한 死體 36
> 노획품은 화승총 25, 槍 12
> 아측 손해 없음 射耗彈 420발
> 본일 우리에 대항한 적은 약 400명[50]

---

49) 개화동은 용담에서 고산 방향에 있는 진안군 주천면 대불리에 있는 마을로 완주군과 진안군의 경계지역이다. 이 지역은 운장산(1125미터), 구봉산(919미터), 명도봉(863미터)을 비롯하여 700미터 이상의 산들이 줄지어 있는 산악지대이다.

50) 『보병14연대진중일지』(토지주택박물관 영인, 2010) 1908년 2월 25일 「제5중대 片桐隊 전투상보」(권6, 109쪽). 『보병14연대진중일지』의 사료적 가치와 내용에 대해서는 김상기의 「제14연대 진중일지를 통해 본 일본군의 의병 탄압」(《한국독립

라고 하여 의병의 총수는 약 400명이었으며, 유기한 사체가 36이라고 하
였다. 『오하일기』 음력 1월 3일자에 의병 57명이 전사했다고 적혀 있는
데, 『오하일기』의 다음 기록인 음력 2월 7일자에는 의병이 와해된 상황
만을 적고 있는 것으로 보아 이 숫자는 개화동 전투를 포함하여 이 기간
동안 의병의 피해상황을 종합한 것으로 보인다. 盧松庵은 공주 출신 의
병장 盧元燮으로 보인다. 유지명은 바로 익산의병의 제1지대장이다. 의
병대는 고산 방향으로 이동하였으나 거의 궤멸 수준이었다[51]고 하는 보
고로 보아 익산의병의 세력이 크게 꺾였음을 알 수 있다.

④ 의병 해산

익산의병은 1907년 11월 거의하여 가금 전투, 개화동 전투를 비롯하여
일본군과의 항전을 펼치는 등 활발히 활동하였다. 그러나 거의한 후 80
여 명에 달하는 의병을 잃었다. 더욱이 일본군은 시가지나 주점 등 곳곳
에 귀순을 권하는 방문을 붙였다. 의병의 사기가 크게 떨어졌다. 이규홍
은 "하늘이 나를 망하게 하는 구나. 이를 장차 어찌하리오"라고 한탄하
였다. 『오하일기』에 의하면,

> 3월, 탐지된 소식에 의하면 호남의병장 高光淳, 奇三衍, 金奉準이 전사
> 하고 李錫庸, 文泰洙가 체포되고 의병들의 전사자가 그 수를 헤아릴 수
> 없다고 한다.[52]

운동사연구》44, 독립기념관, 2013) 참조.

51) 『보병14연대진중일지』 1908년 2월 27일(권6, 116쪽). 1908년 3월 22일(권7, 25쪽).
52) 이규홍, 위책, 1908년 3월.
   이규홍이 1908년 3월조에 "李錫庸, 文泰洙가 체포되고"라고 적혀 있는데, 이는
   그가 후일에 정리하면서 착오를 일으킨 것으로 보인다. 이석용(1878~1914)은 임
   실 출신으로 1907년 9월 진안의 마이산에서 거의한 후 진안, 순창, 태인, 남원 등

라 하여 1908년 4월에 각지를 정탐하니 의병장 高光洵, 奇參衍, 金奉準이 전사하고 李錫庸과 文泰洙가 체포되었으며, 전사자와 체포자를 셀 수 없다고 하였다.

고광순(1848~1907)은 창평에서 거의하여 남원, 화순 등지에서 격전을 벌이다가 1907년 9월 연곡사 전투에서 전사하였다. 호남창의회맹소 대장 기삼연(1851~1908)은 영광, 고창, 광주 등지에서 일본군과 항전하였으며 1908년 1월 광주에서 총살형으로 순국하였다. 金奉準은 金準(1870~1908, 이명: 金泰元)이 아닌가 한다. 김준은 전남 나주 출신으로 나주에서 의병을 일으키고 광주, 고창, 창평 등지에서 기삼연과 함께 활동하다가 1908년 4월 어등산 전투에서 전사한 인물이다.

이규홍은 일본군의 탄압을 피하여 옮겨 다니다가 1908년 5월 14일 대전에 있는 식장산까지 갔다. 산 중턱에 있는 고산사로 올라가는 입구에서 오른쪽 산길을 따라 오르면 장군바위가 있다. 이규홍은 이곳까지 들어갔으나 따라온 이는 박이환과 문형모 등 10여 인에 불과하였다. 『오하기문』에 실려 있는 다음과 같은 시는 이때 그의 심정을 잘 알려준다.[53]

> 칼을 던지고 산중에 앉아 있으니 / 投劍空山坐
> 흐르는 눈물이 군복을 적시네 / 淚零霑戰衣
> 두견만이 나의 뜻을 알아서 / 蜀鵑能解意
> 돌아감만 못하다며 우는 소리를 그치게 하는구나 / 啼罷不如歸

지에서 활동하다 1912년 체포되어 1914년 사형당했다. 문태수(1880~1913)는 경남 안의 출신으로 1907년 무주에서 거의하여 무주, 장수, 남원, 금산, 영동, 보은 등지에서 활동하였다. 1911년 체포되어 옥중에서 순국했다.

53) 이규홍, 위책, 1908년 4월 17일.

칼을 던지고 달빛이 비취는 산 위에 오르자 두견새만이 슬피 울고 있었으며, 나라 일을 돌이켜 생각하니 눈물이 흘러 전포를 적셨다는 것이다. 박이환과 문형모는 "일이 여기에 이르렀으니 우리도 잠시 각기 집으로 돌아가는 것이 좋지 않겠습니까?"라고 해산할 것을 권유하였다. 이규홍은 결국 1908년 5월 20일(음, 4월 21일) 의병을 해산하였다. 이규홍은 의병들과 울면서 이별하였다. 이규홍은 이후 몸을 숨기고 잠적하였다.

이규홍이 의병을 해산한 뒤, 그의 휘하에서 제2지대장으로 활동한 유지명(1881~1909)은 독자적으로 고산, 연산 일대에서 활동하였다. 1908년 12월에는 의병을 빙자하여 남의 전곡을 사사로이 약탈하는 등 비행을 저지른 윤병오를 처단하였다. 이후에도 연산, 고산 일대에서 일본군과 항전하였으며, 일본인촌의 우편취급소와 세무서 등을 습격하는 등 활동하다가 1909년 1월 체포되어 교수형으로 순국하였다.[54)]

유지명 외에도 익산의병으로 활동한 이로는 金興汝, 金性贊, 鄭判成, 金鳳友 등이 확인된다. 김홍여(1887년생)는 여산군 북삼면 방축리에서 짚신과 목면을 팔던 상인이었다. 김성찬(1857년생)은 고산군 북하면 시목리에서 농사를 짓던 사람이었다. 정판성(1891년생) 역시 익산군 우북면 동산리의 농민이었다. 이들은 이규홍의 휘하에 있다가 1909년 2월 무기를 휴대하고 익산, 고산 일대에서 활동하다가 체포되어 1909년 11월 김홍여와 김성찬은 징역 7년을, 정판성은 징역 5년형을 선고 받고 옥고를 치렀다.[55)] 김봉우(1882년생)는 익산군 남일면 목상리 출신으로, 1907년 10월경

---

54) 유지명 판결문(1909년 6월 5일, 대심원).
  유지명 휘하 의병 중에 유치복을 비롯한 유연풍, 유연봉, 유연청, 유명석, 유준석, 유현석, 유영석, 유태석 등 완주군 비봉면 내월리의 고흥유씨 일가들의 활동이 컸다. 이들 '고흥유씨 9의사'의 활동에 대하여는 주명준 교수의 「유치복을 중심으로 한 유씨일문 9의사」(『익산의병전쟁사』, 익산의병기념사업회, 2016, 214~229쪽) 참조.

이규홍의 부하가 되어 그해 말까지 익산 일대에서 활동하였다. 체포된 그는 1910년 5월 징역 1년형을 선고받았다.[56]

4) 일제강점기 항일투쟁

(1) 독립의군부 참여

1910년 8월 일제는 한국을 강제로 병탄하였다. 경술국치의 소식이 전해지자 한국민의 통한은 분노를 넘어 심리적인 공황의 상태가 되었다. 유생들은 의병투쟁을 지속하였으며, 만주와 연해주로 망명하여 독립의 기틀을 준비하기도 하였다. 국내에 남은 유생들은 국망 직후에 자결로써 즉각적인 항의의 뜻을 표시하는 유생도 있었다.[57]

이규홍은 국망 후 거주지를 옮기면서 민족지사들과 끊임없이 항일투쟁을 모색하였다. 그는 1912년 임병찬이 주도한 독립의군부 활동에 참여

---

55) 편찬위원회, 『독립운동사자료집』별집1, 1974, 722쪽. 「김홍어, 김성찬, 정판성 판결문」(1909년 11월 22일, 광주지방법원 전주지부).

56) 김봉우 판결문(1910년 5월 16일, 광주지방법원 전주지부).

57) 김상기, 「1910년대 지방 유생의 국내에서의 항일투쟁」, 『대한민국임시정부90주년 기념논문집』(한국근현대사학회, 1999). 이들 중에 익산 출신으로는 김근배와 김영세가 있다. 金根培(1847~1910. 12, 호: 梅下, 본: 금녕)는 익산의 모현 출신으로 金尙鎬의 문인이다. 그는 1866년 병인양요로 프랑스 함대의 강화도 공격이 있자 적을 토벌하자는 격문을 지었다. 그는 성균관 박사로 있던 중 1905년 을사늑약이 있자 이에 항의하여 낙향하였다. 그는 고향에서 한학 교육을 하면서 항일정신을 고취하였다. 1910년 일제가 조선을 강제병탄한 후 그를 포섭하기 위하여 소위 은사금을 보냈다. 그는 은사금을 거부하고 죽음으로써 충절을 지키겠다는 유서를 남기고 우물에 빠져 순국하였다. 익산의 金永世(?~1910)도 나라가 망함에 이를 애통하게 여기고 원수 일본의 백성이 되는 수치를 참을 수 없어 자결하였다(『기려수필』, 김근배 김영세 조. 편찬위원회, 『독립운동사』7, 246쪽).

하였다. 독립의군부는 무장투쟁을 목적으로 한 의병 조직이기보다는 국권탈환을 목적한 장서투서운동 단체로 알려지고 있다.[58] 이 단체는 國亡 직후 유림들의 또 다른 행동 양태를 알려주고 있는 점에서 특징적인 단체이다.

독립의군부의 활동은 1912년 11월 林炳瓚(호: 遯軒, 1851∼1916)이 격문을 각지에 발표하면서 시작되었다. 그는 격문에서 신하된 자들은 재산을 보호하는데 급급하여 상투를 자르고 일본식 의복제도를 받아들이고 있으며, 빈궁한 자들은 배를 채우고자 순사보조원에 투신하는 등 본성을 잃었다고 하면서, 이로써 나라를 두 번 잃고 말았다고 통탄하였다. 이어서 그는 적을 토벌하여 원수를 갚을 것을 선언하고 군수에서부터 주사, 순사보조원, 면장, 이장, 영수원, 傭吏에 이르기까지 원수인 일본의 관리가 된 자도 칼을 거꾸로 세워 토적하여 죄를 씻을 것을 요구하였다.[59]

임병찬은 1913년부터는 동지 초모 작업을 개시하였다. 2월 4일에는 아들인 林應喆을 서울로 보내 전참판 李明翔과 金在淳, 그리고 동문인 郭漢一·田鎔圭 등을 만나게 하여 거사를 협의하게 하였다. 2월 7일에는 손자인 林泰興을 진안, 장수, 무주, 용담, 금산, 진산, 고산, 익산 등 8개 군에 보내 충신의사의 후예를 찾아 만나게 하였다. 익산의병 참모였던 文亨模는 옥구, 임피, 함열, 용안, 익산으로 보낸다. 2월 15일에는 宋載俊과 金士文을 옥과, 곡성, 순천, 낙안, 보성 지역에 보내고, 林和地·申輔鉉·林昌鉉 등을 옥구에 보냈다. 2월 20일에는 張鉉甲과 宋榮泰를 전주, 김제, 금구, 만경, 옥구 등지에 보냈다. 1914년 2월 15일 임병찬은 가묘에 제사

---

58) 신규수, 「대한독립의군부에 대하여」, 『변태섭박사화갑기념논총』, 1985.
    이상찬, 「대한독립의군부에 대하여」, 『이재룡박사환력기념논총』, 1990.
59) 임병찬, 『의병항쟁일기』 권2(한국인문과학원 영인, 1986), 「격문」, 48∼49쪽.

를 올리고 투쟁의 뜻을 밝혔다. 다음 날 권재일, 김병풍, 이재우 등을 서울로 보내 서울 인사들의 합류를 부탁하게 하였다. 2월 25일 서울 측에서 전참판 이명상과 곽한일, 李寅順, 蔡相德 등이 내려왔다.

이규홍이 임병찬 진영에 간 것은 1914년 3월 10일로, 윤병일·이종묵·조재학·이기상·강봉주·이기영·안태준·변환·이은영·정철화·송주환·이중원 등과 함께였다. 3월 23일 임병찬은 이명상·이인순 등과 함께 각도와 각군 대표를 선정하였다.60) 이때 이규홍은 鄭熙冕·朴駬桓·李仁徹 등과 함께 익산군 대표로 선임되었다. 임병찬은 위와 같은 조직을 마친 후 날짜를 정해 전국의 각 군에서 일제히 국권반환과 일본군의 철수를 요구하는 장서투서운동을 전개하기로 하였다. 투서하기 2일전에 각 군의 사직단 터에 태극기를 게양하여 민심을 움직이게 하였으며, 투서 후에는 향약을 실시하기로 하였다. 그러나 이 계획은 수원군 대표 金昌植이 청양에서 체포되어 조직이 발각됨에 임병찬이 총감부에 구속되었으며, 6월 13일 보안법위반이라는 죄목으로 1년 유배형에 처해짐에 따라 독립의군부의 활동은 지속될 수 없었다.

(2) 오도산성 전투

이규홍은 독립의군부의 활동이 실패로 끝난 후인 1916년 李加馥의 소개로 대전의 사한리(현 대전 동구 이사동)에 거주하는 송창재와 송덕재를 찾아가 은신하였다. 宋昌在와 宋惠在는 형제간으로 난곡 송병화의 문인이다. 宋炳華61)는 인근의 많은 이들에게 한학을 가르치면서 특히 절

---

60) 『의병항쟁일기』, 「거의일기」, 1914년 3월 23일.
61) 송병화(1852~1915)는 四友堂 國澤의 9대손으로 자를 晦卿, 호를 蘭谷 또는 約齋라 한다. 이에 대하여는 김상기의 「한말 대전지역 유림의 민족운동」(《대전문

의론을 강조하였다. 그의 대표적인 문인으로는 克齋 宋炳璀을 비롯하여
宋龍在(호: 龍菴), 金鍾昊, 宋鎭玉, 宋鏞大 등 다수 있다. 이 중에 宋炳
璀[62]은 「李烈士傳」을 써 이규홍을 열사라고 칭하면서 그의 행적을 후세
에 전하였다.[63]

송병관은 이 글에서 이규홍을 대세에도 약하고 힘도 拙劣함에도 불구
하고 나라를 위하여 목숨을 바친 '慷慨한 선비'라고 평하였다. 그리고
이규홍이 20년에 걸친 은신 생활로 곤란하고 침울했지만, 왜놈한테 돈
과 작위를 받은 자들의 이름이 만대에 남을 것에 비한다면 향기가 백세
에 흐를 것이니 이를 불행하다고 말할 수 없다고 하였다.

이규홍을 숨겨준 이는 송창재와 송덕재 형제이다. 송창재는 1910년
경술국치에 울분을 참지 못하여 음식을 물리치고('却食'), 슬피 울면서
('痛泣') 두문불출하였다 한다.[64] 1919년 고종의 승하와 1926년 순종의
승하에 3년상을 지냈으며, 1933년 상투를 자르는 변('剃變')에 다음과 같
은 글로 서약하고 끝내 단발을 거부하였다.[65]

> 머리털은 부모님의 精血의 나머지요 / 髮者父母精血之餘
> 중화의 도맥이 머무는 곳이다. / 華夏道脈之所寓

화》24, 대전시사편찬위원회, 2015) 참조.
62) 송병관(1875~1945, 자: 瑩叔, 호: 克齋)은 宋國澤의 9대손으로 桂田 宋萬植과
   경주김씨의 아들로 태어났다. 송병관에 대하여는 이정우, 「극재 송병관의 춘추의
   리론과 절의은둔」,《역사와담론》84, 호서사학회, 2017 참조).
63) 송병관, 「李烈士傳」, 『극재집』권17, 전(부록 참조).
64) 宋昌在(1880~1946)의 자는 文甫, 호는 壽石이며, 사우당 國澤의 10대손이다.
   부친 炳元(?~1885, 호: 愚石)과 해주오씨(1857~1939, 絅菴 吳麟善의 딸) 사이
   에 장남으로 태어났다. 일찍 부친을 여의었으며, 한산이씨와 혼인하였는데 부친
   은 博士 容求, 조부는 同中樞 鶴珪, 증조는 증호조참판 寅稙이다.
65) 『彩雲世稿』권7, 「壽石堂遺稿」부록 「행장」.

어찌 위협에 겁박을 당해 오랑캐 짐승의 무리에 빠지겠는가 / 何可刦
於威虐而詭隨陷夷獸之歸耶

이와 같이 송병화한테 척사론을 수학한 송창재는 李圭弘이 기병하여
일본군과의 항전을 계속하다가 피해오자 그를 숨겨주었다. 이규홍이 송
창재의 집에 은거할 수 있었던 것은 동지인 李加馥의 소개 때문인 것으
로 보인다. 이가복은 송창재의 모친인 한산이씨의 친정 집안 사람으로
보인다. 1939년 송창재의 모친인 해주오씨가 죽었을 때 이가복이 지은
만사가 해주오씨의 실기인 「吳孺人實紀」에 실려 있다.

輓詞 李加馥 韓山人
효와 열을 겸하여 온전히 한 이는 예로부터 아주 드물다. / 孝烈兼全古
多稀
孺人의 덕행을 들어 안지가 오래되었다. / 孺人德行聞知久
평생동안의 苦節은 말로 다하기 어렵다 / 平生苦節難盡說
다른 날 역사에 천추에 전함을 들을 것이다. / 佗日聞史千秋傳

여기에서 그는 해주오씨가 일찍 과부가 된 후 어려움은 이루 말할 수
없다고 하는 것으로 보아 송창재의 집안일에 대하여 자세히 알고 있었
음을 알 수 있다. 그는 이어서 해주오씨의 효와 열 그리고 덕행이 뛰어
났다면서 길이 역사에 전해질 것이라고 기렸다.[66] 이가복과 이규홍과의
관계는 아직 확인이 안된다. 하지만 이규홍의 동지라고 하는 것으로 보
아 익산 출신이 아닌가 한다.[67] 宋憲在[68]는 송창재의 동생이다. 송병화

66) 『彩雲世稿』권9, 「聽溪實紀」 부록 「吳孺人實紀」.
67) 송창재의 손자인 송경준(대전 이사동 거주)은 이가복이 송창재에게 보낸 편지 겉
봉을 보관하고 있다. 이 편지의 겉봉에서 이가복의 주소는 "湖南線 裡里驛前

의 문하에서 수학하였으며, 음직으로 한성부 주사직을 받았다. 1905년
承訓郎에 올랐으나, 을사늑약이 있자 사직하고 귀향하였다. 이후 관직의
길을 끊고 독서에 매진하였다.[69)]

송창재의 바로 옆집에는 솟을 대문이 높게 세워져 있는 宋龍在의 저
택이 있다. 宋龍在(1864~1935, 자: 而見, 호: 龍巖) 역시 송국택의 후손으
로 송병화의 문인이다. 1901년에 지릉 참봉이 되고 1908년에 규장각 직
각이 되었다. 그는 1910년 경술국치를 당하여 국망을 한탄하며 자결을
기도하였다. 자결을 만류하는 송병관에게

> 적신이 나라를 팔아 나라가 망하면 마땅히 죽을 것이나 죽지 아니한 것
> 은 度宗의 두 아들을 추대 옹립하여 종묘사직을 위할 계획이 있기 때문입
> 니다. 지금 내가 역량과 직위가 이미 이것을 판단하지 못할 것인즉 이른바
> 4자가 天理의 올바름에 합하고 人心의 편안함이 되는 것입니다.[70)]

라고 '國亡當死'라는 4자를 말하면서 종로의 淸 醫院에서 산 다량의 아편
을 삼켰다. 그러나 죽지 않고 깨어나자 그는 대전으로 내려와 오도산 아
래 본가에서 은거생활을 하였다.[71)] 송용재의 집은 송창재의 집 바로 옆에

南?"라고 되어 있는 것으로 보아 이가복의 집은 이규홍과 동향인 익산였던 것으
로 보인다.

68) 宋惠在(1883~1956)의 자는 直汝, 호는 樵雲이다. 숙부인 炳毅(1869~1900)가
후사가 없어 그의 양자가 되었다. 여흥민씨와 혼인하였으나 아들이 없어 형인 창
재의 3남인 鎭道를 양자로 삼았다. 극재 송병관이 그에게 '樵雲'이란 호를 지어
주었다.

69) 『彩雲世稿』권8, 「樵雲實紀」 부록 「행장」.

70) 송병관, 「庚難日記」, 『극재집』권6, 잡저.

71) 송용재 집안은 재산이 많았던 것으로 알려진다. 1919년 11월 조선독립군사령부
白相殷의 이름으로 송용재에게 군자금으로 1만원을 기부하라는 서신이 보내졌

붙어있다. 이규홍이 그의 옆집에서 은거하고 있었던 것이다. 이규홍의 은신처가 일경에 발각되기 전까지 송용재와 이규홍은 의기투합되어 동지적 관계가 되었을 것으로 짐작된다. 이규홍은 이들 송창재 송덕재 형제는 물론 송용재 등과 시국을 논하면서 후일을 기약했던 것으로 보인다.

이규홍은 1917년 11월 대전경찰서에서 파견한 경찰대의 습격을 받아 오도산에서 전투를 벌였다. 오도산은 사한리 마을 뒷산으로 336미터 높이의 경사가 급한 산이다. 정상은 바위가 칼날처럼 솟아 있어 우회해야 올라갈 수 있다. 이규홍은 송창재 집에서 숨어 있으면서 수시로 오도산에 올라가 큰 돌을 운반하여 석성을 쌓았다. 그런데 은신한지 1년여 지난 1917년 대전경찰서 경찰대가 이규홍의 은신 사실을 탐지하고 11월 17일 사한리 송창재 집을 급습하였다. 이규홍은 산위로 피하여 총격전을 수행하였다. 그는 경찰대의 총탄으로 안면이 스치는 부상을 입었으나 탈출에 성공하였다. 그를 숨겨준 송창재와 송덕재는 이후 왜경의 요시찰 인물로 많은 고초를 당했다.

(3) 만주 망명과 투옥

이규홍은 가산 일부를 정리하여 1918년 5월 중국으로 망명하였다. 상해에 도착하여 浦東 碼頭 公昇西里 15호에 거주하면서 金甫淵의 안내로 이동녕, 안창호, 이광수, 신익희 등 임시정부 요인들을 만났다.[72] 1919년

다. 서신의 주소를 보면, "大田郡 山內面 沙蘭里"로 수취인은 "宋直閣龍在殿"으로 되어 있다. 송용재는 이규홍의 부친인 李琪榮(1853～1922)의 묘갈명에 篆書를 썼다. 이는 이규홍과 송용재와의 연관성을 짐작하기에 충분하다. 이로보아 이규홍의 사한리에서의 은신 생활은 물론 중국으로의 망명 생활에도 송용재가 일정한 도움을 주었을 것으로 보인다.

72) 이규홍, 위책, 무오년 5월 17일.

2월 26일(음)에는 김규식의 파리행 여비로 3백 원을 주었다. 다음 해 1920년 3월 20일(음) 간도에 들어가 사관연성소에 가서 김좌진을 만나 군자금으로 3천원을 주었다 한다. 그리고 그해 6월 2일(음) 무산을 거쳐 국내로 들어왔다.[73]

이규홍은 이후 국내를 비밀리에 다니면서 활동하였다. 이때 그가 동생 圭連(1884~1949)에게 보낸 편지가 한통 남아 있는데, 이 시기 그의 행적을 알 수 있다.

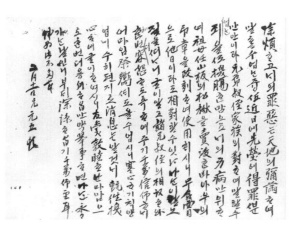

〈그림 2〉 이규홍이 동생 규연에게 보낸 편지

除煩하고 나의 죄악은 천지에 彌萬하여 말할 수 없는 중 근일에 先塋에 득한 죄 뿐만 아니라 형제 숙질 가족에 대하여 말할 수 없는 죄를 또 換腹한 맘으로 내 身病만 위하여 조모님 山坂의 松楸를 매도한 바 아우의 인장을 改刻하여 사용하였으니 무슨 면목으로 타일이라도 상대할 수 있나. 나는 이날로 집을 떠나니 그리 알고 諸兄 叔姪에 상의하와 한번 더 용서하도록 하여 주기 천만 信仰하네. 어머님 祭需 때도 올 수 없으니 한심하기 측량없네. 수히 편지로 소식은 알것네. 기왕 換心하여 그리하였으니 友愛 敦篤한 마음으로 한번 더 용서하고 만약 거사하면 나는 영영 가는 날이니 부디 深諒하옵기 千萬仰望耳. 餘爲此不備禮 (현대문으로 풀어 씀, 필자)

2월 11일 형 元五 頓[74]

위 편지를 작성한 2월 11일은 1923년의 일로 보인다. 모친 장씨가 죽은 것이 1922년 3월 2일이며, 그가 체포된 것이 1924년 2월 8일이기 때문이다. 그는 모친이 죽은 다음 해 祖母의 이름으로 된 산판의 소나무를 매도한 돈을 가지고 집을 나온 것이다. 매도할 때 동생의 도장도 필요하였기 때문에 동생의 도장을 새겨서 사용하였음을 용서해달라는 것이었다. 이때 그는 집을 나서면서 "만약 거사하면 나는 영영 가는 날이니 부디 深諒하옵기 千萬 仰望할 뿐이다"라고 한 것으로 보아 그는 이때 또 다른 '거사'를 계획했던 것으로 보인다.[75]

1924년 2월 8일 결국 경찰의 눈에 띄어 체포되었다. 『시대일보』에서는 「18년 망명객 처음 고향에 돌아가」라는 제목으로 그의 활동상과 석

---

74) 이규홍이 이규연에게 보낸 서한(이규연 손자 이진우 소장).
75) 이규홍의 동생 李圭連은 이규홍이 태인의병을 준비할 때 문형 등과 연락 책임을 맡아 활동하였으며, 이규홍이 의병 활동시에는 직접 참전하지는 못했으나 물려받은 재산을 팔아 군자금으로 제공하였다(「義士慶州李公圭連傳」, 이종신 증언(『익산의병전쟁사』, 191~193쪽). 이종연 증언, 위책, 179쪽 참조).

방 사실을 다음과 같이 전하고 있다.

> 원적을 전라북도 익산군 팔봉면 석암리(全北 益山郡 八峯面 石岩里)
> 에 두고 그간 사람의 눈을 피하여서 전후 십팔년 동안이나 경향으로 정처
> 없이 다니다가 요새에 마음을 놓고 고향을 돌아가게 된 사람이 있다. 그는
> 이규홍(李圭弘)씨라는 사람으로 원 한국 광무 11년에 한일협약이 되어 군
> 대해산이 될 때에 자기 집 재산을 기우리어 의병을 모아 몇 달 동안이나
> 돌아다니다가 결국 부하는 만이 잡히고 자기도 부상한 끝에 현상 4천원을
> 걸고 엄중히 수색하는 밑에 전후 18년 동안을 망명하며 돌아다니다가 전
> 자에 경찰의 눈에 띄어 자세한 조사를 받았으나 경술년에 시국이 바뀌어
> 이전의 일이오, 벌써 시효(時效)가 지난 지 오램이므로 그대로 고향에 가
> 서 잘 안도하여 지내라는 언도가 있었음으로 지난 28일에 서울을 떠나 익
> 산의 자기 집으로 돌아갔는데, 당시 27세이든 청년으로 지금은 44세라는
> 나이가 되었고, 구존하든 부모가 모조리 작고하여 지금은 그 부친의 상중
> 이라 하며, 망명할 때 태중에 있든 아들이 나서 지금 17세의 소년이 되었
> 고, 저간에 심술궂은 세상 사람들의 손에 가산이 거의 낭패되었다 한다.[76]

27세에 전 재산을 기울여 의병을 일으키고 망명
생활을 한 그가 18년 만에 체포되었으며, 그에게 4
천원의 현상금이 걸려 있었음을 알려준다. 그는
시효가 지나 풀려났으나, 고문으로 오른쪽 어깨가
골절되는 부상을 입고 1924년 7월 3일(음, 5월 27
일) 보석으로 집에 돌아왔다. 그러나 옥고의 후유
증으로 고생하다가 1929년 7월(음, 6월 6일) 세상을
떠났다.[77]

〈그림 3〉 이규홍 의병장

---

76) 《시대일보》, 1924년 7월 1일, 「18년 망명객 처음 고향에 돌아가」.
77) 이규홍, 위책, 1924년 5월 27일조. "歸家後六年苦經 己巳年六月六日卒"

5) 맺음말

이규홍은 익산 출신의 대표적인 의병장이다. 유학을 가학으로 수학하였으며, 1901년 중추원 의관을 제수받았다. 1906년 문형모, 박이환과 함께 임병찬의 문인이 되어 태인의병에 참여하기 위해 의병을 일으켰다. 그러나 태인으로 향하던 중에 의병이 해산되었다는 소식을 듣고 의병을 해산하였다. 1907년 고종의 강제 퇴위 소식을 듣고 그해 12월 10일 익산의병을 봉기하였다. 부친 이기영은 가산을 팔아 무기 구입을 위한 군자금으로 지원하였다. 익산의병은 12월 13일 진안의 주천면 대불리에서 천제를 지내고, 완주 화월리의 가금전투에서 일본군을 물리쳤다. 비봉면 내월리 불당동에 무기 제작소를 설치하여 무기를 수리하고 화약을 제조하였다. 1908년 1월 익산의 주재소와 세무서를 습격하였다. 이어서 여산에서 의병을 모집하고 주재소와 우편취급소를 습격하였다. 1908년 2월 진안의 장등과 개화동 일대에서 일본군 용담분견대와 대접전을 벌였다. 그러나 이 전투에서 일본군의 화력에 밀려 고전하고 큰 희생을 입었다. 이규홍은 참모들의 권유를 받아들여 1908년 5월 대전의 식장산에서 의병을 해산하였다. 그러나 柳志明을 비롯하여 金興汝, 金性贊, 鄭判成, 金鳳友 등 일부 의병진은 항전을 계속하였다. 그 중에 유지명은 체포되어 총살형을 받고 순국하였으며, 다른 이들도 역시 체포되어 징역형을 선고받고 고초를 겪었다.

이규홍은 그후 거주지를 옮기면서 항일투쟁을 모색하다가 1912년 독립의군부에 참여하여 익산 대표로 활동하였다. 1916년 대전의 송창재 송덕재 집에 찾아가 은신하였다. 다음 해 11월 대전경찰대의 급습을 받고 오도산에서 총격전을 벌였다. 탈출에 성공한 이규홍은 상해로 망명하여 임시정부 요인들과 김좌진 등을 만나 독립운동을 지원하였다. 국내에 돌아온 그는 가산을 팔아 거사를 계획하다가 1924년 2월 경찰에 체포되었다. 병보석으로 풀려났으나 1929년 옥고의 후유증으로 작고하였다.

이규홍은 양반의 후예로 유학을 업으로 살고자 했다. 그러나 나라의 위기에 자살이나 망명의 길이 아닌 의병이라는 적극적인 투쟁의 길을 택했으며, 국망 후에도 항일투쟁을 지속적으로 펼쳤다. 부친과 동생은 가산을 의병 군자금으로 바쳤으니 익산의병은 이규홍 일가의 투쟁이었다 할 수 있다. 비록 나라가 망해 목표했던 일제의 구축과 국권회복을 이루지는 못했으나, '慷慨한 선비'였던 그의 투쟁적 삶은 후세에 기리 전해지기에 충분하다.

〈부록〉 송병관, 「李烈士伝」

열사 梧下 李公圭弘은 대한 융희 기원후 모갑에 호남의 이리 우사에서 사망하였다. 열사의 성질이 강직하고 강개하여 을사년에 원수의 오랑캐와 협약을 하였다는 말을 듣고 말씀하기를 『나라가 장차 망할 것이다.』하였고, 계속하여 제공의 순절을 듣고 말씀하기를 『의리는 진실로 당연하나 나라의 무슨 도움이 있겠는가?』하고, 드디어 朴野隱 駬桓과 文愚堂 亨謨와 더불어 의병을 일으킬 계획을 정하였다, 이보다 먼저 勉庵 崔公이 그의 侯芭인 林遯軒 炳贊과 더불어 이미 의병을 일으키기로 모의하였다. 열사가 朴, 文 二公과 더불어 태인 종성리로 달려 나가 둔헌에게 제자의 예를 집행하였고, 인하여 면암을 뵈오니 면암이 그 뜻을 아름답게 여기어 同義錄에 기재하라고 하였다. 물러나와 즉시 산포수와 동지 수십 인을 초집해가지고 의군의 뒤를 추급하여 전주에 이르러 의병이 패하여 면암과 둔헌 두 분이 일본 대마도에 구금되었다는 것을 들었

다, 부득이 거느리고 간 사람들을 나누어 보내고 후일의 도모를 기다렸
으니, 실은 병오년 오월 일이다. 정미년에 원수의 오랑캐 왜놈이 적신과
더불어 우리나라 군대를 해산하고 또 군기를 압수하거늘, 열사가 분연
히 둔헌에게 서찰을 보내어 행군의 여하를 물었다. 대개 둔헌이 이미 전
년 십일월에 면암을 구금소에서 곡을 하고 그 유소를 받들고 환국하였
다. 또 그 사유를 아버님 議官公에게 고하니, 의관공이 말씀하기를『네
가 의병을 일으키어 국가에 보답하려고 하니 내가 가산을 아끼지 아니
할 것이다.』하였다. 이로부터 재물 기만금을 흩어서 朴文 二公과 더불어
전주의 해산병 백여 인을 부르니 양총과 한총과 환약군력이 다 갖추어
졌다. 그가 말한『주장은 신의로 약속을 지키고, 청렴으로 재물을 나누
며, 의리에 처하여 마음을 돌리지 아니하고, 직책을 지키어 폐기하지 아
니하며, 嗜慾을 끊고 주색을 멀리하며, 공손하고 검소하며, 겸손하고 절
약하여 計慮가 깊고 원대한 자로 할 것이니, 외로운 것은 스스로 제일이
라고 믿는 것만큼 외로운 것은 없는 것이다.』하였고, 또『둔헌은 병략을
준 사람이다.』라고 하였다. 이해 11월 6일에 동산에서 출진을 하는데 의
관공이 소고기와 술을 가지고 군사를 먹이면서 말씀하기를『힘을 다하
여 적군과 싸우려고 하는 금일의 출진고는 후일의 승전악이 될 것이다.』
라고 하였으니, 대개 그 충성의 분로가 격렬하니 공 같은 분을 살리는
것이 마땅하도다. 9월에 용담에 이르러 호남 의병장 이석용에게 서찰을
보내어 同聲合討하자고 요구하여 15일에 고산 가금리에서 왜병과 더불
어 접전을 하였고, 12월에 진안 장수 등지에서 혹 싸우기도 하고, 혹 隱
伏하기도 하였는데, 이때 적신이 조칙을 만들어 의병을 비도라 하고 토
벌대를 내보내어 왜병과 더불어 합세하여 도리어 의병을 공격하였다.
이것으로 말미암아 군심이 와해되었으니, 참으로 이른바 아래에서 가히

할 수가 없게 되었다는 것이다. 또 둔헌공이 한갓 죽는 것이 무익한 것이라고 하여 의병을 파하고 몸을 숨기면서 공에게 진안 산중으로 들어가라고 권하였다. 공이 朴文 二公과 더불어 통곡하면서 말씀하기를 『하늘이 나를 망하게 하였다』하고, 이내 5절시를 읊었으니 그 시에 가로대

칼을 던지고 산중에 앉아 있으니 / 投劍空山坐
흐르는 눈물이 군복을 적시네 / 淚零霑戰衣
두견새만이 나의 뜻을 알아서 / 蜀鵑能解意
돌아감만 못하다며 우는 소리를 그치게 하는구나 / 啼罷不如歸

공은 경주가 본관이니, 정순공 휘 성중의 후손으로 태황조 때 음관으로 보직된 의관 모의 아들이다.

보문산 인이 말하기를 예부터 강개지사가 위태하고 어지러운 날을 당하여 세가 약하고 역이 졸렬한 것을 돌보지 아니하고, 나라를 위하여 일을 하고자 하다가 마침내는 屯蹶하고 침울하여 죽는 것이니, 공 같은 분은 자못 그런 사람인가? 공의 시대를 당하여 모두 倭虜에게 아양을 부리고 칭송하여 倭虜의 세력을 창황하게 도우면서 우리 성모를 시해하고, 우리 인군을 유폐하며, 우리 생령을 혈육을 만들고, 우리 예의를 흙덩이로 만든 원수가 된 것을 알지 못하는데 공이 묘연한 하나의 필부로 삼군의 용맹을 고취하여 한번 일어나서는 두 분 스승이 구금되는 욕을 당하였고, 두 번 일어나서는 적들이 비유로 지목하는 것을 만나 산곡에 은신한 지가 무릇 이십여 년이 되었으니, 어찌 그리 장하시고 군이 지키시었는가? 저 시대의 무리들이 이해에 침탈되어 염치를 돌아보지 않고 원수의 왜놈과 더불어 금을 얻고 작을 얻는 자들은 공에게 비교해 본다면 그 流芳百世와 遺臭萬年이 어떠하겠는가? 그렇다면 공의 屯蹶沈鬱이 누가

불행하다고 이르겠는가? 공이 돌아간 뒤에 향교 서원의 많은 선비들이 비를 세워 열의를 표창하려고 하는 자가 있으나 역시 아직 이루지 못하였다. 내가 多士의 서장에 의거하여 우와 같이 傳을 하노니 대개 쇠한 세상의 뜻이라 하겠다.[78]

---

78) 송병관, 「李烈士傳」, 『극재집』권17, 전.

제6장 세종지역 의병전쟁과 의병장*

1. 머리말

한말 의병은 1894,5년부터 민족의 자주 독립을 위하여 살신성인의 정신으로 투쟁하였다. 일제는 수만 명의 의병을 학살하고 나서 한국을 강제로 병합하였다. 한말 의병은 전기의병(1894~1896), 중기의병(1904~1907. 7), 후기의병(1907. 8~1915)의 3차에 걸쳐 일어났다. 전기의병은 1894년 6월 일본군이 무력으로 경복궁을 침범한 갑오변란과 을미사변, 단발령이 직접적인 계기가 되어 전개되었다. 중기의병은 1904년 8월 한일의정서 체결을 전후하여 일제의 침략이 노골화하면서 나타났다. 을사조약이 늑결되자 의병은 전국적으로 확대되었다. 이 시기 대표적인 의병으로 홍주의병·산남의병·태인의병이 있다. 후기의병은 1907년 7월 고종이 강제 퇴위되고 8월 1일 일제가 한국군을 강제 해산하자 이에 항거한 군인들과 의병이 서로 연합하면서 전국적으로 봉기하였다.[1]

이 연구는 현재 행정구역상 세종자치시 지역에서의 의병과 세종 출신의 의병장을 연구 대상으로 한다. 세종자치시는 연기군과 공주시의 장기면과 의당면, 반포면 일부, 청원군의 부용면 일부를 통합하여 2012년 7월 출범하였다.[2] 세종지역 의병에 대해서는 자료의 부족으로 연구가

---

* 김상기, 「한말 세종지역 의병의 항일투쟁」,《역사와 담론》90, 2019.4.
1) 김상기,『한말 전기의병』, 독립기념관 한국독립운동사연구소, 2009, 6~11쪽.

이루어지지 못했다. 최근 1906년 태인의병에 참여한 곽한소 의병에 대한 연구가 나왔으나3), 후기의병기 세종지역 의병에 대하여는 충청지역에서의 의병에 대한 부분에서 언급되는 정도이다.4)

충청도의 忠州圈이나 洪州圈 지역에서 전기, 중기의병이 활발했던 데 비하여, 세종 지역에서는 1907년 8월 군대해산 이후 비로소 의병의 활동이 나타난다. 이는 세종지역이 이 지역들과 달리 유학자 집단의 學派가 형성되지 못한 지역적 배경과 관련이 있을 것이다. 그러나 후기의병기에 세종의병은 당시의 공주와 연기, 전의 지역의 산림지대를 근거지로 하여 일제의 추격을 피하면서 기민한 작전으로 전과를 올렸다. 대표적인 의병장으로는 임대수를 비롯하여 권정남, 임사일, 안광조 등이 있다. 이 글에서는 이들의 활동상을 구명하고자 한다.

이 연구를 위하여 『暴徒에 관한 編册』을 중심 자료로 검토하였다. 이 자료는 통감부시기 일본 경무국에서 의병을 진압한 보고서류를 편집한 1차 자료로 사료적 가치가 크다. 조선총독부 경무국에서 펴낸 『暴徒史編輯資料』와 1913년 조선주차군사령부에서 펴낸 『朝鮮暴徒討伐誌』, 일본 외교사료관 소장의 『韓國暴徒蜂起의 件』5), 그리고 《大韓每日申報》

2) 공주시 장기면의 금암리, 대교리, 도계리, 봉안리, 산학리, 송문리, 송정리, 송학리, 용암리, 용현리, 은용리, 태산리, 평기리, 하봉리 등 14개리와 의당면의 등 7개리가 세종시의 장군면에 편입되었다. 반포면의 도암리, 성덕리, 영곡리가 세종시 금남면에 편입되었다. 청주 부용면의 갈산리, 금호리, 노호리, 등곡리, 문곡리, 부강리, 산수리, 행산리 등 8개리가 세종시 부강면으로 편입되었다.

3) 박민영, 「경암 곽한소의 생애와 항일투쟁」, 《한국근현대사연구》74, 2015.

4) 조동걸, 『한말의병전쟁』, 독립기념관 한국독립운동사연구소, 1989. 홍영기, 『한말 후기의병』, 독립기념관 한국독립운동사연구소, 2009. 김상기, 「한말 충남지역의 항일의병전쟁」, 《충청문화연구》12, 2014.

5) 『韓國暴徒蜂起의 件』은 일본외교사료관에 소장되어 있는 1905년 이후의 항일의병 관련자료를 편집한 자료집이다. 원제목은 「韓國二於テ第二回萬國平和會議

등의 신문 자료도 활용하였다.

2. 중기의병기 곽한소의 의병투쟁과 후학 양성

1905년 11월 일제의 강요에 의해 을사조약이 늑결되었다. 일제는 조약 체결에 앞서 1905년 7월 미국 육군장관 태프트와 밀약을 체결하였으며, 8월에는 영국과 영일동맹을 체결하였다. 9월에는 러시아와 포츠머스 강화회의를 개최하여 대한제국에 대한 지배권을 인정받고자 하였다. 11월 9일 이토 히로부미가 서울에 들어와 일본군의 무력적 위협 아래에 '조약'을 강제 체결시켰다.

일제에 의한 을사조약의 늑결은 모든 한국민을 격분시켰다. 시종무관 장 민영환을 비롯하여 송병선 등의 자결이 잇따랐다. 최익현과 김복한 등 많은 우국지사들은 상소를 올려 매국5적의 처단과 조약 폐기를 요구하였다. 다른 한편으로 무력을 통한 일제의 구축만이 국권을 회복할 수 있는 유일한 길임을 인식하고 민종식과 최익현을 대장으로 하는 홍주의병과 태인의병이 봉기하였다. 곽한소는 이때 최익현의 태인의병에 참여하여 활동하였다.

郭漢紹(1882~1927)는 1882년 부친 定鉉과 전의이씨 사이에 장남으로 경기도 지평(현, 양평군 단월면 봉상리)에서 태어났다. 본관은 청주이며, 자는 允道, 호는 敬菴이다. 4살 때부터 조부로부터 천자문을 배웠으며, 8살 때인 1889년『동몽선습』과『통사』를 배웠다. 1895년 1월 계룡산 아

密使派遣竝ニ同國皇帝讓位及日韓協約締結一件」이며, 부제가 '韓國暴徒蜂起의 件'으로 되어 있다.

래의 온천리(현, 공주시 반포면 온천리)로 이사하였다. 다음 해 봄에 연기의 高亭(현, 세종시 연기면 산울리)을 거쳐 그해 12월 태천(현, 세종시 연기면 수산리 태천)의 선영 아래에 정착하였다. 태천으로 이사한 직후인 1897년 2월 부안임씨(부: 林魯璿, 1854~1919)와 혼인하였다.6) 태천에 안착한 뒤 부친은 서숙을 만들고 훈장을 초청하여 그를 가르치게 하였다. 이때 초빙된 선생이 李淵惠(자: 景峻, 호: 月軒, 본: 강진)이란 학자였다.

최익현의 문하에 들어간 것은 그가 20살 때인 1901년이었다.7) 그는 1905년 최익현이 작성한 창의격문을 배포하였으며, 임금께 올리는 상소문과 이토 히로부미를 성토하는 '討罪博文書'를 기초하였다. 1906년 1월 노성 궐리사에서의 유림 집회에 참석하고 일제를 구축하자는 서약문에 서명하였다. 같은 해 4월 최익현의병을 지원하기 위해 능주, 고창 등지의 문인들과 협의하였으며, 태인의병에 참여하려고 순창까지 갔으나 이미 의진이 해산한 뒤였다. 이후 홍주성 전투에서 패산한 홍주의병의 잔여 세력을 규합하려 노력하였다.8) 최익현 사후에는 스승의 빈소를 차리고 조문객을 접대하고 司書 역을 맡아 장례를 치렀다. 1907년 7월 高石鎭·尹恒植·梁在海 등과 함께 문집간행소를 설치하고 간행 통문을 발송하여 문집을 간행케 하는 등 『勉菴集』 제작에 진력하였다.9)

---

6) 곽한소, 「秋山林公墓誌銘」, 『국역 경암집』4, 보문사, 2013, 394~398쪽. 이에 의하면 그의 장인인 林魯璿은 林振浩와 은진송씨 사이에 철종 갑인년(1854년) 출생하였다. 본은 부안이다. 증조는 達直, 조는 羽鍾(호: 三正齋)이다. 조부와 부친이 錦谷 宋來熙의 문인이었으며, 그 역시 유학을 업으로 삼았다. 자는 元寶, 호는 秋山이며, 초휘는 魯善이다.

7) 곽한소, 「일기초략」, 『국역 경암집』5, 보문사, 2014, 17~22쪽. 박민영, 위글, 68~73쪽.

8) 박민영, 위글, 88~93쪽.

9) 김상기, 「최익현의 정산 이주와 태인의병」, 《충청문화연구》7, 2011, 30~31쪽.

한편 그는 연기의 태천 등지에 서당을 차리고 인근 자제들을 가르쳤다. 그의 『연보』에 의하면, 1900년 태천에서 崔泰平과 鄭榮植, 鄭贊植, 鄭大植 형제를 가르쳤다. 1903년에는 兪鎭元, 郭魯奭, 梁爾範, 金昌龍, 鄭贊一, 鄭大植, 吳希敬 등을 가르쳤다. 1905년에는 吳仁植(호: 希敬), 吳宗植(希萬), 吳昌植(希文) 형제와 吳元植(元長), 吳泳學(習汝)을, 1910년에는 동생 郭漢綺와 姜炳斗, 姜炳大, 姜貴亐, 姜庚得을 가르쳤다. 1911년에는 吳元植 집에 서숙을 차리고 훈장이 되어 吳亨杓, 吳益杓, 吳晩植, 吳黃龍, 吳奇俊, 吳占福, 吳順天, 崔庚得과 동생 한기 등을 가르쳤다. 1914년에는 공주 장기면 무릉리(현, 공주시 공주읍 금흥동)의 南宮汝弦 집에 武陵書塾을 개설하고 冠童 7명을 가르쳤다. 1918년에는 태천에 서숙을 차렸다. 다음 해에는 安鍾現(자: 順和)집으로 서숙을 옮겼다. 이곳에서 林庚喆, 林囍喆, 林憲甲, 林憲福, 林憲春, 林高道, 林憲元, 林尹喆, 林慶喆, 林祖鳳, 林恭喆, 林憲相, 李又產, 林憲邦, 林崔萬, 林鶴喆 등을 가르쳤다. 1925년에는 발산(현, 세종시 금남면 발산리)으로 이사하였는데, 이곳에서 가르친 이로는 姜基燮, 姜恒燮, 姜普燮, 姜榮燮, 李勳榮, 徐錫鳳, 姜龍根, 姜基一, 姜浩燮, 姜龍燮, 呂城文 등이 있다.10)

그는 청주곽씨 족보와 문헌록을 작성하는데 힘을 기우렸다. 1912년에는 이를 위하여 무주, 거창, 안의, 함양, 운봉, 남원, 합천, 단성 등지의 여러 종가집을 방문하여 자료를 수집하였다. 또 문헌록을 발간하여 이를 각지에 배포하였다. 1917년 2월에는 청주곽씨 대종회를 결성하였으

---

10) 「敬菴郭漢紹先生 年譜」, 『국역 경암집』5, 715~732쪽.
   장삼현의 『벽계연원록』(양평문화원, 1999)에 의하면 곽한소의 문인으로 동생인 郭漢綺를 비롯하여 郭海根, 康仁植, 安基德(호: 蓮堂), 安濟衡(호: 白峰), 安鍾萬, 安喆相, 李元求, 林百喆(호: 浦山), 鄭蘭植(호: 翠谷) 등과 공주의 安基璇(호: 信齋), 吳夢植(호: 農隱), 吳春植 등을 거명하였다.

나 이 일이 불온하다며 文幕 헌병파견소에 소환되었다.[11] 청주곽씨 대
종회의 출범은 이와같은 그의 노력의 결과였다.

3. 후기의병기 세종지역에서의 의병투쟁

1) 의병투쟁

1907년 고종이 강제로 퇴위되고 한국군 역시 강제 해산되었다. 해산
군인들과 의병은 이에 항의하여 대대적인 무장항일전을 벌였다. 군인의
항전은 서울의 시위대로부터 시작되어 원주·강화·홍주·진주진위대로
확대되었다. 이들은 각기 의병에 가담하여 의병의 전력을 강화 시켰다.
후기의병은 전국적으로 확대되었다. 후기의병기 세종지역에서의 의병활
동 역시 군대해산 직후부터 전개되었다.

세종지역에서의 의병활동 중에 경부선 철도의 소정리역 급습 사건은
대표적인 거사였다.《대한매일신보》에서는 이에 대하여

　　　3일 아침 소정리 정거장을 소각한 후로 의병이 전의 부근에 잠복하야
　　부근 정거장을 습격할 모양이라더라[12]

라고 하여 9월 3일 아침 의병들이 소정리 역사를 소각하고 전의 부근에
잠복하고 있다고 하였다. 이 시기 의병은 일본군 수비대와의 전투 외에
도 전선을 절단하거나 전봇대를 쓰러뜨리는 등의 활동을 하였는데, 기

---

11)「敬菴郭漢紹先生 年譜」,『국역 경암집』5, 724～727쪽.
12)《대한매일신보》1907년 9월 5일 잡보,「지방소식」.

차 역 정거장을 습격하고 역사를 소각한 것은 특기할 만한 일이다. 충남 관찰사 최정덕이 내무대신 송병준에게 보고한 바에 따르면, 의병 100명 이 소정리역을 습격하여 불태웠다[13]고 하였다. 이로보아 의병 규모가 100여 명에 달했음을 알 수 있다. 이 거사는 일본군 수비대로부터 한국 주차일본군사령부에 곧바로 보고되었다. 주차군사령관은 이를 당일 저녁 9시 55분에 본국의 참모총장에게 다음과 같이 전보로 보고하였다.

> 오늘 아침 경부선의 소정리 정거장(조치원 북쪽)이 폭도에 의해 불타서 훼손되었다는 철도 吏員의 보고에 의하면, 이 폭도는 전의 부근에 잠복해 있다고 함에 따라 오늘 오후 6시 10분에 조치원을 출발하여 수원으로 귀환할 예정인 보병 1개 소대를 전의에 하차시켜 토벌토록 하고자 함.[14]

이에 따르면, 소정리역을 불태운 의병이 전의 부근에 잠복해 있다는 보고에 따라 보병 1개 소대를 전의로 보냈다는 것이다. 다음 날 오전 주차군사령관이 본국의 참모총장에게 다시 보낸 보고서에서는 일본군 수비대가 전의역에 내리지 않고 당일 오후에 천안역에 내려서 幷川場 방향으로 전진했다고 하였다.[15] 이어서 9월 7일 보낸 보고서에 의하면

> 9월 4일 경부선 천안 정거장에서 하차하여 병천 방향으로 전진한 보병 소대는 더 나아가 청주 북쪽의 진천에 이르러 적을 급습하고 이들을 격퇴

13) 「폭도사편집자료」 충청남도 편경비발 제39의 1호, 융희2년 10월 26일 경비수 제 760호(『독립운동사자료집1, 1972, 531쪽』).

14) 『한국에서 제2회 평화회의에 밀사파견 및 한국 황제의 양위, 일한협약체결 일건』 참1발 제197호, 1907년 9월 4일, 「한국주차군사령관 보고」(일본 외교사료관 소장, 『한말의병자료』4, 독립기념관 한국독립운동사연구소, 2002, 67쪽).

15) 위 자료, 참1발 제98호(위책, 67쪽).

시켰음. 적의 사상자는 약 30명이며 기타 노획품 다수임.[16]

라고 하여 일본군 수비대가 병천에서 진천으로 들어가 의병을 급습, 격퇴시켰으며, 의병은 이 전투에서 30여 명의 사상자를 냈다는 것이다. 이로보아 소정리역을 급습했던 의병대는 전의에서 진천으로 가서 주둔하고 있었던 것으로 보인다.

1907년 11월 2일에 조치원 수비대는 부강의 동쪽 약 10리('고치쿠강')에 의병 약 100명이 모여 있다는 정보를 듣고 대전수비대와 협공할 목적으로 부대를 출동시켰다.[17] 부강의 동쪽이면 현도면 지역으로 보이나 의병이 어떤 부대인지는 확인이 안된다.

1907년 11월 7일에는 임대수 의병으로 보이는 의병 30여 명과 조치원에서 파견된 일본군 수비대와 경찰대와의 전투가 伏龍 일대에서 있었다. 이 전투에서 의병 2명이 피살되었다. 이후에도 일본경찰대의 보고에 의하면, 1907년 11월 9일 대평리 남방에서 의병의 활동이 있었다. 11월 13일에는 전의에서 서북으로 10리 되는 '데츠동'(소정리 방향?)에 의병 1명을 체포하였으며, 도중에 저항하고 도주함으로 총살했다는 보고가 올라갔다.[18] 1908년 1월 21일에는 조치원 기병대에서 공주 부근에 출동하여 의병 약 50명을 공격하여 궤란시켰으며, 사상자가 적어도 15명 이상이며 노획품이 약간 있다고 하였다.[19]

---

16) 위 자료, 참1발 제104호(위책, 70쪽).
17) 『폭도에 관한 편책』(융희 원년, 경상, 전라, 충청도) 「조치원 高見 경부가 丸山 경시총감에게 보낸 전보」(1907년 11월 2일 9시 15분. 발신소: 조치원).
18) 『폭도에 관한 편책』 「조치원 지부 폭도 3인 침입 건」, 조치원 高見 경부가 국장에게 보낸 전보」(1907년 11월 13일).
19) 『평화회의밀사파견, 한국황제양위, 한일협약체결 일건』 참1발 제234호, 1908년 1월 25일, 「한국주차군사령관 보고의 요지」(일본 외교사료관 소장, 『한말의병자료』

한편 1908년 2월 15일 오후 11시경에 의병 부대가 공주군 요당면 율곡동의 朴俊集(50세) 집에 들어가 금품5원을 탈취해간 사건이 일어났다. 이 사건이 16일 연기군 지역과 공주군 장척면 일대를 순찰 중이던 공주경찰서 소속의 하타야마(畠山) 순사에 의해 탐지되었다. 하타야머는 의병에 의해 공주군 장척면과 요당면에서 피해가 일어났으며 의병대가 양야리 방면으로 도주했다는 급보를 보냈다. 이에 따라 같은 날 오후 11시 40분 공주경찰서장 경시 스즈키(鈴木重武)는 테라자키(寺綺) 순사와 한인 순사 3명을 인솔하고 장척면 대교시장에서 하타야마 순사와 만나 의병을 추적하였다. 그러나 의병대는 공주 양야리와 반포면 지역으로 도주하였으며, 순사대는 추적을 포기하고 귀대하였다. 조사에 의하면, 의병 수는 약 13,4명 정도로 총기를 휴대하고 있으며, 충청도 방언을 사용했다 한다. 복장은 보통 한인의 복장이었으나 순사 복장을 한 이도 있었다 한다. 또 의병 중에 공주 읍내에 거주하는 李德京과 공주군 삼기면 道林에서 주막업을 하던 黃七目이 포함된 것으로 파악하였다. 공주경찰서장 경시 鈴木重武가 松井 경무국장에게 보낸 보고서에는 다음과 같은 의병 추적 약도도 들어있다.[20]

4, 독립기념관 한국독립운동사연구소, 2002, 165쪽).

20) 『폭도에 관한 편책』「폭도 추격 수사에 관한 보고, 공주경찰서장 경시 鈴木重民, 松井 경무국장 殿」(1908년 2월 18일).

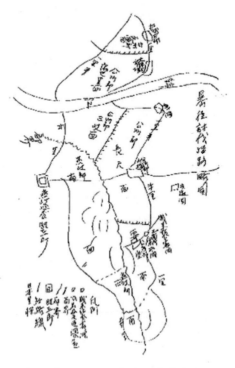

〈그림 1〉 요당면에서 활동한 의병 추적 약도

 1908년 2월 24일 부강 근처에 의병 5백여 명이 집합해 있었다. 공주경 찰서장이 이 사실을 경무국장에게 보고하면서 사실을 확인하기 위해 경 찰 4명을 파견했다 한다.21) 이 외에도 1909년 5월 12일에는 연기군 북면 東里의 李恒源(25세) 집에 의병 3명이 습격하여 소 한 마리와 40엔을 탈 취해간 일이 있었다.22) 그러나 1910년 이후 의병의 활동은 극히 저조해

---

21) 『폭도에 관한 편책』(융희 2년 1월, 경남북, 전남북, 충남북도)「電文, 공주경찰서 장 경시 鈴木重民, 松井 경무국장 殿」(1908년 2월 24일).

22) 『폭도에 관한 편책』「폭도 내습의 건」, 충남경찰부장 경시 吉永助, 내무대신 박 제순」(1909년 5월 20일).

졌다. 이는 일본군 수비대와 헌병, 경찰대의 조직적인 탄압과 회유에 기
인한다.

2) 세종지역 의병장

(1) 林大洙와 權正南, 林士日

세종 지역에서 활동한 대표적인 의병장으로는 林大洙와 權正南, 林士
日이 있다. 1908년 10월 충청남도 관찰사 崔廷德이 내부대신 송병준에게
보낸 보고서에 의하면, '여러 차례 되풀이한 수괴자의 성명, 경력 및 폭거
중의 행동'이라 하여 정주원, 지석홍 등을 들면서, 세종지역에서 활동한
林學洙와 權正南을 들고 있다.23) 그리고 일본경무국에는 임학수와 권정
남 외에도 임사일을 대표적인 세종 지역 의병장으로 보고하고 있다.24)

林大洙(1882~1911)는 일명 學洙로 불렸으며, 자는 浩京으로 의병 활
동시에 호경대장이라 불렸다 한다. 연기군 남면 송담리 표석동(현, 세종
시 연기면 세종리) 전월산 기슭에서 林憲稷과 전주이씨 사이에 외아들
로 태어났다. 본관은 부안으로 고려때 공조전서를 지낸 林蘭秀의 19세손
이다. 어려서 조부 東錫(1831~1907, 자: 汝魯, 호: 惠岡)으로부터 한학을
수학하였다. 조부는 성품이 맑았으며, 과거에 여러 차례 응시하였으나
급제하지 못했는데, 세상 사람들이 이를 탄식했다 한다.25)

---

23) 「폭도사편집자료」 충청남도 편경비발 제39의 1호, 융희2년 10월 26일 경비수 제
760호(『독립운동사자료집』1, 1972, 528~533쪽).

24) 『폭도에 관한 편책』「賊狀 참조의 자료 조사보고의 건」, 충남경찰부장 경시 吉
永助, 경무국장 松井茂 殿」(1908년 11월 21일).

25) 『부안임씨법원공파가승보』, 1955, 42쪽.『부안임씨대동보』권3, 회상사, 2003, 617쪽.

〈그림 2〉 임대수 의병장

임대수는 1907년 고종의 강제 퇴위에 분격하여 공주 장기면 당암리 당골에 사는 權正南과 함께 송담리 표석동에서 의병을 모아 봉기하였다. 집과 땅을 팔아 군자금을 마련하였으며, 가족은 남면 월산리 계골에 있는 10대조 재실로 이주시켰다.26) 그리고 연기를 중심으로 공주, 온양, 목천 일대에서 활동하였다. 1907년 9월 3일 전의군 소정리역을 공격하여 역사를 불태웠다 한다. 1907년 7월부터 친족인 임사일과 함께 활동하였다. 1907년 11월 7일에 30여 명의 의병이 복룡에서 일본군의 피습을 받고 전투를 감행했는데, 이 복룡전투는 임대수를 비롯한 권정남, 임사일 등이 참여한 전투로 보여진다.

1907년 11월 7일, 의병 30여 명이 연기군 남면 伏龍27)(현, 세종시 세종리 일대)에 집합하여 연기분파소 습격을 준비하였다. 그러나 이러한 의병의 활동을 면장 林魯賢이 분파소에 밀고하였다. 이에 따라 연기분파소 순사 마바(馬場恒雄)와 다카하시(高橋公政)는 이 사실을 조치원역 수비대에 보고하는 동시에, 자신들은 곧바로 출발하여 오후 3시 30분경 의병의 집결지인 연기군 남면 복룡에 도착하였다. 이 마을은 산악이 동쪽에서 서쪽까지 서로 연결되어 있는 계곡에 위치하고 있었다. 馬場 순사

---

26) 임정묵, 「의병장 임대수공적서」(2018).

27) 복룡은 연기군 남면 양화리(현, 세종시 연기면 세종리) 지역의 마을로 보인다. 원수산(251m) 주변 마을에서 산신제를 주관할 목적으로 운영했던 동계 관련 자료인 「연기원수산산신제문서」가 있다. 이 자료에 따르면, 이 산신제에 참여한 원수산 주변마을로 月龍, 鶴川(궉말), 上村, 伏龍, 元谷(원사골), 鶴洞, 外三 등을 들고 있다(강성복, 「연기 원수산산신제 문서 해제」, 『한국민속대백과사전』, 국립민속박물관, 2016).

는 동쪽 산위로, 高橋 순사는 북방의 산으로 올라가 총격을 가했다. 불의의 총격을 받은 의병대도 사격으로 이에 응전하였다. 약 40분이 지나 순사들은 탄약을 거의 소비하였다. 馬場은 교전 중에 칼로 의병 2명을 죽이고 화승총 1정을 노획하고 연기로 돌아오는 도중에 역시 보병대를 만났다. 탄약이 떨어진 高橋는 연기로 돌아오는 도중에 연기에서 출동한 보병대를 만났다. 보병대는 보병 제47연대 제9중대 소속 마츠이(松井常次郎) 소위가 인솔하는 병사 18명과 간호병 1명, 그리고 순사 橋口直矢, 吉田哲雄, 栗島佐太郎, 廉道一, 李秉善 등이 포함된 부대였다. 이들이 복룡에 도착하였을 때는 이미 의병이 후퇴한 뒤였다. 주민들로부터 도주한 경로를 조사하여 '연기군 鶴川'28)에서부터 공주군 葛山, 杜谷, 立石으로 추적하였지만 '공주군 堂谷'(당골)에서 의병의 종적을 완전히 잃었다. 한편 특무조장 후카미(深水壯馬)가 이끄는 기병 10명도 순사 요시미(吉見淸次郎)를 수행하고 연기에서 우회하여 의병집결지의 배후로 추적하였으나 역시 당곡에서 종적을 잃고 귀대하였다.29) 의병들이 주둔하고 있던 복룡은 임대수의 집에서 멀지 않은 곳이며, 종적을 감춘 당곡은 바로 권정남 출신지이다. 따라서 이 전투를 수행한 의병은 임대수의병과 연합하여 활동한 권정남, 임사일 의병으로 보인다.

---

28) 鶴川은 연기군 남면 학천리로 보인다. 학천리는 1914년 연기군 남면 양화리로 합쳐졌다. 1914년 연기군 남면 원암리 학천리 월룡리 내산리 양화리 평촌리와 공주군 삼기면의 평촌리 서근소리 기양동 행단동 봉산동이 합쳐져 양화리가 되었다.

29) 『폭도에 관한 편책』, 「조치원역 출장소 폭도에 관한 건」, 조치원역출장 경시 高見俊興, 내부 경무국장 松井茂 殿(1907년 11월 8일).

〈그림 3〉 복룡전투지

임대수 등은 이후에도 활동을 계속하였다. 1908년 10월 임대수는 17명을 인솔하고 공주, 천안, 온양, 목천, 전의, 연기 등지에서 활동하고 있는 것이 탐지되었다.[30] 1909년 1월에도 14명을 거느리고 전의, 회덕, 청주, 문의 등지에서 활동하고 있다고 하였다. 이때도 임사일과 '合隊'하였다고 하였다.[31] 그러나 1909년 12월중 활동한 의병장 명단에 그의 이름은 보이지 않는다. 이후 일제의 탄압으로 직접적인 항일전은 어렵게 된 것으로 보인다. 그러나 인근에서 군자금을 모금하면서 활동을 지속하였다. 이에 대하여 마을에서는 다음과 같은 이야기가 전해 온다.

임대수가 똘마니들 4～5명씩 데리고 와서 우리 마을에 부자집 쌀을 가져가기도 했다는 이야기는 동네 어른들은 다 아는 이야기이다. 당시 쌀을

---

30) 『暴徒에 關한 編冊』「賊狀 참조의 자료 조사보고의 건」, 충남경찰부장 경시 吉永助, 경무국장 松井茂 殿」(1908년 11월 21일).

31) 『暴徒에 關한 編冊』 제통계표, 경무국 「1월 폭도세력비교표」(융희3년 1월).

빼서 가 가족들에게 주었더라면 어렵지 않게 살았을 것인데 보다시피 의병장 임대수의 아들 임재춘은 표석골 재실집에서 종답을 관리하며 살았고, 손자 임정묵은 면사무소 밑에서 시계 수리와 도장 파는 기술로 생활하는 것으로 보아 임대수 의병장께서 부자집 쌀을 빼서 간 것은 군량미로 사용했을 것으로 보아진다.32)

위 증언은 임창철이 1999년 마을 주민들로부터 직접 청취한 것이다. 임창철은 주변에서 임대수가 '임병석' 등 부자집에 와서 쌀을 뺏어갔다는 이야기를 듣고, 송담1리 이장 임봉수씨한테 마을 분들을 마을회관에 소집해달라고 하였다. 1999년 6월 9일 수요일 저녁 6시에 송담리 마을회관에 주민들이 모였다. 이 자리에서 임헌남 노인회장과 임형묵씨는 위와 같이 임대수가 가져간 쌀은 군량미였음을 증언하였다. 그동안 임대수를 '도적'이라고 오해하는 경우도 있었다. 그러나 이로부터 마을 주민들은 의병장 임대수에 대한 잘못된 인식을 바로잡게 되었으며, 나아가 '임대수의병장기념비' 건립에 적극 참여하였다.33)

임대수는 일제에 의해 나라가 망한 다음 해인 1911년 6월 공주군 의당면 태산리 전주이씨 덕천군 재실에서 은신하던 중에 일본 기마대의 공격을 받아 피살당하였다. 이때 임대수 외에도 권정남과 6명의 의병이 있었다 한다. 인근 마을인 의당면 용암리에 거주하는 이건인(1897~?)은 1977년 이 전투 상황을 다음과 같이 증언하였다.

입증서
독립운동가 성명 : 林學洙

---

32) 임창철, 「정미의병과 연기군, 의병대장 임대수 활동」(1999년 증언 청취).
33) '의병장임대수공적비'는 광복회 대전 충남 연합지부에서 주최하고 연기향토박물관과 조치원문화원의 주관하에 1999년 8월 광복절을 기하여 건립되었다.

　　본인은 당81세로 아래 주소지에 거주하는 자로서 지금으로부터 약 70
여년 전(1911년 경) 현 공주시 의당면 태산리 강당(전주이씨 덕천군손 목
사공 재실)에서 임학수는 동지 권정남 외 6여 명과 함께 은거 중 6월 어느
날 갑자기 일본 기마병이 나타나 강당으로 습격, 그곳에 숨어있던 임학수
를 비롯하여 권정남 외 6명이 싸웠으나 참혹하게 모두 피살당하였으며,
그들의 시체는 일본 관헌들이 지시로 동네 어른들이 강당 아래 산비탈 한
구덩이에 모두 매장하였음을 입증함. 1977년(후략)[34]

　이에 따르면, 임대수는 1911년 6월 공주 의당면 태산리의 德泉君을 모
신 재실에서 은거하였다. 일본 기마병의 습격을 받고 권정남 등 의병 6
명과 함께 피살되었으며, 시신은 산비탈 아래에 매장하였다는 것이다.

　權正南은 공주시 장기면 당암리 당골(현, 세종시 한솔동)[35] 출신으로
알려지나, 자세한 이력은 알 수 없다. 임대수와 함께 서당에서 한학을
수학했으며, 임대수의 권유에 그와 함께 일제를 구축하는 의병을 일으
켰다. 일본군 자료에 의하면, '權主事'로 불렸다 한다. '화적 두령'이라는
기술은 잘못으로 보인다. 1908년 10월 50명을 인솔하고 공주, 연기, 전의,
천안, 아산, 예산, 회덕 및 전라북도 지역에서 활동하였다. 천안, 온양,
목천, 전의, 연기 등지에서 활동하였다.[36] 이로보아 오히려 임대수보다
의병의 숫자도 많고, 활동 범위도 넓었던 것으로 보인다. 그러나 1909년
1월 경무국에서 조사한 의병장 표에 그의 이름은 보이지 않는다. 이후의
행적은 알 수 없으나, 위에 제시한 이건인의 임대수에 대한 「입증서」에

34) 李建仁, 「입증서」(1977년).

35) 당암리는 충청남도 공주시 장기면에 속해 있었으나, 2012년 7월 1일 세종특별자
　　치시의 행정동인 한솔동에 편입되어 법정동인 나성동, 새롬동, 다정동, 어진동으
　　로 분리되었다.

36) 『暴徒에 關한 編柵』「賊狀 참조의 자료 조사보고의 건」, 충남경찰부장 경시 吉
　　永助, 경무국장 松井茂 殿」(1908년 11월 21일).

따르면, 1911년 6월 덕천군 재실에서 임대수와 함께 순국한 것으로 보인다.

林土日 역시 임대수와 함께 의병 활동을 하였다. 임대수와 '親族'이라고 한 것으로 보아 그 역시 부안임씨로 연기지역 출신으로 보인다. 일본 보고서에는 '博徒 두령'이라고 기재되어 있다. 1908년 10월 14명을 인솔하고 공주, 천안, 연기 지역에서 활동하였다.[37] 1909년 1월에는 17명을 거느리고 회덕, 전의, 청주, 문의 등지에서 활동에서 활동하고 있다고 일제에 의해 보고되었다.[38] 이후 행적은 확인이 안된다. 임대수와 활동을 함께 한 것으로 보아 그 역시 1911년 임대수와 함께 순국한 것은 아닌지 한다.

1908년 10월 이후 일제의 보고서에 林大洙와 權正南, 林土日을 계속 거론하였으나, 1910년 1월 이후의 보고서에는 이들의 이름이 빠지고 있다. 충청남도에서 활약한 의병 대장으로는 李載哲(활동지: 온양), 李寬道(청양, 홍주), 韓鳳瑞(청주, 진천), 李黃允(목천), 趙光鎬(청양, 부여), 申甲順(서산, 해미) 등이 확인될 뿐이다. 그런데 '수괴불명'라 하여 이름을 알 수 없는 의병장이 12명을 거느리고 전의, 공주, 연기에서 활동하고 있는 것으로 충남 경찰부에서 파악하였다.[39] 또 같은 보고서 1910년 1월중 조사표를 보면 전의, 공주, 연기 지역에서 활동하는 '수괴 불명'은 전월에 비하여 9명이 감소된 3명을 거느리고 있다고 하였다.[40] 이로보아 '수괴 불명'의 의병장이 누구인지는 알 수 없으나, 1910년 초까지 이들의 의병 활동이 지속적으로 있었음을 알 수 있다.

---

37) 『暴徒에 關한 編柵』 「賊狀 참조의 자료 조사보고의 건」, 충남경찰부장 경시 吉永助, 경무국장 松井茂 殿」(1908년 11월 21일).

38) 『暴徒에 關한 編柵』 제통계표, 경무국 「1월 폭도세력비교표」(융희3년 1월).

39) 『暴徒에 關한 編柵』 「12월중 폭도상황 월보」, 충남경찰부장 사무취급 道書記官 沼澤七郎, 松井茂 경무국장 殿」(1910년 1월 12일).

40) 『暴徒에 關한 編柵』 「1월중 폭도상황 월보」, 충남경찰부장 사무취급 道書記官 沼澤七郎, 松井茂 경무국장 殿」(1910년 2월 17일).

(2) 安光祚

安光朝(1884~1920)는 연기군 서면 월하리(현, 세종시 연서면 월하리) 출신이다. 그는 세종 출신으로 1907년 채응언 의병에 참여하여 주로 강원도, 황해도, 평안도 일대에서 활동하였다. 채응언은 1907년 7월(음) 강원도에서 의병 활동을 시작하여 1915년 7월 체포되기 전까지 황해도, 평안도 일대에서 주로 활동하였다.[41] 안광조는 그의 부하가 되어 활동하였다. 1909년 4월에는 함남 안변의 수풍에 있는 순사주재소를 습격하고 순사 鈴木政昌을 총살하고 총기 5정, 칼 4정, 탄약 400발 등을 탈취하였다. 6월 14일에는 황해도 곡산의 선암헌병분견소를 습격하여 헌병 2명을 총살하고 2명에게 부상을 입혔으며 총과 칼, 탄약을 탈취하였다. 같은 해 11월(음)에는 평남 자산군의 서창에서 순사대와 전투하고 외투 1벌을 빼앗았으며, 마을 이장 집을 불태웠다.

그의 활동은 1910년 일제에 강점된 이후에도 이어졌다. 블라디보스토크로 들어가 홍범도 부대와 제휴하면서 활동하기도 하였다. 1911년 서간도 만간구에서 홍범도 등 의병들의 친목회가 조직되었는데, 여기에서는 안중근의 제사를 지내는 등 항일활동에 앞장섰다. 친목회의 총회장은 홍범도, 부회장은 차도선이었다. 채응언은 심판원으로 안광조는 사무원으로 활동하였다.[42]

안광조는 채응언과 함께 다시 국내로 들어와 1913년 6월에는 황해도 곡산 소재 헌병분견소를 습격하여 헌병상등병 외 3인을 총살하고 총기 6정, 탄약 600발 등을 탈취하고 건물을 소각하였다.[43] 그러나 채응언은

---

41) 홍영기, 「채응언 의병장의 생애와 활동」,《한국독립운동사연구》26, 2006.

42) 조선주차헌병대사령부, 「재외조선인결사단체상황」, 대정원년 11월조(오세창, 「1910년대 만주 독립운동기지의 건설」, 『한민족독립운동사』4, 1988, 25~26쪽 참조).

1915년 7월 5일 평남 성천군 영천에서 헌병대에 의해 체포되고 말았다.
체포당시의 신문 기사를 보면 다음과 같다.

> 이전 조선보병대 군조를 다니다가 군대해산이 된 후 폭도의 틈에 들어
> 가 괴수가 되어 부하 삼사백 명을 거느리고 평남 황해 강원도에서 출몰하
> 여 흉포한 행위를 무수히 하던 「賊魁 蔡應元」은 평안남도 성천군 헌병파
> 견소 헌병에게 지난 닷새날 밤에 체포되었다. (중략) 지난 오일 밤 관내를
> 순라 경계하던 중 우연히 전기 채응원과 부하 안광조를 어두운 가운데에
> 서 서로 만나 충돌이 되어 격투하기를 대략 삼십분 동안이나 격렬히 하다
> 가 체포하였는데(후략)[44]

이라고 하여 채응언이 성천 헌병파견소에서 파견된 헌병들에게 체포되
었음을 알려준다. 결국 채응언은 그해 11월 4일 평양감옥에서 교수형에
처해졌다.[45] 채응언과 함께 있던 안광조는 이때 탈출하여 체포를 면할
수 있었다. 이날 격투는 대단히 격렬하였다.

> 채응언과 같이 있던 부하 안광조는 헌병과 蔡가 충돌하면서 그만 그곳
> 에서 도주하였는데 채는 그자에게 향하여 총을 놓으라고 여러 번 소리를
> 질렀음으로 대략 백간 쯤 되는 지점에서 가졌던 일본 기병총으로 헌병을
> 사격하기 삼십 발에 이르고 헌병의 편에서도 이에 응전하여 열 발을 발사
> 하였으나 서로 한방도 맞지 않고 한광조는 근처가 캄캄함을 이용하여 勿
> 兒視 출장소 방면으로 도주하였음으로 방금 수색중이라 충돌할 당시에
> 도적은 모두 다갈색 군복을 입고 채의 견장과 복장은 헌병조장의 것을 붙
> 였으며, 채는 포박된 뒤에도 조금 두려워하는 기색이 없이(후략)[46]

---

43) 「채응언 판결문」(1919년 12월 12일, 평양지방법원).
44) 《매일신보》 1915년 7월 8일, 「폭도거괴는 전멸, 적괴 蔡應元도 필경 체포」.
45) 《매일신보》 1915년 11월 6일, 「교수대상의 채응언」.

라고 하여 안광조는 채응언이 일 헌병과 싸우는 틈에 탈출하였다. 그러
나『조선총독부 관보』에 의하면, 1919년 체포되어 그해 12월 12일 평양
지방법원에서 사형을 선고받고 1920년 7월 28일 평양 감옥에서 형이 집
행되어 순국하였다.[47]

4. 맺음말

1905년 을사늑약에 항의하여 우국지사들은 의병을 일으켜 일제를 구
축하여 국권을 회복하고자 하였다. 최익현의 문인으로 세종 출신인 곽
한소는 노성 궐리사에서의 유림 집회에 참여하고 최익현이 대마도에서
순국하기 전까지 스승을 보필하고 항일투쟁에 동참하였다. 의진이 해산
된 뒤에도 홍주의병의 잔여 세력을 규합하였으며, 세종 지역에 서당을
차리고 후학을 양성하였다.

세종 지역에서는 1907년 8월 군대해산 이후 비로소 의병의 활동이 나
타난다. 이는 이 지역이 학파가 형성할 정도로 유학자군이 형성되지 못
했음과 연관이 있을 것이다. 또한 비교적 평야지대로 경부선 철도역인
조치원과 소정리, 전의 역 등이 있는 교통의 요지이며, 일본군 수비대가
주둔하고 있었던 것이 요인일 것이다. 그러나 세종 의병은 공주와 연기,
전의 지역의 산림지역을 근거지로 삼고 일제의 추격을 피하면서 기민한
작전으로 전과를 올렸다. 이 시기 대표적인 의병 항쟁으로는 1907년 9월

---

46) 《매일신보》 1915년 7월 9일, 「대적괴를 체포하기까지교수대상의 채응언」.
47) 『조선총독부 관보』 1920년 8월 9일. 「채응언 판결문」(1919년 12월 12일, 평양지
      방법원).

에 있었던 소정리역 급습 사건을 들 수 있다. 이 시기 의병은 일본군 수비대와의 전투 외에도 전봇대를 쓰러뜨리는 등의 활동이 있었는데, 기차 역 정거장을 습격하고 역사를 소각한 것은 특기할 만한 일이다. 이후 세종지역에서의 의병 활동은 대평리 남쪽, 전의 서북쪽, 장척면 대교시장 일대, 북면 동리 등지에서 산발적으로 일어났다.

세종 지역에서 활동한 대표적인 의병장으로는 林大洙가 있다. 송담리 표석동 출신인 그는 權正南, 林土日과 함께 의병을 봉기하고 연기, 공주 일대에서 활동하였다. 대표적인 전투로는 1907년 11월 7일 있었던 복룡 전투를 들 수 있다. 임대수 의병으로 보이는 의병 30여 명이 남면분파소를 습격하고 난 뒤 조치원에서 추격해 온 일본군 수비대와 경찰대의 연합부대와 복룡 일대에서 전투를 벌였다. 임대수 등은 이후에도 전의, 연기, 공주는 물론 천안, 청주, 문의 등지에서 활동하고 있는 것이 일본군에 탐지되었다. 그러나 임대수 등은 1911년 6월 공주의 의당면 태산리에서 일본 기마대의 공격을 받고 피살되었다. 이들 외에도 세종 출신의 의병으로 월하리 출신의 안광조가 있다. 그는 1907년 채응언 의병대에 들어가 황해도와 평안도 일대에서 1915년까지 활동하였다. 그는 1915년 채응언이 체포된 후에 은신생활을 하다가 1919년 체포되어 평양지방법원에서 사형 선고를 받고 1920년 순국하였다.

세종지역 의병 활동은 비록 비교적 늦은 시기인 1907년 이후 봉기하였으며, 대규모의 항전으로까지 이어지지는 못했다. 이는 교통의 요지로 일본군 수비대가 주둔하고 있는 것과 연관이 있을 것이다. 그러나 임대수의병에서 볼 수 있듯이, 지역인들이 적극적으로 참여하여 치열한 항일전을 전개하였음을 알 수 있다.

참고문헌

1. 자료

판결문(대구지방재판소, 대구공소원).
판결문(광주지방재판소, 광주지방재판소 전주지부)
기우만, 『송사집』.
김도화, 『척암집』.
김복한, 『지산집』.
뒤바보, 「의병전」.
문석봉, 『의산유고』.
민용호, 『관동창의록』.
박은식, 『한국통사』.
박주대, 『나암수록』.
서상렬, 『경암집』.
송병관, 『극재집』.
송상도, 『기려수필』, 국사편찬위원회, 1955.
심성지, 『적원일기』.
유인석, 『의암집』.
이강년, 박정수, 강순희, 『운강선생창의일록』.
이규홍, 『오하일기』.
이근원, 『금계집』.
이긍연, 『을미의병일기』.
이병락, 이중기, 『산남창의지』, 1946.
이설, 『복암집』.
이소응, 『소의신편』.
이정규, 『항재집』.
임병찬, 『의병항쟁일기』, 한국인문과학원, 1986.
임한주, 『성헌선생문집』.
장충식, 『장충식일기』.
최익현, 『면암집』.

홍순대, 『해암사록』.

황현, 『매천야록』, 국사편찬위원회, 1952.

독립유공자호남유족회, 『담산실기』, 1983.

『폭도에 관한 편책』.

『보병14연대진중일지』(토지주택박물관 영인, 2010).

조선총독부 경무국 편, 「폭도사편집자료」(독립운동사편찬위원회, 『독립운동사자료
　　　집』3).

독립운동사편찬위원회, 『독립운동사자료집』1－3, 10, 별집.

김상기 편, 『독립운동 관련 판결문 자료집』의병운동 1－2, 국가기록원, 2011.

송용재 편, 『홍주의병실록』, 홍주의병유족회, 1986.

《황성신문》, 《대한매일신보》, 《매일신보》, 《東京朝日新聞》, 《時事申報》.

2. 저서

구완회, 『한말의 제천의병』, 집문당, 1997.

권대웅, 권영배, 『경북독립운동사』1, 경상북도, 2012.

국사편찬위원회, 『한국독립운동사』1, 1970.

김상기, 『한말의병연구』, 일조각, 1997.

김상기, 『한말 전기의병』, 독립기념관 한국독립운동사연구소, 2009.

김상기, 『호서유림의 사상과 민족운동』, 지식산업사, 2016.

김상기, 『한말의병운동－전기,중기의병－』, 선인, 2016.

김의환, 『항일의병장열전』, 정음사, 1975.

독립운동사편찬위원회, 『독립운동사』1, 1970.

박민영, 『대한제국기 의병연구』, 한울, 1998.

박민영, 『한말 중기의병』, 독립기념관 한국독립운동사연구소, 2009.

박성수, 『독립운동사연구』, 창작과비평사, 1980.

오길보, 『조선근대반일의병운동사』, 과학백과사전종합출판사, 1988.

이석린, 『조헌연구』, 신구문화사, 1993.

윤병석, 『의병과 독립군』, 세종대왕기념사업회, 1977.

전북향토문화연구회, 『전북의병사』, 1990.

조동걸, 『한말의병전쟁』, 독립기념관 한국독립운동사연구소, 1989.

조동걸, 『한국민족주의의 성립과 독립운동사연구』, 지식산업사, 1989.

주명준 김상기, 『익산의병전쟁사』, 익산의병기념사업회, 2016.

최영희, 『임진왜란 중의 사회동태』, 한국연구원, 1975.

홍순권, 『한말 호남지역 의병운동사연구』, 서울대출판부, 1994.

홍영기, 『대한제국기 호남의병연구』, 일조각, 2005.

홍영기, 『한말 후기의병』, 독립기념관 한국독립운동사연구소, 2009.

홍영기, 『한말 후기의병』, 선인, 2017.

3. 논문

강길원, 「한말 호남의병장 정재 이석용의 항일투쟁」, 《원광사학》2, 1982.

강길원, 「해산 전수용의 항일투쟁」, 《역사학보》101, 1984.

강길원, 「담산 안규홍의 항일투쟁」, 『손보기박사정년기념 한국사학논총』, 1988.

강병식, 「한말 홍주성의병에 대한 일연구」, 《민족사상》2, 1984.

강재언, 「반일의병운동의 역사적 전개」, 『조선근대사연구』, 동경, 일본평론사, 1970.

권대웅, 「김산의진고」, 『윤병석교수화갑기념 한국근대사논총』, 지식산업사, 1990.

권대웅, 「1896년 청송의진의 조직과 활동」, 《한국근현대사연구》9, 1998.

권영배, 「산남의진의 조직과 활동」, 《역사교육논총》16, 1991.

권영배, 「한말 의장 이청노와 의령의병의 김해전투」, 《조선사연구》3, 1994.

권영배, 「구한말 원용팔의 의병항쟁」, 『한국민족운동사연구』(우송조동걸선생정년
　　　　기념논총2), 나남출판, 1997.

권영배, 「벽산 김도현의 의병활동과 도해 순국」, 《조선사연구》20, 2011.

김강수, 「한말 의병장 벽산 김도현의 의병활동」, 《북악사론》2, 1990.

김도훈, 「한말 이은찬의 연합의병운동과 창의원수부의 활동」, 《북악사론》5, 1995.

김상기, 「한말 을미의병운동의 기점에 대한 소고」, 《한국민족운동사연구》3, 1989.

김상기, 「1895～1896년 홍주의병의 사상적 연원과 전개」, 『윤병석교수화갑기념논
　　　　총』, 지식산업사, 1990.

김상기 「1895～1896년 제천의병의 사상적 연원과 전개」, 『백산박성수교수화갑논
　　　　총』, 1991.

김상기, 「조선말 문석봉의 유성의병」, 《역사학보》134·135 합집, 1992.

김상기, 「복암 이설의 항일민족운동에 대한 고찰」 『우강권태원교수정년기념논총』,

1994.

김상기, 「의병전쟁에 대한 연구성과와 과제」, 《한국사론》25, 1995.

김상기, 「한말 충청지방에서의 의병투쟁과 그 성격」, 《청계사학》13, 1997.

김상기, 「1895~1896년 안동의병의 사상적 연원과 항일투쟁」, 《사학지》31, 1998.

김상기, 「김복한의 홍주의병과 파리장서운동」, 《대동문화연구》39, 2001.

김상기, 「전기의병의 일본군에 대한 항전」, 《한국근현대사연구》20, 2002.

김상기, 「1908년 당진 소난지도 의병의 항일전」, 《한국근현대사연구》28, 2004.

김상기, 「한말 양평에서의 의병항쟁과 의병장」, 《호서사학》37, 2004.

김상기, 「한말 정주원의병의 항일투쟁」, 《충청문화연구》1, 2008.

김상기, 「한말 일제의 침략과 의병 학살」, 《역사와 담론》52, 2009.

김상기, 「『보병14연대 진중일지』를 통해 본 이강년 의진의 활동」, 《지역문화연구》
    9, 세명대 지역문화연구소, 2010.

김상기, 「최익현의 정산 이주와 태인의병」, 《충청문화연구》7, 2011.

김상기, 「한말 강원의병의 전개와 의의」, 《의암학연구》9, 2012.

김상기, 「한말 충남지역의 항일의병전쟁」, 《충청문화연구》12, 2014.

김상기, 「한말 호남의병의 항전과 의병장」, 《인문학연구》98, 충남대 인문과학연구
    소, 2015.

김상기, 「한말 대전지역 유림의 민족운동」, 《대전문화》24, 2015.

김상기, 「유인석의 사상과 제천의병」, 《의암학연구》12, 2015.

김상기, 「이규홍의 익산의병과 항일투쟁」, 《전북사학》54, 2018.

김상기, 「한말 세종지역 의병의 항일투쟁」, 《역사와 담론》90, 2019.

김석희, 「임진왜란의 의병운동에 대한 일고」, 《향토서울》15, 1962.

김순덕, 「경기지방 의병운동 연구(1904~1911)」, 한양대학교 박사학위논문, 2003.

김순덕, 「경기지역 의병의 조직과 활동(1907~1911)」, 《역사연구》1, 1992.

김정미, 「한말 경상도 영해지방의 의병전쟁」, 《대구사학》42, 1992.

김진식, 「경기지역 초기 의병항쟁의 성격」, 《기전문화연구》5, 1974.

김진식, 「1907~19010년 경기지역 의병항쟁의 성격」, 《기전문화연구》6, 1975.

김희곤, 「안동의병장 척암 김도화의 의병항쟁」, 《역사교육논집》23·24, 1999.

김희곤, 「신돌석의진의 활동과 성격」, 《한국근현대사연구》19, 2001.

박민영, 「의암 유인석의 위정척사운동」, 《청계사학》3, 1986.

박민영, 「신암 노응규의 진주의병 항전 연구」, 『박성수교수화갑기념 한국근대사논

총』, 1990.

박민영, 「한말 의병의 대마도 피수 경위에 관한 연구」,《한국근현대사연구》37, 2006.

박민영, 「경암 곽한소의 생애와 항일투쟁」,《한국근현대사연구》74, 2015.

배용일, 「산남의진고 - 정환직, 정용기 부자 의병장 활동을 중심으로」,《논문집》6, 포항실업전문대학, 1982.

배용일, 「최세윤의병장고」,《사총》31, 1987.

성대경, 「정미의병의 역사적 성격」,《대동문화연구》29, 1994,

신규수, 「대한독립의군부에 대하여」,『변태섭박사화갑기념논총』, 1985.

신용하, 「전국13도창의대진소의 연합의병운동」,《한국민족운동사연구》1, 1986.

신용하, 「허위의병부대의 항일무장투쟁」,『박영석교수화갑기념논총』, 탐구당, 1992.

오영섭, 「춘천지역의 을미의병운동」,『북한강 유역의 유학사상』, 한림대아시아문화연구소, 1998.

유한철, 「김하락의진의 의병활동」,《한국독립운동사연구》3, 1989.

유한철, 「홍주성의진(1906)의 조직과 활동」,《한국독립운동사연구》4, 1990.

유한철, 「1896~1900년간 유인석의 서행, 도만과 그 성격」,『택와허선도선생정년기념논총』, 1992.

윤병석, 「일제의 황무지 개척권 요구와 한국민의 투쟁」,『근대한국민족운동의 사조』, 집문당, 1996.

이강오, 「의병대장 이규홍의 항일투쟁」,《군사》6, 군사편찬위원회, 1983.

이구용, 「춘천의병의 항일투쟁」,『춘천항일독립운동사』, 춘천문화원, 1999.

이동우, 「의병장 유인석의 의병운동고」,《성대사림》2, 1977.

이동우, 「을미년 충청지방의 의병운동 연구」,『국사관논총』28, 1991.

이상찬, 「대한독립의군부에 대하여」,『이재룡박사환력기념논총』, 1990.

이장희, 「정묘 병자호란시 의병연구」,《국사관논총》30, 1991.

이장희, 「임진왜란 의병 성격의 분석」,《한국사론》22, 1992.

이정우, 「극재 송병관의 춘추의리론과 절의은둔」,《역사와 담론》84, 2017.

최취수, 「1910년 전후 강화지역 의병운동의 연구」,《한국민족운동사연구》2, 1988.

한준호, 「한말 류시연 의병장 연구」,《안동사학》12, 2007.

허선도, 「임진왜란 사론 - 임란사의 올바른 인식 - 」,《한국사론》22, 국사편찬위원회, 1992.

홍순권, 「한말 호남지역 의병운동의 참가층과 사회적 기반」,《역사연구》 창간호,

1992.

홍영기, 「안규홍의병의 조직과 그 활동」, 《한국학보》 겨울호, 1987.

홍영기, 「구한말 김동신 의병장에 대한 일고찰」, 《한국학보》56, 1989.

홍영기, 「구한말 심남일 의병의 조직과 그 활동」, 《동아연구》17, 1989.

홍영기, 「한말 태인의병의 활동과 영향」, 《전남사학》11, 1997.

홍영기, 「한말 호남창의회맹소에 대한 일고찰」, 《한국근현대사연구》21, 2002.

홍영기, 「채응언 의병장의 생애와 활동」, 《한국독립운동사연구》26, 2006.

찾아보기

| 라 |

| 마 |

| 바 |

김상기金祥起

충남대학교 사학과를 졸업하고 한국학중앙연구원 한국학대학원에서 문학박사 학위를 받았다. 일본 와세다대학과 캐나다 UBC 방문교수, 한국근현대사학회 회장, 독립기념관 한국독립운동사연구소 소장, 충남대학교 충청문화연구소 소장과 박물관장을 지냈으며, 현재 충남대학교 국사학과 교수, 매헌기념관 매헌연구원 원장으로 재직하고 있다.

주요저서

『한말의병연구』, 일조각, 1997 | 『중국동북지역 한국독립운동사』(공저), 집문당, 1997 | 『제노사이드와 한국근대』(공저), 경인문화사, 2009 | 『한말전기의병』, 독립기념관 한국독립운동사연구소, 2009 | 『한국독립운동의 역사』(공저), 독립기념관 한국독립운동사연구소, 2013 | 『윤봉길』, 역사공간, 2013 | 『호서유림의 사상과 민족운동』, 지식산업사, 2016 | 『한말의병운동-전기,중기의병』, 선인, 2016 | 『행동하는 지성, 한국의 독립운동가』(증보판), 충남대 출판문화원, 2019 등 다수

의병전쟁과 의병장

초판 1쇄 인쇄 | 2019년 5월 20일
초판 1쇄 발행 | 2019년 6월 1일

지 은 이   김상기

발 행 인   한정희
발 행 처   경인문화사
총 괄 이 사   김환기
편   집   김지선 박수진 유지혜 한명진
마 케 팅   전병관 하재일 유인순
출 판 번 호   제406-1973-000003호
주   소   경기도 파주시 회동길 445-1 경인빌딩 B동 4층
전   화   031-955-9300 팩   스   031-955-9310
홈 페 이 지   www.kyunginp.co.kr
이 메 일   kyungin@kyunginp.co.kr

ISBN   978-89-499-4804-1 93910

값 35,000원